Kryptowährung

Ein Leitfaden zur Erkundung der Welt der digitalen Vermögenswerte

Richard Skiba

After Midnight Publishing

Skiba, Richard (author)

Kryptowährung: Ein Leitfaden zur Erkundung der Welt der digitalen Vermögenswerte

ISBN 978-1-7636595-2-0 (paperback) 978-1-7636595-3-7 (eBook)

Non-fiction

Dieses Buch wurde aus der ursprünglichen englischen Version mit Hilfe von TranslateGPT übersetzt.

Contents

1

Einführung in Kryptowährungen

Was ist eine Kryptowährung?

Kryptowährungen sind digitale oder virtuelle Währungen, die durch Kryptografie gesichert sind und unabhängig von zentralen Behörden arbeiten. Sie nutzen dezentrale Technologien wie die Blockchain [1]. Diese Dezentralisierung beseitigt die Notwendigkeit von Zwischenhändlern wie Banken, ermöglicht weltweite Zugänglichkeit und Transaktionen ohne geografische Grenzen [2]. Die Sicherheit von Kryptowährungen wird durch kryptografische Techniken gewährleistet, die Transaktionen schützen und die Schaffung neuer Einheiten kontrollieren, wodurch sie gegen Betrug und Fälschung resistent sind [3]. Während Transaktionen in einem öffentlichen Ledger aufgezeichnet werden, sind die Identitäten der beteiligten Parteien oft pseudonym, was ein gewisses Maß an Anonymität bietet [4].

Kryptowährung, oft einfach als Krypto bezeichnet, ist eine digitale oder virtuelle Währung, die auf Kryptografie zur Sicherung angewiesen ist. Im Gegensatz zu traditionellen Währungen, die von Regierungen ausgegeben und reguliert werden, funktionieren Kryptowährungen in dezentralen Netzwerken, die typischerweise auf Blockchain-Technologie basieren. Kryptowährungen funktionieren durch [5]:

- Digitale und Dezentrale Natur: Kryptowährungen existieren ausschließlich in digitaler Form und haben keine physische Entsprechung wie Münzen oder Banknoten. Sie arbeiten auf dezentralen Netzwerken, was bedeutet, dass es keine zentrale Behörde oder Institution gibt, die sie kontrolliert. Stattdessen werden Transaktionen und die Ausgabe neuer Einheiten kollektiv durch das Netzwerk der Nutzer verwaltet.

- Peer-to-Peer-Transaktionen: Kryptowährungen ermöglichen direkte Peer-to-Peer-Transaktionen ohne die Notwendigkeit von Zwischenhändlern wie Banken. Transaktionen werden in einem öffentlichen Ledger, der Blockchain, verifiziert und aufgezeichnet, das von den Teilnehmern im Netzwerk gepflegt wird.

- Sicherheit durch Kryptografie: Kryptografie spielt eine entscheidende Rolle bei der Sicherstellung der Sicherheit von Kryptowährungstransaktionen. Sie umfasst fortgeschrittene mathematische Techniken zur Verschlüsselung von Daten, die den Transfer von Geldern und die Integrität der Transaktionsaufzeichnungen sichern.

- Öffentliches Ledger (Blockchain): Die Blockchain ist ein dezentrales und verteiltes Ledger, das alle Transaktionen im Netzwerk aufzeichnet. Jede Transaktion wird von Netzwerkknoten durch kryptografische Algorithmen verifiziert und chronologisch zur Blockchain hinzugefügt. Diese Transparenz und Unveränderlichkeit machen die Blockchain zu einem vertrauenswürdigen System zur Aufzeichnung von Transaktionen.

- Mining und Schaffung von Kryptowährungen: Neue Einheiten von Kryptowährungen werden typischerweise durch einen Prozess namens Mining erstellt. Mining umfasst das Lösen komplexer mathematischer Rätsel unter Verwendung von Rechenleistung. Miner konkurrieren darum, Transaktionen zu validieren und werden mit neu geschaffenen Münzen belohnt. Dieser Prozess hilft auch dabei, das Netzwerk zu sichern und Transaktionen zu verifizieren.

- Kryptowährungs-Wallets: Kryptowährungen werden in digitalen Wallets gespeichert, die Softwareanwendungen, Hardwaregeräte oder sogar Papierkopien sein können, die öffentliche und private Schlüssel speichern. Diese Schlüssel sind wesentlich für den sicheren Zugang und die Verwaltung von Kryptowährungsbeständen.

- Spekulation und Investition: Kryptowährungen haben nicht nur aufgrund ihres Potentials als Zahlungsmittel an Popularität gewonnen, sondern auch als spekulative Vermögenswerte. Preisschwankungen und spekulativer Handel haben zur Attraktivität als Investitionsvehikel beigetragen.

- Zukünftige Anwendungen: Über finanzielle Transaktionen hinaus hat die Blockchain-Technologie, die den Kryptowährungen zugrunde liegt, das Potenzial, verschiedene Branchen zu revolutionieren. Sie könnte für den Handel mit Finanzanlagen wie Anleihen und Aktien, Lieferkettenmanagement, Wahlsysteme und mehr genutzt werden, indem sie ihre Transparenz, Sicherheit und Effizienz nutzt.

Abbildung 1: Bitcoin (₿) ist eine Kryptowährung, die 2008 von einer unbekannten Person oder Gruppe von Personen unter dem Namen Satoshi Nakamoto erfunden wurde und 2009 gestartet wurde, als die Implementierung als Open-Source-Software veröffentlicht wurde. Jorge Franganillo, CC BY 2.0, über Wikimedia Commons.

Kryptowährungen haben sich seit der Einführung von Bitcoin im Jahr 2009 erheblich diversifiziert [5]. Hier ist eine detaillierte Erkundung einiger prominenter Beispiele [5]:

- Bitcoin:
  - Einführung: Bitcoin, 2009 von einer anonymen Entität unter dem Namen Satoshi Nakamoto gestartet, markierte den Beginn der Kryptowährungen. Es funktioniert auf einem dezentralen Peer-to-Peer-Netzwerk und verwen-

det die Blockchain-Technologie zur Sicherung von Transaktionen.

- Hauptmerkmale: Bitcoin ist bekannt für seine begrenzte Menge (auf 21 Millionen Münzen begrenzt), seine Rolle als Wertspeicher und seine weit verbreitete Akzeptanz als digitale Währung. Es bleibt die weltweit am meisten anerkannte und gehandelte Kryptowährung.

- Ethereum:
  - Einführung: Ethereum, 2015 von Vitalik Buterin geschaffen, ist nicht nur eine Kryptowährung, sondern auch eine dezentrale Plattform, die Entwicklern ermöglicht, Smart Contracts und dezentrale Anwendungen (DApps) zu erstellen und bereitzustellen.
  - Hauptmerkmale: Die Kryptowährung von Ethereum heißt Ether (ETH). Sie unterscheidet sich von Bitcoin dadurch, dass sie komplexere Transaktionen über einfache Peer-to-Peer-Zahlungen hinaus ermöglicht. Die Ethereum-Blockchain unterstützt programmierbare Verträge und hat sich als Grundlage für verschiedene blockchain-basierte Innovationen etabliert.
- Litecoin:
  - Einführung: Litecoin, 2011 von Charlie Lee eingeführt, wird oft als das „Silber zu Bitcoins Gold“ bezeichnet. Es wurde entwickelt, um schnellere Transaktionsbestätigungszeiten und einen anderen Hash-Algorithmus (Scrypt) im Vergleich zu Bitcoins SHA-256 zu bieten.
  - Hauptmerkmale: Litecoin soll eine effizientere Kryptowährung für kleinere Transaktionen und den täglichen Gebrauch sein. Es teilt viele technologische Ähnlichkeiten mit Bitcoin, hat jedoch bestimmte Verbesserungen implementiert, um die Benutzerfreundlichkeit und Transaktionsgeschwindigkeit zu erhöhen.
- Ripple (XRP):
  - Einführung: Ripple wurde 2012 von Ripple Labs Inc. als sowohl Zahlungsprotokoll als auch digitale Währung (XRP) gestartet. Im Gegensatz zu Bitcoin und Ethereum konzentriert sich Ripple darauf, schnelle und

kostengünstige grenzüberschreitende Zahlungen und Abwicklungen zu ermöglichen.

  - Hauptmerkmale: Das Konsens-Ledger von Ripple, bekannt als XRP Ledger, erfordert kein Mining wie Bitcoin und verwendet ein Konsensprotokoll zur Validierung von Transaktionen. Es hat Aufmerksamkeit durch Partnerschaften mit Finanzinstituten und sein Potenzial, traditionelle Banksysteme zu stören, auf sich gezogen.

- Altcoins:

  - Definition: Altcoins bezeichnen alle Kryptowährungen außer Bitcoin. Sie umfassen eine Vielzahl von digitalen Währungen, die jeweils einzigartige Merkmale und Zwecke haben.

  - Vielfalt: Altcoins umfassen Tausende von Kryptowährungen, die jeweils mit spezifischen Zielen entwickelt wurden, wie zum Beispiel der Verbesserung der Privatsphäre (z. B. Monero), der Ermöglichung von Smart Contracts (z. B. Cardano) oder dem Dienen von Nischen-Communities.

- Allgemeine Merkmale:

  - Dezentralisierung: Die meisten Kryptowährungen arbeiten auf dezentralen Netzwerken, was die Abhängigkeit von zentralen Behörden reduziert.

  - Kryptografische Sicherheit: Alle Kryptowährungen verwenden Kryptografie, um Transaktionen zu sichern und die Schaffung neuer Einheiten zu kontrollieren.

  - Globale Zugänglichkeit: Kryptowährungen ermöglichen weltweite Transaktionen ohne die Notwendigkeit von Zwischenhändlern und bieten finanzielle Inklusion für unbanked Populationen.

Die Nützlichkeit von Kryptowährungen als Zahlungsmittel hat sich seit der Einführung von Bitcoin weiterentwickelt, obwohl ihre weitreichende Akzeptanz für alltägliche Transaktionen noch ein Fortschritt ist. Hier ist eine detaillierte Erkundung dessen, was Sie derzeit mit Kryptowährungen kaufen können und wie ihre Nutzung sich ausgeweitet hat [5]:

- Technologie- und E-Commerce-Seiten:
    - Newegg.com, AT&T, Microsoft: Diese Tech-Giganten akzeptieren Kryptowährungszahlungen auf ihren Websites und ermöglichen es Kunden, eine Vielzahl von Technologieprodukten und -dienstleistungen mit Bitcoin und manchmal anderen Kryptowährungen zu kaufen.
    - Overstock, Shopify, Rakuten, Home Depot: Overstock war einer der Pioniere bei der Akzeptanz von Bitcoin für Online-Käufe. Shopify und Rakuten haben ebenfalls Kryptowährungszahlungen integriert, während Home Depot ähnliche Wege erkundet hat, wodurch das Angebot an Waren, die mit Krypto gekauft werden können, erweitert wurde.
- Luxusgüter:
    - Bitdials: Dieser Online-Luxus-Händler spezialisiert sich auf hochwertige Uhren wie Rolex und Patek Philippe und bietet sie im Austausch gegen Bitcoin an. Luxusgüter werden zunehmend für Krypto-Inhaber zugänglich, die ihre Portfolios diversifizieren oder extravagante Käufe tätigen möchten.
- Autos:
    - Autohändler: Von Mainstream-Automarken bis hin zu hochkarätigen Luxusautohaus-Händlern haben einige Autohändler Kryptowährungen als Zahlungsmöglichkeit angenommen. Dies umfasst sowohl neue als auch gebrauchte Autos und spiegelt einen wachsenden Trend im Automobilsektor hin zu digitalen Zahlungen wider.
- Versicherung:
    - AXA: Im April 2021 kündigte der Schweizer Versicherer AXA an, Bitcoin für die Zahlung von Versicherungsprämien in verschiedenen Versicherungsbereichen zu akzeptieren, mit Ausnahme der Lebensversicherung aufgrund regulatorischer Einschränkungen. Dieser Schritt unterstreicht das potenzielle Nutzungspotenzial von Kryptowährungen in traditionellen Bereichen, die auf Fiat-Währungen angewiesen sind.
    - Premier Shield Insurance: Dieser in den USA ansässige Versicherer er-

möglicht es Versicherungsnehmern, ihre Haus- und Kfz-Versicherungen mit Bitcoin zu bezahlen, was Flexibilität und Bequemlichkeit für Krypto-Inhaber bietet, die Versicherungsschutz suchen.

- Kryptowährungs-Debitkarten:
    - BitPay: Für Verbraucher, die Kryptowährungen bei Händlern ausgeben möchten, die keine digitalen Währungen direkt akzeptieren, bieten Kryptowährungs-Debitkarten wie BitPay eine Lösung. Diese Karten wandeln Kryptowährungsbestände am Point of Sale in Fiat-Währung um und ermöglichen nahtlose Transaktionen bei Millionen von Händlern weltweit.

Während die Akzeptanz von Kryptowährungen für alltägliche Einkäufe erhebliche Fortschritte gemacht hat, bleiben Herausforderungen wie Preisvolatilität, regulatorische Unsicherheiten und Integrationskomplexität für Händler bestehen. Trotz dieser Hürden zeigt die wachsende Liste von Branchen und Unternehmen, die Kryptowährungen akzeptieren, deren zunehmende Akzeptanz und Integration in den globalen Handel. Mit den Fortschritten in der Technologie und der Weiterentwicklung der Verbrauchernachfrage entfaltet sich die Zukunft der Kryptowährungen als praktikable Alternative zu traditionellen Zahlungsmethoden weiter.

Abbildung 2: Ein Bitcoin-Geldautomat oder Bitcoin-Tellerautomat (BTM), derzeit zu finden in Ave. BU-5, Santa Juanita, Bayamón, Puerto Rico 00960, innerhalb der Puma-Tankstelle. PuertoCrypto, CC0, über Wikimedia Commons.

Der Kauf von Kryptowährungen umfasst mehrere Schritte, um Sicherheit und Effizienz zu gewährleisten. Hier ist eine detaillierte Erklärung, wie man Kryptowährungen kauft [5]:

Schritt 1: Auswahl einer Plattform Der erste Schritt besteht darin, eine Plattform auszuwählen, auf der Sie Kryptowährungen kaufen und handeln können. Sie haben typischerweise zwei Hauptoptionen:

- **Traditionelle Broker:** Diese Online-Broker bieten eine Reihe von Finanzanlagen, einschließlich Kryptowährungen, neben Aktien, Anleihen und ETFs. Sie haben oft niedrigere Handelskosten, bieten jedoch möglicherweise weniger kryptospezifische Funktionen.

- **Kryptowährungsbörsen:** Diese Plattformen spezialisieren sich auf den Kauf, Verkauf und Handel von Kryptowährungen. Sie bieten eine Vielzahl digitaler Assets, Wallet-Speicherlösungen, verzinsliche Konten und mehr. Sie können jedoch höhere Gebühren im Vergleich zu traditionellen Brokern erheben.

Bei der Auswahl einer Plattform sollten Sie die folgenden Faktoren berücksichtigen [5]:

- **Kryptowährungsangebot:** Überprüfen Sie, welche Kryptowährungen zum Handel verfügbar sind.
- **Gebühren:** Vergleichen Sie Handelsgebühren, Einzahlungs- und Abhebungsgebühren sowie andere Gebühren, die mit der Plattform verbunden sind.
- **Sicherheit:** Suchen Sie nach Plattformen mit robusten Sicherheitsmaßnahmen wie Zwei-Faktor-Authentifizierung (2FA) und Cold-Storage-Optionen für Gelder.
- **Zahlungsmethoden:** Bewerten Sie akzeptierte Zahlungsmethoden wie Debit-/Kreditkarten, ACH-Überweisungen und Banküberweisungen.
- **Benutzeroberfläche:** Bewerten Sie die Benutzerfreundlichkeit der Plattform, einschließlich ihrer Web- und mobilen Schnittstellen.
- **Regulatorische Compliance:** Stellen Sie sicher, dass die Plattform innerhalb der regulatorischen Rahmenbedingungen arbeitet, um Ihre Investitionen zu schützen.

Schritt 2: Finanzierung Ihres Kontos Nachdem Sie eine Plattform ausgewählt haben, besteht der nächste Schritt darin, Ihr Konto zu finanzieren, um mit dem Handel von Kryptowährungen zu beginnen. Methoden zur Finanzierung Ihres Kontos umfassen typischerweise:

- **Debit-/Kreditkarten:** Viele Börsen ermöglichen den Kauf von Kryptowährungen direkt mit Fiat-Währungen (z.B. USD, EUR, GBP) über Debit- oder Kreditkarten. Beachten Sie, dass einige Kreditkartenunternehmen Kryptowährungstransaktionen aufgrund der Volatilität einschränken können.
- **ACH-Überweisungen:** Einige Plattformen unterstützen ACH-Überweisungen für die Einzahlung von Geldern von Ihrem Bankkonto.
- **Banküberweisungen:** Direkte Banküberweisungen sind eine weitere häufige Methode zur Finanzierung von Konten, insbesondere bei größeren Beträgen.

Jede Finanzierungsart kann unterschiedliche Verarbeitungszeiten und Gebühren haben, daher ist es wichtig, diese Details vor dem Fortfahren sorgfältig zu überprüfen.

Schritt 3: Auftrag erteilen Nachdem Ihr Konto finanziert ist, können Sie einen Auftrag zum Kauf von Kryptowährungen erteilen:

- **Auftragserteilung:** Navigieren Sie zum Handelsbereich Ihrer gewählten Plattform (Web oder mobil), wählen Sie die Kryptowährung aus, die Sie kaufen möchten, und geben Sie den Betrag an.

- **Auftragstypen:** Wählen Sie aus verschiedenen Auftragstypen wie Marktaufträgen (sofortige Ausführung zum aktuellen Marktpreis) oder Limitaufträgen (Ausführung nur, wenn der Preis ein bestimmtes Niveau erreicht).

- **Bestätigung:** Überprüfen Sie die Einzelheiten Ihres Auftrags, einschließlich Gebühren und Gesamtkosten, bevor Sie den Kauf bestätigen.

Alternative Investitionsvehikel Neben direkten Käufen auf Börsen gibt es alternative Möglichkeiten, in Kryptowährungen zu investieren:

- **Zahlungsdienste:** Plattformen wie PayPal, Cash App und Venmo ermöglichen es Nutzern, Kryptowährungen innerhalb ihrer Apps zu kaufen, zu verkaufen oder zu halten.

- **Bitcoin-Trusts und ETFs:** Diese Investitionsvehikel ermöglichen indirekte Exposition gegenüber Kryptowährungen über traditionelle Brokerage-Konten und bieten Aktien, die an den Wert von Bitcoin oder anderen digitalen Assets gebunden sind.

- **Blockchain-Aktien oder ETFs:** Investieren Sie indirekt in Kryptowährungen, indem Sie Aktien oder ETFs von Unternehmen kaufen, die an der Entwicklung von Blockchain-Technologie oder an Kryptowährungstransaktionen beteiligt sind.

Die Wahl des besten Investitionsansatzes hängt von Ihren finanziellen Zielen, Ihrer Risikobereitschaft und Ihrer bevorzugten Investitionsmethode ab. Ob Sie sich für direkte Krypto-Börsen oder indirekte Investitionen über traditionelle Finanzprodukte entscheiden, das Verständnis der Risiken und Vorteile ist entscheidend für fundierte Entscheidungen im sich entwickelnden Kryptowährungsmarkt.

Sichere Speicherung von Kryptowährungen Die sichere Speicherung von Kryptowährungen ist entscheidend, um Ihre digitalen Vermögenswerte vor Hacks und Diebstahl zu schützen. Hier ist eine detaillierte Erklärung, wie Sie Kryptowährungen speichern können [5]:

Kryptowährungs-Wallets sind digitale Werkzeuge, die Ihre privaten Schlüssel speichern, die für den Zugriff auf und die Verwaltung Ihrer Kryptowährungen unerlässlich sind. Private Schlüssel sind einzigartige kryptografische Schlüssel, die es Ihnen ermöglichen, Transaktionen im Blockchain-Netzwerk der jeweiligen Kryptowährung zu autorisieren.

Arten von Kryptowährungs-Wallets

- **Hot Wallets:**
  - **Definition:** Hot Wallets sind softwarebasierte Wallets, die Ihre privaten Schlüssel online speichern, typischerweise bereitgestellt von Kryptowährungsbörsen oder über Online-Plattformen zugänglich.
  - **Zugänglichkeit:** Praktisch für häufigen Handel und Transaktionen aufgrund des sofortigen Zugriffs über das Internet.
  - **Sicherheit:** Verwundbar gegenüber Hacking und Cyberangriffen, da sie mit dem Internet verbunden sind.
  - **Beispiele:** Wallets, die von Börsen wie Coinbase, Binance bereitgestellt werden, oder Software-Wallets wie Electrum oder MyEtherWallet.
- **Cold Wallets (Hardware-Wallets):**
  - **Definition:** Cold Wallets sind physische Geräte, die entworfen wurden, um private Schlüssel offline zu speichern, was ein höheres Sicherheitsniveau bietet.
  - **Sicherheit:** Bietet Schutz vor Online-Bedrohungen wie Hacking, da die privaten Schlüssel offline gespeichert sind.
  - **Verwendung:** Ideal für die langfristige Aufbewahrung erheblicher Mengen

an Kryptowährungen, die Sie nicht häufig handeln möchten.

- **Beispiele:** Ledger Nano S, Ledger Nano X, Trezor Model T.

Schritte zur sicheren Speicherung von Kryptowährungen

- **Wählen Sie einen Wallet-Anbieter:**
  - Recherchieren und wählen Sie einen seriösen Wallet-Anbieter, der die Art der Speicherung (hot oder cold) anbietet, die Ihren Bedürfnissen entspricht.
  - Berücksichtigen Sie Faktoren wie Sicherheitsmerkmale, Benutzeroberfläche, unterstützte Kryptowährungen und Kundensupport.
- **Richten Sie Ihr Wallet ein:**
  - Befolgen Sie die Anweisungen des Anbieters, um Ihr Wallet-Konto zu erstellen und einzurichten.
  - Generieren und speichern Sie sicher Ihren Wiederherstellungs-Satz. Dieser Satz ist entscheidend, um den Zugriff auf Ihr Wallet wiederherzustellen, falls Sie Ihr Passwort vergessen oder den Zugriff verlieren.
- **Übertragen Sie Ihre Kryptowährungen:**
  - Wenn Ihre Kryptowährungen derzeit auf einer Börse oder einem anderen Wallet gespeichert sind, initiieren Sie eine Übertragung zu Ihrem neu eingerichteten Wallet.
  - Stellen Sie sicher, dass Sie die richtige Wallet-Adresse eingeben und überprüfen Sie die Transaktionsdetails, bevor Sie bestätigen.
- **Sicherheitsbest Practices:**
  - **Zwei-Faktor-Authentifizierung (2FA) aktivieren:** Fügen Sie Ihrem Wallet-Konto eine zusätzliche Sicherheitsebene hinzu, indem Sie 2FA ak-

tivieren, wo immer möglich.

- **Software aktuell halten:** Aktualisieren Sie regelmäßig Ihre Wallet-Software, um gegen Sicherheitsanfälligkeiten und Bedrohungen geschützt zu bleiben.

- **Starke Passwörter verwenden:** Erstellen Sie starke, einzigartige Passwörter für Ihre Wallet-Konten und vermeiden Sie leicht zu erratende Informationen.

- **Regelmäßige Backups:**

  - Sichern Sie Ihr Wallet regelmäßig, insbesondere wenn es sich um ein Software-Wallet handelt. Bewahren Sie Backups sicher an mehreren Orten (z.B. verschlüsselte USB-Sticks, Offline-Speicher) auf, um Datenverlust zu verhindern.

- **Konten überwachen:**

  - Überwachen Sie regelmäßig Ihre Wallet-Konten und Transaktionen auf unbefugte Aktivitäten.

  - Bleiben Sie über Sicherheitsbest Practices und Updates von Ihrem Wallet-Anbieter informiert.

Arten von Kryptowährungsbetrug und -betrügereien

- **Falsche Websites:**

  - **Beschreibung:** Betrügerische Websites imitieren legitime Kryptowährungsbörsen oder Investitionsplattformen. Sie nutzen gefälschte Testimonials und Versprechen von garantierten hohen Renditen, um ahnungslose Investoren zu locken.

  - **Risiko:** Investoren, die Gelder auf diese falschen Plattformen einzahlen, verlieren oft ihr gesamtes Geld, da die Betrüger verschwinden, sobald sie genügend Gelder gesammelt haben.

- **Virtuelle Ponzi-Systeme:**
    - **Beschreibung:** Ähnlich wie traditionelle Ponzi-Systeme versprechen Kryptowährungs-Ponzi-Systeme hohe Renditen an Investoren. Neue Investoren-Gelder werden verwendet, um Renditen an frühere Investoren zu zahlen, wodurch ein Zyklus scheinbarer Rentabilität entsteht, bis das System zusammenbricht.
    - **Beispiel:** BitClub Network, das Investoren über 700 Millionen Dollar betrogen hat, bevor die Betreiber 2019 gefasst wurden.
- **Promi-Empfehlungen und Gerüchte:**
    - **Beschreibung:** Betrüger geben sich online als Prominente oder einflussreiche Personen aus und behaupten, eine bestimmte Kryptowährung zu unterstützen. Sie erzeugen falschen Hype, um den Preis in die Höhe zu treiben, um ihre Bestände mit Gewinn zu verkaufen, bevor das Schema aufgedeckt wird.
    - **Risiko:** Investoren, die auf diese Gerüchte hereinfallen, erleiden oft Verluste, wenn der Preis nach Enthüllung des Betrugs zusammenbricht.
- **Romance-Betrug:**
    - **Beschreibung:** Betrüger bauen Beziehungen zu Opfern auf Dating-Apps oder sozialen Medien auf und überzeugen sie dann, in Kryptowährungen zu investieren. Die Opfer überweisen Gelder an das Konto des Betrügers, in dem Glauben, sie investieren zu müssen, und verlieren dabei ihr Geld.
    - **Statistik:** Das FBI erhielt in den ersten sieben Monaten des Jahres 2021 über 1.800 Meldungen von auf Kryptowährungen fokussierten Romance-Betrügereien, was zu einem Verlust von 133 Millionen Dollar führte.
- **Falsche Börsen und Händler:**
    - **Beschreibung:** Betrüger richten falsche Kryptowährungsbörsen ein oder geben sich als legitime Händler aus, die unrealistische Renditen auf Investi-

tionen anbieten.

- **Risiko:** Investoren, die Gelder einzahlen oder mit diesen betrügerischen Einheiten handeln, riskieren den vollständigen Verlust ihrer Investitionen, da diese Operationen ausschließlich zum Betrug dienen.

- **Kryptowährungs-Hacking:**
    - **Beschreibung:** Hacker zielen auf Kryptowährungsbörsen und Wallets ab, um digitale Vermögenswerte zu stehlen. Sie nutzen Sicherheitsanfälligkeiten oder Phishing-Angriffe, um Zugriff auf private Schlüssel zu erhalten.
    - **Beispiele:** Bemerkenswerte Hacks sind Coincheck, das 534 Millionen Dollar verlor, und BitGrail, das 195 Millionen Dollar verlor, im Jahr 2018.

Sicherheitsmaßnahmen und Tipps für Investitionen in Kryptowährungen

- **Wählen Sie seriöse Börsen:**
    - Recherchieren und wählen Sie etablierte Kryptowährungsbörsen mit starken Sicherheitsmaßnahmen und guter Reputation. Lesen Sie Bewertungen und ziehen Sie Empfehlungen von erfahrenen Investoren in Betracht.
- **Verwenden Sie sichere Wallets:**
    - Verwenden Sie vorzugsweise Hardware-Wallets (Cold Wallets), um große Mengen an Kryptowährungen sicher offline zu speichern. Alternativ nutzen Sie seriöse Software-Wallets (Hot Wallets) mit starken Sicherheitsmerkmalen.
- **Bildung:**
    - Verstehen Sie die Grundlagen der Blockchain-Technologie, wie Kryptowährungen funktionieren und die Risiken, die mit Investitionen ver-

bunden sind. o Bleiben Sie über gängige Betrügereien und Betrugstaktiken informiert, um Warnsignale zu erkennen.

- **Diversifizieren Sie Ihre Investitionen:**
  - Verteilen Sie Ihre Investitionen auf verschiedene Kryptowährungen, um Risiken zu mindern. Vermeiden Sie es, alle Ihre Gelder in ein Asset wie Bitcoin zu investieren, obwohl es beliebt ist.
- **Bereiten Sie sich auf Volatilität vor:**
  - Kryptowährungspreise können sehr volatil sein, was zu erheblichen Gewinnen oder Verlusten führen kann. Investieren Sie nur Gelder, die Sie sich leisten können zu verlieren, ohne Ihre finanzielle Stabilität zu gefährden.
- **Seien Sie vorsichtig bei unrealistischen Versprechungen:**
  - Vermeiden Sie Investitionen, die garantierte hohe Renditen versprechen oder von Prominenten unterstützt werden, ohne gründliche Überprüfung. o Verifizieren Sie Informationen unabhängig und vermeiden Sie es, sich von Social-Media-Hype und FOMO (Fear of Missing Out) beeinflussen zu lassen.
- **Sicherheitspraktiken:**
  - Aktivieren Sie die Zwei-Faktor-Authentifizierung (2FA) auf allen Konten, die mit Kryptowährungstransaktionen verbunden sind. o Verwenden Sie starke, einzigartige Passwörter und halten Sie diese sicher. Aktualisieren Sie regelmäßig die Software und Firmware auf Wallets und Geräten.

Eine der Hauptmerkmale von Kryptowährungen ist ihr begrenztes Angebot, wobei viele eine maximale Anzahl von Münzen oder Token haben, die jemals erstellt werden können, was durch in den Code der Kryptowährung eingebettete Protokolle durchgesetzt wird [6]. Neben einfachen Transaktionen erfüllen Kryptowährungen verschiedene Zwecke, wie die Ermöglichung von Smart Contracts, dezentralen Anwendungen (DApps) und der Tokenisierung von Vermögenswerten [7]. Bitcoin, 2009 als erste dezentrale Kryptowährung von einer anonymen Entität namens Satoshi Nakamoto eingeführt, bleibt die bekannteste auf dem Markt [8]. Seitdem wurden Tausende anderer

Kryptowährungen, oft als Altcoins bezeichnet, geschaffen, jede mit einzigartigen Funktionen und Anwendungen [9].

Die Integration von Kryptowährungen, insbesondere Bitcoin, in Altersvorsorgepläne hat erhebliche Aufmerksamkeit auf sich gezogen und unterstreicht die wachsende Akzeptanz und Einführung digitaler Vermögenswerte in traditionellen Finanzsystemen [10]. Kryptowährungen operieren auf dezentralen Netzwerken und nutzen typischerweise die Blockchain-Technologie, um Transparenz, Sicherheit und Unveränderlichkeit von Transaktionen zu gewährleisten [11]. Das Aufkommen von Kryptowährungen hat traditionelle Bankensysteme und Geldpolitiken herausgefordert und bietet Vorteile, um Einschränkungen in traditionellen Finanzsystemen zu überwinden [12]. Trotz der Vorteile gibt es Debatten über die Sicherheit von Kryptowährungen aufgrund des Fehlens autoritativer Kontrolle, was Bedenken hinsichtlich ihrer Sicherheit und Zuverlässigkeit aufwirft [13].

Die hohe Volatilität und das inhärente Risiko im Zusammenhang mit Investitionen in Kryptowährungen haben Studien angeregt, die Determinanten der Wertwahrnehmung und Faktoren zu analysieren, die die Absichten von Individuen bezüglich der Einführung und Investitionsentscheidungen in Kryptowährungen beeinflussen [14]. Kryptowährungen wurden als eine neue Form digitaler Vermögenswerte identifiziert, die durch Blockchain-Technologie funktionieren und als Austauschmittel dienen sollen [15]. Die globale Natur von Kryptowährungen ermöglicht potenziell sicherere und kostengünstigere Überweisungen, die für Personen in abgelegenen Regionen über Smartphones zugänglich sind [16]. Die Blockchain-Technologie, die grundlegend für die Beliebtheit von Kryptowährungen ist, wurde auch für ihr Potenzial zur Verbesserung der Leistung von Lieferketten und des Logistikmanagements anerkannt [17].

Forschungen haben gezeigt, dass Kryptowährungen wie Bitcoin die aktuelle finanzielle Rechtslandschaft beeinflusst haben, was die zunehmende Bedeutung der Regulierung dieser digitalen Vermögenswerte unterstreicht [18]. Der Anstieg der Kryptowährungsakzeptanz in verschiedenen Regionen, einschließlich Pakistan, wurde durch die Einrichtung von Krypto-Börsen, Bildungsinitiativen und unterstützender Infrastruktur erleichtert [19]. Der Einfluss von Geldsystemen auf Einkommensungleichheit und Vermögensverteilung wurde untersucht, was darauf hindeutet, dass die Nutzung von Kryptowährungssystemen wirtschaftliche Gleichheit fördern könnte, indem sie gleichberechtigten Zugang zu Finanz- und Investitionsmöglichkeiten bieten [20]. Darüber hinaus haben Studien die Nachhaltigkeit von Bitcoin und Blockchain-Technologien quantifiziert und die Notwendigkeit hervorgehoben, die Umweltwirkung und langfristige Lebensfähigkeit dieser digitalen Vermögenswerte zu bewerten [21].

Kryptowährungen stellen eine transformative Kraft im globalen Finanzbereich dar, indem sie dezentrale, sichere und effiziente Mittel für Transaktionen und Vermögensverwaltung bieten. Die Einführung und Akzeptanz von Kryptowährungen wächst weiterhin, stellt traditionelle Finanzsysteme in Frage und erfordert regulatorische Überlegungen, um ihre nachhaltige Integration in die Wirtschaft sicherzustellen. Während sich der Markt weiterentwickelt und die Technologien voranschreiten, wird weitere Forschung und Analyse entscheidend sein, um die Auswirkungen, Risiken und Chancen der Kryptowährungen im modernen Finanzökosystem zu verstehen.

Die Klassifizierung von Kryptowährungen als 'Geld' ist ein Diskussionsthema, das oft anhand der Schlüsselkriterien bewertet wird, die traditionelle Geldformen definieren [22]:

1. **Allgemein akzeptiertes Zahlungsmittel**: Geld wird typischerweise universell innerhalb einer Volkswirtschaft für Transaktionen anerkannt und akzeptiert. Während Kryptowährungen für den Kauf und Verkauf von Waren und Dienstleistungen verwendet werden können, bleibt ihre Akzeptanz im Vergleich zu nationalen Währungen begrenzt. Umfragen zeigen, dass nur ein kleiner Prozentsatz der Kryptowährungsinhaber diese regelmäßig für tägliche Transaktionen verwendet, was auf eine fehlende weit verbreitete Akzeptanz hinweist.

2. **Wertspeicher**: Geld sollte seine Kaufkraft über die Zeit erhalten, um als zuverlässiger Wertspeicher zu dienen. Kryptowährungen sind jedoch für ihre Preisvolatilität bekannt. Es können erhebliche Schwankungen im Wert auftreten, was es schwierig macht, die Kaufkraft von Kryptowährungen stabil zu halten. Diese Volatilität untergräbt ihre Effektivität als Wertspeicher im Vergleich zu stabileren Geldformen.

3. **Recheneinheit**: Geld dient als standardisierte Maßeinheit zur Preisbestimmung von Waren und Dienstleistungen innerhalb einer Volkswirtschaft. In vielen Ländern werden Preise in der nationalen Währung (z. B. australische Dollar) angegeben und Transaktionen durchgeführt. Während einige Unternehmen Kryptowährungen als Zahlungsmittel akzeptieren, werden sie nicht allgemein als Recheneinheit verwendet. Dies bedeutet, dass Kryptowährungen nicht weit verbreitet für alltägliche Preisvergleiche oder Finanzberichte genutzt werden.

Angesichts dieser Kriterien erfüllen Kryptowährungen derzeit nicht vollständig die Standards, die typischerweise mit traditionellem Geld verbunden sind. Sie können in bestimmten Kontexten als Zahlungsmittel fungieren, mangeln jedoch an breiter Akzeptanz, Preisstabilität und weit verbreiteter Nutzung als Recheneinheit [22].

Es ist erwähnenswert, dass Zentralbanken das Konzept von digitalen Währungen untersuchen, die von ihnen selbst ausgegeben werden, oft als Zentralbank-Digitalwährungen (CBDCs) bezeichnet. Im Gegensatz zu Kryptowährungen, die dezentralisiert sind und unabhängig von einer zentralen Behörde operieren, würden CBDCs von der vollen Glaubwürdigkeit und Kreditwürdigkeit der ausgebenden Regierung unterstützt. Sie sind darauf ausgelegt, ähnlich wie Bargeld, jedoch in digitaler Form zu funktionieren und bieten eine sichere und regulierte Möglichkeit, Transaktionen innerhalb einer Volkswirtschaft durchzuführen [22].

Ein zentraler Aspekt, der CBDCs von Kryptowährungen unterscheidet, ist ihr Status als gesetzliches Zahlungsmittel. Als offizielle Währungsform würden CBDCs universell als Zahlungsmittel akzeptiert werden, ähnlich wie Bargeld oder elektronische Bankeinlagen. Diese Akzeptanz stellt sicher, dass CBDCs für verschiedene Transaktionen verwendet werden können, von alltäglichen Käufen bis hin zu großangelegten finanziellen Abwicklungen, über die gesamte Wirtschaft hinweg [22].

Ein weiterer wichtiger Unterschied liegt in der Stabilität und Zuverlässigkeit von CBDCs als Wertspeicher. Im Gegensatz zu vielen Kryptowährungen, die für ihre Preisvolatilität bekannt sind, die durch Marktspekulation und Nachfrage bedingt ist, würden CBDCs so gestaltet, dass sie eine stabile Kaufkraft bewahren. Diese Stabilität ist entscheidend für das Vertrauen der Nutzer und Unternehmen, unterstützt die Finanzplanung und erleichtert wirtschaftliche Transaktionen ohne das Risiko erheblicher Wertschwankungen [22].

Darüber hinaus würden CBDCs als standardisierte Recheneinheit innerhalb ihrer jeweiligen Volkswirtschaften dienen. Beispielsweise würde eine von der Reserve Bank ausgegebene CBDC in australischen Dollar denominiert sein, was es ihr ermöglicht, als konsistente Maßeinheit für die Preisbestimmung von Waren und Dienstleistungen zu fungieren. Dieses Merkmal verbessert die Effizienz wirtschaftlicher Transaktionen, vereinfacht die Buchhaltung und Finanzberichterstattung und fördert die Preistransparenz in verschiedenen Sektoren [22].

Kryptowährungstransaktionen

Kryptowährungstransaktionen erfolgen durch elektronische Nachrichten innerhalb eines dezentralen Netzwerks und nutzen die Blockchain-Technologie für Bestätigung und Sicherheit. Der Prozess beginnt, wenn Alice eine Transaktion initiiert, indem sie eine Nachricht sendet, die die elektronische Adresse des Empfängers (öffentlicher Schlüssel), den Betrag der zu überweisenden Kryptowährung und einen Zeitstempel enthält, der den Beginn der Transaktion anzeigt [22].

Sobald die Transaktion initiiert wurde, wird Alices Transaktion an alle Knoten im Kryptowährungsnetzwerk übermittelt. Jeder Knoten führt ein vollständiges Hauptbuch aller jemals durchgeführten Transaktionen, bekannt als die Blockchain. Transaktionen, einschließlich Alices, gelangen in einen Transaktionspool (Mempool) und warten auf Validierung und Aufnahme in einen neuen Block [22].

Miner, spezialisierte Teilnehmer mit leistungsstarken Computern, konkurrieren darum, ein komplexes kryptografisches Rätsel basierend auf den ausstehenden Transaktionen zu lösen. Der erste Miner, der das Rätsel löst, erstellt einen neuen Block, der Alices Transaktion zusammen mit anderen aus dem Mempool enthält.

Nach dem Lösen des Rätsels sendet der Miner den neu erstellten Block an das Netzwerk. Andere Knoten überprüfen die Gültigkeit des Blocks, um sicherzustellen, dass alle Transaktionen innerhalb des Blocks legitim sind und dass der vom Miner bereitgestellte kryptografische Arbeitsnachweis korrekt ist. Konsens unter den Knoten ist entscheidend und wird durch Mechanismen wie Proof of Work (PoW) erreicht, um die Authentizität des Blocks zu bestätigen [22].

Sobald der Block von der Netzwerk akzeptiert und validiert wurde, wird er am Ende der Blockchain angehängt. Diese Blockchain dient als dezentrales und unveränderliches Hauptbuch, das alle Transaktionen, die innerhalb des Kryptowährungsnetzwerks durchgeführt wurden, sequenziell aufzeichnet. Alices Transaktion ist nun bestätigt und dauerhaft in den Blockchain-Datensatz aufgenommen.

Die Bestätigung einer Transaktion wie der von Alice erfolgt relativ schnell nach der Aufnahme in einen Block. Für erhöhte Sicherheit und Unumkehrbarkeit ist es jedoch gängige Praxis in Blockchain-Netzwerken wie Bitcoin, auf mehrere nachfolgende Blöcke zu warten, die auf den Block mit Alices Transaktion aufgesetzt werden. Dieser Prozess, der oft sechs zusätzliche Blöcke umfasst, stellt sicher, dass die Transaktion tief in der Blockchain vergraben ist, wodurch es rechnerisch unpraktisch und äußerst sicher wird, sie rückgängig zu machen. Dies gewährleistet somit die Endgültigkeit und Vertrauenswürdigkeit von Kryptowährungstransaktionen [22].

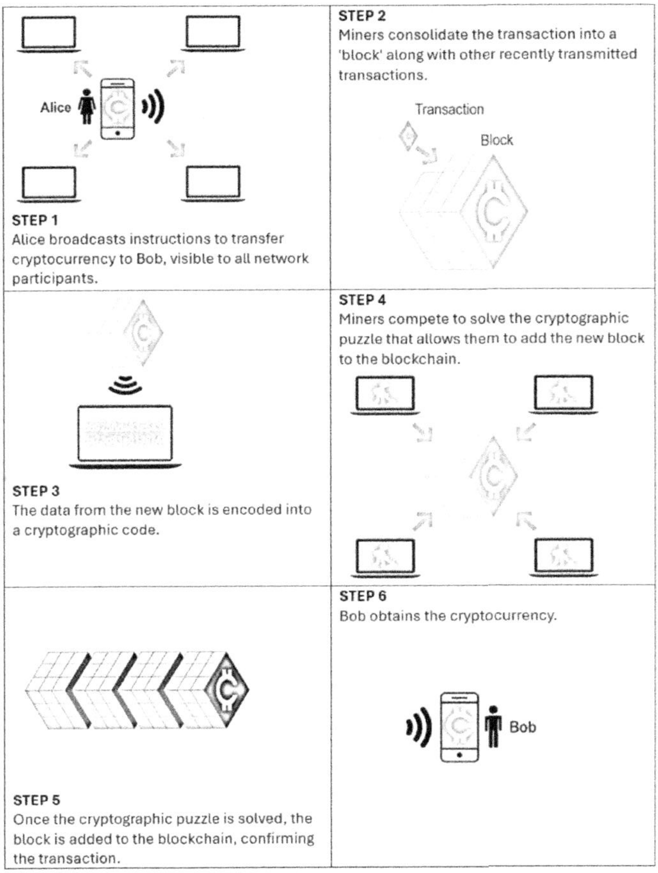

Abbildung 3: Kryptowährungstransaktionen [22].

Geschichte der digitalen Währung

Die Geschichte der digitalen Währung reicht mehrere Jahrzehnte zurück und ist geprägt von transformierenden technologischen Fortschritten und Paradigmenwechseln im Finanzwesen. Hier ist ein detaillierter chronologischer Überblick über die wichtigsten Meilensteine.

In den 1980er und frühen 1990er Jahren ereignete sich eine bedeutende Phase in der Entwicklung von digitalen Bargeldsystemen und kryptografischen Protokollen vor der weit verbreiteten Nutzung des Internets. David Chaum, ein amerikanischer Kryptograph, leistete in dieser Ära bemerkenswerte Beiträge, indem er innovative Konzepte im Zusammenhang mit anonymem digitalen Bargeld und kryptografischen Protokollen einführte [23]. Chaums Arbeit war grundlegend für die Etablierung sicherer digitaler Transaktionen und visionierte eine Zukunft, in der finanzielle Privatsphäre und Sicherheit durch digitale Mittel erheblich verbessert werden könnten. Unternehmen wie DigiCash und CyberCash traten in den 1990er Jahren als Pioniere im Bereich elektronisches Geld auf, wobei DigiCash, gegründet von David Chaum, eCash schuf, eine der frühesten Formen digitaler Währung, die durch reale Währungen abgesichert war [23].

Chaums umfangreiche Arbeit an bedingungslos anonymen Protokollen zielte darauf ab, das digitale Äquivalent von Bargeld zu schaffen und Anonymität und Sicherheit bei Transaktionen zu gewährleisten [23]. Seine Vision von Sicherheit ohne Identifikation in Transaktionssystemen bot eine praktische Lösung für Datenschutzbedenken und zielte darauf ab, Konzepte wie „Big Brother" obsolet zu machen [24]. Die Entwicklung von digitalen Bargeldsystemen beinhaltete kryptografische Protokolle für Abhebungen, Übertragungen, Einzahlungen und Teilungen, die den Sicherheits- und Anonymitätsbedürfnissen aller Teilnehmer gerecht wurden [25]. Diese Systeme waren darauf ausgelegt, unbemerkte Wiederverwendung oder Fälschung zu verhindern und boten Kunden und Banken Sicherheit bezüglich der Authentizität [25].

Das Konzept von digitalem Bargeld und kryptografischen Protokollen steht in engem Zusammenhang mit der Idee der nutzungsbasierten Preisgestaltung und digitalen Transaktionen, wie von Mackie-Mason und Varian untersucht [26]. Das Aufkommen von digitalen Bargeldsystemen erforderte innovative kryptografische Werkzeuge und Methoden [27]. Ihre Forschung konzentrierte sich auf Methoden für Offline-digitales Bargeld unter Verwendung allgemeiner kryptografischer Werkzeuge und unterstrich die Bedeutung robuster kryptografischer Grundlagen für die Sicherstellung der Sicherheit und Integrität digitaler Transaktionen [27].

Darüber hinaus verbesserten Zeugenausblendungsbeweise und Anwendungen, wie sie von Chen diskutiert wurden [28], erheblich die Sicherheit elektronischer Bargeldsysteme. Zeugenausblendungsbeweise waren entscheidend für Anwendungen wie elektronisches Bargeld und digitale Signaturen, um die Vertraulichkeit und Integrität der Transaktionen zu gewährleisten [28]. Die Integration von digitalem Bargeld in Mehrparteienprotokolle, ermöglicht durch verifizierbare Signaturfreigabe, wie von Franklin & Reiter besprochen

[29], erleichterte sichere verteilte Auktionen und Bargeld-Treuhanddienste und erhöhte weiter die Nützlichkeit und Sicherheit digitaler Bargeldsysteme.

Im Bereich der Kryptographie spielte der RSA-Algorithmus, der in angewandten Kryptographie-Protokollen verwendet wird [30], eine wesentliche Rolle bei der Sicherung digitaler Transaktionen. Robuste kryptografische Algorithmen wie RSA waren entscheidend für den Schutz der Vertraulichkeit und Integrität digitaler Bargeldsysteme [30]. Darüber hinaus stellte die Entwicklung von privatsphäre-schutzenden Offline-Echtgeldsystemen die Vorstellung in Frage, dass solche Systeme auf Blindunterschriften- ausstellungsprotokollen basieren müssen, wie von Brands hervorgehoben [31]. Diese Forschung widerlegte den weit verbreiteten Glauben und betonte die Bedeutung unterschiedlicher kryptografischer Ansätze für die Sicherstellung der Privatsphäre und Sicherheit elektronischer Bargeldsysteme [31].

Insgesamt erlebte die Pre-Internet-Ära der 1980er und frühen 1990er Jahre eine transformative Phase in der Entwicklung von digitalen Bargeldsystemen und kryptografischen Protokollen. Visionäre wie David Chaum und Pionierunternehmen wie DigiCash legten den Grundstein für sichere und anonyme digitale Transaktionen und prägten die Zukunft der finanziellen Privatsphäre und Sicherheit im digitalen Zeitalter.

Die 1990er Jahre und die frühen 2000er Jahre sahen das Aufkommen bahnbrechender digitaler Währungsinitiativen wie DigiCash und CyberCash, die Herausforderungen gegenüberstanden, die zu ihrer Schließung führten. Diese frühen Unternehmungen verdeutlichten die erheblichen Hürden bei der Integration digitaler Währungen in traditionelle Finanzsysteme und der Gewinnung einer breiten Akzeptanz bei den Verbrauchern. Regulatorische Unsicherheiten, technologische Einschränkungen und die Marktrezeption waren bedeutende Hindernisse in dieser Zeit [32].

Das Konzept des digitalen Geldes ist älter als Bitcoin und reicht zurück bis in die 1980er und 1990er Jahre, beispielhaft durch Projekte wie David Chaums DigiCash und Wei Dais b-money [32]. Diese frühen Experimente legten den Grundstein für die Entwicklung digitaler Währungen und betonten die Komplexität, die mit der Etablierung dieser innovativen Formen finanzieller Transaktionen innerhalb bestehender Rahmenbedingungen verbunden ist.

Mit der Weiterentwicklung digitaler Währungen untersuchte die Forschung deren Merkmale, Funktionen und potenzielle Auswirkungen auf die Finanzlandschaft. Studien haben digitale Währungen mit traditionellen Fiat-Währungen verglichen und die Vor- und Nachteile hervorgehoben, die in diesen neuen Formen des monetären Austauschs inhärent sind [33]. Das Verständnis dieser Unterschiede ist entscheidend für Entscheidungsträger, Finanzinstitute und Verbraucher, die sich in der sich wandelnden Landschaft der digitalen Finanzen zurechtfinden müssen.

Die Entwicklung digitaler Währungen war nicht ohne Herausforderungen. Probleme wie Datensicherheit und Verwundbarkeiten gegenüber Cyberangriffen wurden untersucht, was die Bedeutung des Schutzes digitaler Vermögenswerte in einem zunehmend vernetzten Finanzökosystem unterstreicht [34]. Die Bewältigung dieser Sicherheitsbedenken ist entscheidend, um Vertrauen und Zuversicht in digitale Währungssysteme aufzubauen.

Darüber hinaus hat der Aufstieg digitaler Währungen Diskussionen über ihre Auswirkungen auf wirtschaftliche Sanktionen und regulatorische Rahmenbedingungen angestoßen. Die dezentrale Natur von Kryptowährungen hat Bedenken hinsichtlich möglicher Risiken der Umgehung von Sanktionen aufgeworfen, was zu unterschiedlichen regulatorischen Ansätzen weltweit geführt hat [35]. Die Balance zwischen Innovation und regulatorischer Aufsicht ist eine wesentliche Überlegung in der fortlaufenden Entwicklung digitaler Währungen.

Im Mittelpunkt der Diskussionen über digitale Währungen steht die Rolle der Zentralbanken und ihre mögliche Ausgabe digitaler Währungen. Die Einführung von Zentralbank-Digitalwährungen (CBDCs) hat Debatten über ihre Auswirkungen auf bestehende Kryptowährungen und die breitere Finanzlandschaft ausgelöst [36]. Das Verständnis der Dynamik zwischen CBDCs und privaten digitalen Währungen ist entscheidend, um potenzielle Veränderungen im Währungssystem vorherzusehen.

Die Akzeptanz digitaler Währungen wurde in verschiedenen Regionen untersucht und bietet Einblicke in die unterschiedlichen Treiber, Herausforderungen und Erfolgsgeschichten in verschiedenen Kontexten. Forschung hat die Akzeptanz digitaler Währungen in Afrika untersucht und einzigartige Perspektiven auf die globale Landschaft der digitalen Finanzen geboten [37]. Diese Analysen bieten wertvolle Einblicke in die vielfältigen Wege der Integration digitaler Währungen weltweit.

Zudem war die Schnittstelle zwischen digitalen Währungen und finanzieller Inklusion ein wesentlicher Forschungsschwerpunkt. Wissenschaftler haben untersucht, wie digitale Währungen der Zentralbanken den Zugang zu Finanzdienstleistungen für benachteiligte Bevölkerungsgruppen verbessern könnten [36]. Durch die Untersuchung des Zusammenhangs zwischen digitalen Währungen und finanzieller Inklusion zielen

Forscher darauf ab, Wege zu finden, diese Technologien zu nutzen, um wirtschaftliche Ungleichheiten zu überwinden.

Im Kontext des sich wandelnden Währungssystems hat das Aufkommen digitaler Währungen zu Überlegungen über ihre Auswirkungen auf traditionelle Bankensektoren geführt. Studien haben analysiert, wie digitale Währungen die Bankbetriebsabläufe in Europa beeinflussen, und dabei das transformative Potenzial dieser Technologien hervorgehoben [38]. Das Verständnis der Auswirkungen digitaler Währungen auf Bankinstitute ist entscheidend für die Navigation im sich verändernden Finanzumfeld.

Mit dem Aufschwung digitaler Währungen sind die Diskussionen über ihre rechtliche Steuerung und regulatorischen Rahmenbedingungen zunehmend relevant geworden. Wissenschaftler haben die Notwendigkeit betont, klare rechtliche Rahmenbedingungen für digitale Währungen zu schaffen, um Risiken wie Geldwäsche und Datenmissbrauch zu mindern [39]. Die Entwicklung robuster Regulierungsmechanismen ist essenziell für die Schaffung eines sicheren und stabilen Umfelds für digitale Finanztransaktionen.

Die Periode von den 1990er Jahren bis Anfang der 2000er Jahre erlebte die frühen Phasen der Entwicklung digitaler Währungen, die durch Innovation und Herausforderungen geprägt waren. Die Erfahrungen von Pionierunternehmen wie DigiCash und CyberCash legten den Grundstein für nachfolgende Fortschritte im Bereich digitaler Finanzen. Während Forscher die Feinheiten digitaler Währungen erforschen, wird es entscheidend sein, Fragen im Zusammenhang mit Regulierung, Sicherheit und Akzeptanz zu adressieren, um die zukünftige Entwicklung von Finanzsystemen zu gestalten.

Das Aufkommen von Bitcoin im Jahr 2008 markierte einen bedeutenden Meilenstein im Bereich der digitalen Währungen und der Blockchain-Technologie. Satoshi Nakamoto stellte Bitcoin durch ein Whitepaper vor, das ein dezentrales digitales Währungssystem skizzierte [40]. Dieses System nutzte die Blockchain-Technologie, um Peer-to-Peer-Transaktionen ohne die Notwendigkeit von Vermittlern wie Banken zu ermöglichen [41]. Die Veröffentlichung dieses Whitepapers war ein wegweisender Moment, der die Grundlage für die erste Bitcoin-Transaktion im Januar 2009 schuf, die die Bitcoin-Blockchain initiierte und die Ausgabe von Bitcoins als ihre native Kryptowährung einleitete [42].

Das Whitepaper von Nakamoto beschrieb Bitcoin als ein Peer-to-Peer-Cash-System, bei dem ein Netzwerk von Knoten Transaktionen verifiziert, um doppelte Ausgaben zu verhindern, und legte damit die Grundlage für die dezentrale und vertrauenslose Natur von Bitcoin-Transaktionen [41]. Dieses innovative Konzept eines dezentralen, verteilten und kryptografisch gesicherten Ledgers bildete die Basis von Bitcoin und nachfolgenden blockchain-basierten Systemen [40]. Das Whitepaper führte ein Protokoll mit robuster kryptografischer Sicherheit ein und markierte die Geburt von Bitcoin als bahnbrechende digitale Währung [40].

Die Auswirkungen des Whitepapers von Nakamoto reichten über die Schaffung von Bitcoin hinaus und beeinflussten die breitere Akzeptanz der Blockchain-Technologie in verschiedenen Sektoren. Das Whitepaper führte nicht nur Bitcoin ein, sondern katalysierte auch die Entwicklung der Blockchain-Technologie, die inzwischen in Bereichen wie Landwirtschaft, Finanzen und Lieferkettenmanagement Anwendung gefunden hat [43]. Der Erfolg von Bitcoin als erste Anwendung der Blockchain-Technologie führte zu Debatten in den Banken- und Finanzsektoren, wobei einige ihn als möglichen Nachfolger traditioneller Fiat-Währungssysteme betrachteten [44].

Die Veröffentlichung des Bitcoin-Whitepapers im Jahr 2008 durch Satoshi Nakamoto ebnete den Weg für die Entwicklung der Blockchain-Technologie, die sich zu einer weit verbreiteten Innovation in der modernen Gesellschaft entwickelt hat [45]. Das architektonische Design der Blockchain, gekennzeichnet durch verteilte und verschlüsselte Datenspeicherung, ermöglichte sichere und transparente Transaktionen in verschiedenen Branchen [42]. Die dezentrale Natur der Blockchain-Technologie führte zur Schaffung vielfältiger Anwendungen über Kryptowährungen hinaus, einschließlich Smart Contracts, dezentraler Finanzen und Lieferkettenmanagementsystemen [46].

Darüber hinaus legte das Whitepaper den Schwerpunkt auf Dezentralisierung, Vertrauenslosigkeit und kryptografische Sicherheit und bildete damit die Grundlage für das Aufkommen neuer blockchain-basierter Systeme und Kryptowährungen [40]. Die im Whitepaper von Nakamoto skizzierten Prinzipien beeinflussten die Governance- und Kontrollmechanismen der Blockchain-Technologie und prägten ihre Anwendungen in Sektoren wie Gesundheitswesen, Energie und E-Commerce [47]. Die innovativen Konzepte des Whitepapers trieben die Entwicklung der Blockchain-Technologie voran und ermöglichten eine verbesserte Dezentralisierung und Sicherheit in Web 3.0-Anwen dungen [48].

Die Veröffentlichung des Bitcoin-Whitepapers im Jahr 2008 durch Satoshi Nakamoto war ein wegweisender Moment, der die Welt in ein dezentrales digitales Währungssystem einführte, das durch Blockchain-Technologie unterstützt wird. Dieses Ereignis führte nicht nur zur Schaffung von Bitcoin, sondern auch zur weitverbreiteten Akzeptanz der Blockchain-Technologie in verschiedenen Branchen und revolutionierte die Art und

Weise, wie Transaktionen durchgeführt und Daten gesichert werden. Das Whitepaper von Nakamoto legte die Grundlage für eine neue Ära von dezentralen, vertrauenslosen und transparenten Systemen, die weiterhin die digitale Landschaft prägen.

Die 2010er Jahre markierten eine bedeutende Phase in der Welt der Kryptowährungen mit dem Aufkommen alternativer Kryptowährungen, allgemein als Altcoins bekannt, nach dem Erfolg von Bitcoin. Diese Altcoins, wie Litecoin, Ripple und Ethereum, brachten verschiedene Innovationen hervor, die darauf abzielten, die Einschränkungen von Bitcoin zu verbessern. Beispielsweise revolutionierte Ethereum, das 2015 eingeführt wurde, die Landschaft, indem es Smart Contracts einführte, die Selbstvollzugsverträge mit den Vertragsbedingungen direkt im Code geschrieben sind. Diese Innovation ebnete den Weg für dezentrale Anwendungen (dApps) und die Tokenisierung von Vermögenswerten, wodurch die Nützlichkeit der Blockchain-Technologie über eine digitale Währung hinaus erweitert wurde [49].

Insbesondere spielte Ethereum eine entscheidende Rolle bei der Weiterentwicklung der Blockchain-Technologie, indem es eine Turing-vollständige Programmiersprache namens Solidity für die Entwicklung von Smart Contracts anbot. Diese Sprache ermöglichte es Entwicklern, komplexe Vereinbarungen und Anwendungen zu erstellen, die automatisch auf der Blockchain ausgeführt werden konnten, wodurch die Effizienz und Sicherheit von Transaktionen verbessert wurden [49]. Die Einführung von Smart Contracts auf der Ethereum-Plattform stellte einen bedeutenden Fortschritt in der Evolution von Kryptowährungen dar und ermöglichte die Entwicklung einer Vielzahl von dezentralen Anwendungen auf ihrem Netzwerk.

Smart Contracts, wie sie auf Plattformen wie Ethereum implementiert sind, sind im Wesentlichen Selbstvollzugsverträge, bei denen die Vertragsbedingungen direkt in Codezeilen geschrieben sind. Diese Verträge setzen die Bedingungen der Vereinbarung automatisch durch und führen sie aus, wenn vordefinierte Bedingungen erfüllt sind, wodurch die Notwendigkeit von Vermittlern entfällt und die Sicherheit und Transparenz von Transaktionen verbessert werden [50]. Die dezentrale Natur von Smart Contracts stellt sicher, dass Transaktions- und Vertragsinformationen offen, transparent und manipulationssicher sind, was zu einem vertrauenswürdigeren und effizienteren System beiträgt [51].

Der Aufstieg von Ethereum und dessen Smart-Contract-Fähigkeiten führte zu einem Anstieg der Forschung und Entwicklung, die sich auf die Analyse und Verbesserung der Sicherheit und Funktionalität dieser Verträge konzentriert. Verschiedene Studien wurden durchgeführt, um die Schwachstellen und Risiken von Smart Contracts zu bewerten, mit dem Ziel, ihre Widerstandsfähigkeit gegen Angriffe und Ausnutzungen zu verbessern [52]. Darüber hinaus wurden Werkzeuge wie SolidityCheck entwickelt, um potenzielle Probleme in Smart Contracts mithilfe von regulären Ausdrücken schnell zu erkennen, was die Bedeutung der Gewährleistung der Robustheit dieser automatisierten Vereinbarungen unterstreicht [53].

Des Weiteren sind die wirtschaftlichen Implikationen von Smart Contracts, insbesondere im Kontext von Ethereum, von Interesse. Die Ausführung von Smart Contracts auf der Ethereum-Blockchain verursacht Kosten in Form von Gas, einer Einheit, die verwendet wird, um den Rechenaufwand zur Verarbeitung von Transaktionen zu messen. Das Verständnis der ökonomischen Aspekte von Smart Contracts ist entscheidend für die Optimierung ihrer Effizienz und die kosteneffiziente Nutzung von Blockchain-Ressourcen [54].

Im Bereich der Sicherheit standen die Integrität und der Schutz von Smart Contracts im Mittelpunkt der Forschung. Werkzeuge wie ContractGuard wurden entwickelt, um Ethereum-Smart Contracts durch die Integration von Intrusion-Detection-Mechanismen zu verteidigen und sie vor potenziellen Bedrohungen und Schwachstellen zu schützen [55]. Die Gewährleistung der Sicherheit von Smart Contracts ist entscheidend für das Vertrauen und die Zuverlässigkeit von blockchain-basierten Anwendungen und Transaktionen.

Darüber hinaus wurden die Leistung und Skalierbarkeit von Blockchain-Plattformen, die Smart Contracts unterstützen, wie Ethereum, untersucht. Studien wurden durchgeführt, um die Effizienz von blockchain-basierten Smart Grids zu analysieren und Implementierungen auf Plattformen wie Ethereum und Hyperledger zu vergleichen, mit dem Ziel, die Funktionalität und Benutzerfreundlichkeit von Smart Contract-Anwendungen zu verbessern [56]. Die Verbesserung der Leistung von Blockchain-Netzwerken ist wesentlich, um die breite Akzeptanz dezentraler Anwendungen zu ermöglichen und nahtlose Benutzererfahrungen sicherzustellen.

Die Expansion alternativer Kryptowährungen und die Einführung von Smart Contracts in den 2010er Jahren haben die Landschaft der Blockchain-Technologie erheblich verändert. Plattformen wie Ethereum haben Innovationen hervorgebracht, die über traditionelle digitale Währungen hinausgehen und die Entwicklung dezentraler Anwendungen und automatisierter Vereinbarungen ermöglichen, die Sicherheit, Transparenz und Effizienz bei Transaktionen verbessern. Die Forschungs- und

Entwicklungsbemühungen im Bereich Smart Contracts unterstreichen die Bedeutung der kontinuierlichen Verbesserung ihrer Sicherheit, Leistung und wirtschaftlichen Tragfähigkeit, um das volle Potenzial der Blockchain-Technologie in den kommenden Jahren auszuschöpfen.

Die Zeitspanne von 2017 bis zur Gegenwart hat tatsächlich zu einem Anstieg des Mainstream-Interesses an Kryptowährungen geführt, was zu einem signifikanten Marktwachstum und der Einführung zahlreicher neuer digitaler Vermögenswerte durch Initial Coin Offerings (ICOs) geführt hat [57]. Dieses gesteigerte Interesse hat nicht nur zu erheblichen globalen Investitionen geführt, sondern auch Regierungen und Finanzaufsichtsbehörden weltweit dazu veranlasst, regulatorische Rahmenbedingungen zur Überwachung des expandierenden Krypto-Markts zu entwickeln [57]. Regulierungsbehörden stehen vor der Herausforderung, Innovationen im Bereich Kryptowährungen mit Bedenken hinsichtlich des Verbraucherschutzes, der finanziellen Stabilität und der Verhinderung illegaler Aktivitäten in Einklang zu bringen [57].

Die akademische Forschung hat sich überwiegend auf regulatorische Aspekte und ICOs konzentriert, während Branchenartikel mehr Gewicht auf Börsen und Kryptowährungen selbst gelegt haben [57]. Der Aufstieg von Kryptowährungen hat Sorgen über potenzielle illegale Aktivitäten, insbesondere Geldwäsche, aufgeworfen, was zu unterschiedlichen regulatorischen Reaktionen geführt hat, von völligen Verboten bis hin zu integrativeren Ansätzen, die Kryptowährungen in bestehende Finanzregulierungsrahmen einbinden [58]. Die Notwendigkeit eines umfassenden regulatorischen Rahmens für Kryptowährungen, einschließlich populärer Optionen wie Bitcoin und Ethereum, wird zunehmend deutlich [59].

Regulatorische Rahmenbedingungen spielen eine entscheidende Rolle bei der Gestaltung der Akzeptanz und Nutzung von Kryptowährungen, indem sie Klarheit darüber bieten, wie Transaktionen den gesetzlichen Grenzen traditioneller Fiat-Währungen entsprechen sollten [60]. Inkonsistenzen in den Vorschriften können Unsicherheit bei den Nutzern schaffen und die breite Akzeptanz von Kryptowährungen behindern [14]. Trotz der dezentralen Natur von Kryptowährungen beteiligen sich Regierungen und Regulierungsbehörden aktiv an Diskussionen zur Schaffung geeigneter Rahmenbedingungen, die Compliance sicherstellen und Risiken im Zusammenhang mit digitalen Vermögenswerten mindern [61].

Die regulatorische Landschaft hinsichtlich Kryptowährungen variiert erheblich zwischen verschiedenen Jurisdiktionen, wobei einige Länder strenge Vorschriften zur

Bekämpfung von Geldwäsche und Terrorismusfinanzierung befürworten, während andere flexiblere Ansätze erkunden, um dem sich entwickelnden Krypto-Markt Rechnung zu tragen [62]. Die dynamische Natur und hohe Volatilität des Kryptowährungsmarktes unterstreichen die Bedeutung regulatorischer Eingriffe zum Schutz der Investoren und zur Aufrechterhaltung der Marktstabilität [63]. Darüber hinaus hat das Aufkommen neuer digitaler Vermögenswerte wie Ethereum, Litecoin und Dogecoin die Notwendigkeit für regulatorische Klarheit und Aufsicht weiter betont [63].

Da sich der Kryptowährungsmarkt weiterentwickelt, wächst das Bewusstsein für die Notwendigkeit regulatorischer Rahmenbedingungen, die nicht nur die einzigartigen Merkmale digitaler Vermögenswerte berücksichtigen, sondern auch mit bestehenden rechtlichen Rahmenbedingungen im Zusammenhang mit Betrug und Insiderhandel in Einklang stehen [64]. Die Entwicklung ethischer Rahmenbedingungen für verantwortungsvolle KI- und maschinelles Lernen-Anwendungen im Kryptowährungshandel spiegelt eine umfassendere Anstrengung wider, die Integrität und Transparenz von Transaktionen mit digitalen Vermögenswerten sicherzustellen [64]. Durch die Synthese vorhandener Literatur und Erkenntnisse von Regulierungsfachleuten können Entscheidungsträger bestrebt sein, robuste regulatorische Rahmenbedingungen zu schaffen, die Innovationen fördern und gleichzeitig Investoren schützen und die Marktintegrität wahren [65].

Das gesteigerte Mainstream-Interesse und die Regulierung von Kryptowährungen seit 2017 haben eine signifikante Transformation der Finanzlandschaft markiert, die Regierungen, Regulierungsbehörden und Forscher dazu veranlasst hat, sich mit den Herausforderungen und Chancen der digitalen Vermögenswerte auseinanderzusetzen. Die Schaffung klarer und umfassender regulatorischer Rahmenbedingungen ist entscheidend, um das nachhaltige Wachstum und die Integrität des Kryptowährungsmarktes sicherzustellen, während Bedenken im Zusammenhang mit Verbraucherschutz, finanzieller Stabilität und illegalen Aktivitäten berücksichtigt werden.

Zentralbank-Digitalwährungen (CBDCs) haben weltweit erhebliche Aufmerksamkeit erlangt, insbesondere durch den Anstieg der Beliebtheit von Kryptowährungen. Diese digitalen Repräsentationen von Staatswährungen werden von Zentralbanken weltweit erforscht, um Blockchain-Technologie zur Verbesserung von Zahlungssystemen und Aktualisierung von Finanzinfrastrukturen zu nutzen, während regulatorische Aufsicht und Stabilität gewährleistet werden [66]. Während viele Länder noch in den Pilot- und Forschungsphasen der CBDC-Implementierung sind, haben einige einkommensstarke Nationen begonnen, diese digitalen Währungen vorsichtig in ihre Wirtschaft zu integrieren [67].

Forschung bestätigt, dass CBDCs im Wesentlichen digitale Versionen von nationalen Währungen sind, die von Zentralbanken ausgegeben werden, mit einer Recheneinheit, die der jeweiligen nationalen Währung entspricht [68]. Das Hauptziel der CBDC-Entwicklung besteht darin, potenzielle Bedrohungen durch die Ausgabe digitaler Währungen durch den privaten Sektor für die Geldpolitik und die Stabilität der Finanzmärkte zu adressieren. Zentralbanken untersuchen CBDCs als Mittel zur Wahrung der Stabilität der Finanzmärkte, zur Aufrechterhaltung der Wirksamkeit der Geldpolitik und zur Bekämpfung von Risiken [69]. Diese digitalen Währungen gelten als Verbindlichkeiten der Zentralbank, die Zahlungen erleichtern können, Vorteile wie die Reduzierung von Quellen finanzieller Instabilität, die Verbesserung der Effizienz und Sicherheit von Zahlungssystemen sowie die Abschreckung von Steuerhinterziehung und illegalen Aktivitäten bieten [70].

Die Erforschung von CBDCs ist ein weltweiter Trend, bei dem Zentralbanken weltweit die Ausgabe dieser digitalen Währungen in Erwägung ziehen. Die potenziellen Vorteile von CBDCs umfassen die Verbesserung der Geldnachfrage, die Optimierung von Zahlungssystemen, die Erweiterung des Geldmultiplikatoreffekts und die direkte Beeinflussung der Wirksamkeit der Geldpolitik [71]. Darüber hinaus wird die Einführung von CBDCs als unvermeidliche Weiterentwicklung im Bereich der digitalen Finanzen angesehen, die durch die zunehmende Digitalisierung erforderlich wird [72].

Ein entscheidender Aspekt im Zusammenhang mit CBDCs ist deren Einfluss auf die finanzielle Inklusion. Studien deuten darauf hin, dass zinstragende CBDCs die Bargeldnachfrage verringern, die finanzielle Inklusion fördern und das Halten von digitaler Zentralbankwährung ohne ein traditionelles Bankkonto ermöglichen könnten [73]. Darüber hinaus haben CBDCs das Potenzial, verbesserte Zahlungsmöglichkeiten für Finanztransaktionen in der Kreislaufwirtschaft zu bieten, wodurch eine größere finanzielle Inklusion für unbankierte Personen gefördert und notleidenden Unternehmen in der Kreislaufwirtschaft geholfen wird [74].

Obwohl CBDCs Versprechen in Bezug auf die Verbesserung der Finanzsysteme und der Inklusivität bieten, gibt es Herausforderungen und Überlegungen. Risiken im Zusammenhang mit der Implementierung von CBDCs umfassen Governance-Probleme, regulatorische Herausforderungen, Interoperabilitätsbedenken für grenzüberschreitende Zahlungen und potenzielle Auswirkungen auf die Geldregulierung [75]. Zentralbanken sind verantwortlich für die Schaffung von Governance-Rahmenwerken für CB-DCs, um eine effektive Regulierung sicherzustellen und die damit verbundenen Risiken zu mindern [76].

Die Erforschung und Entwicklung von Zentralbank-Digitalwährungen (CBDCs) markiert einen bedeutenden Wandel in der globalen Finanzlandschaft. Diese digitalen Repräsentationen von Staatswährungen haben das Potenzial, Zahlungssysteme zu transformieren, die finanzielle Inklusion zu verbessern und geldpolitische Rahmenbedingungen zu modernisieren. Die Integration von CBDCs in nationale Volkswirtschaften erfordert jedoch eine sorgfältige Betrachtung regulatorischer, Governance- und Interoperabilitätsaspekte, um eine erfolgreiche Implementierung und Risikominderung sicherzustellen.

Kryptowährungen entwickeln sich kontinuierlich weiter, angetrieben durch technologische Fortschritte wie dezentrale Finanzanwendungen (DeFi), Stablecoins, die an traditionelle Währungen gekoppelt sind, und verbesserte Skalierungslösungen [77]. Der Einstieg institutioneller Investoren, Finanzinstitute und Technologie-Giganten in den Krypto-Bereich trägt Kapital, Glaubwürdigkeit und Infrastruktur bei, die eine breitere Akzeptanz und Marktreife vorantreiben könnten [77]. Trotz dieser Fortschritte bestehen Herausforderungen, einschließlich regulatorischer Unsicherheiten, Cybersecurity-Risiken und Umweltbedenken im Zusammenhang mit energieintensiven Mining-Praktiken [77]. Das Versprechen digitaler Währungen liegt jedoch in ihrem Potenzial für finanzielle Inklusion, der Erleichterung grenzüberschreitender Zahlungen und der Förderung transformativer Innovationen im globalen Finanzwesen [77].

Die Entwicklung und Einführung von Layer-Two-Lösungen werden als bedeutender Trend zur Verbesserung der Skalierbarkeit und Effizienz von Blockchain-Netzwerken identifiziert [78]. Diese Lösungen spielen eine entscheidende Rolle bei der Bewältigung der Skalierungsherausforderungen von Blockchain-Technologien und machen sie für den breiten Einsatz praktikabler [78]. Darüber hinaus wird erwartet, dass das wachsende Interesse an nachhaltigen Blockchain-Lösungen und die potenziellen Auswirkungen von Zentralbank-Digitalwährungen die Zukunft des Kryptowährungs-Ökosystems weiter prägen [77].

Blockchain-Technologie, die Grundlage von Kryptowährungen wie Bitcoin, basiert auf dezentralen Prinzipien und kryptografischen Konzepten, um sichere und zuverlässige dezentrale Lösungen zu bieten [79]. Die dezentrale Natur der Blockchain, aufrechterhalten durch Proof-of-Work, gewährleistet nicht nur die Integrität der Transaktionen, sondern dient auch der Generierung des Geldangebots in Kryptowährungen [79]. Jüngste Fortschritte in der Blockchain-Technologie haben vielversprechende Entwicklungen in verschiedenen Sektoren gezeigt, darunter Patientenversorgung und Informationsmanagement im Gesundheitswesen [80].

Der Aufstieg digitaler Währungen und der zugrunde liegenden Blockchain-Technologie hat erhebliche Aufmerksamkeit in verschiedenen Sektoren auf sich gezogen, was auf ein wachsendes Interesse an den potenziellen Anwendungen und Vorteilen dieser Innovationen hinweist [81]. Blockchain-basierte dezentrale Kryptowährungen sind in den letzten Jahren zu einem zentralen Punkt des Interesses und der Anwendung geworden, was die zunehmende Relevanz und Akzeptanz dieser Technologie widerspiegelt [82]. Dezentrale Anwendungen (DApps), die auf Blockchains basieren, bieten verteilte vertrauenswürdige Anwendungen, die die Sicherheit und Transparenz der Blockchain-Technologie nutzen [83].

Kryptographie bildet die grundlegende Basis der Blockchain-Technologie und gewährleistet die Sicherheit und Integrität dezentraler Systeme [84]. Innovationen wie anonyme Zahlungskanäle auf Basis von Zk-SNARKs zielen darauf ab, die Transaktionsgeschwindigkeiten in Kryptowährungen zu verbessern und Hochfrequenztransaktionen auf globaler Ebene zu ermöglichen [85]. Die Integration der Kryptographie in Blockchain-Systeme ist entscheidend, um die Privatsphäre und Sicherheit von Transaktionen zu gewährleisten, insbesondere in Szenarien wie sicheren E-Voting-Systemen [86].

Bemühungen zur Bewältigung von Skalierbarkeitsproblemen in Blockchain-Systemen haben zur Erkundung von Lösungen wie Sharding, kooperativen Mining-Systemen und nachfragegesteuerten Zahlungskanalnetzwerken geführt [87-89]. Diese Ansätze zielen darauf ab, die Skalierbarkeit und Effizienz von Blockchain-Netzwerken zu verbessern, um größere Transaktionsvolumina und unterschiedliche Anwendungsbereiche zu bewältigen [87-89]. Darüber hinaus unterstreicht die Forschung zu Blockchain-Speicherung, -Skalierbarkeit und -Verfügbarkeit die Bedeutung dieser Aspekte für die Robustheit und Nachhaltigkeit von Blockchain-Systemen [90].

Mit der wachsenden Akzeptanz von Kryptowährungen wird die Skalierbarkeit von Blockchain-Technologien zunehmend entscheidend für ihre breite Akzeptanz und Nützlichkeit [91]. Die Skalierbarkeitsherausforderungen, mit denen Blockchain-Systeme konfrontiert sind, werden durch verschiedene Mechanismen angegangen, darunter Off-Chain-Transaktionen, Zahlungskanalnetzwerke und Sharding-Techniken [91-93]. Diese Lösungen zielen darauf ab, die Leistung und Skalierbarkeit von Blockchain-Netzwerken zu verbessern, um sie effizienter und anpassungsfähiger an sich entwickelnde Anforderungen zu machen [91-93].

Die potenziellen Anwendungen der Blockchain-Technologie reichen über Kryptowährungen hinaus in Bereiche wie Lieferkettenmanagement, Genomik und Integration des Internets der Dinge (IoT) [94-96]. Die Rolle der Blockchain bei der Verbesserung der Rückverfolgbarkeit, Sicherheit und Transparenz in Lieferketten hat sie als transformative Technologie für moderne Lieferkettenoperationen positioniert [94]. Darüber hinaus unterstreicht die Integration der Blockchain in Genomik- und IoT-Systeme ihre Vielseitigkeit und ihr Potenzial, verschiedene Branchen zu revolutionieren [95, 96].

Die aktuellen Trends in Kryptowährungen und Blockchain-Technologie spiegeln eine dynamische Landschaft wider, die durch fortlaufende Innovationen, zunehmendes institutionelles Engagement und einen Fokus auf Skalierbarkeits- und Effizienzverbesserungen geprägt ist. Während Herausforderungen wie regulatorische Unsicherheiten und Cybersecurity-Risiken bestehen bleiben, bleibt das transformative Potenzial digitaler Währungen zur Förderung finanzieller Inklusion und zur Förderung globaler Finanzinnovationen vielversprechend. Die zukünftige Perspektive für Kryptowährungen und Blockchain-Technologie hängt von kontinuierlichen Fortschritten bei Skalierungslösungen, nachhaltigen Blockchain-Praktiken und der Erkundung neuer Anwendungen in verschiedenen Sektoren ab.

2

Dezentralisierung, Blockchain und Kryptographie

Dezentralisierung

Dezentralisierung im Kontext von Kryptowährungen bezieht sich auf das grundlegende Prinzip, das vielen Kryptowährungen wie Bitcoin und Ethereum zugrunde liegt. Es umfasst mehrere Schlüsselaspekte, die diese digitalen Währungen von traditionellen zentralisierten Finanzsystemen unterscheiden:

Wichtige Aspekte der Dezentralisierung in Kryptowährungen:

- **Dezentrales Hauptbuch (Blockchain):** Kryptowährungen arbeiten auf dezentralen Hauptbüchern, die typischerweise als Blockchains bekannt sind. Eine Blockchain ist eine verteilte Datenbank, die von einem Netzwerk von Computern (Knoten) weltweit gepflegt wird. Jeder Knoten speichert eine Kopie der gesamten Blockchain, und alle Knoten arbeiten zusammen, um Transaktionen in Blöcken zu validieren und aufzuzeichnen.

- **Peer-to-Peer-Transaktionen:** Kryptowährungen ermöglichen direkte Peer-to-Peer-Transaktionen ohne Vermittler wie Banken. Benutzer können

Gelder direkt über das Netzwerk aneinander übertragen, ohne auf eine zentrale Autorität angewiesen zu sein, um Transaktionen zu erleichtern oder zu überprüfen. Diese Dezentralisierung reduziert die Transaktionskosten und eliminiert die Notwendigkeit traditioneller Finanzinstitute.

- **Konsensmechanismen:** Dezentrale Konsensmechanismen gewährleisten die Einigung unter den Netzwerkteilnehmern über die Gültigkeit von Transaktionen und den Zustand des Hauptbuchs. Bitcoin verwendet beispielsweise Proof of Work (PoW), bei dem Miner konkurrieren, um komplexe mathematische Rätsel zu lösen, um neue Blöcke zur Blockchain hinzuzufügen. Ethereum wechselt zu Proof of Stake (PoS), bei dem Validatoren ausgewählt werden, um neue Blöcke basierend auf der Anzahl der von ihnen gehaltenen Coins zu erstellen.

- **Unveränderliche und transparente Transaktionen:** Transaktionen, die auf einer Blockchain aufgezeichnet werden, sind unveränderlich, das heißt, sie können nach der Bestätigung nicht mehr geändert oder gelöscht werden. Diese Transparenz stellt sicher, dass die gesamte Transaktionshistorie öffentlich überprüfbar ist, was das Vertrauen unter den Teilnehmern erhöht und das Risiko von Betrug oder Manipulation reduziert.

- **Zensurresistenz:** Dezentrale Kryptowährungen sind resistent gegen Zensur und Kontrolle durch eine einzelne Entität oder Regierung. Diese Eigenschaft ist besonders wertvoll in Regionen mit instabilen Finanzsystemen oder begrenztem Zugang zu traditionellen Bankdienstleistungen, wo Kryptowährungen finanzielle Freiheit und Inklusion bieten können.

Dezentralisierung in Kryptowährungen bedeutet eine wesentliche Abkehr von traditionellen Finanzsystemen, indem Kontrolle und Autorität über ein Netzwerk von Teilnehmern verteilt werden, anstatt Macht in einer zentralen Entität zu konzentrieren. Dieses transformative Konzept wird durch Kryptowährungen wie Bitcoin und Ethereum veranschaulicht, die auf dezentralen Hauptbüchern, bekannt als Blockchains, betrieben werden. Diese Blockchains sind verteilte Datenbanken, die weltweit von Knoten gewartet werden, wobei jeder Knoten eine vollständige Kopie des Hauptbuchs speichert, um Transparenz und Widerstandsfähigkeit zu gewährleisten [97]. Transaktionen innerhalb dieser Kryptowährungen werden in Blöcken gruppiert, durch Konsensmechanismen validiert und chronologisch zur Kette hinzugefügt, wodurch die Notwendigkeit einer zentralen Autorität zur Verwaltung von Transaktionsaufzeichnungen entfällt und Datenintegrität und -sicherheit durch kryptografische Techniken gewährleistet werden [97].

Ein wesentlicher Aspekt der Dezentralisierung in Kryptowährungen ist die Ermöglichung von Peer-to-Peer-Transaktionen, die es den Benutzern erlaubt, direkte Transaktionen ohne Vermittler wie Banken durchzuführen. Diese direkte Interaktion durch kryptografische Schlüssel ermöglicht nahtlose und effiziente Geldtransfers weltweit, wodurch die traditionelle Bankeninfrastruktur umgangen und die Transaktionskosten im Zusammenhang mit Vermittlern gesenkt werden [97]. Darüber hinaus verlassen sich dezentrale Kryptowährungen auf Konsensmechanismen zur Validierung von Transaktionen und zur Wahrung der Integrität der Blockchain. Beispielsweise verwendet Bitcoin Proof of Work (PoW), bei dem Miner konkurrieren, um komplexe mathematische Rätsel zu lösen, um Transaktionen zu validieren und neue Blöcke zu erstellen, während Ethereum zu Proof of Stake (PoS) wechselt, bei dem Validatoren basierend auf der Menge an Kryptowährung, die sie halten, ausgewählt werden. Dies verbessert die Sicherheit und Effizienz, während der Energieverbrauch im Vergleich zu PoW reduziert wird [97].

Darüber hinaus sind die Unveränderlichkeit und Transparenz von auf einer Blockchain aufgezeichneten Transaktionen kritische Aspekte der Dezentralisierung in Kryptowährungen. Sobald Transaktionen bestätigt und auf der Blockchain aufgezeichnet sind, werden sie unveränderlich, das heißt, sie können nicht mehr verändert oder gelöscht werden. Diese Transparenz erhöht das Vertrauen unter den Teilnehmern, da die Transaktionshistorie öffentlich überprüfbar ist und das Risiko von Betrug oder Manipulation reduziert wird [97]. Zusätzlich zeigen dezentrale Kryptowährungen Widerstand gegen Zensur und Kontrolle durch eine einzelne Entität oder Regierung, was Personen in Regionen mit instabilen Finanzsystemen oder begrenztem Zugang zu traditionellen Bankdienstleistungen finanzielle Freiheit und Inklusion bietet [97].

Dezentralisierung in Kryptowährungen revolutioniert nicht nur Finanzsysteme, sondern bietet auch verschiedene Vorteile wie die Erweiterung der finanziellen Inklusion, die Förderung von Genehmigungsfreier Innovation, die Beseitigung der Notwendigkeit von Vermittlern, die Gewährleistung der Transaktionsunveränderlichkeit und die Ermöglichung der Zensurresistenz. Diese Vorteile werden in der Literatur hervorgehoben, wobei die positiven Auswirkungen der dezentralen Finanzen auf die globale Finanzlandschaft betont werden [98]. Darüber hinaus wurde die dezentrale Natur von Kryptowährungen wie Bitcoin mit der Unterstützung des Übergangs zu erneuerbaren Energien in Verbindung gebracht, was die breiteren Auswirkungen und Anwendungen dezentraler Systeme über Finanztransaktionen hinaus verdeutlicht [99].

Im Bereich der Blockchain-Technologie, die dezentrale Kryptowährungen untermauert, haben verschiedene Studien die Angriffsfläche der Blockchain untersucht und die Bedeutung effektiver Verteidigungsmaßnahmen zur Minderung von Schwachstellen und Angriffen hervorgehoben [97]. Darüber hinaus hat die Forschung die Sicherheitsanalyse von Kryptowährungen auf Basis der Blockchain-Technologie vertieft und die kritische Rolle der Blockchain bei der Aufrechterhaltung der Sicherheit und Integrität von Kryptowährungen betont [100]. Die Nutzung der Blockchain-Technologie hat sich über Kryptowährungen hinaus erstreckt, um intelligente Städte voranzutreiben und einen zuverlässigen und transparenten Datenaustausch ohne zentrale Administratoren zu ermöglichen [101].

Darüber hinaus hat die Entwicklung dezentraler Anwendungen (dApps die Möglichkeiten dezentraler Systeme erweitert und Aktivitäten wie Abstimmungssysteme und Finanzverwaltung innerhalb dezentraler autonomer Organisationen (DAOs) erleichtert [102]. Die Governance-Strukturen von dezentralen Finanzmarktinfrastrukturen, wie Bitcoin, wurden untersucht, um die dezentrale Natur dieser Systeme und ihre Bedeutung im Finanzbereich zu beleuchten [103]. Zusätzlich wurde das Potenzial der Nutzung öffentlicher Blockchains zur Umgehung von Zensur und Kommunikation im Internet der Dinge (IoT) erforscht, was die Vielseitigkeit und Anpassungsfähigkeit der Blockchain-Technologie in verschiedenen Bereichen verdeutlicht [104].

Vorteile der Dezentralisierung bei Kryptowährungen:

• **Sicherheit:** Dezentralisierung reduziert das Risiko von Einzelpunkten des Ausfalls und erhöht die Sicherheit von Transaktionen und Benutzergeldern. Angreifer müssten einen erheblichen Teil des Netzwerks kompromittieren, um Transaktionen zu manipulieren, was solche Angriffe wirtschaftlich unpraktisch macht.

• **Vertrauenslosigkeit:** Teilnehmer können interagieren und Transaktionen durchführen, ohne einander oder Drittanbieter-Intermediäre vertrauen zu müssen. Krypto-Protokolle und Konsensmechanismen gewährleisten, dass Transaktionen gültig und sicher sind, ohne Vertrauen in eine zentrale Autorität zu benötigen.

• **Globale Zugänglichkeit:** Jeder mit Internetzugang kann am Kryptowährungsnetzwerk teilnehmen, Gelder senden und empfangen sowie finanzielle Aktivitäten ohne geografische Einschränkungen oder die Notwendigkeit traditioneller Bankinfrastruktur durchführen.

Dezentralisierung bei Kryptowährungen bietet mehrere wesentliche Vorteile, die zur Sicherheit, Vertrauenslosigkeit und globalen Zugänglichkeit dieser digitalen Vermögenswerte beitragen. Ein bedeutender Vorteil der Dezentralisierung ist die erhöhte Sicherheit, die durch die Minderung des Risikos von Einzelpunkten des Ausfalls innerhalb des Netzwerks gewährleistet wird [105]. Diese dezentrale Struktur macht es für Angreifer wirtschaftlich unpraktisch und hochsicher, einen erheblichen Teil des Netzwerks zu kompromittieren, um Transaktionen zu manipulieren, wodurch Benutzergelder und die Integrität der Transaktionen geschützt werden [105]. Darüber hinaus fördert die Dezentralisierung die Vertrauenslosigkeit, indem sie es den Teilnehmern ermöglicht, Transaktionen durchzuführen, ohne einander oder Drittanbieter-Intermediäre vertrauen zu müssen [106]. Krypto-Protokolle und Konsensmechanismen gewährleisten die Gültigkeit und Sicherheit von Transaktionen, wodurch das Vertrauen in eine zentrale Autorität überflüssig wird und ein vertrauensloses Ökosystem gefördert wird [106].

Zudem erleichtert die Dezentralisierung in Kryptowährungsnetzwerken die globale Zugänglichkeit, sodass jeder mit Internetverbindung an finanziellen Aktivitäten teilnehmen kann, ohne geografische Einschränkungen oder Abhängigkeit von traditioneller Bankinfrastruktur [14]. Diese Inklusivität fördert die finanzielle Eigenverantwortung und wirtschaftliche Teilnahme auf globaler Ebene und demokratisiert den Zugang zu Finanzdienstleistungen und -möglichkeiten [14]. Die dezentrale Natur von Kryptowährungen wie Bitcoin, eingeführt von Satoshi Nakamoto im Jahr 2008, hat die Finanzlandschaft revolutioniert, indem sie eine sichere und dezentrale Alternative zu traditionellen zentralisierten Systemen bietet [107]. Das dezentrale Merkmal von Kryptowährungen wie Bitcoin stellt sicher, dass keine zentrale Autorität Steuern erheben kann, und bietet den Nutzern ein Maß an finanzieller Autonomie und Privatsphäre [108].

Während dezentrale Systeme zahlreiche Vorteile bieten, einschließlich erhöhter Sicherheit und globaler Zugänglichkeit, stehen sie auch vor Herausforderungen wie der Erkennung und Verhinderung betrügerischer Transaktionen [109]. Trotz dieser Herausforderungen treiben die Vorteile der Dezentralisierung bei Kryptowährungen, wie Prüfbarkeit, dezentrale Transaktionen und Anonymität, ihre Adoption und Nutzung in verschiedenen Sektoren weiter voran [110]. Die dezentrale Natur der Blockchain-Technologie beseitigt die Notwendigkeit von Intermediären und verbessert die Effizienz und

Sicherheit von Transaktionen [111]. Darüber hinaus bieten die Anonymität und Dezentralisierung von Kryptowährungen den Nutzern Vorteile, stellen jedoch auch Risiken für die individuelle digitale Souveränität und Privatsphäre dar, was das komplexe Zusammenspiel zwischen Vorteilen und Herausforderungen in dezentralen Systemen verdeutlicht [112].

Im Kontext der dezentralen Natur von Kryptowährungen spielt die Blockchain-Technologie, die diesen digitalen Vermögenswerten zugrunde liegt, eine entscheidende Rolle bei der Gewährleistung von Sicherheit, Transparenz und Dezentralisierung [113]. Das dezentrale Netzwerk der Blockchain-Technologie beseitigt die Notwendigkeit von Vertrauen in Dritte, reduziert das Risiko von Einzelpunkten des Ausfalls und bietet Vorteile wie niedrige Speicherkosten und hohe Durchsatzraten [114]. Die offene und dezentrale Natur der Blockchain-Technologie ermöglicht sichere und vertrauenswürdige Datenaustauschsysteme und verbessert weiter die Sicherheit und Integrität von Transaktionen in dezentralen Umgebungen [115]. Zudem tragen die dezentralen Identifikationssysteme, die von der Blockchain-Technologie bereitgestellt werden, zur Datensicherheit und Integrität bei und verstärken die Vorteile dezentraler Systeme bei der Sicherstellung von Vertrauen und Sicherheit [116].

Herausforderungen und Überlegungen:

- **Skalierbarkeit:** Einige dezentrale Kryptowährungen stehen vor Herausforderungen im Zusammenhang mit der Skalierbarkeit, insbesondere wenn das Transaktionsvolumen zunimmt. Innovationen wie Layer-2-Lösungen (z.B. Lightning Network für Bitcoin) zielen darauf ab, die Skalierbarkeit zu verbessern, ohne die Dezentralisierung zu gefährden.
- **Regulatorische Landschaft:** Regierungen und Regulierungsbehörden kämpfen damit, wie dezentrale Kryptowährungen reguliert werden können, und versuchen, Innovationen mit Bedenken wie finanzieller Stabilität, Verbraucherschutz und Maßnahmen zur Bekämpfung der Geldwäsche (AML) in Einklang zu bringen.
- **Energieverbrauch:** Konsensmechanismen wie Proof of Work, die von einigen Kryptowährungen wie Bitcoin verwendet werden, erfordern erhebliche Rechenleistung und Energieverbrauch. Dies hat Umweltbedenken aufgeworfen und Anstrengungen angestoßen, energieeffizientere Alternativen zu entwickeln.

Skalierbarkeit ist eine wesentliche Herausforderung für dezentrale Kryptowährungen, insbesondere wenn das Transaktionsvolumen steigt. Die Fähigkeit, ein hohes Transaktionsvolumen effizient zu bewältigen, ist entscheidend für die Benutzererfahrung [82]. Innovationen wie Layer-2-Lösungen, wie das Lightning Network für Bitcoin, wurden entwickelt, um Skalierbarkeitsprobleme zu bewältigen, während die Dezentralisierung erhalten bleibt [88]. Dennoch bleibt die Skalierbarkeit für viele Kryptowährungen eine bedeutende Herausforderung, die ihre Nutzbarkeit und Akzeptanz beeinträchtigt [117]. Maximale Durchsatzraten und Latenzzeiten sind Schlüsselkennzahlen, die direkt die Qualität der Benutzererfahrung beeinflussen [82]. Kooperative Mining-Systeme wurden vorgeschlagen, um die Skalierbarkeit zu verbessern, indem sie die Transaktionsdurchsatzrate erhöhen und die Latenz reduzieren, ohne die Dezentralisierung und Sicherheit zu gefährden [88].

In Bezug auf die Regulierung arbeiten Regierungen und Regulierungsbehörden daran, ein Gleichgewicht zwischen der Förderung von Innovationen bei dezentralen Kryptowährungen und der Bewältigung von Bedenken im Zusammenhang mit finanzieller Stabilität, Verbraucherschutz und Maßnahmen zur Bekämpfung der Geldwäsche zu finden [118]. Die regulatorische Landschaft rund um Kryptowährungen ist komplex, wobei verschiedene Interessengruppen zusammenarbeiten, um die Herausforderungen und Chancen zu bewältigen, die diese digitalen Vermögenswerte bieten [118]. Die internationale Durchsetzung von Kryptowährungs-Gesetzen erfordert kollaborative Lösungen zwischen Regulierungsbehörden, Strafverfolgungsbehörden und Branchenbeteiligten, um sicherzustellen, dass die Vorteile von Kryptowährungen realisiert werden, während die damit verbundenen Risiken gemildert werden [118]. Die Notwendigkeit einer Regulierung im Kryptowährungsbereich ist offensichtlich, da sie dazu beitragen kann, Verbraucher zu schützen, Betrug zu verhindern und die Stabilität der Finanzsysteme zu gewährleisten [119].

Der Energieverbrauch ist ein weiteres bedeutendes Problem, das einige Kryptowährungen betrifft, insbesondere solche, die auf Konsensmechanismen wie Proof of Work angewiesen sind, wie Bitcoin. Die Rechenleistung und Energie, die für Mining-Aktivitäten erforderlich sind, haben Umweltbedenken aufgeworfen und Anstrengungen angestoßen, energieeffizientere Alternativen zu entwickeln [82]. Die Umweltbelastungen, die mit dem Energieverbrauch von Kryptowährungen verbunden sind, stellen eine wachsende Sorge dar, die durch technologische Innovationen und regulatorische Maßnahmen angegangen werden muss [82]. Der hohe Energieverbrauch im Zusammenhang mit Proof-of-Work-Mechanismen stellt eine Herausforderung für die Nachhaltigkeit und Skalierbarkeit von Kryptowährungen dar [82].

Blockchain

Die Blockchain-Technologie ist eine transformative Innovation, die Kryptowährungen zugrunde liegt, indem sie eine sichere, transparente und dezentrale Methode zum Aufzeichnen und Validieren von Transaktionen bietet. Eine Blockchain ist eine verteilte Datenbank oder ein Hauptbuch, das über ein Netzwerk von Computern, auch Knoten genannt, geteilt wird. Während Blockchains vor allem für ihre Rolle in Kryptowährungssystemen bekannt sind, in denen sie ein sicheres und dezentrales Transaktionsprotokoll führen, erstrecken sich ihre Anwendungen über Kryptowährungen hinaus. Blockchains können auch in verschiedenen Branchen eingesetzt werden, um die Unveränderlichkeit von Daten sicherzustellen, was bedeutet, dass die Daten nach ihrer Eingabe nicht mehr geändert werden können [120].

Das grundlegende Prinzip einer Blockchain ist, dass einmal ein Block von Daten zur Kette hinzugefügt wird, er nicht mehr verändert werden kann. Diese Eigenschaft minimiert die Notwendigkeit für vertrauenswürdige Dritte wie Wirtschaftsprüfer oder Vermittler, die in der Regel Kosten verursachen und Fehler einführen können [120]. Vertrauen in eine Blockchain wird beim anfänglichen Daten-Eingabepunkt aufgebaut, anstatt durch laufende Verifizierungsprozesse.

Seit der Einführung von Bitcoin im Jahr 2009 hat die Blockchain-Technologie weitreichende Anwendung gefunden. Sie wurde in verschiedenen Bereichen eingesetzt, einschließlich der Schaffung zahlreicher Kryptowährungen, dezentraler Finanzanwendungen (DeFi), nicht-fungibler Token (NFTs) und Smart Contracts [120].

Im Wesentlichen unterscheidet sich eine Blockchain von einer traditionellen Datenbank dadurch, wie sie Informationen speichert. Daten werden in Blöcken organisiert, die mithilfe kryptografischer Techniken miteinander verknüpft werden, wodurch eine Kette von Blöcken entsteht. Obwohl Blockchains verschiedene Arten von Informationen speichern können, wird sie hauptsächlich als Hauptbuch zur Aufzeichnung von Transaktionen genutzt [120].

Für Bitcoin ist die Blockchain dezentral, was bedeutet, dass keine einzelne Person oder Gruppe die Kontrolle darüber hat. Stattdessen ist die Kontrolle auf alle Benutzer des Netzwerks verteilt. Diese Dezentralisierung, zusammen mit der Unveränderlichkeit der Blockchain, stellt sicher, dass einmal aufgezeichnete Transaktionen dauerhaft fixiert und für alle Teilnehmer sichtbar sind [120].

Im Kern funktioniert die Blockchain-Technologie als dezentrales Hauptbuch, das über ein Netzwerk von Computern, bekannt als Knoten, verteilt ist. Im Gegensatz zu traditionellen zentralisierten Systemen, bei denen eine einzelne Entität die Aufzeichnungen kontrolliert, wird diese Verantwortung bei der Blockchain auf viele Knoten verteilt. Jeder Knoten hält eine vollständige und synchronisierte Kopie der gesamten Blockchain. Dieser dezentrale Ansatz erhöht die Transparenz und minimiert die Abhängigkeit von einer zentralen Autorität, wodurch das Risiko einzelner Ausfallstellen reduziert und die allgemeine Systemresilienz erhöht wird.

In der Blockchain werden Transaktionen in Strukturen organisiert, die als Blöcke bezeichnet werden. Jeder Block besteht aus einer Sammlung von Transaktionen, die vom Netzwerk überprüft wurden. Neben den Transaktionsdaten enthält jeder Block einen Zeitstempel und einen Verweis auf den vorhergehenden Block in der Kette. Diese Verknüpfung der Blöcke in einer sequentiellen Reihenfolge bildet die "Blockchain". Infolgedessen ist jeder Block mit seinem Vorgänger verbunden, wodurch eine kontinuierliche und ununterbrochene Kette von Daten entsteht. Diese Methode stellt sicher, dass jede Transaktion chronologisch und sicher aufgezeichnet wird.

Die Blockchain-Technologie verwendet fortschrittliche kryptografische Techniken, um die Daten innerhalb jedes Blocks zu sichern. Wenn eine Transaktion zu einem Block hinzugefügt wird, wird sie gehasht – ein Prozess, der die Transaktionsdaten in eine fixe Zeichenfolge von Zeichen umwandelt, die einzigartig für diese Daten ist. Jeder Block enthält einen Hash des vorherigen Blocks, was eine kryptografische Verknüpfung zwischen ihnen schafft. Diese Verkettung von Hashes stellt sicher, dass das Ändern von Informationen innerhalb eines Blocks das Neuberechnen des Hashes für alle nachfolgenden Blöcke erfordern würde, was rechnerisch unpraktisch ist. Kryptografisches Hashing garantiert somit die Integrität und Unveränderlichkeit der Blockchain und macht sie widerstandsfähig gegenüber Manipulationen oder unbefugten Änderungen.

Um die Integrität der Blockchain zu gewährleisten, verwenden Netzwerke Konsensmechanismen, um sich über die Gültigkeit von Transaktionen und den Zustand des Hauptbuchs zu einigen. Diese Mechanismen ermöglichen dezentrale Entscheidungen, ohne sich auf eine zentrale Autorität verlassen zu müssen. Beliebte Konsensmethoden sind: • Proof of Work (PoW): Wird von Bitcoin verwendet, PoW erfordert von den Teilnehmern (Minern), komplexe mathematische Rätsel zu lösen, um Transaktionen zu validieren und neue Blöcke zu erstellen. Dieser Prozess verbraucht erhebliche Rechenressourcen, gewährleistet jedoch die Netzwerksicherheit. • Proof of Stake (PoS): Wird von Ethereum 2.0 verwendet, PoS wählt Validatoren basierend auf der Menge an Kryptowährung aus, die sie besitzen und als Sicherheiten "staken" möchten. Validatoren werden ausgewählt, um neue Blöcke zu erstellen und Transaktionen zu bestätigen, was energieeffizienter ist als PoW. • Delegated Proof of Stake (DPoS): Eine Anpassung von PoS, bei der Stakeholder Delegierte wählen, die Transaktionen validieren und Blöcke in ihrem Namen erstellen, was die Skalierbarkeit und Governance verbessert.

Diese Konsensmechanismen sind entscheidend für die Aufrechterhaltung der dezentralen Natur der Blockchain, während gleichzeitig sichergestellt wird, dass alle Teilnehmer der Gültigkeit der Transaktionen zustimmen.

Die Blockchain-Technologie bietet ein hohes Maß an Transparenz und Unveränderlichkeit. Alle auf der Blockchain aufgezeichneten Transaktionen sind öffentlich zugänglich und können von jedem Netzwerkteilnehmer eingesehen werden. Sobald eine Transaktion zur Blockchain hinzugefügt wird, wird sie Teil eines unveränderlichen Protokolls, was bedeutet, dass sie nicht mehr geändert oder gelöscht werden kann. Diese Permanenz schafft eine zuverlässige und prüfbare Historie aller Transaktionen. Die transparente Natur der Blockchain fördert das Vertrauen unter den Teilnehmern, da die Authentizität jeder Transaktion vom gesamten Netzwerk überprüft werden kann, was die Sicherheit und Zuverlässigkeit des Systems verstärkt.

Die Blockchain-Technologie ist zentral für die Verarbeitung von Peer-to-Peer-Transaktionen in Kryptowährungen. Sie beseitigt die Notwendigkeit von Vermittlern wie Banken, indem sie es ermöglicht, Transaktionen direkt auf einem dezentralen Hauptbuch zu verifizieren und aufzuzeichnen. Transaktionen werden in Blöcke gruppiert und durch Konsensmechanismen zur Blockchain hinzugefügt, die die Integrität und Effizienz des Transaktionsprozesses gewährleisten. Dieser dezentrale Ansatz beschleunigt nicht nur Transaktionen, sondern reduziert auch die Kosten im Vergleich zu traditionellen Finanzsystemen.

Ein wesentlicher Vorteil der Blockchain ist ihre erhöhte Sicherheit. Durch die Verteilung von Kopien des Hauptbuchs über ein Netzwerk von Computern beseitigt die Blockchain einzelne Ausfallstellen, was das Risiko von Betrug und Hacking erheblich reduziert. Um Transaktionsaufzeichnungen zu ändern, müsste ein Angreifer die Mehrheit des Netzwerks kompromittieren, was solche Angriffe wirtschaftlich unpraktisch macht. Darüber hinaus ist das Konzept des Vertrauenslosigkeit in der Blockchain-Technologie inherent. Teilnehmer können Transaktionen durchführen und mit dem System interagieren, ohne einer zentralen Autorität vertrauen zu müssen. Stattdessen werden Transaktionen durch kryptografische Beweise und Konsensmechanismen validiert, was sicherstellt, dass alle Parteien auf die Sicherheit und Genauigkeit des Systems vertrauen können, ohne auf eine zentrale Institution angewiesen zu sein.

Die Nützlichkeit der Blockchain erstreckt sich über Währungstransaktionen hinaus und unterstützt dezentrale Anwendungen (DApps). Plattformen wie Ethereum bieten eine Grundlage zur Erstellung von DApps, die Smart Contracts ausführen und dezentrale autonome Organisationen (DAOs) verwalten können. Diese Anwendungen laufen auf der Blockchain und nutzen deren Sicherheit und Transparenz, um eine Vielzahl von Dienstleistungen und Funktionen anzubieten, die über einfache Finanztransaktionen hinausgehen. DApps haben das Potenzial, verschiedene Branchen zu revolutionieren, einschließlich Finanzen, Lieferkettenmanagement und soziale Medien, indem sie neue Formen der Interaktion und Automatisierung ermöglichen.

Die Technologie hinter der Blockchain entwickelt sich ständig weiter, um Herausforderungen wie Skalierbarkeit, Interoperabilität und Datenschutz zu bewältigen. Innovationen wie Sidechains, Sharding und Layer-2-Lösungen werden entwickelt, um die Leistung und Effizienz der Blockchain zu verbessern. Sidechains ermöglichen die Erstellung separater Blockchains, die mit der Haupt-Blockchain interagieren können, um die Skalierbarkeit zu verbessern. Sharding teilt die Blockchain in kleinere Teile auf, um mehr Transaktionen gleichzeitig zu verarbeiten. Layer-2-Lösungen, wie das Lightning Network für Bitcoin, arbeiten auf der Haupt-Blockchain und ermöglichen schnellere und kostengünstigere Transaktionen. Diese Fortschritte zielen darauf ab, den Bedarf an Skalierbarkeit mit den Kernprinzipien der Dezentralisierung in Einklang zu bringen.

Da die Blockchain-Technologie und Kryptowährungen an Bedeutung gewinnen, stehen Regierungen und Aufsichtsbehörden vor der Herausforderung, diese Innovationen effektiv zu regulieren. Regulatorische Überlegungen umfassen das Gleichgewicht zwischen dem Schutz der finanziellen Stabilität, dem Schutz der Verbraucher und der Aufrechterhaltung der gesetzlichen Compliance bei gleichzeitiger Förderung von Innovationen. Verschiedene Jurisdiktionen erkunden unterschiedliche Ansätze zur Regulierung, die Maßnahmen gegen Geldwäsche, Datenschutz und steuerliche Fragen umfassen können. Die sich entwickelnde regulatorische Landschaft wird eine entscheidende Rolle bei der Gestaltung der zukünftigen Entwicklung und Akzeptanz der Blockchain-Technologie und Kryptowährungen spielen.

Eine Blockchain funktioniert als eine Art Datenbank, die Ähnlichkeiten mit traditionellen Tabellenkalkulationen oder Datenbanken aufweist, sich jedoch erheblich in der Strukturierung und dem Zugriff auf Daten unterscheidet. Während eine konventionelle

Datenbank Informationen in Tabellen und Zeilen speichert, organisiert eine Blockchain Daten in Blöcken, die in einer Kette miteinander verknüpft sind [120].

In einer Blockchain werden Daten durch Skripte eingegeben und gespeichert, die Aufgaben ähnlich denen in einer traditionellen Datenbank ausführen. Das Hauptmerkmal einer Blockchain ist jedoch ihre verteilte Natur. Mehrere Kopien der Blockchain werden auf verschiedenen Maschinen oder Knoten gehalten, und alle diese Kopien müssen identisch sein, damit die Daten als gültig betrachtet werden. Diese Verteilung stellt sicher, dass kein einzelner Ausfallpunkt die Integrität der Blockchain gefährden kann [120].

Zum Beispiel zeichnet die Bitcoin-Blockchain Transaktionsinformationen in Blöcken auf, die bis zu 4 Megabyte Daten enthalten können. Wenn ein Block seine Kapazität erreicht, wird er versiegelt und ein kryptografischer Hash wird generiert. Dieser Hash, bekannt als Block-Header-Hash, ist eine hexadezimale Zahl, die durch einen Verschlüsselungsalgorithmus erstellt wird. Dieser Hash wird dann in den Header des nächsten Blocks aufgenommen, verknüpft ihn mit dem vorherigen und bildet eine kontinuierliche Kette von Blöcken.

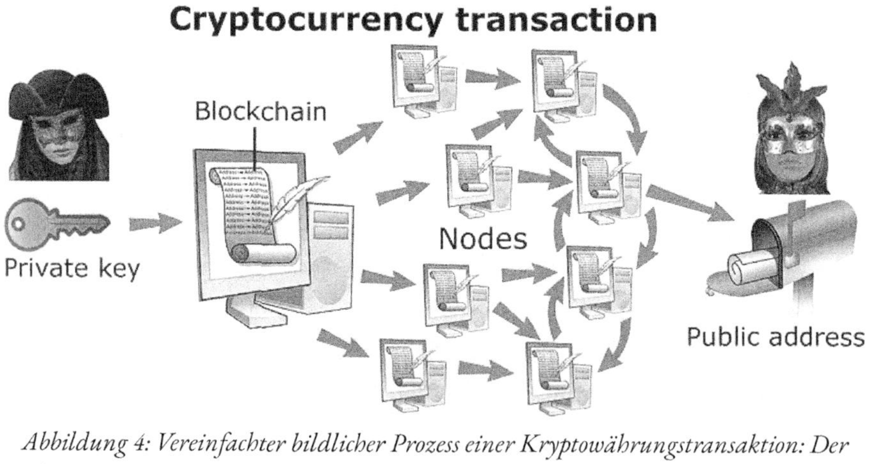

Abbildung 4: Vereinfachter bildlicher Prozess einer Kryptowährungstransaktion: Der Sender verwendet seinen/ihren privaten Schlüssel, um eine Transaktion von ihm/ihr in der Blockchain zu vermerken; Die Blockchain wird über die Knoten des Netzwerks aktualisiert; Der Empfänger erhält die Transaktion an seiner/ihrer öffentlichen Adresse. Mikael Häggström, CC0, über Wikimedia Commons.

Der Transaktionsprozess auf einer Blockchain kann je nach spezifischem Netzwerk variieren. Im Fall von Bitcoin wird eine Transaktion, die Sie mit Ihrer Kryptowährungs-Wallet initiieren, zunächst an einen Speicherpool gesendet. Dort wird sie gehalten und in die Warteschlange eingereiht, bis ein Miner sie auswählt. Miner arbeiten dann daran, diese Transaktion in einen neuen Block aufzunehmen, der, sobald er gefüllt ist, geschlossen wird und der Mining-Prozess beginnt [120].

Miner konkurrieren, um ein kryptografisches Rätsel zu lösen, indem sie ein Feld namens Nonce im Block-Header variieren. Der Nonce ist ein Wert, den Miner schrittweise anpassen, um einen Hash zu erzeugen, der dem vom Netzwerk festgelegten Schwierigkeitsgrad entspricht. Der Prozess, diesen gültigen Hash zu finden, wird als „Proof-of-Work" bezeichnet und erfordert erhebliche Rechenleistung und Energie. Sobald ein Miner einen gültigen Hash findet, wird der Block zur Blockchain hinzugefügt und der Miner erhält eine Belohnung.

Ein Block wird jedoch erst dann als vollständig bestätigt angesehen, wenn ihm fünf zusätzliche Blöcke folgen. Dieser Prozess, bekannt als Bestätigung, dauert im Bitcoin-Netzwerk aufgrund der durchschnittlichen Zeit von etwa 10 Minuten pro Block typischerweise etwa eine Stunde [120].

Andere Blockchains, wie Ethereum, verwenden unterschiedliche Prozesse. Ethereum wählt beispielsweise Validatoren aus, die Ether eingesetzt haben, um Blöcke zu bestätigen. Diese Methode ist im Vergleich zum Proof-of-Work-System von Bitcoin in der Regel schneller und energieeffizienter [120].

Die Blockchain-Technologie, die ursprünglich durch Kryptowährungen wie Bitcoin populär wurde, hat sich weit über Finanztransaktionen hinaus entwickelt. Heute wird sie in verschiedenen Branchen eingesetzt, um Datenintegrität, Transparenz und Sicherheit zu verbessern [120].

Blockchain in der Lebensmittelindustrie: In der Lebensmittelindustrie haben Unternehmen wie Walmart und Pfizer die Blockchain-Technologie übernommen, um die Transparenz und Nachverfolgbarkeit der Lieferkette zu verbessern. Die Food Trust-Blockchain von IBM verfolgt beispielsweise den Weg von Lebensmittelprodukten von ihrem Ursprung bis zu ihrem endgültigen Ziel. Dieses System adressiert erhebliche Probleme wie lebensmittelbedingte Krankheiten, die durch Krankheitserreger wie E. coli und Salmonellen verursacht werden. Früher konnte es Wochen dauern, die Quelle einer Kontamination zu identifizieren. Mit der Blockchain wird jeder Schritt, den ein Lebensmittelprodukt macht, aufgezeichnet, was eine schnellere Identifizierung und Lösung von Problemen ermöglicht, potenziell Leben rettet und die Lebensmittelsicherheit verbessert.

Banken und Finanzen: Der Finanzsektor kann enorm von der Blockchain-Technologie profitieren. Traditionelle Bankprozesse sind durch Verzögerungen gekennzeichnet, da Transaktionen in der Regel während der Geschäftszeiten verarbeitet werden und mehrere Tage zur Abwicklung benötigen können. Die Blockchain bietet eine Lösung, indem sie Transaktionen nahezu sofort verarbeitet, unabhängig von Zeit oder Tag. Diese Fähigkeit resultiert aus der dezentralen Natur der Blockchain, die kontinuierlich ohne Unterbrechungen arbeitet. Banken, die die Blockchain integrieren, könnten schnellere Transaktionsverarbeitungen, reduzierte Kosten für institutionenübergreifende Geldtransfers und einen effizienteren Abwicklungs- und Clearing-Prozess für Aktienhandel sehen.

Währungen: Blockchain ist grundlegend für den Betrieb von Kryptowährungen wie Bitcoin und bietet eine dezentrale Plattform für Währungstransaktionen. Diese Technologie erleichtert grenzüberschreitende Transaktionen, indem sie traditionelle Währungsumtauschsysteme und -infrastrukturen umgeht. Benutzer aus aller Welt können Transaktionen durchführen, ohne durch geografische und finanzielle Barrieren eingeschränkt zu werden.

Gesundheitswesen: Im Gesundheitswesen kann die Blockchain Patientenakten sichern, indem sie ein manipulationssicheres System zur Speicherung medizinischer Informationen bietet. Sobald eine medizinische Akte erstellt und validiert ist, wird sie in der Blockchain aufgezeichnet, wodurch sichergestellt wird, dass sie nicht verändert werden kann. Diese Methode bietet Patienten Vertrauen in die Genauigkeit ihrer Unterlagen und ermöglicht kontrollierten Zugriff durch Verschlüsselung, wodurch die Privatsphäre geschützt und gleichzeitig die Datenintegrität gewahrt wird.

Eigentumseinträge: Die Blockchain birgt auch das Potenzial, die Verwaltung von Eigentumseinträgen zu revolutionieren. Der aktuelle Prozess der Aufzeichnung von Eigentumsurkunden ist umständlich und fehleranfällig und umfasst manuelle Eintragungen und physische Dokumente. Durch die Aufzeichnung von Eigentum auf einer Blockchain könnte der Prozess effizienter, genauer und weniger anfällig für menschliche Fehler werden. Dieses System könnte insbesondere in Regionen mit instabiler Governance oder begrenzter Infrastruktur von Vorteil sein, wo die Blockchain eine zuverlässige Methode zur Dokumentation und Verifizierung von Eigentum bieten könnte.

Smart Contracts: Smart Contracts sind programmierbare Vereinbarungen, die in der Blockchain eingebettet sind und automatisch ausgeführt werden, wenn vordefinierte Bedingungen erfüllt sind. Diese Verträge erleichtern und erzwingen Transaktionen ohne Zwischenhändler, verbessern die Effizienz und reduzieren die Möglichkeit von Streitigkeiten. Smart Contracts werden in verschiedenen Anwendungen verwendet, von Finanztransaktionen bis hin zum Supply Chain Management.

Lieferketten: Ähnlich wie in der Lebensmittelindustrie kann die Blockchain die Herkunft von Materialien in Lieferketten nachverfolgen und verifizieren. Diese Technologie gewährleistet die Authentizität von Produkten und Etiketten wie „Bio" oder „Fair Trade". Unternehmen können die Blockchain nutzen, um jeden Schritt der Reise eines Produkts aufzuzeichnen, was Transparenz und Vertrauen in der Lieferkette erhöht.

Wahlen: Die Blockchain-Technologie hat auch potenzielle Anwendungen in Wahlsystemen. Sie bietet eine Möglichkeit, Stimmen sicher und transparent aufzuzeichnen, was Manipulationen nahezu unmöglich macht und möglicherweise die Wahlbeteiligung erhöht. Versuche, wie die in West Virginia während der Zwischenwahlen 2018, haben die Fähigkeit der Blockchain gezeigt, sofortige Ergebnisse zu liefern und die Notwendigkeit von Nachzählungen zu reduzieren.

Vorteile und Nachteile der Blockchain:

Vorteile:

- Verbesserte Genauigkeit: Durch die Beseitigung menschlicher Beteiligung bei der Verifizierung wird die Datengenauigkeit erhöht.

- Kostenreduzierungen: Sie reduziert Kosten, indem sie die Notwendigkeit für Drittanbieter-Überprüfungen entfernt.

- Erhöhte Sicherheit: Die Dezentralisierung erschwert Manipulationen und erhöht die Sicherheit von Transaktionen.

- Effizienz: Transaktionen werden sicherer und effizienter durchgeführt.

- Transparenz: Die Blockchain-Technologie ist von Natur aus transparent und bietet klare Aufzeichnungen von Transaktionen.

- Finanzielle Inklusion: Sie bietet ein alternatives Bankensystem und eine Möglichkeit, persönliche Informationen zu sichern, insbesondere in instabilen oder unterentwickelten Regionen.

Nachteile:

- Technologiekosten: Die Implementierung der Blockchain-Technologie kann teuer sein.

- Transaktionsgeschwindigkeit: Einige Blockchains leiden unter niedriger Transaktionsdurchsatz.

- Illegale Nutzung: Die Blockchain wurde mit illegalen Aktivitäten im Dark Web in Verbindung gebracht.
- Regulatorische Unsicherheit: Vorschriften zur Blockchain variieren je nach Gerichtsbarkeit und entwickeln sich weiter.
- Datenlagerung: Die Datenlagerungsfähigkeiten der Blockchain können im Vergleich zu traditionellen Datenbanken begrenzt sein.

Kryptographie

Kryptographie ist ein Studien- und Praxisfeld, das sich auf die Sicherung von Kommunikation und Informationen durch verschiedene Techniken konzentriert. Sie spielt eine entscheidende Rolle bei der Gewährleistung der Vertraulichkeit, Integrität und Authentizität von Daten, insbesondere in digitalen und vernetzten Umgebungen.

Der Begriff „Krypto" stammt vom griechischen Wort „kryptos", was „verborgen" oder „versteckt" bedeutet. Im Kontext der Kryptographie spiegelt „Krypto" das Kernkonzept von Geheimhaltung und Schutz von Informationen wider [121]. Die Kryptographie selbst übersetzt sich in „geheimes Schreiben", das Techniken und Methoden umfasst, die sicherstellen, dass Nachrichten oder Daten nur für die vorgesehenen Empfänger zugänglich sind. Diese Praxis ist unerlässlich, um Kommunikation, Daten und Transaktionen vor unbefugtem Zugriff und Manipulation zu schützen.

Kryptographie dreht sich grundlegend darum, Informationen vor unbefugten Parteien zu verbergen. Dies wird durch verschiedene Techniken erreicht, die lesbare Informationen in ein Format umwandeln, das als zufällige Daten erscheint, bekannt als Chiffretext. Nur diejenigen mit dem richtigen Entschlüsselungsschlüssel können diesen Chiffretext in seine ursprüngliche, lesbare Form zurückverwandeln. Das Hauptziel ist es sicherzustellen, dass sensible Daten, wie persönliche Nachrichten oder Finanztransaktionen, vertraulich bleiben und vor Abhörern oder böswilligen Akteuren geschützt sind. Durch den Einsatz von Algorithmen und Schlüsseln sichert die Kryptographie die Kommunikation und gewährleistet, dass die Integrität und Privatsphäre der Daten gewahrt bleiben [121].

Im Bereich der Kryptowährungen erfüllt die Kryptographie mehrere kritische Funktionen. Eine ihrer Hauptverwendungen besteht darin, Transaktionen, die im Netzwerk stattfinden, zu sichern. Wenn eine Kryptowährungstransaktion initiiert wird, wird sie verschlüsselt, um sicherzustellen, dass nur der beabsichtigte Empfänger die Details einsehen kann. Die Transaktion wird dann verifiziert und auf der Blockchain, einem dezentralen Hauptbuch, das eine sichere und unveränderliche Aufzeichnung aller Transaktionen aufrechterhält, aufgezeichnet. Diese kryptographische Sicherheit stellt sicher, dass Transaktionen vor Manipulation und unbefugtem Zugriff geschützt sind und somit die Integrität des gesamten Kryptowährungssystems bewahrt bleibt.

Kryptographie spielt auch eine wichtige Rolle bei der Kontrolle der Generierung neuer Währungseinheiten innerhalb eines Kryptowährungsnetzwerks. Zum Beispiel umfasst der Mining-Prozess bei Bitcoin das Lösen komplexer kryptographischer Rätsel. Diese Rätsel sind so gestaltet, dass sie rechnerisch intensiv sind, um sicherzustellen, dass neue Blöcke in einem kontrollierten Tempo zur Blockchain hinzugefügt werden. Der Mining-Prozess sichert nicht nur das Netzwerk, sondern regelt auch die Ausgabe neuer Bitcoins und folgt einem vorbestimmten Versorgungsplan [121]. Dieser kryptographische Kontrollmechanismus hilft, Inflation zu verhindern und die Stabilität des Wertes der Kryptowährung zu wahren.

Eine weitere wichtige Anwendung der Kryptographie in Kryptowährungen ist die Verifizierung von Übertragungen digitaler Vermögenswerte und Token. Kryptographische Techniken werden verwendet, um digitale Signaturen zu erzeugen, die die Authentizität von Transaktionen bestätigen. Wenn ein Benutzer eine Übertragung initiiert, signiert er die Transaktion mit seinem privaten Schlüssel, wodurch eine einzigartige digitale Signatur erstellt wird. Diese Signatur kann von anderen unter Verwendung des öffentlichen Schlüssels des Absenders überprüft werden, um sicherzustellen, dass die Transaktion tatsächlich vom rechtmäßigen Besitzer autorisiert wurde. Dieser Verifizierungsprozess ist entscheidend, um Betrug zu verhindern und sicherzustellen, dass Vermögenswerte und Token sicher und genau übertragen werden.

Kryptographie kann so konfiguriert werden, dass sie unterschiedliche Ebenen der Anonymität bei Kryptowährungstransaktionen bietet. Pseudo-Anonymität, wie sie bei Bitcoin zu sehen ist, stellt sicher, dass Transaktionen nicht direkt mit realen Identitäten verknüpft sind, sondern stattdessen mit kryptographischen Adressen assoziiert werden. Während dies ein gewisses Maß an Privatsphäre bietet, verbirgt es die Transaktionsdetails nicht vollständig vor Analysen. Andererseits verwenden Kryptowährungen, die sich auf vollständige Anonymität konzentrieren, wie Monero, fortschrittliche kryptographische Techniken wie Ring-Signaturen und Zero-Knowledge-Beweise, um die Transaktionsdetails vollständig zu verschleiern. Dieses Maß an Privatsphäre stellt sicher, dass Transaktionen nicht auf einzelne Benutzer zurückverfolgt werden können, wodurch die Vertraulichkeit erhöht und die Identität der Benutzer geschützt wird [121].

Die Kryptographie als Studienfeld umfasst mehrere Kernkonzepte, die für die Sicherstellung der Sicherheit und Integrität von Informationen in verschiedenen digitalen Systemen wesentlich sind. Zu diesen grundlegenden Prinzipien gehören Vertraulichkeit, Integrität, Authentifizierung und Nichtabstreitbarkeit. Vertraulichkeit, das erste Kernkonzept, beinhaltet die Verschlüsselung von Daten, um unbefugten Zugriff zu verhindern und sicherzustellen, dass nur autorisierte Parteien die Informationen entschlüsseln können [122]. Dieser Verschlüsselungsprozess wandelt Klartext in Chiffretext um, indem Verschlüsselungsalgorithmen und Schlüssel verwendet werden, um sensible Daten wie Finanztransaktionen und persönliche Informationen vor neugierigen Blicken zu schützen. Integrität, das zweite Konzept, konzentriert sich auf die Aufrechterhaltung der Genauigkeit und Konsistenz von Daten während der Speicherung oder Übertragung [123]. Techniken wie Hash-Funktionen erzeugen einzigartige Hash-Werte für Daten, die es ermöglichen, Änderungen oder Manipulationen zu erkennen, indem die ursprünglichen und neu berechneten Hash-Werte verglichen werden.

Authentifizierung, das dritte Kernkonzept, spielt eine entscheidende Rolle bei der Verifizierung der Identität von Benutzern oder Systemen, um Identitätsdiebstahl zu verhindern und sichere Kommunikation zu gewährleisten [124]. Digitale Signaturen und Zertifikate werden in der Kryptographie häufig verwendet, um die Identität von Absendern zu bestätigen und die Integrität von Nachrichten aufrechtzuerhalten. Nichtabstreitbarkeit, das vierte Konzept, befasst sich mit der Verantwortlichkeit der an Transaktionen beteiligten Parteien, indem sie daran gehindert werden, ihre Handlungen abzustreiten [125]. Digitale Signaturen bieten kryptographischen Beweis der Beteiligung und stellen sicher, dass Einzelpersonen ihre Verpflichtungen später nicht leugnen können. Diese Kernkonzepte bilden zusammen die Grundlage für sichere Kommunikation und Datenschutz in digitalen Umgebungen.

Im Bereich der Kryptographie kommen verschiedene Verschlüsselungstechniken und -algorithmen zur effektiven Umsetzung dieser Kernkonzepte zum Einsatz. Zu den häufig verwendeten Verschlüsselungsmethoden gehören DES, 3DES, AES, Kasumi Encryption Core, Blowfish, RC4 und X-MODDES [126]. Diese Algorithmen spielen eine wichtige Rolle beim Schutz von Daten und Kommunikation, indem sie kryptographische Prinzipien anwenden, um Vertraulichkeit, Integrität, Authentifizierung und Nichtabstreitbarkeit sicherzustellen. Darüber hinaus verbessert die Verwendung der asymmetrischen Verschlüsselung, die öffentliche und private Schlüsselpaaren umfasst, die Sicherheit, indem sie sicheren Schlüsselaustausch und digitale Signaturen ermöglicht [127]. Durch die Nutzung dieser Verschlüsselungstechniken können Organisationen robuste kryptographische Systeme aufbauen, die sensible Informationen vor unbefugtem Zugriff und Manipulation schützen.

Darüber hinaus hat die Weiterentwicklung der Kryptographie zur Integration quantenmechanischer Prinzipien in kryptographische Protokolle geführt, was zur Entstehung der Quantenkryptographie geführt hat. Quantenverschränkung, ein Kernkonzept der Quantenmechanik, wurde genutzt, um sichere Kommunikationskanäle zu entwickeln, die die einzigartigen Eigenschaften von Quantenstates für die Verschlüsselung nutzen [128]. Quanten-Schlüsselaustauschprotokolle verwenden verschränkte Teilchen, um sicheren Schlüsselaustausch zu ermöglichen, und bieten ein neues Paradigma für kryptographische Systeme, die gegen Quantenangriffe resistent sind. Die Fusion von Quantenkonzepten mit traditionellen kryptographischen Methoden hat den Weg für verbesserte Sicherheitsmaßnahmen angesichts fortschreitender Technologien und ausgeklügelter Cyber-Bedrohungen geebnet.

Im Kontext der visuellen Kryptographie, einem weiteren spezialisierten Bereich der Kryptographie, drehen sich die Kernkonzepte um das Teilen von Informationen in visuell verschlüsselter Form [129]. Visuelle Kryptographieschemata basieren auf den Prinzipien der Diffusion und Verwirrung, bei denen Daten in Anteile aufgeteilt werden, die einzeln keine Informationen preisgeben, aber gemeinsam den ursprünglichen Inhalt entschlüsseln. Dieser Ansatz ist besonders nützlich für die sichere Bildübertragung und Authentifizierungsprozesse und stellt sicher, dass sensible visuelle Daten vor unbefugtem Zugriff geschützt bleiben. Durch das Verständnis und die Anwendung der Kernkonzepte der visuellen Kryptographie können Praktiker sichere Bildverschlüsselungstechniken implementieren, die Privatsphäre und Vertraulichkeit wahren.

Darüber hinaus erstreckt sich die Anwendung der Kryptographie über die traditionelle Datenverschlüsselung hinaus auf verschiedene Bereiche wie Blockchain-Technologie und Netzwerksicherheit. Blockchain basiert im Kern auf kryptographischen Mechanismen zur Sicherung von Transaktionen und Daten durch dezentrale Konsensbildung und kryptographisches Hashing [130]. Durch die Verknüpfung von Datenblöcken mittels kryptographischer Hash-Funktionen gewährleistet die Blockchain-Technologie die Integrität und Unveränderlichkeit von Aufzeichnungen und fördert das Vertrauen in dezentrale Systeme. Darüber hinaus nutzen Netzwerksicherheitsprotokolle kryptographische Prinzipien, um sichere Kommunikationskanäle zu etablieren und Daten vor Cyber-Bedrohungen zu schützen [131]. Konzepte wie symmetrische und asymmetrische Verschlüsselung sowie Hash-Funktionen bilden das Rückgrat von Netzwerksicherheitsrahmen, die es Organisationen ermöglichen, ihre digitalen Infrastrukturen gegen böswillige Aktivitäten zu stärken.

Wichtige kryptographische Techniken sind entscheidend für die Sicherung von Daten und Kommunikation. Symmetrische Verschlüsselung verwendet einen einzigen Schlüssel sowohl für die Verschlüsselung als auch für die Entschlüsselung und erfordert Vertraulichkeit und Schlüsselweitergabe zwischen den Parteien. Häufig verwendete symmetrische Verschlüsselungsalgorithmen wie AES und DES sind weit verbreitet [132]. Asymmetrische Verschlüsselung oder Public-Key-Kryptographie verwendet einen öffentlichen Schlüssel zur Verschlüsselung und einen privaten Schlüssel zur Entschlüsselung, wodurch die Notwendigkeit eines gemeinsam genutzten geheimen Schlüssels entfällt. Zu den bekannten asymmetrischen Verschlüsselungsmethoden gehören RSA und ECC [132].

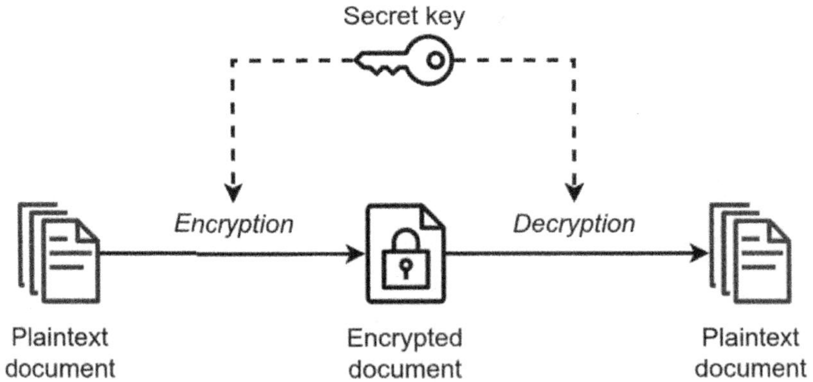

Abbildung 5: Einfaches Diagramm eines symmetrischen Verschlüsselungsschemas. MarcT0K (Icons von JGraph), CC BY-SA 4.0, via Wikimedia Commons.

Hashfunktionen sind entscheidend für die Datenintegrität und -sicherheit, da sie einzigartige Hash-Werte aus Eingabedaten generieren. Beispiele wie SHA-256 und MD5 werden umfangreich verwendet [132]. Digitale Signaturen, die Hashing und asymmetrische Verschlüsselung kombinieren, überprüfen die Authentizität und Integrität digitaler Nachrichten. Durch das Erstellen einer digitalen Signatur mit einem privaten Schlüssel und die Verifizierung mit dem entsprechenden öffentlichen Schlüssel wird die Identität des Absenders bestätigt und die Integrität der Nachricht sichergestellt [132].

Kryptographie bildet das Rückgrat von Kryptowährungssystemen, indem sie wesentliche Sicherheit und Funktionalität für digitale Währungen bietet. Im Kontext von Kryptowährungen stellt die Kryptographie sicher, dass Transaktionen gesichert, Identitäten geschützt und die Integrität des gesamten Netzwerks gewahrt bleibt. Hier ist ein detaillierter Überblick darüber, wie Kryptographie in verschiedenen Aspekten der Kryptowährung verwendet wird:

In Kryptowährungen wird Verschlüsselung verwendet, um Transaktionen zu sichern und sensible Daten zu schützen. Wenn ein Benutzer eine Transaktion initiiert, werden die Details verschlüsselt, um sicherzustellen, dass nur der beabsichtigte Empfänger Zugriff darauf hat. Dieser Prozess umfasst die Umwandlung lesbarer Daten in ein unlesbares Format mittels Verschlüsselungsalgorithmen. Beispielsweise werden bei Bitcoin die Transaktionsdetails mit dem öffentlichen Schlüssel des Empfängers verschlüsselt. Nur der Empfänger, der den entsprechenden privaten Schlüssel besitzt, kann die Transaktionsdetails entschlüsseln und darauf zugreifen. Diese Verschlüsselung stellt sicher, dass Transaktionsinformationen während der Übertragung vertraulich und vor unbefugtem Zugriff geschützt bleiben.

Digitale Signaturen sind entscheidend für die Verifizierung der Authentizität von Transaktionen und die Gewährleistung, dass sie tatsächlich vom Inhaber der Mittel initiiert wurden. In einem Kryptowährungssystem wie Bitcoin muss ein Benutzer, der Münzen senden möchte, die Transaktion mit seinem privaten Schlüssel signieren. Diese digitale Signatur dient als kryptografischer Nachweis der Identität des Absenders und bestätigt, dass er den erforderlichen privaten Schlüssel besitzt. Die Transaktion zusammen mit der digitalen Signatur wird an das Netzwerk übermittelt. Andere Teilnehmer können dann den öffentlichen Schlüssel des Absenders verwenden, um die Signatur zu überprüfen und die Transaktion zu authentifizieren. Dieser Prozess stellt sicher, dass nur legitime Transaktionen akzeptiert werden und verhindert unbefugte Ausgaben von Mitteln.

Hashfunktionen spielen eine zentrale Rolle bei der Wahrung der Integrität der Blockchain. Wenn Transaktionen in Blöcke gesammelt werden, wird jeder Block durch eine kryptografische Hashfunktion verarbeitet, um einen einzigartigen Hash-Wert zu generieren. Dieser Hash-Wert dient als digitaler Fingerabdruck des Inhalts des Blocks. Wenn auch nur ein Detail innerhalb des Blocks geändert wird, wird der Hash-Wert unterschiedlich, was auf mögliche Manipulationen hinweist. Darüber hinaus enthält jeder Block den Hash des vorhergehenden Blocks, wodurch eine Kette von Blöcken (die Blockchain) entsteht. Diese Verknüpfung stellt sicher, dass die Änderung eines Blocks die Neuberechnung der Hash-Werte aller nachfolgenden Blöcke erfordern würde, was rechnerisch unpraktikabel ist. Hashfunktionen bieten somit einen Mechanismus zur Überprüfung, dass Daten nicht verändert wurden und die Integrität der gesamten Blockchain erhalten bleibt.

Konsensmechanismen sind kryptografische Protokolle, die verwendet werden, um Einigung unter den Netzwerkteilnehmern über die Gültigkeit von Transaktionen und den Zustand der Blockchain zu erzielen. Beispielsweise verwendet Bitcoin Proof of Work (PoW), bei dem Miner um die Lösung komplexer kryptografischer Rätsel konkurrieren. Der erste Miner, der das Rätsel löst, darf den neuen Block zur Blockchain hinzufügen und wird mit neu geschaffenen Bitcoins belohnt. Dieser Prozess erfordert erhebliche Rechenarbeit und stellt sicher, dass nur gültige Blöcke zur Blockchain hinzugefügt werden. Andere Konsensmechanismen, wie Proof of Stake (PoS), verwenden unterschiedliche kryptografische Ansätze, um Konsens zu erzielen. Diese Mechanismen stellen sicher, dass die Blockchain sicher und widerstandsfähig gegenüber Angriffen bleibt, indem sie von den Netzwerkteilnehmern rechnerisch aufwendige Aufgaben oder den Nachweis des Besitzes von Kryptowährung verlangen.

Kryptographie unterstützt auch die Privatsphäre und Anonymität innerhalb von Kryptowährungssystemen. In einigen Kryptowährungen wie Bitcoin werden zwar Transaktionen in einem öffentlichen Ledger aufgezeichnet, die Identitäten der beteiligten Parteien sind jedoch pseudonym, dargestellt durch kryptografische Adressen anstelle von realen Namen. Fortschrittliche kryptografische Techniken wie Zero-Knowledge-Proofs und Ring-Signaturen werden in datenschutzorientierten Kryptowährungen wie Monero verwendet, um die Anonymität zu erhöhen. Diese Techniken ermöglichen die Verifizierung von Transaktionen, ohne die Identitäten der Teilnehmer oder die beteiligten Beträge offenzulegen. Solche Datenschutzmerkmale sind entscheidend für Benutzer, die Vertraulichkeit priorisieren und ihre finanziellen Aktivitäten vor öffentlicher Überprüfung schützen möchten.

Auf Blockchain-Plattformen wie Ethereum bildet die Kryptographie die Grundlage für die Funktionalität von Smart Contracts und dezentralen Anwendungen (DApps).

Smart Contracts sind selbstausführende Verträge, bei denen die Bedingungen direkt in den Code geschrieben sind. Sie verwenden kryptografische Algorithmen, um sicherzustellen, dass Vertragsbedingungen erfüllt werden und Transaktionen automatisch validiert werden. Diese Automatisierung reduziert die Notwendigkeit von Vermittlern und erhöht die Zuverlässigkeit vertraglicher Vereinbarungen. Kryptographie stellt sicher, dass Smart Contracts sicher, manipulationssicher und genau wie programmiert ausgeführt werden, und ermöglicht eine Vielzahl von dezentralen Anwendungen über einfache Transaktionen hinaus.

Kryptographie umfasst mathematische Techniken, die entwickelt wurden, um Informationen zu schützen, indem sie von einem lesbaren Format in ein unlesbares Format transformiert werden. Dieser Prozess ist entscheidend, um sicherzustellen, dass Kryptowährungstransaktionen und Daten vor unbefugtem Zugriff geschützt bleiben.

Verschlüsselungs-Keys und -Algorithmen: Zur Verschlüsselung von Daten verlässt sich die Kryptographie auf Verschlüsselungsschlüssel, die im Wesentlichen Algorithmen oder Formeln sind, die Informationen kodieren und dekodieren. Diese Schlüssel spielen eine entscheidende Rolle dabei, Nachrichten, Transaktionen oder Datenwerte für jeden, der den richtigen Schlüssel nicht hat, unlesbar zu machen. In Kryptowährungssystemen stellt die Verschlüsselung sicher, dass nur autorisierte Benutzer auf sensible Informationen zugreifen oder diese interpretieren können [121].

Im Kontext von Bitcoin wird beispielsweise die Daten aus einem Block durch einen kryptografischen Algorithmus verarbeitet, um eine 64-stellige hexadezimale Zahl zu erzeugen. Diese hexadezimale Zahl stellt einen einzigartigen Fingerabdruck des Inhalts des Blocks dar. Unabhängig von der Datenmenge ist das Ergebnis immer eine 64-stellige Zeichenfolge, was die feste Größe des kryptografischen Outputs unterstreicht. Dies stellt sicher, dass selbst kleine Änderungen in den Daten vollständig unterschiedliche hexadezimale Zahlen erzeugen, was entscheidend für die Wahrung der Datenintegrität ist [121].

Häufig verwendete Verschlüsselungsalgorithmen: Einige Verschlüsselungsalgorithmen werden in Kryptowährungen häufig verwendet, um Daten zu sichern. Einige bemerkenswerte sind [121]:

- **Advanced Encryption Standard (AES):** Ein symmetrischer Verschlüsselungsalgorithmus, der weit verbreitet zur Sicherung von Daten verwendet wird.

- **Rivest-Shamir-Adelman (RSA):** Ein asymmetrischer Verschlüsselungsalgorithmus, der ein Paar von Schlüsseln (öffentlich und privat) für die sichere

Datenübertragung verwendet.

- **Elliptic Curve Cryptography (ECC):** Ein asymmetrisches Verschlüsselungsverfahren, das hohe Sicherheit bei relativ kurzen Schlüssellängen bietet.

Bitcoin verwendet insbesondere elliptische Kurvenkryptographie, speziell die secp256k1-Kurve. Diese Methode verwendet die elliptische Kurvenformel $y^2=x^3+7$, um öffentliche und private Schlüsselpaare zu generieren [121]. Diese Schlüssel sind entscheidend für die sichere Durchführung von Transaktionen und die Aufrechterhaltung der Gesamtsicherheit des Bitcoin-Netzwerks.

Hash-Funktionen: Hashing ist eine weitere wichtige kryptografische Technik, die in der Blockchain-Technologie verwendet wird. Bitcoin nutzt den Secure Hashing Algorithm 256 (SHA-256), um Daten, die in Blöcken gespeichert sind, zu kodieren. Hash-Funktionen konvertieren Eingabedaten in eine Zeichenkette fester Länge, die eine einzigartige Darstellung dieser Daten darstellt. Dieser Prozess ist für mehrere Funktionen entscheidend [121]:

- **Integritätsprüfung:** Hash-Funktionen gewährleisten, dass die Daten während der Übertragung oder Speicherung nicht verändert wurden. Jede Veränderung der Daten führt zu einem völlig anderen Hash-Wert, was es einfach macht, Manipulationen zu erkennen.

- **Verschlüsselung von Transaktionen:** Hashing wird verwendet, um Kontoadressen zu kodieren und die Struktur der Blockchain durch das Verknüpfen von Blöcken zu erhalten.

- **Mining und Validierung:** Beim Bitcoin-Mining ist Hashing zentral, da Miner gegeneinander antreten, um kryptografische Rätsel zu lösen und neue Blöcke zur Blockchain hinzuzufügen.

Symmetrische vs. Asymmetrische Kryptographie: Kryptographische Methoden können grob in symmetrische und asymmetrische Typen unterteilt werden [121]:

- **Asymmetrische Kryptographie:** Diese Methode verwendet ein Paar von Schlüsseln – öffentlich und privat. Der öffentliche Schlüssel wird offen geteilt, während der private Schlüssel vertraulich bleibt. Daten, die mit dem öffentlichen Schlüssel verschlüsselt wurden, können nur mit dem entsprechenden privaten Schlüssel entschlüsselt werden. Dieser Ansatz gewährleistet sowohl

Verschlüsselung als auch Authentifizierung. In der Kryptowährung wird die asymmetrische Kryptographie verwendet, um öffentliche und private Schlüsselpaare zu erstellen, die grundlegend für die Sicherung von Transaktionen und die Verifizierung von Identitäten sind.

- **Symmetrische Kryptographie:** Diese Technik verwendet einen einzigen geheimen Schlüssel sowohl für die Verschlüsselung als auch für die Entschlüsselung. Der gleiche Schlüssel wird verwendet, um die Nachricht am Ursprung zu kodieren und am Ziel zu dekodieren. Ein Beispiel für symmetrische Verschlüsselung ist eine einfache Substitutionschiffre, bei der Buchstaben durch Zahlen ersetzt werden. Während die symmetrische Kryptographie effizient und schnell ist, erfordert sie eine sichere Schlüsselverwaltung, um unbefugten Zugriff zu verhindern.

SHA-256 und seine Rolle in der Kryptowährung

SHA-256, oder Secure Hash Algorithm 256-Bit, ist eine grundlegende kryptografische Funktion, die in der Welt der Kryptowährung, insbesondere bei Bitcoin, weit verbreitet ist. Entwickelt von der National Security Agency (NSA) der Vereinigten Staaten und veröffentlicht im Jahr 2001, ist SHA-256 darauf ausgelegt, beliebige Eingaben zu nehmen und einen einzigartigen, festgelegten Output, bekannt als Hash, zu erzeugen. Dieser Hash ist ein 256-Bit-Code, der im hexadezimalen Format mit 64 Zeichen dargestellt wird, bestehend aus Zahlen (0-9) und Buchstaben (A-F) [133].

Der Hauptzweck von SHA-256 besteht darin, Eingabedaten – wie die x- und y-Koordinaten eines öffentlichen Schlüssels – in eine Zeichenkette fester Länge umzuwandeln. Dieser Prozess ist entscheidend für verschiedene Aspekte der Kryptowährung, einschließlich der Generierung von Wallet-Adressen und der Sicherstellung der Transaktionssicherheit. Wenn ein öffentlicher Schlüssel mit SHA-256 gehasht wird, ergibt dies einen einzigartigen 256-Bit-Hash, der als sichere und kompakte Darstellung der ursprünglichen Daten dient. Dieser Hash ist praktisch unmöglich umzukehren, was bedeutet, dass der ursprüngliche öffentliche Schlüssel nicht nur aus dem Hash allein abgeleitet werden kann [133].

SHA-256 wird als „Einweg"- oder „deterministische" Funktion betrachtet. Diese Begriffe beschreiben Funktionen, die in eine Richtung leicht berechnet werden können, jedoch unpraktisch umkehrbar sind. Praktisch bedeutet das, dass Sie einen Hash von einem öffentlichen Schlüssel oder einer anderen Eingabe erzeugen können, aber es nicht realistisch ist, die ursprüngliche Eingabe aus dem Hash wiederherzustellen. Diese Einweg-Natur ist für die Sicherheit in kryptografischen Anwendungen entscheidend. Beispielsweise ist es einfach, einen öffentlichen Schlüssel aus einem privaten Schlüssel zu erstellen, aber den privaten Schlüssel aus dem öffentlichen Schlüssel zu rekonstruieren, ist rechnerisch unpraktisch [133].

Um das Konzept der Irreversibilität zu veranschaulichen, betrachten Sie die Analogie des Mischen von Farben, um eine einzigartige Farbe zu erstellen. Stellen Sie sich vor, Sie haben eine große Auswahl an Farben, und Sie mischen bestimmte Mengen dieser Farben, um eine einzigartige Farbe zu erzeugen. Wenn Sie die genauen Proportionen kennen, können Sie die gleiche Farbe reproduzieren. Wenn Sie jedoch nicht die genaue Formel haben, wäre es extrem schwierig, die ursprüngliche Farbmischung nur aus der resultierenden Farbe zu bestimmen [133].

Diese Analogie hilft, wie SHA-256 funktioniert, zu erklären. Der Algorithmus nimmt eine Eingabe (wie einen öffentlichen Schlüssel), verarbeitet sie durch eine komplexe mathematische Formel und produziert einen Hash. Während Sie leicht überprüfen können, dass ein gegebener Hash zu einer bestimmten Eingabe gehört, ist es so schwierig wie das Entschlüsseln der genauen Farbmischung aus der resultierenden Farbe, die ursprüngliche Eingabe aus dem Hash wiederherzustellen.

Bei Bitcoin wird SHA-256 in mehreren wichtigen Funktionen verwendet. Beim Erstellen einer Bitcoin-Wallet-Adresse wird der öffentliche Schlüssel mit SHA-256 gehasht, um eine sichere und kompakte Adresse zu erzeugen. Diese Adresse wird dann verwendet, um Bitcoin-Transaktionen zu empfangen und zu verwalten. Die Sicherheit von Bitcoin-Transaktionen beruht darauf, dass die Adresse öffentlich geteilt und Transaktionen verifiziert werden können, während der zugrunde liegende öffentliche Schlüssel und der zugehörige private Schlüssel sicher und verborgen bleiben [133].

3
Die Geburt von Bitcoin

Die Entstehung von Bitcoin

Die Entstehung von Bitcoin markiert den Beginn einer revolutionären Technologie, die die Welt der Finanzen und darüber hinaus verändert hat. Die Schaffung von Bitcoin beinhaltete eine Kombination aus technologischer Innovation, kryptografischen Fortschritten und einer Vision eines dezentralen Währungssystems.

Die Entstehung von Bitcoin als dezentralisierte digitale Währung ging aus einer Phase der Enttäuschung über traditionelle Finanzsysteme und zentrale Autoritäten nach der globalen Finanzkrise von 2008 hervor [134]. Diese Krise untergrub das Vertrauen in konventionelle Banksysteme und ebnete den Weg für die Erforschung alternativer Systeme, die verbesserte Transparenz, Sicherheit und Dezentralisierung bieten könnten [134]. Während Bitcoin nicht der erste Versuch war, digitales Geld zu schaffen, scheiterten frühere Versuche wie „e-gold" und „Hashcash" daran, breite Akzeptanz zu finden oder kritische Probleme wie Doppelspenderei und Zentralisierung zu lösen [134].

Das Design von Bitcoin, das 2008 von einer Einzelperson oder Gruppe unter dem Pseudonym Satoshi Nakamoto vorgestellt wurde, schlug ein dezentrales System vor, das die Blockchain-Technologie nutzt, um sichere und transparente Transaktionen ohne die Notwendigkeit einer zentralen Autorität zu ermöglichen [32]. Die Stabilität des Systems wird auf ein komplexes Zusammenspiel sozioökonomischer Faktoren zurückgeführt, das schwierig präzise zu modellieren ist, was es schwer macht, einen überzeugenden Nachweis für seine Solidität zu erbringen [134]. Bitcoin funktioniert in einem Peer-to-Peer-Netzwerk von Freiwilligen, die Transaktionen verteilen, verifizieren und gemeinsam ein repliziertes Hauptbuch pflegen, das von allen Teilnehmern anerkannt wird [135].

Das Konzept einer dezentralen digitalen Währung wie Bitcoin hat die traditionelle Finanzlandschaft herausgefordert und Diskussionen über die Notwendigkeit einer theoretischen Grundlage und eines konzeptionellen Modells für deren Betrieb angestoßen [136]. Die Technologie, die Bitcoin zugrunde liegt, die Blockchain, hat revolutionäre Fortschritte bei Finanztransaktionen ermöglicht, indem sie ein öffentlich verteiltes Hauptbuch bietet, das durch kryptografische Mechanismen gesichert ist [135]. Dieses Hauptbuch gewährleistet die Integrität und Transparenz von Transaktionen und adressiert Bedenken hinsichtlich Fälschungen und Doppelspenderei [137].

Der Aufstieg dezentraler Kryptowährungen, einschließlich Bitcoin, hat Wettbewerb in das internationale Währungssystem eingeführt, was einige Regierungen dazu veranlasst hat, die Entwicklung zentralisierter virtueller Währungen, bekannt als Zentralbank-Digitalwährungen (CBDCs), in Betracht zu ziehen [138]. Diese Entwicklungen verdeutlichen die sich wandelnde Natur der Finanzsysteme und die Auswirkungen dezentraler Technologien auf traditionelle Geldpolitik [138]. Darüber hinaus gewährleistet die Verwendung von Kryptographie in Kryptowährungen wie Bitcoin sichere und anonyme Transaktionen, was die Widerstandsfähigkeit der Währung gegen Fälschungen und Betrug erhöht [137].

Die Einführung von Bitcoin nach der Finanzkrise war teilweise eine Reaktion auf Bedenken bezüglich staatlich unterstützter Fiat-Währungen und bot ein alternatives System, das unabhängig von zentralen Autoritäten operiert [139]. Die dezentrale Natur der Technologie und die Abhängigkeit von kryptografischen Prinzipien haben Bitcoin als einzigartiges Finanzinstrument positioniert, das das Potenzial hat, traditionelle wirtschaftliche Paradigmen neu zu gestalten [139]. Darüber hinaus hat die Blockchain-Technologie, die Bitcoin unterstützt, Innovationen in verschiedenen Bereichen ermöglicht und ihre Anwendungen über digitale Währungen hinaus auf Bereiche wie Smart Contracts und vertrauenswürdige Kollaborationsnetzwerke ausgeweitet [140].

Das Bitcoin-Netzwerk wurde offiziell am 3. Januar 2009 gestartet, als der erste Block, bekannt als „Genesis-Block“ oder „Block 0“, gemined wurde. Dieser Genesis-Block, der von Satoshi Nakamoto gemined wurde, enthielt eine versteckte Nachricht, die lautete: „The Times 03/Jan/2009 Chancellor on brink of second bailout for banks.“ Diese Nachricht diente nicht nur als Zeitstempel, sondern gab auch einen Kommentar zur finanziellen Instabilität der damaligen Zeit [78]. Die erste Transaktion, die in diesem Block aufgezeichnet wurde, war die Belohnung von 50 Bitcoins, die in die Blockchain hardcodiert war und aufgrund der Tatsache, dass es sich um den anfänglichen Block ohne vorherigen Block zur Referenz handelte, nicht ausgebbar war [78].

Abbildung 6: Logo von Bitcoin. Bitcoin, Public Domain, über Wikimedia Commons.

Die Bitcoin-Blockchain funktioniert als Hash-Kette von Blöcken, wobei jeder Block eine Reihe von Transaktionen in einer bestimmten Reihenfolge sowie einen Hash des vorhergehenden Blocks enthält, beginnend mit dem Genesis-Block [141]. Der Prozess der Blockverifizierung im Bitcoin-Netzwerk ist als Mining bekannt, bei dem komplexe mathematische Probleme gelöst und die Transaktionen sowie der Header des Blocks gemäß den Konsensregeln des Netzwerks validiert werden [142]. Die Blockchain selbst ist ein verteiltes, nur erweiterbares öffentliches Hauptbuch, das alle Transaktionen auf sichere und transparente Weise aufzeichnet [143].

Die Schaffung der Bitcoin-Blockchain durch Nakamoto im Jahr 2009 markierte den Beginn einer Revolution in dezentralen Systemen und Kryptowährungen [144]. Die Technologie, die Bitcoin zugrunde liegt, wurde als bedeutende Innovation anerkannt, mit dem Potenzial, traditionell zentralisierte Anwendungen zu dezentralisieren [145]. Die Rolle der Blockchain als verteiltes digitales Hauptbuch, das Transaktionen sicher aufzeichnet, war entscheidend für die Ermöglichung des Eigentumsübergangs von Bitcoin und anderen Kryptowährungen [143].

Die Sicherheits- und Datenschutzaspekte der Blockchain-Technologie, einschließlich der von Bitcoin, wurden umfassend untersucht [143, 144]. Die grundlegenden Sicherheitsmerkmale der Blockchain, wie Unveränderlichkeit und Transparenz, sind für Bitcoin-ähnliche Kryptowährungssysteme essenziell, wobei zusätzliche Eigenschaften für verschiedene Blockchain-Anwendungen gewünscht werden [144]. Der Einsatz kryptographischer Algorithmen wie dem Secure Hash Algorithm (SHA) und dem RACE Integrity Primitives Evaluation Message Digest (RIPEMD) in Bitcoin gewährleistet die Integrität und Sicherheit der Blockchain [146].

Die Skalierbarkeit und Konsensmechanismen der Bitcoin-Blockchain, wie Proof-of-Work (PoW), waren Gegenstand von Forschung und Entwicklung, um Herausforderungen im Zusammenhang mit Durchsatz und Latenz zu adressieren [147, 148]. Verschiedene Vorschläge, einschließlich Bitcoin-NG, haben darauf abgezielt, die Skalierbarkeit und Effizienz von Blockchain-Netzwerken wie Bitcoin zu verbessern [149]. Das Design sicherer Parallel-Chain-Protokolle und die Anpassung der Mining-Schwierigkeit in Bitcoin tragen zur Robustheit und Stabilität des Netzwerks bei [150].

Der Start des Bitcoin-Netzwerks mit dem Mining des Genesis-Blocks im Jahr 2009 stellte einen bedeutenden Meilenstein in der Geschichte der Kryptowährungen und dezentralen Systeme dar. Die versteckte Nachricht im Genesis-Block lieferte nicht nur einen Zeitstempel, sondern spiegelte auch den finanziellen Kontext der damaligen Zeit wider. Die Blockchain-Technologie, die Bitcoin zugrunde liegt, hat sich seitdem zu einem Grundpfeiler dezentraler Systeme entwickelt und bietet sichere und transparente Transaktionsaufzeichnung. Die laufende Forschung konzentriert sich weiterhin darauf, die Skalierbarkeit, Sicherheit und Datenschutzaspekte von Blockchain-Netzwerken wie Bitcoin zu verbessern, um den Anforderungen einer sich schnell entwickelnden digitalen Landschaft gerecht zu werden.

Nach dem Start von Bitcoin blieb sein Schöpfer, Nakamoto, aktiv am Projekt beteiligt, indem er Software-Updates bereitstellte und sich über Online-Plattformen mit frühen Anwendern austauschte [151]. Dieses Engagement in der Entwicklung und Kommunikation trug dazu bei, eine Grundlage für das Wachstum der Kryptowährung zu schaffen. Die erste dokumentierte Bitcoin-Transaktion fand am 22. Mai 2010 statt, als Laszlo Hanyecz 10.000 Bitcoins gegen zwei Pizzen eintauschte, was einen bedeutenden Meilenstein in der praktischen Anwendung von Bitcoin darstellt [151].

In der Anfangsphase zog Bitcoin hauptsächlich Enthusiasten und Experten für Kryptographie an, wobei sein Wert relativ niedrig war und sein Potenzial noch nicht weithin anerkannt wurde [152]. Als jedoch immer mehr Menschen sich mit der Technologie und ihren Möglichkeiten beschäftigten, stieg die Popularität von Bitcoin, begleitet von einem stetigen Anstieg seines Wertes. Diese allmähliche Anerkennung der Fähigkeiten von Bitcoin und die wachsende Nutzerbasis legten den Grundstein für die spätere breite Akzeptanz und Nutzung.

Studien haben gezeigt, dass die frühen Bitcoin-Nutzer eine vielfältige Gruppe von Personen umfassten, darunter Computerprogrammierer, spekulative Investoren, Libertäre und sogar Personen, die in illegale Aktivitäten verwickelt waren [153]. Diese vielfältige Nutzerbasis hebt die facettenreiche Anziehungskraft von Bitcoin in seinen frühen Jahren hervor. Mit der zunehmenden Erforschung der Kryptowährung entwickelten sich die demografischen Merkmale der Nutzer, was die sich wandelnden Wahrnehmungen und Anwendungen von Bitcoin in verschiedenen gesellschaftlichen Segmenten widerspiegelt.

Das Aufkommen von Bitcoin als neuartiges Finanzinstrument führte zu umfangreicher Forschung zu seinen wirtschaftlichen, technologischen und governance-bezogenen Aspekten [154]. Wissenschaftler haben die Designprinzipien, Eigenschaften und potenziellen Anwendungen von Bitcoin sowohl für technische als auch für nicht-technische Zielgruppen untersucht und dabei die Risiken und regulatorischen Herausforderungen beleuchtet, die mit der Integration in traditionelle Finanzsysteme verbunden sind [155]. Diese umfassende Analyse hat zu einem tiefergehenden Verständnis der Rolle von Bitcoin im sich entwickelnden Finanzumfeld beigetragen.

Als Bitcoin an Bedeutung gewann, zog seine Preisgestaltung und Marktverhalten erhebliche Aufmerksamkeit von Forschern auf sich [156]. Studien haben die Asset-Preis-Eigenschaften von Kryptowährungen untersucht, Rückkehrstatistiken, Marktvariationen und die Skalierungseigenschaften von Preisfluktuationen auf den Bitcoin-Märkten analysiert [157]. Durch die Erforschung der statistischen Merkmale von Kryptowährungsmärkten haben Forscher versucht, die zugrunde liegenden Mechanismen zu entschlüsseln, die Preisbewegungen und Markttrends im Bereich digitaler Vermögenswerte antreiben.

Die Entwicklung von Bitcoin von einem Nischeninteresse zu einem globalen Phänomen hat Fragen zu seinem gesellschaftlichen Einfluss und den Mustern seiner Akzeptanz aufgeworfen [158]. Forscher haben Faktoren untersucht, die die Absicht von Individuen beeinflussen, Bitcoin anzunehmen, und dabei Elemente wie Netzwerkeffekte, Lernmechanismen und soziale Einflüsse berücksichtigt [159]. Das Verständnis der Treiber der Bitcoin-Akzeptanz ist entscheidend, um seine zukünftige Entwicklung vorherzusagen und seine Rolle bei der Neugestaltung finanzieller Verhaltensweisen und Normen zu bewerten.

Darüber hinaus war das Zusammenspiel von technologischen Fortschritten und finanziellen Praktiken ein Schwerpunkt bei der Untersuchung des Aufstiegs von Kryptowährungen wie Bitcoin [160]. Untersuchungen zu Initial Coin Offerings (ICOs) haben die Konvergenz von digitalen Technologien und Finanzierungsprozessen hervorgehoben und aufgezeigt, wie diese Dynamiken die zeitgenössische Finanzlandschaft prägen [161]. Durch die Erläuterung der Verbindungen zwischen Technologie und Finanzen streben Wissenschaftler an, das transformative Potenzial von Kryptowährungen bei der Neudefinition traditioneller wirtschaftlicher Paradigmen zu verdeutlichen.

Das Konzept des Vertrauens war zentral für die Akzeptanz und Nutzung von Bitcoin, wobei Studien die Bedeutung von Vertrauen für die Förderung des Engagements mit digitalen Währungen betonten [162]. Forschungen zum Vertrauensdesign in Bitcoin-Ökosystemen unterstreichen die Rolle der Motivationen und Wahrnehmungen der Endnutzer bei der Gestaltung der Vertrauensdynamik innerhalb von Kryptowährungsnetzwerken [163]. Durch die Untersuchung von Vertrauensrahmen und Benutzerverhalten zielen Wissenschaftler darauf ab, das Verständnis von Vertrauensmechanismen in dezentralen Finanzsystemen zu verbessern.

Die Reise von Bitcoin von einem obskuren digitalen Experiment zu einem globalen Phänomen umfasste mehrere wichtige Meilensteine. Die Entwicklung des Bitcoin-Ökosystems, einschließlich Börsen, Wallets und Händlerakzeptanz, spielte eine entscheidende Rolle in seinem Wachstum. Im Laufe der Zeit gewann Bitcoin Anerkennung sowohl als digitale Währung als auch als Investitionsasset.

Die zugrunde liegende Blockchain-Technologie inspirierte eine Welle von Innovationen, die zur Schaffung zahlreicher anderer Kryptowährungen und dezentraler Anwendungen führte. Der Erfolg von Bitcoin zeigte die Lebensfähigkeit dezentraler digitaler Währungen und ebnete den Weg für eine umfassendere Erforschung der Blockchain-Technologie.

Die Entstehung und anschließende Entwicklung von Bitcoin hatten tiefgreifende Auswirkungen auf Finanzen, Technologie und Gesellschaft. Es stellte traditionelle Finanzsysteme infrage, führte neue Konzepte wie dezentrale Finanzen (DeFi) und Smart Contracts ein und entfachte Diskussionen über die Zukunft von Geld und Governance.

Die Schaffung von Bitcoin markierte den Beginn einer neuen Ära in der digitalen Währung und Blockchain-Technologie. Sein Einfluss hallt weiterhin nach, prägt die Entwicklung zukünftiger Technologien und beeinflusst globale Finanzsysteme. Die im Whitepaper von Satoshi Nakamoto formulierte Vision ist Wirklichkeit geworden und treibt anhaltende Innovationen und Erkundungen in der Welt der Kryptowährungen voran.

Satoshi Nakamoto: Der geheimnisvolle Schöpfer

Satoshi Nakamoto wird weithin als die pseudonyme Person oder Gruppe anerkannt, die hinter der Schaffung von Bitcoin und der Verfassung seines grundlegenden Whitepapers steht. Trotz der erheblichen Auswirkungen von Bitcoin auf die Welt der Finanzen und Technologie bleibt die wahre Identität von Satoshi Nakamoto im Dunkeln, mit verschiedenen Theorien und Spekulationen darüber, wer diese rätselhafte Figur oder Gruppe sein könnte. Der Name „Satoshi Nakamoto" selbst trägt einen japanischen Einfluss und verstärkt das Rätsel um die Identität des Schöpfers von Bitcoin [164].

Die Einführung von Bitcoin im Jahr 2008 durch das Whitepaper mit dem Titel „Bitcoin: Ein Peer-to-Peer-Elektronisches Zahlungsmittel" markierte einen entscheidenden Moment in der Geschichte der Kryptowährungen. Dieses bahnbrechende Papier, verfasst von dem geheimnisvollen Satoshi Nakamoto, legte die Grundlage für ein dezentrales digitales Währungssystem, das ohne die Notwendigkeit von Zwischenhändlern wie Banken oder Finanzinstitutionen funktioniert [165]. Das Whitepaper skizzierte das innovative Konzept, ein Peer-to-Peer-Netzwerk zur Erleichterung elektronischer Transaktionen zu nutzen, und revolutionierte damit die Art und Weise, wie Menschen traditionelle Finanzsysteme wahrnehmen und mit ihnen interagieren.

Satoshi Nakamotos Vision für Bitcoin basierte auf den Prinzipien der Dezentralisierung und Vertrauenslosigkeit. Durch die Nutzung der Blockchain-Technologie führte Nakamoto einen neuartigen Ansatz für sichere und transparente Transaktionen in einem verteilten Netzwerk ein. Die Schaffung von Bitcoin führte nicht nur zu einer neuen Form digitaler Währung, sondern löste auch eine Welle des Interesses und der Investitionen in die zugrunde liegende Technologie der Blockchain aus [166]. Die dezentrale Natur von Bitcoin, wie sie von Nakamoto envisioned wurde, stellte konventionelle Vorstellungen von Währung und Finanzsystemen in Frage und ebnete den Weg für einen Paradigmenwechsel in der Art und Weise, wie Werte ausgetauscht und gespeichert werden.

Die Bedeutung von Satoshi Nakamotos Beitrag zur Welt der Kryptowährungen geht über die Schaffung von Bitcoin hinaus. Nakamotos Whitepaper diente als Katalysator für die Entwicklung eines dynamischen Ökosystems digitaler Vermögenswerte und blockchain-basierter Anwendungen. Das von Nakamoto formulierte Konzept eines Peer-to-Peer-Elektronischen Zahlungssystems inspirierte eine Welle der Innovation in der Fintech-Branche, die zur Entstehung vielfältiger Kryptowährungen und dezentraler Plattformen führte [167]. Das Erbe von Satoshi Nakamoto liegt nicht nur in der Schaffung von Bitcoin, sondern auch in der transformierenden Wirkung, die diese wegweisende digitale Währung auf die globale Wirtschaft und die technologische Landschaft hatte.

Die rätselhafte Natur von Satoshi Nakamotos Identität hat Spekulationen und Intrigen innerhalb der Kryptowährungsgemeinschaft und darüber hinaus angeheizt. Die Entscheidung, anonym zu bleiben und ein Pseudonym zu verwenden, hat Nakamotos Person einen Hauch von Geheimnis verliehen und zahlreiche Untersuchungen und Theorien über die wahre Identität der Person oder Gruppe hinter der Bitcoin-Schöpfung ausgelöst [168]. Trotz der anhaltenden Bemühungen, die Identität von Satoshi Nakamoto zu enthüllen, bleibt das Geheimnis bestehen, was zur anhaltenden Faszination für die Ursprünge von Bitcoin und die Motivation seines schwer fassbaren Schöpfers beiträgt.

Im Bereich der digitalen Währungen und der Blockchain-Technologie hat Satoshi Nakamoto einen legendären Status als Visionär hinter einer der disruptivsten Innovationen des 21. Jahrhunderts eingenommen. Die Entscheidung, das Bitcoin-Whitepaper unter einem Pseudonym zu veröffentlichen, trug nicht nur zur Mystik um Nakamoto bei, sondern unterstrich auch das dezentrale Ethos der Kryptowährungsbewegung [169]. Das bleibende Erbe von Satoshi Nakamotos Schöpfung prägt weiterhin die Entwicklung von Kryptowährungen und Blockchain-Anwendungen und inspiriert eine neue Welle von technologischen Fortschritten und finanziellen Möglichkeiten.

Als Schöpfer von Bitcoin und Architekt seiner grundlegenden Prinzipien bleibt Satoshi Nakamoto eine zentrale Figur in der Erzählung des Aufstiegs der Kryptowährungen zur Prominenz. Die Entscheidung, anonym zu bleiben und ausschließlich über Online-Kanäle zu kommunizieren, hat zur anhaltenden Mystik um Nakamotos Person beigetragen [170]. Der Einfluss von Nakamotos Vision erstreckt sich weit über den Bereich digitaler Währungen hinaus und beeinflusst Diskussionen über Dezentralisierung, Vertrauenslosigkeit und die Zukunft von Finanzsystemen in einer zunehmend vernetzten Welt.

Satoshi Nakamoto, der pseudonyme Schöpfer von Bitcoin, begann zwischen 2010 und 2011, sich vom Projekt zurückzuziehen und stellte schließlich jegliche öffentliche Kommunikation ein [166]. Trotz umfangreicher Bemühungen, Nakamotos wahre Identität aufzudecken, sind keine endgültigen Beweise aufgetaucht, die die Anonymität des

Bitcoin-Schöpfers bewahren [166]. Nakamotos Rückzug hinderte nicht den Fortschritt von Bitcoin; vielmehr setzte die breitere Gemeinschaft und verschiedene Entwickler die Weiterentwicklung der Kryptowährung fort, was zu ihrer weitreichenden Akzeptanz und der Entstehung zahlreicher anderer Kryptowährungen und Blockchain-Technologien beitrug [166].

Nakamotos grundlegende Arbeit an Bitcoin hat eine bleibende Auswirkung auf die Finanzlandschaft gehabt, wobei die dezentrale Natur der Kryptowährung erhebliches Interesse von Investoren aufgrund ihrer innovativen Blockchain-Technologie geweckt hat [166]. Das von Nakamoto im Jahr 2008 veröffentlichte Whitepaper skizzierte die Prinzipien von Bitcoin als ein Peer-to-Peer-Elektronisches Zahlungsmittel und legte damit die Grundlage für ein dezentrales Währungs- und Finanzsystem [166]. Diese Vision fand viele Anhänger, weckte Neugier und bereitete den Weg für die Entwicklung digitaler Währungen und Blockchain-Anwendungen [166].

Die Entwicklung von Bitcoin unter Nakamotos Anleitung ebnete den Weg für das Aufkommen von Finanztechnologie (Fintech)-Initiativen, die die Finanzbranche transformiert haben [171]. Fintech, getrieben durch digitale Transformation, ist zu einem Grundpfeiler der Finanzinnovation geworden und bietet neue Wege zur Durchführung von Transaktionen und zur Verwaltung finanzieller Dienstleistungen [171]. Die Einführung der Blockchain-Technologie, wie von Nakamoto erläutert, spielte eine entscheidende Rolle bei der Umgestaltung traditioneller Finanzsysteme und leitete eine neue Ära dezentraler finanzieller Interaktionen ein [171].

Nakamotos präzise Erklärung der Betriebsprinzipien von Bitcoin und der grundlegenden Konzepte der Blockchain-Technologie im Whitepaper legte den Grundstein für den Erfolg der Kryptowährung und die breitere Akzeptanz blockchain-basierter Lösungen [172]. Der innovative Ansatz für digitale Transaktionen und die sichere, dezentrale Natur der Blockchain-Technologie haben zahlreiche Möglichkeiten jenseits von Kryptowährungen eröffnet, einschließlich Anwendungen in der Lieferkettenverwaltung, der Identitätsverifikation und den Smart Contracts [169].

Nakamotos Einfluss erstreckt sich über Bitcoin hinaus und prägt die Entwicklung der dezentralen Finanzen (DeFi), wodurch Unternehmer inspiriert werden, das Potenzial der Blockchain-Technologie in verschiedenen Sektoren zu erkunden [173]. Die im Whitepaper von Nakamoto dargelegten Prinzipien haben als Katalysator für Innovationen gedient und die Forschung zu neuartigen Anwendungen der Blockchain in Bereichen wie Energiesystemen, digitaler Bildung und Lieferkettenmanagement vorangetrieben [170]. Die unveränderlichen und transparenten Eigenschaften der Blockchain haben die Datensicherheit und Authentifizierungssysteme revolutioniert und Lösungen für langjährige Herausforderungen in verschiedenen Branchen angeboten [136].

Darüber hinaus hat Nakamotos Vision für Bitcoin als ein Peer-to-Peer-Elektronisches Zahlungsmittel Diskussionen über die Rolle von Kryptowährungen in der makroökonomischen Landschaft angestoßen. Das disruptive Potenzial von virtuellen Währungen wie Bitcoin hat Debatten über deren Eignung als nationale Währungen und ihren Einfluss auf traditionelle Finanztransaktionen ausgelöst. Das Aufkommen von Kryptowährungen hat nicht nur Investoren angezogen, sondern auch Fragen zu ihrer Klassifizierung als digitale Vermögenswerte und ihren Auswirkungen auf rechtliche Rahmenbedingungen aufgeworfen.

Es existieren verschiedene Theorien zur wahren Identität von Satoshi Nakamoto, der anonymen Person oder Gruppe hinter der Schaffung von Bitcoin und der Blockchain-Technologie. Spekulationen reichen von Zuschreibungen an Personen wie Hal Finney, Nick Szabo und Craig Wright bis hin zu Vorschlägen kollektiver Bemühungen von Organisationen. Hal Finney, ein angesehener Kryptograf, war ein früher Unterstützer von Bitcoin und erhielt eine der ersten Bitcoin-Transaktionen von Nakamoto [174]. Nick Szabo, bekannt für seine Arbeiten zu Konzepten digitaler Währungen und Smart Contracts, wurde ebenfalls mit dem pseudonymen Nakamoto in Verbindung gebracht [175]. Im Gegensatz dazu behauptete Craig Wright, ein australischer Unternehmer, kontrovers, Nakamoto zu sein, eine Aussage, die innerhalb der Kryptowährungsgemeinschaft auf Skepsis stieß [175].

Trotz dieser Vermutungen bleibt die wahre Identität von Satoshi Nakamoto unbekannt, da keine definitiven Beweise eine der vorgeschlagenen Theorien bestätigen [175]. Die geheimnisvolle Persona von Nakamoto hat laufende Debatten und Untersuchungen innerhalb der Kryptowährungs- und Blockchain-Communities ausgelöst, da Forscher und Enthusiasten weiterhin die Ursprünge von Bitcoin und die innovative Technologie, die es eingeführt hat, erforschen [176].

Die Entstehung der Blockchain-Technologie, die Satoshi Nakamoto zugeschrieben wird, reicht bis ins Jahr 2008 zurück, als Nakamoto das Konzept in einem Whitepaper mit dem Titel "Bitcoin: A Peer-to-Peer Electronic Cash System" vorstellte [177]. Dieses wegweisende Dokument skizzierte das Rahmenwerk für ein dezentrales digitales Währungssystem, das auf kryptografischen Prinzipien und Peer-to-Peer-Netzwerken basiert, um sichere und transparente Transaktionen zu ermöglichen [177]. Die Einführung von Bitcoin im Jahr 2009 markierte die praktische Umsetzung von Nakamotos Vision, veränderte die Finanzlandschaft und ebnete den Weg für das Aufkommen von Kryptowährungen und Blockchain-Anwendungen [178].

Satoshi Nakamotos bahnbrechender Beitrag mit Bitcoin führte nicht nur eine neuartige Form digitaler Währung ein, sondern legte auch das Fundament für die Entwicklung der Blockchain-Technologie [179]. Die innovative Integration von Blockchain in Bitcoins Architektur bot ein sicheres und unveränderliches Register für die Aufzeichnung von Transaktionen und ging Herausforderungen im digitalen Vertrauen und in dezentralen Systemen an [180]. Durch die Kombination kryptografischer Techniken, Konsensalgorithmen und verteilter Systeme zeigte Nakamotos Schöpfung von Bitcoin das Potenzial der Blockchain über Währungsanwendungen hinaus [181].

Die Auswirkungen von Satoshi Nakamotos Arbeit erstrecken sich über den Finanzbereich hinaus, da die Blockchain-Technologie in verschiedenen Sektoren wie Gesundheitswesen, Transport und Lieferkettenmanagement Anwendung findet [182]. Die dezentrale und manipulationssichere Natur der Blockchain hat Interesse an ihrem Potenzial geweckt, das Datenmanagement, die Sicherheit und die Interoperabilität über verschiedene Branchen hinweg zu revolutionieren [181]. Nakamotos ursprüngliche Vision der Blockchain als Werkzeug für dezentralen Konsens und Vertrauen hat Innovationen und Forschungen inspiriert, die darauf abzielen, das volle Potenzial der Technologie zu erschließen.

Das Erbe von Satoshi Nakamoto und das Aufkommen der Blockchain-Technologie haben einen Wandel in unserer Wahrnehmung und Interaktion mit digitalen Assets und Informationen ausgelöst [176]. Die dezentralen und manipulationssicheren Eigenschaften der Blockchain haben traditionelle zentrale Systeme herausgefordert und neue Möglichkeiten für sicheren und effizienten Datenaustausch eröffnet. Während Forscher tiefer in die Ursprünge und Auswirkungen von Nakamotos Beiträgen eintauchen, bleibt der transformative Einfluss der Blockchain-Technologie ein Schwerpunkt akademischer Untersuchungen und technologischen Fortschritts.

Zusammenfassend lässt sich sagen, dass das Geheimnis um die Identität von Satoshi Nakamoto und die anhaltenden Auswirkungen von Bitcoin und Blockchain-Technologie den erheblichen Einfluss dieses anonymen Innovators auf die digitale Landschaft verdeutlichen. Während Nakamotos Identität weiterhin unbekannt bleibt, prägt das Erbe ihrer Arbeit die Entwicklung von Kryptowährungen, dezentralen Systemen und vertrauenslosen Transaktionen in der digitalen Ära. Während Forscher tiefer in die Ursprünge und Auswirkungen von Nakamotos Beiträgen eintauchen, wird die Bedeutung der Blockchain-Technologie als Treiber von Innovation und Disruption zunehmend deutlich.

Wie Bitcoin funktioniert

Bitcoin ist eine dezentrale digitale Währung, die Peer-to-Peer-Transaktionen ohne die Notwendigkeit von Zwischenhändlern wie Banken oder Finanzinstituten ermöglicht. Im Gegensatz zu traditionellen Währungen, die von Zentralbehörden ausgegeben und reguliert werden, basiert Bitcoin auf einem dezentralen Netzwerk von Computern, das auf kryptografischen Prinzipien und einer als Blockchain bekannten Technologie beruht.

Im Kern des Bitcoin-Systems steht die Blockchain, ein verteiltes Hauptbuch, das alle Bitcoin-Transaktionen aufzeichnet. Die Blockchain ist eine kontinuierliche Kette von Blöcken, wobei jeder Block eine Liste von Transaktionen enthält. Sobald ein Block mit Transaktionen gefüllt ist, wird er kryptografisch mit dem vorhergehenden Block verknüpft, wodurch eine unveränderliche Kette entsteht. Diese Blockkette wird von einem Netzwerk von Knotenpunkten (Nodes) gepflegt, die jeweils eine Kopie der Blockchain besitzen und so Transparenz und Sicherheit im Netzwerk gewährleisten.

Die Bitcoin-Blockchain ist eine dezentrale Datenbank, die alle Bitcoin-Transaktionen sicher und unveränderlich aufzeichnet. Sie funktioniert durch eine Kombination aus kryptografischen Techniken, verteilter Datenverarbeitung und Konsensmechanismen, um die Integrität und Sicherheit der Daten zu gewährleisten [183].

Die Bitcoin-Blockchain wird nicht an einem einzigen Ort gespeichert. Stattdessen ist sie über ein Netzwerk von Computern verteilt, die als Knotenpunkte bekannt sind. Jeder Knotenpunkt verwaltet eine vollständige Kopie der Blockchain, was bedeutet, dass jede Transaktion und jeder Block im gesamten Netzwerk repliziert wird. Wenn eine Änderung an der Blockchain vorgenommen wird – zum Beispiel wenn ein neuer Block hinzugefügt wird – aktualisieren alle Knotenpunkte ihre Kopien der Blockchain, um diese Änderung widerzuspiegeln. Diese verteilte Natur stellt sicher, dass die Blockchain gegen Manipulationen und Ausfälle resistent ist, da es keinen zentralen Kontrollpunkt oder einen einzelnen Ausfallpunkt gibt.

Die Blockchain selbst besteht aus einer Reihe von Blöcken, von denen jeder mehrere kritische Komponenten enthält. Blöcke sind die grundlegenden Einheiten der

Blockchain und sind darauf ausgelegt, Daten über Transaktionen, Verknüpfungen zu vorherigen Blöcken, Adressen und den Code zur Ausführung und Validierung von Transaktionen zu speichern. Um zu verstehen, wie die Blockchain funktioniert, ist es entscheidend, die Struktur und Rolle dieser Blöcke zu verstehen [183].

Wenn ein neuer Block erstellt wird, enthält er mehrere wichtige Informationen, die alle in eine 256-Bit-Zahl, bekannt als Block-Hash, kodiert sind. Dieser Hash identifiziert den Block eindeutig und verknüpft ihn mit dem vorherigen Block in der Kette. Die Komponenten eines Blocks umfassen [183]:

- **Aktuelle Softwareversion:** Die Version der Bitcoin-Client-Software, die zur Verarbeitung und Validierung des Blocks verwendet wird.

- **Hash des vorherigen Blocks:** Der Hash des Blocks, der dem aktuellen Block vorausgeht, und die Blöcke in einer Kette miteinander verknüpft.

- **Coinbase-Transaktion:** Die erste Transaktion im Block, die zur Ausgabe der Belohnung für das Mining des Blocks verwendet wird. Diese Belohnung besteht aus neu geschaffenen Bitcoins und Transaktionsgebühren.

- **Blockhöhe:** Eine numerische Darstellung der Position des Blocks in der Blockchain, die angibt, wie weit der Block vom allerersten Block (genesis block) entfernt ist.

- **Merkle-Wurzel:** Eine 256-Bit-Zahl, die einen Hash aller im Block enthaltenen Transaktionen darstellt. Diese Wurzel stellt sicher, dass die Daten im Block unverändert bleiben und ist entscheidend für die Verifizierung des Inhalts des Blocks.

- **Zeitstempel:** Das genaue Datum und die Uhrzeit, zu der der Block erstellt und der Blockchain hinzugefügt wurde.

- **Ziel in Bits:** Dies stellt das Schwierigkeitsniveau des kryptografischen Problems dar, das gelöst werden muss, um den Block zu minen. Es wird verwendet, um die Rate zu steuern, mit der neue Blöcke zur Blockchain hinzugefügt werden.

- **Nonce:** Eine 32-Bit-Zahl, die von Minern angepasst wird, um einen gültigen Block-Hash zu finden. Die Nonce ist ein wichtiger Bestandteil des Mining-Prozesses und wird verwendet, um einen Hash zu erzeugen, der die Anforderungen des Netzwerks an die Schwierigkeit erfüllt.

Sobald ein Block mit Transaktionen gefüllt ist, wird er „geschlossen" und ein einzigartiger Hash wird generiert. Dieser Hash identifiziert nicht nur den Block, sondern enthält auch Informationen aus vorherigen Blöcken und schafft so eine Kette von Blöcken. Die Verknüpfung der Blöcke ist es, was die Blockchain sicher und unveränderlich macht. Der Hash jedes Blocks hängt vom Hash des vorhergehenden Blocks ab und schafft eine kontinuierliche, unzerbrechliche Kette [183].

Der Prozess, bei dem neue Blöcke zur Blockchain hinzugefügt werden, ist als Mining bekannt. Mining umfasst das Lösen eines komplexen mathematischen Problems, bekannt als Proof-of-Work, das erhebliche Rechenleistung erfordert. Miner konkurrieren darum, dieses Problem zu lösen, und der erste Miner, der erfolgreich ist, darf den Block zur Blockchain hinzufügen und wird mit neuen Bitcoins und Transaktionsgebühren belohnt. Mining dient der Validierung von Transaktionen, der Sicherung des Netzwerks und der Regulierung der Schaffung neuer Bitcoins [183].

Bitcoin-Transaktionen werden durch einen Prozess namens Mining verarbeitet und verifiziert. Mining umfasst das Lösen komplexer mathematischer Probleme, bekannt als Proof-of-Work, die erhebliche Rechenleistung erfordern. Miner konkurrieren darum, diese Probleme zu lösen, und der erste Miner, der eine Lösung findet, wird mit neu geschaffenen Bitcoins und den Transaktionsgebühren der im Block enthaltenen Transaktionen belohnt.

Proof-of-Work dient zwei Hauptzwecken: Es sichert das Netzwerk, indem es es rechnerisch unpraktisch macht, dass eine einzelne Entität die Blockchain verändert, und es gewährleistet die faire Verteilung neuer Bitcoins. Die Schwierigkeit der mathematischen Probleme passt sich regelmäßig an, um sicherzustellen, dass neue Blöcke etwa alle zehn Minuten hinzugefügt werden und so eine konsistente Rate der Blockerstellung aufrechterhalten wird.

Wenn ein Benutzer eine Bitcoin-Transaktion initiiert, wird die Transaktion im Netzwerk ausgestrahlt und in einem Speicherpool gesammelt, wo sie darauf wartet, in einen Block aufgenommen zu werden. Jede Transaktion enthält eine digitale Signatur, die die Identität des Absenders verifiziert und sicherstellt, dass die Transaktion nicht manipuliert wurde. Transaktionen werden von Minern in einem Block zusammengefasst, die die Transaktionen durch den Proof-of-Work-Prozess validieren.

Sobald ein Block gemined und zur Blockchain hinzugefügt wurde, gelten die Transaktionen innerhalb dieses Blocks als bestätigt. Der Bestätigungsprozess umfasst mehrere

Blöcke, die nach dem Block mit der Transaktion zur Blockchain hinzugefügt werden, was die Sicherheit und Unveränderlichkeit des Transaktionsprotokolls erhöht.

Um mit dem Bitcoin-Netzwerk zu interagieren, benötigen Benutzer eine Bitcoin-Wallet, ein Software- oder Hardware-Tool, das ihre privaten und öffentlichen Schlüssel speichert. Der öffentliche Schlüssel wird verwendet, um Bitcoins zu empfangen, während der private Schlüssel verwendet wird, um Transaktionen zu signieren und das Eigentum an den Bitcoins, die mit dem öffentlichen Schlüssel verbunden sind, nachzuweisen. Die Sicherheit einer Bitcoin-Wallet hängt von der Geheimhaltung des privaten Schlüssels ab; jeder, der Zugang zum privaten Schlüssel hat, kann die damit verbundenen Bitcoins kontrollieren.

Die dezentrale Natur von Bitcoin bedeutet, dass keine einzelne Entität das Netzwerk kontrolliert. Stattdessen ist die Kontrolle auf ein Netzwerk von Knotenpunkten verteilt, von denen jeder die Blockchain validiert und eine Kopie davon pflegt. Diese Dezentralisierung erhöht die Sicherheit, indem sie das Risiko eines einzelnen Ausfallpunkts reduziert und es böswilligen Akteuren erschwert, Transaktionsaufzeichnungen zu verändern.

Das feste Angebot von Bitcoin von 21 Millionen Coins ist ein grundlegendes Element seines Designs, das Knappheit und Wertbewahrung gewährleistet [184]. Der Mining-Prozess, der neue Bitcoins erzeugt, durchläuft etwa alle vier Jahre eine Halbierung, wodurch die Rate der neuen Münzschöpfung reduziert und die Inflation kontrolliert wird [185]. Dieser Mechanismus wird fortgesetzt, bis die gesamten 21 Millionen Bitcoins gemined sind, was voraussichtlich um das Jahr 2140 erreicht wird [185]. Die Einführung der Bitcoin-Halbierung durch Nakamoto sollte die Ausgabe von Münzen regulieren und die Knappheit im Blockchain-Ökosystem aufrechterhalten [185].

Die Beziehung zwischen Hashrate und Bitcoin-Preis wurde untersucht, wobei Methoden wie exponentielle Glättung verwendet wurden, um die Energieeffizienz-Dynamik des Bitcoin-Netzwerks zu modellieren [186]. Darüber hinaus wurden die Skalierbarkeit und Transaktionsgeschwindigkeit von Blockchain-Systemen, einschließlich Bitcoin, durch Ansätze wie parallelen Proof-of-Work angesprochen, um die Systemleistung zu verbessern [187]. Die Auswirkungen von Halbierungsereignissen auf den fairen Marktwert von Bitcoin wurden analysiert, um zu beleuchten, wie dieser Prozess die wirtschaftliche Landschaft der Kryptowährung beeinflusst [188].

Mining-Pools spielen eine entscheidende Rolle im Bitcoin-Ökosystem und sind bedeutende Akteure im Netzwerk [189]. Diese Pools tragen zur Sicherheit, Validität und

Stabilität des Systems bei, indem sie gemeinsam Blöcke minen [190]. Darüber hinaus dominieren Mining-Pools die Rechenressourcen innerhalb des Bitcoin-Netzwerks und üben erheblichen Einfluss auf die Netzwerksicherheit und -leistung aus [191]. Die wirtschaftlichen Implikationen der Bitcoin-Halbierungsereignisse wurden untersucht, wobei ihre Auswirkungen auf den US-Kapitalmarkt und die Volatilität und schnellen Schwankungen dieser digitalen Anlage hervorgehoben wurden [192].

Bitcoin-Transaktionen sind pseudonym, was bedeutet, dass zwar die Identitäten der Teilnehmer nicht direkt offenbart werden, ihre Transaktionen jedoch in der Blockchain aufgezeichnet und öffentlich zugänglich sind. Diese Transparenz ermöglicht es den Benutzern, Transaktionen zu überprüfen und das Netzwerk zu auditieren, ohne persönliche Informationen preiszugeben.

Bitcoin steht vor mehreren Herausforderungen, darunter Skalierbarkeitsprobleme, hohe Transaktionsgebühren während Perioden hoher Nachfrage und Bedenken hinsichtlich seiner Umweltbelastung aufgrund der energieintensiven Natur des Minings. Innovationen wie das Lightning Network zielen darauf ab, diese Herausforderungen zu bewältigen, indem sie schnellere und kostengünstigere Transaktionen off-chain ermöglichen, während die Sicherheit des Bitcoin-Netzwerks erhalten bleibt.

Bitcoin-Mining

Bitcoin-Mining ist ein wesentlicher Prozess, der die Funktionsweise des Bitcoin-Netzwerks unterstützt. Es umfasst die Validierung von Transaktionen, die Sicherung der Blockchain und die Einführung neuer Bitcoins in den Umlauf. Dieser Prozess wird durch spezialisierte Software und Hardware ausgeführt und erfordert erhebliche Rechenleistung. Im Folgenden wird erläutert, wie das Bitcoin-Mining funktioniert [183]:

Mining ist im Wesentlichen der Prozess der Validierung von Transaktionen und der Erstellung eines neuen Blocks in der Bitcoin-Blockchain. Wenn Transaktionen im Bitcoin-Netzwerk durchgeführt werden, werden sie in einem Pool von ausstehenden Transaktionen gesammelt. Miner wählen dann diese Transaktionen aus, gruppieren sie in einem Block und versuchen, diesen Block zur Blockchain hinzuzufügen. Dieser Prozess ist entscheidend für die Aufrechterhaltung der Integrität und Sicherheit des Bitcoin-Ledgers.

Im Kern des Minings steht das Konzept des Hashings. Ein Hash ist eine Zeichenkette fester Länge, die durch einen kryptografischen Algorithmus erzeugt wird und die Daten innerhalb eines Blocks eindeutig darstellt. Miner arbeiten daran, einen Hash zu finden, der bestimmte Kriterien erfüllt, die durch das Schwierigkeitsziel des Bitcoin-Netzwerks definiert sind. Das Schwierigkeitsziel ist eine Zahl, die angibt, wie schwer es ist, einen gültigen Hash zu finden.

Um diesen Hash zu finden, verwenden Miner einen Prozess namens "Proof-of-Work" (Arbeitsnachweis). Sie beginnen mit den Blockdaten und einer Nonce – einer variablen Zahl, die Miner bei jedem Versuch ändern. Durch Ändern der Nonce und wiederholtes Hashen der Blockdaten erzeugen Miner verschiedene Hash-Werte. Das Ziel ist es, einen Hash zu produzieren, der gleich oder kleiner als der Zielwert des Netzwerks ist. Dieser Prozess erfordert immense Rechenleistung, da die richtige Nonce im Voraus nicht bekannt ist und durch Trial-and-Error gefunden werden muss.

Die Effizienz des Minings wird durch die Hash-Rate gemessen, die angibt, wie viele Hashes ein Miner pro Sekunde berechnen kann. Hohe Hash-Raten erhöhen die Wahrscheinlichkeit, einen gültigen Hash erfolgreich zu finden und die Blockbelohnung zu erhalten. Miner verwenden verschiedene Arten von Hardware, um hohe Hash-Raten zu erreichen, von Allzweck-Computern bis hin zu spezialisierten Geräten, die als Application-Specific Integrated Circuits (ASICs) bekannt sind. ASICs sind maßgeschneiderte Maschinen, die speziell für das Mining optimiert sind und im Vergleich zu allgemeiner Hardware überlegene Leistung bieten.

Abbildung 7: Canaan AvalonMiner A10 Bitcoin-Mining-Maschinen. Canaan, CC BY-SA 4.0, über Wikimedia Commons.

Mining ist ein wettbewerbsintensiver Prozess. Miner im gesamten Netzwerk arbeiten daran, das kryptografische Rätsel zu lösen und den richtigen Hash zu finden. Der erste Miner, der erfolgreich einen gültigen Hash findet, sendet diesen an das Netzwerk, und wenn andere Knoten bestätigen, dass der Hash korrekt ist, wird der neue Block zur Blockchain hinzugefügt. Dieser Miner wird dann mit neu geschaffenen Bitcoins und Transaktionsgebühren aus den im Block enthaltenen Transaktionen belohnt.

Das Bitcoin-Netzwerk passt die Mining-Schwierigkeit ungefähr alle zwei Wochen oder alle 2.016 Blöcke an. Diese Anpassung stellt sicher, dass alle 10 Minuten etwa ein Block zur Blockchain hinzugefügt wird, unabhängig von der gesamten Rechenleistung des Netzwerks. Wenn mehr Miner dem Netzwerk beitreten oder die Mining-Hardware effizienter wird, erhöht sich die Schwierigkeit, sodass eine längere Kette von Nullen im Hash erforderlich ist, um das Ziel zu erreichen. Im Gegensatz dazu sinkt die Schwierigkeit, wenn Miner das Netzwerk verlassen oder die Hardware weniger effizient wird.

Mining ist eine energieintensive Aktivität. Der Prozess verbraucht aufgrund der Notwendigkeit, Mining-Hardware kontinuierlich mit hoher Geschwindigkeit zu betreiben, eine erhebliche Menge an Strom. Da die Mining-Schwierigkeit im Laufe der Zeit zugenommen hat, ist auch die für das Lösen der kryptografischen Rätsel erforderliche Leistung gestiegen. Dies hat zur Entwicklung von Mining-Farmen geführt – groß angelegte Operationen mit zahlreichen Mining-Maschinen, die parallel arbeiten, um die Hash-Rate zu erhöhen und die Chancen auf Belohnungen zu verbessern.

Abbildung 8: Argo Blockchain Mirabel Bitcoin-Mining-Anlage (2018). MikeBogosian, CC BY-SA 4.0, über Wikimedia Commons.

Angesichts der wettbewerbsintensiven Natur des Mining und der beträchtlichen Ressourcen, die erforderlich sind, schließen sich viele Einzelminer Mining-Pools an. Ein Mining-Pool ist eine Gemeinschaft von Minern, die ihre Rechenleistung bündeln und die Belohnungen entsprechend ihrem Beitrag teilen. Dieser Ansatz hilft, die Einnahmen zu stabilisieren und reduziert die Schwankungen, die mit dem Mining verbunden sind.

Abbildung 9: Eine Bitcoin-Mining-Farm. Marko Ahtisaari, CC BY 2.0, über Wikimedia Commons.

Das Bitcoin-Mining hat sich seit der Einführung der Kryptowährung erheblich weiterentwickelt, und diese Entwicklung hat die Arten von Hardware und Software beeinflusst, die für das Mining verwendet werden. Zunächst war das Mining von Bitcoin auf Personalcomputern möglich, da die Netzwerkerschwernis und der Wettbewerb geringer waren. Mit der zunehmenden Popularität von Bitcoin und dem Eintritt neuer Miner in das Netzwerk stieg jedoch die Komplexität des Minings, was spezialisiertere Ausrüstung erforderlich machte [193].

Als Bitcoin 2009 erstmals eingeführt wurde, war es möglich, mit Standard-Personalcomputern zu minen. Zu dieser Zeit war die Netzwerkerschwernis relativ niedrig, und die Rechenleistung, die zur Lösung der kryptografischen Rätsel erforderlich war, lag im Bereich durchschnittlicher Heimcomputer. Begeisterte Frühadopter konnten effektiv Bitcoin mit ihren CPUs (zentralen Verarbeitungseinheiten) minen, und später, als GPUs (Grafikprozessoren) verfügbar wurden. Diese GPUs, die für die Verarbeitung paralleler Aufgaben bei der Grafikdarstellung konzipiert sind, erwiesen sich als effizienter als CPUs beim Mining, da sie mehrere Berechnungen gleichzeitig durchführen konnten.

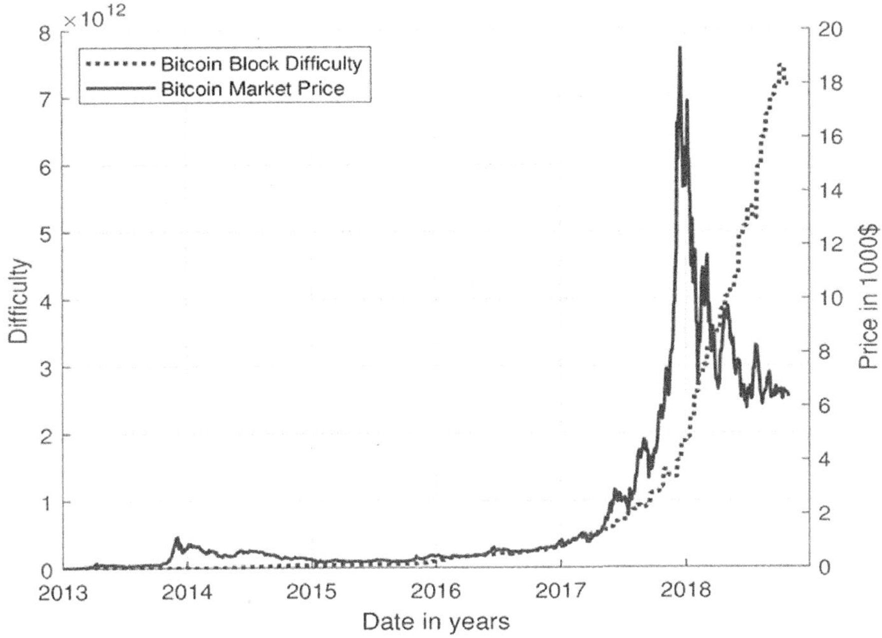

Abbildung 10: Entwicklung der Bitcoin-Blockerschwernis und des Marktpreises von Januar 2013 bis Oktober 2018 (Blockchain Luxembourg S.A., 2018). Zade, Myklebost, Tzscheutschler und Wagner, CC BY-SA 4.0, über Wikimedia Commons.

Da immer mehr Menschen Interesse an Bitcoin zeigten, stieg die Mining-Schwierigkeit des Netzwerks aufgrund der wachsenden Anzahl von Teilnehmern. Diese Erhöhung der Schwierigkeit bedeutete, dass das Mining mit einem persönlichen Computer nicht mehr wettbewerbsfähig war. Der Bedarf an spezialisierter Hardware führte zur Entwicklung von Application-Specific Integrated Circuits (ASICs). ASICs sind maßgeschneiderte Maschinen, die speziell für das Mining von Kryptowährungen entwickelt wurden. Im Gegensatz zu allgemeiner Hardware sind ASICs optimiert, um die spezifischen Berechnungen für das Mining mit viel höheren Geschwindigkeiten und größerer Effizienz durchzuführen.

Die für das Mining erforderliche Rechenleistung ist exponentiell gewachsen. Am 15. Mai 2024 erzeugt das Bitcoin-Netzwerk etwa 600 Quintillionen Hashes pro Sekunde. Diese erstaunliche Zahl verdeutlicht das Ausmaß des Wettbewerbs innerhalb des Netzwerks. Im Vergleich dazu kann ein typischer moderner Personal Computer, selbst mit der neuesten Hardware, eine Hashrate von etwa 100 Megahashes pro Sekunde (100

Millionen Hashes pro Sekunde) erreichen. Dieser Vergleich zeigt, warum das Mining mit persönlichen Computern für Einzelminer weitgehend unpraktisch geworden ist.

ASIC-Miner repräsentieren die neueste Technik im Mining-Bereich. Diese Geräte können mehr als 400 Billionen Hashes pro Sekunde erzeugen und übertreffen damit die Fähigkeiten von Personal Computern und selbst von GPUs bei weitem. Die Effizienz von ASICs ist das Ergebnis ihres spezialisierten Designs, das ausschließlich auf die Durchführung der wiederholten Hash-Berechnungen für das Mining ausgerichtet ist. Die erhebliche Rechenleistung von ASICs ermöglicht es Minern, effektiv im Netzwerk zu konkurrieren und eine bessere Chance zu haben, das kryptographische Rätsel zu lösen und Belohnungen zu verdienen.

Für Einzelminer, die persönliche Computer verwenden, sind die Chancen, Bitcoin erfolgreich selbst zu minen, extrem gering. Die enorme Rechenleistung der ASIC-Miner bedeutet, dass Personal Computer in diesem Bereich nicht mehr wettbewerbsfähig sind. Daher haben viele Einzelminer Mining-Pools beigetreten, bei denen sie ihre Ressourcen mit anderen Minern bündeln können, um ihre Chancen auf das Lösen des Hashes und das Teilen der Belohnungen zu erhöhen. Mining-Pools verteilen die Arbeit und die Belohnungen unter den Teilnehmern, was das Mining für diejenigen ohne Zugang zu spezialisierter Hardware zugänglicher und rentabler macht.

Die Entwicklung der Mining-Hardware von persönlichen Computern zu ASICs spiegelt die umfassenderen Veränderungen im Bitcoin-Mining wider. Mit dem Wachstum des Netzwerks und der Zunahme der Schwierigkeit wurde der Bedarf an effizienterer und leistungsfähigerer Hardware offensichtlich. Heute erfordert das Mining von Bitcoin erhebliche Investitionen in spezialisierte Ausrüstung und Infrastruktur. Der Übergang zu ASICs und Mining-Farmen zeigt das zunehmende Maß und die Professionalität der Mining-Branche und hebt die Herausforderungen hervor, denen Einzelminer gegenüberstehen, sowie die wachsende Bedeutung kollektiver Anstrengungen im Mining-Prozess.

Optionen für erfolgreiches Bitcoin-Mining

Das Bitcoin-Mining umfasst eine Reihe von Hardware- und Software-Optionen, von denen jede ihre eigenen Vorteile und Einschränkungen hat. Hier sind die wichtigsten Methoden für erfolgreiches Mining:

1. Verwendung von Personal Computern und Mining-Software

Ursprünglich war Bitcoin-Mining mit Personal Computern möglich, aber mit dem Wachstum des Netzwerks stieg die Komplexität des Minings. Heute können persönliche Computer zwar immer noch für das Mining verwendet werden, ihre Effizienz ist jedoch im Vergleich zu spezialisierter Hardware begrenzt. Um die Chancen auf das Mining von Bitcoin mit einem Personal Computer zu verbessern, können Sie einem Mining-Pool beitreten. Mining-Pools sind Kooperationen, bei denen mehrere Miner ihre Rechenleistung bündeln, um die Wahrscheinlichkeit zu erhöhen, einen Block zu lösen. Durch das Pooling der Ressourcen teilen Miner die Belohnungen proportional zu ihrem Beitrag, was es zu einer praktischeren Option für Einzelminer macht.

Mehrere Softwareprogramme können das Mining auf Personal Computern erleichtern, wie z.B. CGMiner und BFGMiner. Diese Programme sind mit Bitcoin-Software kompatibel und bieten verschiedene Funktionen für effizientes Mining. Beliebte Mining-Pools sind Foundry Digital, Antpool, F2Pool, ViaBTC und Binance.com. Der Beitritt zu einem Mining-Pool ermöglicht es Ihnen, kollektive Rechenleistung zu nutzen und Ihre Chancen auf Bitcoin-Belohnungen zu verbessern, wobei die Belohnungen jedoch unter den Pool-Mitgliedern entsprechend ihrem Beitrag aufgeteilt werden.

2. Kauf von Application-Specific Integrated Circuits (ASICs)

Für diejenigen mit erheblichen Ressourcen ist die Investition in ASIC-Miner eine praktikable Option. ASICs sind spezialisierte Maschinen, die speziell für das Mining von Bitcoin entwickelt wurden und eine weit überlegene Leistung im Vergleich zu Personal Computern bieten. Neue ASIC-Miner kosten in der Regel etwa 10.000 USD, obwohl gebrauchte Modelle möglicherweise zu niedrigeren Preisen erhältlich sind. Diese Maschinen können bis zu 400 Billionen Hashes pro Sekunde erzeugen, was die Fähigkeiten von Personal Computern, die typischerweise etwa 100 Megahashes pro Sekunde (100 Millionen) erreichen, bei weitem übertrifft.

Der Besitz und Betrieb von ASICs bringt jedoch erhebliche Kosten über den anfänglichen Kauf hinaus mit sich. Stromverbrauch und Kühlung sind große Ausgaben, da ASICs erhebliche Leistung benötigen und viel Wärme erzeugen. Die wettbewerbsorientierte Natur des Minings bedeutet, dass selbst mit ASICs der Erfolg nicht garantiert ist. Große Mining-Operationen, wie die von Firmen wie CleanSpark, die im April 2024 100.000 ASICs bestellt haben, dominieren die Mining-Landschaft. Dieses Investitionsniveau zeigt das Ausmaß, in dem wettbewerbsorientiertes Mining betrieben wird.

Die Auswahl des richtigen Mining-Pools

Wenn Sie sich entscheiden, einem Mining-Pool beizutreten, ist es wichtig, die Auszahlungsstruktur, die Gebührenpolitik und den allgemeinen Ruf des Pools zu recherchieren. Mining-Pools bieten verschiedene Auszahlungsschemata an, wie Pay-Per-Share (PPS) oder Proportional, die unterschiedliche Auswirkungen auf die Verteilung der Belohnungen haben. Pool-Gebühren, die typischerweise zwischen 1 % und 3 % liegen, können Ihre Gesamteinnahmen beeinflussen. Rezensionen zu lesen und verschiedene Pools zu vergleichen, kann Ihnen helfen, einen Pool auszuwählen, der zu Ihrer Mining-Strategie passt und Ihre potenziellen Renditen maximiert.

Hier ist ein detaillierter Überblick über einige der beliebtesten Mining-Pools:

Foundry Digital: Foundry Digital ist ein bedeutender Mining-Pool, bekannt für seine umfangreiche Infrastruktur und seinen Einfluss im Kryptowährungsbereich. Er wird unter Foundry Services betrieben, einer Tochtergesellschaft der Digital Currency Group (DCG), einem großen Akteur in der digitalen Vermögensbranche. Foundry Digital bietet Dienstleistungen an, die Mining-Pool-Betrieb, Hardwarebeschaffung und Finanzdienstleistungen für Miner umfassen. Der Pool ist darauf ausgelegt, sowohl große Mining-Betriebe als auch kleinere Miner zu unterstützen, die kollektive Mining-Power nutzen möchten. Foundry Digital ist bekannt für seine transparenten Betriebsabläufe und wettbewerbsfähige Gebührenstrukturen.

Antpool: Antpool, betrieben von Bitmain Technologies, ist einer der größten und bekanntesten Bitcoin-Mining-Pools weltweit. Bitmain ist ein führender Hersteller von Mining-Hardware, und Antpool profitiert von der umfangreichen Expertise des Unternehmens in der Mining-Technologie. Antpool unterstützt eine Vielzahl von Mining-Algorithmen und bietet verschiedene Auszahlungsmethoden an, darunter Pay-Per-Share (PPS) und Pay-Per-Last-N-Shares (PPLNS). Der Pool hat einen Ruf für Zuverlässigkeit und bietet Minern detaillierte Statistiken und Analysen, um ihre Mining-Leistung zu verfolgen. Antpool's signifikante Marktanteile und robuste Infrastruktur machen es zu einer beliebten Wahl unter Minern.

F2Pool: F2Pool ist ein weiterer großer Akteur auf dem Markt der Bitcoin-Mining-Pools und ist bekannt für seine globale Präsenz. Gegründet in China, hat sich F2Pool weltweit ausgedehnt, was ihn für Miner in verschiedenen Regionen zugänglich macht. Der Pool unterstützt mehrere Kryptowährungen neben Bitcoin, darunter Ethereum und

Litecoin. F2Pool bietet flexible Auszahlungsmöglichkeiten und pflegt einen Ruf für konsistente Leistung und Zuverlässigkeit. Er liefert detaillierte Berichte und Analysen, um Minern zu helfen, ihre Operationen zu optimieren und ihre Einnahmen zu verstehen.

ViaBTC: ViaBTC ist ein Mining-Pool, der aufgrund seiner benutzerfreundlichen Oberfläche und innovativen Funktionen an Popularität gewonnen hat. Gegründet in China, unterstützt ViaBTC eine Vielzahl von Kryptowährungen und bietet mehrere Auszahlungsmethoden an, um verschiedenen Mining-Strategien gerecht zu werden. Der Pool ist bekannt für seine transparente Gebührenstruktur und seinen benutzerorientierten Ansatz, was ihn zu einer attraktiven Option sowohl für Anfänger als auch für erfahrene Miner macht. ViaBTC bietet auch umfassende Mining-Statistiken und Tools, um Benutzern zu helfen, ihre Mining-Aktivitäten effektiv zu überwachen und zu verwalten.

Binance.com: Binance, eine der weltweit größten Kryptowährungsbörsen, betreibt ebenfalls einen Mining-Pool, bekannt als Binance Pool. Durch die Nutzung der umfangreichen Infrastruktur und Ressourcen der Binance-Börse bietet Binance Pool ein nahtloses Erlebnis für Miner, einschließlich der Integration mit der Handelsplattform von Binance. Binance Pool unterstützt verschiedene Kryptowährungen und bietet wettbewerbsfähige Gebühren und Belohnungen. Er ist sowohl für Einzelminer als auch für große Operationen konzipiert und bietet detaillierte Mining-Analysen und Unterstützung. Die Integration von Binance Pool in das Binance-Ökosystem bietet zusätzliche Vorteile, wie die einfachere Umwandlung von Mining-Belohnungen in andere Kryptowährungen oder Fiat-Währungen.

Jeder dieser Mining-Pools—Foundry Digital, Antpool, F2Pool, ViaBTC und Bi nance.com—bietet einzigartige Funktionen und Vorteile, die auf verschiedene Arten von Minern zugeschnitten sind. Foundry Digital ist bekannt für seine umfangreichen Branchenkontakte, Antpool für seine massive Infrastruktur und zuverlässige Leistung, F2Pool für seine globale Reichweite und Unterstützung verschiedener Kryptowährungen, ViaBTC für sein benutzerfreundliches Design und innovative Funktionen und Binance Pool für seine Integration mit einer großen Kryptowährungsbörse. Die Auswahl des richtigen Mining-Pools hängt von verschiedenen Faktoren ab, einschließlich Gebühren, Auszahlungstrukturen, geografischen Überlegungen und den spezifischen Bedürfnissen des Miners.

Verwendung eines ASIC für das Bitcoin-Mining

Verstehen des ASIC-Minings ASICs (Application-Specific Integrated Circuits) sind spezialisierte Hardware, die speziell für das Mining von Kryptowährungen, insbesondere Bitcoin, entwickelt wurde. Im Gegensatz zu allgemeinem Computer- oder GPU-Hardware (Graphics Processing Units) sind ASICs darauf ausgelegt, eine einzige Art von Aufgabe auszuführen – in diesem Fall das Lösen der komplexen mathematischen Rätsel, die für das Bitcoin-Mining erforderlich sind – und das viel effizienter. Sie bieten hohe Hash-Raten, was bedeutet, dass sie eine große Anzahl von Hashes pro Sekunde verarbeiten können, was die Chancen auf das erfolgreiche Mining eines Blocks und das Verdienen von Belohnungen erheblich erhöht.

Die Auswahl des richtigen ASIC-Miners Bei der Auswahl eines ASIC-Miners sollten Sie Faktoren wie Hash-Rate, Stromverbrauch und Kosten berücksichtigen. Die Hash-Rate, gemessen in Terahashes pro Sekunde (TH/s), gibt an, wie viele Hashes die Maschine in einer Sekunde berechnen kann. Höhere Hash-Raten bedeuten in der Regel eine bessere Leistung, kommen jedoch mit einem höheren Stromverbrauch. Beispielsweise bietet der Antminer S19 Pro eine hohe Hash-Rate, erfordert jedoch auch erhebliche Strommengen zum Betrieb. Bewerten Sie Ihr Budget, die Strompreise und den verfügbaren Platz, um das am besten geeignete ASIC-Modell für Ihre Mining-Operation zu bestimmen.

Einrichtung der Hardware

Nachdem Sie einen ASIC-Miner erworben haben, umfasst der Einrichtungsprozess mehrere Schritte:

- **Auspacken und Zusammenbauen:** Packen Sie den ASIC-Miner sorgfältig aus und bauen Sie ihn gemäß den Anweisungen des Herstellers zusammen. Dies umfasst normalerweise das Anschließen des Netzteils (PSU) und gegebenenfalls das Verbinden des Miners mit einem Kühlsystem. Eine ordnungsgemäße Kühlung ist entscheidend, da ASIC-Miner während des Betriebs viel Wärme erzeugen.

- **Anschließen an Strom und Internet:** Stecken Sie den ASIC-Miner in eine Stromquelle und verbinden Sie ihn mit Ihrem Router oder Modem über ein Ethernet-Kabel. Einige Modelle unterstützen möglicherweise WLAN, aber eine kabelgebundene Verbindung ist allgemein bevorzugt für Stabilität und Leistung.

Konfigurieren des Miners

Um mit dem Mining zu beginnen, müssen Sie den ASIC-Miner konfigurieren:

- **Zugriff auf die Miner-Oberfläche:** Verwenden Sie einen Webbrowser, um auf das Steuerfeld des Miners zuzugreifen. Die IP-Adresse des Miners finden Sie in der Regel über die Liste der verbundenen Geräte Ihres Routers oder mithilfe von Netzwerkscannern.

- **Eingabe der Pool-Informationen:** Geben Sie im Interface des Miners die Details Ihres ausgewählten Mining-Pools ein. Dazu gehören die URL des Pools, die Portnummer und Ihre Worker-Anmeldeinformationen (Benutzername und Passwort). Mining-Pools sind Gruppen von Minern, die ihre Rechenleistung und Belohnungen teilen, was hilft, die Schwankungen beim Mining-Erfolg zu mildern.

- **Anpassen der Einstellungen:** Konfigurieren Sie andere Einstellungen wie die Lüftergeschwindigkeit, Overclocking-Optionen und Leistungsgrenzen, falls verfügbar. Einige Miner erlauben Anpassungen zur Optimierung der Leistung und des Energieverbrauchs.

Überwachung und Wartung

Nach der Konfiguration beginnt der ASIC-Miner mit dem Mining und trägt zum Blockchain-Netzwerk bei. Regelmäßige Überwachung und Wartung sind entscheidend für eine optimale Leistung:

- **Überwachung der Leistung:** Nutzen Sie das Steuerfeld des Miners, um seine Hash-Rate, Temperatur und Gesamtleistung zu verfolgen. Die meisten Mining-Softwareprogramme bieten auch Echtzeitdaten und Warnungen bei Problemen.

- **Regelmäßige Wartung:** Reinigen Sie den Miner regelmäßig, um Staub und Ablagerungen zu entfernen, die die Kühlleistung beeinträchtigen können. Überprüfen Sie die Verbindungen und stellen Sie sicher, dass die Kühlsysteme ordnungsgemäß funktionieren, um Überhitzung zu verhindern.

- **Software-Updates:** Halten Sie die Firmware des Miners auf dem neuesten Stand, um eine effiziente und sichere Betriebsweise zu gewährleisten. Hersteller veröffentlichen häufig Updates, um die Leistung zu verbessern und Sicherheitsanfälligkeiten zu beheben.

Bewertung der Rentabilität

Der Betrieb eines ASIC-Miners umfasst mehrere Kosten, insbesondere Strom- und Hardware-Ausgaben. Zur Bewertung der Rentabilität berechnen Sie Folgendes:

- **Stromkosten:** Multiplizieren Sie den Stromverbrauch des Miners (in Watt) mit den Kosten pro Kilowattstunde (kWh) in Ihrer Region. Dies ergibt die täglichen Stromkosten.

- **Mining-Belohnungen:** Bestimmen Sie die durchschnittliche Anzahl an Bitcoins oder Bruchteilen von Bitcoins, die pro Tag basierend auf der Hash-Rate des Miners und der aktuellen Netzwerk-Schwierigkeit verdient werden. Verwenden Sie Online-Mining-Rechner, um potenzielle Einnahmen zu schätzen und diese mit Ihren Stromkosten zu vergleichen.

- **Anschaffungskosten:** Berücksichtigen Sie die Kosten für die ASIC-Hardware und eventuelle zusätzliche Einrichtungsgebühren. Vergleichen Sie diese Ausgaben mit Ihren geschätzten Mining-Belohnungen, um die Rentabilität (ROI) zu beurteilen.

Verwendung eines Mining-Pools für das Bitcoin-Mining

Verstehen von Mining-Pools Ein Mining-Pool ist eine Gemeinschaft von Minern, die ihre Rechenleistung bündeln, um ihre Chancen auf das Lösen der komplexen mathematischen Rätsel, die für das Bitcoin-Mining erforderlich sind, zu erhöhen. Durch das Poolen der Ressourcen teilen die Mitglieder die Mining-Belohnungen basierend auf ihrem beigetragenen Rechenaufwand. Mining-Pools bewältigen die Herausforderung der Mining-Schwierigkeit und die Variabilität der Belohnungsverteilung, wodurch der Prozess im Vergleich zum Solo-Mining vorhersehbarer und stabiler wird.

Auswahl eines Mining-Pools

Die Auswahl des richtigen Mining-Pools umfasst die Bewertung mehrerer wichtiger Faktoren:

- **Reputation und Zuverlässigkeit:** Recherchieren Sie Pools mit einer starken Erfolgsbilanz hinsichtlich Zuverlässigkeit und Fairness. Suchen Sie nach Pools mit positiven Bewertungen aus der Mining-Community und transparenten Betriebspraktiken.

- **Pool-Gebühren:** Mining-Pools berechnen in der Regel eine Gebühr für ihre Dienstleistungen, die von Ihrem Anteil an den Belohnungen abgezogen wird. Die Gebühren liegen normalerweise zwischen 1% und 3% der gesamten Einnahmen. Vergleichen Sie die Gebührenstrukturen verschiedener Pools, um einen zu finden, der Ihren Rentabilitätszielen entspricht.

- **Zahlungsstruktur:** Pools haben unterschiedliche Zahlungsmodelle, wie Pay-Per-Share (PPS), Pay-Per-Last-N-Shares (PPLNS) oder Proportional (PROP). Jedes Modell hat seine eigene Methode zur Verteilung der Belohnungen, daher sollten Sie einen Pool mit einem Zahlungsmethode wählen, die zu Ihrer Mining-Strategie und Risikobereitschaft passt.

- **Serverstandort:** Wählen Sie einen Pool mit Servern, die geografisch in der Nähe Ihres Standorts liegen, um die Latenz zu minimieren und die Verbindungsstabilität zu verbessern.

Beitreten zu einem Mining-Pool

Nachdem Sie einen Mining-Pool ausgewählt haben, folgen Sie diesen Schritten, um beizutreten:

- **Konto registrieren:** Die meisten Mining-Pools verlangen, dass Sie ein Konto auf ihrer Website erstellen. Geben Sie notwendige Informationen wie Ihre E-Mail-Adresse an und erstellen Sie ein sicheres Passwort.

- **Mining-Software konfigurieren:** Laden Sie Mining-Software herunter und installieren Sie sie, die mit Ihrer Hardware und dem Mining-Pool kompatibel ist. Beliebte Mining-Software umfasst CGMiner, BFGMiner und NiceHash.

- **Pool-Informationen eingeben:** Öffnen Sie die Mining-Software und geben Sie die Serveradresse des Pools, die Portnummer und Ihre Kontoinformationen (Benutzername und Passwort) ein. Diese Informationen werden in der Regel vom Mining-Pool bei der Registrierung bereitgestellt.

Konfigurieren Ihres Miners

Konfigurieren Sie Ihre Mining-Hardware, um sich mit dem Mining-Pool zu verbinden:

- **Zugriff auf die Miner-Oberfläche:** Die meisten ASIC-Miner haben eine webbasierte Oberfläche, über die Sie Einstellungen eingeben und Verbindungen konfigurieren können. Greifen Sie auf diese Oberfläche über einen Webbrowser und die IP-Adresse des Miners zu.

- **Pool-Details eingeben:** Geben Sie die Serveradresse und die Portnummer des Pools in die Konfigurationseinstellungen des Miners ein. Stellen Sie sicher, dass Sie die richtigen Einstellungen für den spezifischen Pool verwenden, dem Sie beigetreten sind.

- **Arbeiter-Anmeldeinformationen festlegen:** Geben Sie die vom Pool bereitgestellten Arbeiter-Anmeldeinformationen ein. Arbeiter sind individuelle Mining-Geräte oder -Prozesse innerhalb des Pools, und die Anmeldeinformationen stellen sicher, dass der Pool Ihre Beiträge korrekt zuordnen kann.

- **Einstellungen optimieren:** Passen Sie Einstellungen wie Lüftergeschwindigkeit, Overclocking und Leistungsgrenzen an, um die Leistung Ihres Miners zu optimieren. Einige Miner ermöglichen es, diese Parameter anzupassen, um Leistung und Energieverbrauch auszubalancieren.

Überwachung und Verwaltung der Mining-Aktivität

Sobald Ihr Miner mit dem Pool verbunden ist, sind kontinuierliche Überwachung und Verwaltung unerlässlich:

- **Leistung verfolgen:** Nutzen Sie das Dashboard des Pools, um Ihre Mining-Leistung, einschließlich Hash-Rate, Einnahmen und Betriebszeit, zu überwachen. Viele Pools bieten Echtzeitstatistiken und detaillierte Berichte über die Mining-Aktivität.

- **Auszahlungen überprüfen:** Überprüfen Sie regelmäßig den Status Ihrer Auszahlungen und stellen Sie sicher, dass die Belohnungen gemäß der Zahlungsstruktur des Pools korrekt verteilt werden. Pools haben in der Regel Mindestauszahlungsgrenzen, und die Einnahmen werden normalerweise regelmäßig auf Ihre Wallet übertragen.

- **Einstellungen anpassen:** Wenn Sie Probleme wie reduzierte Leistung oder

Verbindungsprobleme feststellen, überprüfen und passen Sie die Einstellungen Ihres Miners an. Stellen Sie sicher, dass Ihre Hardware ordnungsgemäß funktioniert und dass keine Netzwerkprobleme Ihre Verbindung zum Pool beeinträchtigen.

Bewertung der Pool-Leistung

Bewerten Sie regelmäßig die Leistung Ihres Mining-Pools, um sicherzustellen, dass er weiterhin Ihren Erwartungen entspricht:

- **Einnahmen überprüfen:** Vergleichen Sie Ihre Einnahmen mit denen anderer Pools und analysieren Sie, ob die Gebührenstruktur und das Zahlungsmodell des Pools vorteilhaft für Sie sind.

- **Pool-Stabilität bewerten:** Stellen Sie sicher, dass der Pool eine konsistente Betriebszeit aufrechterhält und keine häufigen Ausfallzeiten oder technischen Probleme auftreten.

- **Pool-Wechsel in Betracht ziehen:** Wenn Sie feststellen, dass Ihr aktueller Pool Ihre Bedürfnisse nicht erfüllt, ziehen Sie einen Wechsel zu einem anderen Pool in Betracht. Recherchieren und vergleichen Sie Optionen basierend auf Gebühren, Leistung und Feedback aus der Community.

4

Verstehen der Blockchain-Technologie

Die Struktur einer Blockchain

Eine Blockchain ist eine dezentrale, verteilte Ledger-Technologie, die Kryptowährungen wie Bitcoin zugrunde liegt. Sie funktioniert als eine sequenzielle Kette von Blöcken, wobei jeder Block eine Reihe von Transaktionsaufzeichnungen enthält. Diese Struktur dient dazu, Datenintegrität, Sicherheit und Transparenz in einem dezentralen Netzwerk zu gewährleisten. Im Gegensatz zu traditionellen Datenbanken, in denen Daten in Tabellen gespeichert werden, organisiert eine Blockchain Daten in Blöcken, die dann chronologisch miteinander verknüpft werden.

Komponenten eines Blocks

Jeder Block in einer Blockchain besteht aus mehreren wesentlichen Komponenten:

- **Block-Header:** Dieser Abschnitt enthält Metadaten über den Block, einschließlich:

    - **Version:** Gibt die Version des verwendeten Blockchain-Protokolls an.

    - **Hash des vorherigen Blocks:** Der kryptografische Hash des vorherigen

Blocks in der Kette, der die Blöcke miteinander verknüpft und die Integrität der Blockchain sicherstellt.

- **Merkle-Root:** Ein Hash, der den kombinierten Hash aller Transaktionen im Block repräsentiert. Er wird aus dem Merkle-Baum abgeleitet, einer Datenstruktur, die verwendet wird, um große Datensätze effizient zusammenzufassen und deren Integrität zu überprüfen.
- **Zeitstempel:** Verzeichnet die Zeit, zu der der Block erstellt wurde. Dies hilft, die chronologische Reihenfolge der Blöcke beizubehalten.
- **Schwierigkeitsziel:** Gibt das Schwierigkeitsniveau des kryptografischen Puzzles an, das Miner lösen müssen, um den Block zu validieren.
- **Nonce:** Eine Zufallszahl, die im Mining-Prozess verwendet wird, um einen Hash zu finden, der dem Schwierigkeitsziel entspricht.

- **Transaktionsliste:** Enthält alle Transaktionen, die im Block enthalten sind. Jede Transaktion zeichnet Details wie die Adressen des Absenders und des Empfängers, den übertragenen Betrag und eine eindeutige Transaktions-ID auf. Transaktionen werden verifiziert, aggregiert und dann in den Block aufgenommen.

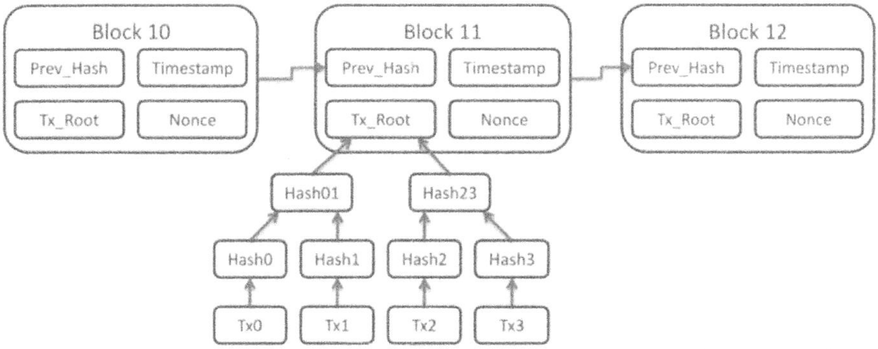

Abbildung 11: Grafik der Datenfelder in der Bitcoin-Blockchain. Vereinfachte Darstellung: Einige Felder fehlen. Matthäus Wander, CC BY-SA 3.0, via Wikimedia Commons.

Verknüpfung von Blöcken

Die Verknüpfung zwischen Blöcken ist ein grundlegendes Merkmal der Blockchain-Technologie. Jeder Block enthält einen Verweis auf den Hash des vorherigen Blocks. Dies schafft eine Kette von Blöcken, wobei jeder Block von seinem Vorgänger abhängt. Der Prozess stellt sicher, dass jeder Versuch, die Informationen in einem vorherigen Block zu ändern, alle nachfolgenden Blöcke ungültig machen würde, aufgrund der Änderungen in ihren Hashes. Diese Unveränderlichkeit ist ein wesentliches Sicherheitsmerkmal von Blockchains und macht Manipulationen an vergangenen Daten äußerst unpraktisch.

Mining und Blockerstellung

Neue Blöcke werden durch einen Prozess namens Mining erstellt, der das Lösen komplexer kryptografischer Rätsel umfasst. Miner konkurrieren darum, diese Rätsel zu lösen, indem sie eine Zufallszahl finden, die zusammen mit den Blockdaten gehasht einen Hash ergibt, der das Schwierigkeitsziel des Netzwerks erfüllt. Der erfolgreiche Miner fügt den neuen Block der Blockchain hinzu und wird mit Kryptowährung belohnt. Dieser Prozess sichert das Netzwerk und stellt sicher, dass Blöcke auf konsistente und zuverlässige Weise zur Kette hinzugefügt werden.

Dezentralisierung und Konsens

Die Blockchain-Technologie basiert auf einem dezentralen Netzwerk von Knoten, von denen jeder eine Kopie der gesamten Blockchain verwaltet. Die Knoten arbeiten zusammen, um einen Konsens über die Gültigkeit neuer Blöcke und Transaktionen zu erreichen. Verschiedene Konsensmechanismen, wie Proof of Work (PoW) oder Proof of Stake (PoS), werden verwendet, um sich darauf zu einigen, welche Blöcke zur Blockchain hinzugefügt werden. Dieser dezentrale Ansatz beseitigt die Notwendigkeit einer zentralen Autorität, reduziert das Risiko von Einzelpunktfehlern und erhöht die Widerstandsfähigkeit und Sicherheit des Systems.

Sicherheitsmerkmale

Die Sicherheit einer Blockchain wird durch mehrere Merkmale gewährleistet:

- **Kryptografisches Hashing:** Jeder Block enthält einen kryptografischen Hash seiner Inhalte. Jede Änderung der Daten im Block würde zu einem anderen Hash führen, wodurch unbefugte Modifikationen nachweisbar sind.

- **Konsensmechanismen:** Diese Mechanismen stellen sicher, dass alle Knoten im Netzwerk der Gültigkeit von Transaktionen und Blöcken zustimmen. Durch das Erfordernis eines Konsenses verhindert die Blockchain doppelte Ausgaben und andere betrügerische Aktivitäten.

- **Dezentralisierung:** Durch die Verteilung von Kopien der Blockchain auf viele Knoten reduziert das Netzwerk das Risiko von Datenverlust oder Manipulation. Jeder Knoten überprüft die Daten unabhängig, was es böswilligen Akteuren erschwert, die Blockchain zu ändern, ohne entdeckt zu werden.

Arten der Blockchain-Architektur

Öffentliche Blockchain

Eine öffentliche Blockchain ist ein offenes und transparentes Netzwerk, an dem jeder teilnehmen kann. Das bedeutet, dass jeder dem Netzwerk beitreten, auf die Blockchain-Daten zugreifen und zur Validierung von Transaktionen beitragen kann. Öffentliche Blockchains sind so konzipiert, dass sie dezentralisiert sind, ohne dass eine einzelne Entität die Kontrolle über das Netzwerk hat. Stattdessen haben alle Teilnehmer gleichen Zugang zu den Daten und können sich an verschiedenen Aktivitäten wie Lesen, Schreiben und Überprüfen der Blockchain beteiligen.

Das zentrale Merkmal einer öffentlichen Blockchain ist ihre Transparenz und Zugänglichkeit. Da sie nach einem dezentralisierten Modell funktioniert, wird das Netzwerk von keiner zentralen Autorität verwaltet, und alle Operationen werden durch die kollektive Anstrengung der Teilnehmer durchgeführt. Diese offene Natur stellt sicher, dass die auf der Blockchain aufgezeichneten Daten unveränderlich sind – einmal validiert und zur Blockchain hinzugefügt, können Transaktionen nicht mehr geändert oder gelöscht werden. Diese Unveränderlichkeit ist ein wesentlicher Aspekt öffentlicher Blockchains und trägt zu deren Sicherheit und Vertrauenswürdigkeit bei.

Vorteile:

- **Dezentralisierung und Transparenz:** Öffentliche Blockchains funktionieren in einem dezentralen Netzwerk, in dem keine einzelne Partei das System kontrolliert. Dies fördert die Transparenz, da alle Transaktionen und Aktivitäten für jeden sichtbar sind, der dem Netzwerk beitritt. Die dezentrale Natur ermutigt auch eine breite Palette von Teilnehmern, zur Sicherheit und Widerstandsfähigkeit des Netzwerks beizutragen.

- **Unveränderlichkeit:** Sobald Daten zu einer öffentlichen Blockchain hinzugefügt werden, sind sie unveränderlich. Das bedeutet, dass sie nicht geändert oder manipuliert werden können. Diese Eigenschaft sichert die Integrität der Daten und baut Vertrauen unter den Nutzern auf.

- **Schnelle Transaktionen:** Öffentliche Blockchains unterstützen oft schnelle Transaktionen, dank der kollektiven Rechenleistung der Netzwerkteilnehmer. Dies kann zu schnelleren Bestätigungszeiten für Transaktionen im Vergleich zu traditionellen Systemen führen.

Nachteile:

- **Kosten:** Der Betrieb einer öffentlichen Blockchain kann kostspielig sein. Teilnehmer müssen in Hardware und Software investieren, um Knoten zu betreiben, und der Energieverbrauch zur Aufrechterhaltung des Netzwerks kann erheblich sein. Diese Kosten können für einige Personen oder Organisationen eine Barriere darstellen.

- **Anonymitäts- und Sicherheitsrisiken:** Da öffentliche Blockchains keine Identitätsverifizierung der Teilnehmer erfordern, besteht das Risiko, dass böswillige Akteure das System ausnutzen. Anonymität kann zu Sicherheitsanfälligkeiten und möglicher Korruption führen, wenn das Netzwerk von Angreifern ins Visier genommen wird.

- **Verarbeitungsgeschwindigkeit:** Öffentliche Blockchains können Skalierbarkeitsprobleme haben, was zu langsameren Verarbeitungsgeschwindigkeiten führen kann, wenn das Netzwerk wächst. Die Notwendigkeit eines Konsenses unter einer großen Anzahl von Knoten kann die Transaktionsverarbeitung im Vergleich zu zentralisierten Systemen verlangsamen.

- **Integrationsprobleme:** Die Integration öffentlicher Blockchains mit bestehenden Systemen oder Anwendungen kann herausfordernd sein. Die offene und dezentrale Natur öffentlicher Blockchains kann Kompatibilitäts- und Interoperabilitätsprobleme mit traditionellen Systemen schaffen.

Insgesamt bieten öffentliche Blockchains erhebliche Vorteile in Bezug auf Dezentralisierung, Transparenz und Unveränderlichkeit. Sie stehen jedoch auch vor Herausforderungen im Zusammenhang mit Kosten, Sicherheit und Skalierbarkeit, die im Zuge der Weiterentwicklung der Technologie angegangen werden müssen.

Private Blockchain

Eine private Blockchain ist eine Art von Blockchain-Netzwerk, bei dem der Zugang eingeschränkt und von einer autorisierten Entität kontrolliert wird. Im Gegensatz zu öffentlichen Blockchains, bei denen jeder am Netzwerk teilnehmen kann, erfordert eine private Blockchain eine Erlaubnis, um dem System beizutreten und damit zu interagieren. Diese Einschränkung basiert auf einem genehmigten Modell, was bedeutet, dass nur genehmigte Entitäten oder Benutzer auf das Netzwerk und seine Daten zugreifen können.

In einer privaten Blockchain verwaltet die Entität, die das Netzwerk kontrolliert, oft als Administrator oder Konsortium bezeichnet, alle Aspekte des Betriebs der Blockchain. Dazu gehört das Festlegen von Berechtigungen, das Verwalten von Knoten und das Kontrollieren, wer dem Netzwerk beitreten und an Transaktionen teilnehmen kann. Die private Blockchain arbeitet mit einem höheren Maß an Vertraulichkeit und Kontrolle im Vergleich zu öffentlichen Blockchains, da die Transaktionen und Daten nur für diejenigen sichtbar sind, die Teil des Netzwerks sind.

Vorteile von privaten Blockchains

- **Kontrollierter Zugang:** Ein wesentlicher Vorteil einer privaten Blockchain ist der kontrollierte Zugang zum Netzwerk. Teilnehmer müssen eingeladen und verifiziert werden, was sicherstellt, dass nur autorisierte Personen oder Entitäten beitreten können. Dies hilft, ein sicheres und vertrauenswürdiges Umfeld aufrechtzuerhalten, in dem Transaktionen bekannt und von den Teilnehmern verifiziert werden.

- **Effizienz:** Private Blockchains bieten typischerweise höhere Effizienz in Bezug auf Transaktionsgeschwindigkeit und Verarbeitungszeiten. Da das Netzwerk auf eine vordefinierte Gruppe von Teilnehmern beschränkt ist, kann der Konsensmechanismus optimiert werden, was die Zeit zur Validierung und Verarbeitung von Transaktionen verkürzt.

- **Teilweise unveränderlich:** Obwohl private Blockchains nicht so unveränderlich sind wie öffentliche, bieten sie dennoch ein gewisses Maß an Datenintegrität und Widerstand gegen Manipulationen. Die zentrale Autorität oder das Konsortium, das die Blockchain überwacht, stellt sicher, dass einmal aufgezeichnete Transaktionen nicht von unautorisierten Benutzern verändert werden können.

Nachteile von privaten Blockchains

- **Vertrauensprobleme:** Eine private Blockchain ist stark auf die Vertrauenswürdigkeit der kontrollierenden Entität angewiesen. Da das Netzwerk genehmigt und von einer zentralen Autorität oder einem Konsortium verwaltet wird, liegt ein inhärentes Vertrauen in diese Entität. Dies kann nachteilig sein, wenn die kontrollierende Entität kompromittiert wird oder unehrliches Verhalten zeigt, da das dezentrale Vertrauensmodell öffentlicher Blockchains nicht vorhanden ist.

- **Skalierbarkeitsprobleme:** Wenn die Anzahl der Teilnehmer in einer privaten Blockchain zunimmt, kann dies zu Skalierbarkeitsproblemen führen. Die Notwendigkeit, Berechtigungen zu verwalten und die Integrität des Netzwerks aufrechtzuerhalten, wird bei einer größeren Anzahl von Benutzern komplexer, was das Netzwerk potenziell Sicherheitsrisiken oder Leistungsengpässen aussetzen kann.

- **Eingeschränkte Transparenz:** In einer privaten Blockchain ist die Sichtbarkeit von Daten und Transaktionen auf autorisierte Teilnehmer beschränkt. Während dies die Privatsphäre erhöhen kann, begrenzt es auch die Transparenz und Offenheit, die öffentliche Blockchains bieten. Dieser Mangel an Transparenz kann in Szenarien nachteilig sein, in denen Offenheit und Verantwortlichkeit kritisch sind.

Konsortium-Blockchain

Eine Konsortium-Blockchain stellt ein hybrides Modell zwischen öffentlichen und privaten Blockchains dar. Sie wird von einer Gruppe von Organisationen oder Entitäten und nicht von einer einzelnen Person oder Entität, wie es bei privaten Blockchains der Fall ist, verwaltet. Dieses Governance-Modell stellt sicher, dass die Blockchain genehmigt ist, was bedeutet, dass der Zugang zum Netzwerk durch die Regeln und Vereinbarungen des Konsortiums eingeschränkt und kontrolliert wird. Im Gegensatz zu einer rein privaten Blockchain, bei der die Kontrolle innerhalb einer einzigen Organisation zentralisiert ist, verteilt eine Konsortium-Blockchain die Autorität und Entscheidungsfindung auf mehrere vertrauenswürdige Parteien.

In einer Konsortium-Blockchain arbeiten die teilnehmenden Organisationen bei der Erstellung und Wartung der Blockchain zusammen und teilen sich die Verantwortung für deren Betrieb. Dieser kollaborative Ansatz verbessert die Dezentralisierung im Vergleich zu einer privaten Blockchain und bietet höhere Sicherheit und Privatsphäre für das Netzwerk. Das Konsortium legt die Regeln für die Teilnahme fest und sorgt dafür, dass diese eingehalten werden, einschließlich wer dem Netzwerk beitreten kann und wie Daten zugänglich gemacht und verwaltet werden. Diese Struktur ermöglicht eine ausgewogenere und kooperative Umgebung, in der alle Mitgliedsorganisationen ein gleichwertiges Interesse am Erfolg des Netzwerks haben.

Ein wesentlicher Vorteil von Konsortium-Blockchains ist ihre Fähigkeit, schnellere Transaktionsverarbeitung im Vergleich zu öffentlichen Blockchains zu bieten. Dies liegt daran, dass die Anzahl der Teilnehmer auf eine vordefinierte Gruppe von Organisationen beschränkt ist, wodurch die Komplexität und der Aufwand im Zusammenhang mit Konsensmechanismen reduziert werden. Darüber hinaus bieten Konsortium-Blockchains typischerweise niedrigere Transaktionskosten, da der Bedarf an umfangreichen Rechenressourcen im Vergleich zu öffentlichen Blockchains, die hohe Mining-Leistungen erfordern, minimiert wird.

Konsortium-Blockchains sind jedoch nicht ohne Herausforderungen. Die Beziehungen zwischen den teilnehmenden Organisationen können instabil sein, insbesondere wenn Konflikte auftreten oder sich die Zusammensetzung des Konsortiums ändert. Dies kann die Stabilität und Kontinuität der Blockchain beeinträchtigen. Darüber hinaus fehlt Konsortium-Blockchains oft ein robustes wirtschaftliches Modell, da sie in der Regel nicht darauf ausgelegt sind, große öffentliche Teilnahmen zu bewältigen oder Benutzer durch Tokenomics zu incentivieren. Zudem kann die Flexibilität von Konsortium-Blockchains aufgrund der starren Governance-Strukturen und der vordefinierten Regeln, die von den Konsortiumsmitgliedern festgelegt werden, begrenzt sein.

Insgesamt bieten Konsortium-Blockchains einen Mittelweg zwischen der Offenheit öffentlicher Blockchains und der eingeschränkten Natur privater Blockchains, indem sie ein kontrolliertes, aber kollaboratives Umfeld bereitstellen, das für Anwendungsfälle geeignet ist, die ein Gleichgewicht zwischen Privatsphäre, Sicherheit und Effizienz erfordern.

Kernkomponenten der Blockchain-Architektur

Knoten (Node): In der Blockchain-Architektur ist ein Knoten ein entscheidender Teilnehmer im Netzwerk. Knoten sind Geräte oder Systeme, die eine Kopie des verteilten Hauptbuchs der Blockchain aufrechterhalten und die Kommunikation im Netzwerk ermöglichen. Jeder Knoten speichert eine vollständige oder teilweise Kopie der Blockchain und trägt zum Netzwerk bei, indem er Transaktionen und Blöcke validiert und weiterleitet. Wenn ein Miner einen neuen Block zur Blockchain hinzufügt, wird dieser Block an alle Knoten im Netzwerk gesendet. Die Knoten überprüfen dann die Gültigkeit des Blocks, bevor sie ihn in ihre Kopie der Blockchain integrieren, um Konsistenz und Integrität im gesamten Netzwerk zu gewährleisten.

Transaktionen: Transaktionen bilden das Herzstück der Blockchain-Betriebsvorgänge. Eine Transaktion umfasst die Übertragung von Vermögenswerten oder Informationen zwischen Parteien, häufig im Rahmen eines Vertrags oder einer Vereinbarung. Im Kontext von Kryptowährungen sind diese Vermögenswerte typischerweise digitale Währungen. Das Blockchain-Netzwerk speichert Transaktionsdaten in einem digitalen Hauptbuch, das über alle Knoten verteilt ist. Jede Transaktion wird mit einer eindeutigen Kennung aufgezeichnet und mit vorherigen Transaktionen verknüpft, um eine genaue und unveränderbare Historie zu erhalten. Diese dezentrale Speicherung verhindert Manipulationen und gewährleistet Transparenz und Rückverfolgbarkeit.

Block: Ein Block in einer Blockchain funktioniert ähnlich wie ein Datensatz in einem Hauptbuch. Jeder Block enthält eine Sammlung von Transaktionen, die validiert und zusammengefasst wurden. Blöcke sind in einer kettenartigen Struktur miteinander verknüpft, wobei jeder Block den vorhergehenden über einen kryptografischen Hash referenziert. Diese Struktur stellt sicher, dass einmal zum Kettenglied hinzugefügte Blöcke sicher sind und nicht verändert werden können, ohne alle nachfolgenden Blöcke zu beeinträchtigen. Blöcke werden in einem Hash-Baum verschlüsselt, was die Sicherheit und Integrität erhöht, indem eine einzigartige, feste Länge von Zeichen für jeden Block basierend auf dessen Inhalt erstellt wird.

Kette: Die Kette ist die kontinuierliche Folge von Blöcken, die durch ihre kryptografischen Hashes miteinander verknüpft sind. Jeder Block in der Kette enthält den Hash des vorhergehenden Blocks und bildet eine sichere und manipulationssichere Kette von Aufzeichnungen. Dieser Verkettungsmechanismus stellt sicher, dass jeder Block fest mit dem vorhergehenden verankert ist, wodurch ein chronologisches und unveränderbares Hauptbuch aller Transaktionen entsteht. Die Integrität der Blockchain wird durch diese miteinander verbundene Struktur aufrechterhalten, die es nahezu unmöglich macht, einen einzelnen Block zu ändern, ohne die gesamte Kette zu beeinträchtigen.

Miner (Miner): Miner spielen eine zentrale Rolle im Blockchain-Ökosystem, indem sie Transaktionen validieren und neue Blöcke erstellen. Mining umfasst das Lösen komplexer mathematischer Rätsel zur Bestätigung und Sicherung von Transaktionen, was erheblicher Rechenleistung bedarf. Miner konkurrieren darum, diese Rätsel zu lösen, und der Erste, der erfolgreich ist, wird mit neu geschaffener Kryptowährung und dem Recht belohnt, einen neuen Block zur Blockchain hinzuzufügen. Dieser Prozess stellt sicher, dass nur legitime Transaktionen aufgezeichnet werden und dass die Blockchain sicher und konsistent bleibt.

Konsens (Consensus): Konsensmechanismen sind grundlegend für die Blockchain-Technologie und ermöglichen es einem verteilten Netzwerk, sich auf einen einzigen Zustand der Blockchain zu einigen. Diese Mechanismen sind darauf ausgelegt, Einigkeit unter den Knoten über die Gültigkeit von Transaktionen und den Zustand des Hauptbuchs zu erreichen. Verschiedene Konsensalgorithmen werden in Blockchain-Systemen verwendet, einschließlich:

- **Proof of Work (PoW):** Erfordert, dass Knoten (Miner) rechnerisch intensive Arbeiten verrichten, um Transaktionen zu validieren und neue Blöcke zu erstellen. Der erste Knoten, der das Rätsel löst, darf den Block hinzufügen und wird mit Kryptowährung belohnt.

- **Proof of Stake (PoS):** Bezieht sich auf Knoten (Validatoren), die ausgewählt werden, um neue Blöcke basierend auf der Menge an Kryptowährung zu erstellen, die sie besitzen und als Sicherheit „staken". PoS ist weniger energieintensiv als PoW.

- **Proof of Capacity (PoC):** Nutzt den verfügbaren Speicherplatz der Knoten, um Mining-Operationen durchzuführen. Knoten mit mehr Speicherkapazität können mehr mögliche Lösungen speichern und haben eine höhere Wahrscheinlichkeit, das Recht zu gewinnen, neue Blöcke hinzuzufügen.

- **Proof of Elapsed Time (PoET):** Verwendet kryptografische Nachweise der verstrichenen Zeit, um Konsens ohne umfangreiche Ressourcenverbrauch zu erreichen. Es stellt Fairness sicher, indem es Knoten verlangt, eine zufällig gewählte Zeit zu warten, bevor sie einen neuen Block vorschlagen können.

Blockchain-Architektur vs. Datenbank

Kontrolle: Blockchain ist dezentralisiert, was bedeutet, dass sie keine zentrale Autorität hat und keinen einzelnen Schwachpunkt aufweist. Die Kontrolle ist auf alle Netzwerkteilnehmer verteilt, die gemeinsam die Blockchain aufrechterhalten und validieren. Im Gegensatz dazu sind traditionelle Datenbanken zentralisiert, wobei eine einzelne Entität oder Administrator die Kontrolle über die Datenbank und deren Betrieb hat.

Operationen: Blockchain unterstützt hauptsächlich die Insert-Operation, bei der neue Daten in Form von Transaktionen oder Blöcken hinzugefügt werden. Sobald Daten hinzugefügt werden, werden sie ein permanenter Bestandteil der Blockchain. Traditionelle Datenbanken hingegen unterstützen eine Reihe von Operationen: Erstellen, Lesen, Aktualisieren und Löschen (CRUD). Diese Flexibilität ermöglicht dynamische Änderungen der in der Datenbank gespeicherten Daten.

Stärke: Blockchain-Technologie ist robust aufgrund ihrer dezentralen Natur und kryptografischen Sicherheitsmaßnahmen. Sie ist darauf ausgelegt, Manipulationen zu widerstehen und die Datenintegrität zu gewährleisten. Traditionelle Datenbanken sind zwar allgemein sicher, bieten jedoch möglicherweise nicht dasselbe Maß an Robustheit gegen Manipulationen, insbesondere wenn sie zentralisiert sind und anfällig für einzelne Schwachstellen sind.

Unveränderlichkeit: Blockchain ist unveränderlich, was bedeutet, dass einmal in einem Block aufgezeichnete und zur Kette hinzugefügte Daten nicht mehr verändert oder gelöscht werden können. Diese Unveränderlichkeit sorgt für ein dauerhaftes und transparentes Transaktionsprotokoll. Im Gegensatz dazu sind Datenbanken veränderbar, was das Bearbeiten oder Löschen von Daten nach Bedarf ermöglicht. Dies kann nützlich sein, um Daten zu verwalten und zu korrigieren, kann jedoch auch Risiken für unbefugte Änderungen mit sich bringen.

Rechte: In einer Blockchain kann jeder, der den notwendigen Arbeits- oder Stake-Nachweis erbringt, je nach verwendetem Konsensmechanismus an der Erstellung neuer Daten in der Blockchain teilnehmen. Diese offene Zugänglichkeit steht im Gegensatz zu Datenbanken, bei denen Lese- und Schreibberechtigungen von einer zentralen Autorität oder einem Datenbankadministrator kontrolliert werden.

Geschwindigkeit: Blockchain-Transaktionen können langsamer sein im Vergleich zu traditionellen Datenbanken, da Zeit für Konsensmechanismen und netzwerkweite Validierung benötigt wird. Diese Verzögerung gewährleistet Sicherheit und Integrität, kann jedoch die Leistung beeinträchtigen. Datenbanken, da sie zentralisiert sind, können Operationen viel schneller durchführen, da sie keine umfangreichen Validierungsprozesse erfordern und direkten Zugang zu Daten nutzen können.

Schichtaufbau der Blockchain-Architektur

Anwendungsschicht: Die Anwendungsschicht ist die oberste Schicht in der Blockchain-Architektur und ist verantwortlich für die Bereitstellung von Endbenutzerprodukten und -diensten, die auf Blockchain-Technologie basieren. Diese Schicht beherbergt Anwendungen, die direkt mit dem Blockchain-Netzwerk interagieren. Zu den wesentlichen Komponenten gehören Smart Contracts, dezentrale Anwendungen (DApps) und Benutzeroberflächen. Smart Contracts sind selbstausführende Verträge, deren Bedingungen direkt in Code geschrieben sind. Sie automatisieren Prozesse und Transaktionen ohne die Notwendigkeit von Vermittlern und funktionieren ähnlich wie traditionelle Verträge, jedoch digital und automatisiert. Beispiele sind "Programme" in Solana oder "Chaincode" in Hyperledger.

Benutzer interagieren typischerweise über eine Front-End-Oberfläche oder API mit Smart Contracts, anstatt direkt mit dem zugrunde liegenden Code. Zum Beispiel ist Uniswap eine dezentrale Börse, die eine benutzerfreundliche Oberfläche mit Smart Contracts kombiniert, um nahtlosen Kryptowährungshandel zu ermöglichen. Obwohl Smart Contracts leistungsstark sind, stellen sie aufgrund der Komplexität ihres Codes auch potenzielle Ziele für Hacker dar. Jede Schwachstelle im Code kann ausgenutzt werden, was die Bedeutung rigoroser Sicherheitsprüfungen und Code-Reviews in dieser Schicht unterstreicht.

Dienste und optionale Komponenten: Diese Schicht erweitert die Kernfunktionalität der Blockchain durch zusätzliche Dienste und Funktionen, die Interaktion, Verwaltung und Governance erleichtern. Dienste umfassen Dezentrale Autonome Organisationen (DAOs), die bei der Verwaltung und Entscheidungsfindung innerhalb dezentraler Netzwerke wie Arbitrum und Polygon helfen. DAOs werden von Smart Contracts regiert und bieten einen strukturierten Ansatz für Entscheidungsfindung und Fondsverwaltung.

Orakel sind ein weiterer kritischer Dienst, der die Lücke zwischen Blockchain-Netzwerken und realen Daten überbrückt. Sie liefern externe Informationen, wie Assetpreise oder Wetterbedingungen, die Smart Contracts zur genauen Ausführung benötigen. Hot Wallets, wie MetaMask oder Kaikas, speichern Kryptowährungen und bieten Benutzern einfachen Zugang zur Verwaltung ihrer Vermögenswerte. Blockchain-Monitore und -Explorer spielen ebenfalls eine wichtige Rolle, da sie es Benutzern ermöglichen, die Gesundheit der Blockchain zu überwachen, potenzielle Probleme zu erkennen und die Sicherheit und Effizienz des Netzwerks sicherzustellen.

Protokoll- (Konsens-) Schicht: Die Protokollschicht legt die Regeln und Mechanismen fest, wie Knoten im Blockchain-Netzwerk Konsens oder Übereinstimmung über den aktuellen Zustand der Blockchain erreichen. Konsensmechanismen sind grundlegend für die Aufrechterhaltung der Integrität und Sicherheit der Blockchain. Sie umfassen Proof of Work (PoW), bei dem Miner komplexe Rätsel lösen, um Transaktionen zu validieren und neue Blöcke zu erstellen; Proof of Stake (PoS), bei dem Validatoren basierend auf der Menge an Kryptowährung, die sie einsetzen, ausgewählt werden; und andere Konsensmethoden wie Proof of Capacity (PoC) und Proof of Elapsed Time (PoET).

Diese Schicht umfasst auch Sidechains, die separate Blockchains sind, die parallel zur Haupt-Blockchain laufen und mit ihr interagieren. Sidechains helfen dabei, die Fähigkeiten und Skalierbarkeit der Haupt-Blockchain zu erweitern. Darüber hinaus definiert die Protokollschicht, ob eine Blockchain permissioned (eingeschränkter Zugang) oder permissionless (offen für alle) ist. Propagationsprotokolle sorgen dafür, dass neue Blöcke und Transaktionen effizient im Netzwerk verbreitet und verteilt werden, während Prüfmechanismen helfen, Angriffe zu verhindern und die Konsenszuverlässigkeit aufrechtzuerhalten.

Netzwerkschicht: Die Netzwerkschicht erleichtert die Kommunikation und Interaktion zwischen den Knoten im Blockchain-Netzwerk. Knoten sind dafür verantwortlich, sich gegenseitig zu finden und Verbindungen aufrechtzuerhalten, um Daten und Transaktionen auszutauschen. Der Prozess beginnt typischerweise damit, dass ein Knoten einen Bootnode findet, der ihm hilft, sich mit anderen Peers zu verbinden. Kommunikationsmechanismen und Trusted Execution Environments (TEEs) schützen die Datenintegrität und Sicherheit während der Übertragung.

Die Netzwerkschicht umfasst auch Werkzeuge wie Recursive Length Prefix (RLP), das in Netzwerken wie Ethereum verwendet wird, um zu definieren, wie Knoten Informationen finden, authentifizieren und austauschen. Eine effiziente Interaktion und Datenverbreitung zwischen den Knoten ist entscheidend für die Leistung und Gesamtstabilität des Netzwerks.

Daten-Schicht: Die Datenschicht konzentriert sich auf die Speicherung, Verwaltung und Verschlüsselung von Blockchain-Daten. Sie umfasst die Blockchain selbst – eine lineare Abfolge von Blöcken, die Transaktionsdaten enthalten. Die Architektur der Datenschicht variiert zwischen Blockchains; zum Beispiel verwendet Bitcoin eine einfache Transaktionsliste, während Ethereum eine komplexere Status-Trie verwendet, um Vertragsstatusinformationen zu speichern.

Kryptografische Primitive wie digitale Signaturen, Hash-Funktionen und asymmetrische Verschlüsselung sind integrale Bestandteile dieser Schicht und gewährleisten die Sicherheit und Vertraulichkeit der Daten. Digitale Signaturen validieren Transaktionen und beweisen den Besitz, ohne private Schlüssel offenzulegen, während asymmetrische Verschlüsselung öffentliche und private Schlüsselpaare verwendet, um Daten zu sichern. Hash-Funktionen wie SHA-256 stellen sicher, dass Daten unverändert bleiben und ihre Integrität gewahrt bleibt.

Hardware-/Infrastruktur-Schicht: Die Hardware- und Infrastruktur-Schicht stellt die physischen und rechnerischen Ressourcen bereit, die für die Unterstützung von Blockchain-Operationen erforderlich sind. Dazu gehören spezialisierte Mining-Ausrüstungen für Proof-of-Work-Blockchains, bei denen Miner leistungsstarke GPUs oder ASICs verwenden, um Rätsel zu lösen und neue Blöcke zu erstellen. Validatoren in Proof-of-Stake-Systemen benötigen ebenfalls robuste Infrastruktur, um ihre Knoten zu betreiben und am Konsens teilzunehmen.

Knoten gibt es in verschiedenen Typen: Vollknoten, die die gesamte Blockchain speichern und am Konsens teilnehmen; Light Nodes, die nur Blockzusammenfassungen speichern; und Archivknoten, die umfassende historische Daten vom Genesis-Block behalten. Die Infrastruktur-Schicht umfasst auch virtuelle Maschinen wie die Ethereum Virtual Machine (EVM) oder Avalanche Virtual Machine (AVM), die Smart Contracts ausführen und Blockchain-Operationen erleichtern.

Insgesamt spielt jede Schicht der Blockchain-Architektur eine entscheidende Rolle für die Funktionalität, Sicherheit und Effizienz des Blockchain-Netzwerks. Das Zusammenspiel dieser Schichten unterstützt ein dezentrales, sicheres und transparentes System zur Verwaltung digitaler Transaktionen und Daten. Das Blockchain-Ökosystem wird oft durch einen Schichtenansatz beschrieben, bei dem jede Schicht unterschiedliche Funktionen erfüllt, die für den Betrieb und die Skalierbarkeit von Blockchain-Netzwerken entscheidend sind. Das Verständnis des Unterschieds zwischen Layer 1 (L1) und Layer

2 (L2) Lösungen ist wesentlich, um zu verstehen, wie Blockchains Skalierungsprobleme angehen und die Leistung verbessern.

Layer 1 Blockchains

Layer-1-Blockchains wie Ethereum und Bitcoin sind die grundlegenden Blockchains, die unabhängig arbeiten und selbsttragend sind. Sie stellen die Basisschicht der Blockchain-Architektur dar und beinhalten alle wesentlichen Komponenten wie Knoten, Blöcke und Konsensmechanismen. L1-Blockchains sind in der Regel öffentlich und permissionless, was bedeutet, dass jeder am Netzwerk teilnehmen kann, ohne eine Erlaubnis von einer zentralen Behörde zu benötigen. Diese Offenheit und Dezentralisierung sind wesentliche Merkmale von L1-Blockchains.

Trotz ihrer Robustheit sehen sich Layer-1-Blockchains oft Skalierungsbeschränkungen aufgrund technischer Einschränkungen gegenüber. Zum Beispiel begrenzt die Blockgröße von Bitcoin und die Zeit zwischen den Blöcken die Anzahl der Transaktionen, die pro Sekunde verarbeitet werden können. Auch Ethereum hat mit ähnlichen Problemen zu kämpfen, was zu langsameren Transaktionsgeschwindigkeiten und höheren Gebühren während Perioden hoher Nachfrage führen kann. Um diese Probleme zu beheben, haben einige L1-Blockchains begonnen, native Skalierungslösungen zu implementieren. Ethereum arbeitet beispielsweise an "Sharding", einem Prozess, bei dem die Blockchain in kleinere, leichter handhabbare Teile (Shards) aufgeteilt wird, um die Durchsatzrate zu verbessern und die Überlastung zu reduzieren.

Layer 2 Blockchains

Layer-2-Lösungen sind darauf ausgelegt, die Skalierbarkeit von Layer-1-Blockchains zu verbessern, indem sie eine höhere Durchsatzrate und niedrigere Transaktionskosten bieten. Im Gegensatz zu L1-Lösungen, die als eigenständige Blockchains fungieren, sind L2-Lösungen auf das zugrunde liegende L1 für Sicherheit und grundlegende Operationen angewiesen, bieten jedoch unterschiedliche Mechanismen zur Steigerung der Effizienz. L2-Lösungen zielen darauf ab, die Einschränkungen von L1s zu überwinden, indem sie zusätzliche Protokolle und Strukturen implementieren.

Mehrere Methoden werden verwendet, um Skalierung in Layer-2-Blockchains zu erreichen:

- **State Channels:** Dies sind private Kanäle, die zwischen Parteien eingerichtet werden, um Transaktionen off-chain durchzuführen. Nur der endgültige Zustand des Kanals wird in der Haupt-Blockchain aufgezeichnet, was die Belastung des primären Netzwerks reduziert. Ein Beispiel hierfür ist das Lightning Network für Bitcoin, das schnelle und kostengünstige Transaktionen außerhalb der Haupt-Blockchain ermöglicht.

- **Nested Blockchains:** Dies sind sekundäre Blockchains, die auf einer primären Blockchain aufbauen. Sie arbeiten mit ihrem eigenen Konsensmechanismus, rechnen aber regelmäßig endgültige Zustände auf der Layer-1-Blockchain ab. Diese Methode kann die Skalierbarkeit verbessern, indem die Transaktionsverarbeitung von der Hauptkette entlastet wird.

- **Rollups:** Rollups sind Lösungen, die mehrere Transaktionen in einem einzelnen Batch bündeln und dann an die Layer-1-Blockchain übermitteln. Dies reduziert die Anzahl der Transaktionen, die direkt auf der Hauptkette verarbeitet werden müssen. Rollups können zwei Arten sein: Optimistic Rollups, die davon ausgehen, dass Transaktionen gültig sind und nur im Streitfall überprüft werden, und zk-Rollups, die Zero-Knowledge-Proofs verwenden, um Transaktionen off-chain zu validieren.

- **Sidechains:** Dies sind separate Blockchains, die mit der Haupt-Blockchain (Layer 1) verbunden sind. Sie arbeiten unabhängig, sind jedoch über einen bidirektionalen Peg an die Hauptkette angeschlossen. Sidechains können spezialisierte Funktionen und Skalierungsverbesserungen bieten, während sie eine Verbindung zum Hauptnetzwerk aufrechterhalten. Polygon ist ein Beispiel für eine Sidechain, die die Skalierbarkeit von Ethereum verbessert.

Zusammenfassend sind Layer-1-Blockchains die Kerninfrastruktur des Blockchain-Netzwerks, die grundlegende Operationen und Sicherheit bieten. Sie sehen sich jedoch oft Skalierungsherausforderungen gegenüber, die Leistung und Transaktionskosten beeinflussen können. Layer-2-Lösungen adressieren diese Einschränkungen, indem sie skalierbare, effiziente und kosteneffektive Methoden zur Verbesserung der Fähigkeiten von Layer-1-Blockchains bieten. Durch das Verständnis beider Schichten und ihrer jeweiligen Lösungen können Benutzer und Entwickler besser nachvollziehen, wie Blockchain-Netzwerke Skalierbarkeit und Leistung verwalten.

Wie Transaktionen verarbeitet werden

Blockchain-Transaktionen werden durch eine Reihe von Schritten verarbeitet, die das Validieren, Aufzeichnen und Sichern der Daten auf der Blockchain umfassen. Der Prozess stellt sicher, dass Transaktionen transparent, sicher und unveränderlich sind. Hier ist ein detaillierter Überblick darüber, wie Blockchain-Transaktionen verarbeitet werden:

1. Transaktions-Erstellung

Der Prozess beginnt, wenn ein Benutzer eine Transaktion initiiert. Dies umfasst das Erstellen einer digitalen Nachricht, die die Transaktionsdetails wie den Betrag der gesendeten Kryptowährung, die Adresse des Empfängers und andere relevante Daten enthält. Die Transaktionsanforderung wird digital mit dem privaten Schlüssel des Absenders signiert, um Authentizität und Integrität zu gewährleisten.

2. Übertragung an das Netzwerk

Nachdem eine Transaktion erstellt wurde, wird sie an das Blockchain-Netzwerk gesendet. Dies bedeutet, dass die Transaktionsdaten an alle Knoten (Computer) im Netzwerk übermittelt werden. Knoten sind dafür verantwortlich, eine Kopie der Blockchain zu pflegen und Transaktionen zu überprüfen. Die Transaktion wird dann in einen Pool von unbestätigten Transaktionen aufgenommen, der oft als Mempool bezeichnet wird.

3. Transaktions-Verifizierung

Bevor eine Transaktion in die Blockchain aufgenommen werden kann, muss sie verifiziert werden. Die Knoten im Netzwerk prüfen die Transaktion anhand mehrerer Kriterien:

- **Digitale Signatur:** Die Knoten überprüfen die digitale Signatur, um sicherzustellen, dass die Transaktion tatsächlich von dem Inhaber des privaten Schlüssels der Absenderadresse signiert wurde.

- **Saldo-Überprüfung:** Die Knoten prüfen, ob das Konto des Absenders über ausreichende Mittel verfügt, um den Transaktionsbetrag zu decken.

- **Doppelausgabe:** Die Knoten stellen sicher, dass dieselben Mittel nicht in mehreren Transaktionen ausgegeben wurden (d.h., doppelte Ausgaben werden verhindert).

4. Transaktions-Auswahl

Miner (oder Validatoren, abhängig vom Konsensmechanismus) wählen Transaktionen aus dem Mempool aus, um sie in den nächsten Block aufzunehmen. Dieser Auswahlprozess beinhaltet häufig das Priorisieren von Transaktionen basierend auf der vom Absender angebotenen Transaktionsgebühr. Höhere Gebühren motivieren Miner dazu, eine Transaktion schneller einzufügen.

5. Block-Erstellung

Miner gruppieren ausgewählte Transaktionen zu einem Block. Neben den Transaktionsdaten enthält der Block weitere Informationen wie den Hash des vorherigen Blocks, einen Zeitstempel und eine Nonce (bei Proof-of-Work-Systemen). Die Nonce ist eine Zufallszahl, die Miner lösen müssen, um einen gültigen Block-Hash zu erstellen.

6. Konsensmechanismus

Der Block wird dann einem Konsensmechanismus unterzogen, um seine Richtigkeit zu validieren. Verschiedene Blockchains verwenden unterschiedliche Konsensmechanismen:

- **Proof of Work (PoW):** Miner konkurrieren darum, ein kryptografisches Rätsel zu lösen. Der erste Miner, der das Rätsel löst, sendet den Block an das Netzwerk. Andere Knoten überprüfen die Lösung, und wenn sie gültig ist, wird der Block zur Blockchain hinzugefügt.

- **Proof of Stake (PoS):** Validatoren werden ausgewählt, um Blöcke vorzuschlagen und zu validieren, basierend auf der Menge an Kryptowährung, die sie halten und als Sicherheit „staken" möchten. Der ausgewählte Validator fügt den Block der Blockchain hinzu.

- **Delegated Proof of Stake (DPoS):** Tokeninhaber wählen Delegierte, die für die Validierung von Transaktionen und die Erstellung von Blöcken verantwortlich sind.

7. Block-Hinzufügung

Nachdem ein Block durch den Konsensmechanismus validiert wurde, wird er der Blockchain hinzugefügt. Dies umfasst das Verknüpfen mit dem vorherigen Block über dessen Hash, wodurch eine kontinuierliche und ununterbrochene Kette von Blöcken entsteht. Jeder Block enthält einen Verweis auf den vorherigen Block, wodurch sichergestellt wird, dass Änderungen an früheren Blöcken nachfolgende Blöcke ungültig machen würden.

8. Transaktions-Bestätigung

Nachdem der Block zur Blockchain hinzugefügt wurde, gelten alle Transaktionen innerhalb dieses Blocks als bestätigt. Der Bestätigungsprozess ist inkrementell, wobei jeder neue Block, der zur Kette hinzugefügt wird, die Transaktionen in den vorherigen Blöcken weiter bestätigt. Je mehr Blöcke auf einen Block mit einer Transaktion hinzugefügt werden, desto mehr Bestätigungen erhält die Transaktion, was sie zunehmend sicherer und unveränderlicher macht.

9. Verteilung und Aktualisierung

Sobald der Block hinzugefügt ist, wird er im Netzwerk verteilt. Jeder Knoten aktualisiert seine Kopie der Blockchain, um den neuen Block und seine Transaktionen einzuschließen. Diese verteilte Natur stellt sicher, dass alle Knoten dieselbe Version der Blockchain haben und bietet Redundanz und Sicherheit.

10. Transaktions-Abschluss

Mit der Bestätigung und Hinzufügung der Transaktion zur Blockchain ist die Übertragung von Vermögenswerten abgeschlossen. Das Guthaben des Empfängers wird aktualisiert, und die Transaktionsdetails sind nun dauerhaft auf der Blockchain aufgezeichnet. Diese Transparenz ermöglicht es jedem, die Transaktionshistorie einzusehen und zu überprüfen.

Konsensmechanismen: Proof of Work vs. Proof of Stake

Konsensmechanismen sind grundlegend für den Betrieb von Blockchain-Netzwerken, da sie eine Methode bieten, um unter verteilten Knoten Einigkeit über den Zustand der Blockchain zu erzielen. Zwei der am häufigsten diskutierten Konsensmechanismen sind Proof of Work (PoW) und Proof of Stake (PoS). Jeder von ihnen hat seine eigenen einzigartigen Merkmale, Vorteile und Herausforderungen. Hier ist eine detaillierte Erklärung beider Mechanismen:

Proof of Work (PoW)

Proof of Work (PoW) ist einer der frühesten und am weitesten bekannten Konsensmechanismen, der prominent von Bitcoin und mehreren anderen Kryptowährungen verwendet wird. Bei PoW konkurrieren Miner darum, komplexe kryptografische Rätsel zu lösen, um neue Transaktionen zu validieren und der Blockchain hinzuzufügen. Dieser Prozess erfordert erhebliche Rechenleistung und Energieverbrauch.

Proof of Work (PoW) ist der ursprüngliche Konsensmechanismus, der in Kryptowährungsnetzwerken verwendet wird und erstmals von Bitcoin implementiert wurde. Es ist ein Verfahren, das darauf abzielt, Einigkeit unter verteilten Knoten in einem Blockchain-Netzwerk durch das Lösen komplexer mathematischer Rätsel zu erreichen. Dieser Mechanismus ist grundlegend für das Verständnis, wie Transaktionen überprüft und Blöcke zur Blockchain hinzugefügt werden [196].

Das Konzept hinter Proof of Work ist relativ einfach: Es erfordert von den Teilnehmern, die als Miner bekannt sind, das Lösen rechenintensiver Rätsel, um Transaktionen zu validieren und neue Blöcke zur Blockchain hinzuzufügen. Diese Rätsel beinhalten das Finden eines spezifischen Hashs, der vordefinierten Kriterien entspricht, was erhebliche Rechenleistung und Zeit erfordert. Der erste Miner, der das Rätsel löst, sendet die Lösung an das Netzwerk. Andere Knoten überprüfen dann die Lösung und die Transaktionen innerhalb des neuen Blocks. Nach der Überprüfung wird der Block zur Blockchain hinzugefügt, und der erfolgreiche Miner wird mit einer vordefinierten Menge an Kryptowährung, wie Bitcoin, belohnt [196].

Proof of Work hat mehrere bemerkenswerte Vorteile, insbesondere für Kryptowährungen wie Bitcoin. Es bietet ein hohes Maß an Sicherheit und Dezentralisierung, die entscheidend für die Aufrechterhaltung der Integrität der Blockchain sind. Die wettbewerbsorientierte Natur des Minings stellt sicher, dass keine einzelne Entität leicht Kontrolle über das Netzwerk erlangen kann, da die Manipulation der Blockchain eine immense Rechenleistung erfordern würde. Mit dem Anstieg des Wertes einer Kryptowährung werden mehr Miner motiviert, teilzunehmen, was die Gesamtsicherheit und Robustheit des Netzwerks erhöht. Dies macht PoW zu einer bewährten und effektiven Methode zur Aufrechterhaltung einer sicheren dezentralen Blockchain.

Trotz seiner Vorteile ist Proof of Work nicht ohne Nachteile. Eine der Hauptsorgen ist der Energieverbrauch. Der Prozess des Lösens komplexer Rätsel erfordert erhebliche Rechenressourcen, was zu hohem Energieverbrauch und damit verbundenen Umweltproblemen führt. Dies ist besonders problematisch für Kryptowährungen, die ein großes Volumen an Transaktionen generieren, da die Energieanforderungen unhaltbar werden können. Netzwerke wie Ethereum, das Smart Contracts und dezentrale Anwendungen unterstützt, sehen sich aufgrund der Einschränkungen von PoW Herausforderungen in der Skalierung gegenüber.

Angesichts der energieintensiven Natur von Proof of Work und seiner Skalierungsprobleme wurden alternative Konsensmechanismen entwickelt. Der prominenteste davon ist Proof of Stake (PoS). Im Gegensatz zu PoW erfordert PoS keine umfangreiche Rechenarbeit. Stattdessen basiert es auf Validatoren, die basierend auf der Menge an Kryptowährung ausgewählt werden, die sie halten und als Sicherheit „staken" möchten. Diese Methode reduziert den Energieverbrauch erheblich und kann die Skalierbarkeit verbessern [196].

Prozess

- **Rätsellösung:** Miner nutzen ihre Rechenleistung, um ein kryptografisches Rätsel zu lösen, das darin besteht, eine Nonce (eine zufällige Zahl) zu finden, die, wenn sie mit den Daten des Blocks gehasht wird, einen Hash ergibt, der bestimmten Schwierigkeitskriterien entspricht. Die Schwierigkeit des Rätsels wird regelmäßig angepasst, um sicherzustellen, dass neue Blöcke mit einer konsistenten Rate zur Blockchain hinzugefügt werden.

- **Blockerstellung:** Der erste Miner, der das Rätsel löst, sendet den neu erstellten Block an das Netzwerk. Andere Knoten überprüfen die Lösung und die Transaktionen des Blocks, um sicherzustellen, dass sie den Netzwerkregeln entsprechen.

- **Validierung und Hinzufügung:** Nachdem der Block von anderen Knoten überprüft wurde, wird er zur Blockchain hinzugefügt. Der erfolgreiche Miner wird mit neu geprägter Kryptowährung (Blockbelohnung) und Transaktionsgebühren aus den enthaltenen Transaktionen belohnt.

Vorteile

- **Sicherheit:** PoW bietet robuste Sicherheit aufgrund der enormen Rechenleistung, die erforderlich ist, um die kryptografischen Rätsel zu lösen. Dies erschwert es bösartigen Akteuren, die Blockchain zu manipulieren.

- **Dezentralisierung:** PoW trägt zur Aufrechterhaltung der Dezentralisierung bei, indem es jedem ermöglicht, mit ausreichender Rechenleistung am Mining und der Blockvalidierung teilzunehmen.

Nachteile

- **Energieverbrauch:** PoW ist energieintensiv, da es erhebliche Rechenressourcen zur Lösung der Rätsel erfordert. Dies hat zu Umweltbedenken und hohen Betriebskosten geführt.

- **Skalierbarkeit:** PoW kann Skalierungsprobleme haben, da der Prozess des Rätsellösens und der Transaktionsvalidierung langsam sein kann, was zu längeren Bestätigungszeiten für Transaktionen und höheren Gebühren führt.

Proof of Stake (PoS)

Proof of Stake (PoS) ist ein alternativer Konsensmechanismus, der entwickelt wurde, um einige der Schwächen von Proof of Work (PoW) zu beheben. PoS basiert auf Validatoren, die aufgrund der Anzahl an Kryptowährungs-Token ausgewählt werden, die sie besitzen und bereit sind, als Sicherheiten „einzusetzen". Ziel ist es, Konsens mit geringerem Energieverbrauch und schnelleren Transaktionsverarbeitungszeiten zu erreichen.

Proof of Stake (PoS) ist ein Konsensmechanismus, der entwickelt wurde, um die Einschränkungen von Proof of Work (PoW) zu adressieren, insbesondere in Bezug auf Skalierbarkeit und Energieverbrauch. Ethereum, eine Blockchain, die ursprünglich PoW verwendete, sah sich erheblichen Herausforderungen gegenüber, als ihre dezentralen Finanzprotokolle (DeFi) und andere Anwendungen an Popularität gewannen. Dieser Anstieg der Aktivität führte zu hohen Transaktionsgebühren und langsameren Verarbeitungszeiten. Um diese Probleme zu überwinden, begann Ethereum mit der Umstellung auf ein neues System, bekannt als Ethereum 2.0, das PoS verwendet, um die Effizienz zu verbessern und die Gebühren zu senken [196].

In einem PoS-System spielen Validatoren eine entscheidende Rolle bei der Aufrechterhaltung der Blockchain. Statt wie bei PoW um das Lösen komplexer mathematischer Rätsel zu konkurrieren, werden Validatoren in einem PoS-Netzwerk ausgewählt, um neue Transaktionen zur Blockchain hinzuzufügen, basierend auf der Menge an Kryptowährung, die sie eingesetzt haben. Das Staking umfasst das Einsetzen einer bestimmten Menge der nativen Kryptowährung der Blockchain als Sicherheiten, um an den Betriebsabläufen des Netzwerks teilzunehmen. Je mehr Kryptowährung ein Validator einsetzt und je länger sie diese eingesteckt lassen, desto höher sind ihre Chancen, ausgewählt zu werden, um neue Transaktionen zu validieren [196].

Der Auswahlprozess in PoS wird sowohl durch die Menge an eingesetzter Kryptowährung als auch durch die Dauer beeinflusst, für die sie eingesteckt wurde. Dieses System belohnt Validatoren, die am meisten „Haut im Spiel" haben, und incentiviert sie somit, ehrlich zu handeln und die Integrität der Blockchain zu wahren. Sobald ein Validator ausgewählt wurde, schlägt er einen neuen Block von Transaktionen vor. Andere Validatoren überprüfen diesen Block, und sobald eine ausreichende Anzahl von Bestätigungen erfolgt ist, wird der Block zur Blockchain hinzugefügt.

Validatoren werden für ihre Bemühungen mit der nativen Kryptowährung der Blockchain belohnt. Diese Belohnungen werden proportional zur Menge der eingesetzten Kryptowährung jedes Validators verteilt. Dies incentiviert die Teilnahme und hilft, die Sicherheit und betriebliche Effizienz des Netzwerks aufrechtzuerhalten.

Validator zu werden in einem PoS-System ist keine triviale Aufgabe. Es erfordert umfangreiche technische Kenntnisse und eine erhebliche Investition in Kryptowährung. Zum Beispiel erfordert Ethereum 2.0 von Validatoren, mindestens 32 ETH einzusetzen. Zusätzlich müssen Validatoren ihre Knoten pflegen und sicherstellen, dass sie keine betrügerischen Transaktionen validieren, da sie andernfalls einen Teil ihrer eingesetzten Kryptowährung verlieren könnten – ein Prozess, der als „Slashing" bekannt ist.

Für diejenigen, die die Verantwortlichkeiten eines Validators als zu anspruchsvoll empfinden, gibt es eine Alternative: Staking-Pools. In diesen Pools delegieren Teilnehmer ihre Kryptowährung an einen Pool-Betreiber, der den Validierungsprozess in ihrem Namen verwaltet. Dies ermöglicht es Einzelpersonen, Belohnungen aus dem Staking zu verdienen, ohne ihren eigenen Validator-Knoten verwalten zu müssen. Staking-Pools werden oft von Börsen und anderen Plattformen angeboten, was es den Nutzern erleichtert, am Staking teilzunehmen und Belohnungen zu verdienen [196].

Prozess

- **Staking**: Validatoren sperren eine bestimmte Menge an Kryptowährung (Stake) als Sicherheiten. Dieser Stake repräsentiert ihr Engagement im Netzwerk und wird verwendet, um die Blockchain abzusichern.

- **Blockerstellung**: Validatoren werden ausgewählt, um neue Blöcke zu erstellen und zu validieren, basierend auf verschiedenen Faktoren, einschließlich der Menge an eingesetzter Kryptowährung und der Dauer des Stakings. Der Auswahlprozess kann je nach PoS-Implementierung variieren, wobei einige

Randomisierung oder eine Kombination von Faktoren verwenden.

- **Validierung und Belohnung**: Sobald ein Validator einen neuen Block vorschlägt, überprüfen andere Validatoren die Transaktionen und stellen sicher, dass der Block den Netzwerkregeln entspricht. Wenn der Block akzeptiert wird, wird er zur Blockchain hinzugefügt, und der Validator wird mit Transaktionsgebühren oder neu ausgegebener Kryptowährung belohnt.

Vorteile

- **Energieeffizienz**: PoS benötigt im Vergleich zu PoW erheblich weniger Energie, da es keine rechenintensiven Rätsel-Lösungen erfordert. Dies macht es umweltfreundlicher und kostengünstiger.

- **Skalierbarkeit**: PoS kann die Skalierbarkeit verbessern, indem es die Bestätigungszeiten und Gebühren von Transaktionen reduziert, da es nicht auf ressourcenintensive Mining-Prozesse angewiesen ist.

Nachteile

- **Zentralisierungsrisiko**: PoS kann potenziell zu einer Zentralisierung führen, da Validatoren mit größeren Stakes eine höhere Chance haben, ausgewählt zu werden, um Blöcke zu validieren. Dies könnte die Macht in den Händen weniger großer Stakeholder konzentrieren.

- **Sicherheitsbedenken**: Obwohl PoS allgemein als sicher gilt, kann es anfällig für Angriffe sein, wenn ein böswilliger Akteur eine erhebliche Menge an Stake anhäuft. Mechanismen wie Slashing (Bestrafung unehrlichen Verhaltens) werden jedoch oft implementiert, um dieses Risiko zu mindern.

Vergleich und Anwendungsfälle

Proof of Work (PoW) ist bekannt für seine hohe Sicherheit und Dezentralisierung, hat jedoch Schwierigkeiten mit der Energieeffizienz und Skalierbarkeit. Es eignet sich am besten für Netzwerke, bei denen Sicherheit oberste Priorität hat und die Energiekosten gerechtfertigt werden können, wie bei Bitcoin.

Proof of Stake (PoS) bietet eine energieeffizientere und skalierbare Alternative zu PoW. Es ist gut geeignet für Netzwerke, die Sicherheit mit niedrigeren Betriebskosten und schnelleren Transaktionsverarbeitungen ausbalancieren möchten. Beispiele für PoS-Implementierungen sind der Übergang von Ethereum zu PoS sowie Netzwerke wie Cardano und Tezos.

Zusammenfassend sind sowohl Proof of Work als auch Proof of Stake integrale Bestandteile des Funktionierens von Blockchain-Netzwerken, jedes mit seinen eigenen Stärken und Schwächen. PoW wird für seine Sicherheit und Dezentralisierung geschätzt, während PoS Verbesserungen bei der Energieeffizienz und Skalierbarkeit bietet. Die Wahl zwischen ihnen hängt von den spezifischen Bedürfnissen und Zielen eines Blockchain-Netzwerks ab.

Energieverbrauch und wirtschaftliche Anreize bei Proof of Work vs. Proof of Stake

Energieverbrauch

Eine der wichtigsten Unterscheidungen zwischen Proof of Work (PoW) und Proof of Stake (PoS) liegt im Energieverbrauch. PoW, verwendet von Kryptowährungen wie Bitcoin, erfordert, dass Miner komplexe mathematische Rätsel lösen, um Transaktionen zu validieren und neue Blöcke zur Blockchain hinzuzufügen. Dieser Prozess erfordert umfangreiche Rechenleistung, was zu einem hohen Energieverbrauch führt. Jeder Miner konkurriert mit anderen, um dasselbe Rätsel zu lösen, und der Erste, der erfolgreich ist, darf den Block zur Blockchain hinzufügen und eine Belohnung erhalten. Diese Konkurrenz unter den Minern bedeutet, dass enorme Mengen an elektrischer Energie für doppelte Berechnungen aufgebracht werden, da jeder Miner unabhängig und redundant arbeitet, um das Rätsel zu lösen.

Im Gegensatz dazu basiert PoS auf einem grundsätzlich anderen Prinzip, das die Energieanforderungen erheblich reduziert. PoS erfordert nicht das Lösen mathematischer Rätsel. Stattdessen werden Validatoren ausgewählt, um neue Blöcke zu erstellen, basierend auf der Menge an Kryptowährung, die sie eingesetzt haben, und der Dauer des Stakings. Dies bedeutet, dass es keinen Wettbewerb unter den Validatoren gibt, um dasselbe Rätsel zu lösen. Stattdessen basiert das System auf dem wirtschaftlichen Einsatz der Validatoren, um die Netzwerksicherheit zu gewährleisten. Dieser Übergang von energieintensiven Mining-Operationen zu staking-basierter Validierung ermöglicht es PoS-Blockchains, mit erheblich geringerem Ressourcenverbrauch zu funktionieren, da der Validierungsprozess nicht die gleiche Rechenleistung erfordert.

Wirtschaftliche Konsequenzen und Strafen

Sowohl PoW als auch PoS-Mechanismen beinhalten wirtschaftliche Anreize und Strafen zur Aufrechterhaltung der Netzwerkintegrität und zur Abschreckung böswilligen Verhaltens, jedoch auf unterschiedliche Weise.

Bei PoW besteht die wirtschaftliche Strafe für das Einreichen ungültiger Informationen oder Blöcke in den bereits getätigten Kosten für Rechenressourcen. Miner investieren erhebliche Mengen an Elektrizität, Rechenleistung und Zeit, um Rätsel zu lösen und Blöcke zu minen. Wenn ein Miner einen Block einreicht, der ungültig oder anderweitig fehlerhaft ist, sind die in die Lösung des Rätsels investierten Ressourcen verschwendet. Diese beträchtliche Investition in Ressourcen wirkt als Abschreckung gegen böswillige Aktivitäten, da die Kosten für das Einreichen ungültiger Blöcke hoch sind aufgrund der bereits verbrauchten Energie und Rechenressourcen.

Bei PoS basiert das wirtschaftliche Mechanismus auf dem Konzept der eingesetzten Mittel. Validatoren in einem PoS-Netzwerk sind verpflichtet, eine bestimmte Menge an Kryptowährung als Sicherheit zu hinterlegen. Dieser eingesetzte Betrag dient als wirtschaftlicher Anreiz für Validatoren, im besten Interesse des Netzwerks zu handeln. Wenn ein Validator versucht, einen schlechten Block zu validieren oder anderweitig böswillig handelt, riskiert er, einen Teil seiner eingesetzten Mittel durch "Slashing" zu verlieren. Der Slashing-Prozess umfasst den Verlust eines Teils der eingesetzten Kryptowährung als Strafe. Dieses Strafsystem schafft ein direktes finanzielles Risiko für Validatoren, das ihre Anreize mit der Netzwerksicherheit und Integrität in Einklang bringt. Die Einzelheiten des Slashing, einschließlich wie viel von den eingesetzten Mitteln verloren gehen kann, variieren je nach den Regeln und Protokollen des Netzwerks.

Sicherheit und Anonymität

Blockchain-Sicherheit

Die Blockchain-Technologie ist bekannt für ihre robusten Sicherheitsmerkmale, die sich aus ihrer dezentralen Natur und den kryptografischen Grundlagen ergeben. Im Gegensatz zu traditionellen zentralisierten Systemen, bei denen ein einzelner Fehlerpunkt das gesamte System gefährden kann, verteilt die Blockchain Daten über ein Netzwerk von Knoten. Jeder Knoten verwaltet eine Kopie der Blockchain, was sicherstellt, dass das System gegen Angriffe und Ausfälle widerstandsfähig ist. Dieser dezentrale Ansatz erhöht die Sicherheit erheblich, da es keine zentrale Autorität oder einzelnen Punkt gibt, der von böswilligen Akteuren angegriffen werden könnte.

Ein zentraler Bestandteil der Blockchain-Sicherheit ist die Verwendung kryptografischer Techniken. Jeder Block in der Blockchain ist durch eine kryptografische Hash-Funktion mit dem vorhergehenden Block verknüpft, wodurch eine Kette von Blöcken entsteht, die gegen Manipulationen gesichert ist. Eine Hash-Funktion nimmt eine Eingabe (oder 'Nachricht') und erzeugt eine Zeichenkette fester Größe, die zufällig erscheint. Jede Änderung der Blockdaten verändert den Hash-Wert, wodurch deutlich wird, dass eine Manipulation stattgefunden hat. Diese Unveränderlichkeit stellt sicher, dass, sobald ein Block zur Blockchain hinzugefügt wird, er nicht verändert werden kann, ohne alle nachfolgenden Blöcke zu ändern, was Konsens im Netzwerk erfordert.

Zusätzlich verstärken Konsensmechanismen wie Proof of Work (PoW) und Proof of Stake (PoS) die Sicherheit weiter. Bei PoW konkurrieren Miner, um komplexe Rätsel zu lösen, und der Erste, der dies löst, darf einen neuen Block zur Kette hinzufügen. Dieser Wettbewerb macht es rechnerisch teuer und praktisch unmöglich, dass eine einzelne Entität das Netzwerk kontrolliert oder Transaktionen manipuliert. Bei PoS werden Validatoren ausgewählt, um Blöcke zu erstellen und zu überprüfen, basierend auf der Menge an Kryptowährung, die sie einsetzen. Dieses System bringt ihre Anreize mit der Netzwerksintegrität in Einklang, da sie riskieren, einen Teil ihrer eingesetzten Mittel zu verlieren, wenn sie unehrlich handeln.

Sicherheitsherausforderungen in der Blockchain

51%-Angriffe: Eine der bedeutendsten Sicherheitsbedrohungen für Blockchain-Netzwerke ist der 51%-Angriff. In Blockchain-Systemen werden Transaktionen von Minern verifiziert und zur Blockchain hinzugefügt, die komplexe mathematische Rätsel lösen. Dieser Prozess stellt sicher, dass die Blockchain sicher bleibt und die Transaktionen gültig sind. Wenn jedoch eine einzelne Entität oder eine Koalition von Minern mehr als 50% der gesamten Rechenleistung des Netzwerks kontrolliert, können sie möglicherweise die Integrität der Blockchain untergraben. Mit solcher Kontrolle könnten sie mehrere böswillige Aktivitäten ausführen, einschließlich Double-Spending, bei dem dieselbe Kryptowährung mehr als einmal ausgegeben wird. Zusätzlich könnten sie kürzliche Transaktionen zurücksetzen, was zu einer Störung der Blockchain-Geschichte und einem Vertrauensverlust in das Netzwerk führen könnte. Die Bedrohung durch 51%-Angriffe ist besonders besorgniserregend für kleinere Blockchains mit weniger Rechenleistung, wo das Erreichen der Mehrheit leichter möglich sein könnte [197].

Schwachstellen bei Smart Contracts: Smart Contracts sind ein Grundpfeiler der Blockchain-Technologie, insbesondere in Plattformen wie Ethereum. Diese sind selbstausführende Verträge, bei denen die Bedingungen direkt in den Code geschrieben sind, was automatisierte und vertrauenslose Transaktionen ermöglicht. Während Smart Contracts erhebliche Vorteile bieten, einschließlich Automatisierung und reduzierter Abhängigkeit von Intermediären, sind sie nicht ohne Risiken. Fehler oder Schwachstellen im Code des Smart Contracts können zu kritischen Sicherheitsverletzungen führen. Beispielsweise könnte ein Fehler im Code oder logische Mängel von böswilligen Akteuren ausgenutzt werden, um Gelder abzuzweigen oder die Ausführung des Vertrags zu manipulieren. Hochkarätige Vorfälle, wie der DAO-Hack, haben gezeigt, wie Schwachstellen in Smart Contracts zu erheblichen finanziellen Verlusten und Schäden am Ruf der Blockchain führen können [197].

Datenschutzbedenken in der Blockchain

Pseudonymität, nicht Anonymität: Die Blockchain-Technologie wird oft für ihre Fähigkeit gelobt, durch Pseudonymität Datenschutz zu bieten. In einem Blockchain-Netzwerk sind Transaktionen digitalen Adressen zugeordnet, anstatt direkt mit realen Identitäten verknüpft zu sein. Dies bietet eine gewisse Privatsphäre im Vergleich zu traditionellen Finanzsystemen. Allerdings bedeutet diese Pseudonymität nicht vollständige Anonymität. Sophisticated Analysetools und -techniken können Transaktionen nachverfolgen und de-anonymisieren, was sie potenziell wieder Einzelpersonen zuordnen kann. Beispielsweise, wenn eine Adresse eines Benutzers durch externe Datenquellen oder Aktivitäten mit ihrer Identität verknüpft ist, könnte ihre gesamte Transaktionshistorie auf der Blockchain offenbart werden. Diese Herausforderung zeigt die Notwendigkeit robusterer Datenschutzmaßnahmen auf, um die Identität der Benutzer zu schützen [197].

Datenleckagen: Die Transparenz der Blockchain, obwohl sie für die Aufrechterhaltung des Vertrauens und zur Verhinderung von Betrug entscheidend ist, kann auch zu unbeabsichtigten Datenleckagen führen. Sobald Informationen auf einer Blockchain aufgezeichnet sind, sind sie unveränderlich und für alle Teilnehmer im Netzwerk sichtbar. Das bedeutet, dass sensible oder vertrauliche Daten, wenn sie nicht ordnungsgemäß verwaltet werden, dauerhaft für jeden zugänglich werden, der Zugang zur Blockchain hat. Beispielsweise könnten private Geschäftsvereinbarungen oder persönliche Informationen, wenn sie auf einer öffentlichen Blockchain aufgezeichnet werden, offengelegt und missbraucht werden. Dieses Transparenzparadox erfordert eine sorgfältige Überlegung, welche Daten auf der Blockchain gespeichert werden und wie Privatsphäre mit dem Bedürfnis nach Offenheit in Einklang gebracht werden kann [197].

Lösungen in Entwicklung

Konsensmechanismen: Um das Risiko von 51%-Angriffen zu adressieren, werden alternative Konsensmechanismen entwickelt und implementiert. Proof of Stake (PoS) und Delegated Proof of Stake (DPoS) sind Beispiele für diese Alternativen. Bei PoS werden Validatoren ausgewählt, um neue Blöcke zu erstellen und zu validieren, basierend auf der Menge an Kryptowährung, die sie halten und als Sicherheit "staken". Dieses System macht es wirtschaftlich kostspielig für eine einzelne Entität, die Mehrheit zu kontrollieren, da sie einen erheblichen Teil des gesamten Angebots der Kryptowährung besitzen müsste. DPoS verfeinert diesen Ansatz weiter, indem es den Beteiligten erlaubt, Vertreter zu wählen, die dann die Blockerstellung und -validierung übernehmen. Dies reduziert nicht nur das Risiko der Zentralisierung, sondern verbessert auch die Skalierbarkeit und Effizienz [197].

Smart Contract Audits: Um Schwachstellen in Smart Contracts zu mindern, wird zunehmend auf rigorose Prüfmethoden gesetzt. Die Smart Contract-Auditierung umfasst eine umfassende Überprüfung des Vertragcodes durch Sicherheitsexperten, um potenzielle Fehler vor der Bereitstellung zu identifizieren und zu beheben. Dieser Prozess beinhaltet manuelle Code-Überprüfungen, automatisierte Tests und Simulationen, um sicherzustellen, dass der Vertrag wie beabsichtigt funktioniert und gegen Angriffe resistent ist. Durch frühzeitiges Erkennen von Problemen können Audits kostspielige Exploits verhindern und die Sicherheit der Blockchain-Anwendungen insgesamt verbessern [197].

Privacy Coins: Als Reaktion auf Datenschutzbedenken haben einige Blockchain-Projekte datenschutzorientierte Kryptowährungen entwickelt, die als Privacy Coins bekannt sind. Coins wie Monero und Zcash nutzen fortschrittliche kryptografische Techniken zur Verbesserung der Transaktionsprivatsphäre. Monero verwendet Ring-Signaturen und Stealth-Adressen, um Transaktionsdetails zu verschleiern und die Anonymität der Benutzer zu verbessern. Zcash hingegen verwendet zk-SNARKs (zero-knowledge succinct non-interactive arguments of knowledge), um Transaktionen zu verifizieren, ohne Details über den Absender, Empfänger oder den Transaktionsbetrag offen zu legen. Diese Datenschutzverbesserungen zielen darauf ab, die Einschränkungen der Pseudonymität zu überwinden und den Benutzern mehr Kontrolle über ihre persönlichen Informationen zu geben [197].

Berühmte Blockchain-Hacks und ihre Auswirkungen

Mt. Gox: Im Jahr 2014 erlebte Mt. Gox, einst die größte Bitcoin-Börse, einen katastrophalen Sicherheitsvorfall, bei dem etwa 850.000 Bitcoins im Wert von rund 450 Millionen Dollar verloren gingen. Der Vorfall wurde einer Kombination von Sicherheitsanfälligkeiten und schlechtem Management zugeschrieben. Dieser Hack führte nicht nur zu erheblichen finanziellen Verlusten für die Benutzer, sondern weckte auch ernste Bedenken hinsichtlich der Sicherheit von Kryptowährungsbörsen und deren Fähigkeit, Benutzervermögen zu schützen. Die Folgen des Mt. Gox-Vorfalls zeigten die Notwendigkeit stärkerer Sicherheitsmaßnahmen und regulatorischer Aufsicht im Bereich der Kryptowährungsbörsen auf [197].

The DAO Hack: Im Jahr 2016 führte eine Schwachstelle in einem Smart Contract auf der Ethereum-Blockchain, bekannt als The DAO, zum Diebstahl von über 3,6 Millionen Ether im Wert von mehr als 50 Millionen Dollar. The DAO war ein dezentraler Risikokapitalfonds, der auf Ethereum aufgebaut war, und der Exploit offenbarte kritische Mängel im Code des Smart Contracts. Der Hack führte zu einer kontroversen Entscheidung, einen Hard Fork in der Ethereum-Blockchain durchzuführen, um die gestohlenen Gelder zurückzuholen und betroffene Benutzer wiederherzustellen. Dieses Ereignis löste eine breitere Debatte über die Prinzipien der Blockchain-Unveränderlichkeit und den Umfang der Netzwerke aus, die eingreifen sollten, um Sicherheitsverletzungen zu korrigieren. Der DAO-Hack unterstrich die Bedeutung der Sicherheit von Smart Contracts und die potenziellen Konsequenzen, wenn Schwachstellen ausgenutzt warden [197].

Blockchain-Anonymität

Anonymität in Blockchain-Systemen ist ein differenziertes Konzept. Während Blockchains Datenschutzfunktionen bieten, garantieren sie keine vollständige

Anonymität. Der Grad der Anonymität hängt vom Design der Blockchain und den implementierten Datenschutzmaßnahmen ab.

Öffentliche Blockchains wie Bitcoin bieten Pseudonymität statt echter Anonymität. In diesen Netzwerken wird jeder Teilnehmer durch einen öffentlichen Schlüssel oder eine Adresse identifiziert, anstatt durch persönliche Informationen. Transaktionen werden in der Blockchain aufgezeichnet und können von jedem mit Zugang zum Netzwerk eingesehen werden. Während die Identitäten hinter diesen öffentlichen Schlüsseln nicht explizit bekannt sind, ist die Transaktionshistorie, die jeder Adresse zugeordnet ist, sichtbar und dauerhaft. Das bedeutet, dass es mit ausreichender Analyse möglich ist, Transaktionen nachzuverfolgen und potenziell mit realen Identitäten zu verknüpfen, insbesondere wenn Adressen in Verbindung mit identifizierbaren Informationen verwendet werden.

Um diese Datenschutzbedenken zu adressieren, implementieren mehrere Blockchain-Projekte zusätzliche Datenschutzfunktionen. Zum Beispiel nutzen datenschutzorientierte Kryptowährungen wie Monero und Zcash fortschrittliche kryptografische Techniken, um die Anonymität zu verbessern. Monero verwendet Ring-Signaturen und Stealth-Adressen, um Transaktionsdetails zu verschleiern und die Privatsphäre der Benutzer zu erhöhen. Ring-Signaturen mischen die Transaktionen eines Benutzers mit anderen, was es schwierig macht, die Quelle nachzuverfolgen. Stealth-Adressen erzeugen einzigartige Adressen für jede Transaktion und verschleiern weiter die Identität des Empfängers. Zcash verwendet zk-SNARKs (zero-knowledge succinct non-interactive arguments of knowledge), um zu beweisen, dass Transaktionen gültig sind, ohne Details über den Absender, den Empfänger oder den Transaktionsbetrag offenzulegen.

Der Aufstieg der Blockchain-Technologie, der Kryptowährungen und des Web3 hat weltweit erhebliches Interesse von Regierungen auf sich gezogen. Da diese Technologien zunehmend integraler Bestandteil des globalen Finanzsystems werden, konzentrieren sich die Regulierungsbehörden zunehmend darauf, wie ihre Nutzung verwaltet und kontrolliert werden kann, insbesondere im Hinblick auf Anonymität und Pseudonymität [198].

Regierungskontrolle und Regulierung

Regierungen haben begonnen, Blockchain- und Kryptowährungsaktivitäten genauer zu überprüfen, angesichts ihres Potentials für Innovation sowie für illegale Nutzung. Diese Überprüfung hat zu einem wachsenden Regulierungsrahmen geführt, der darauf abzielt, diese Technologien in das traditionelle Finanzsystem zu integrieren. Eine der zentralen Herausforderungen für Regulierungsbehörden besteht darin, die inhärenten Datenschutz- und Anonymitätsmerkmale von Kryptowährungen mit der Notwendigkeit von Transparenz und Rechenschaftspflicht in Einklang zu bringen. Der Fokus liegt dabei weitgehend darauf, sicherzustellen, dass Kryptowährungen nicht für illegale Aktivitäten wie Geldwäsche oder Terrorismusfinanzierung verwendet werden [198].

Know Your Customer (KYC) und Anti-Geldwäsche (AML) Vorschriften

Ein zentrales Anliegen der Regulierungsbehörden ist die Durchsetzung der Know Your Customer (KYC) und Anti-Geldwäsche (AML) Vorschriften. Diese Vorschriften sind darauf ausgelegt, illegale Aktivitäten zu verhindern, indem sie von Finanzinstitutionen verlangen, die Identität ihrer Kunden zu überprüfen und Transaktionen auf verdächtige Aktivitäten zu überwachen. Im Bereich der Kryptowährungen ist dies aufgrund der pseudonymen Natur vieler Transaktionen besonders herausfordernd. Kryptowährungen wie Bitcoin ermöglichen es Benutzern, Transaktionen durchzuführen, ohne ihre realen Identitäten offenzulegen, was die Durchsetzung von KYC- und AML-Vorschriften kompliziert.

Um diese Herausforderung zu bewältigen, konzentrieren sich die Regulierungsbehörden auf zentralisierte Börsen (CEX), die als Vermittler zwischen traditionellen Fiat-Währungen und Kryptowährungen fungieren. Zentralisierte Börsen sind leichter zu regulieren, da sie unter der Kontrolle spezifischer Entitäten stehen, die zur Rechenschaft gezogen werden können. Diese Börsen sind verpflichtet, KYC-Verfahren umzusetzen und verdächtige Aktivitäten zu melden, was eine Aufsichtsebene bietet, die bei dezentralisierten Systemen schwer zu erreichen ist [198].

Herausforderungen mit dezentralen Börsen (DEX)

Dezentralisierte Börsen (DEX) stellen andererseits eine erhebliche Herausforderung für die Regulierung dar. DEX funktionieren ohne zentrale Autorität, was die Durchsetzung von KYC- und AML-Vorschriften erschwert. Benutzer auf DEX interagieren direkt miteinander über Smart Contracts und umgehen so traditionelle Finanzintermediäre. Diese dezentrale Natur bedeutet, dass es keinen zentralen Kontroll- oder Rechenschaftspunkt gibt, was die Bemühungen zur Überwachung und Regulierung von Transaktionen kompliziert [198].

Ohne einen Vermittler haben Regulierungsbehörden Schwierigkeiten, KYC-Prüfungen durchzuführen oder Transaktionen ähnlich wie bei CEXs zu verfolgen. Diese mangelnde Zentralisierung bedeutet, dass DEX Transaktionen auf eine privatere und pseudonymere Weise ermöglichen können, was die regulatorischen Bemühungen weiter kompliziert.

Auswirkungen auf Datenschutz und Regulierung

Die Spannung zwischen der Wahrung der Benutzerprivatsphäre und der Durchsetzung regulatorischer Anforderungen ist eine zentrale Frage in der laufenden Entwicklung der Blockchain- und Kryptowährungsregulierungen. Während Datenschutz ein Kernelement vieler Blockchain-Anwendungen ist, suchen Regierungen zunehmend nach Wegen, dies mit der Notwendigkeit von finanzieller Transparenz und Sicherheit in Einklang zu bringen.

Während Regulierungsbehörden weiterhin Regeln für den Kryptowährungsbereich entwickeln und umsetzen, wird der Fokus wahrscheinlich darauf bleiben, Wege zu finden, um effektive KYC- und AML-Maßnahmen zu integrieren, ohne die grundlegenden Prinzipien der Dezentralisierung und Privatsphäre zu untergraben. Die Entwicklung regulatorischer Rahmenbedingungen wird entscheidend sein, um die zukünftige Landschaft der Blockchain-Technologie und ihre Integration in das globale Finanzsystem zu gestalten [198].

5 Wichtige Kryptowährungen

Bitcoin hat eine entscheidende Rolle bei der Entwicklung und Popularisierung von Kryptowährungen gespielt und einen Präzedenzfall geschaffen, der die Branche maßgeblich geprägt hat. Als erste dezentrale Kryptowährung führte Bitcoin das Konzept eines Peer-to-Peer-Netzwerks ein, bei dem Transaktionen ohne die Notwendigkeit von Vermittlern wie Banken durchgeführt werden konnten. Sein innovativer Einsatz von Blockchain-Technologie und dem Proof of Work (PoW) Konsensmechanismus hat eine Welle nachfolgender digitaler Währungen inspiriert. Diese alternativen Kryptowährungen, oder Altcoins, streben oft danach, auf den grundlegenden Prinzipien von Bitcoin aufzubauen und bieten verschiedene Verbesserungen oder spezialisierte Funktionen [199].

Im Laufe der Jahre hat sich Bitcoin als de facto Standard im Bereich der Kryptowährungen etabliert. Es führt in Bezug auf die Marktkapitalisierung, die den Gesamtwert aller im Umlauf befindlichen Münzen bezeichnet. Die Dominanz von Bitcoin zeigt sich auch in seiner weit verbreiteten Nutzerbasis und seiner allgemeinen Beliebtheit, was es zu einer Benchmark macht, an der andere Kryptowährungen gemessen werden. Trotz seiner führenden Position ist Bitcoin jedoch nicht die einzige verfügbare Kryptowährung; der Aufstieg der Altcoins spiegelt die wachsende Vielfalt innerhalb des digitalen Währungsökosystems wider [199].

Um das umfassendere Kryptowährungslandschaft zu verstehen, ist es wichtig, alternative Kryptowährungen zu erkunden, die neben Bitcoin entstanden sind. Diese Altcoins streben oft danach, einige der Einschränkungen von Bitcoin zu adressieren oder neue Funktionen und Verbesserungen anzubieten. Zum Beispiel hat Ethereum, einer der bemerkenswertesten Altcoins, Smart Contracts und dezentrale Anwendungen (dApps) eingeführt, die es Entwicklern ermöglichen, komplexe Anwendungen auf seiner Blockchain zu erstellen. Diese Fähigkeit hat den Weg für dezentrale Finanzsysteme (DeFi) geebnet, die versuchen, traditionelle Finanzdienstleistungen auf dezentrale Weise zu replizieren und zu verbessern [199].

Andere Altcoins sind mit einzigartigen Verkaufsargumenten entstanden, wie verbesserter Skalierbarkeit oder alternativen Konsensalgorithmen. Einige Kryptowährungen sind beispielsweise darauf ausgelegt, mehr Transaktionen pro Sekunde zu verarbeiten als Bitcoin, was die Überlastung reduzieren und Transaktionsgebühren senken kann. Zusätzlich verwenden einige Altcoins, während Bitcoin auf Proof of Work (PoW) für den Konsens setzt, unterschiedliche Konsensmechanismen wie Proof of Stake (PoS), die größere Energieeffizienz und Skalierbarkeit bieten können [199].

Kryptowährungen sind digitale oder virtuelle Währungen, die kryptografische Techniken verwenden, um Transaktionen zu sichern und die Erstellung neuer Einheiten zu kontrollieren. Sie existieren in Form von Token oder Münzen, die für verschiedene Zwecke verwendet werden können, von einfachen Transaktionen bis hin zu komplexen Smart Contracts. Der Begriff „Kryptowährung“ hebt den Einsatz kryptografischer Methoden hervor, um die Sicherheit und Integrität der Währung zu gewährleisten [199].

Altcoins, ein Begriff, der von „alternative Coins“ abgeleitet ist, sind Kryptowährungen, die als Alternativen zu Bitcoin entwickelt wurden. Diese Altcoins streben oft an, sich als verbesserte oder modifizierte Versionen von Bitcoin zu präsentieren, indem sie neue Funktionen anbieten oder spezifische Probleme adressieren. Während sie das grundlegende Prinzip der Dezentralisierung mit Bitcoin teilen, können sie unterschiedliche Konsensmechanismen einführen, Transaktionsgeschwindigkeiten verbessern oder zusätzliche Funktionen bieten [199].

Eines der Kernprinzipien von Kryptowährungen ist ihr Engagement für Dezentralisierung. Diese Eigenschaft bedeutet, dass Kryptowährungen typischerweise darauf ausgelegt sind, unabhängig von zentralen Autoritäten wie Regierungen oder Finanzinstitutionen zu operieren. Die dezentrale Natur von Kryptowährungen ermöglicht Peer-to-Peer-Transaktionen, was die Privatsphäre erhöht und das Risiko staatlicher Eingriffe reduziert [199].

Mit der zunehmenden Mainstream-Akzeptanz von Kryptowährungen sehen sie sich jedoch einer verstärkten Überprüfung durch Regulierungsbehörden gegenüber.

Regierungen auf der ganzen Welt erkunden Möglichkeiten zur Regulierung digitaler Währungen, um illegale Aktivitäten zu verhindern, finanzielle Stabilität zu gewährleisten und Verbraucher zu schützen. Trotz dieser Herausforderungen bleibt das grundlegende Prinzip der Dezentralisierung eine treibende Kraft hinter der Entwicklung und Evolution von Kryptowährungen [199].

Bitcoins bahnbrechende Rolle hat die Grundlage für eine Vielzahl von Kryptowährungen gelegt, von denen jede ihre einzigartigen Merkmale und Ziele verfolgt. Während Bitcoin weiterhin den Markt anführt, bietet die Erkundung alternativer Kryptowährungen Einblicke in die sich entwickelnde Landschaft der digitalen Finanzen und die potenziellen Innovationen, die die Zukunft der Blockchain-Technologie prägen könnten.

Beim Erkunden der Welt der Kryptowährungen wird man häufig auf den Begriff „Altcoins" stoßen, der für „alternative Münzen" steht. Dieser Begriff umfasst alle Kryptowährungen außer Bitcoin. Bitcoin, das 2009 eingeführt wurde, gilt als die ursprüngliche Kryptowährung und hat sich als Standard etabliert, an dem andere digitale Währungen gemessen werden. Im Gegensatz dazu sind Altcoins darauf ausgelegt, Variationen oder Verbesserungen des ursprünglichen Modells von Bitcoin anzubieten, indem sie unterschiedliche technologische Rahmenbedingungen, Konsensmechanismen oder Anwendungsfälle nutzen [200].

Mining-basierte Münzen sind solche, die einen ähnlichen Prozess wie Bitcoin zur Generierung neuer Einheiten verwenden. Dies umfasst einen als Mining bekannten Prozess, bei dem Computernetzwerke komplexe mathematische Rätsel lösen, um Transaktionen zu validieren und der Blockchain hinzuzufügen. Das Netzwerk belohnt erfolgreiche Miner mit neuen Münzen. Diese Methode ist energieintensiv und hat zu erheblichen Diskussionen über ihre Umweltverträglichkeit geführt. Kritiker argumentieren, dass der hohe Energieverbrauch, der mit mining-basierten Münzen, einschließlich Bitcoin, verbunden ist, möglicherweise ihre Vorteile überwiegt und eine Suche nach energieeffizienteren Alternativen angestoßen hat [200].

Stablecoins sind darauf ausgelegt, die Volatilität, die häufig mit Kryptowährungen verbunden ist, zu adressieren, indem sie ihren Wert an einen stabilen Vermögenswert, typischerweise eine Fiat-Währung wie den US-Dollar, koppeln. Dieser Koppelungsmechanismus zielt darauf ab, Stabilität im Preis zu bieten, wodurch Stablecoins ein zuverlässiges Zahlungsmittel und Wertspeicher darstellen. Zwei prominente Beispiele sind Tether (USDT) und USD Coin (USDC). Diese Münzen sind besonders nützlich im Handel und in finanziellen Anwendungen, bei denen ein stabiler Wert von entscheidender Bedeutung ist, da sie eine Brücke zwischen der volatilen Welt der Kryptowährungen und traditionellen Fiat-Währungen schlagen [200].

Security Tokens repräsentieren das Eigentum an einem realen Vermögenswert und funktionieren oft ähnlich wie traditionelle Wertpapiere wie Aktien oder Anleihen, jedoch in digitaler Form. Sie können das Eigentum validieren und Transaktionen mit Vermögenswerten wie Immobilien, Kunstwerken oder Anteilen an einem Unternehmen erleichtern. Die Anwendung von Security Tokens erstreckt sich auf die Verifizierung des Eigentums und die Übertragung von Rechten auf sichere und transparente Weise, wobei die unveränderliche und dezentrale Natur der Blockchain genutzt wird. Dieses Konzept ermöglicht eine effizientere, automatisierte und zugänglichere Verwaltung von Eigentumsrechten und Investitionen [200].

Memecoins sind Kryptowährungen, die von Internet-Memes oder Phänomenen der Popkultur inspiriert sind. Dogecoin (DOGE) und Shiba Inu (SHIB) sind bemerkenswerte Beispiele. Trotz ihrer Ursprünge in Humor oder Satire können Memecoins bedeutende Aufmerksamkeit und Wert gewinnen, oft angeheizt durch Social-Media-Buzz und Empfehlungen von prominenten Persönlichkeiten. Der Wert dieser Münzen kann stark volatil sein und von der Marktsituation beeinflusst werden, eher als von grundlegenden technologischen Fortschritten oder Anwendungsfällen. Memecoins verdeutlichen die unvorhersehbare Natur des Kryptowährungsmarktes und den Einfluss der öffentlichen Wahrnehmung und Medienaufmerksamkeit [200].

Arten von Altcoins

Im Kryptowährungs-Ökosystem repräsentieren Altcoins eine breite Kategorie digitaler Vermögenswerte jenseits von Bitcoin, wobei jeder auf verschiedene Funktionen oder spezifische Anwendungsfälle ausgerichtet ist. Das Verständnis dieser Unterschiede kann Nutzern und Investoren helfen, sich im vielfältigen Bereich der Blockchain-Technologie zurechtzufinden [199].

Kryptowährungen

Kryptowährungen sind in erster Linie darauf ausgelegt, als digitales Geld zu fungieren, das den Transfer von Werten über dezentrale Netzwerke ermöglicht. Im Gegensatz zu traditionellen Währungen, die von Zentralbanken und Regierungen kontrolliert werden, arbeiten Kryptowährungen auf einer dezentralen Basis und nutzen die Blockchain-Technologie, um Sicherheit und Transparenz zu gewährleisten. Viele Altcoins fallen in diese Kategorie und zielen darauf ab, eine Alternative zu Bitcoins Rolle als Wertaufbewahrungsmittel und Zahlungsmittel zu bieten. Diese Kryptowährungen können verbesserte Funktionen bieten, wie schnellere Transaktionsgeschwindigkeiten oder niedrigere Gebühren, um die Einschränkungen von Bitcoin zu überwinden.

Token

Token hingegen sind blockchain-basierte Vermögenswerte, die über einfache monetäre Transaktionen hinausgehende Zwecke erfüllen. Im Gegensatz zu Kryptowährungen, die als eigenständige digitale Währungen agieren, werden Token oft innerhalb spezifischer Blockchain-Ökosysteme erstellt und verwendet. Sie können einen Anteil an einem Projekt, Zugang zu einem Dienst oder sogar eine Einheit von Wert darstellen, die an einen bestimmten Vermögenswert gebunden ist.

Sicherheitstoken

Sicherheitstoken sind eine Kategorie von blockchain-basierten Tokens, die an den Wert von realen Vermögenswerten wie Unternehmensanteilen oder Investitionsverträgen gebunden sind. Diese Tokens werden häufig über Initial Coin Offerings (ICOs) ausgegeben und unterliegen ähnlichen Regulierungen wie traditionelle Wertpapiere. Sie bieten eine Möglichkeit zur Tokenisierung von Eigentumsanteilen und stellen einen blockchain-basierten Mechanismus zum Handel und zur Verwaltung dieser Vermögenswerte bereit.

Utility Tokens

Utility Tokens sind darauf ausgelegt, Zugang zu einem spezifischen Produkt oder Dienst innerhalb eines Blockchain-Netzwerks zu bieten. Beispielsweise werden Tokens wie Storj zur Ermöglichung von dezentraler Dateispeicherung verwendet, während Namecoin ein dezentrales Domain Name System (DNS) für Internetadressen bereitstellt. Diese Tokens sind integraler Bestandteil der Funktionalität ihrer jeweiligen Plattformen und ermöglichen es den Nutzern, mit den angebotenen Diensten zu interagieren und davon zu profitieren.

Ethereum (ETH)

Ethereum, 2015 gestartet, ist eine dezentrale Software-Plattform, die die Erstellung und Ausführung von Smart Contracts und dezentralen Anwendungen (dApps) ohne Zwischenhändler ermöglicht. Die native Kryptowährung von Ethereum, Ether (ETH), erfüllt mehrere Zwecke: als Zahlungsmittel, zur Bezahlung von Transaktionsgebühren und Rechenleistungen innerhalb des Ethereum-Netzwerks und als Investitionsvermögen. Der Übergang von Ethereum zu einem Proof of Stake (PoS) Konsensmechanismus im Jahr 2022 zielt darauf ab, den Energieverbrauch zu reduzieren, die Skalierbarkeit zu verbessern und die Effizienz des Netzwerks zu steigern.

Tether (USDT)

Tether (USDT) ist ein prominenter Stablecoin, der darauf ausgelegt ist, einen stabilen Wert zu erhalten, indem er seinen Preis an den US-Dollar koppelt. Gegründet im Jahr 2014, zielt Tether darauf ab, eine stabilere digitale Währung bereitzustellen, die für Transaktionen und als stabiler Wertspeicher innerhalb des Kryptowährungs-Ökosystems verwendet werden kann. Durch die Haltung von Reserven, die dem Umlaufbestand von USDT entsprechen, erleichtert Tether die Umwandlung zwischen Kryptowährungen und Fiat-Währungen und mindert die Volatilität, die bei anderen digitalen Assets üblich ist.

XRP

XRP ist die native Kryptowährung des XRP Ledger, entwickelt von Ripple im Jahr 2012. Im Gegensatz zu traditionellen Konsensmechanismen wie Proof of Work oder Proof of Stake verwendet XRP das XRP Ledger Consensus Protocol, bei dem Transaktionen von einem Netzwerk aus Servern und Validatoren verifiziert werden. Dieser Ansatz zielt darauf ab, schnellere Transaktionsverarbeitung und niedrigere Gebühren im Vergleich zu anderen Kryptowährungen zu bieten. XRP hat sich für den Einsatz bei grenzüberschreitenden Zahlungen und Finanztransaktionen etabliert.

Binance Coin (BNB)

Ursprünglich als ERC-20 Token auf der Ethereum-Blockchain gestartet, ist Binance Coin (BNB) nun die native Kryptowährung der Binance Chain. BNB wird zur Bezahlung von Handelsgebühren an der Binance Exchange verwendet und bietet Nutzern Rabatte, wenn sie das Token für Transaktionen verwenden. Binance Coin treibt auch die dezentrale Börse von Binance und verschiedene andere Anwendungen innerhalb des Binance-Ökosystems an. Der Übergang zu einer eigenen Blockchain und die Einführung eines PoS-Konsensmodells unterstreichen die Entwicklung von BNB von einem Utility Token zu einem stärker integrierten Bestandteil des Binance-Netzwerks.

USD Coin (USDC)

USD Coin (USDC) ist ein weiterer Stablecoin, der an den US-Dollar gekoppelt ist und 2018 vom Centre Consortium, das Circle und Coinbase umfasst, eingeführt wurde. USDC hält seinen Wert, indem es Fiat-Reserven in Höhe des Umlaufbestands hält und bietet ein reguliertes und stabiles digitales Asset für Transaktionen und Investitionen. Als regulierter Stablecoin profitiert USDC von Transparenz und der Einhaltung der US-Finanzvorschriften, was seine Glaubwürdigkeit und Vertrauenswürdigkeit im Kryptowährungsmarkt stärkt.

Cardano (ADA)

Cardano (ADA) ist eine Blockchain-Plattform, die mit einem forschungsgetriebenen Ansatz entwickelt wurde und sich auf akademische Strenge und peer-reviewed Forschung konzentriert. Mitgegründet von Charles Hoskinson, einem der Mitbegründer von Ethereum, zielt Cardano darauf ab, ein skalierbareres und sichereres Blockchain-Ökosystem bereitzustellen. Der Ouroboros Proof of Stake (PoS) Konsensmechanismus von Cardano soll die Skalierbarkeit und Effizienz verbessern. Die Plattform strebt danach, als umfassendes Finanzbetriebssystem zu dienen und Probleme wie die Interoperabilität von Chains und die Verfolgung von Rechtsverträgen zu adressieren.

Solana (SOL)

Gegründet im Jahr 2017, ist Solana eine leistungsstarke Blockchain-Plattform, die darauf ausgelegt ist, dezentrale Anwendungen (dApps) und Smart Contracts zu unterstützen. Bekannt für ihre hohe Transaktionsdurchsatzrate und niedrige Gebühren, positioniert sich Solana als „Ethereum-Killer“ durch die Bereitstellung schnellerer und kosteneffizienterer Lösungen für DeFi und NFT-Anwendungen. Die Skalierbarkeit und Effizienz der Solana-Blockchain machen sie zu einer wettbewerbsfähigen Alternative zu Ethereum und ziehen bedeutende Aufmerksamkeit und Adoption im Blockchain-Bereich an.

Dogecoin (DOGE)

Dogecoin (DOGE), ursprünglich 2013 als Scherz von den Software-Ingenieuren Billy Markus und Jackson Palmer erstellt, hat sich zu einer weithin anerkannten Kryptowährung entwickelt. Bekannt für sein Shiba Inu-Maskottchen, gewann Dogecoin 2021 aufgrund seiner meme-getriebenen Kultur und starken Community-Unterstützung an Popularität. Trotz seiner Ursprünge als Neuheit wird Dogecoin von einigen Unternehmen als Zahlungsmittel akzeptiert und hat eine bedeutende Marktkapitalisierung erreicht.

Shiba Inu (SHIB)

Shiba Inu (SHIB) ist ein Memecoin, der von Dogecoin inspiriert wurde und mit der Absicht erstellt wurde, Dogecoins Erfolg zu übertreffen. Als es 2021 an Bedeutung gewann, überstieg Shiba Inu kurzzeitig Dogecoins Marktkapitalisierung und zeigte den

Einfluss von meme-getriebenen Kryptowährungen auf den Markt. Obwohl thematisch ähnlich wie Dogecoin, hat sich Shiba Inu als Memecoin mit eigener Community und Tokenomics etabliert.

TRON (TRX)

Im Jahr 2017 von der TRON Foundation gestartet, zielt TRON darauf ab, Content-Ersteller durch Tokenisierung und dezentrale Anwendungen zu stärken. TRON erwarb 2018 BitTorrent und integrierte die File-Sharing-Plattform in sein Blockchain-Ökosystem. Das native Token von TRON, TRX, wird für On-Chain-Transaktionen und als Zahlungsmethode an Börsen verwendet. Sein Konsensmechanismus, der als Delegated Proof of Stake (DPoS) bezeichnet wird, umfasst Community-Wahlen zur Auswahl von Validatoren, die für die Blockerstellung und Netzwerkpflege verantwortlich sind.

Polygon (MATIC)

Polygon (MATIC) begann ursprünglich als Layer-2-Lösung zur Behebung der Skalierbarkeitsprobleme von Ethereum, hat sich jedoch zu einem Multi-Chain-Ökosystem entwickelt. Ziel ist es, die Leistung von Ethereum durch die Erleichterung der Interoperabilität zwischen verschiedenen Blockchains zu verbessern. Die Architektur von Polygon umfasst Schichten wie Ethereum, Heimdall und Bor, die zusammenarbeiten, um die Transaktionsverarbeitung und Skalierbarkeit zu verbessern. Polygon unterstützt eine breite Palette von Anwendungen, einschließlich Smart Contracts, dApps und NFTs, und stellt eine vielseitige Plattform für Entwickler dar.

Ethereum und Smart Contracts

Ethereum, eingeführt 2015 von Vitalik Buterin, stellt einen bedeutenden Fortschritt in der Blockchain-Technologie im Vergleich zu Bitcoin dar. Es bietet eine dezentrale Plattform, die nicht nur digitale Währungstransaktionen unterstützt, sondern auch die Erstellung und Ausführung von Smart Contracts und dezentralen Anwendungen (dApps) ermöglicht [201]. Im Gegensatz zu Bitcoin, das hauptsächlich als dezentrale digitale Währung dient, liegt die Innovation von Ethereum in seiner Vielseitigkeit als programmierbare Blockchain, die eine breite Palette von Anwendungen jenseits einfacher Geldtransfers aufnehmen kann [201].

Smart Contracts sind selbstausführende Verträge, bei denen die Bedingungen der Vereinbarung direkt in den Code geschrieben sind. Diese Verträge setzen die Bedingungen der Vereinbarung automatisch durch und führen sie aus, wenn vordefinierte Bedingungen erfüllt sind. Das Konzept der Smart Contracts ist integraler Bestandteil der Funktionalität von Ethereum, da es Entwicklern ermöglicht, komplexe dezentrale Anwendungen zu erstellen und bereitzustellen. Im Gegensatz zu traditionellen Verträgen, die auf Vermittler angewiesen sind und Verzögerungen sowie Streitigkeiten ausgesetzt sein können, operieren Smart Contracts autonom auf der Blockchain und gewährleisten Transparenz, Effizienz und Vertrauenswürdigkeit [202].

Smart Contracts auf Ethereum werden in Programmiersprachen wie Solidity geschrieben, die speziell für diesen Zweck entwickelt wurden. Wenn ein Smart Contract auf der Ethereum-Blockchain bereitgestellt wird, erhält er eine einzigartige Adresse und wird unveränderlich, was bedeutet, dass sein Code nicht verändert werden kann. Diese Unveränderlichkeit garantiert, dass einmal aktiv, die Regeln und Logik des Vertrags konsistent und durchsetzbar bleiben. Transaktionen, die die Bedingungen des Vertrags auslösen, werden verarbeitet und auf der Blockchain aufgezeichnet, wodurch sichergestellt wird, dass alle Parteien Zugang zu denselben Informationen haben und das Risiko von Betrug reduziert wird.

Die Anwendungen von Smart Contracts sind vielfältig und weitreichend. Sie werden im Bereich der dezentralen Finanzen (DeFi) verwendet, um Finanzinstrumente wie Kreditplattformen, dezentrale Börsen und Stablecoins zu schaffen. Im Bereich der Non-Fungible Tokens (NFTs) regeln Smart Contracts die Erstellung, Übertragung und den Handel von einzigartigen digitalen Vermögenswerten. Darüber hinaus werden Smart Contracts im Supply Chain Management eingesetzt, um Transparenz und Nachverfolgbarkeit zu verbessern, in Wahlsystemen zur Gewährleistung der Integrität und in verschiedenen anderen Sektoren, wo eine automatisierte, transparente und sichere Ausführung von Vereinbarungen von Vorteil ist.

Die Flexibilität von Ethereum und die Unterstützung für Smart Contracts haben entscheidend zum Aufstieg der dezentralen Finanzen (DeFi) beigetragen. DeFi repräsentiert ein neues Paradigma im Finanzwesen, das Alternativen zu traditionellen Bank- und Finanzsystemen durch dezentrale Plattformen und Protokolle bietet. Die Smart Contracts von Ethereum ermöglichen die Erstellung einer Vielzahl von Finanzprodukten und -dienstleistungen, einschließlich dezentralem Verleihen, Ausleihen, Handel und Versicherungen. Dieses Ökosystem funktioniert ohne Vermittler, was eine größere Zugänglichkeit und Innovation im Finanzdienstleistungsbereich ermöglicht.

Im September 2022 durchlief Ethereum ein bedeutendes Upgrade, bekannt als „The Merge", und wechselte von einem Proof of Work (PoW)-Konsensmechanismus zu Proof of Stake (PoS). Dieser Wechsel hatte das Ziel, die Skalierbarkeit, Sicherheit und Energieeffizienz des Netzwerks zu verbessern. PoS ersetzt den ressourcenintensiven Mining-Prozess durch ein Staking-System, bei dem Validatoren ausgewählt werden, um neue Blöcke basierend auf der Menge an Kryptowährung, die sie staken, und der Dauer des Stakings zu erstellen. Dieser Übergang wird voraussichtlich den Energieverbrauch von Ethereum erheblich reduzieren und seine Fähigkeit verbessern, eine wachsende Anzahl von dApps und Smart Contracts zu unterstützen.

Die Einführung von Smart Contracts durch Ethereum hat den Blockchain-Bereich revolutioniert und bietet eine robuste Grundlage für dezentrale Anwendungen und innovative Finanzlösungen. Durch die Ermöglichung automatisierter, transparenter und vertrauensloser Ausführungen von Vereinbarungen hat Ethereum das Wachstum vielfältiger Anwendungen von DeFi bis hin zu NFTs gefördert. Die kontinuierlichen Entwicklungen und Upgrades, einschließlich des Übergangs zu Proof of Stake, spiegeln das Engagement der Plattform für Skalierbarkeit, Sicherheit und Effizienz wider und gewährleisten ihre anhaltende Relevanz und Auswirkung im sich entwickelnden Bereich der Blockchain-Technologie.

Ethereum, die zweitgrößte Kryptowährung nach Marktkapitalisierung, hat kürzlich erhebliches Wachstum erlebt. Derzeit liegt der Preis von Ethereum bei 1.591,12 USD und es weist eine Marktkapitalisierung von etwa 191,3 Milliarden USD auf [203]. Diese beeindruckende Bewertung spiegelt den wachsenden Einfluss und die Akzeptanz von Ethereum im Kryptowährungsraum wider. Das laufende Ethereum 2.0-Upgrade war entscheidend für diesen Aufstieg. Der Übergang zu einem Proof-of-Stake (PoS)-Konsensmechanismus, der 2022 abgeschlossen wurde, markierte einen bedeutenden Wandel vom energieintensiven Proof-of-Work-Modell. Dieser Übergang zielt darauf ab, die Effizienz, Skalierbarkeit und Nachhaltigkeit des Netzwerks zu verbessern [203]. Derzeit bereitet sich Ethereum auf weitere Upgrades vor, einschließlich Sharding – einer Methode, die entwickelt wurde, um die Transaktionsdurchsatzrate zu verbessern, indem das Netzwerk in kleinere, besser handhabbare Teile aufgeteilt wird. Diese Fortschritte sollen die Leistung und Attraktivität von Ethereum in den kommenden Jahren weiter stärken.

Echtwelt-Anwendungsfälle von Ethereum

Der Einfluss von Ethereum geht über seine Rolle als Kryptowährung hinaus; es dient als grundlegende Plattform für zahlreiche reale Anwendungen in verschiedenen Branchen [203]:

- **Uniswap:** Uniswap ist eine bedeutende dezentrale Börse (DEX), die auf Ethereum basiert. Im Gegensatz zu traditionellen Börsen operiert Uniswap ohne Vermittler und nutzt die Smart Contract-Funktionalitäten von Ethereum, um den direkten Handel mit Kryptowährungen zu ermöglichen. Dieser dezentrale Ansatz erlaubt es den Nutzern, verschiedene Krypto-Assets nahtlos zu tauschen und verbessert die Liquidität und Zugänglichkeit innerhalb des Krypto-Ökosystems.

- **Aave:** Aave ist eine dezentrale Kreditplattform, die auf dem Ethereum-Netzwerk betrieben wird. Sie ermöglicht es Nutzern, Kryptowährungen auf vertrauenslose und transparente Weise zu leihen und zu verleihen. Durch Smart Contracts eliminiert Aave die Notwendigkeit traditioneller finanzieller Vermittler und bietet eine effizientere und zugänglichere Kredit- und Verleih-Erfahrung.

- **OpenSea:** Als einer der führenden NFT-Marktplätze nutzt OpenSea Ethereum zur Unterstützung der Erstellung, des Kaufs, Verkaufs und Handels von Non-Fungible Tokens (NFTs). Die Smart Contract-Funktionalität von Ethereum bildet die Grundlage für die Operationen von OpenSea und sorgt für eine sichere und dezentrale Umgebung für NFT-Transaktionen und gewährleistet die Authentizität und das Eigentum an digitalen Vermögenswerten.

- **IBM:** IBM hat Ethereum in seine Lösungen für das Supply Chain Management integriert. Der Technologieriese entwickelt eine Plattform, die Transparenz und Nachverfolgbarkeit innerhalb von Lieferketten verbessert. Durch die Nutzung der Blockchain-Technologie von Ethereum zielt IBM darauf ab, ein sichereres und unveränderliches Transaktionsprotokoll zu bieten, das die Effizienz und Verantwortlichkeit in den Lieferkettenoperationen verbessert.

- **Estland:** Die estnische Regierung ist führend bei der Adoption von Blockchain-Technologie und nutzt Ethereum, um ein sicheres und manipulationssicheres Wahlsystem zu schaffen. Diese Initiative zielt darauf ab, die Integrität und Zuverlässigkeit von Wahlprozessen zu verbessern, indem die dezentrale Technologie von Ethereum verwendet wird, um gegen potenziellen Betrug und Manipulationen abzusichern.

Diese vielfältigen Anwendungen unterstreichen die Vielseitigkeit von Ethereum und sein Potenzial, Innovationen in verschiedenen Sektoren voranzutreiben, und festigen seine Position als führende Blockchain-Plattform im digitalen Zeitalter.

Ripple und grenzüberschreitende Zahlungen

Ripple Labs, gegründet im Jahr 2012, hat sich als bedeutender Akteur im Bereich der Finanztechnologie etabliert, insbesondere im Bereich der grenzüberschreitenden Zahlungen. Das Hauptziel von Ripple ist es, die Effizienz und Geschwindigkeit internationaler Finanztransaktionen zu verbessern, indem einige der langjährigen Probleme traditioneller Bankensysteme angesprochen werden.

Ripple arbeitet mit einer einzigartigen Distributed Ledger Technology (DLT), die das RippleNet-Netzwerk unterstützt. Im Gegensatz zu herkömmlichen Blockchain-Systemen ist RippleNet darauf ausgelegt, schnelle und sichere Geldüberweisungen zwischen Finanzinstituten über Grenzen hinweg zu ermöglichen. Die Kerntechnologie von RippleNet ist der Ripple Protocol Consensus Algorithm (RPCA), der nicht auf Mining angewiesen ist, sondern stattdessen ein Konsensmechanismus zur Validierung von Transaktionen verwendet. Diese Designwahl ermöglicht es Ripple, Transaktionen erheblich schneller zu verarbeiten als traditionelle Systeme.

Das native digitale Asset von Ripple, XRP, spielt eine entscheidende Rolle in seinem Ökosystem. XRP wird als Brückenwährung im Liquiditätsdienst von RippleNet verwendet, um effizientere und kostengünstigere Umrechnungen zwischen verschiedenen Fiat-Währungen zu ermöglichen. Durch die Verwendung von XRP als Zwischenwährung kann Ripple die Notwendigkeit vorab finanzierter Nostro-Konten reduzieren, die typischerweise erforderlich sind, um Liquidität in verschiedenen Währungen aufrechtzuerhalten. Dieser Ansatz hilft Finanzinstituten, ihre Liquidität effektiver zu verwalten, und senkt die Gesamtkosten grenzüberschreitender Transaktionen.

Einer der Hauptvorteile des Ripple-Systems ist seine Geschwindigkeit. Traditionelle grenzüberschreitende Zahlungen können mehrere Tage in Anspruch nehmen, da mehrere Zwischenhändler und Zeitzonen beteiligt sind. Im Gegensatz dazu ermöglicht

RippleNet nahezu sofortige Abwicklung von Transaktionen, typischerweise innerhalb von Sekunden. Diese schnelle Verarbeitung ist besonders vorteilhaft für Unternehmen und Einzelpersonen, die Geld schnell und effizient überweisen müssen.

Ein weiterer erheblicher Vorteil ist die Kostenreduktion. Die Technologie von Ripple beseitigt viele der Gebühren, die mit traditionellen grenzüberschreitenden Zahlungen verbunden sind, wie sie von Korrespondenzbanken und Zwischenhändlern erhoben werden. Durch die Straffung des Prozesses und die Verwendung von XRP für die Liquidität hilft Ripple, die Transaktionskosten zu senken und wettbewerbsfähigere Wechselkurse zu bieten.

Ripple hat erhebliche Aufmerksamkeit und Akzeptanz bei Finanzinstituten weltweit gewonnen. Große Banken und Zahlungsdienstleister haben die Technologie von Ripple in ihre Systeme integriert, um von ihrer Geschwindigkeit und Kosten-effizienz zu profitieren. Das Unternehmen hat Partnerschaften mit einer wachsenden Zahl von Finanzinstituten etabliert, was seine Reichweite und seinen Einfluss im Bereich der grenzüberschreitenden Zahlungen weiter ausbaut.

Ripple's Weg war jedoch nicht ohne Herausforderungen. Das Unternehmen sah sich regulatorischer Überprüfung ausgesetzt, insbesondere durch die US-amerikanische Securities and Exchange Commission (SEC), bezüglich der Klassifizierung von XRP als Wertpapier. Diese rechtlichen Probleme haben die Betriebsabläufe von Ripple und seine Partnerschaften mit Finanzinstituten beeinflusst. Trotz dieser Herausforderungen setzt Ripple weiterhin auf Innovation und arbeitet daran, regulatorische Hürden zu überwinden, um seine Position im Bereich der Finanztechnologie zu festigen.

Für die Zukunft strebt Ripple an, sein Netzwerk auszubauen und seine Technologie weiter zu verbessern, um den sich wandelnden Bedürfnissen des globalen Finanzsystems gerecht zu werden. Mit der beschleunigten digitalen Transformation in der Finanzindustrie positioniert sich Ripple durch seinen Fokus auf die Verbesserung der Effizienz grenzüberschreitender Zahlungen als wichtiger Akteur bei der Gestaltung der Zukunft der internationalen Finanzen.

RippleNet stellt einen bedeutenden Unterschied zum traditionellen SWIFT-Netzwerk dar, das lange Zeit internationale Finanztransaktionen dominiert hat. Im Gegensatz zu SWIFT, das mehrere Zwischenhändler umfasst und häufig zu langen Transaktionszeiten und hohen Kosten führt, vereinfacht RippleNet den Prozess, indem es direkte End-to-End-Überweisungen zwischen Banken ermöglicht. Diese Reduzierung der Zwischenhändler erlaubt eine nahezu sofortige Abwicklung von Transaktionen, typischerweise innerhalb von Minuten, und bietet eine verbesserte Transparenz während des gesamten Prozesses. Durch die Nutzung der Blockchain-Technologie beseitigt RippleNet viele der traditionellen Barrieren und Ineffizienzen, die mit grenzüberschreitenden Zahlungen verbunden sind [204].

Anfangs bot RippleNet drei verschiedene Produkte an: xCurrent, xRapid und xVia. xCurrent diente als Zahlungssystem, das speziell für Banken entwickelt wurde und sichere und effiziente grenzüberschreitende Transaktionen ermöglichte. xRapid nutzte XRP als Liquiditätsanbieter, um die Geschwindigkeit und Kosteneffizienz von Währungsumrechnungen zu verbessern. xVia ermöglichte es Nutzern, die beiden vorherigen Dienste über eine Application Programming Interface (API) zu verbinden und zu integrieren. Ende 2019 vereinte Ripple diese Angebote unter dem RippleNet-Dach und konzentrierte sich darauf, die Nutzung von XRP in seinem Netzwerk auszubauen [204].

Eine grundlegende Innovation von RippleNet ist die Verwendung des Interledger Protocol (ILP), einem blockchain-basierten Protokoll, das für die Abwicklung von Zahlungen über verschiedene Ledger hinweg entwickelt wurde. Ähnlich wie das TCP/IP-Protokoll die Kommunikation zwischen verschiedenen Computersystemen im Internet ermöglicht, erlaubt ILP verschiedenen Finanz-Ledgern nahtloses Interagieren. Diese Interoperabilität senkt die Kosten und beschleunigt die Transaktionszeiten, indem Zwischenhändler und zentrale Kontrolle aus dem System entfernt werden. Wenn eine Zahlung initiiert wird, identifiziert RippleNet automatisch die effizienteste Route für den Werttransfer, führt Compliance-Bewertungen durch und überprüft Konten, bevor die Transaktion ausgeführt wird [204].

Während der Transaktionen werden die Gelder sicher in Treuhandkonten auf den Ledgern der teilnehmenden Banken gehalten, bis die Transaktion abgeschlossen oder basierend auf vordefinierten Kriterien fehlgeschlagen ist. RippleNet stellt sicher, dass die Ergebnisse der Transaktion umgehend an die beteiligten Banken kommuniziert werden, die dann ihre Ledger entsprechend aktualisieren. Dieser sichere und transparente Prozess verbessert die Zuverlässigkeit und Effizienz grenzüberschreitender Zahlungen [204].

Ripple's Reise begann Anfang 2011, als die Computer-Ingenieure David Schwartz, Jed McCaleb und Arthur Britto versuchten, ein nachhaltigeres System für den Werttransfer ohne Mining zu schaffen. Bis Juni 2012 gründeten sie das XRP Ledger und anschließend das Unternehmen OpenCoin, das später in Ripple umbenannt wurde. Das XRP Ledger, zusammen mit dem Ripple Consensus Ledger und dem Ripple Transaction Protocol, legte die Grundlage für RippleNet. Im Laufe der Jahre hat sich Ripple weiterentwickelt, mit bedeutenden Meilensteinen wie der Gründung der XRPL Foundation im Jahr 2020, die die Entwicklung und Adoption des XRP Ledger unterstützen soll [204].

XRP, die native Kryptowährung von Ripple, spielt eine entscheidende Rolle im Ripple-Ökosystem. Es dient als Brückenwährung, die den Austausch verschiedener Währungen mit minimalen Transaktionskosten erleichtert. Die Hauptvorteile von XRP umfassen niedrige Transaktionsgebühren, schnelle Abwicklungszeiten und Skalierbarkeit, mit der Fähigkeit, bis zu 1.500 Transaktionen pro Sekunde zu verarbeiten. Der Token ist vorab gemined, was bedeutet, dass die meisten XRP-Token vor dem öffentlichen Start des Projekts erstellt wurden. Ripple verwendet XRP, um Liquidität bereitzustellen und sein Netzwerk zu unterstützen, obwohl es regulatorische Herausforderungen von der US-amerikanischen Securities and Exchange Commission (SEC) bezüglich seiner Klassifizierung und des Verkaufs gegeben hat [204].

Das XRP Ledger (XRPL) funktioniert als unveränderliches und skalierbares Blockchain, das eine permanente Aufzeichnung von Transaktionen sichert, die durch kryptografische Schlüsselpaare gesichert sind. XRP-Transaktionen werden schnell abgewickelt, was effiziente grenzüberschreitende Transfers und Währungsbrücken ermöglicht. Das XRPL wird für verschiedene Anwendungen verwendet, einschließlich seiner dezentralen Börse (DEX), die seit 2012 in Betrieb ist und den Handel mit XRP und anderen Kryptowährungen mit minimalen Gebühren ermöglicht. Jüngste Entwicklungen, wie die Integration des XRPL mit dezentralen Finanzplattformen (DeFi) und Cross-Chain-Bridge-Lösungen, erweitern weiter seine Nützlichkeit und Marktpräsenz [204].

Litecoin und schnellere Transaktionen

Litecoin, oft als das "Silber zu Bitcoins Gold" bezeichnet, wurde 2011 von Charlie Lee als dezentrale digitale Währung eingeführt, die schnellere und effizientere Transaktionen im Vergleich zu Bitcoin bieten sollte [205]. Während Bitcoin ein Pionier im Kryptowährungsbereich war, zielte Litecoin darauf ab, einige der Einschränkungen von Bitcoin, insbesondere in Bezug auf Transaktionsgeschwindigkeit und Verarbeitungseffizienz, zu adressieren [205]. Trotz der gemeinsamen grundlegenden Technologie und

Architektur mit Bitcoin enthält Litecoin spezifische Merkmale, die seine Leistung verbessern [205].

Die Einführung von Litecoin markierte eine bedeutende Entwicklung in der Kryptowährungslandschaft und bot den Nutzern eine Alternative, die einige der Herausforderungen von Bitcoin milderte [205]. Das Aufkommen von Litecoin und anderen Kryptowährungen wie Ethereum, Ripple und Namecoin zeigte die Vielseitigkeit und Anpassungsfähigkeit der Blockchain-Technologie und ermöglichte die Schaffung vielfältiger digitaler Assets mit einzigartigen Eigenschaften [206]. Diese Kryptowährungen, einschließlich Litecoin, nutzten Blockchain-Technologie, um sichere, transparente und dezentrale Netzwerke für Transaktionen zu etablieren [206].

Der Vergleich zwischen Bitcoin und Litecoin verdeutlicht die Evolution und Diversifizierung innerhalb des Kryptowährungsökosystems [205]. Der Fokus von Litecoin auf die Verbesserung der Transaktionsgeschwindigkeit und -effizienz zeigt die iterative Natur der Kryptowährungsentwicklung, bei der neue Projekte darauf abzielen, bestehende Rahmenwerke zu verbessern, um verbesserte Funktionen zu bieten [205]. Der Unterschied zwischen Bitcoin und Litecoin exemplifiziert die nuancierten Variationen in Design und Zielen, die die Vielzahl der heute verfügbaren Kryptowährungen kennzeichnen [206].

Die Einführung von Litecoin und seine anschließende Akzeptanz durch die Nutzer spiegeln eine wachsende Nachfrage nach digitalen Währungen wider, die spezifische Nutzerbedürfnisse und -vorlieben erfüllen können [205]. Der Schwerpunkt von Litecoin auf schnelleren Transaktionen kam bei Personen gut an, die schnelle und kostengünstige Zahlungslösungen im digitalen Bereich suchten [205]. Dieser nutzerzentrierte Ansatz im Kryptowährungsdesign trug zur Beliebtheit von Litecoin bei und etablierte es als bedeutenden Akteur im Markt für digitale Vermögenswerte [205].

Litecoins Integration innovativer Funktionen und sein Engagement zur Verbesserung der Transaktionsgeschwindigkeit und -effizienz positionierten es als praktikable Alternative zu Bitcoin und anderen Kryptowährungen [205]. Der Erfolg von Litecoin unterstrich die Bedeutung kontinuierlicher Innovation und Verbesserung im Kryptowährungsbereich, um den sich entwickelnden Anforderungen der Nutzer gerecht zu werden und sich an technologische Fortschritte anzupassen [205]. Durch den Fokus auf die Verbesserung der Transaktionsfähigkeiten hat Litecoin sich einen Platz im wettbewerbsintensiven Kryptowährungsmarkt erarbeitet und den Wert gezielter technologischer Verbesserungen demonstriert [205].

Eine der wichtigsten Innovationen von Litecoin ist die schnellere Blockgenerierungszeit. Die Blockchain von Bitcoin erzeugt etwa alle 10 Minuten einen neuen Block, während die Blockchain von Litecoin alle 2,5 Minuten einen neuen Block produziert. Diese Reduzierung der Blockgenerierungszeit beschleunigt erheblich die Rate, mit der Transaktionen bestätigt und zur Blockchain hinzugefügt werden. Dadurch kann Litecoin Transaktionen schneller verarbeiten als Bitcoin, was besonders vorteilhaft für Nutzer ist, die schnellere Transaktionsbestätigungen und verkürzte Wartezeiten wünschen.

Die schnellere Blockgenerierungszeit von Litecoin führt zu einer erhöhten Transaktionsdurchsatzrate. Da neue Blöcke häufiger zur Blockchain hinzugefügt werden, kann Litecoin ein höheres Transaktionsvolumen pro Sekunde verarbeiten als Bitcoin. Diese erhöhte Kapazität ist entscheidend für die Aufrechterhaltung der Netzwerkleistung und die Sicherstellung, dass Transaktionen zeitnah verarbeitet werden, insbesondere während Phasen hoher Transaktionsnachfrage. Die Fähigkeit von Litecoin, eine größere Anzahl von Transaktionen pro Sekunde zu verwalten, macht es zu einer attraktiven Option für alltägliche Transaktionen und Mikrotransaktionen.

Ein weiterer bemerkenswerter Unterschied zwischen Litecoin und Bitcoin ist der beim Mining-Prozess verwendete Hashing-Algorithmus. Während Bitcoin den SHA-256-Algorithmus nutzt, verwendet Litecoin den Scrypt-Algorithmus. Scrypt wurde entwickelt, um speicherintensiver zu sein, was dazu dienen sollte, das Mining für eine breitere Teilnehmerbasis zugänglicher zu machen und den Vorteil spezialisierter Hardware zu reduzieren. Durch den Einsatz von Scrypt wollte Litecoin den Mining-Prozess demokratisieren und eine größere Teilnahme an der Sicherung des Netzwerks fördern. Allerdings ist auch das Scrypt-basierte Mining mit den Fortschritten in der Mining-Technologie zunehmend wettbewerbsfähig und spezialisiert geworden.

Litecoin bietet außerdem niedrigere Transaktionsgebühren im Vergleich zu Bitcoin. Die reduzierten Gebühren sind das Ergebnis der schnelleren Blockgenerierungszeit und des höheren Transaktionsdurchsatzes. Niedrigere Gebühren machen Litecoin zu einer attraktiven Wahl für Nutzer, die häufige oder kleinere Transaktionen durchführen müssen, da dies die Gesamtkosten für die Nutzung des Netzwerks senkt. Die Kostenersparnis bei den Transaktionen von Litecoin trägt zu seiner Nützlichkeit als praktische Zahlungsmethode bei und hebt es weiter von Bitcoin ab.

Im Laufe der Jahre hat Litecoin breite Akzeptanz erlangt und wird von zahlreichen Händlern und Unternehmen weltweit akzeptiert. Die schnelleren Transaktionszeiten und niedrigeren Gebühren machen es zu einer praktikablen Option für verschiedene

Anwendungsfälle, einschließlich Online-Zahlungen, Einzelhandelskauf und grenzüberschreitende Transaktionen. Der Ruf von Litecoin als zuverlässige und effiziente Kryptowährung hat zu seiner Integration in verschiedene Zahlungsabwickler und Finanzplattformen geführt, wodurch seine Zugänglichkeit und Nutzbarkeit weiter verbessert wurde.

Litecoin war auch an vorderster Front bei der Integration technologischer Innovationen beteiligt. So war Litecoin beispielsweise eine der ersten großen Kryptowährungen, die das Segregated Witness (SegWit)-Protokoll übernommen hat, das die Skalierbarkeit und Effizienz des Netzwerks verbessert, indem es Transaktionsdaten vom Block trennt. Litecoin war auch an Experimenten mit dem Lightning Network beteiligt, einer Skalierungslösung der zweiten Schicht, die darauf ausgelegt ist, schnellere und kostengünstigere Transaktionen durch die Schaffung von Off-Chain-Zahlungskanälen zu ermöglichen.

Aufkommende Kryptowährungen und Altcoins

Aufkommende Kryptowährungen und Altcoins repräsentieren die ständig wachsende Vielfalt des Krypto-Marktes und zeigen Innovationen sowie neue Anwendungsfälle über etablierte digitale Vermögenswerte wie Bitcoin und Ethereum hinaus.

Aufkommende Kryptowährungen sind neu gestartete digitale Vermögenswerte, die sich noch nicht als bedeutende Akteure auf dem Markt etabliert haben. Sie werden oft von innovativen Ideen, Technologien oder Anwendungsfällen angetrieben, die sie von bestehenden Kryptowährungen unterscheiden. Hier sind einige wichtige Aspekte aufkommender Kryptowährungen:

- **Innovation und Technologie:** Viele aufkommende Kryptowährungen konzentrieren sich darauf, spezifische Probleme zu lösen oder bestehende Technologien zu verbessern. Dies kann schnellere Transaktionsgeschwindigkeiten, niedrigere Gebühren, verbesserte Privatsphäre oder neuartige Konsensmechanismen umfassen.

- **Initial Coin Offerings (ICOs) und Token-Verkäufe:** Aufkommende Kryptowährungen werden oft durch ICOs, Initial Exchange Offerings (IEOs) oder andere Fundraising-Methoden gestartet. Diese Verkäufe ermöglichen es Projekten, Kapital zu beschaffen, während frühe Investoren die Möglichkeit erhalten, neue Token zu erwerben.

- **Marktvolatilität:** Aufgrund ihrer frühen Phase können aufkommende Kryptowährungen erheblicher Volatilität ausgesetzt sein. Ihr Wert kann stark schwanken, basierend auf der Marktentwicklung, technologischen Fortschritten und Adoptionsraten.

- **Regulatorische Überprüfung:** Neue Kryptowährungen können unterschiedlichen regulatorischen Prüfungen ausgesetzt sein, während sie rechtliche und Compliance-Herausforderungen bewältigen. Das regulatorische Umfeld kann ihr Wachstum und ihre Akzeptanz beeinflussen.

- **Gemeinschaft und Entwicklung:** Der Erfolg aufkommender Kryptowährungen hängt oft von der Stärke ihrer Gemeinschaft und des Entwicklungsteams ab. Eine starke, aktive Gemeinschaft kann Adoption und Unterstützung fördern, während ein kompetentes Team die Vision des Projekts effektiv umsetzen kann.

Altcoins oder alternative Coins sind alle Kryptowährungen außer Bitcoin. Sie umfassen eine Vielzahl von digitalen Vermögenswerten mit unterschiedlichen Eigenschaften, Anwendungsfällen und zugrunde liegenden Technologien. Wichtige Merkmale von Altcoins sind:

- **Vielfältige Anwendungsfälle:** Altcoins sprechen oft spezifische Nischen oder Probleme innerhalb des Krypto-Ökosystems an. Zum Beispiel konzentrieren sich einige auf Privatsphäre (z.B. Monero), Smart Contracts (z.B. Ethereum) oder dezentrale Finanzen (DeFi) (z.B. Aave).

- **Technologie und Innovation:** Viele Altcoins nutzen unterschiedliche Blockchain-Technologien oder Konsensmechanismen. Einige verwenden zum Beispiel Proof of Stake (PoS) oder Delegated Proof of Stake (DPoS) statt Proof of Work (PoW).

- **Marktkapitalisierung und Akzeptanz:** Altcoins variieren stark in Bezug auf Marktkapitalisierung und Akzeptanz. Einige, wie Ethereum und Binance Coin (BNB), haben eine bedeutende Marktkapitalisierung und breite Anwendungsfälle, während andere kleiner und spekulativer sein können.

- **Wettbewerb mit Bitcoin:** Während Bitcoin die dominierende Kryptowährung bleibt, bieten Altcoins alternative Funktionen oder Verbesserungen. Beispielsweise führte Ethereum Smart Contracts ein, während Litecoin auf schnellere Transaktionszeiten abzielte.

- **Investitionsmöglichkeiten:** Altcoins können Investitionsmöglichkeiten für diejenigen darstellen, die ihr Portfolio diversifizieren möchten. Sie bringen jedoch auch Risiken mit sich, einschließlich höherer Volatilität und Unsicherheit im Vergleich zu Bitcoin.

Beispiele für aufkommende Kryptowährungen und Altcoins

- **Polkadot (DOT):** Zielt darauf ab, die Interoperabilität zwischen verschiedenen Blockchains zu ermöglichen und den Transfer und die Kommunikation zwischen Blockchains zu erleichtern.

- **Chainlink (LINK):** Bietet dezentrale Orakel, die Smart Contracts mit realen Daten verbinden und deren Funktionalität erweitern.

- **Solana (SOL):** Konzentriert sich auf hochgeschwindigkeitsfähige Transaktionen und Skalierbarkeit und zielt darauf ab, eine große Anzahl von Transaktionen pro Sekunde mit niedrigen Gebühren zu unterstützen.

- **Avalanche (AVAX):** Verfügt über einen einzigartigen Konsensmechanismus und zielt darauf ab, hohe Durchsatzraten und niedrige Latenzzeiten für dezentrale Anwendungen und benutzerdefinierte Blockchain-Netzwerke zu bieten.

- **Polygon (MATIC):** Dient als Layer-2-Skalierungslösung für Ethereum und zielt darauf ab, die Transaktionsgebühren zu senken und die Skalierbarkeit zu verbessern.

Aufkommende Kryptowährungen und Altcoins spiegeln die dynamische und innovative Natur des Krypto-Marktes wider. Sie bieten verschiedene Lösungen und Verbesserungen gegenüber bestehenden Technologien und tragen zur Vielfalt und zum Wachstum des digitalen Vermögensökosystems bei.

Die Anzahl neuer Kryptowährungen, die jedes Jahr eingeführt werden, kann aufgrund der schnelllebigen Natur der Krypto-Industrie erheblich variieren. Im Durchschnitt werden jährlich Hunderte neuer Kryptowährungen und Token gestartet. Diese Variabilität wird von mehreren Faktoren beeinflusst [207]:

- Markttrends: Das Auftauchen neuer Blockchain-Technologien, Trends im Bereich dezentrale Finanzen (DeFi), nicht-fungible Token (NFTs) und andere Innovationen können zu einem Zustrom neuer Projekte führen [208].

- Initial Coin Offerings (ICOs) und Token-Verkäufe: Während Phasen hohen Interesses sammeln viele Projekte Mittel durch ICOs, Initial Exchange Offerings (IEOs) oder andere Token-Verkäufe, was zur Schaffung neuer Kryptowährungen beiträgt [209].

- Entwicklungsplattformen: Plattformen wie Ethereum, Binance Smart Chain und andere ermöglichen Entwicklern die Erstellung neuer Token mit relativer Leichtigkeit, was zu einer erheblichen Anzahl neuer Projekte führt [208].

- Marktbedingungen: Unter bullischen Marktbedingungen, in denen die Preise von Kryptowährungen steigen und das Interesse der Investoren zunimmt, neigt die Anzahl neuer Projekte dazu, zu steigen. Umgekehrt kann die Anzahl neuer Projekte in bärischen Phasen oder bei Marktabschwüngen sinken [210].

- Im Jahr 2021 wurden beispielsweise über 4.000 neue Kryptowährungen auf verschiedenen Börsen gelistet, was eine Phase schnellen Wachstums und hohes Interesse am Krypto-Markt widerspiegelt [111]. Das Verfolgen der genauen Anzahl neuer Kryptowährungen, die in einem bestimmten Jahr eingeführt werden, kann durch Branchenberichte, Kryptowährungs-Tracking-Websites und Blockchain-Analyseplattformen erfolgen [207].

- Die Einführung zahlreicher Altcoins im letzten Jahrzehnt hebt die kontinuierliche Expansion des Kryptowährungsmarktes hervor [211]. Dieses Wachstum wird weiter durch die zunehmende Bedeutung der Sentiment-Analyse von Twitter-Influencern bei der Gestaltung von Kryptowährungsinvestitionen angeheizt [209]. Darüber hinaus spielen das Alter und die Marktkapitalisierung von Kryptowährungen eine bedeutende Rolle bei der Erzeugung großer Preisvariationen im Markt [212].

- Die gegenseitige Abhängigkeit innerhalb von Kryptowährungsportfolios, wie sie durch Volatilitätsübertragungen belegt wird, weist auf die komplexen Dynamiken innerhalb des Kryptowährungsökosystems hin [213]. Darüber hinaus zeigt die Anwendung von maschinellem Lernen zur Vorhersage von Kryptowährungsrenditen die Integration von Kryptowährungen in breitere Rohstoffmärkte [214].

Die Einführung neuer Kryptowährungen jedes Jahr ist ein facettenreicher Prozess, der von Markttrends, Fundraising-Mechanismen, Entwicklungsplattformen und den allgemeinen Marktbedingungen beeinflusst wird. Die schnelle Entwicklung des Kryptowährungsmarktes erfordert ein tiefes Verständnis dieser Faktoren, um die Komplexität dieser dynamischen Branche zu navigieren. Forscher setzen weiterhin fortschrittliche Methoden wie maschinelles Lernen und Sentiment-Analyse ein, um Einblicke in diese sich ständig verändernde Landschaft zu gewinnen.

Tether (USDT)

Tether (USDT) ist ein bedeutender Akteur in der Welt der Kryptowährungen, insbesondere im Bereich der Stablecoins. Stablecoins sind digitale Vermögenswerte, die darauf ausgelegt sind, einen stabilen Wert zu erhalten, indem sie ihren Wert an reale Vermögenswerte, wie Fiat-Währungen, koppeln. Im Fall von Tether ist sein Wert direkt an den US-Dollar gekoppelt, was bedeutet, dass ein USDT immer gleich einem US-Dollar sein soll. Dieser Koppelmechanismus soll die Volatilität, die oft mit anderen Kryptowährungen verbunden ist, mindern und bietet eine stabile Wertaufbewahrung, was USDT zu einer beliebten Wahl für verschiedene Finanztransaktionen macht [203].

Aktuelle Marktposition

Tether nimmt eine bedeutende Stellung im Kryptowährungsmarkt ein, sowohl in Bezug auf seine Größe als auch auf das Handelsvolumen. Als größte Stablecoin spielt es eine zentrale Rolle im Krypto-Ökosystem. Mit einer Marktkapitalisierung von 83,22 Milliarden US-Dollar zum 27. September 2023 hat Tether eine beträchtliche Präsenz. Sein Handelsvolumen ist noch beeindruckender und übersteigt regelmäßig 16,74 Milliarden US-Dollar täglich. Dieses hohe Handelsvolumen unterstreicht Tethers kritische Funktion als Liquiditätsanbieter und Handelspaar auf verschiedenen Krypto-Börsen, wobei es sogar viele Top-Kryptowährungen bei der täglichen Transaktionsaktivität übertrifft [203].

Echte Anwendungsfälle von Tether (USDT)

Trotz der Herausforderungen, mit denen der breitere Kryptowährungsmarkt konfrontiert ist, einschließlich Rückgängen wie dem Krypto-Winter 2022, hat sich Tether als widerstandsfähig erwiesen und wird weiterhin weit verbreitet akzeptiert. Hier sind mehrere reale Anwendungsfälle von Tether, die seine Vielseitigkeit hervorheben [203]:

- **Crypto Emporium:** Tethers Stabilität und weit verbreitete Akzeptanz machen es zu einer praktischen Option für Online-Einkäufe. Crypto Emporium, ein digitaler Marktplatz, ermöglicht es Nutzern, eine Vielzahl von Produkten – einschließlich Elektronik, Schmuck und Luxusgütern – mit USDT zu kaufen. Diese Integration zeigt, wie Stablecoins wie Tether die Lücke zwischen Kryptowährungen und alltäglichen Konsumgütern überbrücken können.

- **Travala.com:** Für Reisefreunde bietet Travala.com einen einzigartigen Anwendungsfall für Tether. Diese Reisebuchungsplattform akzeptiert USDT für eine Vielzahl von Dienstleistungen, darunter Flugbuchungen, Hotelreservierungen und Bustickets. Durch die Ermöglichung von Transaktionen in Tether bedient Travala.com die wachsende Zahl von Krypto-Nutzern, die ihre digitalen Vermögenswerte für reale Reiseerlebnisse nutzen möchten.

- **Bitrefill:** Tether wird auch auf Bitrefill verwendet, einer Plattform, die das Aufladen von Handy-Guthaben und den Kauf von Geschenkkarten ermöglicht. Dieser Service erleichtert es Nutzern, USDT für die Verwaltung ihrer Mobilfunkausgaben zu nutzen und Geschenkkarten für verschiedene Einzelhändler zu kaufen, was die Praktikabilität von Tether für alltägliche Transaktionen unterstreicht.

- **Coinsbee:** Ähnlich wie Bitrefill ermöglicht Coinsbee Nutzern den Kauf von Geschenkkarten bei bekannten Einzelhändlern mit Tether. Diese Plattform bietet eine weitere Möglichkeit, USDT praktisch zu nutzen und erleichtert es Krypto-Inhabern, ihre Vermögenswerte in nutzbare Einzelhandelsguthaben umzuwandeln.

- **Cloudbet:** Tethers Anwendung erstreckt sich auch auf den Bereich des Online-Gamings und der Wetten. Cloudbet, eine Plattform für Sportwetten und Casino-Spiele, akzeptiert USDT als Zahlungsmöglichkeit. Dieser Anwendungsfall hebt Tethers Rolle in der Online-Gaming-Branche hervor, wo seine Stabilität und Liquidität es sowohl für Spieler als auch für Betreiber zu einer attraktiven Wahl machen.

Tether (USDT) spielt eine zentrale Rolle im Kryptowährungs-Ökosystem, indem es einen stabilen, zuverlässigen digitalen Vermögenswert bietet, der auf verschiedenen Plattformen weit verbreitet ist. Seine Integration in alltägliche Dienstleistungen und Finanztransaktionen zeigt seine Vielseitigkeit und Nützlichkeit beim Überbrücken der Lücke zwischen digitalen Währungen und realen Anwendungen.

Binance Coin (BNB)

Binance Coin (BNB) ist die native Kryptowährung von Binance, einer der größten und einflussreichsten Kryptowährungsbörsen der Welt. 2017 eingeführt, diente BNB anfangs als Dienstprogramm-Token für die Binance-Plattform und bot den Nutzern verschiedene Vorteile wie reduzierte Handelsgebühren. Im Laufe der Zeit haben sich die Verwendungsmöglichkeiten von BNB erweitert und integrieren sich in verschiedene Aspekte des Binance-Ökosystems und darüber hinaus. Als Dienstprogramm-Token ermöglicht BNB eine Reihe von Funktionen, darunter die Zahlung von Transaktionsgebühren, die Teilnahme an Token-Verkäufen und mehr, wodurch es zu einem vielseitigen Vermögenswert im Krypto-Raum wird [203].

Aktuelle Marktposition von Binance Coin (BNB)

Zum 27. September 2023 nimmt Binance Coin eine bedeutende Position im Kryptowährungsmarkt ein, mit einer Marktkapitalisierung von 32 Milliarden US-Dollar. Diese beeindruckende Bewertung spiegelt einen erheblichen Wertzuwachs wider, da BNB im vergangenen Jahr einen Anstieg von über 1.000% verzeichnet hat [203]. Die starke Marktperformance der Coin kann auf ihre breite Nützlichkeit innerhalb des Binance-Ökosystems und ihre zunehmende Akzeptanz auf verschiedenen Plattformen zurückgeführt werden. Die Marktkapitalisierung von BNB platziert es unter den Top-Kryptowährungen und hebt seine Relevanz und Einfluss in der Krypto-Welt hervor.

Reale Anwendungsfälle von Binance Coin (BNB)

- **Crypto.com:** Die Nützlichkeit von BNB erstreckt sich über die Binance-Plattform hinaus auf andere Krypto-Dienste. Auf Crypto.com, einer bedeutenden Plattform für Kryptowährungshandel und -verleih, können Nutzer ihre Kreditkartenrechnungen mit BNB begleichen. Diese Funktionalität verdeutlicht, wie BNB für alltägliche Transaktionen genutzt werden kann, und verleiht der

Coin einen praktischen Wert jenseits ihrer Rolle im Binance-Ökosystem.

- **Shopify-Integration:** Shopify, eine führende E-Commerce-Plattform, hat Kryptowährungen integriert, indem sie verschiedene Zahlungsmethoden akzeptiert. Eine bemerkenswerte Integration ist das Binance Pay-Plugin, das es Unternehmen auf Shopify ermöglicht, Zahlungen in BNB zu akzeptieren. Diese Integration erweitert die Anwendungsfälle für BNB und macht es zu einer praktikablen Zahlungsmöglichkeit für Online-Transaktionen, was die Akzeptanz im weiteren E-Commerce-Ökosystem zeigt.

- **Binance Launchpad:** Binance Launchpad ist eine Plattform zum Starten neuer Kryptowährungsprojekte. Um an Token-Verkäufen über Binance Launchpad teilzunehmen, müssen die Nutzer BNB halten und verwenden. Diese Anforderung positioniert BNB als Zugang zu Investitionsmöglichkeiten in aufstrebende Krypto-Projekte und bietet den Inhabern frühzeitigen Zugang zu vielversprechenden Unternehmungen und erhöht die Attraktivität der Coin für Investoren.

- **Binance NFT-Marktplatz:** Der Binance NFT-Marktplatz ist ein weiteres Gebiet, in dem BNB eine entscheidende Rolle spielt. Nutzer können BNB verwenden, um Transaktionsgebühren im Zusammenhang mit dem Kauf, Verkauf oder Handel von Non-Fungible Tokens (NFTs) auf dieser Plattform zu bezahlen. Die Integration von BNB in den NFT-Marktplatz unterstreicht seine Nützlichkeit bei verschiedenen Arten von digitalen Transaktionen und verstärkt seine Position als wichtiger Vermögenswert im Binance-Ökosystem.

Zusammenfassend hat sich Binance Coin (BNB) von einem einfachen Dienstprogramm-Token zu einem facettenreichen Vermögenswert mit einer Reihe praktischer Anwendungen entwickelt. Ihre Rolle bei der Reduzierung von Handelsgebühren, der Ermöglichung von Zahlungen und der Teilnahme an Token-Verkäufen zeigt ihre Vielseitigkeit und wachsende Bedeutung. Mit einer robusten Marktposition und vielfältigen realen Anwendungsfällen bleibt BNB ein bedeutender Akteur im Kryptowährungsbereich.

U.S. Dollar Coin (USDC)

Die U.S. Dollar Coin, oder USDC, ist ein bedeutender Stablecoin im Kryptowährungsbereich. Wie andere Stablecoins wie Tether (USDT) ist USDC darauf ausgelegt, einen Wert von einem US-Dollar zu halten, was ihn zu einem verlässlichen Vermögenswert zur Minimierung der Volatilität im Krypto-Markt macht. Durch die Bindung seines Wertes an den US-Dollar zielt USDC darauf ab, ein stabiles Tauschmittel und Wertspeicher zu bieten und sich von volatileren Kryptowährungen abzugrenzen [203].

Aktuelle Marktposition

Zum 27. September 2023 ist USDC der zweitgrößte Stablecoin nach Marktkapitalisierung und hält einen beträchtlichen Wert von 25 Milliarden US-Dollar [203]. Dies positioniert ihn als wichtigen Akteur im Stablecoin-Sektor, obwohl er während Marktrückgängen, wie dem „Krypto-Winter" von 2022, Herausforderungen gegenüberstand. Trotz dieser Rückschläge hat sich USDC als widerstandsfähig erwiesen und sich erholt, was seine Rolle als kritisches Element im Kryptowährungs-Ökosystem widerspiegelt.

Reale Anwendungsfälle von USDC

Die Stabilität und breite Akzeptanz von USDC haben zu verschiedenen praktischen Anwendungen auf unterschiedlichen Plattformen und Diensten geführt [203]:

- **Visa und Mastercard:** Große Zahlungsnetzwerke wie Visa und Mastercard haben Kryptowährungszahlungen in ihre Systeme integriert. Beide ermöglichen es Händlern, Zahlungen in USDC zu akzeptieren, und überbrücken so die traditionelle Finanzwelt mit der sich entwickelnden Welt der digitalen Währungen. Diese Integration erleichtert reibungslosere Transaktionen und eine größere Akzeptanz von Stablecoins im alltäglichen Handel.

- **Circle Pay:** Circle, der Emittent von USDC, bietet Circle Pay an, einen Dienst, der es Nutzern ermöglicht, USDC weltweit kostenlos zu senden und zu empfangen. Dieser Dienst unterstützt grenzüberschreitende Transaktionen und erleichtert es Einzelpersonen, digitale Zahlungen ohne traditionelle Bankgebühren abzuwickeln.

- **Coinbase Card:** Für diejenigen, die ihre USDC-Bestände in alltäglichen Transaktionen verwenden möchten, bietet die Coinbase Card eine praktische Lösung. Diese Karte ermöglicht es Nutzern, USDC bei jedem Händler auszugeben, der Visa-Zahlungen akzeptiert, und wandelt Krypto-Bestände nahtlos in Fiat-Währung für verschiedene Einkäufe um.

Die Stabilität von USDC, kombiniert mit seinen wachsenden Anwendungen in der realen Welt, unterstreicht seine Bedeutung im Kryptowährungsmarkt. Durch das Angebot eines verlässlichen und weit akzeptierten Stablecoins spielt USDC weiterhin eine entscheidende Rolle bei der Überbrückung der Kluft zwischen traditioneller Finanzwelt und der digitalen Währungswelt.

Cardano (ADA)

Cardano (ADA) hebt sich im Kryptowährungsbereich durch seinen einzigartigen Entwicklungsansatz und seine Betonung wissenschaftlicher Forschung sowie peer-reviewter Methodologien hervor. Gegründet 2017 von Charles Hoskinson, einem der Mitbegründer von Ethereum, zielt Cardano darauf ab, eine sichere und skalierbare Plattform für die Entwicklung von Smart Contracts und dezentralen Anwendungen (DApps) bereitzustellen. Das grundlegende Ziel ist es, ein ausgewogeneres und nachhaltigeres Ökosystem für die Blockchain-Industrie zu schaffen, indem akademische Forschung und ein strukturierter Entwicklungsprozess in sein Framework integriert werden [203].

Aktuelle Marktposition

Zum 27. September 2023 nimmt Cardano eine herausragende Position im Kryptowährungsmarkt mit einer Marktkapitalisierung von 8,6 Milliarden US-Dollar ein. Obwohl Cardano während des Marktrückgangs 2022 erhebliche Herausforderungen gegenüberstand, hat sich das Projekt Anzeichen einer Erholung gezeigt. Diese Widerstandsfähigkeit unterstreicht seine Rolle als bedeutender Akteur im Krypto-Bereich, der Investoren und Entwicklern eine robuste Plattform für verschiedene Blockchain-Anwendungen bietet.

Reale Anwendungsfälle von Cardano (ADA)

Die realen Anwendungen von Cardano verdeutlichen seine Vielseitigkeit und das Potenzial, bedeutende globale Herausforderungen anzugehen. Hier sind einige wichtige Anwendungsfälle:

- **Identitätsmanagement:** Cardano wurde in Identitätsmanagement-Projekten genutzt, um Sicherheit und Zugänglichkeit zu verbessern. Ein bemerkenswertes Beispiel ist die Initiative der äthiopischen Regierung, Cardano zur Erstellung digitaler Identitäten für fünf Millionen Schüler zu verwenden. Dieses Projekt zielt darauf ab, die Identitätsüberprüfung und -verwaltung zu optimieren und eine sichere sowie skalierbare Lösung zur Verfolgung von Bildungs- und persönlichen Informationen bereitzustellen.

- **Lieferkettenmanagement:** Im Bereich des Lieferkettenmanagements zeigt das Atala PRISM-Projekt von Cardano, wie es Transparenz und Nachverfolgbarkeit verbessern kann. Diese Initiative nutzt die Blockchain-Technologie von Cardano, um die Lieferkette georgischen Weins zu verfolgen und sicherzustellen, dass alle Produktions- und Vertriebsschritte aufgezeichnet und verifiziert werden. Diese Anwendung von Cardano trägt zur Verbesserung der Integrität und Effizienz von Lieferkettenoperationen bei.

- **Wahlsysteme:** Cardano wird auch verwendet, um sichere und transparente Wahlsysteme zu entwickeln. Das Aeternity-Projekt, das auf der Cardano-Blockchain betrieben wird, arbeitet an einem Wahlsystem für die Wahlen in Nigeria 2023. Dieses System soll eine manipulationssichere Methode zum Abgeben und Zählen von Stimmen bieten und so die Wahlintegrität und das öffentliche Vertrauen in den Wahlprozess stärken.

- **Dezentrale Finanzdienstleistungen (DeFi):** Im Bereich der dezentralen Finanzen macht Cardano Fortschritte durch Plattformen wie SundaeSwap. Diese DeFi-Plattform, die auf der Cardano-Blockchain basiert, ermöglicht es Nutzern, Cardano und andere Kryptowährungen sicher und dezentral zu handeln. SundaeSwap verdeutlicht Cardanos Engagement für die Erweiterung der DeFi-Funktionen und die Bereitstellung innovativer Finanzdienstleistungen für Nutzer.

Insgesamt positioniert sich Cardano durch seine Betonung wissenschaftlicher Forschung und seine vielfältigen realen Anwendungsfälle als zukunftsorientierte Kryptowährung, die das Potenzial hat, verschiedene globale Probleme durch Blockchain-Technologie anzugehen.

Dogecoin (DOGE)

Dogecoin (DOGE) hebt sich in der Welt der Kryptowährungen als einzigartiger und einflussreicher Memecoin hervor. Im Dezember 2013 von den Software-Ingenieuren

Billy Markus und Jackson Palmer gestartet, wurde Dogecoin ursprünglich als Scherz ins Leben gerufen. Er ist inspiriert von dem beliebten „Doge"-Mem, das einen Shiba Inu-Hund mit humorvollen, mehrfarbigen Texten in gebrochenem Englisch zeigt. Trotz seines spielerischen Ursprungs hat sich Dogecoin zu einem bedeutenden Akteur im Kryptowährungsmarkt entwickelt und erhebliche Aufmerksamkeit und Wert gewonnen, insbesondere aufgrund von prominenten Empfehlungen und der viralen Internetkultur [203].

Aktuelle Marktposition

Zum 27. September 2023 hat Dogecoin eine Marktkapitalisierung von etwa 8,56 Milliarden US-Dollar, was seine bedeutende Präsenz im Krypto-Bereich widerspiegelt. Die Gesamtausgabe der Dogecoin-Token überschreitet 141 Milliarden, und bemerkenswerterweise hat Dogecoin keine feste Höchstmenge [203]. Diese kontinuierliche Ausgabe trägt zu seiner inflationären Natur bei und unterscheidet sich von vielen anderen Kryptowährungen, die eine begrenzte Menge haben. Trotz dessen bleibt Dogecoins Popularität stark, unterstützt durch seine engagierte Gemeinschaft und prominente Unterstützer.

Reale Anwendungsfälle von DOGE

Dogecoin hat seine Ursprünge als Meme überschritten und sich zu einer praktischen Kryptowährung mit realen Anwendungen entwickelt. Hier sind einige bemerkenswerte Anwendungsfälle [203]:

- **Tesla:** Im Januar 2022 begann Tesla, das Elektrofahrzeugunternehmen unter der Leitung von Elon Musk, Dogecoin als Zahlungsmethode zu akzeptieren. Musks öffentliche Zuneigung zu Dogecoin trug erheblich zu dessen Popularität und allgemeiner Akzeptanz bei. Dieser Schritt zeigte das Potenzial von Dogecoin über reine Spekulation hinaus und integrierte es in alltägliche Transaktionen für Tesla-Waren.

- **AMC Theatres:** AMC Theatres, eine führende Kinokette, gab im Oktober 2021 bekannt, dass sie Dogecoin für Online-Geschenkkartenkäufe akzeptieren würde. Diese Entscheidung erweiterte die Nützlichkeit von Dogecoin und ermöglichte es den Fans der Kryptowährung, sie für unterhaltungsbezogene Transaktionen zu verwenden, und hob die wachsende Akzeptanz in verschiedenen Verbraucherbereichen hervor.

- **AirBaltic:** Im Januar 2022 wurde die lettische Fluggesellschaft AirBaltic eine der ersten Fluggesellschaften, die Dogecoin für Flugbuchungen akzeptierte. Durch die Integration von Dogecoin in ihre Zahlungsmöglichkeiten nahm AirBaltic die sich wandelnde Finanzlandschaft auf und sprach eine wachsende Gruppe von Krypto-Enthusiasten an.

- **Sheetz:** Im April 2022 begann Sheetz, eine bekannte Convenience-Store-Kette, Dogecoin für Transaktionen zu akzeptieren. Dieser Schritt war Teil von Sheetz' umfassenderer Strategie zur Integration von Kryptowährungen in ihre Zahlungssysteme und spiegelt die zunehmende allgemeine Akzeptanz digitaler Währungen wider.

Die Umstellung von Dogecoin von einem Novum zu einer funktionalen Kryptowährung unterstreicht seine erhebliche Wirkung und Akzeptanz innerhalb des größeren Finanzökosystems. Seine realen Anwendungsfälle, unterstützt durch Empfehlungen einflussreicher Persönlichkeiten und die Akzeptanz durch verschiedene Unternehmen, heben seine wachsende Relevanz und sein Potenzial als digitale Vermögenswerte hervor.

Solana (SOL)

Solana (SOL) ist eine Blockchain-Plattform, die entwickelt wurde, um dezentrale Finanzanwendungen (DeFi) zugänglicher und skalierbarer zu machen. Im März 2020 von der Solana Foundation gestartet, zielt Solana darauf ab, die Einschränkungen bestehender Blockchain-Netzwerke zu überwinden, indem die Transaktionsgeschwindigkeit und -durchsatz erheblich verbessert werden. Dies wird durch die innovativen Konsensmechanismen Proof of History (PoH) und Proof of Stake (PoS) erreicht [203].

Aktuelle Marktposition

Zum 27. September 2023 hebt sich Solana (SOL) im Kryptowährungsmarkt mit einer Marktkapitalisierung von 7,96 Milliarden US-Dollar hervor und sichert sich so eine Position unter den führenden Kryptowährungen weltweit [203]. Die Gesamtversorgung der SOL-Token ist auf 500 Millionen begrenzt, was ihre wesentliche Rolle im Ökosystem widerspiegelt. Trotz Herausforderungen wie Marktvolatilität und technischen Hürden hat Solana es geschafft, eine bedeutende Präsenz aufrechtzuerhalten und bleibt ein herausragender Akteur im Blockchain-Bereich.

Reale Anwendungsfälle von Solana

Die realen Anwendungen von Solana verdeutlichen ihren wachsenden Einfluss und ihre Nützlichkeit innerhalb der Krypto-Industrie [203]:

- **Solana Pay:** Solana Pay ist eine Zahlungsabwicklungslösung, die darauf abzielt, schnelle und kostengünstige Transaktionen mit SOL zu ermöglichen. Diese Plattform ermöglicht es Unternehmen und E-Commerce-Plattformen wie Shopify, SOL als Zahlungsmethode zu akzeptieren. Durch die Integration von Solana Pay können Händler von den schnellen und gebührenarmen Transaktionen des Solana-Netzwerks profitieren und die Gesamteffizienz digitaler Zahlungen verbessern.

- **DeFi auf Solanas Schnellspur:** Das leistungsstarke Netzwerk von Solana hat zahlreiche DeFi-Projekte angezogen, darunter Raydium und Serum. Diese Plattformen nutzen die Fähigkeiten von Solana, um Nutzern eine Reihe von Finanzdienstleistungen anzubieten. Beispielsweise bietet Raydium Liquidität und automatisierte Marktmacherdienste, während Serum als dezentrale Börse mit fortschrittlichen Handelsfunktionen arbeitet. Beide Plattformen profitieren von Solanas Fähigkeit, hohe Transaktionsvolumina zu bewältigen und schnelle Verarbeitungszeiten zu liefern, was sie zu attraktiven Optionen für Nutzer macht, die Kryptowährungen verleihen, leihen oder handeln möchten.

Der Fokus von Solana auf Skalierbarkeit durch einzigartige Konsensmechanismen und ihre praktischen Anwendungen in der Zahlungsabwicklung und DeFi-Diensten verdeutlichen ihren bedeutenden Einfluss auf die Kryptowährungslandschaft. Ihre Fähigkeit, große Transaktionsvolumina effizient zu bewältigen, macht sie zu einem Schlüsselakteur in der sich entwickelnden Welt der dezentralen Finanzen [203].

TRON (TRX)

TRON ist eine auf Blockchain basierende Plattform, die 2017 von Justin Sun gegründet wurde, um die Art und Weise der digitalen Inhaltsverbreitung zu revolutionieren. Ihre Mission ist es, eine dezentrale digitale Welt zu schaffen, in der Nutzer Inhalte frei teilen können, ohne auf Zwischenhändler angewiesen zu sein. Um diese Vision zu verwirklichen, verwendet TRON einen Delegated Proof of Stake (DPoS)-Konsensmechanismus.

Dieses System ermöglicht hohe Skalierbarkeit und Effizienz, da es auf eine kleinere Anzahl von Knoten angewiesen ist, um Transaktionen zu validieren, wodurch der Prozess beschleunigt und die Kosten im Vergleich zu traditionellen Proof of Work (PoW)-Systemen gesenkt werden [203].

Aktuelle Marktposition

Am 17. September 2023 steht TRON (TRX) als bedeutender Akteur in der Kryptowährungslandschaft mit einer Marktkapitalisierung von etwa 7,5 Milliarden US-Dollar da. Dies positioniert es als eine der führenden Kryptowährungen weltweit [203]. Das Netzwerk verzeichnet über 98 Millionen aktive Konten, was seine weitreichende Akzeptanz und Nutzung widerspiegelt. Die starke Marktposition von TRON wird durch seinen Fokus auf die Schaffung eines dezentralen Internets und den effektiven Einsatz der Blockchain-Technologie zur Erreichung dieses Ziels gestärkt.

Reale Anwendungsfälle von TRX

Der Nutzen von TRON geht über technologische Innovationen hinaus und hat sich in verschiedene reale Anwendungen und Partnerschaften integriert [203]:

- **BitTorrent:** Die Übernahme von BitTorrent durch TRON im Jahr 2018 ermöglichte es, die beliebte Datei-Sharing-Plattform zu nutzen, um TRX-Token zu integrieren. BitTorrent-Nutzer können nun TRX-Token als Belohnung für das Teilen von Dateien im Netzwerk verdienen, wodurch die Teilnahme incentiviert und der Nutzen der Plattform erhöht wird.

- **Samsung:** Als globaler Technologieführer hat Samsung Unterstützung für TRX-Token in seine Galaxy-Smartphones integriert. Diese Integration ermöglicht es den Nutzern, ihre TRX-Bestände direkt von ihren Geräten aus zu speichern und zu verwalten, was Samsungs Engagement für die Unterstützung neuer Technologien und Kryptowährungen widerspiegelt.

- **JustLend:** TRONs Präsenz im Bereich der dezentralen Finanzen (DeFi) wird durch JustLend exemplifiziert, eine dezentrale Kreditplattform, die auf der TRON-Blockchain betrieben wird. Nutzer können Vermögenswerte mit TRX-Token verleihen und leihen und profitieren von der dezentralen Natur der Plattform, um Peer-to-Peer-Transaktionen und Finanzdienstleistungen ohne Zwischenhändler zu erleichtern.

Insgesamt unterstreicht TRONs Engagement für Dezentralisierung, kombiniert mit seinen strategischen Partnerschaften und praktischen Anwendungen, seine Rolle als bedeutende und einflussreiche Kryptowährung im globalen Markt.

Avalanche (AVAX)

Avalanche (AVAX) ist ein bedeutender Akteur auf dem Kryptowährungsmarkt, der sich durch seinen innovativen Ansatz zum Blockchain-Konsens auszeichnet. Entwickelt von Ava Labs, hebt sich Avalanche durch das einzigartige Avalanche Consensus-Protokoll hervor, das von traditionellen Proof of Work (PoW)- und Proof of Stake (PoS)-Mechanismen abweicht. Stattdessen ermöglicht der Avalanche Consensus ein skalierbareres und effizienteres Validierungsverfahren, indem er Teilnehmern erlaubt, die Gültigkeit von Transaktionen durch einen Prozess zu bestimmen, der wiederholte Zufallsstichproben von Validatoren umfasst. Dieses Design fördert eine hohe Transaktionsgeschwindigkeit und geringe Latenz, wodurch Avalanche zu einem starken Konkurrenten im Blockchain-Bereich wird [203].

Am 17. September 2023 hat Avalanche (AVAX) eine Marktkapitalisierung von etwa 3,19 Milliarden US-Dollar, was es unter den bemerkenswerten Kryptowährungen positioniert [203]. Das Gesamtangebot an AVAX ist auf 720 Millionen Token begrenzt, was hilft, Inflation zu steuern und den Wert über die Zeit zu erhalten. Trotz seiner im Vergleich zu einigen führenden Kryptowährungen relativ niedrigeren Marktkapitalisierung tragen Avalanches innovative Technologie und wachsendes Ökosystem zu seiner signifikanten Präsenz auf dem Markt bei.

In Bezug auf reale Anwendungen zeigt sich Avalanches Vielseitigkeit durch verschiedene Plattformen und Dienstleistungen, die seinen nativen Token AVAX nutzen. Ava Labs, die Organisation hinter Avalanche, entwickelt kontinuierlich eine Reihe von Finanzprodukten und -dienstleistungen, die alle mit AVAX zugänglich und bezahlbar sind. Diese Integration unterstreicht den Nutzen des Tokens über bloße Spekulation hinaus.

Zusätzlich unterstützt Avalanche dezentrale Finanzanwendungen (DeFi) durch Plattformen wie Trader Joe und Pangolin. Trader Joe ist eine dezentrale Börse (DEX), auf der Nutzer Kryptowährungen handeln und Liquidität mit AVAX nutzen können, während Pangolin ähnliche Dienstleistungen anbietet und so die Rolle von AVAX bei der Ermöglichung dezentralen Handels und der Bereitstellung von Liquidität weiter hervorhebt. Diese Anwendungsfälle veranschaulichen, wie Avalanche nicht nur als Technologieanbieter, sondern auch als wichtiger Ermöglicher im wachsenden DeFi-Ökosystem fungiert [203].

Polkadot (DOT)

Polkadot (DOT) stellt einen bedeutenden Fortschritt in der Blockchain-Technologie dar, indem es eines der herausforderndsten Probleme im Bereich der Interoperabilität angeht. Gegründet von Dr. Gavin Wood, einem der Mitbegründer von Ethereum, ist Polkadot eine Layer-1-Blockchain-Plattform, die darauf ausgelegt ist, verschiedene Blockchains miteinander zu verbinden und zu kommunizieren. Dieses Konzept der Interoperabilität ist entscheidend für die Schaffung eines kohärenteren Blockchain-Ökosystems, in dem verschiedene Anwendungen und Systeme nahtlos zusammenarbeiten können. Polkadot erreicht dies durch sein einzigartiges Open-Source-Sharding-Multichain-Protokoll, das mehrere Blockchains unterstützt, die parallel laufen und als Parachains bezeichnet werden. Diese Fähigkeit zur parallelen Verarbeitung verbessert die Skalierbarkeit und Effizienz der Plattform, indem sie zahlreiche Transaktionen über verschiedene Chains gleichzeitig ermöglicht [203].

Am 27. September 2023 hat Polkadot (DOT) eine bemerkenswerte Position auf dem Kryptowährungsmarkt mit einer Marktkapitalisierung von etwa 4,92 Milliarden US-Dollar [203]. Das maximale Angebot an DOT ist auf 1,36 Milliarden Token begrenzt, was hilft, seinen Wert zu erhalten und Inflation zu steuern. Trotz seiner robusten Marktkapitalisierung liegt die wahre Stärke von Polkadot in seinem innovativen Ansatz zur Blockchain-Interoperabilität und -Skalierbarkeit, was es zu einem bedeutenden Akteur im sich entwickelnden Blockchain-Bereich macht.

In praktischer Hinsicht hat die Architektur von Polkadot zur Entwicklung mehrerer bemerkenswerter Projekte und Plattformen geführt, die seine Fähigkeiten nutzen. Ein herausragendes Beispiel ist Acala, eine dezentrale Finanzplattform (DeFi), die die Infrastruktur von Polkadot verwendet, um eine breite Palette von DeFi-Diensten anzubieten. Acala profitiert von der Skalierbarkeit und Interoperabilität von Polkadot, um robuste Finanzlösungen im DeFi-Bereich bereitzustellen.

Ein weiteres wichtiges Projekt ist Moonbeam, eine Smart-Contract-Plattform, die im Polkadot-Netzwerk betrieben wird. Moonbeam ermöglicht Entwicklern die Bereitstellung von Solidity-Smart-Contracts, einer beliebten Programmiersprache für Ethereum, im Polkadot-Netzwerk. Diese Cross-Kompatibilität ermöglicht größere Flexibilität und Integration innerhalb des Blockchain-Ökosystems, wobei DOT für alle Transaktionen auf der Plattform verwendet wird [203].

Zusätzlich dient Kusama als Canaries-Netzwerk von Polkadot und bietet eine Testumgebung für neue Funktionen und Upgrades, bevor sie im Hauptnetzwerk von Polkadot implementiert werden. Dieser Ansatz ermöglicht Entwicklern, Innovationen in einer realen Umgebung zu testen und zu verfeinern, um sicherzustellen, dass alle neuen Entwicklungen gründlich überprüft und funktionsfähig sind, bevor sie offiziell veröffentlicht werden. Die Rolle von Kusama unterstreicht Polkadots Engagement für kontinuierliche Verbesserung und Anpassung und trägt zu seiner Gesamtwirksamkeit und Relevanz im Blockchain-Sektor bei [203].

Polygon (MATIC)

Polygon, früher bekannt als Matic Network, ist eine innovative Ethereum-basierte Plattform, die entwickelt wurde, um die Skalierbarkeit und Benutzerfreundlichkeit von Blockchain-Netzwerken zu verbessern. Gegründet im Jahr 2017, fungiert Polygon als Layer-2-Skalierungslösung und adressiert die Einschränkungen von Ethereum hinsichtlich Transaktionsgeschwindigkeit und -kosten [203]. Im Gegensatz zum nativen Proof-of-Work (PoW)-Konsensmechanismus von Ethereum verwendet Polygon einen Proof-of-Stake (PoS)-Konsensalgorithmus, der zur Effizienz und Skalierbarkeit der Plattform beiträgt. Dieses System ermöglicht es Polygon, ein hohes Transaktionsvolumen zu einem viel niedrigeren Preis als das Ethereum-Hauptnetz zu bewältigen. Der MATIC-Token, der integraler Bestandteil des Polygon-Ökosystems ist, wird verwendet, um Transaktionsgebühren zu bezahlen und an der Netzwerkgovernance teilzunehmen, wodurch Nutzer incentiviert werden, Rechenressourcen zur Aufrechterhaltung und Sicherung des Netzwerks bereitzustellen.

Aktuelle Marktposition

Am 27. September 2023 hat Polygon (MATIC) eine bedeutende Position auf dem Kryptowährungsmarkt mit einer Marktkapitalisierung von etwa 4,76 Milliarden

US-Dollar [203]. Der Token hat eine im Umlauf befindliche Menge von etwa 9,32 Milliarden MATIC, was die breite Akzeptanz und Nutzung widerspiegelt. Die Marktpräsenz von Polygon wird durch die Fähigkeit gestärkt, schnellere und kostengünstigere Transaktionen im Vergleich zu Ethereum anzubieten, was zu seiner Integration in verschiedene Plattformen und Anwendungen beigetragen hat.

Echtwelt-Anwendungsfälle von MATIC

Die Nützlichkeit von Polygon geht über die bloße Transaktionsverarbeitung hinaus und beeinflusst mehrere Sektoren durch seine innovative Technologie [203]:

- **Kaste-Zertifikate**: In einer bemerkenswerten Anwendung der Blockchain-Technologie hat die indische Regierung eine Partnerschaft mit Polygon geschlossen, um verifizierbare Kaste-Zertifikate auszustellen. Diese Initiative, die 2023 angekündigt wurde, zielt darauf ab, die Blockchain von Polygon für sichere und fälschungssichere Dokumentationen zu nutzen, und zeigt das Potenzial der Plattform für administrative Lösungen in der realen Welt.

- **Coinbase's NFT-Marktplatz**: Coinbase, eine führende Kryptowährungsbörse, nutzt die Technologie von Polygon, um seinen NFT-Marktplatz zu betreiben. Durch die Integration von Polygon reduziert Coinbase hohe Gasgebühren, die mit Ethereum-Transaktionen verbunden sind, und macht es kosteneffizienter für Nutzer, NFTs zu kaufen, zu verkaufen und zu handeln. Diese Anwendung hebt die Rolle von Polygon bei der Optimierung der Nutzererfahrungen auf großen Krypto-Plattformen hervor.

- **Animoca Brands**: Polygon spielt eine Schlüsselrolle in der Gaming-Industrie durch die Zusammenarbeit mit Animoca Brands. Dieses Unternehmen nutzt Polygon für seine Play-to-Earn (P2E)-Gaming-Erfahrungen, die es Spielern ermöglichen, Belohnungen zu verdienen und an einem dezentralen Gaming-Ökosystem teilzunehmen. Durch die Nutzung der effizienten und skalierbaren Infrastruktur von Polygon verbessert Animoca Brands das Spielerlebnis und sorgt für reibungslosere Transaktionen.

Die Layer-2-Lösung von Polygon, durch die Nutzung des MATIC-Tokens, adressiert kritische Probleme der Skalierbarkeit und Transaktionskosten und erweitert gleichzeitig ihre Nützlichkeit in verschiedenen Bereichen. Dies positioniert Polygon als einen zentralen Akteur in der fortlaufenden Entwicklung der Blockchain-Technologie [203].

Terra (LUNA)

Terra (LUNA) ist eine bedeutende Kryptowährung und Blockchain-Protokoll, das entwickelt wurde, um die Stabilität von Stablecoins aufrechtzuerhalten und die Adoption von Fiat-Währungen im digitalen Raum zu erleichtern. Gegründet 2018 vom Terra-Team, basiert das Protokoll auf einem einzigartigen Modell, das den nativen LUNA-Token mit der Stabilität der Stablecoins von Terra verknüpft. Der LUNA-Token hat mehrere Funktionen innerhalb des Terra-Ökosystems: Er wird zur Besicherung der Stablecoins des Netzwerks verwendet, ist an Governance-Entscheidungen beteiligt und trägt zur Gesamtsstabilität des Ökosystems bei. Durch die Nutzung einer Kombination aus algorithmischen Mechanismen und wirtschaftlichen Anreizen zielt Terra darauf ab, stabile, skalierbare und dezentrale Finanzlösungen anzubieten [203].

Aktuelle Marktposition

Am 27. September 2023 hat Terra (LUNA) eine Marktkapitalisierung von etwa 173 Millionen US-Dollar [203]. Dies positioniert es als einen bedeutenden Akteur im Kryptowährungsraum, wenngleich kleiner im Vergleich zu einigen der größeren Kryptowährungen mit hoher Marktkapitalisierung. Mit etwa 385 Millionen LUNA-Token im Umlauf spiegelt die Münze ein erhebliches, aber kontrolliertes Angebot wider, das darauf abzielt, ihren Wert und ihre Nützlichkeit innerhalb des Terra-Ökosystems aufrechtzuerhalten [203].

Echtwelt-Anwendungsfälle von Terra (LUNA)

Die Nützlichkeit von Terra erstreckt sich auf mehrere praktische Anwendungen und demonstriert ihre Relevanz und Effektivität in realen Szenarien [203]:

- **Chai**: Chai ist eine beliebte mobile Zahlungsanwendung mit Sitz in Südkorea. Sie integriert die Blockchain von Terra, um schnelle und sichere Geldtransfers zu ermöglichen. Nutzer können den LUNA-Token innerhalb der Chai-App für verschiedene finanzielle Transaktionen verwenden, was die Zugänglichkeit und Adoption von Kryptowährungen im Alltag verbessert.

- **KwonPay**: Eine weitere bedeutende Anwendung der Terra-Technologie ist KwonPay, ein Zahlungsprozessor, der ebenfalls in Südkorea tätig ist. Diese Plattform ermöglicht es Händlern, Zahlungen mit LUNA zu akzeptieren und integriert es in das Finanzsystem des Landes. Die Einführung von KwonPay unterstreicht den wachsenden Einfluss von Terra bei der Ermöglichung von

Krypto-Zahlungen und der Erweiterung seiner Anwendungsfälle.

- **Mirror Protocol**: Das Mirror Protocol bietet einen einzigartigen Ansatz, indem es Nutzern ermöglicht, synthetische Vermögenswerte zu erstellen und zu handeln, die den Wert von realen Vermögenswerten wie Aktien, ETFs und Rohstoffen widerspiegeln. Dieses Protokoll nutzt die Terra-Blockchain, um Transaktionen zu erleichtern, und bietet Nutzern innovative Möglichkeiten, sich auf Finanzmärkte einzulassen, ohne direkt traditionelle Vermögenswerte zu handeln.

- **Anchor Protocol**: Anchor Protocol ist eine dezentrale Kredit- und Leihplattform, die auf der Blockchain von Terra basiert. Sie bietet Nutzern die Möglichkeit, hohe Renditen durch Einzahlungen von LUNA-Token zu erzielen, und demonstriert die Fähigkeit der Plattform, attraktive Finanzprodukte anzubieten. Durch die Nutzung der Stablecoin-Infrastruktur von Terra unterstützt Anchor Protocol sichere und effiziente Finanztransaktionen.

Terra (LUNA) ist ein vielseitiger und einflussreicher Akteur im Kryptowährungsraum, mit einer Reihe von Anwendungen, die ihre Stabilität und Nutzbarkeit verbessern. Ihre Rolle bei der Stabilisierung von Stablecoins und ihre Integration in verschiedene Zahlungs- und Finanzplattformen zeigen ihr Potenzial und ihre Anpassungsfähigkeit in der sich entwickelnden digitalen Wirtschaft [203].

Chainlink (LINK)

Chainlink (LINK) ist ein bedeutender Akteur in der Kryptowelt, insbesondere bekannt für seine Rolle beim Verknüpfen von Smart Contracts mit Daten aus der realen Welt. Gegründet 2017, wurde Chainlink entwickelt, um eine kritische Einschränkung der Blockchain-Technologie zu beheben: die Notwendigkeit, dass Smart Contracts auf sichere und zuverlässige Weise mit externen Datenquellen interagieren. Chainlink erreicht dies durch die Bereitstellung eines dezentralen Netzwerks von Orakeln—Datenfeeds, die Smart Contracts mit externen APIs, Datenbanken und anderen Off-Chain-Informationen verbinden [203].

Aktuelle Marktposition

Am 27. September 2023 hat Chainlink (LINK) eine Marktkapitalisierung von etwa 4,1 Milliarden US-Dollar [203]. Seine starke Marktposition ist ein Beweis für seine bedeutende Rolle im Blockchain-Ökosystem. Chainlinks Wertangebot liegt in seiner Fähigkeit, die Funktionalität von Smart Contracts durch die Integration von Daten aus der realen Welt zu erweitern, was es zu einer der Top-Kryptowährungen gemacht hat. Seine weitreichende Adoption und die kritische Infrastrukturrolle tragen zu seiner soliden Marktpräsenz bei.

Echtwelt-Anwendungsfälle von Chainlink

Chainlinks Einfluss erstreckt sich über verschiedene Bereiche und demonstriert seine Vielseitigkeit und Bedeutung im Krypto-Raum. Hier sind einige wichtige Anwendungsfälle [203]:

- **Uniswap**: Uniswap, eine führende dezentrale Börse (DEX), nutzt Chainlink, um genaue Preisdaten und andere wesentliche Informationen bereitzustellen. Die Orakel von Chainlink helfen sicherzustellen, dass die dezentralen Handelsoperationen von Uniswap auf aktuellen und zuverlässigen Informationen basieren. Nutzer, die Daten zum Uniswap-Protokoll beitragen, können in LINK belohnt werden, was die Rolle des Tokens bei der Anreizung der Datenbereitstellung und der Wahrung der Integrität der Plattform hervorhebt.

- **Axie Infinity**: Dieses beliebte blockchain-basierte Spiel, bekannt für sein Play-to-Earn-Modell, integriert Chainlink, um das Spielerlebnis zu verbessern. Insbesondere wird Chainlinks Zufallszahlengenerierungsdienst genutzt, um faire und unvorhersehbare Ergebnisse in In-Game-Kämpfen zu gewährleisten. Node-Betreiber, die diesen Dienst bereitstellen, werden in LINK-Token entschädigt, was Chainlinks Nützlichkeit im Gaming-Sektor zeigt.

- **SWIFT**: Die Society for Worldwide Interbank Financial Telecommunication (SWIFT), ein globales Finanznachrichtennetzwerk, erkundet die Blockchain-Technologie, um ihre Zahlungssysteme zu innovieren. Chainlink wird von SWIFT verwendet, um neue dezentrale Zahlungslösungen zu entwickeln. Diese Beteiligung unterstreicht Chainlinks Rolle bei der Überbrückung traditioneller Finanzsysteme mit moderner Blockchain-Technologie und hat das Potenzial, grenzüberschreitende Transaktionen und Bankoperationen zu transformieren.

Chainlinks Fähigkeit, Off-Chain-Daten mit On-Chain-Smart-Contracts durch sein dezentrales Orakelnetzwerk zu integrieren, hat es als entscheidenden Bestandteil sowohl im DeFi-Bereich als auch in traditionellen Finanzsystemen etabliert. Seine Echtwelt-Anwendungen demonstrieren seine breite Nützlichkeit und bedeutenden Einfluss auf verschiedene Sektoren [203].

6

Kryptowährungs-Wallets und Börsen

Kryptowährungs-Wallets und -Börsen sind grundlegende Bestandteile des Kryptowährungs-Ökosystems, wobei jede eine unterschiedliche, aber ergänzende Rolle spielt.

Kryptowährungs-Wallets sind digitale Werkzeuge, die zum Speichern, Verwalten und Sichern von Kryptowährungen verwendet werden. Sie kommen in verschiedenen Formen vor, darunter Software-Wallets (digitale Wallets), Hardware-Wallets und Papier-Wallets. Hier ist, was sie tun:

- **Speicherung von Kryptowährungen:** Wallets halten die privaten Schlüssel, die es den Benutzern ermöglichen, auf ihre Kryptowährungsbestände zuzugreifen und diese zu verwalten. Sie können je nach Kompatibilität verschiedene Arten von Kryptowährungen speichern.

- **Transaktionsverwaltung:** Wallets ermöglichen es Benutzern, Kryptowährungen zu senden und zu empfangen. Durch die Verwendung des privaten Schlüssels können Benutzer Transaktionen signieren und mit Blockchain-Netzwerken interagieren.

- **Sicherheit:** Wallets bieten unterschiedliche Sicherheitsstufen zum Schutz der Vermögenswerte vor Diebstahl oder Verlust. Hardware-Wallets speichern beispielsweise private Schlüssel offline, wodurch das Risiko von Online-Hacking verringert wird, während Software-Wallets möglicherweise Verschlüsselungs- und Multi-Signatur-Funktionen bieten.

- **Backup und Wiederherstellung:** Die meisten Wallets bieten Backup- und Wiederherstellungsoptionen, die es den Benutzern ermöglichen, ihre Vermögenswerte wiederherzustellen, falls sie den Zugang zu ihrem Wallet oder Gerät verlieren. Dies beinhaltet normalerweise die Erstellung und Speicherung einer Wiederherstellungsphrase.

- **Benutzeroberfläche:** Wallets verfügen oft über eine benutzerfreundliche Oberfläche, die es den Benutzern ermöglicht, ihre Kontostände, Transaktionshistorie und andere relevante Informationen einzusehen.

Arten von Kryptowährungs-Wallets

- **Software-Wallets:** Dies sind digitale Anwendungen, die auf Computern oder Smartphones installiert werden können. Beispiele sind MetaMask und Trust Wallet. Sie sind bequem, aber möglicherweise anfälliger für Cyber-Bedrohungen.

- **Hardware-Wallets:** Physische Geräte, die private Schlüssel offline speichern. Beispiele sind Ledger Nano S und Trezor. Sie bieten erhöhte Sicherheit und sind weniger anfällig für Online-Angriffe.

- **Papier-Wallets:** Physische Dokumente, die private Schlüssel und öffentliche Adressen enthalten. Sie sind hochgradig sicher gegen Online-Bedrohungen, können jedoch leicht verloren gehen oder beschädigt werden.

Abbildung 12: Ledger Nano S - Hardware-Wallet - Kaltlagerung für Kryptowährung. Motokoka, CC BY-SA 4.0, über Wikimedia Commons.

Kryptowährungsbörsen sind Plattformen, auf denen Benutzer Kryptowährungen kaufen, verkaufen und handeln können. Sie fungieren als Vermittler und erleichtern Transaktionen zwischen Käufern und Verkäufern. Hier ist, was sie tun:

- **Handel und Umtausch:** Börsen ermöglichen es Benutzern, eine Kryptowährung gegen eine andere einzutauschen oder Fiat-Währungen (wie USD oder EUR) gegen Kryptowährungen zu tauschen. Sie bieten Liquidität und Preisfindung für verschiedene digitale Vermögenswerte.

- **Marktzugang:** Börsen bieten Zugang zu einer breiten Palette von Kryptowährungen und Handelspaaren, wodurch Benutzer ihre Portfolios diversifizieren und von Marktchancen profitieren können.

- **Auftragsausführung:** Börsen unterstützen verschiedene Arten von Aufträgen, wie Marktaufträge, Limitaufträge und Stop-Loss-Aufträge. Diese Funktionen helfen Benutzern, Trades basierend auf ihren Strategien und Vorlieben auszuführen.

- **Sicherheitsmaßnahmen:** Renommierte Börsen implementieren verschiedene Sicherheitsmaßnahmen, einschließlich Zwei-Faktor-Authentifizierung (2FA), Kaltlagerung für Mittel und regelmäßigen Sicherheitsprüfungen, um die Vermögenswerte der Benutzer zu schützen.

- **Zusätzliche Dienstleistungen:** Einige Börsen bieten zusätzliche Funktionen wie Staking, Kreditvergabe, Futures-Handel und Margin-Handel an. Sie können auch Bildungsressourcen und Werkzeuge für die Marktanalyse bereitstellen.

Arten von Kryptowährungsbörsen:

- **Zentralisierte Börsen (CEXs):** Von zentralisierten Einheiten betrieben, übernehmen diese Börsen Transaktionen und die Verwahrung von Geldern. Beispiele sind Binance, Coinbase und Kraken. Sie bieten hohe Liquidität und Benutzerunterstützung, erfordern jedoch, dass Benutzer der Börse ihr Vertrauen in ihre Mittel setzen.

- **Dezentralisierte Börsen (DEXs):** Arbeiten in einem dezentralen Netzwerk ohne Zwischenhändler. Beispiele sind Uniswap und SushiSwap. Sie ermöglichen es Benutzern, direkt miteinander zu handeln, oft mit erhöhter Privatsphäre, können jedoch geringere Liquidität und höhere Gebühren aufweisen.

- **Hybride Börsen:** Kombinieren Funktionen sowohl zentralisierter als auch dezentralisierter Börsen. Sie zielen darauf ab, die Vorteile beider Systeme zu bieten, wie hohe Liquidität und dezentrale Kontrolle.

Arten von Wallets: Hot vs. Cold

Kryptowährungs-Wallets sind wesentliche Werkzeuge zur Verwaltung und Sicherung digitaler Vermögenswerte. Sie speichern die Schlüssel, die den Zugriff auf Ihre Kryptowährungsbestände ermöglichen, und sind entscheidend für die Ausführung von Transaktionen. Die Wahl zwischen einem Hot Wallet und einem Cold Wallet hängt von Ihren Prioritäten hinsichtlich Zugänglichkeit und Sicherheit ab [215].

Hot Wallets

Hot Wallets sind mit dem Internet verbunden, was sie für häufige Transaktionen praktisch macht. Sie können über Software-Anwendungen auf Ihrem Computer oder Smartphone aufgerufen werden. Hier sind einige wichtige Merkmale [215]:

• **Kosten:** Hot Wallets sind in der Regel kostenlos zu nutzen, und einige bieten sogar zusätzliche Funktionen wie Zinsen auf gespeicherte Krypto-Vermögenswerte. Dies macht sie zu einer kosteneffizienten Wahl für aktive Trader.

• **Komfort:** Diese Wallets sind ideal für regelmäßige Transaktionen, da sie immer mit dem Internet verbunden sind. Diese Konnektivität ermöglicht es Benutzern, Kryptowährungen schnell zu senden, zu empfangen und zu handeln.

• **Maximale Anzahl von Kryptowährungen:** Hot Wallets können eine Vielzahl von Kryptowährungen unterstützen, von einzelnen Assets bis hin zu Tausenden, je nach Plattform.

• **Cybersicherheit:** Hot Wallets bieten durchschnittliche Sicherheit. Da sie mit dem Internet verbunden sind, sind sie potenziell anfällig für Hacking und Cyberangriffe. Sie enthalten jedoch häufig Sicherheitsfunktionen wie Verschlüsselung und Zwei-Faktor-Authentifizierung.

• **Schutz vor Verlust:** Sie bieten in der Regel guten Schutz vor Verlust durch Backup- und Wiederherstellungsoptionen. Die meisten Hot Wallets erlauben den Zugriff von mehreren Geräten, was es einfacher macht, Mittel wiederherzustellen, wenn Ihr Gerät verloren geht oder gestohlen wird.

• **Einfacher Transfer zu Börsen:** Hot Wallets sind in dieser Hinsicht überlegen, da sie bereits mit dem Internet verbunden sind und nahtlose Übertragungen und Handel auf Börsen erleichtern.

Hier sind einige der gebräuchlicheren Hot Wallets und deren Angebote [216]:

• **Coinbase Wallet:** Dieses Wallet ist speziell für Nutzer der Coinbase-Börse konzipiert. Als Produkt einer der größten und renommiertesten Kryptowährungsbörsen ermöglicht Coinbase Wallet eine nahtlose Integration mit der Coinbase-Plattform. Es unterstützt eine Reihe von Kryptowährungen und bietet Funktionen wie integrierte Börsenfunktionen, was es zu einer praktischen Wahl für diejenigen macht, die stark in das Coinbase-Ökosystem investiert sind. Benutzer profitieren von der benutzerfreundlichen Oberfläche und den Sicherheitsmaßnahmen, die durch die Marke Coinbase unterstützt werden.

• **MetaMask:** MetaMask ist ein spezifisches Wallet-Ökosystem, das hauptsächlich für Ethereum und Ethereum-basierte Token (ERC-20-Token) entwickelt wurde. Es funktioniert als Browsererweiterung und mobile Anwendung und ermöglicht es Benutzern, direkt von ihrem Browser oder Handy mit dezentralen Anwendungen (dApps) zu interagieren. Die Unterstützung von Ethereum und die Kompatibilität mit verschiedenen dApps machen MetaMask zu einer beliebten Wahl für Benutzer, die im Bereich DeFi und Ethereum-basierter Projekte tätig sind. Die Integration mit Smart Contracts und anderen Ethereum-Diensten macht es zu einem vielseitigen Werkzeug für Ethereum-Enthusiasten.

• **Trust Wallet:** Trust Wallet ist ein nicht verwahrendes Wallet, das eine breite Palette von Kryptowährungen und Token unterstützt, mit Kompatibilität für über 300 digitale Vermögenswerte. Verfügbar auf sowohl Web- als auch mobilen Plattformen, bietet Trust Wallet ein hohes Maß an Inklusivität und Flexibilität. Die nicht verwahrende Natur bedeutet, dass Benutzer die volle Kontrolle über ihre privaten Schlüssel behalten, was Sicherheit und Datenschutz erhöht. Trust Wallet bietet auch Funktionen wie Staking innerhalb der App und Zugang zu dezentralen Börsen, was es für eine Vielzahl von Krypto-Nutzern attraktiv macht.

• **Exodus Wallet:** Exodus ist ein Software-Wallet, das für seine umfassende Unterstützung von Hunderten von Kryptowährungen bekannt ist. Es kombiniert eine benutzerfreundliche Oberfläche mit fortgeschrittenen Funktionen, wie integrierte Börsenfunktionen und Portfolio-Tracking. Exodus ist sowohl auf Desktop- als auch mobilen Plattformen verfügbar und somit für Benutzer zugänglich, die eine umfassende und visuell ansprechende Wallet-Lösung wünschen. Die integrierte Börsenfunktion ermöglicht es Benutzern, Kryptowährungen direkt innerhalb des Wallets zu handeln, was den Komfort erhöht.

Bei der Auswahl eines Hot Wallets sollten Benutzer Faktoren wie Design, Gebühren und Integration mit bestimmten Krypto-Börsen oder -Ökosystemen berücksichtigen. Jedes Wallet hat einzigartige Stärken, die unterschiedlichen Bedürfnissen gerecht werden, sei es Benutzerfreundlichkeit, umfassende Unterstützung für mehrere Kryptowährungen oder spezifische Funktionen, die auf bestimmte Plattformen abgestimmt sind. Eine gründliche Recherche zur Funktionalität und den Sicherheitsmaßnahmen jedes Wallets kann den Benutzern helfen, die beste Option für ihre Krypto-Aktivitäten auszuwählen.

Cold Wallets

Cold Wallets hingegen sind physische Geräte oder Papierformen, die Kryptowährungen offline speichern. Sie bieten ein höheres Sicherheitsniveau aufgrund ihrer fehlenden direkten Internetverbindung. Wichtige Merkmale sind [215]:

- **Kosten:** Cold Wallets erfordern einen Kauf, wobei die Preise von 50 bis 250 US-Dollar reichen. Trotz der anfänglichen Investition kann ihre verbesserte Sicherheit die Kosten durchaus rechtfertigen.

- **Am besten geeignet für:** Cold Wallets sind am besten für die langfristige Aufbewahrung und größere Mengen an Kryptowährungen geeignet, auf die Sie nicht häufig zugreifen müssen. Sie sind für Sicherheit und nicht für Bequemlichkeit konzipiert.

- **Maximale Anzahl von Kryptowährungen:** Cold Wallets können je nach Kapazität des Geräts von wenigen bis Tausenden von Kryptowährungen speichern.

- **Cybersicherheit:** Cold Wallets bieten ausgezeichnete Sicherheit, da sie offline sind und nicht aus der Ferne gehackt werden können. Die privaten Schlüssel werden in einer sicheren Umgebung aufbewahrt, die nicht online Bedrohungen ausgesetzt ist.

- **Schutz vor Verlust:** Während Cold Wallets robusten Schutz gegen Online-Angriffe bieten, bieten sie durchschnittlichen Schutz gegen physischen Verlust. Wenn ein Cold Wallet verloren geht oder beschädigt wird, können Sie Ihre Mittel in der Regel mithilfe einer Wiederherstellungsphrase wiederherstellen, benötigen jedoch ein neues Gerät, um auf sie zuzugreifen.

- **Einfachheit des Transfers zu Börsen:** Cold Wallets erfordern einen zusätzlichen Schritt, um online verbunden zu werden, häufig über eine USB-Verbindung, WLAN oder einen QR-Code. Dies macht sie im Vergleich zu Hot Wallets weniger bequem für häufige Transaktionen.

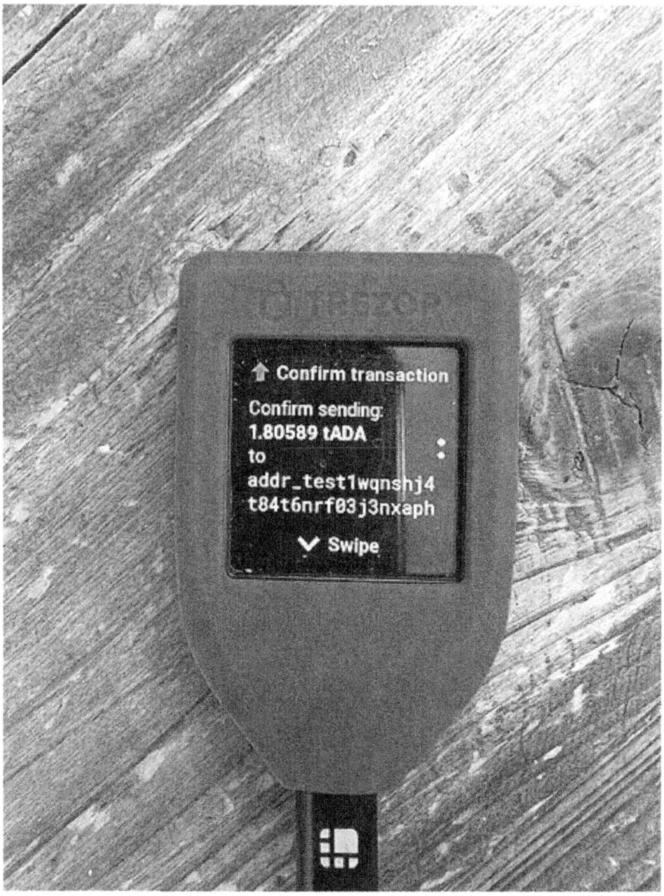

Abbildung 13: Ein Trezor Model T Hardware-Wallet, das eine Cardano Ada-Transaktion kurz vor der manuellen Bestätigung anzeigt. FlippyFlink, CC0, via Wikimedia Commons.

Papier-Kryptowährungs-Wallets bieten eine sichere Möglichkeit, digitale Vermögenswerte offline zu speichern und minimieren die Risiken von Online-Bedrohungen wie Hacking oder Phishing. Diese Wallets sind eine Form der "Cold Storage", was bedeutet, dass sie nicht mit dem Internet verbunden sind, was ihre Sicherheit erheblich erhöht. Hier ist eine detaillierte Erklärung, wie Papier-Wallets funktionieren und ihre wichtigsten Merkmale:

- Verständnis von Papier-Wallets Ein Papier-Wallet ist im Wesentlichen ein physisches Dokument, das die öffentlichen und privaten Schlüssel für Ihre Kryptowährung enthält. Diese Schlüssel sind kryptografische Zeichenfolgen aus

Buchstaben und Zahlen, die es Ihnen ermöglichen, Ihre digitalen Vermögenswerte zuzugreifen und zu verwalten. Der öffentliche Schlüssel fungiert wie eine Adresse, an die andere Kryptowährung senden können, während der private Schlüssel verwendet wird, um Transaktionen zu signieren und auf die Mittel zuzugreifen. Das Papier-Wallet ist so gestaltet, dass es diese Schlüssel offline sicher speichert und sie vor Online-Bedrohungen schützt.

- Erzeugen eines Papier-Wallets Um ein Papier-Wallet zu erstellen, verwenden Sie eine sichere, offline Methode, um ein Paar von öffentlichen und privaten Schlüsseln zu generieren. Dies kann mit verschiedenen Tools und Diensten erfolgen, oft mit spezifischen Schritten zur Sicherstellung der Sicherheit:
  - Offline-Generierung: Es ist wichtig, Ihre Schlüssel auf einem offline Computer oder Gerät zu erzeugen, um eine Exposition gegenüber potenzieller Malware oder Online-Bedrohungen zu verhindern. Viele Benutzer laden und verwenden Papier-Wallet-Generator-Tools herunter, die für den Offline-Betrieb konzipiert sind.
  - Erstellen des Wallets: Sie generieren das Schlüsselpaar und drucken oder notieren die öffentlichen und privaten Schlüssel auf Papier. Dieses Dokument enthält oft einen QR-Code für das einfache Scannen der Schlüssel.
  - Sicheres Drucken: Der Ausdruck sollte auf einem sicheren Drucker erfolgen, der vorzugsweise nicht mit dem Internet verbunden ist, um weitere Sicherheitsrisiken zu minimieren.
- Speichern und Verwenden von Papier-Wallets
  - Speichern des Wallets: Nach der Erstellung und dem Ausdruck des Papier-Wallets sollten Sie es an einem sicheren Ort aufbewahren, wie einem Schließfach oder einer sicheren Schublade. Es ist wichtig, es an einem Ort aufzubewahren, der vor physischen Schäden, Diebstahl oder Verlust geschützt ist.
  - Verwenden des Wallets: Um das Papier-Wallet zu verwenden, scannen Sie normalerweise die QR-Codes mit einer kompatiblen Wallet-Anwendung oder geben die Schlüssel manuell ein. Um beispielsweise eine Transaktion

durchzuführen, würden Sie den privaten Schlüssel in eine Software-Wallet oder eine Börse importieren, die den Import von Papier-Wallets unterstützt. Nach der Transaktion ist es wichtig, die Schlüssel sicher von jedem digitalen Gerät zu löschen, um unbefugten Zugriff zu verhindern.

- Vorteile von Papier-Wallets
    - Erhöhte Sicherheit: Papier-Wallets sind immun gegen Online-Hacking und Malware, da sie offline gespeichert sind. Dies macht sie zu einer sicheren Option für die langfristige Aufbewahrung von Kryptowährungen.
    - Kostenlos: Papier-Wallets sind kostenlos zu erstellen und zu verwenden und benötigen nur grundlegende Materialien wie Papier und einen Drucker.
    - Einfachheit: Sie bieten eine einfache Methode zur sicheren Speicherung Ihrer privaten Schlüssel, ohne zusätzliche Hardware zu benötigen.
- Nachteile und Risiken
    - Physische Schäden oder Verlust: Papier-Wallets sind anfällig für physische Schäden wie Wasser, Feuer oder allgemeine Abnutzung. Das Verlieren des Papier-Wallets bedeutet den Verlust des Zugriffs auf Ihre Mittel, da es keine Möglichkeit gibt, die Schlüssel wiederherzustellen.
    - Mangel an Komfort: Die Verwendung von Papier-Wallets für regelmäßige Transaktionen kann umständlich sein, da es notwendig ist, die Schlüssel jedes Mal manuell einzugeben oder zu scannen, wenn Sie auf Ihre Mittel zugreifen müssen.
    - Diebstahlrisiko: Wenn das Papier-Wallet nicht sicher aufbewahrt wird, kann es gestohlen werden. Jeder, der Zugriff auf den privaten Schlüssel hat, kann auf die damit verbundene Kryptowährung zugreifen.
- Beste Praktiken für Papier-Wallets
    - Verwenden Sie einen vertrauenswürdigen Generator: Stellen Sie sicher, dass Sie einen seriösen und sicheren Papier-Wallet-Generator verwenden. Es ist am besten, das Tool von einer offiziellen Website herunterzuladen und seine

Integrität zu überprüfen.

- Sicher Drucken: Verwenden Sie einen sicheren Drucker und vermeiden Sie es, das Gerät während des Druckvorgangs mit dem Internet zu verbinden.
- Sicher Aufbewahren: Bewahren Sie das Papier-Wallet an einem sicheren, trockenen Ort auf, der vor physischen und Umweltschäden geschützt ist.
- Backup: Erwägen Sie, mehrere Kopien des Papier-Wallets zu erstellen und diese an verschiedenen sicheren Orten aufzubewahren.

Abbildung 14: Ein ausdruckbares Bitcoin-Papier-Wallet mit QR-Code, das eine Bitcoin-Adresse zum Empfangen und den entsprechenden privaten Schlüssel zum Ausgeben enthält. FlippyFlink, CC BY-SA 4.0, über Wikimedia Commons.

Papier-Kryptowährungs-Wallets sind eine effektive Methode, um digitale Vermögenswerte offline zu sichern und Schutz vor Online-Bedrohungen und Hacking zu bieten. Sie bringen jedoch eigene Risiken in Bezug auf physische Sicherheit und Bequemlichkeit mit sich. Durch die Beachtung bewährter Methoden zur Erstellung, Aufbewahrung und Nutzung von Papier-Wallets können Sie Ihre Kryptowährungen schützen und sicher verwalten.

Die Wahl des richtigen Wallets

Die Entscheidung zwischen Hot- und Cold-Wallets beinhaltet einen Kompromiss zwischen Sicherheit und Bequemlichkeit. Hot-Wallets sind ideal für Benutzer, die einfachen Zugriff auf ihre Mittel benötigen und regelmäßige Transaktionen durchführen, während Cold-Wallets für diejenigen geeignet sind, die Sicherheit priorisieren und ihre Vermögenswerte langfristig aufbewahren.

Für einen ausgewogenen Ansatz verwenden viele Benutzer beide Arten von Wallets: Sie halten einen kleineren Betrag in einem Hot-Wallet für den täglichen Gebrauch und einen größeren Teil in einem Cold-Wallet für erhöhte Sicherheit. Diese Strategie hilft, Risiken zu mindern und gleichzeitig die Zugänglichkeit Ihrer Vermögenswerte zu erhalten.

Weitere Wallet-Optionen: Verwahr-Wallets

Verwahr-Wallets sind eine weitere Option, die von Drittanbieter-Online-Plattformen wie Kryptowährungsbörsen verwaltet werden. Diese Wallets bieten einen eher passiven Ansatz, da die Plattform die Sicherheit und Aufbewahrung Ihrer Mittel übernimmt. Sie bieten oft Vorteile wie Zinsen oder Belohnungen auf Ihre Bestände.

Vorteile:

- **Bequemlichkeit:** Einfacher Zugriff und Wiederherstellung, da die Börse das Wallet verwaltet.
- **Funktionen:** Einige Verwahr-Wallets bieten zusätzliche Dienste, einschließlich Zinszahlungen auf Krypto-Vermögenswerte.

Nachteile:

- **Sicherheitsrisiken:** Verwahr-Wallets können aufgrund der großen Mengen an Krypto, die sie verwalten, ein attraktives Ziel für Hacker darstellen. Sie bergen auch das Risiko von Plattformfehlern oder Unternehmensschließungen, die den Zugriff auf Ihre Mittel beeinträchtigen könnten.

Zusammenfassend lässt sich sagen, dass die Wahl des richtigen Kryptowährungs-Wallets von Ihren Bedürfnissen in Bezug auf Sicherheit, Bequemlichkeit und Zugänglichkeit abhängt. Das Verständnis der Unterschiede zwischen Hot- und Cold-Wallets sowie die Berücksichtigung von Verwahr-Wallets kann Ihnen helfen, eine informierte Entscheidung für die Verwaltung Ihrer digitalen Vermögenswerte zu treffen.

Wie Sie Ihre Kryptowährungs-Assets sichern

Die Sicherheit Ihrer Kryptowährungs-Assets hängt stark davon ab, wie Sie Ihre privaten Schlüssel aufbewahren. Cold Wallets, auch bekannt als Cold Storage, bieten eine sehr sichere Möglichkeit, diese Schlüssel zu schützen. Im Gegensatz zu Hot Wallets, die mit dem Internet verbunden sind und daher anfällig für Online-Bedrohungen sind, bleiben Cold Wallets offline, wodurch das Risiko von Hacking oder unbefugtem Zugriff erheblich reduziert wird [217].

Cold Wallets gibt es in verschiedenen Formen, wie Hardware-Geräte, die USB-Sticks ähneln, oder sogar fortschrittlichere Modelle, die wie Smartphones aussehen. Diese Geräte speichern Ihre privaten Schlüssel offline, was bedeutet, dass sie nicht potenziellen Online-Angriffen ausgesetzt sind. Kein Speichermedium ist jedoch völlig fehlerfrei, und Cold Wallets sind keine Ausnahme. Wenn Sie die Hardware-Wallet verlieren oder sie beschädigt wird, könnten Sie den Zugang zu Ihren Kryptowährungen dauerhaft verlieren, es sei denn, Sie haben ein sicheres Backup Ihrer Wiederherstellungsphrase [217].

Um Sicherheit und Zugänglichkeit auszugleichen, entscheiden sich viele Benutzer für eine Kombination aus Cold und Hot Wallets. Indem Sie den Großteil Ihrer Mittel in einem Cold Wallet aufbewahren und nur das, was Sie für sofortige Transaktionen benötigen, auf ein Hot Wallet übertragen, minimieren Sie Ihre Exposition gegenüber Online-Bedrohungen. Dieser Ansatz stellt sicher, dass nur ein kleiner Teil Ihrer Assets gefährdet ist, wenn ein Hot Wallet kompromittiert wird.

Wenn Sie beispielsweise Kryptowährungen handeln oder häufig auf Mittel zugreifen müssen, bietet die Nutzung eines Hot Wallets für diese Zwecke, während der Großteil Ihrer Bestände im Cold Storage bleibt, eine praktische Balance. Sobald Transaktionen abgeschlossen sind, können Sie die verbleibenden Mittel zurück in das Cold Wallet transferieren, um die Sicherheit Ihrer langfristigen Investitionen zu gewährleisten.

Die meisten Menschen nutzen Kryptowährungsbörsen für Transaktionen aufgrund ihrer Bequemlichkeit. Börsen bieten Verwahrservices, was bedeutet, dass sie die Speicherung Ihrer privaten Schlüssel verwalten [217]. Renommierte Börsen haben oft robuste Sicherheitsmaßnahmen, einschließlich institutionellem Cold Storage und Versicherungen gegen Diebstahl. Plattformen wie Coinbase und Gemini bieten Sicherheitsstandards auf Unternehmensniveau und in einigen Fällen Versicherungen, um vor Verlusten aufgrund von Hacks oder anderen Sicherheitsverletzungen zu schützen.

Das Speichern Ihrer Kryptowährungen bei einer Börse birgt jedoch auch Risiken. Wenn die Börse kompromittiert wird oder pleitegeht, könnten Ihre Assets gefährdet sein. Im Gegensatz zu traditionellen Bankkonten, die von Institutionen wie der FDIC versichert sind, fehlt es an Kryptowährungsbeständen bei Börsen in der Regel an solchem Schutz. Während einige Börsen Versicherungen für bestimmte Arten von Verlusten anbieten, ist dieser Schutz oft begrenzt und deckt nicht alle potenziellen Szenarien ab, wie z.B. Verluste aufgrund kompromittierter Kontodaten.

Eine kluge Strategie zur Sicherung Ihrer Kryptowährungs-Assets besteht darin, eine Kombination von Speichermethoden zu verwenden. Durch die Aufbewahrung eines Teils Ihrer Assets im Cold Storage für langfristige Sicherheit und die Aufbewahrung einer kleineren Menge in einem Hot Wallet oder bei einer Börse für den Handel reduzieren Sie das Risiko im Zusammenhang mit Online-Bedrohungen, während Sie sicherstellen, dass Sie Zugang zu Mitteln für Transaktionen haben. Diese Methode hilft auch bei der Verwaltung von Handelsbeständen, da Sie nur den notwendigen Betrag in Ihr Hot Wallet oder Ihre Börse übertragen können, während der Rest im Cold Storage geschützt bleibt [217].

Für langfristige Investitionen ist Cold Storage die ideale Wahl. Stellen Sie sicher, dass Ihr Cold Wallet an einem sicheren, feuerfesten Ort aufbewahrt wird und dass Sie Backup-Kopien Ihrer Wiederherstellungsphrase haben. Regelmäßige Überprüfungen Ihres Wallets und das Aktualisieren von Backups nach Bedarf können dazu beitragen, Ihre Assets vor potenziellen Verlusten zu schützen.

Die Wahl zwischen Hot und Cold Wallets hängt von Ihren Bedürfnissen hinsichtlich Zugänglichkeit und Sicherheit ab. Cold Wallets bieten durch das Offline-Behalten Ihrer privaten Schlüssel einen überlegenen Schutz und reduzieren die Verwundbarkeit gegenüber Online-Bedrohungen. Die Kombination von Cold und Hot Wallets kann einen ausgewogenen Ansatz bieten, der den Großteil Ihrer Assets schützt und gleichzeitig bequemen Zugriff auf die für Transaktionen benötigten Mittel ermöglicht. Unabhängig von der gewählten Methode ist es entscheidend, die Kontrolle über Ihre privaten Schlüssel zu behalten und starke Sicherheitspraktiken umzusetzen, um Ihre Kryptowährungsinvestitionen zu sichern [217].

Erwartung von Betrügereien im Kryptowährungs-Investment

Der Kryptowährungsmarkt, der durch seine Vielzahl digitaler Vermögenswerte und minimale Regulierung gekennzeichnet ist, ist ein Hauptziel für Betrüger geworden [218]. Im Gegensatz zu traditionellen Finanzsystemen, die stärker reguliert und überwacht werden, operiert die Krypto-Welt in einem weitgehend unregulierten Umfeld, was sie zu einem attraktiven Raum für betrügerische Aktivitäten macht. Investoren in Kryptowährungen müssen außergewöhnliche Vorsicht walten lassen und wachsam gegenüber Betrügereien sein, die die Komplexität und Neuartigkeit digitaler Vermögenswerte ausnutzen. Die folgenden Informationen beschreiben die häufigsten Arten von Betrügereien und wie sich Investoren schützen können:

Häufige Kryptowährungs-Betrügereien

1. **Giveaway-Betrügereien**

Ein weit verbreitetes Betrugsschema im Krypto-Bereich sind betrügerische Give-away-Programme. Betrüger versprechen außergewöhnliche Renditen durch angebliche „Investmentfonds", Empfehlungen von „erfahrenen Managern" oder Werbeaktionen mit Prominenten oder großen Investmentfirmen. In diesen Programmen bieten die Betrüger zunächst eine kleine Rendite an, um die Opfer dazu zu verleiten, mehr zu investieren, und verschwinden dann, wenn ein erheblicher Betrag investiert wurde. In anderen Fällen kann der Betrug darin bestehen, einfach die anfängliche Zahlung einzuziehen, ohne irgendwelche Renditen zu liefern. Diese Betrügereien nutzen die Verlockung hoher Gewinne und die Glaubwürdigkeit angeblicher Empfehlungen aus, um Investoren zu täuschen [218].

1. **Wertaufblähung**

Wertaufblähungs-Betrügereien richten sich an Investoren mit neuen Münzen oder Token, die angeblich rasant an Wert gewinnen. Betrüger erzeugen die Illusion eines schnell wertvoll werdenden Vermögenswerts und überzeugen Investoren, Geld in diese Token zu stecken. Diese Token sind jedoch oft wertlos oder darauf ausgelegt, Investoren zu fangen, sodass es unmöglich ist, ihre Investitionen zu liquidieren. Der Wert des Tokens mag kontinuierlich steigen, aber dies ist lediglich eine Fassade, um mehr Investitionen anzuziehen. Sobald Investoren engagiert sind, stellen sie fest, dass ihre Investitionen nicht eingelöst oder abgehoben werden können, was zu erheblichen finanziellen Verlusten führt [218].

1. **Romance-Betrügereien**

Romance-Betrügereien sind eine persönlichere Form des Betrugs, die emotionale Verbindungen ausnutzt. Betrüger knüpfen Beziehungen zu Opfern über Dating-Plattformen wie Tinder und bringen nach dem Gewinn ihres Vertrauens das Thema Investitionsmöglichkeiten zur Sprache. Die Betrüger manipulieren das Opfer dann dazu,

Geld zu investieren oder persönliche Finanzdaten unter dem Vorwand einer romantischen Geste bereitzustellen. Die emotionale Verbindung hilft, die Abwehr des Opfers zu senken, wodurch es anfälliger für betrügerische Investitionsschemen wird [218].

1. **Gefälschte Kryptowährungsbörsen oder Investmentplattformen**

Gefälschte Kryptowährungsbörsen und Investmentplattformen sind ein weiteres häufiges Betrugsschema. Diese Plattformen ahmen legitime Dienste nach, um Benutzer dazu zu bringen, ihre Kryptowährungs-Wallet-Daten einzugeben. Im Gegensatz zu Phishing-Schemata, die auf Kreditkarteninformationen abzielen, konzentrieren sich diese Betrügereien auf den Zugriff auf Krypto-Wallets. Sobald die Betrüger die Wallet-Daten erhalten haben, können sie die Mittel stehlen. Diese betrügerischen Plattformen sehen oft authentisch aus und verwenden ausgeklügelte Taktiken, um das Aussehen und die Funktionalität echter Börsen zu replizieren [218].

Schutzmethoden

1. **Überprüfen Sie die Legitimität von Firmen und Angeboten**

Zum Schutz vor Betrügereien sollten Sie immer gründlich die Legitimität jeder Firma, Person oder Website überprüfen, die Investitionsmöglichkeiten anbietet. Betrüger erstellen oft überzeugende Fassaden, daher ist es wichtig, gründliche Recherchen durchzuführen, bevor Sie sich auf finanzielle Transaktionen einlassen. Stellen Sie sicher, dass jede Entität, mit der Sie zu tun haben, seriös ist und eine nachweisliche Erfolgsbilanz hat [218].

1. **Vermeiden Sie übereilte Entscheidungen**

Betrüger wenden häufig Drucktaktiken an, um Opfer zu schnellen Entscheidungen zu drängen. Vermeiden Sie es, übereilte Investitionen zu tätigen, und nehmen Sie sich die Zeit, neue Möglichkeiten sorgfältig zu bewerten. Betrüger nutzen Dringlichkeit, um Sie daran zu hindern, die notwendige Sorgfalt walten zu lassen, daher sollten Sie sich die Zeit nehmen, die Legitimität der Investition zu überprüfen [218].

1. **Ignorieren Sie unerwartete Angebote**

Seien Sie vorsichtig bei unaufgeforderten Angeboten oder Investitionsmöglichkeiten, die über soziale Medien, E-Mails oder Instant Messaging kommen. Wenn Sie das Angebot nicht selbst gesucht haben, handelt es sich wahrscheinlich um einen Betrug. Verschwendung Sie keine Zeit mit der Untersuchung jedes unaufgeforderten Angebots;

konzentrieren Sie sich stattdessen auf Angebote, die Sie aktiv verfolgt oder recherchiert haben [218].

1. **Verwenden Sie Anti-Phishing-Schutz**

Implementieren Sie Anti-Phishing-Schutz auf allen Ihren Geräten, um sich gegen betrügerische Websites und Phishing-Versuche zu schützen. Werkzeuge wie Kaspersky Premium können helfen, indem sie den Zugang zu bekannten Fake-Seiten blockieren und zusätzliche Sicherheitsschichten bieten. Stellen Sie sicher, dass alle Geräte, einschließlich Computer und Smartphones, über robusten Schutz gegen Phishing-Betrügereien verfügen.

1. **Verwenden Sie ein zuverlässiges VPN**

Obwohl ein VPN allein nicht vor Phishing oder Betrug schützt, kann es vor Website-Spoofing und Überwachung schützen, insbesondere beim Nutzen öffentlicher WLAN-Netzwerke in Orten wie Cafés, Flughäfen oder Hotels. Ein VPN verschlüsselt Ihre Internetverbindung und bietet eine zusätzliche Sicherheitsebene beim Zugriff auf Kryptowährungs-Konten und bei der Durchführung von Transaktionen.

In der unregulierten und schnelllebigen Welt der Kryptowährungen stellen Betrügereien ein weit verbreitetes und ernstes Risiko dar. Durch das Verständnis der häufigsten Betrugstypen und die Umsetzung effektiver Schutzmaßnahmen können Sie die Wahrscheinlichkeit verringern, Opfer von Betrug zu werden. Überprüfen Sie immer die Authentizität von Investitionsmöglichkeiten, vermeiden Sie übereilte Entscheidungen und nutzen Sie Sicherheitswerkzeuge, um Ihre Assets zu schützen. Proaktives und vorsichtiges Handeln ist entscheidend, um sich im komplexen Umfeld des Kryptowährungs-Investments zurechtzufinden [218].

Schützen Sie Ihren Computer und Ihr Telefon

Der Schutz Ihres Computers und Telefons ist entscheidend, um Ihre Kryptowährungen und Token vor Diebstahl und anderen Cyberbedrohungen zu bewahren. Cyberkriminelle können verschiedene Taktiken anwenden, um unbefugten Zugriff auf Ihre digitalen Vermögenswerte zu erlangen. Das Verständnis dieser Methoden hilft bei der Implementierung effektiver Gegenmaßnahmen [218].

Arten von Bedrohungen

Kriminelle können Schwachstellen in Ihren Geräten ausnutzen, um Ihre Kryptowährungsbestände auf verschiedene Weise zu gefährden [218]:

1. **Abfangen von Wallet-Passwörtern**: Angreifer können Malware installieren, die Tastatureingaben aufzeichnet oder Daten erfasst, die in Websites eingegeben werden. Durch das Übernehmen Ihrer Sitzung können sie Zugriff auf Ihre Kryptowährungsbörsenkonten erlangen. Sobald sie Ihre Anmeldedaten haben, können sie Ihre Vermögenswerte direkt stehlen.

2. **Adressenaustausch**: Eine gängige Taktik besteht darin, Malware zu verwenden, die die Empfängeradresse in Ihrer Zwischenablage verändert. Wenn Sie eine Wallet-Adresse für eine Transaktion kopieren und einfügen, ändert die Malware sie in eine, die vom Angreifer kontrolliert wird. Diese Täuschung bleibt oft unbemerkt, da Kryptowährungsadressen lang und komplex sind, wodurch Ihre Gelder an die falsche Wallet gesendet werden.

3. **Cryptojacking**: Dabei wird heimlich Mining-Software auf Ihrem Computer installiert, die die Ressourcen Ihres Systems nutzt, um Kryptowährung für den Angreifer zu minen. Dieses „Cryptojacking" kann ohne Ihr Wissen erfolgen und Ihr Gerät erheblich verlangsamen. Monero ist ein beliebtes Ziel für solche Angriffe aufgrund der niedrigen Ressourcenanforderungen seines Mining-Algorithmus.

4. **Exploits von Mining-Anwendungen**: Wenn Sie eine Mining-Anwendung verwenden, um Kryptowährung zu generieren, könnten Angreifer die Anwendung so verändern, dass Ihre Erträge in ihre eigenen Wallets umgeleitet werden. Dies kann durch bösartige Updates oder durch Trojaner-Versionen legitimer Mining-Software geschehen.

5. **Gefälschte oder Trojanisierte Kryptowährungs-Apps**: Betrüger können betrügerische Apps erstellen, die wie legitime Kryptowährungs-Wallets oder Handelsplattformen aussehen. Nach der Installation können diese Apps Ihre privaten Schlüssel oder Anmeldedaten stehlen, was zum Verlust Ihrer digitalen Vermögenswerte führt. Ein Beispiel sind gefälschte Spiele, die Kryp-

towährungsbelohnungen versprechen, aber darauf abzielen, Ihre Gelder zu stehlen.

Schutzmethoden

Um sich gegen diese Bedrohungen zu verteidigen, sollten Sie die folgenden Strategien in Betracht ziehen [218]:

1. **Verwenden Sie umfassende Cybersicherheitslösungen**: Setzen Sie ein robustes Cybersicherheitsprogramm ein, das Funktionen wie Anwendungsüberwachungsfunktionen, hohe Malware-Erkennungsraten, Schutz vor Keyloggern und sichere Passworteingabe umfasst. Werkzeuge wie Kaspersky Premium bieten umfassenden Schutz, einschließlich Schutz vor Fernzugriffen, Browsersicherheit und automatischen Updates für Softwareanfälligkeiten.

2. **Halten Sie strikte Gerätehygiene ein**: Laden Sie Apps nur aus vertrauenswürdigen Quellen herunter, wie offiziellen App-Stores, und vermeiden Sie die Verwendung unbekannter oder geknackter Software, da dies häufig Vektoren für Malware sind. Aktualisieren Sie regelmäßig Ihre Software, um Schwachstellen zu beheben und Ausnutzung zu verhindern.

3. **Beschränken Sie den Zugriff auf Ihre Geräte**: Beschränken Sie die Nutzung Ihrer Geräte für Kryptowährungs-Transaktionen auf autorisierte Personen. Verwenden Sie starke Passwörter und stellen Sie Ihre Geräte so ein, dass sie sich nach einer Inaktivitätsperiode automatisch sperren. Implementieren Sie die vollständige Festplattenverschlüsselung, wie Bitlocker, um Ihre Daten vor unbefugtem Zugriff zu schützen.

Durch die Umsetzung dieser Schutzmaßnahmen können Sie das Risiko, Ihre Kryptowährungsbestände durch Cyberbedrohungen zu verlieren, erheblich reduzieren. Sicherzustellen, dass Ihre Geräte sicher sind und dass Sie bewährte Methoden für digitale Sicherheit befolgen, wird dazu beitragen, Ihre Investitionen zu schützen.

Erstellen Sie mehrere Krypto-Asset-Repositorien

Um große Mengen an Kryptowährung zu verwalten und zu schützen, ist es entscheidend, mehrere Repositorien für Ihre Vermögenswerte einzurichten. Das Speichern großer Beträge ausschließlich in „heißen“ Wallets – Online-Speichern oder Geräten, die mit dem Internet verbunden sind – bietet zwar bequemen Zugriff, erhöht jedoch erheblich das Risiko von Diebstahl und Hacking. Als Best Practice sollten Investoren nur einen kleinen Teil ihrer Vermögenswerte in heißen Wallets für betriebliche Bedürfnisse aufbewahren und den Großteil in eine „kalte“ Wallet übertragen, die vollständig offline ist. Kalte Wallets, die oft USB-Sticks ähneln, bieten eine sicherere Möglichkeit zur Aufbewahrung von Krypto-Assets, da sie nicht mit dem Internet verbunden sind, wodurch das Risiko von Cyber-Bedrohungen reduziert wird [218].

Methoden zum Schutz von Vermögenswerten in einer kalten Wallet

1. **Wählen Sie ein sicheres Modell**: Wählen Sie ein renommiertes und sicheres Modell einer kalten Wallet. Es ist wichtig, die Sicherheitsmerkmale verschiedener Modelle zu recherchieren und zu überprüfen. Suchen Sie nach Informationen über potenzielle Schwachstellen und Sicherheitsbewertungen. Einige Modelle kalter Wallets können bekannte Schwächen haben, daher ist es entscheidend, ein Modell auszuwählen, das gründlich auf Sicherheit geprüft und getestet wurde [218].

2. **Kauf bei vertrauenswürdigen Quellen**: Kaufen Sie kalte Wallets nur von autorisierten und vertrauenswürdigen Verkäufern. Betrüger haben bekannte gefälschte Wallets erstellt, die wie die von bekannten Marken aussehen, und diese über Online-Auktionen oder Foren verkauft. Stellen Sie sicher, dass Sie von einer legitimen Quelle kaufen, um nicht Opfer dieser Betrügereien zu werden [218].

3. **Verwenden Sie einen sicheren Computer für Transaktionen**: Führen Sie alle Wallet-Transaktionen auf einem persönlichen Computer durch, von dem Sie wissen, dass er sicher ist. Vermeiden Sie es, öffentliche oder gemeinsam genutzte Geräte zu verwenden, um Ihre Kryptowährung zu verwalten, da diese möglicherweise kompromittiert oder unsicher sein könnten [218].

4. **Lagern Sie die Wallet sicher**: Schützen Sie die physische kalte Wallet selbst. Der Verlust der Wallet entspricht dem Verlust des Zugriffs auf Ihre Mittel.

Erwägen Sie sichere Aufbewahrungsoptionen wie einen Safe oder ein sicheres Zuhause. Berücksichtigen Sie Risiken wie Diebstahl, versehentlichen Verlust, Feuer oder Naturkatastrophen. Die Sicherheit des physischen Geräts ist ebenso wichtig wie der Schutz der digitalen Sicherheit [218].

5. **Erstellen Sie ein starkes, einzigartiges Passwort**: Sichern Sie Ihre kalte Wallet mit einem starken, einzigartigen Passwort. Dieses Passwort sollte schwer zu erraten und nicht leicht zu vergessen sein. Vermeiden Sie es, das Passwort mit jemandem zu teilen, und stellen Sie sicher, dass es nicht auf eine Weise gespeichert wird, die von Unbefugten leicht zugänglich ist. Verwenden Sie bei Bedarf einen Passwort-Manager, um komplexe Passwörter sicher zu verwalten [218].

Durch die Umsetzung dieser Strategien können Sie die Sicherheit Ihrer Kryptowährungs-Assets erheblich verbessern und Risiken im Zusammenhang mit Online-Diebstahl und Verlust mindern.

Achten Sie auf Passwörter und Schlüssel

Der Schutz von Passwörtern und Seed-Phrasen ist entscheidend, um Kryptowährungsbestände zu sichern, da der Verlust oder Diebstahl dieser Anmeldeinformationen zu einem unwiderruflichen Verlust von Vermögenswerten führen kann. Um solche Szenarien zu vermeiden, ist es wichtig, strenge Praktiken für die Erstellung und Verwaltung von Passwörtern und Schlüsseln zu befolgen [218].

Schutzmethoden:

1. **Verwenden Sie lange und einzigartige Passwörter:** Um die Sicherheit zu erhöhen, verwenden Sie lange, komplexe und einzigartige Passwörter für jedes Konto und jeden Dienst, den Sie nutzen. Vermeiden Sie leicht erratbare oder gängige Passwörter, da diese anfälliger für Brute-Force-Angriffe sind. Das Speichern dieser Passwörter in einem verschlüsselten Passwort-Manager bietet eine bequeme und sichere Möglichkeit, mehrere Anmeldeinformationen zu verwalten. Passwort-Manager wie die in Kaspersky Premium enthaltenen können Passwörter über alle Ihre Geräte hinweg synchronisieren, während sie verschlüsselt bleiben [218].

2. **Zwei-Faktor-Authentifizierung (2FA):** Aktivieren Sie die Zwei-Faktor-Authentifizierung, wo immer möglich, um eine zusätzliche Sicherheitsebene hinzuzufügen. Bevorzugen Sie hardwarebasierte 2FA-Methoden, wie z.B. einen USB-Schlüssel oder eine spezielle mobile App, gegenüber SMS-basierter Authentifizierung, die anfällig für Abfangen ist. Hardware-Schlüssel und Authentifizierungs-Apps bieten eine sicherere Möglichkeit zur Bestätigung Ihrer Identität und zum Schutz vor unbefugtem Zugriff [218].

3. **Überprüfen Sie regelmäßig auf kompromittierte Anmeldeinformationen:** Die regelmäßige Überwachung Ihrer Anmeldeinformationen ist wichtig, um potenzielle Kompromittierungen zu erkennen. Werkzeuge wie der Passwort-Check von Kaspersky Premium können Sie warnen, wenn Ihre Passwörter in einem Datenleck offengelegt wurden oder schwach sind. Dieser Dienst verwendet den SHA-256-Kollisionsalgorithmus, um auf Kompromittierungen zu prüfen, ohne Ihre Passwörter über das Internet zu senden [218].

4. **Überprüfung von Datenlecks:** Nutzen Sie Dienste, die das Internet und das Dark Web nach geleakten persönlichen Daten durchsuchen. Der Data Leak Checker von Kaspersky Premium kann Sie informieren, wenn Ihre Passwörter oder sensiblen Informationen, wie z.B. Krypto-Wallet-Anmeldeinformationen, in öffentlichen Datenlecks exponiert sind. Dieser proaktive Ansatz hilft, das Risiko von Identitätsdiebstahl und unbefugtem Zugriff zu mindern [218].

5. **Sichere Aufbewahrung sensibler Dokumente:** Verwenden Sie Werkzeuge wie Kasperskys Identity Protection Wallet, um sensible Dokumente, einschließlich Passdetails und Krypto-Wallet-Seed-Phrasen, sicher zu speichern. Dieser verschlüsselte Cloud-Speicher stellt sicher, dass Ihre Informationen vor unbefugtem Zugriff geschützt sind und über Ihre Geräte hinweg synchronisiert werden [218].

6. **Verschlüsseln Sie sensible Daten:** Wandeln Sie sensible Daten, wie z.B. Kryptowährungs-Anmeldeinformationen, mit Verschlüsselungstools wie Kasperskys Secret Vault in ein unlesbares Format um. Diese lokale Speichermethode stellt sicher, dass Ihre Daten auf der Festplatte Ihres Geräts verschlüsselt sind und nicht in der Cloud, was das Risiko von Online-Angriffen verringert [218].

Hier sind Beispiele für andere Werkzeuge und Praktiken zum Schutz von Passwörtern, zur Verwendung von Zwei-Faktor-Authentifizierung (2FA) und zum Schutz sensibler Daten:

1. Verwenden Sie lange und einzigartige Passwörter:

Passwort-Manager:

- **LastPass:** Bietet eine sichere und verschlüsselte Möglichkeit zur Speicherung und Verwaltung Ihrer Passwörter. Es enthält Funktionen zur Passworterstellung und Synchronisierung über Geräte hinweg.

- **1Password:** Bietet verschlüsselte Passwortspeicherung und die Möglichkeit, starke, einzigartige Passwörter zu erstellen und zu verwalten. Es integriert sich auch mit mehreren Geräten.

- **Bitwarden:** Ein Open-Source-Passwort-Manager, der Passwörter sicher speichert und über Geräte hinweg synchronisiert. Er enthält Funktionen zur Passworterstellung und Unterstützung von Zwei-Faktor-Authentifizierung.

2. Zwei-Faktor-Authentifizierung (2FA):

Hardwarebasierte 2FA:

- **YubiKey:** Ein Hardware-Sicherheitsschlüssel, der verschiedene Authentifizierungsmethoden unterstützt, einschließlich U2F (Universal 2nd Factor) und FIDO2. Er bietet robusten Schutz gegen Phishing und Kontoübernahmen.

- **Thetis FIDO U2F Security Key:** Eine weitere Hardware-Option, die U2F unterstützt und für sicheren Login bei verschiedenen Konten verwendet werden kann.

Mobile Apps:

- **Google Authenticator:** Eine weit verbreitete mobile App, die zeitbasierte Einmalpasswörter (TOTPs) für die Zwei-Faktor-Authentifizierung erzeugt.

- **Authy:** Eine mobile App, die 2FA-Codes bereitstellt und Cloud-Backup sowie Mehrgeräteunterstützung umfasst.

- **Microsoft Authenticator:** Bietet sowohl TOTP als auch Push-basierte 2FA mit Funktionen für Cloud-Backup und Gerätesicherung.

3. Überprüfen Sie regelmäßig auf kompromittierte Anmeldeinformationen:
Überwachungswerkzeuge für Anmeldeinformationen:

- **Have I Been Pwned:** Ein Dienst, der es Ihnen ermöglicht zu überprüfen, ob Ihre E-Mail-Adressen oder Passwörter in bekannten Datenlecks betroffen sind.

- **Pwned Passwords:** Ein Tool von Have I Been Pwned, mit dem Sie überprüfen können, ob Ihre Passwörter in Datenlecks exponiert wurden.

- **Firefox Monitor:** Ein Dienst, der überprüft, ob Ihre E-Mail-Adressen in Datenlecks beteiligt sind und Sie warnt, wenn Ihre Informationen offengelegt wurden.

4. Überprüfung von Datenlecks:
Benachrichtigungsdienste für Datenlecks:

- **BreachAlarm:** Überwacht Datenlecks und warnt Sie, wenn Ihre E-Mail-Adressen oder andere persönliche Informationen exponiert sind.

- **Identity Guard:** Bietet Überwachung von Datenlecks und warnt Sie vor möglichen Lecks Ihrer persönlichen Informationen.

- **SpyCloud:** Bietet Überwachung des Dark Web und Datenleck-Erkennungsdienste, um Sie zu benachrichtigen, wenn Ihre Anmeldeinformationen kompromittiert sind.

5. Sichere Aufbewahrung sensibler Dokumente:
Verschlüsselte Cloud-Speicherung:

- **NordLocker:** Ein Tool, das sicheren Cloud-Speicher mit Verschlüsselung für sensible Dokumente und Dateien bietet.

- **Tresorit:** Bietet End-to-End-verschlüsselten Cloud-Speicher für Dateien, einschließlich sensibler Dokumente wie Passdetails und Krypto-Wallet-Informationen.

- **Boxcryptor:** Verschlüsselt Dateien, die in Cloud-Diensten wie Dropbox, Google Drive und OneDrive gespeichert sind, um sicherzustellen, dass Ihre sensiblen Daten geschützt sind.

6. Verschlüsseln Sie sensible Daten:

Verschlüsselungstools:

- **VeraCrypt:** Ein Open-Source-Tool zur Festplattenverschlüsselung, das verschlüsselte Volumes erstellen kann, um sensible Daten auf Ihrer lokalen Festplatte sicher zu speichern.
- **BitLocker:** Ein integriertes Verschlüsselungstool für Windows, das vollständige Festplattenverschlüsselung bietet, um sensible Daten auf Ihrer Festplatte zu schützen.
- **AxCrypt:** Bietet Datei-Verschlüsselung mit AES-256-Verschlüsselung und ermöglicht es Ihnen, einzelne Dateien und Ordner auf Ihrem Gerät zu sichern.

Auswahl und Nutzung einer Kryptowährungsbörse

Kryptowährungsbörsen erleichtern den Handel mit Kryptowährungen, indem sie den Nutzern ermöglichen, digitale Vermögenswerte zu kaufen, zu verkaufen und zu tauschen. Diese Börsen funktionieren ähnlich wie traditionelle Finanzmärkte, sind jedoch auf die speziellen Bedürfnisse digitaler Währungen zugeschnitten.

Der Kryptowährungsmarkt hat einen Wert von über einer Billion Dollar erreicht, angetrieben durch ein wachsendes Interesse an digitalen Währungen und dezentraler Finanzen (DeFi). Dieser Anstieg des Wertes und des Interesses hat zur Entstehung von Hunderten, wenn nicht Tausenden neuer virtueller Währungen geführt. Infolgedessen suchen Krypto-Investoren zunehmend nach Plattformen, die es ihnen ermöglichen, diese digitalen Vermögenswerte effizient und sicher zu handeln. Kryptowährungsbörsen, ähnlich wie traditionelle Aktien- und Rohstoffbörsen, dienen als Plattformen, auf denen Teilnehmer verschiedene Kryptowährungen handeln können [219-221].

Funktionsweise von Kryptowährungsbörsen

Kryptowährungsbörsen erleichtern das Kaufen, Verkaufen und Tauschen von digitalen Vermögenswerten, ähnlich wie Aktienbörsen mit Aktien und Rohstoffen arbeiten. Diese Plattformen sind über mobile Apps oder Desktop-Anwendungen zugänglich, ähnlich wie E-Brokerage-Dienste, und bieten Nutzern eine Vielzahl von Handelswerkzeugen. Die Börsen unterstützen verschiedene Arten von Handelsaktivitäten, einschließlich Margin-Handel, Futures und Optionen.

Das Betriebsmodell von Kryptowährungsbörsen beinhaltet das Matching von Käufern und Verkäufern. Händler können entweder Markt- oder Limitaufträge platzieren. Ein Marktauftrag wird sofort zum besten verfügbaren Preis ausgeführt, während ein Limitauftrag einen spezifischen Preis festlegt, zu dem der Handel ausgeführt werden soll, abhängig von den Marktbedingungen [219-221].

Arten von Börsen

1. **Zentralisierte Börsen (CEXs):** Zentralisierte Börsen wie Binance und Coinbase sind die häufigsten Plattformen. Nutzer erstellen Konten, hinterlegen Gelder und führen Transaktionen über die Benutzeroberfläche der Börse durch. Diese Börsen übernehmen die Verwahrung der Vermögenswerte und ordnen Kauf- und Verkaufsaufträge über ein internes Orderbuch. Sie erheben Gebühren basierend auf dem Transaktionsvolumen und der Art des Handels. Zentralisierte Börsen unterliegen regulatorischer Aufsicht und bieten in der Regel eine benutzerfreundliche Erfahrung.

2. **Dezentralisierte Börsen (DEXs):** Dezentralisierte Börsen wie Uniswap und PancakeSwap arbeiten ohne zentrale Autorität. Sie nutzen Smart Contracts, um den direkten Peer-to-Peer-Handel von Wallets der Nutzer zu ermöglichen. DEXs verlassen sich auf Liquiditätspools, um den Handel zu ermöglichen, und die Nutzer interagieren direkt mit diesen Pools ohne Zwischenhändler. Dieses Modell erhöht die Privatsphäre, kann jedoch für Anfänger weniger intuitiv sein.

3. **Hybride Börsen:** Hybride Börsen kombinieren Merkmale von zentralisierten und dezentralisierten Modellen. Sie zielen darauf ab, die Liquidität und Benutzerfreundlichkeit zentralisierter Börsen zu bieten, während sie dezentrale Abwicklungsfunktionen integrieren.

Handel auf Kryptowährungsbörsen

Beim Handel auf einer Kryptowährungsbörse müssen die Nutzer zunächst registrieren und einen Know-Your-Customer (KYC)-Prozess zur Verifizierung ihrer Identität durchlaufen. Nach erfolgreicher Verifizierung können die Nutzer Gelder auf ihre Konten einzahlen, beispielsweise durch Banküberweisungen, Kredit- oder Debitkarten und sogar Geschenkkarten. Nach der Einzahlung können die Nutzer Kryptowährungen wie Bitcoin (BTC), Ethereum (ETH) oder andere digitale Vermögenswerte handeln.

Zum Beispiel, wenn ein Investor Bitcoin im Wert von 10.000 US-Dollar kaufen möchte, würde er folgende Schritte ausführen: eine zuverlässige Börse auswählen, sich registrieren und ein Konto eröffnen, Gelder einzahlen, Bitcoin als zu kaufendes Asset auswählen, den Betrag festlegen und die Transaktion abschließen. Anschließend kann der Transaktionsstatus im Nutzerkonto überprüft werden.

Auftragstypen und Ausführung

Kryptowährungsbörsen unterstützen verschiedene Auftragstypen [219-221]:

- **Marktaufträge:** Diese Aufträge werden zum besten verfügbaren Preis am Markt ausgeführt. Sie sind ideal für sofortige Trades, garantieren jedoch keinen bestimmten Preis.

- **Limitaufträge:** Diese Aufträge werden nur ausgeführt, wenn die Kryptowährung einen festgelegten Preis erreicht. Sie gewährleisten einen gewünschten Preis, werden jedoch möglicherweise nicht sofort ausgeführt, wenn kein entsprechender Kauf- oder Verkaufsauftrag vorhanden ist.

Vorteile und Nachteile von Kryptowährungsbörsen

Vorteile:

- **Benutzerfreundlichkeit:** Kryptowährungsbörsen vereinfachen den Kauf und Verkauf digitaler Vermögenswerte und machen sie einem breiten Publikum zugänglich.

- **Legitime Transaktionen:** Sie bieten eine Plattform für legitime Transaktionen, oft mit regulatorischer Aufsicht.

- **Steuerberichterstattung:** Viele Börsen bieten Steuerformulare an, die den Nutzern bei der Berechnung ihrer Krypto-Steuern helfen.

Nachteile:

- **Sicherheitsrisiken:** Börsen sind anfällig für Hacks und Cyberdiebstahl, was zu einem Verlust von Geldern führen kann.
- **Insolvenzrisiken:** Wenn eine Börse insolvent wird, können die Nutzer möglicherweise keinen Zugang mehr zu ihren Geldern haben.
- **Mangelnde Kontrolle über private Schlüssel:** Nutzer halten typischerweise nicht die privaten Schlüssel zu ihren Vermögenswerten auf den Börsen, was die Sicherheit beeinträchtigen kann.

Kryptowährungsbörsen spielen eine wesentliche Rolle auf dem Markt für digitale Vermögenswerte, indem sie Plattformen für den Handel und die Verwaltung von Kryptowährungen bieten. Das Verständnis ihrer Funktionsweise, Typen und der damit verbundenen Risiken ist für alle, die am Handel mit Kryptowährungen beteiligt sind, von entscheidender Bedeutung.

Zentralisierte, Dezentrale und Hybride Börsen

1. Zentralisierte Börsen (CEXs)

Zentralisierte Börsen fungieren als Vermittler zwischen Käufern und Verkäufern von Kryptowährungen. Benutzer erstellen Konten auf diesen Plattformen, hinterlegen ihre Gelder und führen Transaktionen über die Benutzeroberfläche der Börse aus. Prominente Beispiele sind Binance, Coinbase und Kraken [219-221].

Funktion und Prozess: Zentralisierte Börsen funktionieren ähnlich wie traditionelle Aktienbörsen. Benutzer registrieren ein Konto und durchlaufen einen Identitätsverifizierungsprozess (KYC). Nach der Verifizierung hinterlegen sie Gelder, die entweder in Kryptowährung oder Fiat-Währung sein können, in ihrem Börsen-Wallet. Transaktionen werden über das Orderbuch der Plattform ausgeführt, wobei Kauf- und Verkaufsaufträge von der Matching-Engine der Börse abgeglichen werden. Nach Abschluss der Transaktionen können die Benutzer ihre Gelder auf persönliche Wallets oder Bankkonten abheben.

Zentralisierte Börsen werden von einer einzelnen Behörde verwaltet, die alle Transaktionen und Kontobewegungen überwacht. Diese zentrale Kontrolle ermöglicht eine effiziente Verwaltung der Handelsaktivitäten und bietet in der Regel eine höhere Liquidität, was bedeutet, dass Benutzer Vermögenswerte schnell kaufen und verkaufen können.

Vorteile:

- **Liquidität:** Zentralisierte Börsen bieten in der Regel hohe Liquidität, was schnellere Transaktionen und eine bessere Markttiefe ermöglicht.
- **Geldrückgewinnung:** Bei Problemen ist es allgemein möglich, Gelder zurückzuerhalten, da die zentrale Behörde die Transaktionen überwacht.
- **Transaktionsgeschwindigkeit:** Diese Börsen können aufgrund ihrer zentralisierten Infrastruktur eine hohe Anzahl an Transaktionen schnell abwickeln.

Nachteile:

- **Sicherheitsrisiken:** Zentralisierte Börsen sind anfällig für Hacks, da sie eine große Menge an Benutzerdaten und Geldern auf zentralen Servern speichern.
- **Manipulationsrisiken:** In der Vergangenheit gab es Fälle von Handelsvolumenmanipulation und anderen Formen von Fehlverhalten.

2. Dezentralisierte Börsen (DEXs)

Dezentralisierte Börsen arbeiten ohne zentrale Autorität und ermöglichen den Peer-to-Peer-Handel direkt von den Wallets der Benutzer. Beispiele sind Uniswap, SushiSwap und PancakeSwap [219-221].

Funktion und Prozess: DEXs nutzen die Distributed-Ledger-Technologie und Smart Contracts, um Transaktionen zu erleichtern. Benutzer verbinden ihre Kryptowährungs-Wallets mit der DEX, wo Transaktionen direkt von ihren Wallets aus durchgeführt werden. Handelsvorgänge werden durch Smart Contracts auf der Blockchain abgewickelt, die den Handelsprozess ohne Zwischenhändler automatisieren. Liquiditätspools werden verwendet, um Handelspaare zu unterstützen; Benutzer, die Liquidität in diese Pools einbringen, verdienen einen Anteil an den Handelsgebühren.

Dezentralisierte Börsen legen Wert auf die Kontrolle der Benutzer über ihre Gelder und erfordern oft keine persönlichen Identifikationsdaten, was eine höhere Privatsphäre bietet.

Vorteile:

- **Volle Kontrolle:** Benutzer behalten die Kontrolle über ihre privaten Schlüssel und digitalen Vermögenswerte, wodurch das Risiko von Diebstählen durch Hacks minimiert wird.

- **Erhöhte Privatsphäre:** DEXs erfordern in der Regel weniger persönliche Informationen, was die Privatsphäre der Benutzer verbessert.

- **Reduziertes Risiko von Cyberangriffen:** Die verteilte Hosting-Struktur verringert das Risiko großangelegter Cyberangriffe.

Nachteile:

- **Liquiditätsprobleme:** Einige DEXs haben Schwierigkeiten mit niedrigerer Liquidität, was die Leichtigkeit und Geschwindigkeit von Handelsgeschäften beeinträchtigen kann.

- **Weniger Rückgriffsmöglichkeiten:** Benutzer haben möglicherweise weniger Möglichkeiten zur Reklamation, wenn sie Opfer von Betrug oder anderen Problemen werden, im Vergleich zur Nutzung zentralisierter Börsen.

3. Hybride Börsen

Hybride Börsen sind darauf ausgelegt, die Merkmale von zentralisierten und dezentralisierten Börsen zu kombinieren und einen ausgewogenen Ansatz für den Handel zu bieten.

Funktion und Prozess: Hybride Börsen integrieren die hohe Liquidität und benutzerfreundlichen Funktionen zentralisierter Börsen mit den Privatsphäre- und Sicherheitsaspekten dezentralisierter Börsen. Sie können zentrale Handelsfunktionen anbieten, während sie dezentrale Abwicklungsprozesse nutzen oder umgekehrt. Beispiele sind Deversifi und Nash [219-221].

Vorteile:

- **Das Beste aus beiden Welten:** Hybride Börsen bieten die Vorteile sowohl von CEXs als auch von DEXs und kombinieren hohe Liquidität mit verbesserter Privatsphäre.

- **Privatsphäre und Komfort:** Sie finden einen Ausgleich zwischen Benutzerprivatsphäre und Handelsbequemlichkeit.

Nachteile:

- **Neues Konzept:** Hybride Börsen sind relativ neu und haben möglicherweise noch nicht das Volumen oder die Infrastruktur etablierter CEXs oder DEXs.
- **Volumenbeschränkungen:** Sie haben möglicherweise weiterhin Schwierigkeiten mit der Liquidität und dem Handelsvolumen im Vergleich zu etablierten Börsen.

Wie zentralisierte Börsen arbeiten

Auftragsabgleich: Zentralisierte Börsen verwenden ein Orderbuch, um Kauf- und Verkaufsaufträge aufzulisten. Die Matching-Engine der Börse verarbeitet diese Aufträge, indem sie Käufer mit Verkäufern abgleicht und die Transaktionen entsprechend ausführt. Dieses System gewährleistet eine effiziente Durchführung der Transaktionen zu wettbewerbsfähigen Preisen.

Verwahrung und Sicherheit: Zentralisierte Börsen verwalten die Sicherheit und Speicherung der Gelder der Benutzer. Sie setzen verschiedene Sicherheitsmaßnahmen ein, darunter Verschlüsselung, Zwei-Faktor-Authentifizierung (2FA) und Kaltlagerung für die Mehrheit der Vermögenswerte, um sich gegen Hacks und Sicherheitsverletzungen abzusichern.

Gebühren: Zentralisierte Börsen erheben Gebühren für den Handel und die Abhebung von Geldern. Handelsgebühren sind oft ein Prozentsatz des Transaktionsbetrags oder eine feste Gebühr, während Abhebungsgebühren je nach Methode zur Übertragung von Geldern von der Börse auf eine persönliche Wallet oder ein Bankkonto variieren können.

Wie dezentrale Börsen arbeiten

Smart Contracts: Dezentrale Börsen nutzen Smart Contracts, um Handelsprozesse zu automatisieren und Regeln ohne zentrale Autorität durchzusetzen. Diese Smart Contracts stellen sicher, dass Transaktionen transparent und vertrauenswürdig ausgeführt werden, wobei die Benutzer die Kontrolle über ihre Gelder während des gesamten Prozesses behalten.

Liquiditätspools: Liquiditätspools werden verwendet, um den Handel auf DEXs zu erleichtern. Benutzer stellen Kryptowährungen in diese Pools bereit, was Handelspaare auf der Plattform ermöglicht. Im Gegenzug verdienen Liquiditätsanbieter einen Anteil an den Handelsgebühren, die durch die Transaktionen generiert werden.

Gebühren: Gebühren auf DEXs umfassen Transaktionsgebühren, die an Liquiditätsanbieter gezahlt werden, und Netzwerkgebühren für die Ausführung von Smart Contracts auf der Blockchain. Diese Gebühren unterstützen die dezentrale Infrastruktur und incentivieren die Bereitstellung von Liquidität.

Zentralisierte Börsen bieten Benutzerfreundlichkeit und hohe Liquidität, während dezentrale Börsen Privatsphäre und Sicherheit bieten. Hybride Börsen zielen darauf ab, die besten Merkmale beider Modelle zu kombinieren. Das Verständnis der Funktionsweise und der Merkmale dieser Börsen hilft den Nutzern, fundierte Entscheidungen darüber zu treffen, wo und wie sie Kryptowährungen handeln [219-221].

Gebühren bei Kryptowährungsbörsen

Einzahlungs- und Abhebungsgebühren

Beim Einsatz von Kryptowährungsbörsen fallen sowohl bei Einzahlungen als auch bei Abhebungen in der Regel Gebühren an, die je nach gewählter Zahlungsmethode variieren können. Zahlungsmethoden wie Kredit- und Debitkarten ziehen oft höhere Gebühren nach sich, da bei diesen Transaktionen ein höheres Risiko für Rückbuchungen besteht. Rückbuchungen treten auf, wenn eine Transaktion rückgängig gemacht wird und die Gelder an den Karteninhaber zurückgegeben werden, was zu möglichen Streitigkeiten und finanziellen Verlusten für die Börse führen kann. Um dieses Risiko zu minimieren, erheben Börsen häufig höhere Gebühren für Kartentransaktionen im Vergleich zu anderen Zahlungsmethoden [219-221].

Im Gegensatz dazu beinhalten Methoden wie Bankschecks oder Überweisungen in der Regel niedrigere Gebühren, da sie ein geringeres Rückbuchungsrisiko haben. Bankschecks und Überweisungen sind direkte Übertragungen von einem Bankkonto auf ein anderes und haben nicht dieselben Rückbuchungsfähigkeiten wie Kreditkartenzahlungen. Daher können Börsen es sich leisten, für diese Methoden niedrigere Gebühren zu erheben.

Währungsumrechnungsgebühren

Ein weiterer Aspekt der Börsengebühren betrifft die Währungsumrechnung. Wenn eine Börse in einer anderen Währung operiert als der, in die ein Benutzer einzahlt, fällt eine Währungsumrechnungsgebühr an. Zum Beispiel, wenn ein Benutzer Kanadische Dollar (CAD) in eine Börse einzahlt, die nur US-Dollar (USD) akzeptiert, wird die CAD in USD umgerechnet, normalerweise gegen eine zusätzliche Gebühr. Um diese Gebühren zu vermeiden, ist es vorteilhaft, eine Börse zu nutzen, die Ihre lokale Währung direkt akzeptiert, wodurch die Notwendigkeit der Währungsumrechnung reduziert oder eliminiert wird [219-221].

Transaktionsgebühren

Alle Kryptowährungsbörsen erheben Transaktionsgebühren auf Kauf- und Verkaufsaufträge, die auf ihren Plattformen ausgeführt werden. Diese Gebühren können je nach Börse und Handelsvolumen variieren. In der Regel sinkt der Gebührenprozentsatz mit zunehmendem Handelsvolumen, um höhere Handelsaktivitäten auf der Plattform zu fördern. Beispielsweise könnte eine Börse eine Gebühr von 0,1% für jede abgeschlossene Transaktion erheben, obwohl dieser Satz je nach den Richtlinien der Börse und dem Wettbewerb variieren kann [219-221].

Wie Börsen Geld verdienen

Provisionsgebühren

Das primäre Einnahmemodell für zentralisierte Börsen basiert auf Provisionen für die auf ihren Plattformen ausgeführten Handelsgeschäfte. Für jeden Handel erhebt die Börse eine Provision, die oft ein kleiner Prozentsatz des Transaktionsbetrags ist. Diese Gebühr kann so niedrig wie 0,1% sein, variiert jedoch je nach Handelsvolumen und Preisstruktur der Börse [219-221].

Listungsgebühren und Initial Exchange Offerings (IEOs)

Neben Handelsprovisionen können Börsen Einnahmen durch das Erheben von Listungsgebühren für neue Kryptowährungen generieren. Wenn eine neue Münze oder ein neuer Token auf einer Börse gelistet wird, zahlt das dahinter stehende Projekt häufig eine Gebühr an die Börse. Diese Praxis ist unter neueren Börsen, die möglicherweise mit der Liquidität kämpfen und zusätzliche Einnahmequellen suchen, weit verbreitet. Ebenso können Börsen Initial Exchange Offerings (IEOs) durchführen, bei denen neue Token an Investoren über die Börse verkauft werden und ein Teil der gesammelten Mittel als Gebühr von der Börse einbehalten wird [219-221].

Native Exchange Tokens

Einige etablierte Börsen geben eigene native Token heraus, die den Inhabern verschiedene Vorteile bieten. Diese Token können verwendet werden, um Handelsgebühren zu einem ermäßigten Satz zu bezahlen, an speziellen Aktionen teilzunehmen oder Zugang zu exklusiven Funktionen auf der Börse zu erhalten. Durch die Förderung der Nutzung ihrer nativen Token schaffen Börsen ein eigenes Ökosystem und zusätzliche Einnahmequellen. Die Ausgabe dieser Token hilft den Börsen auch, sich in einem wettbewerbsintensiven Markt zu differenzieren [219-221].

Kryptowährungsbörsen verwenden eine Vielzahl von Gebührenstrukturen und Einnahmemodellen, um ihre Betriebe aufrechtzuerhalten. Das Verständnis der verschiedenen Gebührenarten, einschließlich Einzahlungs-, Abhebungs-, Transaktions- und Währungsumrechnungsgebühren, sowie wie Börsen durch Provisionen, Listungsgebühren und native Token monetarisieren, kann Benutzern helfen, fundierte Entscheidungen über ihre Handelsaktivitäten zu treffen.

Wichtige Punkte bei der Auswahl einer Krypto-Börse

Die Auswahl einer Kryptowährungsbörse ist eine entscheidende Entscheidung für jeden, der in digitale Assets investieren oder handeln möchte. Angesichts der Komplexität und potenziellen Risiken ist es wichtig, mehrere Faktoren sorgfältig zu bewerten, bevor man sich für eine Börse entscheidet.

Zunächst sind Registrierung und Regulierung wichtige Indikatoren für die Legitimität einer Börse. Stellen Sie sicher, dass die Börse als Wertpapierbroker registriert oder bei den relevanten Finanzbehörden in ihrem Betriebsländer gemeldet ist. Beispielsweise kann die Wahl einer in Indien eingetragenen oder registrierten Börse eine zusätzliche regulatorische Aufsicht bieten, die nützlich sein kann, falls Probleme auftreten. Der regulatorische Status der Börse kann ein gewisses Maß an Sicherheit und Gewissheit bieten, dass sie innerhalb der gesetzlichen Rahmenbedingungen operiert [220].

Als nächstes ist Transparenz bei der Verwaltung von Geldern entscheidend. Die Börse sollte klar kommunizieren, wie sie Benutzerfonds verwaltet und sichert. Eine Börse, die Gelder manipuliert oder vermischt, kann erhebliche Risiken darstellen, wie der Zusammenbruch von FTX zeigt, der mit riskanten Kreditpraktiken verbunden war, die die Vermögenswerte der Nutzer gefährdeten. Die Sicherstellung, dass die Börse klare, ethische Praktiken bei der Verwaltung der Benutzerfonds beibehält, kann helfen, potenzielle Verluste zu mindern [220].

Die Präsenz in sozialen Medien ist ein weiterer Faktor, der zu berücksichtigen ist. Eine seriöse Börse sollte eine legitime und aktive Präsenz auf sozialen Medienplattformen wie LinkedIn, Twitter oder Facebook haben. Diese Präsenz kann als Form der Verantwortlichkeit dienen und zusätzliche Kanäle bieten, über die Nutzer Informationen und Unterstützung suchen können.

Das Kundenservice-System einer Börse ist ebenfalls entscheidend. Testen Sie den Kundenservice der Börse, indem Sie sie über verfügbare Kanäle wie gebührenfreie Nummern oder Chatsysteme kontaktieren. Effektiver und reaktionsschneller Kundenservice kann bei der schnellen und effizienten Lösung von Problemen von unschätzbarem Wert sein.

Darüber hinaus ist es wichtig, die Wallet-Reserven der Börse zu überprüfen und zu verifizieren. Eine vertrauenswürdige Börse sollte Informationen über ihre Krypto-Reserven offenlegen. Wenn eine Börse nicht bereit ist, solche Details bereitzustellen, könnte dies ein Hinweis auf mögliche finanzielle Instabilität oder Illegitimität sein [220].

Unterschied zwischen Kryptowährungsbörsen und Kryptowährungs-Wallets

Das Verständnis des Unterschieds zwischen Kryptowährungsbörsen und Wallets ist wichtig für die effektive Verwaltung Ihrer digitalen Assets [220].

Kryptowährungsbörsen sind Plattformen, die den Handel mit digitalen Assets erleichtern. Sie ermöglichen es Nutzern, Kryptowährungen zu kaufen, zu verkaufen und zu handeln, oft einschließlich Funktionen zum Umwandeln von Fiat-Währung in Krypto. Börsen verwenden möglicherweise private Schlüssel für Transaktionen, je nachdem, ob sie Verwahrungsdienste anbieten oder nicht. Sie sind für Handelszwecke und nicht für die langfristige Speicherung gedacht.

Im Gegensatz dazu sind Kryptowährungs-Wallets Werkzeuge, die speziell zum Speichern, Senden und Empfangen digitaler Währungen verwendet werden. Wallets verwenden private Schlüssel, um Sicherheit zu gewährleisten und es den Nutzern zu ermöglichen, die Kontrolle über ihre Assets zu behalten. Im Gegensatz zu Börsen erleichtern Wallets keinen Handel, sind aber für die sichere Verwaltung von Kryptowährungen unerlässlich. Wallets können entweder online (Hot Wallets) oder offline (Cold Wallets) sein, je nach Sicherheitsstufe und Zugänglichkeit.

Auswahl der richtigen Börse für Ihre Investitionsbedürfnisse

Bei der Auswahl einer Kryptowährungsbörse ist eine gründliche Recherche entscheidend. Untersuchen Sie den Ruf der Börse, ihre historische Leistung und alle Sicherheitsprobleme. Ein Verständnis des Hintergrunds der Gründer der Börse und ihres Ansatzes zum Kundenservice kann wertvolle Einblicke in ihre Zuverlässigkeit geben [220].

Hohe Sicherheit ist ein unverzichtbares Merkmal. Angesichts des Mangels an umfassender Regulierung im Krypto-Bereich müssen Börsen robuste Sicherheitsmaßnahmen wie Verschlüsselung, Zwei-Faktor-Authentifizierung und regelmäßige Sicherheitsüberprüfungen implementieren.

Überprüfen Sie die Handels-Paare und Gebührenstrukturen, die von der Börse angeboten werden. Verschiedene Börsen bieten unterschiedliche Optionen für Handels-Paare und haben möglicherweise unterschiedliche Gebührenstrukturen. Wählen Sie eine Börse, die Ihren Investitionsbedürfnissen entspricht und wettbewerbsfähige Gebühren für die Arten von Trades bietet, die Sie ausführen möchten.

Schließlich sollten Sie die Einzahlungs- und Abhebungsoptionen der Börse berücksichtigen. Eine gute Börse sollte mehrere Methoden zum Finanzieren Ihres Kontos und zum Abheben von Geldern anbieten, einschließlich Banküberweisungen, Kredit- und Debitkarten sowie Peer-to-Peer-Optionen. Bequeme und flexible Zahlungsmethoden können Ihre Gesamthandelserfahrung verbessern [220].

Verständnis von Handels-Paaren und Liquidität

Handels-Paare bei Kryptowährungsbörsen beziehen sich auf die Kombinationen von zwei verschiedenen Kryptowährungen oder einer Kryptowährung und einer Fiat-Währung, die an einer Börse gegeneinander gehandelt werden können. Diese Paare bestimmen, wie ein Asset gegen ein anderes ausgetauscht werden kann, und spielen eine entscheidende Rolle bei der Festlegung der Handelsstrategie und der verfügbaren Liquidität für Händler.

Krypto-Handelspaare sind wesentliche Komponenten von Kryptowährungsbörsen wie Coinbase, Binance und KuCoin. Sie ermöglichen es Nutzern, eine Kryptowährung direkt gegen eine andere zu tauschen, ohne zunächst in Fiat-Währung konvertieren zu müssen. Diese Funktionalität ist grundlegend für die Effizienz und Flexibilität des Handels auf dem Kryptowährungsmarkt [222].

Zum Beispiel ist Bitcoin (BTC die führende Kryptowährung nach Marktkapitalisierung, während Tether (USDT) eine bedeutende Stablecoin ist, die an den US-Dollar gekoppelt ist. An Börsen werden diese oft als Handelspaare wie BTC/USDT oder BTC-USDT dargestellt, je nach Plattform. Diese Paare ermöglichen es Händlern, Bitcoin gegen Tether oder umgekehrt zu tauschen, was Transaktionen zwischen verschiedenen Kryptowährungen erleichtert [222].

Handelspaare bieten ein Mittel zur Vergleich der Werte verschiedener Kryptowährungen zueinander. Beispielsweise zeigt ein Paar wie BTC/ETH, wie viel Bitcoin im Vergleich zu Ethereum wert ist. Ähnlich veranschaulichen Paare wie ETH/BCH den relativen Wert von Ethereum im Vergleich zu Bitcoin Cash. Diese vergleichende Funktion hilft Händlern, den Wert verschiedener Assets zu verstehen und fundierte Handelsentscheidungen basierend auf ihren bestehenden Beständen zu treffen. Börsen bieten typischerweise eine Reihe von Paarungen an, die es Nutzern ermöglichen, Kryptowährungen, die sie bereits besitzen, wie BTC, mit jedem Paar zu handeln, das Bitcoin beinhaltet [222].

Unter den Kryptowährungspaaren sind BTC und ETH die vielseitigsten und am häufigsten an Börsen angebotenen. Viele Plattformen bieten auch Paare an, die Kryptowährungen und Fiat-Währungen wie den US-Dollar (USD) umfassen, obwohl dies nicht universell ist. Diese Paare erleichtern die Bewertung von Assets ohne die Notwendigkeit, auf Fiat-Geld zurückzugreifen, was für die Liquidität und Funktionsweise der Krypto-Wirtschaft von wesentlicher Bedeutung ist [222].

Um die Bedeutung von Handelspaaren zu veranschaulichen, betrachten Sie eine reale Analogie im Devisenhandel. Ein amerikanischer Reisender, der eine Reise nach Frankreich plant, müsste den Wechselkurs zwischen dem Euro und dem US-Dollar verstehen, um sein Budget effektiv zu planen. Am 12. Mai 2022 hätte das Paar EUR/USD möglicherweise gezeigt, dass 1 Euro etwa 1,04 US-Dollar entsprach. Dieses Verständnis hilft dem Reisenden, Ausgaben zu verwalten und fundierte finanzielle Entscheidungen während der Reise zu treffen [222].

In der Kryptowelt erfüllen Handelspaare eine ähnliche Funktion, indem sie es Nutzern ermöglichen, eine Kryptowährung direkt gegen eine andere auszutauschen. Dies vermeidet die Notwendigkeit von Zwischenkonvertierungen und damit verbundenen Gebühren. Wenn beispielsweise ein Händler Dogecoin (DOGE) gegen Shiba Inu Coins (SHIB) eintauschen möchte, aber die Börse kein direktes DOGE/SHIB-Paar anbietet, könnte er einen indirekten Weg nutzen. Er könnte zunächst DOGE gegen USDT mit dem Paar DOGE/USDT handeln und dann USDT gegen SHIB mit dem Paar SHIB/USDT tauschen. Obwohl diese Methode funktioniert, erfordert sie mehrere Trades und verursacht zusätzliche Gebühren. Ein direktes DOGE/SHIB-Paar würde den Prozess vereinfachen und die Handelskosten senken [222].

Dieses Konzept kann weiter mit globalem Reisen in Verbindung gebracht werden. Wenn ein Reisender von den USA nach Frankreich und dann nach England reist, könnte er das EUR/GBP-Handelspaar nutzen und dadurch Gebühren sparen, indem er die Notwendigkeit vermeidet, Euro zurück in US-Dollar zu konvertieren, bevor er sie gegen britische Pfund tauscht. Dieser Ansatz minimiert die Anzahl der Transaktionen und die damit verbundenen Gebühren, was die Art und Weise widerspiegelt, wie direkte Handelspaare Kryptowährungsbörsen optimieren und Kosten senken [222].

In einem Handelspaar wird die erste Kryptowährung als Basiswährung bezeichnet, während die zweite Währung die Kurswährung ist. Zum Beispiel ist im Handelspaar BTC/USD Bitcoin (BTC) die Basiswährung und der US-Dollar (USD) die Kurswährung. Das bedeutet, dass der Preis von Bitcoin in USD ausgedrückt wird. Händler nutzen dieses Paar, um Bitcoin gegen USD und umgekehrt zu handeln.

Arten von Handelspaaren

- Kryptowährung zu Kryptowährung (Krypto-Krypto): Diese Paare beinhalten zwei verschiedene Kryptowährungen. Zum Beispiel ist BTC/ETH ein Handelspaar, bei dem Bitcoin (BTC) gegen Ethereum (ETH) oder umgekehrt gehandelt wird. Krypto-Krypto-Paare sind an Börsen häufig und bieten Liquidität für Händler, die ein digitales Asset gegen ein anderes tauschen möchten, ohne zuvor in Fiat-Währung konvertieren zu müssen.

- Kryptowährung zu Fiat (Krypto-Fiat): Diese Paare beinhalten den Handel einer Kryptowährung gegen eine Fiat-Währung, wie BTC/USD oder ETH/EUR. Diese Art der Paarung ist wichtig für Nutzer, die ihre Kryptowährungen in Bargeld umwandeln oder Krypto mit traditionellem Geld kaufen möchten. Fiat-Paare sind entscheidend für die Ein- und Ausstiegspunkte in den Kryptowährungsmarkt.

- Stablecoin-Paare: Diese beinhalten den Handel einer Kryptowährung gegen eine Stablecoin, wie BTC/USDT (Tether) oder ETH/USDC (USD Coin). Stablecoins sind darauf ausgelegt, einen stabilen Wert beizubehalten, indem sie an eine Fiat-Währung gekoppelt sind, was eine Absicherung gegen Volatilität ermöglicht und Transaktionen vereinfacht.

Wichtigkeit von Handelspaaren

- Liquidität und Markttiefe: Die Verfügbarkeit von Handelspaaren beeinflusst die Liquidität und Markttiefe einer Börse. Hohe Liquidität in einem Handelspaar bedeutet, dass es genügend Käufer und Verkäufer gibt, was zu engeren Spreads und stabileren Preisen führt. Börsen mit einer breiten Palette von Handelspaaren neigen dazu, mehr Händler anzuziehen und bieten eine bessere Liquidität.

- Handelsstrategien: Verschiedene Handelspaare bieten verschiedene Möglichkeiten zur Gewinn- und Risikoverwaltung. Händler können bestimmte Paare nutzen, um Markteffizienzen auszunutzen, ihre Portfolios zu diversifizieren oder sich gegen potenzielle Verluste abzusichern. Beispielsweise kann der Handel mit Paaren, die Stablecoins beinhalten, helfen, Volatilität zu managen, während Krypto-Krypto-Paare Zugang zu neuen digitalen Assets bieten.

- Preisfindung: Handelspaare sind integraler Bestandteil des Preisfindungsprozesses auf dem Kryptowährungsmarkt. Die Preise von Kryptowährungen werden basierend auf Angebot und Nachfrage innerhalb jedes Handelspaares bestimmt. Durch die Beobachtung der Preisbewegungen und Handelsvolumina über verschiedene Paare hinweg können Händler den relativen Wert von Assets beurteilen und fundierte Handelsentscheidungen treffen.

- Zugänglichkeit und Bequemlichkeit: Die Auswahl an verfügbaren Handelspaaren kann beeinflussen, wie einfach es für Nutzer ist, zwischen verschiedenen Kryptowährungen und Fiat-Währungen zu handeln. Börsen mit einer breiten Auswahl an Paaren ermöglichen es Händlern, auf eine größere Auswahl von Assets zuzugreifen und Handelsaufträge effizienter auszuführen.

Das Verständnis von Handels-Paaren und Liquidität

Handels-Paare auf Kryptowährungsbörsen sind grundlegend für das Funktionieren der Kryptomärkte. Sie definieren die möglichen Transaktionen zwischen verschiedenen Kryptowährungen oder zwischen Kryptowährungen und Fiat-Währungen. Das Verständnis der verschiedenen Arten von Handels-Paaren und deren Bedeutung hilft Händlern, sich effektiv im Markt zurechtzufinden, ihre Anlagestrategien zu verwalten und ihre Handelsmöglichkeiten zu optimieren.

Im Kryptowährungshandel ist das Konzept der Basiswährung entscheidend, um zu verstehen, wie Handels-Paare funktionieren und um Handelsgeschäfte effektiv zu verwalten [223]. Eine Basiswährung ist im Wesentlichen die Referenzwährung, gegen die andere Währungen gemessen werden. In Handels-Paaren ist die Basiswährung die zuerst aufgelistete Währung, und ihr Wert wird verwendet, um den Wechselkurs zur zweiten Währung im Paar, der Kurswährung, zu bestimmen.

Zum Beispiel ist im Handels-Paar BTC/USDT Bitcoin (BTC) die Basiswährung, und Tether (USDT) ist die Kurswährung. Das bedeutet, dass der Wert von Bitcoin in Tether ausgedrückt wird. Wenn das Paar BTC/USDT mit 30.000 angegeben ist, bedeutet das, dass ein Bitcoin 30.000 Tether entspricht. Das Verständnis, welche Währung die Basiswährung ist, hilft Händlern, den Wert des Vermögenswerts, an dem sie interessiert sind, zu bestimmen und informierte Entscheidungen basierend auf der relativen Stärke oder Schwäche der Basiswährung zu treffen [223].

Die Bedeutung der Basiswährungen geht über das bloße Verständnis von Handels-Paaren hinaus. Für Händler, insbesondere für Neueinsteiger im Kryptomarkt, ist es wichtig, Basiswährungen zu erkennen, um Trades effizient auszuführen. Die meisten Börsen listen Handels-Paare mit beliebten Kryptowährungen wie Bitcoin (BTC) oder Ethereum (ETH) als Basiswährungen, da sie weithin anerkannt sind und hohe Liquidität aufweisen. Das bedeutet, dass ein Händler, der eine weniger bekannte Kryptowährung kaufen oder verkaufen möchte, möglicherweise eine etabliertere Basiswährung verwenden muss, um den Handel zu erleichtern [223].

Wenn ein Händler beispielsweise ein kleineres oder neueres Krypto-Asset kaufen möchte, das nicht direkt mit der gewünschten Basiswährung gepaart ist, muss er möglicherweise seine Bestände zunächst in eine gebräuchlichere Basiswährung umwandeln. Wenn die Börse nur Handels-Paare wie BTC/NEWCOIN oder ETH/NEWCOIN anbietet, muss der Händler BTC oder ETH als Basiswährung verwenden, um NEWCOIN zu handeln [223].

Zusätzlich zu beliebten Kryptowährungen bieten viele Börsen auch Stablecoin-Handels-Paare an. Stablecoins sind digitale Vermögenswerte, die an traditionelle Fiat-Währungen wie den USD gekoppelt sind und Stabilität beim Handel bieten. Zum Beispiel ermöglicht ein Handels-Paar wie BTC/USDT den Nutzern, Bitcoin gegen einen Stablecoin zu handeln, der einen Wert nahe dem USD aufrechterhält. Dies hilft, die Volatilität zu reduzieren und Transaktionen vorhersehbarer zu machen.

Das Verständnis der Basiswährungen ist entscheidend, um Kryptowährungsbörsen zu navigieren, Handelsgeschäfte auszuführen und ein Handelsportfolio effektiv zu verwalten. Es hilft Händlern, ihre Strategien an die verfügbaren Handels-Paare auf den gewählten Plattformen anzupassen und informierte Handelsentscheidungen basierend auf den relativen Werten der verschiedenen Kryptowährungen zu treffen [223].

Das Verständnis, wie man Kryptowährungs-Handels-Paare liest, ist entscheidend, um sich effektiv in den Kryptomärkten zurechtzufinden. Handels-Paare werden mit zwei Währungen dargestellt, die durch einen Schrägstrich getrennt sind, wie BTC/USDT oder ETH/BTC, wobei jeder Teil des Paares spezifische Informationen darüber liefert, wie die Währungen zueinander stehen [222, 223].

Basiswährung: In einem Krypto-Handels-Paar ist die zuerst aufgelistete Währung die Basiswährung. Diese Währung ist der Referenzpunkt für das Handels-Paar, das heißt, sie wird bewertet oder gemessen. Zum Beispiel ist im Handels-Paar BTC/USDT Bitcoin (BTC) die Basiswährung. Dies ist vergleichbar mit der Rolle des Euro (EUR) in dem Währungspaar EUR/USD. Die Basiswährung ist die, die gegen die zweite Währung im Paar, die Kurswährung, verglichen wird. Daher wird der Wert der Basiswährung in Bezug auf die Kurswährung ausgedrückt. In praktischen Begriffen bedeutet dies, dass, wenn man BTC/USDT sieht, es angibt, wie viel ein Bitcoin in Tether (USDT) wert ist, das als Stablecoin an den US-Dollar gekoppelt ist.

Kurswährung: Der zweite Teil eines Handels-Paares, nach dem Schrägstrich, ist die Kurswährung. Die Kurswährung wird verwendet, um den Wert der Basiswährung auszudrücken. Sie gibt die Menge der Kurswährung an, die erforderlich ist, um eine Einheit der Basiswährung zu kaufen. Zum Beispiel, im Paar BTC/USDT, ist USDT die Kurswährung, und es zeigt an, wie viele USDT benötigt werden, um einen Bitcoin zu kaufen. Ähnlich ist im EUR/USD-Paar der USD die Kurswährung, und es zeigt an, wie viele US-Dollar benötigt werden, um einen Euro zu kaufen.

Interpretation des Paares: Die Kombination aus Basis- und Kurswährung in einem Paar liefert den Wechselkurs oder Preis einer Währung in Bezug auf die andere. Diese

Beziehung hilft Händlern zu verstehen, wie viel von der Kurswährung sie tauschen müssen, um eine einzelne Einheit der Basiswährung zu erhalten. Wenn zum Beispiel ETH/BTC mit 0,0695 notiert ist, bedeutet das, dass 1 Ether (ETH) 0,0695 Bitcoin (BTC) entspricht. Im Wesentlichen zeigt dies einem Händler, wie viel Bitcoin er tauschen müsste, um einen Ether zu erhalten.

In praktischen Handelsszenarien hilft das Lesen dieser Paare Händlern, informierte Entscheidungen basierend auf ihren Handelszielen und Marktbedingungen zu treffen. Wenn ein Händler Ether mit Bitcoin kaufen möchte, würde er sich das Handels-Paar ETH/BTC ansehen, um zu verstehen, wie viel Bitcoin erforderlich ist, um einen Ether zu kaufen. Umgekehrt, wenn er Ether für Bitcoin verkaufen möchte, zeigt ihm dasselbe Paar, wie viel Bitcoin er für sein Ether erhält [223].

Das Handeln von Krypto-Paaren mit Stablecoins ist eine gängige Praxis auf vielen Kryptowährungsbörsen und spielt eine wichtige Rolle im Markt für digitale Vermögenswerte. Stablecoins wie Tether (USDT), USD Coin (USDC) und Binance USD (BUSD) sind digitale Vermögenswerte, die darauf ausgelegt sind, einen stabilen Wert zu erhalten, indem sie an Fiat-Währungen wie den US-Dollar gekoppelt sind. Diese Stabilität macht sie zu einem wesentlichen Bestandteil von Krypto-Handels-Paaren aus mehreren Gründen.

Rolle der Stablecoins in Krypto-Handels-Paaren

Stablecoins werden häufig in Handels-Paaren verwendet, da sie einen stabilen Referenzpunkt für die Bewertung anderer Kryptowährungen bieten. Handels-Paare wie BTC/USDT oder ETH/BUSD beinhalten eine Hauptkryptowährung, die mit einem Stablecoin gepaart ist. Diese Konfiguration bietet mehrere Vorteile [222]:

- **Stabilität und Liquidität:** Stablecoins sind darauf ausgelegt, einen stabilen Wert zu erhalten, der normalerweise 1:1 an eine Fiat-Währung wie den US-Dollar gekoppelt ist. Diese Stabilität macht sie zu einer idealen Referenzwährung für Handels-Paare, da sie die Volatilität verringern und eine konsistente Messgröße für die Bewertung anderer Kryptowährungen bieten. Wichtige Stablecoins wie USDT, USDC und BUSD sind sehr liquide, das heißt, sie werden weit gehandelt und akzeptiert, was ihre Nützlichkeit in Handels-Paaren erhöht.

- **Einfachheit der Berechnung:** Aus der Sicht eines Investors vereinfacht die

Verwendung von Stablecoins den Prozess der Berechnung und des Verständnisses des Wertes von Kryptowährungen in Bezug auf Fiat-Währung. Da Stablecoins an den US-Dollar gekoppelt sind, können Händler leicht den Wert ihrer Bestände oder Trades in USD einschätzen, was es einfach macht, Gewinne, Verluste oder Marktbedingungen zu bewerten.

- **Vielfalt an Pairing-Optionen:** Börsen wie Binance und KuCoin bieten eine breite Palette von Handels-Paaren, die Stablecoins beinhalten, und bieten Händlern zahlreiche Optionen, um verschiedene Kryptowährungen zu handeln. Beispielsweise sind BTC/USDT, ETH/BUSD und ADA/USDC gängige Paare, die es Händlern ermöglichen, Bitcoin, Ethereum und Cardano gegen Stablecoins oder umgekehrt zu tauschen. Diese Vielzahl an Paaren verbessert die Liquidität und Handelsmöglichkeiten, wodurch der Zugang zum Kauf und Verkauf verschiedener Kryptowährungen erleichtert wird.

Beispiele und praktische Anwendung

Betrachten wir ein Handels-Paar wie BTC/USDT. In diesem Paar ist Bitcoin (BTC) die Basiswährung und Tether (USDT) die Kurswährung. Beim Handel mit BTC/USDT wird der Preis von Bitcoin in USDT ausgedrückt, sodass Händler verstehen können, wie viel Bitcoin im Vergleich zu einer stabilen Referenzwährung kostet. Ähnlich wird bei einem Paar wie ETH/BUSD Ethereum (ETH) gegenüber Binance USD (BUSD) verglichen, was eine stabile Messgröße für den Wert von Ethereum bietet [222].

Stablecoin-Paare sind auch nützlich für die Durchführung von Handelsgeschäften in volatilen Märkten. Wenn ein Händler beispielsweise die Volatilität von Bitcoin vermeiden möchte, indem er seine Bestände vorübergehend in ein stabileres Asset umwandelt, kann er BTC gegen USDT tauschen. Dies ermöglicht es ihm, Marktschwankungen auszuweichen, während er einen stabilen Wert behält, der bei Bedarf leicht wieder in andere Kryptowährungen oder Fiat-Währung umgewandelt werden kann.

Arbitrage-Handelsstrategien

Die Auswahl von Kryptowährungs-Paaren für eine Arbitrage-Handelsstrategie erfordert ein differenziertes Verständnis der Marktdynamik und der Korrelationen zwischen verschiedenen Kryptowährungen auf verschiedenen Börsen. Arbitrage-Handel nutzt Preisunterschiede für dasselbe Asset oder Handels-Paar zwischen verschiedenen Märkten oder Börsen aus. Das Ziel ist es, günstig auf einer Plattform zu kaufen und teuer auf einer anderen zu verkaufen, um von der Preisdifferenz zu profitieren [223].

Arbitrage-Handel ist eine Strategie, die darauf abzielt, Preisunterschiede derselben oder ähnlicher Finanzinstrumente über verschiedene Märkte oder Börsen hinweg auszunutzen, um Gewinne zu erzielen. Dieser Ansatz nutzt das Prinzip, niedrig in einem Markt zu kaufen und hoch in einem anderen zu verkaufen, und kapitalisiert auf Preisabweichungen, um das sogenannte „risikofreie" Gewinnpotenzial zu sichern. Trotz des Begriffs „risikofrei" beinhaltet diese Strategie operationale Risiken und Transaktionskosten, die Händler berücksichtigen müssen.

Arbitrage-Handel beruht auf dem Konzept, Preisabweichungen für dasselbe Asset oder verwandte Assets in unterschiedlichen Märkten auszunutzen. Wenn ein Asset in zwei oder mehr Märkten unterschiedlich bepreist ist, können Händler es zu einem niedrigeren Preis in einem Markt kaufen und zu einem höheren Preis in einem anderen verkaufen. Diese Differenz ermöglicht es Händlern, einen Gewinn aus der Abweichung zu realisieren. Obwohl diese Strategie als „risikofrei" bezeichnet wird, ist sie nicht völlig risikolos; sie kann operationale Herausforderungen, Marktfluktuationen und Transaktionskosten umfassen, die die Rentabilität beeinflussen können.

Arbitrage-Arten:

- **Räumliche Arbitrage:** Räumliche Arbitrage beinhaltet den Kauf eines Vermögenswerts an einem geografischen Standort oder auf einer Börse, wo der Vermögenswert unterbewertet ist, und den Verkauf an einem anderen Ort oder auf einer anderen Börse, wo er höher bewertet ist. Zum Beispiel, wenn Bitcoin auf einer Börse zu einem niedrigeren Preis gehandelt wird als auf einer anderen, können Händler Bitcoin an der günstigeren Börse kaufen und an der teureren verkaufen, um von der Preisabweichung zu profitieren.

- **Temporale Arbitrage:** Diese Art von Arbitrage nutzt Preisunterschiede über die Zeit aus. Händler kaufen einen Vermögenswert, wenn sein Preis niedrig ist, und halten ihn, bis der Preis steigt, um ihn dann mit Gewinn zu verkaufen. Temporale Arbitrage beruht stark auf Timing und der Fähigkeit, Marktbewegungen vorherzusagen, was sie spekulativer macht.

- **Statistische Arbitrage:** Statistische Arbitrage verwendet mathematische Modelle und statistische Techniken, um Preisineffizienzen über verschiedene Vermögenswerte oder Märkte hinweg zu identifizieren und auszunutzen. Diese Form der Arbitrage beinhaltet oft Hochfrequenzhandel und komplexe Algorithmen zur Analyse und Nutzung von Marktdaten, um von kleinen Preisabweichungen zu profitieren, die häufig auftreten.

- **Trianguläre Arbitrage:** Trianguläre Arbitrage umfasst die Umwandlung einer Währung in eine andere durch eine Serie von drei Trades, um Abweichungen in den Wechselkursen auszunutzen. Zum Beispiel könnte ein Händler USD in EUR umwandeln, dann EUR in GBP und schließlich GBP zurück in USD. Auf diese Weise können sie von den Unterschieden in den Wechselkursen zwischen den Währungen profitieren.

Wie es funktioniert:

- **Preisabweichungen identifizieren:** Der erste Schritt beim Arbitrage-Handel besteht darin, Preisabweichungen für dasselbe Asset über verschiedene Märkte oder Börsen hinweg zu identifizieren. Dies wird typischerweise mit verschiedenen Tools und Plattformen erreicht, die Echtzeit-Preisdaten überwachen und bereitstellen.

- **Trades ausführen:** Sobald eine Abweichung identifiziert ist, muss der Händler die Trades schnell ausführen. Dies umfasst den Kauf des Vermögenswerts im Markt, wo er unterbewertet ist, und den Verkauf im Markt, wo er überbewertet ist. Eine schnelle Ausführung ist entscheidend, um sicherzustellen, dass die Preisabweichung gültig und profitabel bleibt.

- **Gewinnrealisierung:** Der Gewinn aus dem Arbitrage-Handel wird aus der Preisabweichung erzielt, nachdem alle Transaktionskosten, Gebühren oder Spreads, die beim Kauf und Verkauf anfallen, berücksichtigt wurden. Eine effiziente Verwaltung dieser Kosten ist wichtig, um sicherzustellen, dass die Arbitrage-Möglichkeit profitabel bleibt.

Im Kryptowährungsmarkt sind Arbitragemöglichkeiten aufgrund der fragmentierten Natur des Marktes weit verbreitet, da die Preise an verschiedenen Börsen variieren können. Zum Beispiel kann Bitcoin an einer Börse zu einem niedrigeren Preis gehandelt werden als an einer anderen. Händler können diese Unterschiede ausnutzen, indem sie Bitcoin zum niedrigeren Preis kaufen und dort verkaufen, wo der Preis höher ist, und so von der Preisabweichung profitieren.

Risiken und Überlegungen:

- **Transaktionskosten:** Transaktionsgebühren, Abhebungsgebühren und

Spreads können die Gewinne aus dem Arbitrage-Handel schmälern. Händler müssen diese Kosten in ihre Strategie einbeziehen, um sicherzustellen, dass die Arbitrage profitabel bleibt.

- **Ausführungsgeschwindigkeit:** Arbitragemöglichkeiten können von kurzer Dauer sein, und eine schnelle Ausführung ist entscheidend. Verzögerungen bei der Ausführung von Trades können dazu führen, dass die Preisabweichung geschlossen wird, bevor der Trade abgeschlossen ist, wodurch potenzielle Gewinne reduziert oder eliminiert werden.

- **Marktliquidität:** Eine angemessene Liquidität ist notwendig, um Trades auszuführen, ohne den Preis des Vermögenswerts erheblich zu beeinflussen. Niedrige Liquidität in einem Markt kann zu Slippage führen, bei der der tatsächliche Handelspreis vom erwarteten Preis abweicht, wodurch die potenziellen Gewinne reduziert werden.

- **Regulatorische und Börsenrisiken:** Verschiedene Börsen und Jurisdiktionen haben unterschiedliche Vorschriften und Risiken. Händler müssen sich des regulatorischen Umfelds und möglicher Probleme mit den von ihnen genutzten Börsen bewusst sein, einschließlich Compliance- und Betriebsrisiken.

Arbitrage-Handel ist eine ausgeklügelte Strategie, die darauf abzielt, Preisunterschiede zwischen Märkten auszunutzen, um Gewinne zu erzielen. Während sie Chancen auf Gewinn bietet, erfordert sie eine sorgfältige Berücksichtigung von Transaktionskosten, Ausführungsgeschwindigkeit, Liquidität und regulatorischen Faktoren.

Die Komplexität bei der Auswahl der richtigen Kryptowährungspaare für Arbitrage liegt in den unterschiedlichen Korrelationsgraden zwischen verschiedenen Kryptowährungen. Die Korrelation misst, wie eng die Preisbewegungen zweier Vermögenswerte miteinander verknüpft sind. Zum Beispiel dient Bitcoin (BTC) aufgrund seiner hohen Liquidität und breiten Integration über Börsen hinweg häufig als Benchmark für den gesamten Kryptowährungsmarkt. Aufgrund dessen wird BTC häufig in Arbitragestrategien verwendet. Allerdings kann die Korrelation zwischen BTC und anderen Kryptowährungen je nach Marktentwicklungen und Handelsvolumina schwanken [223].

In der Praxis wird die Effektivität einer Arbitragestrategie durch die Liquidität der Handelspaare beeinflusst. Liquidität bezieht sich darauf, wie leicht ein Vermögenswert gekauft oder verkauft werden kann, ohne den Preis erheblich zu beeinflussen. Kryptowährungen mit hohen Handelsvolumina und weit verbreiteter Nutzung weisen in der Regel eine höhere Liquidität auf, was das Ausführen von Trades erleichtert, ohne den Marktpreis zu beeinflussen. Im Gegensatz dazu haben Handelspaare mit begrenztem Handelsvolumen oder weniger beliebten Kryptowährungen oft eine geringere Liquidität. Diese Illiquidität schafft Arbitragemöglichkeiten, da die Preisabweichungen zwischen verschiedenen Börsen deutlicher warden [223].

Beim Handel mit Paaren mit begrenztem Handelsvolumen oder an weniger weit verbreiteten Börsen können die Preisabweichungen aufgrund der mangelnden Liquidität ausgeprägter sein. Zum Beispiel, wenn eine weniger bekannte Kryptowährung nur an wenigen Börsen gehandelt wird und es einen signifikanten Preisunterschied zwischen diesen Börsen gibt, kann eine Arbitragemöglichkeit entstehen. Händler können diese Abweichung ausnutzen, indem sie die Kryptowährung zum niedrigeren Preis an einer Börse kaufen und zum höheren Preis an einer anderen verkaufen, und so einen Gewinn erzielen [223].

Die Implementierung einer Arbitrage-Handelsstrategie erfordert jedoch einen ausgeklügelten Ansatz und ein umfassendes Verständnis der Marktmechanismen. Sie umfasst die Überwachung mehrerer Börsen, die Berechnung potenzieller Gewinne nach Berücksichtigung der Transaktionsgebühren und die schnelle Ausführung von Trades, um von flüchtigen Gelegenheiten zu profitieren. Diese Komplexität, kombiniert mit dem Bedarf an präzisem Timing und Ausführung, macht den Arbitrage-Handel eher für erfahrene Händler als für Anfänger geeignet [223].

7

Investieren in Kryptowährungen

Die Grundlagen der Investition in Kryptowährungen

Die Investition in Kryptowährungen umfasst den Kauf digitaler Vermögenswerte mit dem Ziel, über die Zeit Gewinne zu erzielen. Die Grundlagen der Investition in Kryptowährungen beinhalten das Verständnis dafür, was Kryptowährungen sind, welche verschiedenen Typen es gibt, die Investitionsstrategien und die damit verbundenen Risiken.

Investieren in Kryptowährungen erfordert sorgfältige Überlegung und ein umfassendes Verständnis der damit verbundenen Risiken und Chancen. Aufgrund der inhärenten Volatilität und des sich entwickelnden regulatorischen Umfelds sollten potenzielle Investoren Kryptowährungsinvestitionen mit einer gut informierten Strategie und klaren Absichten angehen. Hier ist eine detaillierte Betrachtung der Schlüsselfaktoren, die vor der Investition in Kryptowährungen zu berücksichtigen sind [224]:

- Volatilität und Risikomanagement: Kryptowährungen sind bekannt für ihre extreme Preisvolatilität. Die Preise können innerhalb kurzer Zeiträume erheblich schwanken, beeinflusst durch Marktsentiment, Nachrichten, regulatorische Änderungen und makroökonomische Faktoren. Für risikoaverse Investoren oder solche, die sich mit hohen Unsicherheiten unwohl fühlen, kann diese Volatilität beängstigend sein. Es ist entscheidend, die eigene Risikobereitschaft zu bewerten, bevor man in den Kryptomarkt einsteigt. Hohe Volatilität bedeutet, dass es zwar Chancen auf erhebliche Gewinne gibt, aber auch ein erhöhtes Risiko für erhebliche Verluste besteht. Investoren sollten auf die Möglichkeit scharfer Preisschwankungen vorbereitet sein und nur Mittel investieren, deren Verlust ihre finanzielle Stabilität nicht beeinträchtigt.

- Regulatorisches Umfeld: Das regulatorische Umfeld für Kryptowährungen entwickelt sich noch und variiert erheblich von einer Jurisdiktion zur anderen. In einigen Regionen sind Kryptowährungen gut reguliert und bieten einen gewissen Schutz für Investoren, während in anderen die regulatorische Haltung unklar oder noch im Wandel begriffen sein kann. Das Fehlen eines einheitlichen regulatorischen Ansatzes kann zu Unsicherheiten und potenziellen Risiken in Bezug auf die rechtliche Compliance und die Sicherheit Ihrer Investitionen führen. Vor der Investition ist es wichtig, das regulatorische Umfeld in Ihrem Land zu verstehen und mögliche Änderungen zu berücksichtigen, die den Kryptowährungsmarkt beeinflussen könnten.

- Due Diligence und Betrugsvermeidung: Da jeder eine Kryptowährung erstellen kann, gibt es zahlreiche Betrügereien und betrügerische Projekte im Raum. Eine gründliche Due Diligence ist entscheidend, um Opfer von Betrügereien zu vermeiden. Recherchieren Sie die Glaubwürdigkeit der Kryptowährung, ihres Entwicklungsteams, der dahinter stehenden Technologie und ihres Verwendungszwecks. Überprüfen Sie, ob die Kryptowährung ein legitimes Whitepaper, eine klare Entwicklungsroadmap und eine aktive Community hat. Achten Sie auf Bewertungen und Feedback von seriösen Quellen und vermeiden Sie Investitionen in Projekte mit begrenzten Informationen oder solche, die garantierte Renditen versprechen.

- Investitionsmotivation und Strategie: Es ist wichtig, Ihre Gründe für die Investition in Kryptowährungen zu klären. Werden Sie von dem Wunsch getrieben, einem Markttrend zu folgen, oder haben Sie eine klar definierte Investitionsstrategie? Investitionen in Kryptowährungen sollten nicht mit der Erwartung schneller und einfacher Gewinne angegangen werden. Stattdessen ist es ratsam, eine klare Investitionsthese und -strategie zu haben, die mit Ihren finanziellen Zielen übereinstimmt. Verstehen Sie die zugrunde liegende Technologie und das potenzielle langfristige Wertversprechen der Kryptowährung, die Sie in Betracht ziehen. Stellen Sie sicher, dass Ihre Investition mit Ihrer gesamten Portfoliostrategie und Ihrem Risikomanagementansatz übereinstimmt.

- Langfristige Perspektive: Kryptowährungen können dramatische Preisschwankungen erleben, was es leicht macht, dass Emotionen Investitionsentscheidungen beeinflussen. Investoren könnten versucht sein, impulsiv während eines Preisanstiegs zu kaufen, aus Angst, etwas zu verpassen, oder hastig während eines Rückgangs zu verkaufen, aus Panik. Solche emotionalen Reaktionen führen jedoch oft zu schlechten Investitionsergebnissen. Eine langfristige Perspektive kann helfen, den Einfluss kurzfristiger Volatilität zu mindern. Konzentrieren Sie sich auf den fundamentalen Wert und die potenziellen langfristigen Aussichten der Kryptowährung, anstatt sich von täglichen Preisbewegungen beeinflussen zu lassen. Eine gut durchdachte Investitionsstrategie sollte die Möglichkeit von Preisschwankungen einbeziehen und Geduld sowie Disziplin betonen.

- Diversifikation und Risikomanagement: Die Investition ausschließlich in Kryptowährungen setzt Sie erheblichen Risiken aus. Diversifikation ist ein wichtiges Prinzip des Risikomanagements und umfasst die Streuung Ihrer Investitionen über verschiedene Anlageklassen, um die Auswirkungen der Volatilität einer einzelnen Investition zu reduzieren. Erwägen Sie, Ihre Investitionen in Kryptowährungen mit anderen Anlageklassen wie Aktien, Anleihen oder Immobilien zu kombinieren, um das Risiko effektiv zu steuern. Darüber hinaus kann das Zurücklegen eines Teils Ihres Portfolios speziell für hochriskante Anlagen wie Kryptowährungen dazu beitragen, die finanzielle Gesamtstabilität aufrechtzuerhalten.

- Emotionale Kontrolle: Schließlich ist es wichtig, die emotionale Kontrolle zu wahren, wenn man in hochvolatile Anlagen wie Kryptowährungen investiert. Es ist leicht, emotional involviert zu werden, insbesondere bei schnellen Preisänderungen. Eine klare Investitionsstrategie zu entwickeln, spezifische Ziele zu setzen und sich an Ihre Strategie zu halten, kann helfen, den Einfluss von Emotionen auf Ihre Investitionsentscheidungen zu minimieren. Regelmäßige Überprüfungen Ihres Portfolios und Anpassungen basierend auf Ihren langfristigen Zielen, statt kurzfristiger Marktbewegungen, können zu disziplinierteren und erfolgreicheren Investitionen führen.

Entscheiden, ob Kryptowährungen eine gute Investition sind, erfordert die Bewertung mehrerer Faktoren, einschließlich Ihrer Risikobereitschaft, Ihres Investitionshorizonts, der Diversifikation Ihres Portfolios und Ihrer finanziellen Ziele. Hier ist ein detailliert-er Blick auf die Überlegungen, die bei der Bestimmung, ob Kryptowährungen eine geeignete Investition für Sie sind, eine Rolle spielen:

Kryptowährungen können eine interessante Investitionsmöglichkeit darstellen, aber ihre Eignung hängt von verschiedenen individuellen Faktoren ab. Die hohe Volatilität von Kryptowährungen bedeutet, dass deren Werte innerhalb kurzer Zeiträume dramatisch schwanken können. Zum Beispiel kann der Preis von Bitcoin oder Ethereum innerhalb von Tagen stark steigen oder fallen, beeinflusst durch Marktsentiment, technologische Entwicklungen oder regulatorische Nachrichten. Diese Volatilität kann zu erheblichen Gewinnen, aber auch zu signifikanten Verlusten führen. Daher ist es entscheidend, Ihre eigene Toleranz gegenüber finanziellen Risiken und psychologischem Stress vor der Investition in Kryptowährungen zu bewerten [224].

Ihr Investitionshorizont – der Zeitraum, in dem Sie eine Investition halten möcht-en, bevor Sie auf die Mittel zugreifen müssen – spielt ebenfalls eine bedeutende Rolle. Kryptowährungen können kurzfristige Volatilität erfahren, aber wenn Sie eine langfristige Perspektive beibehalten können, haben Sie möglicherweise die Möglichkeit, die Schwankungen auszusitzen. Darüber hinaus kann eine diversifizierte Anlagestrategie dazu beitragen, einige der Risiken im Zusammenhang mit Investitionen in Kryptowährungen zu mindern. Diversifikation umfasst die Verteilung Ihrer Investitionen auf verschiedene Anlageklassen, was die Auswirkungen einer schlechten Performance einer einzelnen Investition reduzieren kann.

Bei der Überlegung, wie viel in Kryptowährungen investiert werden sollte, empfehlen viele Finanzexperten, nicht mehr als 1 % bis 5 % Ihres Nettovermögens auf diese Anlageklasse zu verteilen [224]. Diese Richtlinie zielt darauf ab, Ihre Exposition gegenüber den hohen Risiken im Zusammenhang mit Kryptowährungen zu begrenzen und gle-ichzeitig das Potenzial für Wachstum zu ermöglichen. Das zentrale Prinzip hierbei ist, niemals mehr zu investieren, als Sie sich leisten können, zu verlieren. Während eine kleine Allokation in Kryptowährungen das risikoangepasste Renditeprofil eines diversifizierten Portfolios potenziell verbessern kann, sollte der genaue Betrag mit Ihrer gesamten Anlagestrategie und Risikobereitschaft übereinstimmen.

Innerhalb des Kryptowährungsbereichs ist Diversifikation ebenfalls wichtig. Ebenso wie Sie über verschiedene Anlageklassen diversifizieren, kann die Diversifikation unter verschiedenen Kryptowährungen helfen, Risiken zu managen [224]. Einige Kryptowährungen, wie Bitcoin und Ethereum, gelten als langfristig stabiler im Vergleich zu kleineren, spekulativeren Coins. Größere Kryptowährungen sind in der Regel etablierter und weniger anfällig für extreme Preismanipulationen. Selbst führende Kryptowährungen können jedoch erhebliche Preisschwankungen erleben. Daher ist es ratsam, sorgfältig auszuwählen, welche Kryptowährungen in Ihr Portfolio aufgenommen werden sollen, und deren Leistung regelmäßig zu überwachen.

Vorteile der Investition in Kryptowährungen:

- **Diversifikationsvorteile:** Historisch gesehen haben Kryptowährungen eine geringe Korrelation mit traditionellen Anlageklassen wie Aktien und Anleihen gezeigt. Diese Eigenschaft ermöglicht potenzielle Diversifikationsvorteile innerhalb eines Portfolios. Obwohl die Korrelationen in letzter Zeit zugenommen haben, kann eine kleine Allokation in Kryptowährungen dennoch das risikoangepasste Renditeprofil eines diversifizierten Portfolios verbessern.

- **Vergleiche mit traditionellen Anlagen:** Einige Experten vergleichen bestimmte Kryptowährungen, insbesondere Bitcoin, mit traditionellen Anlagen wie Gold. Beide gelten als dauerhaft und begrenzt, wobei ihr Wert nicht von einer zentralen Autorität kontrolliert wird. Dieser Vergleich basiert auf der Vorstellung, dass Kryptowährungen, wie Gold, endlich sind und als Schutz gegen Inflation oder wirtschaftliche Instabilität dienen können.

- **Dezentralisierung und Transparenz:** Kryptowährungen arbeiten auf der Basis dezentraler und transparenter Distributed-Ledger-Technologie (Blockchains). Diese Struktur verbessert die Netzwerksicherheit und reduziert das Risiko zentraler Kontrolle oder Manipulation. Die inhärente Transparenz der Blockchain-Technologie kann ein hohes Maß an Integrität und Sicherheit für Transaktionen bieten.

Ob Kryptowährungen eine gute Investition darstellen, hängt weitgehend von Ihrer persönlichen finanziellen Situation, Ihrer Risikobereitschaft und Ihren Anlagezielen ab. Während sie Potenzial für hohe Renditen und Diversifikationsvorteile bieten, sind sie auch mit erheblichen Risiken und Unsicherheiten verbunden. Es ist entscheidend, diese Faktoren sorgfältig zu berücksichtigen, gründliche Recherchen durchzuführen und gegebenenfalls Finanzberater zu konsultieren, bevor Sie Investitionsentscheidungen im Bereich der Kryptowährungen treffen [224].

Als grundlegende Anlagestrategie [225]:

1. Verstehen, worin Sie investieren Bevor Sie in eine Kryptowährung investieren, ist es wichtig, das zu verstehende Asset gründlich zu kennen. Im Gegensatz zu traditionellen Investitionen wie Aktien, die durch Unternehmenskennzahlen unterstützt werden, fehlt es Kryptowährungen oft an einem inneren Wert, der sich aus physischen Vermögenswerten oder Cashflows ableitet. Zum Beispiel funktioniert Bitcoin ohne Unterstützung durch greifbare Vermögenswerte oder Erträge. Stattdessen wird sein Wert durch Marktsentiment und den Glauben angetrieben, dass andere in Zukunft mehr dafür bezahlen werden.

Es ist entscheidend, die Technologie, den Anwendungsfall und das Team hinter jeder Kryptowährung zu recherchieren. Beliebte Kryptowährungen wie Ethereum, Dogecoin, Cardano und Solana haben jeweils einzigartige Merkmale und Anwendungen. Ethereum unterstützt beispielsweise Smart Contracts und dezentrale Anwendungen, während Dogecoin als Meme begann, aber als Mittel für digitale Transaktionen an Bedeutung gewonnen hat. Das Verständnis der potenziellen Vorteile und Risiken dieser Vermögenswerte hilft Ihnen, fundierte Entscheidungen zu treffen und Investitionen zu vermeiden, die ausschließlich auf Hype oder spekulativen Trends basieren.

2. Denken Sie daran, dass die Vergangenheit Vergangenheit ist Ein häufiger Fehler neuer Investoren ist die Annahme, dass vergangene Leistungen zukünftige Ergebnisse garantieren. Nur weil Bitcoin oder eine andere Kryptowährung in der Vergangenheit signifikante Gewinne erzielt hat, bedeutet das nicht, dass sie dies weiterhin im gleichen Tempo tun wird. Historische Leistungen können Kontext bieten, sollten jedoch nicht die einzige Grundlage für Investitionsentscheidungen sein.

Bei der Bewertung einer Kryptowährung sollten Sie sich auf ihr zukünftiges Potenzial konzentrieren, nicht auf vergangene Erfolge. Berücksichtigen Sie Faktoren wie Technologie, Adoptionsrate, Marktentwicklungen und alle Entwicklungen, die ihren Wert beeinflussen könnten. Zukünftige Renditen hängen von verschiedenen Variablen ab, einschließlich Marktdynamik, regulatorischen Änderungen und technologischen Fortschritten, und nicht nur von der Extrapolation vergangener Wachstumsraten.

3. Achten Sie auf die Volatilität Kryptowährungen sind bekannt für ihre extreme Volatilität, die zu schnellen und signifikanten Preisänderungen führen kann. Diese Volatilität kann sowohl Chancen als auch Risiken darstellen. Für erfahrene Händler, die Marktentwicklungen verstehen und in der Lage sind, schnell zu handeln, kann Volatilität ein Vorteil sein. Für neue Investoren kann jedoch die erratische Natur der Kryptowährungspreise überwältigend sein und zu schlechten Entscheidungen führen.

Unerfahrene Investoren könnten emotionalen Reaktionen wie dem Kauf während Preisanstiegen aus Angst, etwas zu verpassen (FOMO), oder dem Verkauf während Rückgängen aufgrund von Panik erliegen. Um dieses Risiko zu managen, ist es entscheidend, eine durchdachte Handelsstrategie zu haben und impulsive Entscheidungen, die auf kurzfristigen Marktentwicklungen basieren, zu vermeiden.

4. Verwalten Sie Ihr Risiko Effektives Risikomanagement ist entscheidend, wenn Sie in volatile Vermögenswerte wie Kryptowährungen investieren. Die Entwicklung einer klaren Strategie zur Risikoverwaltung hilft, Ihre Investition vor erheblichen Verlusten zu schützen. Für langfristige Investoren könnte eine Buy-and-Hold-Strategie geeignet sein, bei der sie ihre Vermögenswerte unabhängig von Preisänderungen halten, in der Überzeugung, dass ihre Investitionen langfristig Potenzial haben.

Kurzfristige Händler hingegen müssen möglicherweise spezifische Ausstiegspunkte oder Stop-Loss-Niveaus festlegen, um Verluste zu begrenzen. Zum Beispiel kann das Setzen einer Regel, bei der der Verkauf erfolgt, wenn der Preis um 10 % sinkt, verhindern, dass ein kleiner Verlust zu einem erheblichen wird. Darüber hinaus ermöglicht es, mit einem Teil Ihres Investitionskapitals zu beginnen und einige Mittel als Reserve zu halten, um unvorhergesehene Marktentwicklungen zu bewältigen, ohne Ihre Handelsressourcen zu erschöpfen.

5. Investieren Sie nur, was Sie sich leisten können zu verlieren Eines der grundlegenden Prinzipien des Investierens ist es, nur Mittel zu verwenden, die Sie sich leisten können zu verlieren, insbesondere in risikoreichen Bereichen wie Kryptowährungen. Das bedeutet, Geld zu vermeiden, das für wesentliche Zwecke oder zukünftige Bedürfnisse vorgesehen ist, wie zum Beispiel eine Anzahlung für ein Haus oder Altersvorsorge. Stattdessen sollten Sie einen Teil Ihrer verfügbaren Mittel – Geld, das Ihre finanzielle Stabilität nicht beeinträchtigt, wenn es verloren geht – investieren.

Investitionen in risikoreiche Vermögenswerte wie Kryptowährungen sollten mit Vorsicht und als Teil einer umfassenderen Anlagestrategie erfolgen. Wenn Sie eine sicherere und garantierte Rendite suchen, ziehen Sie Optionen wie die Tilgung von hochverzinslichen Schulden in Betracht, die eine garantierte Rendite entsprechend dem Zinssatz der Schulden bietet.

Zusätzliche Überlegungen: Neben den oben genannten Schritten sollten Sie sicherstellen, dass Sie seriöse Börsen und Broker mit robusten Sicherheitsmaßnahmen auswählen. Obwohl Sie Kryptowährungen rechtmäßig besitzen, liegt die Verantwortung für deren Sicherheit oft bei der Plattform, auf der sie gehalten werden. Zur zusätzlichen Sicherheit sollten Sie die Verwendung von Hardware-Wallets oder anderen sicheren Speicheroptionen in Betracht ziehen, um Ihre Vermögenswerte vor möglichen Cyber-Bedrohungen zu schützen [225].

Die Investition tätigen

Für Anfänger, die sich fragen, wie sie beginnen sollen, folgen Sie diesen fünf Schritten [224]:

Schritt 1: Wählen Sie, in welche Kryptowährung Sie investieren möchten Die Auswahl der richtigen Kryptowährung erfordert eine sorgfältige Bewertung und ein Verständnis der einzigartigen Merkmale jedes Assets. Ebenso wie Sie die finanzielle Gesundheit und potenzielle Risiken eines Unternehmens vor dem Kauf seiner Aktien bewerten würden, müssen Sie die Grundlagen verschiedener Kryptowährungen analysieren. Jede Kryptowährung basiert auf unterschiedlichen zugrunde liegenden Technologien, hat verschiedene Anwendungsfälle und kann unterschiedlichen Levels von Marktdurchdringung und regulatorischer Kontrolle unterliegen.

Angesichts der relativ jungen und sich schnell entwickelnden Natur des Kryptowährungsmarktes ist es entscheidend, sich nicht von Betrug wie Pump-and-Dump-Schemata täuschen zu lassen, bei denen der Preis einer Kryptowährung künstlich erhöht wird, um Investoren anzulocken, nur um dann von den Tätern verkauft zu werden, was zu einem Preissturz führt. Um das Risiko solcher Betrügereien zu minimieren, seien Sie vorsichtig bei kleineren oder neueren Kryptowährungen, die stark in sozialen Medien beworben werden. Diese Assets könnten keine etablierten Erfolgsbilanzen oder zuverlässigen Entwicklungsteams haben. Es ist ratsam, sich auf Kryptowährungen mit einer soliden Basis, transparenten Entwicklungsteams und bewährten Anwendungsfällen zu konzentrieren.

Die Kryptowährungsbranche ist noch weitgehend unreguliert, was es schwierig macht, Betrug und Cyberrisiken vollständig zu vermeiden. Zum Beispiel hat der Zusammenbruch von FTX im Jahr 2022, einer Plattform, die einst als seriös galt, die Schwachstellen der Krypto-Branche aufgezeigt. Der Gründer Sam Bankman-Fried wurde wegen Betrugs und Geldwäsche verurteilt, was die Notwendigkeit einer gründlichen Überprüfung von

Plattformen und Projekten unterstreicht. Führen Sie immer gründliche Recherchen durch und verlassen Sie sich auf seriöse Quellen, bevor Sie Investitionsentscheidungen treffen.

Schritt 2: Wählen Sie eine Kryptowährungsbörse Um Kryptowährungen zu kaufen, müssen Sie eine Börse oder Investitionsplattform nutzen. Die Auswahl einer geeigneten Börse ist ein entscheidender Schritt im Investitionsprozess. Wichtige Faktoren, die Sie berücksichtigen sollten, sind Sicherheit, Transaktionsgebühren, Handelsvolumen, Mindestanlagebeträge und das Angebot an Kryptowährungen.

Sicherheit sollte bei der Auswahl einer Börse oberste Priorität haben. Achten Sie auf Plattformen mit robusten Sicherheitsmaßnahmen wie Zwei-Faktor-Authentifizierung, Kaltlagerung für Vermögenswerte und einer Geschichte der Schutz der Benutzergelder. Die Gebühren können zwischen den Börsen erheblich variieren, einschließlich Transaktionsgebühren, Abhebungsgebühren und Einzahlungsgebühren, daher ist es wichtig, die Kostenstruktur zu verstehen und wie sie sich auf Ihre Investition auswirken könnte.

Das Handelsvolumen ist ein weiterer wichtiger Faktor, da höheres Volumen in der Regel eine bessere Liquidität anzeigt, was dazu beitragen kann, dass Ihre Trades zu fairen Preisen ausgeführt werden. Überprüfen Sie zudem die Mindestanlagebeträge, da einige Börsen Mindestbeträge für Einzahlungen oder Trades haben könnten. Stellen Sie schließlich sicher, dass die Börse die Kryptowährungen unterstützt, in die Sie investieren möchten, da nicht alle Plattformen das gleiche Angebot an digitalen Assets haben.

Schritt 3: Berücksichtigen Sie Speicher- und digitale Wallet-Optionen Kryptowährungen sind rein digitale Vermögenswerte, daher benötigen Sie eine sichere Möglichkeit, sie zu speichern. Es gibt zwei Haupttypen von digitalen Wallets: Hot Wallets und Cold Wallets.

Hot Wallets sind mit dem Internet verbunden, was sie für häufige Transaktionen und einfachen Zugriff bequem macht. Beispiele hierfür sind Web-Wallets und mobile Wallets, die von Börsen bereitgestellt werden. Während sie benutzerfreundlich sind, sind sie anfälliger für Online-Bedrohungen wie Hacking und Phishing-Angriffe.

Cold Wallets hingegen sind Offline-Speichergeräte wie Hardware-Wallets, die durch die Aufbewahrung Ihrer privaten Schlüssel außerhalb des Internets erhöhte Sicherheit bieten. Hardware-Wallets, die USB-Laufwerken ähneln, gelten als eine der sichersten Methoden zur Speicherung von Kryptowährungen, da sie nicht mit dem Internet verbunden sind und weniger anfällig für Cyber-Bedrohungen sind. Je nach Ihrer Anlagestrategie und Sicherheitspräferenzen könnten Sie sich entscheiden, Ihre Assets in einem

Hot Wallet für regelmäßige Transaktionen oder in einem Cold Wallet für langfristige Bestände zu speichern.

Schritt 4: Entscheiden Sie, wie viel Sie investieren möchten Die Bestimmung, wie viel Sie in Kryptowährungen investieren möchten, umfasst die Bewertung Ihres Budgets, Ihrer Risikobereitschaft und Ihrer gesamten Anlagestrategie. Berücksichtigen Sie Faktoren wie Ihre finanziellen Ziele, den Betrag an verfügbaren Mitteln und die spezifischen Risiken im Zusammenhang mit Kryptowährungen.

Investitionen in Kryptowährungen sind oft mit hoher Volatilität verbunden, daher ist es entscheidend, nur das zu investieren, was Sie sich leisten können zu verlieren. Viele Experten empfehlen, einen kleinen Teil Ihres gesamten Investitionsportfolios in Kryptowährungen zu investieren, typischerweise nicht mehr als 2-5 %. Dieser Ansatz hilft, das Risiko zu managen, während Sie dennoch von potenziellen Aufwärtsbewegungen profitieren können.

Die meisten Börsen erlauben es Ihnen, in Kryptowährungen auf Dollar-Basis zu investieren, anstatt ganze Coins kaufen zu müssen. Diese Flexibilität ermöglicht es Ihnen, kleinere Beträge in wertvolle Kryptowährungen wie Bitcoin zu investieren. Konzentrieren Sie sich auf den Gesamtbetrag Ihrer Investition und stellen Sie sicher, dass er mit Ihrer finanziellen Situation und Risikobereitschaft übereinstimmt.

Schritt 5: Verwalten Sie Ihre Investitionen Eine effektive Verwaltung von Kryptowährungsinvestitionen ist entscheidend für die Erreichung Ihrer finanziellen Ziele. Kryptowährungen können für Transaktionen verwendet oder als langfristige Investitionen gehalten werden, je nach Ihrer Strategie.

Wenn Ihr Ziel ist, Kryptowährungen für Transaktionen zu verwenden, stellen Sie sicher, dass Ihr gewähltes Wallet oder Ihre Börse Ihre Ausgabenbedürfnisse unterstützt und sichere Transaktionsmöglichkeiten bietet. Für langfristige Investitionen überprüfen Sie regelmäßig Ihre Bestände und bleiben Sie über Marktentwicklungen, technologische Fortschritte und regulatorische Änderungen informiert, die den Wert Ihrer Vermögenswerte beeinflussen könnten.

Die Überwachung Ihrer Investitionen und die Anpassung Ihrer Strategie nach Bedarf helfen Ihnen, Ihre finanziellen Ziele zu erreichen. Ob Sie langfristig halten oder aktiv handeln, ein disziplinierter Ansatz und eine ständige Aktualisierung der Marktentwicklungen tragen zu informierteren Entscheidungen und einer effektiven Investitionsverwaltung bei.

Andere Möglichkeiten, in Kryptowährungen zu investieren

Während die direkte Investition in Kryptowährungen wie Bitcoin oder Ethereum nach wie vor beliebt ist, bieten mehrere alternative Anlagevehikel Zugang zum Kryptomarkt, jedes mit seinen einzigartigen Eigenschaften und Risiko-Profilen. Diese Alternativen bieten verschiedene Möglichkeiten, sich mit dem Kryptowährungssektor auseinanderzusetzen, ohne digitale Vermögenswerte direkt zu erwerben. Hier ist ein detaillierter Überblick über einige dieser Methoden [219, 224, 225]:

Krypto-Futures Krypto-Futures sind Verträge, die es Investoren ermöglichen, auf den zukünftigen Preis von Kryptowährungen wie Bitcoin zu spekulieren. Futures-Kontrakte verpflichten den Käufer, ein Asset zu einem im Voraus festgelegten Preis an einem bestimmten Datum zu kaufen, oder den Verkäufer, es zu verkaufen. Diese Methode bietet die Möglichkeit, von Preisbewegungen im Kryptomarkt zu profitieren. Futures-Kontrakte beinhalten oft die Verwendung von Hebeln, was bedeutet, dass Sie eine größere Position mit einem relativ kleinen Kapitalbetrag kontrollieren können. Während dies potenzielle Renditen vergrößern kann, erhöht es auch das Risiko erheblicher Verluste, insbesondere in einem so volatilen Markt wie dem Kryptowährungsmarkt. Der hohe Hebel und die schnellen Preisbewegungen, die im Futures-Handel typisch sind, machen ihn zu einer Hochrisiko-Option, die hauptsächlich für erfahrene Investoren geeignet ist, die die Komplexitäten und Risiken verwalten können.

Bitcoin-ETFs Im Januar 2024 genehmigte die Securities and Exchange Commission (SEC) mehrere börsengehandelte Fonds (ETFs), die direkt in Bitcoin investieren. Spot-Bitcoin-ETFs ermöglichen es Investoren, von den Preisbewegungen von Bitcoin zu profitieren, ohne die Kryptowährung selbst kaufen und speichern zu müssen. Diese ETFs werden an traditionellen Börsen gehandelt und können über die meisten Online-Broker gekauft werden, die Aktien und Anleihen anbieten. Bitcoin-ETFs bieten eine zugänglichere und regulierte Möglichkeit, in Bitcoin zu investieren, und könnten für diejenigen attraktiv sein, die die Komplexität der Verwaltung digitaler Wallets und privater Schlüssel vermeiden möchten. Eine Investition in einen Bitcoin-ETF kann den Prozess der Erlangung von Kryptowährungs-Exposure vereinfachen und potenziell mehr Sicherheit und regulatorische Aufsicht bieten als das direkte Halten von Bitcoin.

Aktien von Krypto-Börsen oder -Brokern Investieren in Aktien von Unternehmen, die in der Kryptowährungsbranche tätig sind, ist eine weitere Möglichkeit,

Zugang zum Sektor zu erhalten. Unternehmen wie Coinbase, eine bedeutende Kryptowährungsbörse, oder Broker wie Robinhood, die den Handel mit Kryptowährungen ermöglichen, bieten Chancen für indirekte Investitionen im Krypto-Markt. Diese Unternehmen erwirtschaften typischerweise erhebliche Einnahmen aus dem Handel mit Kryptowährungen und verwandten Dienstleistungen, was bedeutet, dass ihre Aktienkurse durch die Gesamtentwicklung des Kryptowährungsmarktes beeinflusst werden können. Durch Investitionen in solche Unternehmen können Sie möglicherweise vom Wachstum des Kryptosektors profitieren, während Sie die direkten Risiken im Zusammenhang mit dem Halten von Kryptowährungen vermeiden. Es ist jedoch wichtig zu beachten, dass diese Unternehmen auch in breiteren Finanzmärkten tätig sind, sodass ihre Leistung möglicherweise nicht perfekt mit den Preisbewegungen einzelner Kryptowährungen korreliert.

Blockchain-ETFs Blockchain-ETFs investieren in Unternehmen, die an der Entwicklung oder Nutzung von Blockchain-Technologie beteiligt sind, die Kryptowährungen zugrunde liegt. Diese Fonds bieten Zugang zu einer Vielzahl von Unternehmen, die vom Wachstum der Blockchain-Technologie profitieren, aber möglicherweise nicht direkt am Handel mit Kryptowährungen beteiligt sind. Blockchain-ETFs umfassen typischerweise Aktien von Unternehmen aus verschiedenen Sektoren wie Technologie, Finanzwesen und Lieferkettenmanagement, die Blockchain für unterschiedliche Anwendungen nutzen. Eine Investition in einen Blockchain-ETF ermöglicht es Ihnen, an der breiteren Akzeptanz der Blockchain-Technologie teilzunehmen und Zugang zu Unternehmen zu erhalten, die möglicherweise aufgrund dieses Trends Wachstum erfahren. Da diese Unternehmen jedoch oft in einer Vielzahl von Aktivitäten außerhalb der Kryptowährungen engagiert sind, kann die direkte Krypto-Exposition der Investition verwässert werden. Dieser Ansatz bietet eine diversifiziertere Exposition gegenüber dem Blockchain-Ökosystem, könnte jedoch die vollständige Volatilität und potenzielle Aufwärtsbewegung, die mit direkten Kryptowährungsinvestitionen verbunden sind, nicht vollständig erfassen.

Jede dieser Investitionsmethoden bietet unterschiedliche Risikostufen und Zugänge zum Kryptowährungsmarkt. Krypto-Futures bieten eine risikobehaftete, aber potenziell hohe Rendite-Möglichkeit zur Spekulation auf Preisbewegungen mit Hebelwirkung. Bitcoin-ETFs bieten eine regulierte, benutzerfreundliche Möglichkeit, direkt in Bitcoin zu investieren. Investitionen in Aktien von Krypto-Börsen oder -Brokern ermöglichen eine indirekte Exposition gegenüber dem Kryptowährungsmarkt durch Unternehmen, die den Handel und verwandte Dienstleistungen erleichtern. Blockchain-ETFs bieten eine breitere Investition in Unternehmen, die Blockchain-Technologie nutzen, könnten jedoch die direkte Kryptowährungs-Exposition verwässern. Das Verständnis der spezifischen Merkmale, Risiken und potenziellen Renditen jeder Methode ist entscheidend, um Ihre Investitionsstrategie mit Ihren finanziellen Zielen und Ihrer Risikobereitschaft in Einklang zu bringen [219, 224, 225].

Anlagestrategien

Kryptowährungs-Anlagestrategien sind Ansätze und Methoden, die verwendet werden, um Investitionen im Kryptowährungsmarkt zu verwalten und zu vermehren. Angesichts der volatilen und sich ständig entwickelnden Natur von Kryptowährungen können diese Strategien je nach Zielen, Risikobereitschaft und Zeitrahmen des Anlegers stark variieren. Hier ist ein detaillierter Überblick über mehrere gängige Anlagestrategien für Kryptowährungen:

1. Langfristiges Halten (HODLing)

Langfristiges Halten, oft als HODLing bezeichnet (ein Schreibfehler von "holding", der in der Krypto-Community populär geworden ist), ist eine Strategie, bei der Investoren Kryptowährungen erwerben und diese über einen längeren Zeitraum halten, unabhängig von kurzfristigen Marktschwankungen. Die Idee ist, von der langfristigen Wertsteigerung zu profitieren, während der Markt reift und die Akzeptanz wächst. Diese Strategie basiert auf dem Glauben, dass der Wert der Kryptowährung im Laufe der Zeit erheblich steigen wird. Sie erfordert Geduld und eine starke Überzeugung vom langfristigen Potenzial des gewählten Vermögenswerts. Investoren, die diese Strategie verfolgen, vermeiden häufiges Handeln und versuchen, die Volatilität auszusitzen.

Langfristiges Halten, oft als HODLing in der Kryptowelt bezeichnet, ist eine Strategie, bei der Investoren digitale Vermögenswerte kaufen und über längere Zeiträume, typischerweise Jahre, behalten, unabhängig von kurzfristigen Marktschwankungen [226]. Der Begriff "HODL" stammt von einem Schreibfehler des Wortes "holding" in einem Bitcoin-Forum-Post von 2013 und hat sich seitdem zu einem Schlachtruf in der Krypto-Community entwickelt. Dieser Investitionsansatz basiert auf seiner Einfachheit und dem Glauben an das Potenzial für erhebliche langfristige Gewinne [226]. Befürworter des HODLing haben Vertrauen darin, dass trotz der inhärenten Volatilität des Kryptowährungsmarktes der Wert ihrer gewählten digitalen Vermögenswerte im Laufe der Zeit erheblich steigen wird, unterstützt durch zunehmende Akzeptanz und Integration in verschiedene Sektoren [226].

Ein wesentlicher Vorteil des HODLing ist der geringe Bedarf an aktiver Verwaltung [226]. Investoren, die diese Strategie verfolgen, verzichten auf häufiges Handeln als Reaktion auf Marktauf- und -abschläge und entscheiden sich stattdessen, ihre Vermögenswerte durch Marktschwankungen hinweg zu halten, mit dem Ziel, von einem allgemeinen Marktwachstum zu profitieren. Dieser passive Ansatz kann besonders vorteilhaft in Zeiten hoher Volatilität sein, da er es den Investoren ermöglicht, den Stress und die potenziellen Verluste zu umgehen, die mit dem Versuch verbunden sind, den Markt zu timen [226]. HODLing erfordert jedoch Geduld und einen starken Glauben an das langfristige Potenzial von Kryptowährungen, da der Markt erhebliche Preisschwankungen und Phasen der Stagnation durchlaufen kann [226].

Der Erfolg der HODLing-Strategie hängt von der sorgfältigen Auswahl von Kryptowährungen mit soliden Fundamentaldaten und vielversprechenden Zukunftsaussichten ab [226]. Investoren müssen gründliche Recherchen durchführen, um sicherzustellen, dass ihre gewählten digitalen Vermögenswerte mit ihren langfristigen Investitionszielen übereinstimmen. Während HODLing die traditionelle "Kaufen und Halten"-Philosophie widerspiegelt, die in traditionellen Märkten vorherrscht, richtet sie sich eher an Personen, die an langfristigen Gewinnen interessiert sind als an kurzfristigen Profiten [226]. Eine regelmäßige Neubewertung der Investitionsentscheidungen ist für HODLers entscheidend, um sicherzustellen, dass ihre ursprünglichen Gründe für die Investition weiterhin gültig sind, während sich der Kryptowährungsmarkt entwickelt [226].

Im Wesentlichen verkörpert HODLing einen strategischen Ansatz zur Kryptowährungsinvestition, der die Widerstandsfähigkeit gegenüber kurzfristigen Marktschwankungen zugunsten des langfristigen Wachstumspotenzials betont. Durch die Aufrechterhaltung eines festen Glaubens an die zukünftige Wertsteigerung der ausgewählten digitalen Vermögenswerte zielen HODLers darauf ab, von der breiteren Akzeptanz und Integration von Kryptowährungen in verschiedene Sektoren im Laufe der Zeit zu profitieren. Die passive Natur dieser Strategie, zusammen mit der Notwendigkeit gründlicher Recherche und regelmäßiger Überprüfung der Investitionsentscheidungen, unterstreicht ihre Attraktivität für Investoren, die über längere Zeiträume erhebliche Renditen erzielen möchten, während sie den Stress im Zusammenhang mit kurzfristiger Marktschwankung mindern.

2. Dollar-Cost Averaging (DCA)

Dollar-Cost Averaging (DCA) ist eine Strategie, bei der Investoren regelmäßig einen festen Betrag in eine Kryptowährung investieren, unabhängig vom Preis zum Zeitpunkt des Kaufs. Diese Methode verteilt die Investition über die Zeit und kann so die Auswirkungen von Volatilität verringern und die durchschnittlichen Kosten pro Einheit senken. DCA hilft Investoren, den Versuch zu vermeiden, den Markt zu timen, und kann das Risiko reduzieren, große Investitionen zu Spitzenpreisen zu tätigen. Es ist ein disziplinierter Ansatz, der insbesondere in einem hochvolatilen Markt wie dem Kryptowährungsmarkt nützlich sein kann.

Dollar-Cost Averaging (DCA) ist eine Anlagestrategie, bei der konsequent ein fester Betrag in ein bestimmtes Asset, wie eine Kryptowährung, investiert wird, unabhängig von dessen aktuellem Preis. Durch die Befolgung dieses systematischen Investitionsplans haben Investoren die Möglichkeit, ihre durchschnittlichen Kosten pro Einheit über die Zeit zu senken [227].

Das grundlegende Prinzip von DCA liegt in seiner Einfachheit und Konsistenz, im Gegensatz zur herausfordernden und unvorhersehbaren Natur des Versuchs, den Markt zu timen. Investoren, die DCA nutzen, verpflichten sich, eine vorbestimmte Summe regelmäßig zu investieren, sei es wöchentlich, monatlich oder vierteljährlich, und stellen sicher, dass Käufe unter verschiedenen Marktbedingungen getätigt werden, von Hochs bis Tiefs. Folglich tendiert der durchschnittliche Preis der durch DCA erworbenen Kryptowährung dazu, ausgewogener und weniger von kurzfristigen Preisschwankungen beeinflusst zu sein [227].

Ein wesentlicher Vorteil von DCA ist seine Fähigkeit, Investoren dabei zu helfen, die Fallstricke des Markttimings zu umgehen, was insbesondere in hochvolatilen Märkten wie Kryptowährungen schwierig sein kann. Durch das Verstreichen der Investitionen über die Zeit wird das Risiko reduziert, große Investitionen zu Spitzenpreisen zu tätigen und anschließend erhebliche Verluste zu erleiden, wenn der Markt einen Rückgang erfährt. Zudem fördert DCA diszipliniertes Investieren, indem es regelmäßige Beiträge unabhängig von Marktfluktuationen ermutigt, wodurch eine Gewohnheit des regelmäßigen Investierens geschaffen und emotionale Entscheidungen, die durch Markt-Hype oder Panik getrieben werden, vermieden werden [227].

Ein weiterer bemerkenswerter Vorteil von DCA ist seine Fähigkeit, die Auswirkungen von Volatilität zu verringern, insbesondere in Märkten, die für erratische Preisbewegungen bekannt sind, wie Kryptowährungen. Durch regelmäßige Investitionen werden einige Käufe zu niedrigeren Preisen und andere zu höheren Preisen getätigt, was zu einem Durchschnittseffekt führt, der helfen kann, die Gesamtkosten der Investition auszugleichen und potenziell eine stabilere Rendite über den langen Zeitraum zu bieten [227].

Obwohl DCA eine wertvolle Strategie für viele Investoren darstellt, insbesondere für diejenigen, die neu in der Kryptowelt sind oder wenig Zeit haben, ihre Investitionen aktiv zu verwalten, hat es auch Einschränkungen. DCA garantiert keine Gewinne oder schützt vor Verlusten und könnte in einem kontinuierlich steigenden Markt, in dem eine Einmalinvestition im Voraus potenziell bessere Renditen bieten könnte, weniger effizient sein. Dennoch bietet DCA für Personen, die eine strukturierte und weniger stressige Methode zur Positionierung in einem volatilen Markt suchen, einen zuverlässigen und disziplinierten Investitionsansatz [227].

3. Swing-Trading

Swing-Trading beinhaltet die Nutzung von kurzfristigen bis mittelfristigen Preisbewegungen. Händler, die diese Strategie anwenden, kaufen Kryptowährungen zu niedrigeren Preisen und verkaufen sie, wenn die Preise steigen, um von den Preisschwankungen zu profitieren. Swing-Trading erfordert technische Analyse zur Identifizierung von Trends sowie Ein- und Ausstiegspunkten. Diese Strategie erfordert mehr Zeit und Aufmerksamkeit im Vergleich zum langfristigen Halten, da Händler die Marktbedingungen überwachen und bereit sein müssen, schnell zu handeln.

Swing-Trading ist eine Anlagestrategie, die darauf abzielt, von kurzfristigen bis mittelfristigen Preisbewegungen auf Finanzmärkten, einschließlich Kryptowährungen, zu profitieren, anstatt sich auf langfristige Wertsteigerungen zu verlassen [228]. Dieser Ansatz beinhaltet strategisches Kaufen bei niedrigen Preisen und Verkaufen bei hohen Preisen oder umgekehrt innerhalb eines komprimierten Zeitrahmens, um von Marktpreis-Oszillationen zu profitieren [228]. Das zentrale Prinzip des Swing-Tradings dreht sich um die Identifizierung und Nutzung von Preisbewegungen, die über Tage, Wochen oder sogar Monate auftreten [228]. Swing-Trader gehen strategisch Positionen ein, wenn sie ein Asset als unterbewertet oder kurz vor einem Preisanstieg stehend wahrnehmen und verlassen diese Positionen, sobald das Asset einen Zielpreis erreicht oder Anzeichen für eine Richtungsumkehr zeigt [228].

Ein wesentlicher Bestandteil des Swing-Tradings ist die Abhängigkeit von technischer Analyse zur Entscheidungsfindung [228]. Händler nutzen verschiedene Werkzeuge wie gleitende Durchschnitte, Relative Strength Index (RSI) und Bollinger-Bänder, um historische Preisdaten zu analysieren und potenzielle Trends oder Muster zu identifizieren, die ihre Handelsstrategien leiten können [228]. Durch die Nutzung dieser technischen Indikatoren können Swing-Trader informierte Entscheidungen darüber treffen, wann sie Handelspositionen eingehen oder verlassen, basierend auf den vorherrschenden Marktbedingungen [228]. Beispielsweise könnte ein Swing-Trader eine Aktie oder Kryptowährung identifizieren, die kürzlich einen Preisrückgang erlebt hat und Anzeichen für eine bevorstehende Erholung zeigt, was ihn veranlassen könnte, zu kaufen in Erwartung eines Preisanstiegs [228].

Im Gegensatz zu langfristigen Anlagestrategien, die möglicherweise nur minimale Überwachung erfordern, sobald Positionen etabliert sind, erfordert das Swing-Trading ein höheres Maß an Wachsamkeit und Engagement [228]. Händler, die Swing-Trading betreiben, müssen über Marktneuigkeiten, wirtschaftliche Entwicklungen und andere Faktoren informiert bleiben, die die Preise von Assets beeinflussen könnten [228]. Diese aktive Beteiligung umfasst häufig die kontinuierliche Überwachung von Charts, Preisbewegungen und Nachrichtenfeeds, um optimale Zeitpunkte für die Ausführung von Trades zu bestimmen [228]. Aufgrund der schnellen Natur des Swing-Tradings müssen die Praktizierenden bereit sein, schnelle Entscheidungen zu treffen und sich bietende Chancen umgehend zu nutzen, um Gewinne zu maximieren [228].

Risikomanagement ist ein kritischer Aspekt des Swing-Tradings, angesichts des inhärenten Potentials für Verluste aufgrund kurzfristiger Marktbewegungen [228]. Um diese Risiken zu mindern, setzen Swing-Trader häufig Stop-Loss-Orders ein, um potenzielle Verluste zu begrenzen, und Take-Profit-Orders, um Gewinne zu sichern, sobald vordefinierte Ziele erreicht sind [228]. Effektive Risikomanagementpraktiken sind entscheidend, um Kapital zu schützen und nachhaltigen Erfolg im Swing-Trading zu gewährleisten [228].

Während Swing-Trading lukrative Gewinnmöglichkeiten aufgrund des Fokus auf kurzfristige Marktdynamiken bietet, erfordert es von den Händlern eine beträchtliche Zeit- und Arbeitsaufwand [228]. Erfolgreiche Swing-Trader müssen über ausgeprägte analytische Fähigkeiten verfügen, um Marktdaten zu interpretieren, über sich entwickelnde Markttrends informiert zu bleiben und ihre Positionen aktiv zu verwalten [228]. Darüber hinaus fügt die inhärente Volatilität des Kryptowährungsmarktes eine zusätzliche Komplexität hinzu, da die Preise schnell und unvorhersehbar schwanken können, was sowohl Herausforderungen als auch Chancen für Händler bietet [228].

Swing-Trading stellt einen strategischen Ansatz dar, um von kurzfristigen bis mittelfristigen Preisbewegungen auf Finanzmärkten, einschließlich Kryptowährungen, zu profitieren [228]. Durch die Nutzung technischer Analysen, aktives Risikomanagement und die Aufmerksamkeit für Marktentwicklungen zielen Swing-Trader darauf ab, von den Preisschwankungen innerhalb eines komprimierten Zeitrahmens zu profitieren [228]. Während es ein höheres Engagement im Vergleich zu langfristigen Anlagestrategien erfordert, bietet Swing-Trading das Potenzial für erhebliche Gewinne für Händler, die über die erforderlichen Fähigkeiten und das Engagement verfügen, um das dynamische Umfeld kurzfristiger Marktbewegungen zu navigieren [228].

4. Day-Trading

Day-Trading ist eine Strategie, bei der Investoren innerhalb desselben Handelstags Kryptowährungen kaufen und verkaufen, um von kurzfristigen Preisbewegungen zu profitieren. Day-Trader führen im Laufe des Tages mehrere Trades durch und verlassen sich dabei auf technische Analysen, Charts und Marktnachrichten, um Entscheidungen zu treffen. Diese Strategie kann sehr profitabel sein, birgt jedoch auch erhebliche Risiken aufgrund der hohen Volatilität und der schnelllebigen Natur des Kryptowährungsmarktes. Day-Trading erfordert beträchtliche Zeit, Fachwissen und Disziplin.

Day-Trading ist eine Handelsstrategie, die den Kauf und Verkauf von Finanzwerten, wie Kryptowährungen, innerhalb desselben Handelstags umfasst und sich auf die Ausnutzung kurzfristiger Preisfluktuationen konzentriert [229]. Diese Strategie erfordert eine schnelle Ausführung und ständige Überwachung der Märkte, wobei Day-Trader in der Regel Positionen innerhalb weniger Stunden oder sogar Minuten eröffnen und schließen [229]. Um Handelsmöglichkeiten zu identifizieren, verlassen sich Day-Trader stark auf technische Analysen, die das Untersuchen von Preis-Charts, Mustern und verschiedenen technischen Indikatoren wie gleitenden Durchschnitten, dem Relative Strength Index (RSI) und Bollinger-Bändern beinhalten [229]. Technische Analysen spielen eine zentrale Rolle im Day-Trading, da sie den Händlern helfen, informierte Entscheidungen über Einstiegs- und Ausstiegspunkte basierend auf historischen Preisdaten und aktuellen Marktentwicklungen zu treffen [229].

Neben der technischen Analyse müssen Day-Trader über Marktnachrichten und Ereignisse informiert bleiben, die die Preise von Kryptowährungen beeinflussen können, wie regulatorische Ankündigungen oder technologische Fortschritte [229]. Durch die Aufmerksamkeit für Marktnachrichten können Day-Trader schnell auf nachrichtengetriebene Preisbewegungen reagieren und ihre Handelsstrategien entsprechend anpassen [229]. Die hohe Volatilität des Kryptowährungsmarktes bietet sowohl Chancen als auch Risiken für Day-Trader, da es zwar Potenzial für erhebliche Gewinne durch häufige Preisschwankungen gibt, aber schnelle Preisänderungen auch zu signifikanten Verlusten führen können [229]. Effektives Risikomanagement durch Werkzeuge wie Stop-Loss-Orders ist entscheidend für Day-Trader, um ihr Kapital zu schützen und die Rentabilität über die Zeit zu erhalten [229].

Day-Trading erfordert nicht nur technische Fähigkeiten, sondern auch einen disziplinierten und strategischen Ansatz. Trader müssen klare Handelspläne entwickeln, die Einstiegs- und Ausstiegskriterien, Risikomanagementstrategien und Gewinnziele festlegen [229]. Emotionale Kontrolle ist ebenfalls wichtig im Day-Trading, um impulsive Entscheidungen, die durch Stress oder Emotionen getrieben werden, zu vermeiden, da die schnelllebige Natur des Day-Tradings intensiv sein kann [229]. Erfolgreiche Day-Trader müssen konzentriert bleiben, ihren Strategien folgen und vermeiden, dass Emotionen ihre Handelsentscheidungen diktieren [229]. Darüber hinaus erfordert Day-Trading ein erhebliches Zeitengagement, da Trader die Märkte kontinuierlich während der Handelszeiten überwachen müssen, um Möglichkeiten zu erkennen und Trades zeitnah auszuführen [229].

Day-Trading ist eine Strategie, die darauf abzielt, durch mehrere Trades innerhalb eines einzigen Tages von kurzfristigen Preisbewegungen im Kryptowährungsmarkt zu profitieren. Sie beruht auf technischer Analyse, Marktnachrichten und schneller Entscheidungsfindung [229]. Während sie das Potenzial für erhebliche Erträge bietet, birgt das Day-Trading auch erhebliche Risiken, erfordert beträchtliche Zeit und Fachwissen und verlangt strenge Disziplin sowie effektives Risikomanagement [229]. Trader, die sich auf Day-Trading einlassen, müssen die hohe Volatilität des Kryptowährungsmarktes meistern, über Marktentwicklungen informiert bleiben und einen disziplinierten und strategischen Ansatz beibehalten, um ihre Erfolgschancen zu maximieren [229].

5. Arbitrage

Arbitrage beinhaltet das Ausnutzen von Preisunterschieden derselben Kryptowährung über verschiedene Börsen hinweg. Zum Beispiel, wenn Bitcoin auf einer Börse günstiger ist als auf einer anderen, könnte ein Arbitrageur es an der günstigeren Börse kaufen und an der teureren verkaufen, um einen Gewinn zu erzielen. Arbitrage-Möglichkeiten entstehen durch Unterschiede in Angebot und Nachfrage über verschiedene Börsen hinweg. Diese Strategie erfordert schnelle Ausführung und kann durch Transaktionsgebühren, Liquidität und Börsenbeschränkungen begrenzt sein.

Arbitrage ist eine Handelsstrategie, die in verschiedenen Finanzmärkten, einschließlich des Kryptowährungsmarkts, häufig verwendet wird und darauf abzielt,

Preisunterschiede desselben Vermögenswerts über verschiedene Börsen hinweg auszunutzen, um einen Gewinn zu erzielen [230]. Das grundlegende Konzept der Arbitrage besteht darin, dass die Preise nach Berücksichtigung der Transaktionskosten idealerweise in allen Märkten gleich sein sollten, aber in der Realität aufgrund von Unterschieden in der Liquidität, Handelsvolumen und Marktbedingungen variieren [230]. Zum Beispiel, wenn Bitcoin auf einer Börse bei 30.000 USD und auf einer anderen bei 30.200 USD gehandelt wird, kann ein Arbitrageur auf der niedrigpreisigen Börse kaufen und auf der höherpreisigen verkaufen, um von der Preisdifferenz von 200 USD zu profitieren [230].

Um eine Arbitragestrategie im Kryptowährungsmarkt erfolgreich umzusetzen, müssen Händler schnell handeln, um von diesen Preisunterschieden zu profitieren, bevor sie sich normalisieren [230]. Die Kryptowährungsmärkte sind sehr dynamisch, und Preisabweichungen können von kurzer Dauer sein, was eine Echtzeitüberwachung der Preise über mehrere Börsen hinweg und die Fähigkeit zur schnellen Ausführung von Trades erforderlich macht [230]. Automatisierte Hochfrequenzhandelstools und Algorithmen werden häufig eingesetzt, um diesen Prozess zu optimieren und den Händlern zu ermöglichen, kleine und flüchtige Preisunterschiede effizient auszunutzen [230].

Jedoch können mehrere Faktoren die Arbitragemöglichkeiten im Kryptowährungsmarkt einschränken. Transaktionsgebühren spielen eine wesentliche Rolle, da sie die potenziellen Gewinne aus Arbitrage-Trades schmälern können [230]. Diese Gebühren umfassen Handelsprovisionen, Abhebungsgebühren und Einzahlungsgebühren, die alle berücksichtigt werden müssen, um den Nettogewinn aus der Arbitrage zu berechnen [230]. Damit Arbitrage profitabel ist, muss die Preisabweichung zwischen den Börsen groß genug sein, um diese Kosten zu decken und dennoch einen Gewinn zu erzielen [230].

Zudem ist Liquidität ein kritischer Faktor beim Arbitrage-Handel. Liquidität bezieht sich darauf, wie leicht ein Vermögenswert gekauft oder verkauft werden kann, ohne den Preis erheblich zu beeinflussen [230]. Eingeschränkte Liquidität an einer Börse kann die Ausführung großer Trades ohne Beeinflussung der Marktpreise behindern, was die Effektivität der Arbitrage einschränken kann, insbesondere für Kryptowährungen mit niedrigeren Handelsvolumen oder auf Börsen mit eingeschränkter Liquidität [230]. Börsenbeschränkungen wie unterschiedliche Verarbeitungszeiten für Abhebungen und Einzahlungen sowie Handelsvolumenbeschränkungen und Kontoverifizierungsanforderungen können ebenfalls die Geschwindigkeit und Machbarkeit der Ausführung von Arbitrage-Trades beeinflussen [230].

Neben praktischen Überlegungen müssen auch regulatorische und Sicherheitsaspekte berücksichtigt werden, wenn man Arbitrage im Kryptowährungsmarkt betreibt [230]. Börsen operieren unter unterschiedlichen regulatorischen Rahmenbedingungen, und die Einhaltung lokaler Vorschriften kann die Handelsaktivitäten beeinflussen [230]. Sicherheitsbedenken, wie das Risiko von Hacks oder Betrug auf Börsen, können die Sicherheit der Mittel gefährden, weshalb die Nutzung seriöser und sicherer Plattformen für Arbitrage-Aktivitäten wichtig ist [230].

Arbitrage im Kryptowährungsmarkt bietet Chancen, von Preisunterschieden zwischen Börsen zu profitieren, erfordert jedoch schnelle Entscheidungen, Kostenmanagement und ein Verständnis von Liquidität und Börsenbeschränkungen [230]. Händler müssen diese Herausforderungen bewältigen und gleichzeitig regulatorische Compliance und Sicherheitsüberlegungen ansprechen, um Arbitrage effektiv als Handelsstrategie im dynamischen und sich entwickelnden Kryptowährungsumfeld zu nutzen.

6. Staking

Staking bezieht sich auf die Teilnahme am Netzwerk einer Kryptowährung, indem eine bestimmte Menge ihrer Tokens in einer Wallet gehalten und gesperrt wird, um Netzwerkoperationen wie die Verarbeitung von Transaktionen und die Sicherheit zu unterstützen. Im Gegenzug erhalten Staker Belohnungen, oft in Form zusätzlicher Tokens. Diese Strategie ist in Proof of Stake (PoS) und anderen Konsensmechanismen, die auf Staking basieren, verbreitet. Sie bietet eine Möglichkeit, passives Einkommen zu erzielen und gleichzeitig zur Funktionsfähigkeit des Netzwerks beizutragen.

Staking im Bereich der Kryptowährungen ist ein grundlegender Prozess, der es Besitzern digitaler Vermögenswerte ermöglicht, sich an Netzwerkoperationen zu beteiligen und Belohnungen zu verdienen, indem sie ihre Tokens in einer digitalen Wallet sperren [231]. Diese Praxis ist von zentraler Bedeutung in Konsensmechanismen wie Proof of Stake (PoS) und Delegated Proof of Stake (DPoS), bei denen Staker eine wichtige Rolle bei der Validierung von Transaktionen, der Aufrechterhaltung der Sicherheit der Blockchain und der Sicherstellung des reibungslosen Ablaufs des Systems spielen [231]. In PoS-basierten Netzwerken beinhaltet Staking das Engagement eines bestimmten Betrags an Kryptowährung im Netzwerk, indem Tokens in eine Staking-Wallet eingezahlt werden, die in der Regel vom Protokoll der Blockchain oder einem genehmigten Drittanbieterdienst bereitgestellt wird [231]. Durch das Staking ihrer Tokens tragen Teilnehmer aktiv zum Konsensmechanismus des Netzwerks bei, der für die Verifizierung neuer Transaktionen und Blöcke verantwortlich ist [231].

Der Staking-Prozess bietet mehrere wesentliche Vorteile, einer davon ist die Möglichkeit für Kryptowährungsbesitzer, passives Einkommen durch die Unterstützung des Netzwerks zu erzielen [231]. Im Austausch für das Sperren ihrer Tokens und die Unterstützung der Netzwerkoperationen erhalten Staker Belohnungen, in der Regel in Form zusätzlicher Tokens, basierend auf der Menge der gestakten Tokens und der Dauer des Staking-Zeitraums [231]. Dieses Belohnungssystem incentiviert die Teilnehmer, zur Sicherheit und den Operationen des Netzwerks beizutragen, wobei höhere Einsätze potenziell zu höheren Belohnungen führen, die das Niveau des Beitrags zum Netzwerk widerspiegeln [231].

Darüber hinaus spielt Staking eine wesentliche Rolle bei der Aufrechterhaltung der Sicherheit und Integrität von Blockchain-Netzwerken, indem es einen finanziellen Anreiz für ehrliches Verhalten schafft [231]. Teilnehmer sind verpflichtet, ihre Tokens zu sperren, was eine Abschreckung gegen böswillige Handlungen oder Versuche darstellt, das Netzwerk zu gefährden, da solche Handlungen dazu führen könnten, dass Staker ihre gestakten Tokens verlieren [231]. Dieser Mechanismus stellt sicher, dass die Teilnehmer ein echtes Interesse an der Aufrechterhaltung der Stabilität und Sicherheit des Netzwerks haben und so zur Gesamtheit der Robustheit des Netzwerks beitragen [231].

Im Vergleich zu traditionellen Mining-Prozessen wie Proof of Work (PoW) bietet Staking Vorteile wie geringere technische Expertise und geringeren Energieverbrauch [231]. Während PoW-Systeme auf Rechenleistung angewiesen sind, um komplexe mathematische Probleme zu lösen, verwenden PoS- und ähnliche Mechanismen gestakte Tokens als Sicherheit für die Validierung von Transaktionen, wodurch Staking eine umweltfreundlichere und zugänglichere Option für viele Investoren darstellt [231]. Dieser Wechsel hin zum Staking steht im Einklang mit den wachsenden Bedenken hinsichtlich der Umweltbelastung durch energieintensive Mining-Prozesse und positioniert Staking als nachhaltigere Alternative [231].

Jedoch ist das Staking nicht ohne Risiken, wobei ein bedeutendes Risiko das „Staking Slashing" darstellt, bei dem Teilnehmer einen Teil ihrer gestakten Tokens als Strafe für unehrliches Verhalten oder Netzwerkstörungen verlieren können [231]. Zudem sind gestakte Tokens nicht sofort verfügbar, was bedeutet, dass Teilnehmer ihre Vermögenswerte für einen bestimmten Zeitraum binden müssen, was Herausforderungen darstellen kann, wenn ein dringender Zugang zu Mitteln benötigt wird oder sich die Marktbedingungen schnell ändern [231]. Dieser Aspekt der Illiquidität unterstreicht die Notwendigkeit einer sorgfältigen Überlegung, bevor man sich auf Staking-Vereinbarungen einlässt [231].

Der Staking-Prozess kann je nach Kryptowährung und deren zugrunde liegenden Protokollen variieren, wobei einige Netzwerke von den Teilnehmern verlangen, ihre Validator-Knoten zu betreiben und zu warten, während andere das Staking durch Pool-Dienste oder Delegator-Systeme ermöglichen [231]. Pool-Staking umfasst die Konsolidierung von Tokens von mehreren Teilnehmern, um die Wahrscheinlichkeit zu erhöhen, für die Validierung von Transaktionen ausgewählt zu werden, wobei die Belohnungen proportional unter allen Beitragsleistenden verteilt werden [231]. Diese Vielfalt an Staking-Mechanismen bietet Flexibilität für Teilnehmer, basierend auf ihren Präferenzen und technischen Fähigkeiten [231].

Staking ist eine beliebte Strategie zur Erzielung von passivem Einkommen, während gleichzeitig die Funktionalität und Sicherheit von Kryptowährungsnetzwerken aktiv unterstützt wird [231]. Es stellt eine Möglichkeit für Kryptowährungsbesitzer dar, sich an Netzwerkoperationen zu beteiligen und Belohnungen für ihre Beiträge zu erhalten, wenn auch mit den damit verbundenen Risiken, die eine sorgfältige Bewertung erfordern [231]. Durch die Ausrichtung der finanziellen Anreize an der Integrität des Netzwerks spielt Staking eine zentrale Rolle im nachhaltigen Wachstum und Betrieb von Blockchain-Ökosystemen und bietet eine zugänglichere und umweltfreundlichere Alternative zu traditionellen Mining-Prozessen [231].

7. Yield Farming und Liquiditäts-Mining

Yield Farming und Liquiditäts-Mining sind Strategien, bei denen Investoren Liquidität an dezentrale Finanzprotokolle (DeFi) bereitstellen, um Belohnungen zu erhalten. Yield Farming umfasst das Verleihen oder Staken von Kryptowährungen, um Zinsen oder Belohnungen zu verdienen, während Liquiditäts-Mining das Bereitstellen von Liquidität an dezentralen Börsen (DEXs) und das Verdienen von Gebühren oder Tokens im Gegenzug beinhaltet. Diese Strategien können hohe Renditen bieten, sind jedoch mit Risiken wie Smart-Contract-Schwachstellen, impermanenten Verlusten und Marktvolatilität verbunden.

Yield Farming und Liquiditäts-Mining sind Investitionsstrategien innerhalb des dezentralen Finanzökosystems (DeFi), die es Investoren ermöglichen, Belohnungen zu verdienen, indem sie Liquidität an verschiedene DeFi-Protokolle bereitstellen. Yield Farming umfasst das Verdienen von Zinsen oder Belohnungen durch Verleihen oder Staken, während Liquiditäts-Mining das Bereitstellen von Liquidität an DEXs und das Verdienen von Gebühren [232] beinhaltet. Beim Yield Farming legen Investoren ihre Vermögenswerte in Kreditplattformen oder Yield-Farming-Protokolle ein, um Zinszahlungen oder zusätzliche Tokens als Belohnungen zu erhalten, häufig in der nativen Währung des Protokolls oder anderen Kryptowährungen [232]. Im Gegensatz dazu umfasst Liquiditäts-Mining das Einzahlen von Kryptowährungen in einen Liquiditätspool auf einem DEX, um den Handel zu erleichtern und einen Anteil an den Transaktionsgebühren sowie Governance-Token oder andere Belohnungen zu verdienen [232].

Die Mechanismen von Yield Farming und Liquiditäts-Mining unterscheiden sich. Yield Farming umfasst Aktivitäten wie das Einzahlen von Stablecoins in Kreditprotokolle oder das Staken von Tokens in Liquiditätspools auf DEXs, um die Renditen basierend auf Ertragsraten oder Belohnungsanreizen zu maximieren [232]. Im Gegensatz dazu konzentriert sich Liquiditäts-Mining speziell auf das Bereitstellen von Liquidität an DEXs, wobei Liquiditätsanbieter einen Teil der im Pool generierten Transaktionsgebühren sowie zusätzliche Belohnungen wie Governance-Token verdienen [232]. Beide Strategien bieten Chancen zur Generierung von Erträgen, sind jedoch mit Risiken wie Smart-Contract-Schwachstellen, impermanenten Verlusten und Marktvolatilität verbunden, was eine sorgfältige Analyse und Risikomanagement erfordert [232].

Smart-Contract-Schwachstellen stellen ein erhebliches Risiko bei Yield Farming und Liquiditäts-Mining dar, da diese Protokolle auf komplexen Code angewiesen sind, um Transaktionen zu verwalten und Belohnungen zu verteilen. Fehler oder Exploits in Smart Contracts können zum Verlust von Mitteln führen, was die Bedeutung gründlicher Sicherheitsprüfungen und Sorgfalt vor der Teilnahme an diesen Strategien unterstreicht [232]. Marktvolatilität ist ein weiterer Risikofaktor, der berücksichtigt werden muss, da die Schwankungen der Vermögenswerte die Gesamterträge beeinflussen können. Daher ist es entscheidend für Investoren, die Liquidität und Handelsvolumina der beteiligten Vermögenswerte zu überwachen und zu bewerten [232].

Darüber hinaus können Änderungen in den Protokollen und Updates die Belohnungsstrukturen und Ertragsraten beeinflussen, was ein Element der Unsicherheit für Teilnehmer am Yield Farming und Liquiditäts-Mining einführt [232]. Diese Strategien erfordern von Investoren ein tiefes Verständnis der Protokolle, mit denen sie arbeiten, sowie aktuelle Informationen über Entwicklungen im DeFi-Bereich und eine sorgfältige Bewertung der damit verbundenen Risiken, um fundierte Entscheidungen zu treffen [232]. Trotz der potenziellen hohen Erträge ist es wichtig, gründliche Recherchen durchzuführen, Sicherheitsprüfungen zu überprüfen und Liquiditätsfaktoren zu bewerten, um Risiken effektiv zu mindern [232].

Yield Farming und Liquiditäts-Mining bieten Investoren die Möglichkeit, Belohnungen zu verdienen, indem sie Vermögenswerte an DeFi-Protokolle bereitstellen, wobei jede Strategie unterschiedliche Mechanismen und Risiko Profile bietet. Während Yield Farming darauf abzielt, Zinsen oder Belohnungen durch Verleihen oder Staken zu erzielen, beinhaltet Liquiditäts-Mining das Bereitstellen von Liquidität an DEXs und das Verdienen von Gebühren sowie zusätzlichen Anreizen [232]. Beide Strategien erfordern jedoch eine sorgfältige Betrachtung der Risiken im Zusammenhang mit Smart-Contract-Schwachstellen, impermanenten Verlusten und Marktvolatilität, was die Bedeutung von Sorgfalt und Risikomanagement bei der Teilnahme an diesen Investitionsstrategien innerhalb des DeFi-Ökosystems betont.

8. ICOs und Token-Verkäufe

Initial Coin Offerings (ICOs) und Token-Verkäufe sind Methoden zur Mittelbeschaffung, die von Kryptowährungsprojekten genutzt werden, um Kapital zu sammeln. Investoren kaufen während dieser Ereignisse Token, oft zu einem ermäßigten Preis, in der Erwartung, dass die Token an Wert gewinnen, sobald das Projekt vollständig gestartet ist. Investitionen in ICOs und Token-Verkäufe können sehr spekulativ sein, da viele Projekte sich noch in den frühen Phasen befinden und ein erhebliches Risiko tragen. Sorgfaltspflicht ist unerlässlich, um das Potenzial des Projekts zu bewerten und Betrügereien zu vermeiden.

Initial Coin Offerings (ICOs) und Token-Verkäufe sind Mechanismen zur Mittelbeschaffung, die von Kryptowährungsprojekten genutzt werden, um Kapital für ihre Entwicklungs- und Startphasen zu sichern. Diese Methoden ermöglichen es Investoren, projektspezifische Token zu erwerben, oft zu einem ermäßigten Preis, mit der Erwartung, dass der Token-Wert steigt, sobald das Projekt in Betrieb genommen wird [233]. ICOs beinhalten Crowdfunding, bei dem neue Kryptowährungs- oder Blockchain-Projekte Token an Investoren im Austausch gegen etablierte Kryptowährungen wie Bitcoin oder Ethereum ausgeben. Typischerweise finden ICOs statt, bevor das Projekt vollständig operationell ist, wodurch Investoren die Möglichkeit haben, Token zu einem reduzierten Preis zu kaufen, in Erwartung einer zukünftigen Wertsteigerung [234].

Während ICOs und Token-Verkäufe Chancen für frühe Investoren bieten, von aufkommenden Projekten zu profitieren, bergen sie auch erhebliche Risiken, die eine sorgfältige Bewertung erfordern. Viele ICO-Projekte befinden sich in frühen Phasen ohne nachgewiesene Erfolgsbilanz oder vollständig entwickelte Technologie, was Investoren potenziellen Betrügereien und betrügerischen Aktivitäten aussetzt, insbesondere aufgrund des Mangels an regulatorischer Aufsicht in vielen Jurisdiktionen [233]. Daher ist gründliche Sorgfaltspflicht entscheidend, bevor man sich an ICOs beteiligt, einschließlich der Prüfung des Whitepapers des Projekts, der Bewertung der Teamfähigkeit und der Einschätzung der Machbarkeit des Projekts [235].

Token-Verkäufe umfassen verschiedene Formate, einschließlich Pre-Sales, Private Sales und Public Sales. Pre-Sales beinhalten frühe Token-Verkäufe vor dem öffentlichen Angebot und bieten oft Token zu niedrigeren Preisen an, um erste Investoren anzuziehen und Anfangskapital zu sammeln [236]. Private Sales, ähnlich wie Pre-Sales, richten sich an eine ausgewählte Gruppe von Investoren unter bestimmten Bedingungen und bieten zusätzliche Anreize, um signifikante Investitionen zu gewinnen [237]. Public Sales stellen die endgültige Phase dar, in der Token der breiten Öffentlichkeit angeboten werden, typischerweise durch ICOs oder andere Plattformen, wobei die Preise das erhöhte Risiko und die Spekulation widerspiegeln [238].

Die Teilnahme an Token-Verkäufen stellt eine attraktive Möglichkeit dar, in aufkommende Kryptowährungsprojekte zu investieren, obwohl die spekulative Natur dieser Investitionen hohe Risiken mit sich bringt. Projekte, die Token-Verkäufe durchführen, befinden sich oft in Entwicklungsphasen, ohne Garantie für Erfolg oder Einhaltung der Versprechen, was durch sich entwickelnde regulatorische Rahmenbedingungen zusätzliche rechtliche und finanzielle Unsicherheiten für Investoren mit sich bringt [239]. Sorgfaltspflicht ist für Investoren, die ICOs und Token-Verkäufe in Betracht ziehen, von größter Bedeutung, einschließlich der Überprüfung von Whitepapers, der Bewertung der Teamfähigkeit, des Verständnisses der Technologie und der Beurteilung der Unterstützung durch die Gemeinschaft, um die Legitimität und das Potenzial des Projekts zu bewerten [240].

ICOs und Token-Verkäufe bieten Investoren Möglichkeiten, sich mit aufkommenden Kryptowährungsprojekten zu engagieren und potenziell davon zu profitieren. Diese Methoden der Mittelbeschaffung bringen jedoch erhebliche Risiken mit sich, die eine gründliche Sorgfaltspflicht erfordern, um die Legitimität und das Potenzial des Projekts vor der Investition zu bewerten. Investoren müssen Projekte, Teams, Technologien und die Unterstützung der Gemeinschaft sorgfältig bewerten, um fundierte Entscheidungen über die Teilnahme an ICOs und Token-Verkäufen zu treffen [241].

9. Diversifizierung

Diversifizierung umfasst das Streuen von Investitionen über mehrere Kryptowährungen, um das Risiko zu reduzieren. Durch die Investition in eine Vielzahl von Vermögenswerten versuchen Investoren, die Auswirkungen einer schlechten Performance einer einzelnen Kryptowährung zu mindern. Diversifizierung kann helfen, Risiko und Ertrag auszugleichen, insbesondere in einem volatilen Markt. Investoren können sich entscheiden, über verschiedene Arten von Kryptowährungen zu diversifizieren, einschließlich etablierter Coins, Altcoins und Token, die mit unterschiedlichen Anwendungsfällen und Technologien verbunden sind.

Diversifizierung in der Kryptowährungsinvestition ist ein strategischer Ansatz, der darauf abzielt, das Risiko zu streuen, indem Kapital auf eine Reihe von Vermögenswerten, einschließlich verschiedener Kryptowährungen, verteilt wird. Diese Strategie basiert auf dem Konzept, dass unterschiedliche Kryptowährungen möglicherweise unterschiedlich auf Marktdynamiken, technologische Fortschritte und regulatorische Änderungen reagieren, wodurch das Gesamtrisiko eines Investmentportfolios verringert wird [242]. Durch die Diversifizierung über mehrere Kryptowährungen hinweg können Investoren potenziell erhebliche Verluste mindern, die durch die schlechte Performance eines einzelnen Vermögenswerts entstehen können. Zum Beispiel, wenn eine Kryptowährung aufgrund von Marktschwankungen oder technischen Problemen erheblich sinkt, können andere Kryptowährungen im Portfolio stabil bleiben oder an Wert gewinnen, wodurch Verluste ausgeglichen und der Gesamtwert der Investition stabilisiert werden [243].

Ein wichtiger Aspekt der Diversifizierung in der Kryptowährungsinvestition ist die Berücksichtigung der Vielfalt der Vermögenswerte. Investoren können Diversifizierung erreichen, indem sie in eine Mischung von Kryptowährungen investieren, einschließlich etablierter wie Bitcoin und Ethereum, die als weniger volatil im Vergleich zu neueren oder kleineren Coins angesehen werden. Darüber hinaus kann die Einbeziehung alternativer Kryptowährungen (Altcoins), die verschiedene Zwecke erfüllen und unterschiedliche Technologien nutzen, wie solche, die mit dezentraler Finanzwirtschaft (DeFi) oder nicht-fungiblen Token (NFTs) verbunden sind, die Diversifizierung weiter verbessern [244]. Dieser Ansatz stellt sicher, dass man Zugang zu einer Bandbreite von Krypto-Vermögenswerten mit unterschiedlichen Risiko-Profilen und Wachstumspotenzialen hat.

Darüber hinaus kann sich die Diversifizierung auf technologische und Anwendungsbereich-Diversität innerhalb eines Kryptowährungsportfolios erstrecken. Durch Investitionen in Kryptowährungen, die unterschiedliche Technologien und Anwendungen unterstützen, wie datenschutzorientierte Coins wie Monero, Smart-Contract-Plattformen wie Ethereum oder Blockchain-Skalierungslösungen wie Solana, können Investoren verschiedene Segmente des Krypto-Marktes erschließen. Jede Art von Kryptowährung bietet einzigartige Merkmale und Fortschritte und ermöglicht es Investoren, verschiedene Aspekte der sich entwickelnden Krypto-Landschaft kennenzulernen [245].

Zusätzlich spielen geografische und Plattform-Diversität eine Rolle bei der Verbesserung der Diversifizierung in der Kryptowährungsinvestition. Die Einbeziehung von Vermögenswerten aus unterschiedlichen geografischen Märkten und Plattformen, die spezifischen Nutzerbasen dienen, kann helfen, die Auswirkungen lokaler Marktthemen oder plattformspezifischer Herausforderungen zu reduzieren. Dieser Ansatz erweitert den Umfang des Investmentportfolios und minimiert die Konzentration des Risikos, das mit bestimmten Regionen oder Plattformen verbunden ist [246].

Die Vorteile der Diversifizierung bei Kryptowährungsinvestitionen sind vielfältig. Erstens trägt die Diversifizierung zur Risikominderung bei, indem Investitionen auf mehrere Vermögenswerte verteilt werden, wodurch die negativen Auswirkungen von Ereignissen, die einzelne Kryptowährungen betreffen, gemildert werden. Zum Beispiel, wenn eine Münze regulatorischen Hürden oder technischen Rückschlägen ausgesetzt ist, können andere Vermögenswerte im Portfolio potenziell gut abschneiden, Verluste ausgleichen und die Stabilität des Portfolios erhalten [247]. Darüber hinaus bietet die Diversifizierung das Potenzial für erhöhte Renditen, indem Investoren in die Lage versetzt werden, von verschiedenen Wachstumschancen innerhalb des Krypto-Marktes zu profitieren. Während einige Vermögenswerte möglicherweise schnell an Wert gewinnen, können andere ein stetiges Wachstum bieten, was zu einem ausgewogenen Portfolio führt, das die Gesamtrendite verbessern kann [248].

Darüber hinaus hilft Diversifizierung, die Volatilität zu steuern, eine Eigenschaft, die mit Kryptowährungsmärkten verbunden ist. Durch die Diversifizierung über Vermögenswerte mit unterschiedlichen Preisschwankungen hinweg können Investoren effektiv durch die Marktschwankungen navigieren und eine stabilere Investitionserfahrung schaffen. Dieser Ansatz verringert die Wahrscheinlichkeit extremen Verlusten bei turbulenten Marktbedingungen und erhöht die Widerstandsfähigkeit des Investmentportfolios [249].

Es ist jedoch wichtig zu beachten, dass Diversifizierung nicht alle Risiken im Zusammenhang mit Kryptowährungsinvestitionen ausschließt. Investoren müssen bei der Auswahl der Kryptowährungen für ihre Portfolios Vorsicht walten lassen und sich über Markttrends, technologische Entwicklungen und regulatorische Änderungen auf dem

Laufenden halten, um fundierte Entscheidungen zu treffen. Eine Überdiversifizierung kann auch Herausforderungen bei der Portfolioverwaltung mit sich bringen und potenzielle Gewinne schmälern, wenn ausgewählte Vermögenswerte unterperformen.

Diversifizierung in der Kryptowährungsinvestition ist eine grundlegende Strategie, die Investoren die Möglichkeit bietet, Risiko zu streuen, Belohnungen auszugleichen und potenziell Renditen zu verbessern, indem Kapital auf eine Vielzahl von Krypto-Vermögenswerten verteilt wird. Durch die Diversifizierung über verschiedene Arten von Kryptowährungen, Technologien, geografische Märkte und Plattformen können Investoren widerstandsfähige Portfolios aufbauen, die besser in der Lage sind, Marktschwankungen und Unsicherheiten standzuhalten. Obwohl Diversifizierung keine narrensichere Strategie ist, kann sie, wenn sie durchdacht und in Verbindung mit gründlicher Forschung und Überwachung umgesetzt wird, ein wertvolles Werkzeug zur Risikominderung und Optimierung der Investmentergebnisse in der dynamischen Welt der Kryptowährungen sein.

10. Absicherung

Absicherung (Hedging) ist eine Strategie, die dazu dient, potenzielle Verluste einer Investition durch eine entgegengesetzte Position in einem anderen Vermögenswert auszugleichen. Wenn ein Investor beispielsweise eine erhebliche Menge an Bitcoin hält, könnte er Derivate oder andere Finanzinstrumente nutzen, um sich gegen mögliche Preisrückgänge abzusichern. Absicherung kann helfen, sich gegen ungünstige Preisbewegungen zu schützen, geht jedoch oft mit zusätzlichen Kosten und Komplexitäten einher.

Absicherung ist eine Finanzstrategie, die darauf abzielt, das Risiko negativer Preisbewegungen einer Investition zu reduzieren, indem eine entgegengesetzte Position in einem verwandten Vermögenswert eingenommen wird. Dieser Ansatz zielt darauf ab, potenzielle Verluste einer Investition mit Gewinnen aus einer anderen auszugleichen und so das gesamte Portfolio des Investors vor erheblichen Wertverlusten zu schützen. Absicherung wird häufig verwendet, um Risiken in volatilen Märkten zu managen, einschließlich Investitionen in Kryptowährungen [250].

Zum Beispiel kann man sich einen Investor vorstellen, der eine beträchtliche Menge Bitcoin hält. Wenn er besorgt über mögliche Rückgänge des Bitcoin-Preises ist, könnte er Absicherungsstrategien anwenden, um dieses Risiko zu mindern. Eine gängige Methode ist die Verwendung von Derivaten wie Futures-Kontrakten, Optionen oder Swaps.

Derivate sind Finanzinstrumente, deren Wert sich aus der Leistung eines zugrunde liegenden Vermögenswerts ableitet, in diesem Fall Bitcoin. Durch die Nutzung von

Bitcoin-Futures-Kontrakten kann ein Investor vereinbaren, Bitcoin zu einem im Voraus festgelegten Preis in der Zukunft zu verkaufen. Wenn der Bitcoin-Preis fällt, kann der Investor immer noch zum höheren Vertragskurs verkaufen, wodurch der Einfluss des Preisrückgangs auf die Gesamthaltung gemindert wird. Ähnlich ermöglichen Bitcoin-Optionen es Investoren, Bitcoin zu bestimmten Preisen innerhalb eines festgelegten Zeitraums zu kaufen oder zu verkaufen, was einen Weg bietet, von Preisänderungen zu profitieren oder sich gegen diese abzusichern.

Absicherung umfasst verschiedene Finanzinstrumente und Strategien, die auf die spezifischen Bedürfnisse und Risikobereitschaft eines Investors zugeschnitten werden können. Zu den gängigen Absicherungstechniken gehören:

- **Futures-Kontrakte:** Dies sind Vereinbarungen zum Kauf oder Verkauf eines Vermögenswerts zu einem im Voraus festgelegten Preis an einem bestimmten Datum. Durch den Abschluss eines Futures-Kontrakts zum Verkauf von Bitcoin kann ein Investor einen Verkaufspreis festlegen und sich so gegen einen möglichen Rückgang des Bitcoin-Marktpreises absichern.

- **Optionskontrakte:** Optionen geben Investoren das Recht, aber nicht die Verpflichtung, einen Vermögenswert zu einem bestimmten Preis vor oder zum Ablaufdatum des Vertrags zu kaufen oder zu verkaufen. Beispielsweise ermöglicht eine Put-Option einem Investor, Bitcoin zu einem bestimmten Preis zu verkaufen und bietet Schutz, falls der Marktpreis unter diesen Preis fällt.

- **Swaps:** Swaps sind Vereinbarungen zum Austausch von Zahlungsströmen oder anderen Finanzinstrumenten zwischen Parteien. Kryptowährungs-Swaps könnten den Austausch von Bitcoin gegen einen anderen Vermögenswert oder eine andere Kryptowährung umfassen, was potenziell Verluste ausgleichen kann, wenn der Wert von Bitcoin sinkt.

Die Vorteile der Absicherung umfassen:

- **Risikoreduzierung:** Absicherung kann das Risiko erheblicher Verluste durch ungünstige Preisbewegungen effektiv reduzieren. Durch eine ausgleichende Position können Investoren ihre Investitionen vor schweren Marktrückgängen schützen.

- **Vorhersehbare Renditen:** Mit effektiver Absicherung können Investoren stabilere Renditen erzielen. Absicherung hilft, die Volatilität des Investmentportfolios zu glätten und ermöglicht vorhersehbarere finanzielle Ergebnisse.

- **Verbesserte Investitionssicherheit:** Das Wissen, dass potenzielle Risiken gemindert werden, kann das Vertrauen eines Investors stärken. Dies ermöglicht es ihnen, Investitionsentscheidungen mit einem klareren Verständnis ihres Risikoexposures zu treffen.

Jedoch hat die Absicherung auch ihre Nachteile:

- **Kosten:** Absicherungsstrategien beinhalten oft Kosten, wie Prämien für Optionen oder Margen für Futures-Kontrakte. Diese Kosten können sich summieren und potenziell die Gesamtprofitabilität reduzieren.

- **Komplexität:** Die Umsetzung effektiver Absicherungsstrategien erfordert ein gründliches Verständnis von Finanzinstrumenten und Marktbedingungen. Die Komplexität der Verwaltung mehrerer Positionen und Instrumente kann herausfordernd sein, insbesondere für weniger erfahrene Investoren.

- **Potenzial für reduzierte Gewinne:** Während Absicherung vor Verlusten schützen kann, kann sie auch potenzielle Gewinne begrenzen. Wenn sich der Markt günstig entwickelt, können die Gewinne durch die Kosten der Absicherungspositionen ausgeglichen werden, was zu insgesamt niedrigeren Renditen im Vergleich zu einer nicht abgesicherten Investition führen kann.

Absicherung ist eine wertvolle Strategie zur Risikosteuerung bei Investitionen, einschließlich Kryptowährungen. Durch das Eingehen entgegengesetzter Positionen oder die Nutzung von Finanzinstrumenten wie Derivaten können Investoren sich vor ungünstigen Preisbewegungen schützen und das Gesamtrisiko reduzieren. Allerdings müssen die damit verbundenen Kosten und Komplexitäten sorgfältig abgewogen werden, und die Wirksamkeit der Absicherung hängt von der Fähigkeit des Investors ab, diese Faktoren zu verwalten und geeignete Strategien umzusetzen.

Kryptowährungsinvestitionsstrategien sind sehr vielfältig, jede mit eigenen Risiken und potenziellen Belohnungen. Die Wahl der Strategie hängt von den Zielen, der Risikobereitschaft, dem Zeitrahmen und der Expertise eines Investors ab. Ob man sich für langfristiges Halten, aktives Trading oder alternative Methoden wie Staking und Yield Farming entscheidet, es ist entscheidend, jede Methode gründlich zu recherchieren und zu verstehen, um informierte Investitionsentscheidungen zu treffen. Diversifizierung und

Risikomanagement sind wesentliche Bestandteile einer umfassenden Investitionsstrategie im hochvolatilen Kryptowährungsmarkt.

Technische Analyse vs. Fundamentalanalyse

In der Welt der Kryptowährungsinvestitionen gibt es zwei Hauptmethoden zur Bewertung und Entscheidungsfindung über Vermögenswerte: die technische Analyse und die Fundamentalanalyse. Beide Ansätze bieten unterschiedliche Perspektiven zur Bewertung von Kryptowährungen und deren Investitionspotenzial, und jeder hat seine eigenen Werkzeuge, Techniken und Ziele.

Technische Analyse

Die technische Analyse konzentriert sich auf die Bewertung einer Kryptowährung basierend auf ihren Preisbewegungen und Handelsvolumen. Diese Methode nutzt historische Daten, die typischerweise in Diagrammen dargestellt werden, um Muster und Trends zu identifizieren, die zukünftige Preisbewegungen anzeigen könnten. Die grundlegende Annahme der technischen Analyse ist, dass alle relevanten Informationen, einschließlich fundamentaler Faktoren, bereits im Preis der Kryptowährung reflektiert sind.

Wichtige Aspekte der technischen Analyse umfassen:

- **Preischarts:** Technische Analysten verwenden verschiedene Arten von Diagrammen, wie Liniendiagramme, Balkendiagramme und Kerzendiagramme, um Preisbewegungen über verschiedene Zeiträume zu visualisieren. Kerzendiagramme sind besonders beliebt, da sie die Eröffnungs-, Höchst-, Tiefst- und Schlusskurse in einer einzigen Visualisierung zeigen und Einblicke in die Marktstimmung und Trends bieten.

- **Indikatoren und Oszillatoren:** Analysten nutzen technische Indikatoren und Oszillatoren, um die Marktsituation zu beurteilen. Zu den gängigen Indikatoren gehören gleitende Durchschnitte (MA), der Relative Strength Index (RSI) und Bollinger-Bänder. Diese Werkzeuge helfen Händlern, potenzielle Ein- und Ausstiegspunkte, Markttrends sowie Überkauft- oder Überverkauft-Zustände zu identifizieren.

- **Chartmuster:** Die technische Analyse umfasst oft das Erkennen von Mustern in Preischarts, wie Kopf-Schulter-Formationen, Doppelspitzen und Dreiecke. Diese Muster werden als Anzeichen für mögliche zukünftige Preisbewegungen basierend auf historischem Verhalten angesehen.

- **Volumenanalyse:** Das Handelsvolumen, also die Menge einer Kryptowährung, die innerhalb eines bestimmten Zeitraums gehandelt wird, ist ein weiterer wichtiger Aspekt. Veränderungen im Volumen können die Stärke einer Preisbewegung anzeigen, wobei ein hohes Volumen starkes Interesse und möglicherweise die Bestätigung von Preistrends signalisiert.

- **Trendanalyse:** Die Identifizierung und Verfolgung von Trends ist zentral für die technische Analyse. Analysten suchen nach Trends, sei es aufwärts, abwärts oder seitwärts, und nutzen Werkzeuge wie Trendlinien und Kanäle, um Vorhersagen über zukünftige Preisbewegungen zu treffen.

Die technische Analyse ist vorteilhaft für kurzfristiges Trading und bietet Einblicke basierend auf dem Marktverhalten und der Preisentwicklung. Sie berücksichtigt jedoch nicht die zugrunde liegenden Faktoren, die den langfristigen Wert einer Kryptowährung beeinflussen könnten. Daher wird sie häufig in Verbindung mit anderen Methoden verwendet, um eine umfassende Investitionsstrategie zu entwickeln.

Die technische Analyse ist ein wichtiges Werkzeug für Händler, die versuchen, Marktdynamiken zu interpretieren und die Preisentwicklung von Kryptowährungen vorherzusagen. Diese Methode umfasst die Untersuchung historischer Preisdaten und Handelsvolumina, um Muster und Trends zu erkennen, die zukünftige Preisbewegungen anzeigen könnten. Die Ursprünge der technischen Analyse lassen sich auf Charles Dow zurückverfolgen, dessen wegweisende Dow-Theorie die Grundlage für eine ausgeklügelte Reihe von Analysetechniken gelegt hat, die heute verwendet werden [251]. Im Kern basiert die technische Analyse auf der Annahme, dass die Marktpreise alle verfügbaren Informationen widerspiegeln, was impliziert, dass der aktuelle Preis eines Vermögenswerts seinen intrinsischen Wert umfasst.

Die Dow-Theorie, die vor über einem Jahrhundert von Charles Dow etabliert wurde, bleibt ein grundlegendes Konzept in der technischen Analyse und der Markttrendanalyse. Sie bietet einen Rahmen für das Verständnis und die Vorhersage von Marktbewegungen durch Identifizierung und Interpretation von Trends. Die Dow-Theorie entstand mit der Schaffung des Dow Jones Industrial Average (DJIA) und des Dow Jones Railroad Average (DJRA), die sich zu umfassenderen Marktindizes entwickelt haben [252].

1896 führte Dow den Dow Jones Industrial Average ein, der zunächst 12 Industrieunternehmen umfasste. Dow berechnete den Durchschnitt, indem er die Schlusskurse dieser Unternehmen summierte und durch 12 teilte. Dieser Index sollte einen Überblick über die allgemeine Gesundheit des Industriesektors bieten. Als größere Unternehmen auftauchten, passte Dow seinen Ansatz an und erhöhte die Anzahl der Unternehmen im Index 1916 auf 20 [252]. Gleichzeitig schuf er den Dow Jones Railroad Average, um die Leistung der Eisenbahnaktien zu verfolgen, die ihre kritische Rolle in der Wirtschaft widerspiegelten. Im Laufe der Zeit, als sich der Transport entwickelte, wurde der DJRA 1970 zum Dow Jones Transportation Average (DJTA) umgewandelt, wobei Aktien von Fluggesellschaften und Lkw anstelle von Eisenbahnen berücksichtigt wurden [252].

Die Dow-Theorie besagt, dass ein Markttrend nur dann als gültig angesehen wird, wenn sowohl der Industrie- als auch der Transportindex gleichzeitig in die gleiche Richtung bewegen. Dow beobachtete, dass die Industrieproduktion und die Transportaktivität eng miteinander verknüpft sind – wenn die industrielle Produktion steigt, erhöht sich auch die Transportaktivität und umgekehrt. Dieses Prinzip ist auch heute noch relevant, da der DJIA und der DJTA die Signale des jeweils anderen bestätigen müssen, um einen neuen Markttrend zu validieren. Wenn beispielsweise der DJIA einen Aufwärtstrend zeigt, der DJTA jedoch nicht, wird die Gültigkeit des Trends infrage gestellt, da beide Indizes idealerweise dieselbe Richtung widerspiegeln sollten.

Die Prinzipien der Dow-Theorie bieten einen strukturierten Ansatz zur Analyse von Markttrends [252]:

1. **Preis spiegelt alle Informationen wider:** Laut der Dow-Theorie spiegeln die Marktpreise alle verfügbaren Informationen über einen Vermögenswert wider. Dazu gehören Faktoren wie die finanzielle Gesundheit des Vermögenswerts, die Marktbedingungen und externe Einflüsse. Daher wird der aktuelle Preis als umfassende Darstellung des Wertes eines Vermögenswerts betrachtet.

2. **Arten von Markttrends:** Die Dow-Theorie unterteilt Markttrends in drei Haupttypen: primäre, sekundäre und kleinere Trends. Primäre Trends, die bullisch (aufwärts) oder bärisch (abwärts) sein können, repräsentieren die langfristige Richtung des Marktes. Sekundäre Trends sind kurzfristige Bewegungen, die den primären Trend entgegenwirken, wie Korrekturen in Bul-

lenmärkten oder Erholungen in Bärenmärkten. Kleinere Trends sind kurze Schwankungen innerhalb der sekundären Trends.

3. **Phasen der primären Trends:** Primäre Trends sind in drei Phasen unterteilt. In einem Bullenmarkt sind dies die Akkumulationsphase (in der informierte Investoren beginnen zu kaufen), die öffentliche Beteiligungsphase (in der die breitere Marktteilnahme zunimmt) und die Übertreibungsphase (gekennzeichnet durch spekulatives Kaufen). In einem Bärenmarkt sind die Phasen die Distribution (in der Verkäufe stattfinden, da Insider aussteigen), die öffentliche Beteiligung (in der mehr Investoren pessimistisch werden und verkaufen) und die Panik (gekennzeichnet durch weit verbreitete Verkäufe).

4. **Korrelation der Marktindizes:** Die Dow-Theorie betont, dass Signale aus verschiedenen Marktindizes übereinstimmen sollten, um einen neuen Trend zu bestätigen. Wenn ein Index einen Abwärtstrend signalisiert, während ein anderer einen Aufwärtstrend anzeigt, wird ein neuer Trend nicht als bestätigt angesehen. Die Bestätigung erfolgt, wenn mehrere Indizes die gleiche Richtung widerspiegeln, sei es nach oben oder unten.

5. **Volumenkorrelation mit Trends:** Laut der Dow-Theorie sollte das Marktvolumen mit den Preis-Trends übereinstimmen. In einem Bullenmarkt steigt das Volumen typischerweise an, was den Trend unterstützt. In einem Bärenmarkt sinkt das Volumen normalerweise. Ein Rückgang des Volumens während eines Bullenmarktes kann auf eine mögliche Trendwende hindeuten, was auf einen Übergang zu bärischen Bedingungen hinweist.

6. **Beständigkeit der Trends:** Die Dow-Theorie postuliert, dass Markttrends anhalten, bis eine klare Umkehrung erfolgt. Das bedeutet, dass Trends trotz täglicher Preisschwankungen fortdauern, und ein Trend wird nur dann als beendet betrachtet, wenn es eine deutliche und nachhaltige Richtungsumkehr gibt.

Durch das Verständnis und die Anwendung dieser Prinzipien können Händler und Analysten Einblicke in Marktbewegungen gewinnen und fundierte Entscheidungen treffen. Obwohl sich die Dow-Theorie mit den modernen Finanzmärkten weiterentwickelt hat, bieten ihre Grundprinzipien weiterhin wertvolle Orientierung für die Analyse und Interpretation von Markttrends [252].

In der Praxis verlassen sich technische Analysten stark auf Diagrammtools und Muster, um potenzielle Kauf- und Verkaufspunkte zu identifizieren. Zu den wesentlichen Elementen der technischen Analyse gehört die Erkennung von bullischen und bärischen Trends. Bullische Trends deuten auf steigende Preise hin, während bärische Trends auf fallende Preise hinweisen, beide getrieben durch die Marktstimmung. Eines der beliebtesten Diagrammtools ist das Kerzendiagramm, das eine visuelle Darstellung der Preisbewegungen innerhalb bestimmter Zeitrahmen bietet. Diese Diagrammmethode hilft Händlern, Trends und potenzielle Umkehrungen zu erkennen, indem sie die Eröffnungs-, Höchst-, Tiefst- und Schlusskurse in einem einzigen Diagramm zeigt. Jede Kerze offenbart die Marktstimmung und mögliche zukünftige Preisaktionen basierend auf ihrer Farbe und Form [251].

Unterstützungs- und Widerstandsniveaus sind ebenfalls zentral in der technischen Analyse. Unterstützung bezieht sich auf ein Preisniveau, bei dem das Kaufinteresse stark genug ist, um weitere Rückgänge zu verhindern, während Widerstand ein Niveau ist, bei dem Verkaufsdruck die Preissteigerungen stoppen kann. Trendlinien werden verwendet, um diese Niveaus zu markieren und Händlern zu helfen, strategische Ein- und Ausstiegspunkte zu identifizieren. Preise kämpfen oft, diese Niveaus ohne erheblichen Marktmomentum zu durchbrechen, was sie für die Formulierung von Handelsstrategien entscheidend macht [251].

Gleitende Durchschnitte sind ein weiteres wichtiges Werkzeug in der technischen Analyse. Sie helfen, Preisfluktuationen über die Zeit zu glätten, indem sie zugrunde liegende Trends hervorheben und Rauschen reduzieren. Händler beobachten oft die Wechselwirkung zwischen kurzfristigen und langfristigen gleitenden Durchschnitten, wie dem 50-Tage- und dem 200-Tage-Durchschnitt. Wichtige Marktsignale wie der „Todeskreuz" (wenn ein kurzfristiger Durchschnitt einen langfristigen Durchschnitt nach unten durchbricht) und das „Goldene Kreuz" (wenn ein kurzfristiger Durchschnitt einen langfristigen Durchschnitt nach oben durchbricht) können potenzielle Marktabschwünge oder -aufstiege anzeigen.

Trotz seiner Wirksamkeit ist die technische Analyse nicht unfehlbar und wird am besten in Kombination mit anderen Methoden, wie der Fundamentalanalyse, verwendet. Die technische Analyse ist in kurzfristigen Handelsszenarien besonders nützlich und hilft Händlern, Entscheidungen basierend auf dem Marktverhalten und der Preisentwicklung zu treffen. Sie berücksichtigt jedoch nicht die zugrunde liegenden Faktoren, die den langfristigen Wert einer Kryptowährung beeinflussen könnten. Durch die Beherrschung dieser Analysetechniken können Händler ihre Fähigkeit verbessern, strategische Entscheidungen im schnelllebigen und oft unvorhersehbaren Kryptowährungsmarkt zu treffen [251].

Anwendung der technischen Analyse

Die Anwendung der technischen Analyse auf den Kryptowährungsmarkt umfasst das sorgfältige Untersuchen von Marktdaten, um zukünftige Preisbewegungen vorherzusagen und informierte Handelsentscheidungen zu treffen. Dieser Ansatz wurde von traditionellen Finanzmärkten übernommen und an die einzigartigen Merkmale von Kryptowährungen angepasst. Das Wesen der technischen Analyse besteht darin, Muster und Signale aus historischen Handelsaktivitäten zu identifizieren, die künftige Preisbewegungen lenken können [251].

Händler beginnen oft mit verschiedenen Diagrammtools, wobei Kerzendiagramme zu den wertvollsten gehören. Diese Diagramme bieten eine detaillierte Ansicht der Preisbewegungen innerhalb bestimmter Zeitrahmen, wobei jede Kerze die Eröffnungs-, Höchst-, Tiefst- und Schlusskurse darstellt. Die visuelle Darstellung hilft Händlern, die Markstimmung einzuschätzen und zukünftige Trends basierend auf den gebildeten Mustern vorherzusagen.

Trendlinien werden verwendet, um Unterstützungs- und Widerstandsniveaus zu bestimmen, die entscheidend für die Ermittlung potenzieller Barrieren für Preisbewegungen sind. Unterstützungsniveaus zeigen an, wo das Kaufinteresse stark ist, während Widerstandsniveaus anzeigen, wo Verkaufsdruck entstehen könnte. Diese Niveaus helfen Händlern, Strategien zu entwickeln, wie z.B. Käufe in der Nähe von Unterstützung und Verkäufe in der Nähe von Widerstand, um sich den vorherrschenden Trends anzupassen.

Gleitende Durchschnitte, wie der 200-Tage-Durchschnitt, bieten eine geglättete Perspektive der Preis-Trends. Diese Durchschnitte helfen, wichtige Unterstützungs- und Widerstandsniveaus während Aufwärts- und Abwärtstrends zu identifizieren. Das Überkreuzen von gleitenden Durchschnitten kann auf bedeutende Marktveränderungen hinweisen, wobei Händler diese Interaktionen beobachten, um zeitnahe Entscheidungen zu treffen [251].

Interpretation von Handelsdiagrammen

Die Interpretation von Handelsdiagrammen ist ein grundlegender Aspekt der technischen Analyse, der es Händlern ermöglicht, strategische Entscheidungen im Kryptowährungsmarkt zu treffen. Der Prozess umfasst die Analyse statistischer Trends aus historischen Handelsdaten, um Markttrends zu identifizieren und zukünftige Preisbewegungen vorherzusagen. Kerzendiagramme spielen bei dieser Interpretation eine entscheidende Rolle, indem sie eine detaillierte Darstellung der Preisbewegungen innerhalb bestimmter Zeitrahmen bieten. Die Farbe und Form der Kerzen zeigen, ob die Preisbewegung positiv oder negativ war und in welchem Umfang, was Einblicke in die Markstimmung gibt [251].

Unterstützungs- und Widerstandsniveaus, die durch Trendlinien identifiziert werden, sind in der Diagramminterpretation von Bedeutung. Diese Niveaus zeigen an, wo Kauf- oder Verkaufsinteresse Preisbewegungen über diese Punkte hinaus verhindern könnte. Händler planen oft Strategien rund um diese Niveaus, um von Markttrends zu profitieren, indem sie in der Nähe von Unterstützung kaufen und in der Nähe von Widerstand verkaufen.

Gleitende Durchschnitte bieten eine geglättete Sicht auf Preis-Trends und helfen Händlern, Unterstützungs- und Widerstandsniveaus unter verschiedenen Marktbedingungen zu identifizieren. Das Überkreuzen von gleitenden Durchschnitten kann auf bedeutende Marktveränderungen hinweisen und Handelsentscheidungen leiten [251].

Obwohl die technische Analyse wertvolle Einblicke bietet, sollte sie vorsichtig und in Kombination mit anderen Methoden, einschließlich der Fundamentalanalyse, angewendet werden. Durch das Beherrschen der Diagramminterpretation und die Einbeziehung verschiedener Analysetechniken können Händler ihre Fähigkeit verbessern, Marktentwicklungen vorherzusehen und Handelsentscheidungen zu treffen, die mit ihren Investitionsstrategien übereinstimmen [251].

Erkennung von Trends

In der Welt der Finanzmärkte, einschließlich des Kryptowährungshandels, sind Trends grundlegend für das Verständnis der Marktbewegungen. Märkte zeigen typischerweise drei Hauptarten von Trends: Aufwärtstrends, Abwärtstrends und Konsolidierungstrends. Die Erkennung dieser Trends ist entscheidend für Händler, die informierte Entscheidungen treffen und effektive Handelsstrategien entwickeln möchten [252].

Aufwärtstrends: Ein Aufwärtstrend ist durch eine Serie von höheren Hochs und höheren Tiefs gekennzeichnet. Dieses Muster zeigt an, dass der Markt nach oben tendiert, wobei jeder nachfolgende Gipfel höher ist als der vorherige und jedes Tief höher als das vorherige Tief. Um einen Aufwärtstrend in einem Diagramm zu identifizieren, zeichnen

Händler oft eine Aufwärtstrendlinie, die eine diagonale Linie darstellt, die die Tiefs der Preisbewegungen verbindet. Diese Linie dient als visuelle Darstellung des zugrunde liegenden Trends und hilft Händlern, potenzielle Unterstützungsniveaus zu bestimmen. Neben Trendlinien können auch gleitende Durchschnitte verwendet werden, um Aufwärtstrends zu identifizieren. Ein gängiges Verfahren besteht darin, zu beobachten, ob der aktuelle Preis konstant über einem gleitenden Durchschnitt liegt, wie dem 50-Tage- oder 200-Tage-Durchschnitt. Wenn der Preis über diesem Durchschnitt bleibt, deutet dies auf einen Aufwärtstrend hin.

Abwärtstrends: Im Gegensatz dazu ist ein Abwärtstrend durch niedrigere Hochs und niedrigere Tiefs gekennzeichnet, was einen Markt im Rückgang anzeigt. In einem Abwärtstrend liegt jeder nachfolgende Gipfel niedriger als der vorherige Gipfel, und jedes Tief liegt unter dem vorhergehenden Tief. Um diesen Trend zu visualisieren, zeichnen Händler eine Abwärtstrendlinie oberhalb der Preisbewegungen, die die Hochs verbindet. Diese Linie hilft, das Widerstandsniveau und die allgemeine Richtung des Markt-Rückgangs hervorzuheben. Ähnlich wie bei Aufwärtstrends können auch gleitende Durchschnitte verwendet werden, um einen Abwärtstrend zu bestätigen. Wenn der Preis konstant unter einem gleitenden Durchschnitt liegt, deutet dies darauf hin, dass der Markt in einem Abwärtstrend ist.

Konsolidierungstrends: Während eines Aufwärtstrends oder Abwärtstrends kann der Markt in eine Konsolidierungsphase eintreten, in der sich der Preis seitwärts innerhalb einer engen Spanne bewegt. Diese Phase der seitlichen Bewegung zeigt an, dass der Markt keine klare Aufwärts- oder Abwärtsrichtung etabliert, was zu einem relativ stabilen Preisbereich führt. Konsolidierungstrends werden oft als Seitwärtsmärkte bezeichnet und können weniger dynamisch im Vergleich zu Trendmärkten sein. Diese Phasen sind durch horizontale Trendlinien gekennzeichnet, die die oberen und unteren Grenzen des Handelsbereichs definieren. Händler verwenden in Konsolidierungsphasen verschiedene Strategien, wie z.B. das Range-Trading, bei dem sie am Unterstützungsniveau kaufen und am Widerstandsniveau verkaufen. Das Verständnis von Konsolidierungstrends ist entscheidend, um Handelsstrategien an diese weniger volatile Phasen anzupassen.

Das Erkennen und Verstehen dieser Trends – Aufwärts-, Abwärts- und Konsolidierungstrends – ermöglicht es Händlern, fundiertere Entscheidungen zu treffen. Durch die Identifizierung des Trendtyps und die Nutzung von Werkzeugen wie Trendlinien und gleitenden Durchschnitten können Händler Strategien entwickeln, die mit der aktuellen Phase des Marktes übereinstimmen. Diese Einsicht ist entscheidend für die

Optimierung von Handelsentscheidungen und das effektive Risikomanagement im dynamischen Kryptowährungsmarkt.

Technische Indikatoren für die Krypto-Analyse

Kerzendiagramme: Kerzendiagramme, eine bedeutende Innovation im Bereich der technischen Analyse, haben ihren Ursprung in Japan, wo sie bis ins 18. Jahrhundert zurückverfolgt werden können. Ursprünglich von Reishändlern verwendet, um die Preise für Reis zu verfolgen und zu analysieren, wurden diese Diagramme im Westen durch Steven Nison durch sein wegweisendes Buch „Japanese Candlestick Charting Techniques" populär gemacht. Kerzendiagramme bieten eine visuell ansprechende Möglichkeit, Preisbewegungen darzustellen und sind nun ein wesentlicher Bestandteil von Handelsplattformen in verschiedenen Finanzmärkten, einschließlich Kryptowährungen [252].

Jede Kerze im Diagramm repräsentiert ein spezifisches Zeitintervall, das von nur einer Minute bis zu einem Monat variieren kann, abhängig von der Präferenz des Händlers. Die Kerze besteht aus zwei Hauptkomponenten: dem Körper und den Dochten (oder Schatten). Der Körper der Kerze ist der Bereich zwischen dem Eröffnungs- und Schlusskurs einer Kryptowährung innerhalb des ausgewählten Zeitrahmens. Er bietet eine visuelle Darstellung des Preisbereichs, in dem die meiste Handelsaktivität stattgefunden hat. Die Farbe des Körpers hilft, die Richtung der Preisbewegung zu erkennen – typischerweise zeigt ein grüner oder weißer Körper eine bullishe Kerze an, bei der der Schlusskurs höher ist als der Eröffnungskurs, während ein roter oder schwarzer Körper eine bearishe Kerze darstellt, bei der der Schlusskurs niedriger ist als der Eröffnungskurs [252].

Die Dochte oder Schatten erstrecken sich vom Körper und zeigen die höchsten und niedrigsten Preise, die während des Zeitintervalls erreicht wurden. Der obere Docht zeigt den Spitzenpreis, während der untere Docht den niedrigsten Preis offenbart. Diese Dochte bieten zusätzlichen Kontext zur Preisvolatilität innerhalb des Zeitraums und zeigen, wie weit die Preise über und unter den Eröffnungs- und Schlusskursen bewegt wurden.

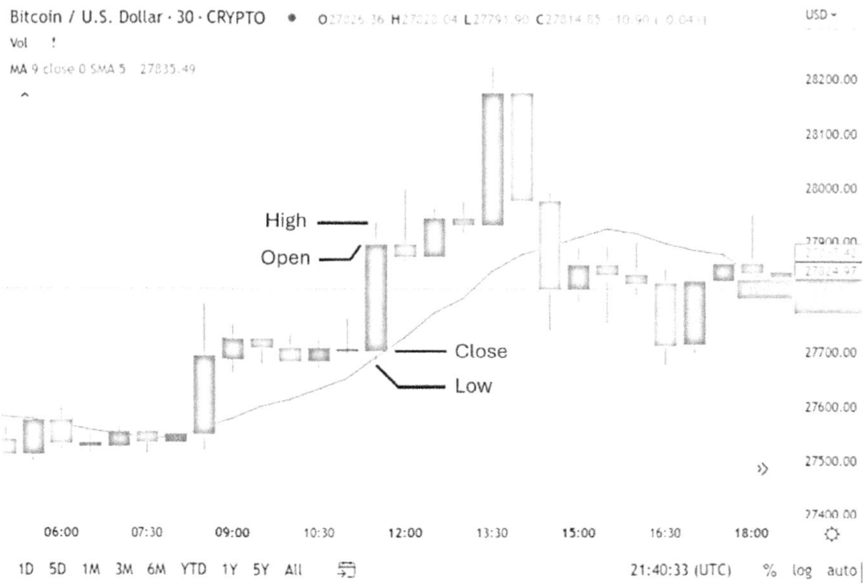

Abbildung 15: Beispiel für ein Kerzendiagramm.

Kerzendiagramme sind besonders bei Kryptowährungshändlern beliebt, da sie viele Informationen in einem kompakten und visuellen Format vermitteln. Händler nutzen diese Diagramme, um Muster und Trends zu identifizieren, die auf mögliche Marktbewegungen hindeuten können. Für kurzfristige Händler sind Kerzendiagramme mit Intervallen von einer Minute bis mehreren Stunden entscheidend, um schnelle Entscheidungen zu treffen. Im Gegensatz dazu konzentrieren sich langfristige Händler möglicherweise auf tägliche, wöchentliche oder monatliche Diagramme, um breitere Markttrends zu analysieren [252].

Die Interpretation von Kerzenmustern beinhaltet das Erkennen spezifischer Formationen, die zukünftige Preisbewegungen anzeigen können. Beispielsweise kann eine Reihe von Kerzen eine erkennbare Formation wie einen "Doji" bilden, der Marktunsicherheit anzeigt, oder einen "Hammer", der eine mögliche Trendumkehr signalisieren kann. Diese Muster, kombiniert mit anderen technischen Indikatoren, können Händlern helfen, fundierte Entscheidungen über den Kauf oder Verkauf von Kryptowährungen zu treffen [252].

Insgesamt sind Kerzendiagramme ein leistungsstarkes Werkzeug zur Analyse von Kryptowährungsmarkten. Sie bieten eine klare und detaillierte Ansicht von Preisbewegungen und -trends und helfen Händlern, fundierte Entscheidungen auf der Grundlage historischer Preisbewegungen und möglicher zukünftiger Entwicklungen zu treffen.

Einfache/Glättende gleitende Durchschnitte (SMA): Der Einfache Gleitende Durchschnitt (SMA) ist eines der grundlegenden Werkzeuge in der technischen Analyse, das verwendet wird, um Preisdaten über einen bestimmten Zeitraum zu glätten. Diese Glättung hilft Händlern, den zugrunde liegenden Trend einer Kryptowährung zu identifizieren, indem kurzfristige Preisfluktuationen durch das Mittelwerten ausgeglichen werden. Beispielsweise kann der SMA über verschiedene Zeiträume berechnet werden, wie 50 Tage, 100 Tage oder 200 Tage. Diese Durchschnitte werden in Diagrammen dargestellt, um Einblicke in die Trendrichtung zu geben [253].

Wenn der aktuelle Preis einer Kryptowährung über seinem SMA liegt, signalisiert dies oft einen Aufwärtstrend, was darauf hindeutet, dass die Preise im Allgemeinen steigen. Umgekehrt weist ein Preis unter dem SMA auf einen Abwärtstrend hin, was auf einen Preisrückgang hindeutet. Ein häufiges Handelssignal ist das Überkreuzen von kurzfristigen gleitenden Durchschnitten mit langfristigen. Beispielsweise wird das Überkreuzen des 50-Tage-SMA über den 200-Tage-SMA als "goldenes Kreuz" bezeichnet und wird typischerweise als bullisches Signal für einen möglichen Preisaufschwung angesehen. Im Gegensatz dazu wird ein "Todeskreuz", bei dem ein kurzfristiger SMA unter einen langfristigen SMA fällt, allgemein als bärisches Signal interpretiert, das auf einen möglichen Preisrückgang hinweist. Die SMAs werden normalerweise zusammen mit Kerzen auf dem Diagramm angezeigt, was eine klare visuelle Darstellung der Trends bietet [253].

Gleitender Durchschnitt Konvergenz/Divergenz (MACD): Der MACD-Indikator ist ein vielseitiges Werkzeug zur Bewertung der Stärke und Richtung eines Trends. Er besteht aus drei Komponenten: der MACD-Linie, der Signal-Linie und dem Histogramm. Die MACD-Linie ist die Differenz zwischen dem 12-Tage- und dem 26-Tage-EMA (Exponentieller Gleitender Durchschnitt), während die Signal-Linie ein 9-Tage-EMA der MACD-Linie ist. Das Histogramm zeigt die Differenz zwischen der MACD-Linie und der Signal-Linie [253].

Eine wichtige Funktion des MACD besteht darin, potenzielle Kauf- oder Verkaufssignale zu identifizieren. Wenn die MACD-Linie über die Signal-Linie steigt, wird dies als bullisches Überkreuzen bezeichnet und deutet auf eine mögliche Kaufgelegenheit hin. Umgekehrt, wenn die MACD-Linie unter die Signal-Linie fällt, wird dies als bärisches Überkreuzen bezeichnet und zeigt einen möglichen Verkaufszeitpunkt an. Der MACD bietet auch Einblicke in die Dynamik und Stärke des Trends. Händler beobachten oft die Richtung und Größe des Histogramms, um zu beurteilen, ob sich ein Trend verstärkt oder abschwächt. Der MACD wird in einem separaten Bereich unterhalb des Preischarts angezeigt, was es einfacher macht, diese Trends und Überkreuzungen zu visualisieren [253].

Relative Stärke Index (RSI): Der Relative Stärke Index (RSI) ist ein Momentum-Oszillator, der die Geschwindigkeit und Veränderung von Preisbewegungen misst. Er wird über einen Standardzeitraum von 14 Tagen berechnet und reicht von 0 bis 100. Der RSI wird verwendet, um zu bewerten, ob eine Kryptowährung überkauft oder überverkauft ist. Typischerweise deutet ein RSI-Wert über 70 darauf hin, dass das Asset überkauft sein könnte, was auf eine mögliche Preisbereinigung oder -umkehr hindeutet. Umgekehrt deutet ein RSI-Wert unter 30 darauf hin, dass das Asset überverkauft sein könnte, was auf eine mögliche Aufwärtsumkehr oder Kaufgelegenheit hinweist [253].

Der RSI wird oft auf einer Skala mit zwei horizontalen Linien dargestellt: 70 und 30, die die Bedingungen für überkaufte und überverkaufte Zustände markieren. Händler nutzen diese Werte, um Entscheidungen über mögliche Ein- und Ausstiegspunkte zu treffen. Beispielsweise kann ein Rückgang unter die 30-Marke auf eine Kaufgelegenheit hinweisen, während ein Anstieg über 70 einen möglichen Verkaufszeitpunkt signalisieren könnte. Der RSI hilft, die Marktstimmung zu messen und kann besonders nützlich sein, um potenzielle Umkehrungen in volatilen Märkten zu identifizieren [253].

Jeder dieser technischen Indikatoren – SMA, MACD und RSI – bietet einzigartige Einblicke in Marktentwicklungen und potenzielle Handelsmöglichkeiten. Der SMA hilft dabei, die allgemeine Trendrichtung zu identifizieren, der MACD unterstützt bei der Erkennung von Momentumverschiebungen, und der RSI misst die Markstimmung. Obwohl diese Werkzeuge leistungsstark für fundierte Handelsentscheidungen sind, ist es wichtig, sie in Kombination mit anderen Methoden und Strategien zu verwenden. Ständiges Lernen und Anpassung sind im dynamischen Bereich des Kryptowährungshandels unerlässlich, um die Handelsgenauigkeit und Rentabilität zu steigern [253].

Bollinger Bänder: Bollinger Bänder sind ein weit verbreitetes Werkzeug der technischen Analyse, das von John Bollinger entwickelt wurde, um die Volatilität zu messen und potenzielle Handelsmöglichkeiten zu identifizieren. Diese Bänder bestehen aus drei Hauptkomponenten: einem mittleren Band, das typischerweise ein Einfacher Gleitender Durchschnitt (SMA) ist, und zwei äußeren Bändern, die auf eine bestimmte Anzahl von Standardabweichungen über und unter dem mittleren Band gesetzt werden. Die äußeren

Bänder passen sich dynamisch an die Marktvolatilität an, erweitern sich bei steigender Volatilität und ziehen sich bei sinkender Volatilität zusammen [252].

Das mittlere Band, oder der gleitende Durchschnitt, dient als Basislinie, um das durchschnittliche Preisniveau eines Assets über einen bestimmten Zeitraum zu messen. Die äußeren Bänder werden auf Basis der Standardabweichung des Preises des Assets vom gleitenden Durchschnitt berechnet. Häufig werden die Bänder auf ±2 Standardabweichungen gesetzt, was etwa 95% der Preisbewegungen unter normalen Bedingungen umfasst. Wenn der Preis nahe an das obere Band heranrückt oder es berührt, wird dies als überkauft betrachtet, was auf eine mögliche Preisrückkehr hindeutet. Umgekehrt, wenn der Preis sich dem unteren Band nähert, wird dies als überverkauft betrachtet, was auf einen möglichen Preisaufschwung hindeutet [252].

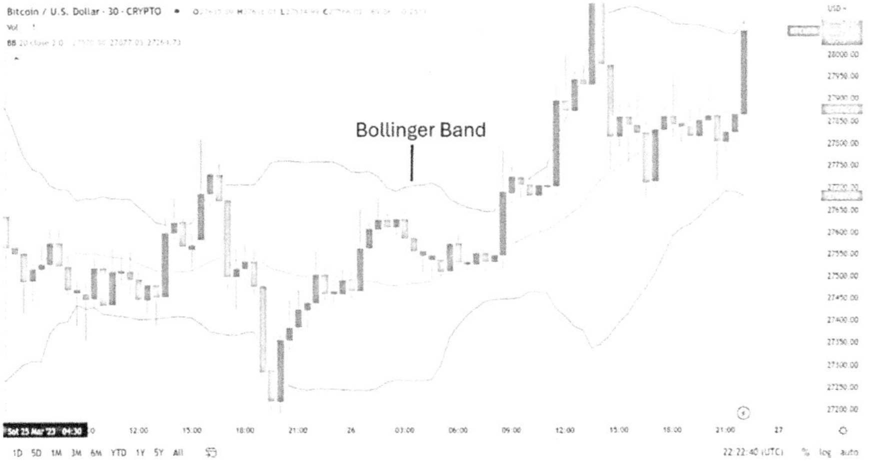

Abbildung 16: Beispiel für Bollinger Bänder.

Die Interpretation der Bollinger-Bänder kann je nach Marktlage variieren. In einem Aufwärtstrend suchen Händler oft nach Kursausbrüchen über das obere Band als Signal, um den Handel in Richtung des Trends fortzusetzen. Ähnlich können Kursbewegungen, die unter das untere Band fallen, in einem Abwärtstrend eine Gelegenheit zum Leerverkauf signalisieren. Die Bänder helfen Händlern, potenzielle Überkauft- oder Überverkauft-Bedingungen zu erkennen, sodass sie Entscheidungen basierend auf der Wahrscheinlichkeit von Kursrückkehrbewegungen zum Durchschnitt treffen können.

Ein grundlegendes Konzept hinter den Bollinger-Bändern ist die Annahme, dass die Preise mit der Zeit dazu neigen werden, zum Durchschnitt zurückzukehren. Phasen hoher Volatilität, die durch weiter auseinander liegende Bänder gekennzeichnet sind, werden typischerweise von Phasen geringerer Volatilität gefolgt, in denen sich die Bänder verengen. Dieses zyklische Verhalten gibt Händlern Einblicke in mögliche Marktumkehrungen oder Fortsetzungen basierend auf historischen Preismustern und Volatilitätskennzahlen [252].

Insgesamt sind Bollinger-Bänder ein vielseitiges Werkzeug zur Bewertung von Marktentwicklungen und zur Treffen fundierter Handelsentscheidungen. Durch die Analyse der Interaktionen zwischen Preis und Bändern können Händler Strategien entwickeln, die von Preisbewegungen und Volatilitätstrends profitieren. Wie bei allen technischen Indikatoren sollten Bollinger-Bänder jedoch in Verbindung mit anderen Werkzeugen und Analysemethoden verwendet werden, um die Handelsgenauigkeit zu verbessern und das Risiko effektiv zu managen.

Wo man Krypto-Charts findet

TradingView: TradingView ist eine der beliebtesten Plattformen für den Zugriff auf Live-Handelsdiagramme für Kryptowährungen. Sie bietet eine breite Palette an Diagrammwerkzeugen und technischen Indikatoren, die sowohl für Anfänger als auch für erfahrene Händler geeignet sind. Die Plattform liefert Echtzeitdaten, die es den Nutzern ermöglichen, Preisbewegungen, Trends und Marktbedingungen zu analysieren. TradingView bietet sowohl eine kostenlose Version mit grundlegenden Diagrammwerkzeugen als auch eine Premium-Version mit erweiterten Funktionen, einschließlich weiterer Indikatoren und verbesserter Diagrammfunktionen. Die benutzerfreundliche Oberfläche und die umfassende Community-Unterstützung machen es zu einer bevorzugten Ressource für viele im Krypto-Bereich [252].

Coinigy: Coinigy ist eine weitere umfassende Plattform, die umfassende Diagrammwerkzeuge und Marktdaten bietet. Es handelt sich um einen cloudbasierten Dienst, der Daten von verschiedenen Kryptowährungsbörsen integriert und den Nutzern eine einheitliche Ansicht des Marktes bietet. Zu den Funktionen von Coinigy gehören fortschrittliche Diagrammwerkzeuge, Echtzeitdaten und Marktstimmungsanalysen, die Investoren helfen können, Marktbedingungen zu verstehen und darauf zu reagieren. Coinigy bietet einen kostenlosen Plan mit eingeschränkten Funktionen sowie mehrere kostenpflichtige Optionen, die erweiterte Werkzeuge und Funktionen bieten [252].

Cryptowatch: Cryptowatch, im Besitz der Kraken-Börse, ist ein angesehenes Diagramm- und Handelsterminal. Es ermöglicht den Nutzern, Marktentwicklungen zu analysieren und Handelsaufträge an großen Kryptowährungsbörsen auszuführen. Die Plattform ist bekannt für ihre Echtzeitdaten und umfassenden Diagrammfunktionen, was sie zu einem wertvollen Werkzeug sowohl für die Analyse als auch für den Handel macht. Cryptowatch ist kostenlos nutzbar, und die Integration mit der Handelsplattform von Kraken bietet eine nahtlose Erfahrung für Nutzer, die sowohl analysieren als auch handeln möchten [252].

Die Charts zeigen in der Regel [252]:

Preis: Der Preis einer Kryptowährung ist ein grundlegendes Parameter, das in Diagrammen angezeigt wird. Er stellt den aktuellen Wert der Kryptowährung dar und ist entscheidend für die Bewertung ihrer Leistung. Händler nutzen Preisdaten, um Trends zu verfolgen, Muster zu erkennen und Vorhersagen über zukünftige Bewegungen zu treffen. Durch den Vergleich der aktuellen Preise mit historischen Daten (täglich, wöchentlich, monatlich oder jährlich) können Investoren Einblicke in die Leistung der Kryptowährung im Laufe der Zeit gewinnen und die optimalen Ein- und Ausstiegspunkte für ihre Handelsentscheidungen bestimmen.

Marktkapitalisierung: Die Marktkapitalisierung (Marktkap) ist eine weitere wichtige Kennzahl, die auf Krypto-Charts angezeigt wird. Sie wird berechnet, indem der aktuelle Preis einer Kryptowährung mit ihrem gesamten umlaufenden Angebot multipliziert wird. Die Marktkapitalisierung gibt einen Hinweis auf den Gesamtwert der Kryptowährung und wird oft verwendet, um sie mit anderen Kryptowährungen zu vergleichen. Die Analyse der Marktkapitalisierungstrends über verschiedene Zeiträume hilft Investoren, das Wachstum der Kryptowährung und ihre Marktposition im Vergleich zu ihren Konkurrenten zu verstehen.

Handelsvolumen: Das Handelsvolumen stellt die Gesamtanzahl der in einem bestimmten Zeitraum gehandelten Coins oder Tokens dar. Ein hohes Handelsvolumen deutet oft auf starkes Marktinteresse und Liquidität hin, was bedeutet, dass mehr Investoren die Kryptowährung kaufen und verkaufen. Die Überwachung des Handelsvolumens hilft Händlern, die Marktaktivität einzuschätzen und Trends zu erkennen. Zum Beispiel könnte ein Anstieg des Handelsvolumens während eines Aufwärtstrends auf anhaltendes Interesse hinweisen, während ein Rückgang ein mögliches Umkehr- oder Konsolidierungssignal darstellen könnte.

Hashrate: Die Hashrate misst die Rechenleistung, die zum Mining oder zur Validierung von Transaktionen für eine Kryptowährung verwendet wird. Sie wird typischerweise in Hashes pro Sekunde (Hash/Sekunde) ausgedrückt. Eine höhere Hashrate zeigt ein sichereres und robusteres Netzwerk an, da sie darauf hinweist, dass mehr Miner im Netzwerk teilnehmen, was es schwieriger macht, das Netzwerk durch eine einzelne

Entität zu manipulieren oder anzugreifen. Die Verfolgung der Hashrate hilft Investoren, die Gesundheit und Sicherheit des Netzwerks einer Kryptowährung zu verstehen, was ihre langfristige Lebensfähigkeit beeinflussen kann.

Umlaufangebot: Das Umlaufangebot bezieht sich auf die Anzahl der Coins oder Tokens, die aktiv verfügbar und auf dem Markt gehandelt werden. Es unterscheidet sich vom Gesamtangebot, das alle jemals geschaffenen Coins umfasst. Ein hohes Umlaufangebot bei geringer Nachfrage kann zu einem Preisrückgang führen, während ein geringes Angebot bei hoher Nachfrage die Preise steigen lassen könnte. Das Verständnis des Umlaufangebots hilft Investoren, die potenziellen Preisfluktuationen und die allgemeinen Marktdynamiken einer Kryptowährung zu bewerten.

Zusammenfassend lässt sich sagen, dass die effektive Nutzung von Krypto-Charts darin besteht, zu wissen, wo man zuverlässige Diagrammwerkzeuge findet und die wichtigsten Kennzahlen auf diesen Charts zu verstehen. Durch die Analyse von Preis, Marktkapitalisierung, Handelsvolumen, Hashrate und Umlaufangebot können Investoren wertvolle Einblicke in die Leistung von Kryptowährungen gewinnen und fundierte Handelsentscheidungen treffen.

Fundamentalanalyse

Die Fundamentalanalyse hingegen konzentriert sich darauf, den inneren Wert einer Kryptowährung zu bewerten, indem sie zugrunde liegende Faktoren untersucht, die ihr langfristiges Potenzial beeinflussen könnten. Diese Methode bewertet die grundlegenden Aspekte einer Kryptowährung und deren zugehörige Technologie, Team, Anwendungsfall und Marktbedingungen.

Wichtige Komponenten der Fundamentalanalyse sind:

- **Technologie und Anwendungsfall:** Fundamentalanalysten untersuchen die Technologie hinter einer Kryptowährung, einschließlich ihrer Blockchain-Infrastruktur, Konsensmechanismus und Skalierbarkeit. Sie bewerten auch den Anwendungsfall der Kryptowährung und das Problem, das sie zu lösen beabsichtigt, was ihre langfristige Akzeptanz und ihren Wert beeinflussen kann.

- **Team und Entwicklung:** Die Glaubwürdigkeit und Expertise des Entwicklungsteams sind entscheidende Faktoren. Analysten bewerten die Erfahrung des Teams, vergangene Erfolge und ihre Fähigkeit, die Vision des Projekts umzusetzen. Die Präsenz angesehener Berater und Partnerschaften kann ebenfalls die Glaubwürdigkeit der Kryptowährung erhöhen.

- **Marktnachfrage und Akzeptanz:** Die Fundamentalanalyse berücksichtigt die potenzielle Nachfrage nach der Kryptowährung und deren Akzeptanz im Markt. Analysten betrachten Faktoren wie das Wachstum der Nutzerbasis, Partnerschaften mit Unternehmen und das allgemeine Interesse an der Technologie und den Anwendungen der Kryptowährung.

- **Regulatorisches Umfeld:** Das regulatorische Umfeld kann die Zukunft einer Kryptowährung erheblich beeinflussen. Analysten bewerten bestehende und potenzielle Regulierungen, die die Legalität, Compliance und Marktzugang der Kryptowährung beeinflussen könnten.

- **Tokenomics:** Dies bezieht sich auf das wirtschaftliche Modell der Kryptowährung, einschließlich ihrer Angebots- und Verteilungsmechanismen, Inflationsraten und Anreize für Inhaber und Validatoren. Das Verständnis der Tokenomics hilft Analysten, das Potenzial für zukünftige Wertsteigerungen und Inflation zu beurteilen.

Die Fundamentalanalyse ist für langfristige Investitionen vorteilhaft, da sie ein tieferes Verständnis des inneren Werts einer Kryptowährung vermittelt. Sie hilft Investoren zu beurteilen, ob eine Kryptowährung unterbewertet oder überbewertet ist, basierend auf ihrem Potenzial und dem Marktumfeld. Sie kann jedoch zeitaufwendig sein und erfordert ein gründliches Verständnis der Technologie und der Marktdynamik des Projekts.

Technische Analyse und Fundamentalanalyse sind komplementäre Ansätze im Kryptowährungsinvestieren. Die technische Analyse konzentriert sich auf Preisbewegungen und Markttrends und bietet Einblicke für kurzfristiges Handeln und Timing-Entscheidungen. Die Fundamentalanalyse hingegen bewertet den inneren Wert und das langfristige Potenzial einer Kryptowährung basierend auf ihrer Technologie, ihrem Team, der Marktnachfrage und regulatorischen Faktoren. Die Kombination beider Methoden kann eine umfassendere Sichtweise bieten und Investoren helfen, fundierte Entscheidungen basierend sowohl auf dem Marktverhalten als auch auf den zugrunde liegenden Faktoren zu treffen.

Fundamentalanalyse vor Kryptowährungen

Die Wurzeln der Fundamentalanalyse lassen sich bis in die frühen 20er Jahre des 20. Jahrhunderts zurückverfolgen, insbesondere auf die Arbeiten von Benjamin Graham und David Dodd mit der Veröffentlichung von "Security Analysis" im Jahr 1934 [254]. Dieses Werk entstand als Reaktion auf den Börsencrash von 1929 und zielte darauf ab, Investoren mit einem strukturierten Ansatz zur Bewertung des inneren Werts von Aktien auszustatten. Graham und Dodd plädierten für eine gründliche Prüfung der Finanzberichte, wobei der Fokus auf Kennzahlen wie Gewinn, Umsatz und der allgemeinen Unternehmensgesundheit lag, um unterbewertete Aktien zu identifizieren. Ihre Methodik betonte die Bedeutung einer detaillierten Finanzanalyse und des langfristigen Investitionspotentials über spekulativen Handel hinaus und markierte eine Abkehr von der alleinigen Abhängigkeit von Markttrends und technischen Indikatoren.

Der Ansatz von Graham und Dodd zur Fundamentalanalyse hob die Bedeutung einer detaillierten Bewertung der Fundamentaldaten eines Unternehmens hervor, um dessen tatsächlichen Wert zu bestimmen. Durch den Fokus auf den inneren Wert von Aktien suchten Investoren, die ihrer Methodik folgten, nach Vermögenswerten, die auf Basis gründlicher Analyse und nicht der Marktsentiments unterbewertet erschienen. Diese methodische Bewertung von Aktien basierend auf deren grundlegender Qualität und wahrgenommenem inneren Wert war ein zentrales Element der Investmentphilosophie von Graham und Dodd.

Die Fundamentalanalyse, die ursprünglich auf Aktien angewandt wurde, hat sich weiterentwickelt und umfasst heute verschiedene Anlageklassen, einschließlich Kryptowährungen. Die inhärente Volatilität und spekulative Natur des Krypto-Marktes machen die Fundamentalanalyse besonders relevant. Während traditionelle Methoden der Fundamentalanalyse wie Discounted Cash Flow (DCF) und Kurs-Gewinn-Verhältnisse (P/E) aufgrund der einzigartigen Merkmale von Krypto-Assets weniger anwendbar sind, bleiben die Kernprinzipien der Bewertung von Wert und Risiko nützlich.

In den frühen Tagen der Kryptowährungen konzentrierte sich die Fundamentalanalyse weitgehend auf die Bewertung von Bitcoin und wegweisenden Altcoins durch deren Technologie, Whitepapers und regulatorisches Umfeld. Dazu gehörte die Untersuchung der technischen Machbarkeit und Innovation der zugrunde liegenden Blockchain-Technologie sowie die Glaubwürdigkeit der Entwicklungsteams und die Klarheit der Projektziele.

Mit der Weiterentwicklung des Krypto-Raums hat sich die Fundamentalanalyse angepasst und umfasst heute eine breitere Palette von Faktoren. Heutige Methoden beinhalten die Bewertung der Expertise von Projektteams, die Analyse der Tokenomics (des wirtschaftlichen Modells einer Kryptowährung), die Bewertung strategischer Partnerschaften und die Untersuchung der Nutzung und Akzeptanz von Krypto-Assets. Netzwerkkennzahlen wie Transaktionsvolumina und Sicherheitsprüfungsstatus spielen ebenfalls eine entscheidende Rolle bei der Bewertung des Wertes und Potentials von Krypto-Projekten. Diese modernen Werkzeuge helfen Investoren, die langfristige Lebensfähigkeit und Wachstumsaussichten von Krypto-Assets einzuschätzen und über die frühe Fokussierung auf technologische Innovation und regulatorische Überlegungen hinauszugehen.

Die einzigartige Natur der Blockchain-Technologie und ihre Abkehr von traditionellen Finanzsystemen (TradFi) erfordert einen maßgeschneiderten Ansatz zur Fundamentalanalyse. Während traditionelle Bewertungskennzahlen möglicherweise nicht direkt anwendbar sind, bleiben die Prinzipien der Bewertung des Potentials eines Vermögenswerts, des Verständnisses seiner Marktposition und der Bewertung der Stärke seiner technologischen und finanziellen Grundlagen zentral für fundierte Investitionsentscheidungen im Krypto-Bereich.

Entwicklungsteam

Bei der Bewertung eines Kryptowährungsprojekts ist das Entwicklungsteam ein entscheidender Faktor. Die Qualität und Glaubwürdigkeit des Teams hinter einem Projekt können den Erfolg und das Wachstumspotenzial erheblich beeinflussen. Die Parameter zur Beurteilung des Teams eines Krypto-Projekts sind zwar einfach, aber wesentlich für fundierte Investitionsentscheidungen [255].

Zunächst sollten die Bildungshintergründe der Teammitglieder untersucht werden. Angesehene Bildungsabschlüsse von anerkannten Institutionen können auf die Expertise und das Wissen eines Teams in relevanten Bereichen wie Informatik, Finanzen oder Ingenieurwesen hindeuten. Fortgeschrittene Abschlüsse oder spezialisierte Zertifikate in Blockchain-Technologie, Kryptographie oder Softwareentwicklung können die Glaubwürdigkeit eines Teams weiter erhöhen.

Als Nächstes sollte die bisherige Berufserfahrung des Teams berücksichtigt werden. Relevante Erfahrung im Bereich Kryptowährungen oder in ähnlichen Technologiebereichen gibt Aufschluss über die Fähigkeit des Teams, die Komplexitäten der Blockchain-Entwicklung und Marktdynamik zu bewältigen. Teammitglieder mit einer Erfolgsbilanz bei erfolgreichen Krypto-Projekten, die zu bedeutenden technologischen

Fortschritten beigetragen haben oder einflussreiche Positionen in renommierten Unternehmen innehatten, bringen wertvolle Expertise ein.

Frühere Erfolge mit anderen Projekten sind ein weiterer wichtiger Faktor. Eine Geschichte des Startens und Managements erfolgreicher Projekte, insbesondere in den Bereichen Blockchain oder Technologie, zeigt die Fähigkeit eines Teams, ihre Vision effektiv umzusetzen. Es ist vorteilhaft, zu überprüfen, ob das Team an Projekten beteiligt war, die bedeutende Meilensteine erreicht oder positive Branchenanerkennung erhalten haben [255].

Darüber hinaus kann die Erfahrung der Teammitglieder bei der Zusammenarbeit an früheren Projekten ein positives Zeichen sein. Teams, die in der Vergangenheit erfolgreich zusammengearbeitet haben, sind oft kohärenter und effizienter. Gemeinsame Erfahrungen bei vorherigen Projekten können zu besserer Kommunikation, optimierten Arbeitsabläufen und einem tieferem Verständnis der Stärken und Schwächen der Teammitglieder führen, was zum Gesamterfolg des aktuellen Projekts beiträgt.

Der Bildungshintergrund des Teams, relevante Berufserfahrung, frühere Erfolge und die frühere Zusammenarbeit sind entscheidende Indikatoren für das Potenzial eines Projekts. Ein Team mit einer starken Erfolgsbilanz in der Branche und einer bewährten Fähigkeit, erfolgreiche Ergebnisse zu liefern, kann ein klares Zeichen für ein vielversprechendes Krypto-Projekt sein. Investoren sollten diese Faktoren sorgfältig beurteilen, um die Fähigkeit und das Vertrauen des Teams in den zukünftigen Erfolg des Projekts einzuschätzen.

Technologie und Blockchain in der Krypto-Analyse

Blockchain-Technologie bildet das Rückgrat von Kryptowährungen, ähnlich wie Stromleitungen und Kraftwerke die wesentliche Infrastruktur für die Stromversorgung bereitstellen. Im Kern dient die Blockchain-Technologie als zugrunde liegendes Framework, das verschiedene Krypto-Assets wie Bitcoin (BTC), Ethereum (ETH) und Polygon (MATIC) unterstützt. Die Blockchain fungiert als dezentrales Register, das Transaktionen über ein Netzwerk von Computern aufzeichnet und verifiziert, um Transparenz und Sicherheit im Prozess zu gewährleisten [255].

Eine robuste Blockchain-Infrastruktur ist entscheidend für die Funktionalität und Leistung einer Kryptowährung. Sie beeinflusst mehrere Schlüsselaspekte, einschließlich Skalierbarkeit, Sicherheit, Transaktionsgebühren und Transparenz. Skalierbarkeit bezieht sich auf die Fähigkeit einer Blockchain, eine wachsende Anzahl von Transaktionen pro Sekunde (TPS) zu verarbeiten, wenn mehr Nutzer dem Netzwerk beitreten.

Beispielsweise hat die Blockchain von Bitcoin, bekannt für ihren Konsensmechanismus Proof-of-Work (PoW), aufgrund ihres Energieverbrauchs Kritik erhalten. Dieser Mechanismus bietet jedoch ein hohes Maß an Sicherheit, indem er es böswilligen Akteuren erschwert, Transaktionsaufzeichnungen zu ändern. Trotz Bedenken hinsichtlich der Umweltbelastung gibt es Bestrebungen, das Bitcoin-Mining nachhaltiger zu gestalten, wobei inzwischen etwa 50% des BTC-Minings erneuerbare Energiequellen nutzen [255].

Im Gegensatz dazu bietet die Blockchain von Ethereum eine andere Reihe von Funktionen. Neben der Transaktionssicherheit führt Ethereum das Konzept der Smart Contracts ein – selbst auszuführende Verträge, deren Bedingungen direkt in den Code geschrieben sind. Diese Innovation ermöglicht dezentrale Anwendungen (dApps) und die Erstellung verschiedener Krypto-Assets im Ethereum-Netzwerk. Benutzer benötigen Ether (ETH), um Transaktionsgebühren und Berechnungskosten auf der Ethereum Virtual Machine (EVM) zu bezahlen. Diese Funktionalität erhöht den Nutzen der Blockchain, indem komplexe Operationen und Interaktionen in einer dezentralen Umgebung ermöglicht werden [255].

Skalierbarkeit, Sicherheit und Effizienz sind eng mit dem Einfluss der Blockchain auf den Nutzen und damit auf den Marktwert einer Kryptowährung verbunden. Eine Blockchain, die eine hohe Transaktionsmenge effizient verarbeiten kann, während sie starke Sicherheitsprotokolle aufrechterhält, kann das Wertangebot ihrer zugehörigen Krypto-Assets erheblich verbessern. Mit der Weiterentwicklung der Blockchain-Technologie beeinflussen diese Faktoren weiterhin sowohl die praktischen Anwendungen von Kryptowährungen als auch deren Preisbewegungen im Markt.

Token-Nutzen und Anwendungsfälle in der Krypto-Analyse

Der Nutzen von Tokens und ihre Anwendungsfälle sind entscheidende Faktoren bei der Analyse digitaler Assets. Diese Aspekte bestimmen, wie ein Token in sein Ökosystem integriert ist und welchen Wert er seinen Nutzern bietet. Die Entwicklung des Kryptowährungsmarkts, insbesondere nach der ICO-Blase von 2017, hat die Bedeutung dieser Elemente hervorgehoben. Investoren müssen die praktischen Anwendungen eines Tokens und seine Rolle innerhalb seines jeweiligen Blockchain-Netzwerks kritisch bewerten, um oberflächlichen oder spekulativen Versprechen zu entgehen.

Ethereum (ETH), eine der wegweisenden Blockchain-Plattformen, ist bekannt für seine Smart-Contract-Fähigkeiten. Der Hauptnutzen von Ethereum liegt in der Ermöglichung dezentraler Anwendungen (dApps) und nicht-fungibler Tokens

(NFTs) durch seine Smart-Contract-Infrastruktur. Ether, die native Kryptowährung von Ethereum, wird benötigt, um Transaktionsgebühren und Rechenkosten auf der Ethereum Virtual Machine (EVM) zu bezahlen. Diese Notwendigkeit von Ether zur Durchführung von Operationen im Ethereum-Ökosystem schafft eine inhärente Nachfrage nach dem Token und beeinflusst seinen Wert. Der Nutzen von Ethereum reicht über einfache Transaktionen hinaus; es bildet das Rückgrat für zahlreiche innovative Anwendungen und stärkt so seine Position als wichtiger Akteur im Blockchain-Bereich.

Solana (SOL) hingegen adressiert ein spezifisches Bedürfnis nach Hochgeschwindigkeitstransaktionen. Solana wurde entwickelt, um eine Blockchain-Plattform anzubieten, die eine große Menge an Transaktionen schnell und zu niedrigen Kosten verarbeiten kann, was sie für Mikrobewegungen und dezentrale Anwendungen, die eine schnelle Ausführung erfordern, geeignet macht. Allerdings kann der Fokus von Solana auf Geschwindigkeit auf Kosten der höchsten Sicherheitsstufen im Vergleich zu anderen Blockchains gehen. Der Kompromiss zwischen Transaktionsgeschwindigkeit und Sicherheit ist ein bemerkenswerter Faktor für potenzielle Investoren und Nutzer und beeinflusst die langfristige Lebensfähigkeit und Attraktivität des Tokens.

Avalanche (AVAX) stellt ein weiteres Beispiel für eine Blockchain mit starkem Fokus auf Skalierbarkeit und Sicherheit dar. Avalanche ist darauf ausgelegt, Transaktionen mit hoher Durchsatzrate zu verarbeiten, während sie robuste Sicherheitsmaßnahmen aufrechterhält, und positioniert sich als bedeutender Akteur im Bereich der Smart Contracts und dezentralen Finanzen (DeFi). AVAX, der native Token des Avalanche-Netzwerks, wird verwendet, um Transaktionsgebühren zu zahlen und an der Netzwerk-Governance teilzunehmen. Der effektive Token-Nutzen innerhalb des Avalanche-Ökosystems erhöht das Potenzial für eine anhaltende Nachfrage und Wertsteigerung.

Zusammengefasst spielen der praktische Nutzen und die Anwendungsfälle eines Krypto-Assets eine bedeutende Rolle für seinen potenziellen Erfolg. Tokens mit klaren, praktischen Anwendungen haben eher das Potenzial, Anklang zu finden und über die Zeit Nachfrage zu erzeugen. Die Bewertung des Token-Nutzens umfasst das Verständnis seiner Rolle innerhalb der Blockchain, der Probleme, die er zu lösen versucht, und seines allgemeinen Einflusses auf das Netzwerk. Dies führt zum nächsten entscheidenden Faktor in der Krypto-Analyse: Tokenomics und Verteilungspläne, die weiter detaillieren, wie Tokens innerhalb ihrer Ökosysteme zugewiesen, verteilt und genutzt werden.

Tokenomics und Verteilung

Tokenomics, eine Kombination aus „Token“ und „Ökonomie“, bezieht sich auf das Studium und die Gestaltung des wirtschaftlichen Modells einer Kryptowährung und ihrer zugrunde liegenden Prinzipien. Die Verteilung hingegen betrifft, wie die Tokens einer Kryptowährung zugewiesen und in den Markt eingeführt werden. Beide Aspekte sind entscheidend für die Bestimmung des Wertes und der Lebensfähigkeit eines digitalen Assets im Kryptomarkt [255].

Bitcoin (BTC) dient als herausragendes Beispiel für effektive Tokenomics. Die Tokenomics von Bitcoin basiert auf einem deflationären Modell, das darauf abzielt, Knappheit zu erzeugen und die Nachfrage zu steigern. Das Gesamtangebot von Bitcoin ist auf 21 Millionen Coins begrenzt, was eine inhärente Begrenzung seiner Verfügbarkeit schafft. Um diese Knappheit zu verstärken, verwendet Bitcoin einen Halving-Mechanismus, der die Belohnung, die Miner für das Hinzufügen neuer Blöcke zur Blockchain erhalten, alle vier Jahre um etwa 50% reduziert. Diese vorhersehbare Reduzierung des neuen Angebots führt zu einer organischen Knappheit auf dem Markt, die den Wert von Bitcoin über die Zeit beeinflusst. Das begrenzte Angebot in Kombination mit regelmäßigen Halving-Ereignissen stellt sicher, dass Bitcoin zunehmend knapper wird, je mehr Coins gemined werden, was die Nachfrage ankurbeln und potenziell seinen Wert steigern kann [255].

Ethereum (ETH) hingegen hat kein festes Angebot wie Bitcoin. Stattdessen verwendet Ethereum einen flexibleren Ansatz zur Verwaltung seines Token-Angebots. Die Emissionsrate von Ethereum war historisch unbegrenzt, aber jüngste Updates, insbesondere EIP-1559, das 2021 implementiert wurde, führten einen Gebührenverbrennungsmechanismus ein, der das Gesamtangebot von Ether im Laufe der Zeit reduziert. Unter diesem Update wird ein Teil der Transaktionsgebühren, die in Ether bezahlt werden, verbrannt, wodurch es effektiv aus dem Umlauf entfernt wird. Dieser Mechanismus hilft, die Inflation zu bekämpfen und führt ein deflationäres Element in die Ökonomie von Ether ein. Darüber hinaus ermöglicht Ethereum Mining-Knoten, höhere Gebühren während Netzwerkstaus zu verlangen, was die Transaktionskosten in die Höhe treiben und somit den Preis von Ether beeinflussen kann [255].

Bei der Bewertung neuer Token-Launches ist das Verständnis der Tokenomics und des Verteilungsplans entscheidend. Ein gut strukturierter Verteilungsplan kann Risiken im Zusammenhang mit großangelegten Verkaufsaktionen mindern und eine ausgewogene Zuteilung von Tokens sicherstellen. Investoren sollten die folgenden Fragen in Betracht ziehen [255]:

1. **Wie werden die Tokens verteilt?** Das Verständnis der Aufschlüsselung der Token-Verteilung hilft dabei zu beurteilen, ob die Zuteilung fair ist und ob es ein Risiko einer übermäßigen Einflussnahme durch das Entwicklungsteam gibt.

2. **Welcher Anteil geht an das Team und für Betriebskosten?** Die Analyse, wie viel des Token-Angebots dem Team und den Betriebskosten zugewiesen wird, hilft dabei, das Risiko potenzieller Interessenkonflikte oder die Wahrscheinlichkeit zu bewerten, dass Teammitglieder große Mengen an Tokens verkaufen.

3. **Sind die Tokens des Teams gesperrt?** Token-Vesting-Pläne können Aufschluss darüber geben, ob das Team ein langfristiges Interesse am Erfolg des Projekts hat. Vesting-Zeiträume stellen sicher, dass Teammitglieder Anreize haben, auf das Wachstum des Projekts hinzuarbeiten, anstatt schnelle Gewinne zu erzielen.

4. **Gibt es eine Netzwerkgeldgebühr für Transaktionen?** Die Bewertung von Transaktionsgebühren und deren Zuweisung hilft dabei, die wirtschaftlichen Auswirkungen auf die Nutzer und die Nachhaltigkeit des Netzwerks zu bestimmen.

5. **Wie hoch sind die Gebühren und welcher Plan besteht für die Netzwerkgebühren?** Das Verständnis der Gebührenstruktur gibt Einblicke in die Kosten der Nutzung des Netzwerks und deren Auswirkungen auf den Token-Nutzen und die Akzeptanz.

6. **Wie lautet der Verteilungsplan und der Zeitplan für alle Zuteilungen des Angebots?** Ein klarer Verteilungsplan und Zeitplan helfen, Transparenz sicherzustellen und die Markterwartungen hinsichtlich der Tokenfreigabe zu steuern.

Ein ausgewogenes Tokenomics und Verteilungsplan fördern Vertrauen und können den Wert einer Kryptowährung steigern. Zum Beispiel tragen die Knappheit von Bitcoin und der innovative Gebührenverbrennungsmechanismus von Ethereum zu ihren jeweiligen Marktpositionen bei. Ebenso kann ein gut durchdachter Verteilungsplan und eine kontrollierte Tokenfreigabe die Knappheit erhöhen und die Preissteigerung unterstützen, was sowohl dem Projekt als auch den Investoren zugutekommt.

Partnerschaften, Akzeptanz und Ökosystem in der Krypto-Analyse

Partnerschaften, Akzeptanz und Ökosystem sind entscheidende Faktoren bei der Bewertung des Potenzials und des Erfolgs eines Kryptowährungsprojekts. Sie geben Einblicke in die Glaubwürdigkeit des Projekts, das Wachstumspotenzial und seine Fähigkeit, seine Ziele im wettbewerbsintensiven Kryptomarkt zu erreichen [255].

Partnerschaften dienen als bedeutender Indikator für die Lebensfähigkeit und zukünftige Ausrichtung eines Krypto-Projekts. Strategische Allianzen mit renommierten Unternehmen und Organisationen spiegeln die Fähigkeit eines Projekts wider, sich mit etablierten Technologien und Plattformen zu integrieren. Zum Beispiel zeigte Solana (SOL) seine strategische Vision, indem es während seiner frühen Entwicklung Partnerschaften mit namhaften Tech-Unternehmen wie Serum (SRM) und Chainlink (LINK) einging. Diese Allianzen sollten die DeFi-Fähigkeiten von Solana erweitern und dezentrale Orakel-Lösungen integrieren, wodurch das Smart-Contract-Ökosystem gestärkt wurde. Solche Partnerschaften können zusätzliche Funktionalität und Interoperabilität bieten, den Gesamtwert des Projekts erhöhen und sein langfristiges Engagement für Innovation signalisieren [255].

Akzeptanz ist ein weiteres wichtiges Kriterium zur Bewertung des Erfolgs einer Kryptowährung. Sie misst, inwieweit die Kryptowährung in realen Anwendungen und von verschiedenen Interessengruppen genutzt wird. Hohe Akzeptanzraten weisen typischerweise auf eine gesunde und wachsende Nutzerbasis hin, die die Nachfrage ankurbeln und den Marktwert der Kryptowährung steigern kann. Projekte mit starker Akzeptanz haben oft überzeugende Anwendungsfälle und praktische Anwendungen, die zu ihrer Nachhaltigkeit und Relevanz auf dem Markt beitragen. Eine Kryptowährung, die weitgehend für Zahlungen akzeptiert oder in beliebte Plattformen integriert ist, wird wahrscheinlich eine höhere Nachfrage und Nutzung erfahren, was ihre erfolgreiche Integration in das breitere Ökosystem widerspiegelt [255].

Das Ökosystem bezieht sich auf das umfassendere Netzwerk von Projekten, Anwendungen und Dienstleistungen, die mit der Kryptowährung interagieren und sie unterstützen. Ein gut entwickeltes Ökosystem erhöht den Nutzen und Wert der Kryptowährung, indem es Innovationen fördert und ihre Anwendungsfälle erweitert. Dazu gehören die Verfügbarkeit dezentraler Anwendungen (dApps), die Integration mit anderen Blockchain-Netzwerken und die Unterstützung durch eine lebendige Entwicklergemeinschaft. Ein Projekt mit einem florierenden Ökosystem ist oft besser für Wachstum positioniert und kann mehr Nutzer und Entwickler anziehen, was zu seinem langfristigen Erfolg beiträgt. Zum Beispiel profitiert Ethereum (ETH) von einem robusten Ökosystem von dApps, Smart Contracts und DeFi-Lösungen, die seine Position als führende Blockchain-Plattform stärken [255].

Die Bewertung der Partnerschaften, Akzeptanz und des Ökosystems einer Kryptowährung liefert wertvolle Einblicke in ihr Erfolgspotenzial. Starke Partnerschaften mit renommierten Einrichtungen, hohe Akzeptanzraten und ein gut entwickeltes Ökosystem können die Glaubwürdigkeit und den Marktwert eines Projekts erheblich steigern, was diese Faktoren zu wesentlichen Überlegungen für Investoren und Analysten macht.

Whitepapers und Dokumentation

Whitepapers und technische Dokumentationen spielen eine entscheidende Rolle bei der Bewertung von Kryptowährungsprojekten. Sie dienen als Blaupause für den Nutzen eines Tokens und sind essentiell, um die Glaubwürdigkeit, Technologie und Governance-Struktur des Projekts zu verstehen [255].

Whitepapers bieten einen umfassenden Überblick über ein Kryptowährungsprojekt, einschließlich seines Zwecks, seiner Technologie und Anwendungsfälle. Sie enthalten typischerweise detaillierte Abschnitte über die Mission des Projekts, Problemstellungen, vorgeschlagene Lösungen und den technischen Ansatz zur Umsetzung dieser Lösungen. Das Whitepaper beschreibt auch den Nutzen des Tokens, wie es in das Ökosystem passt und das gesamte Wertversprechen des Projekts. Die Analyse eines Whitepapers hilft Investoren einzuschätzen, ob das Projekt ein reales Problem anspricht und wie effektiv es die Blockchain-Technologie zur Lösung dieses Problems einsetzt. Diese Ausrichtung auf praktische Bedürfnisse und technologische Innovationen ist entscheidend für die Bewertung des Potenzials des Projekts.

Technische Dokumentationen ergänzen das Whitepaper, indem sie detaillierte Informationen über die Technologie und die Entwicklungsprozesse des Projekts bieten. Dazu gehören Informationen über die Architektur der Blockchain, Protokolle, Konsensmechanismen und alle einzigartigen technologischen Innovationen. Sie gibt Einblick, wie das Projekt plant, seine vorgeschlagenen Lösungen umzusetzen und die technische Machbarkeit seines Ansatzes. Beispielsweise könnte erklärt werden, wie das Blockchain-Netzwerk Skalierbarkeit, Sicherheit und Transaktionsverarbeitung handhaben wird. Das Verständnis dieser technischen Aspekte ist entscheidend für die Bewertung der Fähigkeit des Projekts, seine Versprechen einzuhalten und seine technologischen Anforderungen zu managen.

Zusammen helfen diese Dokumente Investoren, das Wertversprechen eines Krypto-Assets zu verstehen und zu bewerten. Sie sollten aufzeigen, ob das Projekt eine solide

Grundlage und praktische Anwendungen hat. Wie Warren Buffett berühmtermaßen riet: „Investiere niemals in ein Geschäft, das du nicht verstehst" [255]. Die Anwendung dieses Prinzips auf Krypto-Investitionen bedeutet, sicherzustellen, dass die Whitepapers und technischen Dokumente eine klare, verständliche Erklärung der Ziele, Technologie und Implementierungsstrategien des Projekts bieten. Ohne diese Klarheit wäre eine Investition in das Projekt spekulativ und riskant, da ein fundiertes Verständnis seiner Potenziale und Herausforderungen fehlt.

Code-Audit und Sicherheit

Ein umfassendes Code-Audit ist entscheidend für die Bewertung der Sicherheit der Smart Contracts und der zugrunde liegenden Technologie eines Krypto-Assets. Dieser Prozess umfasst eine detaillierte Überprüfung durch angesehene Drittanbieter-Auditfirmen, um potenzielle Schwachstellen oder Schwächen im Code zu identifizieren und zu beheben. Das Audit zielt darauf ab, alle Codierungsfehler aufzudecken, die zu Exploits, Hacks oder anderen Sicherheitsverletzungen führen könnten. Hochwertige Auditberichte bieten Transparenz, indem sie identifizierte Probleme und die ergriffenen Maßnahmen zu deren Behebung dokumentieren, was dazu beiträgt, Vertrauen bei Nutzern und Investoren aufzubauen.

Zum Beispiel wird ein Krypto-Asset, das rigorosen Audits von angesehenen Firmen wie CertiK oder Trail of Bits unterzogen wurde, allgemein als zuverlässiger angesehen. Erfolgreiche Audits und die Behebung kritischer Probleme zeigen das Engagement des Projekts für die Aufrechterhaltung einer sicheren und vertrauenswürdigen Plattform. Im Gegensatz dazu sollten Projekte ohne Auditberichte, Audits von fragwürdigen Firmen oder ungelöste kritische Schwachstellen mit Vorsicht betrachtet werden. Solche Warnsignale deuten darauf hin, dass das Projekt möglicherweise Sicherheit nicht priorisiert, was die Vermögenswerte der Nutzer gefährden könnte.

Neben formellen Audits spielen kontinuierliche Sicherheitspraktiken wie Bug-Bounty-Programme eine entscheidende Rolle bei der Wahrung der Integrität eines Krypto-Projekts. Bug-Bounty-Programme laden unabhängige Sicherheitsforscher und ethische Hacker ein, Schwachstellen zu identifizieren und zu melden, im Austausch für Belohnungen. Dieser proaktive Ansatz hilft, Probleme zu entdecken, die möglicherweise bei den ersten Audits nicht erkannt wurden. Projekte mit etablierten Bug-Bounty-Programmen und aktiven Schwachstellenbewertungen, wie Ethereum (ETH) und Cardano (ADA), zeigen ein robustes Engagement für kontinuierliche Sicherheit und verantwortungsvolle Offenlegung.

Insgesamt sind rigorose Code-Audits, regelmäßige Sicherheitsbewertungen und Bug-Bounty-Initiativen wesentliche Komponenten zur Bewertung der Zuverlässigkeit und Sicherheit von Kryptowährungsprojekten. Diese Praktiken stellen sicher, dass die Technologie des Projekts gegenüber potenziellen Bedrohungen widerstandsfähig ist, was Vertrauen bei Nutzern und Investoren fördert.

Regulatorische Compliance

Regulatorische Compliance ist ein entscheidender Faktor für die langfristige Bewertung und Lebensfähigkeit einer Kryptowährung. Die Einhaltung rechtlicher und regulatorischer Standards stellt sicher, dass ein Krypto-Projekt innerhalb der von den Behörden festgelegten Grenzen operiert, wodurch das Risiko rechtlicher Probleme und möglicher Schließungen reduziert wird. Mehrere Kryptowährungsplattformen und tokenbasierte Projekte sind aufgrund regulatorischer Herausforderungen gescheitert oder haben erhebliche Rückschläge erlitten, was die Bedeutung dieses Aspekts unterstreicht [255].

Bei der Bewertung eines Krypto-Assets sollten Investoren gründlich prüfen, ob das Projekt die relevanten Vorschriften in allen Zielrechtsordnungen einhält. Dazu gehört das Verständnis der rechtlichen Anforderungen für die Tätigkeit in spezifischen Märkten, wie etwa Anti-Geldwäsche-Gesetze (AML), Know-Your-Customer-Vorschriften (KYC) und Wertpapierregulierungen. Die Einhaltung dieser Standards hilft, rechtliche Risiken zu mindern und zeigt das Engagement des Projekts für gesetzeskonformes Handeln.

Darüber hinaus fördert die Befolgung von Branchenbest Practices und regulatorischen Richtlinien nicht nur das Vertrauen der Investoren, sondern stärkt auch die Glaubwürdigkeit des Projekts. Ein Krypto-Projekt, das proaktiv diese Standards einhält, ist besser positioniert, um regulatorische Fallstricke und rechtliche Streitigkeiten zu vermeiden. Im Gegensatz dazu sind Anzeichen von Nicht-Compliance, wie ungelöste rechtliche Probleme oder regulatorische Untersuchungen, erhebliche Warnsignale. Diese Probleme können erhebliche Risiken darstellen, die zu finanziellen Strafen, erzwungenen Schließungen oder Schäden am Ruf des Projekts führen könnten.

Regulatorische Compliance ist eine wesentliche Überlegung bei der Bewertung der Stabilität und zukünftigen Potenziale einer Kryptowährung. Die Fähigkeit eines Projekts, sich im komplexen rechtlichen Umfeld zurechtzufinden und die relevanten Vorschriften einzuhalten, kann erheblichen Einfluss auf seinen langfristigen Erfolg und Marktwert haben. Investoren sollten Compliance priorisieren, um sicherzustellen, dass sie nicht unnötigen rechtlichen Risiken ausgesetzt sind und Projekte unterstützen, die ein Engagement für die Einhaltung etablierter rechtlicher Rahmenbedingungen zeigen.

Finanzielle Bewertung: Marktkapitalisierung, Liquidität und Volumen

Die Marktkapitalisierung, oder Marktkap, ist eine grundlegende Kennzahl zur Beurteilung des Gesamtwerts einer Kryptowährung. Sie wird berechnet, indem der aktuelle Preis eines Krypto-Assets mit seiner gesamten umlaufenden Menge multipliziert wird. Wenn beispielsweise eine Kryptowährung 10 USD kostet und es 1 Million Tokens im Umlauf gibt, beträgt ihre Marktkapitalisierung 10 Millionen USD. Die Marktkapitalisierung bietet einen Überblick über den Wert des Assets im Vergleich zu anderen Kryptowährungen und kann auf dessen Marktpräsenz und Anerkennung hinweisen [255].

Eine hohe Marktkapitalisierung deutet typischerweise darauf hin, dass eine Kryptowährung gut etabliert und weithin anerkannt ist. Solche Assets haben oft eine bedeutende Anhängerschaft und gelten als relativ stabile Investitionen. Im Gegensatz dazu kann eine niedrige Marktkapitalisierung darauf hindeuten, dass eine Kryptowährung entweder neu, weniger bekannt oder unterbewertet ist. Während eine niedrige Marktkapitalisierung hohe Risiko- und Ertragsmöglichkeiten bieten kann, kann sie auch auf größere Volatilität und geringere Liquidität hinweisen. Investoren sollten vorsichtig sein und eine gründliche Fundamentalanalyse durchführen, bevor sie in Assets mit niedriger Marktkapitalisierung investieren, da diese anfälliger für größere Schwankungen und Risiken sein können [255].

Um die Marktkapitalisierung genau zu bewerten, ist es ratsam, On-Chain-Krypto-Asset-Indizierungsplattformen zu nutzen, anstatt sich ausschließlich auf Börsen zu verlassen, da letztere möglicherweise nicht immer die aktuellsten oder genauesten Daten widerspiegeln. Websites wie Coingecko sind beliebte Ressourcen zur Verfolgung und zum Vergleich der Marktkapitalisierungen verschiedener Kryptowährungen. Die meisten Investoren überwachen diese Kennzahlen, um ein klareres Bild der Position eines Assets im Markt zu erhalten.

Liquidität bezieht sich darauf, wie leicht eine Kryptowährung auf dem Markt gekauft oder verkauft werden kann, ohne signifikante Preisänderungen zu verursachen. Hohe Liquidität bedeutet, dass es eine beträchtliche Anzahl von Käufern und Verkäufern gibt, was hilft, sicherzustellen, dass Transaktionen zu stabilen Preisen stattfinden. In einem hochliquiden Markt bleibt der Preis eines Assets trotz großer Transaktionen relativ konstant, was auf ein ausgewogenes Angebot und Nachfrage hinweist [255].

Die Liquidität wird von Faktoren wie der Anzahl der aktiven Marktteilnehmer und der Tiefe des Orderbuchs an Börsen beeinflusst. Ein tiefes Orderbuch bedeutet, dass es große

Mengen an Kauf- und Verkaufsaufträgen auf verschiedenen Preisniveaus gibt, was zu einem reibungsloseren Handel und weniger Preisbeeinflussung durch einzelne Transaktionen beiträgt. Hohe Liquidität ist wünschenswert, da sie mehr Flexibilität bietet und das Risiko von Slippage, bei dem der Ausführungspreis vom erwarteten Preis abweicht, verringert.

Das Handelsvolumen stellt die Gesamtanzahl der Einheiten einer Kryptowährung dar, die über einen bestimmten Zeitraum gehandelt wurden. Es ist ein wichtiger Indikator sowohl in der technischen als auch in der fundamentalen Analyse. Das Volumen kann die Stärke einer Preisbewegung offenbaren – hohes Volumen korreliert oft mit starkem Kauf- oder Verkaufsinteresse und signalisiert mögliche Marktentwicklungen oder -umkehrungen.

Ein Anstieg des Volumens kann auf eine erhöhte Nachfrage oder Interesse an einer Kryptowährung hinweisen, was den Preis in die Höhe treiben kann. Im Gegensatz dazu könnte ein Rückgang des Volumens auf nachlassendes Interesse oder mögliche Preiskonsolidierung hindeuten. Das Überwachen von Volumentrends hilft Investoren, die Marktsentiments und die Wahrscheinlichkeit nachhaltiger Preisbewegungen abzuschätzen [255].

Die finanzielle Bewertung einer Kryptowährung umfasst das Verständnis ihrer Marktkapitalisierung zur Beurteilung ihres relativen Werts, ihrer Liquidität zur Bestimmung, wie leicht sie gehandelt werden kann, und ihres Volumens zur Einschätzung des Marktinteresses und möglicher Preisentwicklungen. Jede dieser Kennzahlen bietet wertvolle Einblicke in die Marktdynamik und das Investitionspotenzial einer Kryptowährung.

Krypto-Indikatoren für die Fundamentalanalyse

Netzwerkwert-zu-Transaktionsverhältnis (NVT): Traditionelle Werkzeuge der Fundamentalanalyse, wie das Kurs-Gewinn-Verhältnis (KGV), das die Gewinne eines Unternehmens im Verhältnis zu seinem Aktienkurs bewertet, sind bei Kryptowährungen nicht anwendbar. Dies liegt daran, dass Kryptowährungen keine Gewinne im klassischen Sinne erwirtschaften. Stattdessen nutzen Analysten alternative quantitative Werkzeuge zur Bewertung von Krypto-Projekten. Ein solches Werkzeug ist das Netzwerkwert-zu-Transaktionsverhältnis (NVT), das Einblicke in die Bewertung einer Kryptowährung durch die Untersuchung ihrer Netzwerkaktivität bietet [255].

Das NVT-Verhältnis misst die Beziehung zwischen der Marktkapitalisierung einer Kryptowährung und ihrem Transaktionsvolumen. Es bietet eine Möglichkeit, die

Gesundheit und Bewertung des Netzwerks eines Tokens auf Basis seiner On-Chain-Aktivität zu bewerten. Das NVT-Verhältnis wird mit der folgenden Formel berechnet:

NVT = Marktkapitalisierung / Tägliches Transaktionsvolumen.

Wie das NVT berechnet wird:

Um das NVT zu berechnen, müssen zunächst die relevanten Daten beschafft werden:

- **Marktkapitalisierung:** Dies ist der Gesamtwert der Kryptowährung, berechnet durch Multiplikation ihres aktuellen Preises mit der gesamten umlaufenden Menge.

- **Tägliches Transaktionsvolumen:** Dies bezieht sich auf den Gesamtwert der auf dem Netzwerk durchgeführten Transaktionen über einen Zeitraum von 24 Stunden. Diese Daten können von Blockchain-Explorern abgerufen werden, die detaillierte On-Chain-Statistiken bieten. Für Bitcoin ist der Blockchain Explorer eine zuverlässige Quelle; für Ethereum und Ethereum-basierte Tokens wird Etherscan verwendet; und für Binance Smart Chain-Tokens ist BSCScan das empfohlene Werkzeug.

Durch die Division der Marktkapitalisierung durch das tägliche Transaktionsvolumen ergibt sich das NVT-Verhältnis.

Interpretation des NVT:

Ein hohes NVT-Verhältnis deutet darauf hin, dass die Marktkapitalisierung einer Kryptowährung erheblich höher ist als ihr tägliches Transaktionsvolumen. Dieses Szenario weist oft darauf hin, dass die Kryptowährung möglicherweise überbewertet ist. Eine Überbewertung könnte implizieren, dass der Marktpreis von der tatsächlichen Nützlichkeit und Transaktionsaktivität des Assets abgekoppelt ist, was zu möglichen Korrekturen in der Zukunft führen könnte.

Im Gegensatz dazu deutet ein niedriges NVT-Verhältnis darauf hin, dass die Marktkapitalisierung der Kryptowährung im Vergleich zu ihrem Transaktionsvolumen relativ niedrig ist. Dies könnte darauf hinweisen, dass das Asset unterbewertet ist und möglicherweise eine bessere Investitionsmöglichkeit darstellt, wenn die niedrige Bewertung mit soliden Fundamentaldaten und einem vielversprechenden Ausblick übereinstimmt.

Das NVT-Verhältnis dient als Realitätscheck für den Marktpreis einer Kryptowährung und bietet Einblicke, ob die aktuelle Bewertung des Assets mit seiner tatsächlichen Transaktionsaktivität übereinstimmt. Ein aufgeblähtes NVT-Verhältnis signalisiert, dass der aktuelle Marktpreis möglicherweise nicht den zugrunde liegenden Wert genau widerspiegelt und dass eine Preis-Korrektur bevorstehen könnte. Im Gegensatz dazu könnte ein niedriges NVT-Verhältnis auf eine potenzielle Unterbewertung hinweisen und eine mögliche Kaufgelegenheit darstellen, wenn andere fundamentale Faktoren günstig sind.

Marktwert-zu-Realisierter Wert-Verhältnis (MVRV): Das Marktwert-zu-Realisierter Wert-Verhältnis (MVRV) ist eine wichtige Kennzahl zur Bewertung einer Kryptowährung, indem der Marktwert mit dem realisierten Wert verglichen wird. Dieses Verhältnis hilft Investoren zu beurteilen, ob ein Krypto-Asset im Vergleich zu seinen historischen Kaufpreisen überbewertet oder unterbewertet ist [255].

Wie das MVRV berechnet wird:

Um das MVRV-Verhältnis zu berechnen, teilen Sie die Marktkapitalisierung einer Kryptowährung durch die realisierte Kapitalisierung. Hier ist eine Übersicht der beteiligten Komponenten:

- **Marktkapitalisierung (Market Cap):** Dies wird berechnet, indem der aktuelle Preis der Kryptowährung mit der gesamten umlaufenden Menge multipliziert wird. Es stellt den Gesamtwert des Assets zum gegenwärtigen Zeitpunkt dar.

- **Realisierte Kapitalisierung (Realised Cap):** Diese Kennzahl bietet eine alternative Messgröße für den Wert einer Kryptowährung, indem der Preis berücksichtigt wird, zu dem jede Einheit des Assets zuletzt bewegt oder transagiert wurde. Anstelle des aktuellen Preises wird bei der realisierten Kapitalisierung der tatsächliche Preis berücksichtigt, der beim letzten Transfer des Assets zwischen Wallets gezahlt wurde. Dies hilft, den Wert des Assets in seinen verschiedenen Halte-Wallets zu erfassen und bietet eine differenziertere Sicht auf seine Bewertung.

Die realisierte Kapitalisierung wird berechnet, indem der Wert jedes Tokens zum Preis, zu dem es zuletzt bewegt wurde, summiert wird, anstatt zum aktuellen Preis. Dieser Ansatz berücksichtigt, dass Tokens, die sich in inaktiven Wallets befinden, zu früheren Preisen erworben wurden, und spiegelt daher den Wert basierend auf den historischen Erwerbskosten wider.

Interpretation des MVRV:

- **MVRV über 1:** Wenn das MVRV-Verhältnis deutlich über 1 liegt, deutet dies darauf hin, dass der Marktwert der Kryptowährung höher ist als der realisierte

Wert. Dies deutet darauf hin, dass das Asset möglicherweise überbewertet ist, da der aktuelle Marktpreis den durchschnittlichen Preis übersteigt, zu dem Investoren das Asset erworben haben. Ein MVRV über 1 kann darauf hinweisen, dass viele Investoren derzeit Gewinne halten und möglicherweise geneigt sind zu verkaufen, was zu möglichen Preis-Korrekturen führen könnte.

- **MVRV unter 1:** Im Gegensatz dazu deutet ein MVRV-Verhältnis unter 1 darauf hin, dass der Marktwert niedriger ist als der realisierte Wert. Diese Situation zeigt an, dass das Asset im Vergleich zum durchschnittlichen Preis, zu dem Investoren es erworben haben, unterbewertet ist. Ein niedriges MVRV-Verhältnis kann eine Gelegenheit für Investoren darstellen, zu kaufen, da es darauf hinweist, dass der aktuelle Marktpreis unter dem historischen Durchschnittspreis liegt, was auf ein Potenzial für Preissteigerungen hindeutet.

Das MVRV-Verhältnis ist ein wertvolles Werkzeug zur Bewertung der relativen Bewertung einer Kryptowährung. Durch den Vergleich des Marktwerts mit dem realisierten Wert bietet es Einblicke, ob ein Asset zu einem Aufschlag oder einem Rabatt im Vergleich zu seinen historischen Erwerbspreisen gehandelt wird. Ein hohes MVRV-Verhältnis kann auf eine Überbewertung hinweisen, während ein niedriges Verhältnis auf eine potenzielle Unterbewertung hindeutet. Das Verständnis des MVRV kann Investoren helfen, fundierte Entscheidungen zu treffen, indem es eine Perspektive bietet, ob der aktuelle Preis des Assets seinen tatsächlichen Wert basierend auf der historischen Handelsaktivität widerspiegelt.

Portfoliodiversifikation

Diversifikation ist eine grundlegende Investitionsstrategie, die darauf abzielt, Risiken zu streuen, indem Kapital auf eine Vielzahl von Anlagen verteilt wird. Im Kontext der Kryptowährungsinvestitionen beinhaltet Diversifikation das Halten einer Reihe unterschiedlicher Kryptowährungen, um die potenziell negativen Auswirkungen einer schlechten Performance eines einzelnen Assets abzumildern. Diese Strategie basiert auf dem Prinzip, dass verschiedene Kryptowährungen unterschiedlich auf Marktereignisse, technologische Entwicklungen und regulatorische Veränderungen reagieren können, wodurch das Gesamtrisiko des Investitionsportfolios reduziert wird.

Ein gut ausgewogenes Krypto-Portfolio ist eines, das strategisch Investitionen über verschiedene Arten von Kryptowährungen verteilt, die jeweils eigene Anwendungsfälle und Risikoprofile aufweisen. Dieser Ansatz hilft, das Risiko zu mindern, indem nicht alle Investitionen in eine einzige Asset-Klasse investiert werden, insbesondere angesichts der inhärenten Volatilität des Kryptowährungsmarktes [256].

Um Balance zu erreichen, sollte ein Investor Mittel auf verschiedene Kategorien von Kryptowährungen aufteilen. Dies umfasst typischerweise große etablierte Coins wie Bitcoin (BTC) und Ethereum (ETH), die im Vergleich zu neueren oder kleineren Coins relativ geringere Volatilität aufweisen. Diese großen Kryptowährungen dienen oft als Grundlage eines ausgewogenen Portfolios aufgrund ihrer weitreichenden Akzeptanz und Stabilität. Neben diesen könnten Investoren Altcoins einbeziehen, die unterschiedliche Funktionen und Technologien bieten, wie solche im Bereich der dezentralen Finanzen (DeFi), nicht-fungibler Token (NFTs) oder Smart-Contract-Plattformen. Jede dieser Kategorien kann Zugang zu verschiedenen Marktsegmenten und potenziellen Wachstumschancen bieten.

Neben der Diversifikation zwischen verschiedenen Kryptowährungen ist es auch entscheidend, ein Gleichgewicht zwischen dem Krypto-Portfolio und dem Gesamtnlageportfolio zu halten. Kryptowährungsinvestitionen sind bekannt für ihr hohes Risiko, was bedeutet, dass sie nur einen kleinen Teil des gesamten Portfolios eines Investors ausmachen sollten. Eine allgemein empfohlene Richtlinie ist es, zwischen 5 % und 10 % des Gesamtportfolios in Kryptowährungen zu investieren [256]. Dies stellt sicher, dass trotz des Potentials für hohe Renditen das Gesamtrisiko beherrschbar bleibt.

Rebalancing ist ein wesentlicher Aspekt der Verwaltung eines gut ausgewogenen Krypto-Portfolios. Da der Wert von Kryptowährungsinvestitionen schwankt, kann sich das Verhältnis der Krypto-Assets im Vergleich zu anderen Investitionen ändern. Wenn beispielsweise der Wert der Kryptowährungsbestände erheblich steigt, könnte der Krypto-Anteil des Portfolios die gewünschte Zuweisung überschreiten. Um das Gleichgewicht zu halten und das Risiko zu managen, kann es notwendig sein, einen Teil der Kryptowährungsbestände zu verkaufen, um das Portfolio neu auszubalancieren. Umgekehrt kann, wenn der Kryptowährungsmarkt einen Rückgang erlebt, ein geringerer Anteil an Krypto-Assets helfen, das gesamte Portfolio vor übermäßigen Verlusten zu schützen [256].

Das grundlegende Konzept der Diversifikation besteht darin, dass sie hilft, Risiko und Rendite auszugleichen. Durch die Streuung der Investitionen auf mehrere Kryptowährungen können Investoren die Wahrscheinlichkeit schwerwiegender Verluste durch die Underperformance eines einzelnen Assets verringern. Wenn beispielsweise eine Kryptowährung aufgrund eines Marktrückgangs oder technischer Probleme erheblich an Wert verliert, können die anderen Kryptowährungen im Portfolio stabil bleiben oder sogar steigen, wodurch die Verluste ausgeglichen und der Gesamtwert der Investition stabilisiert wird.

Diversifikation bei Kryptowährungsinvestitionen

Diversifikation ist eine grundlegende Investitionsstrategie, die darauf abzielt, Risiken zu streuen, indem Kapital auf eine Vielzahl von Anlagen verteilt wird. Im Kontext der Kryptowährungsinvestitionen umfasst Diversifikation mehrere Ansätze:

- **Anlagevielfalt:** Investoren können sich entscheiden, zu diversifizieren, indem sie in verschiedene Arten von Kryptowährungen investieren. Dies kann etablierte Coins wie Bitcoin (BTC) und Ethereum (ETH) umfassen, die im Vergleich zu neueren oder kleineren Coins als relativ weniger volatil gelten. Neben den großen Kryptowährungen könnten Investoren auch Altcoins (alternative Kryptowährungen) einbeziehen, die unterschiedliche Anwendungsfälle und Technologien bieten. Zum Beispiel könnten sie in Coins investieren, die mit dezentralen Finanzen (DeFi), nicht-fungiblen Token (NFTs) oder Smart-Contract-Plattformen in Zusammenhang stehen.

- **Technologische und Anwendungsvielfalt:** Diversifikation kann auch bedeuten, in Kryptowährungen zu investieren, die unterschiedliche Technologien und Anwendungen unterstützen. Beispielsweise könnte man in Kryptowährungen investieren, die sich auf Datenschutz (wie Monero), Smart Contracts (wie Ethereum) oder Blockchain-Skalierungslösungen (wie Solana) konzentrieren. Jede Art von Kryptowährung kann einen speziellen Zweck erfüllen und über einzigartige technologische Fortschritte verfügen, wodurch Zugang zu verschiedenen Marktsegmenten und Wachstumschancen geboten wird.

- **Geografische und Plattformvielfalt:** Investitionen über verschiedene geografische Märkte und Plattformen hinweg können die Diversifikation weiter verbessern. Einige Kryptowährungen sind für bestimmte Regionen konzipiert oder haben einzigartige Plattformmerkmale, die verschiedene Nutzergruppen ansprechen. Durch die Einbeziehung von Assets aus verschiedenen geografischen und technologischen Nischen können Investoren die Auswirkungen lokaler Marktentwicklungen oder plattformspezifischer Herausforderungen reduzieren.

Vorteile der Diversifikation bei Kryptowährungsinvestitionen umfassen:

- **Risikoreduzierung:** Durch das Halten einer Mischung von Assets können Investoren die Auswirkungen negativer Ereignisse auf eine einzelne Kryptowährung abmildern. Wenn beispielsweise ein bestimmter Coin regulatorischen Herausforderungen oder technologischen Problemen gegenübersteht, könnten andere Assets im Portfolio gut abschneiden und die potenziellen negativen Auswirkungen ausgleichen.

- **Potenzial für höhere Renditen:** Diversifikation ermöglicht es Investoren, von verschiedenen Wachstumschancen im Kryptowährungsmarkt zu profitieren. Während einige Assets möglicherweise eine schnelle Wertsteigerung erleben, könnten andere ein stetiges Wachstum bieten und so ein ausgewogenes Portfolio schaffen, das insgesamt die Renditen erhöhen kann.

- **Volatilitätsmanagement:** Die Kryptowährungsmärkte sind bekannt für ihre hohe Volatilität. Diversifikation kann helfen, diese Volatilität zu managen, indem Investitionen auf Assets mit unterschiedlichen Preisfluktuationen verteilt werden. Dies kann zu einer stabileren Investitionserfahrung führen und die Wahrscheinlichkeit extremer Verluste während Marktturbulenzen verringern.

Allerdings eliminiert Diversifikation nicht alle Risiken. Investoren müssen sorgfältig die Kryptowährungen auswählen, die sie in ihr Portfolio aufnehmen, und über Marktentwicklungen, technologische Fortschritte und regulatorische Veränderungen informiert bleiben. Übermäßige Diversifikation kann auch zu Komplikationen bei der Verwaltung des Portfolios führen und potenzielle Gewinne verwässern, wenn die gewählten Assets unterperformen.

Anlagevielfalt bei Kryptowährungsinvestitionen

Diversifikation ist eine grundlegende Strategie in der Investition, die darauf abzielt, Risiko zu streuen und das Potenzial für Renditen zu erhöhen. Im Bereich der Kryptowährungen können Investoren Diversifikation erreichen, indem sie eine Vielzahl digitaler Assets in ihr Portfolio aufnehmen. Dieser Ansatz hilft, die Risiken im Zusammenhang mit der inhärenten Volatilität und Unvorhersehbarkeit des Kryptowährungsmarktes zu mindern.

Etablierte Kryptowährungen: Im Kern eines diversifizierten Krypto-Portfolios stehen gut etablierte Coins wie Bitcoin (BTC) und Ethereum (ETH). Diese Kryptowährungen gelten im Vergleich zu neueren oder kleineren digitalen Assets als relativ stabil. Bitcoin, als erste und am weitesten anerkannte Kryptowährung, dient als Benchmark im Markt. Seine breite Akzeptanz und umfangreiche Adoption tragen zu seiner relativ niedrigen Volatilität bei. Ethereum, bekannt für seine Smart-Contract-Funktionalität, genießt ebenfalls erhebliche Stabilität aufgrund seiner weitreichenden Nutzung und starken Entwicklergemeinschaft. Investitionen in diese großen Kryptowährungen bieten eine Grundlage der Stabilität in einem Portfolio, da sie weniger anfällig für extreme Schwankungen sind, die oft bei neueren Projekten auftreten.

Alternative Kryptowährungen (Altcoins): Neben großen Coins kann die Diversifikation mit alternativen Kryptowährungen (Altcoins) Exposure gegenüber verschiedenen Technologien und Anwendungsfällen bieten. Altcoins repräsentieren eine breite Palette digitaler Assets, die einzigartige Funktionen oder Innovationen jenseits dessen bieten, was Bitcoin und Ethereum bieten. Beispielsweise sind einige Altcoins speziell für Anwendungen im Bereich der dezentralen Finanzen (DeFi) konzipiert, die darauf abzielen, traditionelle Finanzsysteme wie Kreditvergabe und -aufnahme auf der Blockchain nachzubilden. DeFi-bezogene Token, wie Uniswap (UNI) oder Aave (AAVE), bedienen diese aufkommenden Finanzdienstleistungen und bieten Wachstumschancen, da der DeFi-Sektor expandiert.

Nicht-fungible Token (NFTs): Ein weiterer Bereich der Diversifikation im Kryptowährungsraum sind nicht-fungible Token (NFTs). NFTs sind einzigartige digitale Assets, die das Eigentum an bestimmten Gegenständen wie digitaler Kunst, Sammlerstücken oder virtuellem Immobilien darstellen. Der NFT-Markt hat erheblich an Aufmerksamkeit gewonnen, da er das Potenzial hat, die Art und Weise zu verändern, wie digitale Inhalte besessen und gehandelt werden. Investitionen in NFTs können Exposure zu einem Nischenmarkt bieten, der seine eigenen Dynamiken und Chancen hat, getrennt von traditionellen Kryptowährungen.

Smart-Contract-Plattformen: Smart-Contract-Plattformen wie Cardano (ADA) und Polkadot (DOT) stellen eine weitere Kategorie der Diversifikation dar. Diese Plattformen unterstützen die Erstellung und Ausführung von Smart Contracts, die selbstausführende Vereinbarungen mit direkt in den Code geschriebenen Bedingungen sind. Sie zielen darauf ab, die Funktionalität der Blockchain zu verbessern, indem sie robuste Umgebungen für den Aufbau dezentraler Anwendungen (dApps) bereitstellen. Investitionen in diese Plattformen bieten Zugang zu Innovationen in der Blockchain-Technologie und zur Entwicklung dezentraler Ökosysteme.

Die Diversifikation eines Krypto-Portfolios umfasst die Aufnahme einer Mischung aus etablierten Coins, Altcoins, NFTs und Smart-Contract-Plattformen. Durch diesen Ansatz können Investoren die Risiken im Zusammenhang mit der Volatilität einzelner Assets ausgleichen und von verschiedenen technologischen Fortschritten und Anwendungsfällen profitieren. Diese Strategie hilft, potenzielle Verluste aus einem einzelnen Asset zu mindern und gleichzeitig Chancen zu nutzen, die sich aus verschiedenen Segmenten des Kryptowährungsmarktes ergeben.

Technologische und Anwendungsvielfalt

Die technologische und anwendungsbezogene Vielfalt bei Kryptowährungsinvestitionen umfasst die strategische Auswahl von Kryptowährungen, die auf unterschiedlichen technologischen Rahmenwerken basieren und verschiedene Anwendungen bedienen. Dieser Ansatz ermöglicht es Investoren, ihr Risiko auf verschiedene Segmente des Kryptowährungsmarktes zu verteilen und die einzigartigen Fortschritte und Chancen zu nutzen, die jede Art von Kryptowährung bietet.

Investitionen in Kryptowährungen haben in den letzten Jahren erheblich zugenommen, wobei Investoren zunehmend versuchen, ihre Portfolios strategisch über verschiedene Kryptowährungsarten hinweg zu diversifizieren, um Risiken zu mindern und von den einzigartigen Möglichkeiten der unterschiedlichen technologischen Rahmenwerke und Anwendungen zu profitieren [257]. Forschungsergebnisse zeigen, dass Investoren durch die Auswahl von Kryptowährungen, die auf unterschiedlichen technologischen Grundlagen basieren und verschiedene Zwecke erfüllen, ihr Risiko effektiv auf verschiedene Segmente des Krypto-Marktes verteilen und ihre Fähigkeit verbessern können, von den Fortschritten und Chancen jeder Kryptowährungsart zu profitieren [258].

Studien haben gezeigt, dass die Diversifikationsvorteile von Kryptowährungen, insbesondere Bitcoin, tendenziell stabil sind und sich während turbulenter Perioden erheblich steigern können. Dies unterstreicht das Potenzial zur Risikominderung und zur Verbesserung der Portfolio-Performance durch strategische Auswahl und Zuweisung von Krypto-Assets [259]. Durch Investitionen in Kryptowährungen aus verschiedenen Gemeinschaften können Investoren eine bessere Risikodiversifikation erreichen, was die Bedeutung der Berücksichtigung technologischer und anwendungsbezogener Vielfalt bei Kryptowährungsinvestitionen zur Optimierung der Portfolioergebnisse weiter hervorhebt [258].

Darüber hinaus haben Initial Coin Offerings (ICOs) den Investoren alternative Investitionsmöglichkeiten mit hohen Renditen, technologischen Innovationen, niedrigeren Transaktionskosten und erhöhter Transparenz geboten, was sie zu einer attraktiven Option für die Diversifizierung von Investitionsportfolios macht [260]. Zusätzlich bieten dezentrale Finanzplattformen (DeFi), die auf Blockchain-Technologie und Smart Contracts basieren, innovative Finanzdienstleistungen, die Inklusivität und Effizienz verbessern und somit die potenziellen Vorteile der Integration vielfältiger Kryptowährungs-Assets in Investitionsstrategien weiter betonen [261].

Kryptowährungen, die sich auf Privatsphäre konzentrieren, wie Monero (XMR), sind darauf ausgelegt, verbesserte Anonymität und Transaktionsvertraulichkeit zu bieten. Monero verwendet fortschrittliche kryptografische Techniken, um Transaktionsdetails zu verschleiern, was es zu einer bevorzugten Wahl für Benutzer macht, die Wert auf Privatsphäre legen. Investitionen in auf Privatsphäre fokussierte Kryptowährungen können vorteilhaft sein für diejenigen, die an den wachsenden Bedarf an Datenschutzlösungen glauben und sich gegen regulatorische Prüfungen absichern möchten, die andere Arten von digitalen Vermögenswerten beeinträchtigen könnten.

Auf der anderen Seite repräsentieren Smart-Contract-Plattformen wie Ethereum (ETH) eine andere technologische Nische. Ethereum ist bekannt für seine Fähigkeit, dezentrale Anwendungen (dApps) und Smart Contracts auszuführen, die Selbstvollzugsvereinbarungen sind, bei denen die Vertragsbedingungen direkt in Code geschrieben sind. Durch Investitionen in Ethereum erhalten Investoren Zugang zu einer Vielzahl von Anwendungen, von dezentralen Finanzen (DeFi) bis hin zu nicht-fungiblen Tokens (NFTs). Die Rolle von Ethereum bei der Ermöglichung dieser Innovationen unterstreicht seine Bedeutung im Krypto-Ökosystem und sein Potenzial für langfristiges Wachstum.

Ein weiteres wichtiges Gebiet der technologischen Vielfalt sind Lösungen zur Skalierbarkeit von Blockchains, wie sie durch Kryptowährungen wie Solana (SOL) veranschaulicht werden. Solana ist darauf ausgelegt, die Skalierungsprobleme zu adressieren, die viele Blockchain-Netzwerke betreffen, und bietet hohe Transaktionsgeschwindigkeiten und niedrige Gebühren. Diese Skalierbarkeit wird durch eine Kombination innovativer Konsensmechanismen und Netzwerkoptimierungen erreicht. Investitionen in Skalierungslösungen können Zugang zu Technologien bieten, die darauf abzielen, die

Gesamteffizienz und Leistung von Blockchain-Netzwerken zu verbessern und sie für Anwendungen mit hoher Durchsatzleistung geeignet zu machen.

Durch die Einbeziehung von Kryptowährungen, die sich auf verschiedene Technologien und Anwendungsfälle konzentrieren, können Investoren ein Portfolio erstellen, das von verschiedenen Marktsegmenten profitiert. Diese Diversifikationsstrategie verteilt nicht nur das Risiko, sondern positioniert Investoren auch, um von aufkommenden Trends und Innovationen im Krypto-Bereich zu profitieren. Jede Kryptowährung erfüllt einen einzigartigen Zweck und trägt zum breiteren Blockchain-Ökosystem bei, wodurch eine ausgewogene Exposition gegenüber verschiedenen Aspekten der Branche geboten wird.

Geografische und Plattformvielfalt

Geografische und Plattformvielfalt in Kryptowährungsinvestitionen umfasst die Verteilung von Investitionen auf verschiedene Regionen und technologische Plattformen, um das Risikomanagement zu verbessern und verschiedene Marktchancen zu nutzen. Dieser Ansatz hilft Investoren, die Auswirkungen lokalisierter Marktschwankungen und plattformbezogener Herausforderungen zu mindern, indem ein ausgewogeneres und widerstandsfähigeres Portfolio geschaffen wird.

Geografische Vielfalt: Investitionen in Kryptowährungen aus verschiedenen geografischen Regionen ermöglichen es Investoren, von unterschiedlichen wirtschaftlichen Umfeldern und regulatorischen Landschaften zu profitieren. Kryptowährungen haben oft regionale Schwerpunkte und adressieren spezifische Bedürfnisse oder Chancen in bestimmten Ländern oder Kontinenten. Beispielsweise sind einige digitale Vermögenswerte darauf ausgelegt, auf aufstrebende Märkte einzugehen, in denen traditionelle Finanzsysteme weniger entwickelt sind. Diese Kryptowährungen könnten Lösungen wie Überweisungen oder finanzielle Inklusion für unterversorgte Bevölkerungsgruppen bieten.

Durch die Einbeziehung von Vermögenswerten aus verschiedenen Regionen können Investoren die Auswirkungen von regionsspezifischen wirtschaftlichen Rückgängen oder regulatorischen Änderungen reduzieren. Ein Beispiel: Eine Kryptowährung, die in einem Land mit strengen regulatorischen Richtlinien populär ist, könnte mehr Volatilität erfahren, wenn diese Vorschriften strenger werden. Im Gegensatz dazu können Kryptowährungen, die in stabileren oder aufstrebenden Märkten gut abschneiden, Verluste aus anderen Regionen ausgleichen. Diese geografische Diversifikation hilft, das

Gesamtrisiko auszugleichen und kann potenziell zu höheren Renditen führen, indem das Wachstum in verschiedenen Teilen der Welt erfasst wird.

Plattformvielfalt: Plattformvielfalt bezieht sich auf Investitionen in Kryptowährungen, die auf verschiedenen Blockchain-Plattformen betrieben werden oder einzigartige technologische Merkmale aufweisen. Verschiedene Plattformen haben unterschiedliche Vorteile und Anwendungsfälle, die die Leistung und Akzeptanz ihrer nativen Kryptowährungen beeinflussen. Zum Beispiel ist Ethereum (ETH) bekannt für seine robusten Smart-Contract-Funktionen und dezentralen Anwendungen (dApps), während Binance Smart Chain (BSC) niedrigere Transaktionsgebühren und schnellere Verarbeitungszeiten bietet.

Investitionen in verschiedene Blockchain-Plattformen ermöglichen es Investoren, von unterschiedlichen technologischen Innovationen und Netzwerkeffizienzen zu profitieren. Einige Plattformen könnten bei der Transaktionsgeschwindigkeit hervorragend abschneiden, während andere fortschrittliche Smart-Contract-Funktionalitäten oder verbesserte Skalierbarkeit bieten. Durch die Diversifikation auf diesen Plattformen können Investoren die Stärken jeder einzelnen nutzen und das Risiko im Zusammenhang mit plattformbezogenen Problemen reduzieren.

Darüber hinaus hilft Plattformvielfalt, potenzielle Herausforderungen wie Netzwerküberlastung, Sicherheitsanfälligkeiten oder Veränderungen in der Plattformverwaltung abzusichern. Falls eine Plattform technische Schwierigkeiten oder regulatorische Hürden erlebt, können Investitionen in andere Plattformen dazu beitragen, das Gesamte Portfolio zu stabilisieren. Zudem können aufkommende Plattformen mit neuartigen Technologien oder Geschäftsmodellen hohes Wachstumspotenzial bieten, was die Diversifikationsstrategie weiter verbessert.

Die Integration von geografischer und Plattformvielfalt in eine Kryptowährungsinvestitionsstrategie bietet eine breitere Exposition gegenüber unterschiedlichen Marktdynamiken und technologischen Innovationen. Dieser Ansatz mindert lokale Risiken und nutzt verschiedene Stärken, was letztendlich zu einem ausgewogeneren und widerstandsfähigeren Investitionsportfolio führt.

Risiken und Belohnungen

Kryptowährungen sind bekannt für ihre Preisvolatilität, die sie von traditionellen Anlageklassen wie Aktien und Anleihen unterscheidet [1]. Im Gegensatz zu den relativ stabilen Preisbewegungen, die auf traditionellen Märkten beobachtet werden, können Kryptowährungen innerhalb kurzer Zeiträume erhebliche Preisschwankungen erfahren, die durch verschiedene Faktoren wie Marktsentiment, Nachrichtenereignisse und regulatorische Ankündigungen bedingt sind [1]. Positive Nachrichten über große Kryptowährungen können zu Preissteigerungen führen, während negative Nachrichten oder regulatorische Maßnahmen scharfe Rückgänge auslösen können [1].

Diese Volatilität im Kryptowährungsmarkt kann zu erheblichen Gewinnen oder Verlusten führen, was die Bedeutung des Timings und der Marktbedingungen für Investoren unterstreicht [1]. Während hohe Volatilität Chancen für erhebliche Gewinne bieten kann, verstärkt sie auch das Risiko erheblicher Verluste [1]. Investoren, die in den Kryptomarkt eintreten, müssen auf schnelle und unvorhersehbare Preisbewegungen vorbereitet sein, was eine gründliche Bewertung ihrer Risikobereitschaft und ihres Anlagehorizonts erforderlich macht [1].

Kryptowährungen operieren in einem regulatorischen Umfeld, das vielschichtig und ständig im Wandel ist, wobei verschiedene Länder unterschiedliche Ansätze zur Überwachung digitaler Vermögenswerte verfolgen [262]. Die regulatorische Landschaft für Kryptowährungen kann erheblich variieren, von unterstützenden Rahmenbedingungen bis hin zu strengen Einschränkungen oder sogar vollständigen Verboten [262]. Änderungen der Vorschriften können tiefgreifende Auswirkungen auf den Wert, die Legalität und die Nutzbarkeit von Kryptowährungen haben, weshalb es für Investoren entscheidend ist, über regulatorische Entwicklungen informiert zu bleiben und deren potenzielle Auswirkungen zu verstehen [262].

Strengere Vorschriften oder Verbote des Kryptowährungshandels in großen Märkten haben gezeigt, dass sie zu scharfen Rückgängen des Werts von Kryptowährungen führen können [262]. Im Gegensatz dazu können günstige regulatorische Entwicklungen oder institutionelle Übernahmen das Marktvertrauen und die Preise steigern [262]. Das Verständnis des rechtlichen Status von Kryptowährungen in der eigenen Gerichtsbarkeit und die Kenntnis potenzieller zukünftiger regulatorischer Änderungen, die Investitionen beeinflussen könnten, sind entscheidend für das Management regulatorischer Risiken [262].

Regulatorische Risiken im Zusammenhang mit Kryptowährungen ergeben sich aus der Möglichkeit, dass Regierungen und Aufsichtsbehörden neue Gesetze und

Vorschriften einführen, die Kryptowährungstransaktionen direkt beeinflussen könnten [263]. Diese regulatorischen Änderungen können Unsicherheiten und Lücken im regulatorischen Rahmen schaffen und Herausforderungen für Marktteilnehmer darstellen [263]. Die Einführung von Vorschriften auf den Kryptowährungsmarkten kann erhebliche Auswirkungen auf Investitionen haben, weshalb eine Quantifizierung der Risiken und deren Auswirkungen auf Kryptowährungsinvestitionen notwendig ist [264].

Obwohl einige Länder regulatorische Bemühungen zur Kontrolle von Risiken im Zusammenhang mit Kryptowährungen initiiert haben, besteht nach wie vor ein Mangel an klarem Verständnis bezüglich der regulatorischen Risiken bei der Integration von Kryptowährungsökosystemen in bestehende Finanzsysteme und Volkswirtschaften [265]. Dies unterstreicht den anhaltenden Bedarf an umfassender Forschung und Analyse, um regulatorische Komplexitäten und Lücken im Bereich der Kryptowährungen zu adressieren [265]. Studien haben die Bedeutung hervorgehoben, marktspezifische regulatorische Risiken und deren Einfluss auf die Preise von Kryptowährungen zu untersuchen [239].

Die Integration von Kryptowährungen in Finanzsysteme steht vor erheblichen Hürden für die Akzeptanz, einschließlich regulatorischer Unsicherheit, Sicherheitsbedenken und der Volatilität von Kryptowährungen [266]. Diese Herausforderungen unterstreichen die Bedeutung der Bewältigung regulatorischer Unsicherheiten und der Verbesserung der Risikomanagementpraktiken, um die breite Akzeptanz von Kryptowährungen zu erleichtern [266]. Darüber hinaus gehören zu den regulatorischen Herausforderungen bei der Integration von Kryptowährungen Compliance-Anforderungen im Zusammenhang mit Anti-Geldwäsche (AML) und Know-Your-Customer (KYC)-Vorschriften [266].

Kryptowährungsinvestitionen sind anfällig für eine Reihe von Sicherheitsbedrohungen. Hacks, Phishing-Angriffe und Betrug sind häufige Risiken im Kryptobereich. Sicherheitsverletzungen an Börsen, auf denen Kryptowährungen gehandelt oder gespeichert werden, können zum Verlust von Vermögenswerten führen. Ebenso können Phishing-Angriffe, die auf die privaten Schlüssel oder Anmeldedaten von Investoren abzielen, zu unbefugtem Zugriff auf Gelder führen [267].

Um diese Sicherheitsrisiken zu mindern, ist es wichtig, seriöse und sichere Börsen und Wallets zu verwenden. Der Einsatz starker Sicherheitspraktiken, wie das Verwenden von Hardware-Wallets zur Speicherung, das regelmäßige Aktualisieren von Software und das Einhalten guter Online-Hygiene, kann helfen, Vermögenswerte zu schützen. Darüber hinaus kann das Sichern privater Schlüssel und die Nutzung der Zwei-Faktor-Authentifizierung die Sicherheit weiter erhöhen und das Risiko von Diebstahl oder Verlust reduzieren.

Liquidität bezieht sich auf die Leichtigkeit, mit der ein Vermögenswert gekauft oder verkauft werden kann, ohne seinen Preis signifikant zu beeinflussen. Kryptowährungen mit niedrigen Handelsvolumina oder solchen, die an weniger Börsen gelistet sind, können Liquiditätsprobleme haben. Dies kann es für Investoren schwierig machen, Positionen zu gewünschten Preisen ein- oder auszusteigen, ohne erhebliche Preisbewegungen zu verursachen.

Niedrige Liquidität kann zu breiteren Geld-Brief-Spannen, höheren Transaktionskosten und Schwierigkeiten bei der effizienten Ausführung von Trades führen. Investoren sollten die Liquidität einer Kryptowährung vor der Investition berücksichtigen, da sie die Fähigkeit zur Verwaltung von Positionen und zur Ausführung von Trades reibungslos beeinflussen kann. Die Überwachung von Handelsvolumina und Markttiefe kann Einblicke in die Liquidität einer Kryptowährung geben und Investoren helfen, fundierte Entscheidungen zu treffen.

Der Erfolg einer Kryptowährungsinvestition hängt weitgehend von der Lebensfähigkeit des zugrunde liegenden Projekts ab. Eine gründliche Bewertung des Teams, der Technologie, des Anwendungsfalls und des Marktpotenzials des Projekts ist entscheidend. Das Verständnis der Ziele des Projekts, der technologischen Innovationen und der praktischen Anwendungen kann Investoren helfen, die langfristigen Aussichten des Projekts einzuschätzen.

Die Bewertung des Teams des Projekts, einschließlich ihrer Erfahrung und bisherigen Erfolge, gibt Aufschluss über ihre Fähigkeit, ihre Versprechen umzusetzen und zu erfüllen. Darüber hinaus kann die Untersuchung der Technologie hinter der Kryptowährung, ihrer Akzeptanzrate und ihrer Wettbewerbslage im Markt bei Investitionsentscheidungen informieren. Investieren in gut recherchierte und lebensfähige Projekte kann die Wahrscheinlichkeit positiver Ergebnisse erhöhen und das Risiko verringern, in gescheiterte oder betrügerische Projekte zu investieren.

Belohnungen und Vorteile von Kryptowährungsinvestitionen

Kryptowährungsinvestitionen bieten mehrere potenzielle Belohnungen, die sie zu einer attraktiven Option für Investoren machen, die bereit sind, die damit verbundenen Risiken einzugehen. Diese Belohnungen können je nach spezifischer Kryptowährung,

Marktlage und Anlagestrategie variieren. Hier sind einige der potenziellen Vorteile von Investitionen in Kryptowährungen:

1. Hohe Renditen auf Investitionen Eine der auffälligsten potenziellen Belohnungen von Kryptowährungsinvestitionen ist die Möglichkeit erheblicher finanzieller Gewinne. Kryptowährungen wie Bitcoin (BTC) und Ethereum (ETH) haben im Laufe der Jahre erhebliche Preissteigerungen erlebt, was zu beträchtlichen Renditen für frühe Investoren geführt hat. Die hohe Volatilität des Kryptomarktes kann zu dramatischen Preisschwankungen führen, die Chancen auf große Gewinne bieten, wenn sie richtig genutzt werden.

Beispielsweise erlebten frühe Investoren in Bitcoin, wie der Preis von wenigen Dollar auf über 60.000 US-Dollar anstieg. Ähnlich haben andere Kryptowährungen beeindruckende Renditen geliefert, was Krypto-Investitionen potenziell lukrativ für diejenigen macht, die den Markt effektiv navigieren können.

2. Diversifikationsvorteile Kryptowährungen können Diversifikationsvorteile für ein Investitionsportfolio bieten. Durch die Aufnahme digitaler Vermögenswerte neben traditionellen Investitionen wie Aktien und Anleihen können Investoren ihr Risiko über verschiedene Anlageklassen verteilen. Kryptowährungen haben oft eine geringe Korrelation mit traditionellen Finanzmärkten, was bedeutet, dass ihre Performance möglicherweise nicht direkt mit den Trends des Aktienmarktes oder wirtschaftlichen Bedingungen korreliert. Diese Diversifikation kann helfen, das Gesamtrisiko des Portfolios zu reduzieren und potenziell die Renditen zu erhöhen.

3. Zugang zu innovativen Technologien Investitionen in Kryptowährungen bedeuten oft, Zugang zu modernsten Technologien und Innovationen zu erhalten. Viele Kryptowährungen basieren auf Blockchain-Technologie, die das Potenzial hat, verschiedene Branchen wie Finanzen, Lieferkettenmanagement und Gesundheitswesen zu revolutionieren. Durch Investitionen in Kryptowährungen unterstützen und profitieren Investoren von technologischen Fortschritten und disruptiven Innovationen.

Zum Beispiel ermöglicht die Smart-Contract-Funktionalität von Ethereum die Entwicklung dezentraler Anwendungen (dApps) und dezentraler Finanzprojekte (DeFi), die neue Möglichkeiten für finanzielle Transaktionen und Anwendungen schaffen. Investieren in solche Projekte ermöglicht es Investoren, am technologischen Fortschritt und dessen praktischen Anwendungen teilzuhaben.

4. Vorteil der frühen Adoption Investoren, die früh in den Kryptowährungsmarkt einsteigen, können von den Vorteilen der frühen Adoption profitieren. Ein frühzeitiges

Investieren in ein vielversprechendes Projekt kann zu erheblichen Belohnungen führen, wenn das Projekt eine weitreichende Akzeptanz und Erfolg erzielt. Frühe Investoren haben oft die Chance, Tokens zu niedrigeren Preisen zu erwerben, bevor sie breite Aufmerksamkeit erhalten und erhebliches Wachstum erleben.

Beispielsweise haben frühe Unterstützer von Projekten wie Chainlink (LINK) oder Polkadot (DOT) signifikante Renditen gesehen, als diese Projekte an Bedeutung gewannen und ihre Anwendungsfälle erweiterten. Frühzeitige Investitionen in aufkommende Technologien und Plattformen können zu erheblichen Belohnungen führen, während diese Projekte reifen und Markanerkennung gewinnen.

5. Potenzial für passives Einkommen Bestimmte Kryptowährungen bieten Möglichkeiten für passives Einkommen durch Mechanismen wie Staking, Yield Farming und Liquiditätsbereitstellung. Beispielsweise können Investoren bei Proof-of-Stake (PoS) Kryptowährungen Belohnungen verdienen, indem sie ihre Tokens staken, um Netzwerkoperationen zu unterstützen und Transaktionen zu validieren. Ebenso bieten DeFi-Plattformen Yield-Farming-Möglichkeiten, bei denen Nutzer Zinsen oder Belohnungen verdienen können, indem sie Liquidität für dezentrale Börsen oder Kreditplattformen bereitstellen.

Diese passiven Einkommensmöglichkeiten können zusätzliche Einnahmequellen bieten und die Gesamtrenditen für Kryptowährungsinvestoren erhöhen.

6. Dezentralisierung und finanzielle Inklusion Investitionen in Kryptowährungen können auch zu breiteren Zielen der Dezentralisierung und finanziellen Inklusion beitragen. Viele Kryptowährungen zielen darauf ab, Finanzdienstleistungen für unterversorgte Bevölkerungsgruppen bereitzustellen und gerechtere Finanzsysteme zu schaffen. Durch die Unterstützung von Projekten, die sich auf Dezentralisierung und Inklusion konzentrieren, können Investoren zu positiven sozialen und wirtschaftlichen Veränderungen beitragen und gleichzeitig von dem Wachstum dieser Initiativen profitieren.

7. Potenzial für Portfolio-Wachstum Angesichts der schnellen Entwicklung und Expansion des Kryptowährungsmarktes gibt es Chancen für das Wachstum von Portfolios. Mit der Reifung des Marktes und dem Aufkommen neuer Innovationen steigt das Potenzial für rentable Investitionen und Wachstum im Sektor. Investieren in eine breite Palette von Kryptowährungen und das Verfolgen der Marktentwicklungen kann Investoren helfen, aufkommende Chancen zu nutzen und das Portfolio-Wachstum zu fördern.

8

Rechtlicher und Regulatorischer Rahmen

Globale Regulierungslandschaft

Die globale Regulierungslandschaft für Kryptowährungen ist komplex und entwickelt sich schnell weiter. Sie variiert erheblich von Land zu Land und umfasst mehrere regulatorische Bereiche, darunter Finanzregulierung, Anti-Geldwäsche (AML), Verbraucherschutz und Besteuerung. Hier ist ein detaillierter Überblick über die globale Regulierungslandschaft für Kryptowährungen:

1. Regulatorische Fragmentierung Die Vorschriften für Kryptowährungen unterscheiden sich erheblich zwischen den Ländern und spiegeln unterschiedliche Akzeptanzniveaus, regulatorische Ansätze und rechtliche Rahmenbedingungen wider. Einige Länder haben Kryptowährungen und Blockchain-Technologie angenommen und klare regulatorische Richtlinien festgelegt, während andere strenge Beschränkungen oder sogar vollständige Verbote erlassen haben.

- **Vereinigte Staaten:** In den USA ist die Regulierung von Kryptowährungen auf Bundes- und Landesebene fragmentiert. Die Securities and Exchange Commission (SEC) reguliert digitale Vermögenswerte, die als Wertpapiere klassifiziert sind, während die Commodity Futures Trading Commission (CFTC) Futures und Derivatehandel überwacht. Darüber hinaus setzt das Financial Crimes Enforcement Network (FinCEN) AML-Vorschriften durch, und der Internal Revenue Service (IRS) befasst sich mit steuerlichen Fragen im Zusammenhang mit Kryptowährungstransaktionen.

- **Europäische Union:** Die Europäische Union (EU) arbeitet an einem einheitlichen regulatorischen Rahmenwerk mit der vorgeschlagenen Verordnung über Märkte für Krypto-Assets (MiCA). MiCA soll eine umfassende regulatorische Struktur für digitale Vermögenswerte bieten, einschließlich Verbraucherschutz, Marktintegrität und Maßnahmen zur Bekämpfung von Geldwäsche. Die Mitgliedstaaten können weiterhin eigene nationale Vorschriften haben, aber MiCA zielt darauf ab, die Regeln in der gesamten EU zu harmonisieren.

- **China:** China verfolgt einen restriktiven Ansatz gegenüber Kryptowährungen, insbesondere hinsichtlich Handel und Initial Coin Offerings (ICOs). Die chinesische Regierung hat Verbote für Krypto-Börsen und Mining-Aktivitäten erlassen und dies mit Bedenken hinsichtlich der finanziellen Stabilität, Kapitalabflüsse und Energieverbrauch begründet. China entwickelt jedoch aktiv seine eigene digitale Zentralbankwährung (CBDC), den digitalen Yuan.

- **Japan:** Japan hat eine relativ fortschrittliche Haltung zur Regulierung von Kryptowährungen eingenommen. Die Financial Services Agency (FSA) reguliert Krypto-Börsen und verlangt, dass diese sich registrieren und AML- sowie Verbraucherschutzstandards einhalten. Japan erkennt Kryptowährungen auch als rechtliches Eigentum an, das steuerpflichtig ist.

2. Anti-Geldwäsche (AML) und Know Your Customer (KYC) Anforderungen

AML- und KYC-Vorschriften sind wesentliche Aspekte der Regulierung von Kryptowährungen, die darauf abzielen, illegale Aktivitäten wie Geldwäsche und Terrorismusfinanzierung zu verhindern. Viele Länder verlangen von Krypto-Börsen und Dienstleistern, dass sie KYC-Verfahren implementieren, die die Identitätsprüfung ihrer Kunden umfassen.

- **Financial Action Task Force (FATF):** Die FATF, ein internationales Gremium, das Standards für AML und Bekämpfung der Terrorismusfinanzierung

(CTF) festlegt, hat Leitlinien für die Kryptoindustrie herausgegeben. Diese Richtlinien betonen die Notwendigkeit für Krypto-Dienstleister, robuste AML- und CTF-Maßnahmen umzusetzen, einschließlich der Sorgfaltspflicht bei Kunden, der Transaktionsüberwachung und der Meldung verdächtiger Aktivitäten.

- **Vereinigtes Königreich:** Die Financial Conduct Authority (FCA) des Vereinigten Königreichs setzt AML-Vorschriften für Krypto-Börsen und Wallet-Anbieter durch. Diese müssen sich bei der FCA registrieren und die AML- und KYC-Anforderungen einhalten, einschließlich der Meldung verdächtiger Transaktionen.

3. Verbraucherschutz und Marktintegrität Verbraucherschutz ist im Krypto-Bereich von großer Bedeutung aufgrund des hohen Risikos von Betrug, Marktmanipulation und volatilen Preisbewegungen. Regulierungsbehörden zielen darauf ab, Investoren zu schützen und die Marktintegrität durch verschiedene Maßnahmen zu gewährleisten.

- **Securities and Exchange Commission (SEC):** In Jurisdiktionen wie den USA konzentrieren sich Regulierungsbehörden wie die SEC darauf, Investoren zu schützen, indem sie digitale Vermögenswerte regulieren, die als Wertpapiere klassifiziert sind. Sie setzen Regeln zu Offenlegungen, Investoren-Schutz und Betrugsprävention durch.

- **Europäische Wertpapier- und Marktaufsichtsbehörde (ESMA):** Die ESMA gibt Leitlinien zum Verbraucherschutz und zur Marktintegrität für Kryptowährungen und verwandte Finanzprodukte heraus. Sie zielt darauf ab, Risiken im Zusammenhang mit Marktmanipulation, irreführender Werbung und unzureichenden Offenlegungen zu adressieren.

4. Besteuerung Die Besteuerung von Kryptowährungstransaktionen ist ein weiterer wichtiger Aspekt der Regulierung. Verschiedene Länder haben unterschiedliche Ansätze zur Besteuerung digitaler Vermögenswerte, einschließlich Kapitalertragssteuer, Einkommenssteuer und Mehrwertsteuer (MwSt.).

- **Vereinigte Staaten:** Der IRS behandelt Kryptowährungen als Eigentum für Steuerzwecke, was bedeutet, dass Kapitalertragssteuer auf Gewinne aus dem Handel oder Verkauf digitaler Vermögenswerte anfällt. Darüber hinaus müssen

Krypto-Transaktionen gemeldet werden, und die Nichterfüllung dieser Pflicht kann zu Strafen führen.

- **Australien:** Das Australian Taxation Office (ATO) verlangt von Einzelpersonen und Unternehmen, Kryptowährungstransaktionen als Teil ihrer Einkommensteuererklärungen zu melden. Kryptowährungen werden als Eigentum betrachtet und unterliegen der Kapitalertragssteuer.

5. Zentralbank-Digitalwährungen (CBDCs) Mehrere Länder erforschen oder entwickeln CBDCs, die digitalen Versionen ihrer nationalen Währungen sind. CBDCs zielen darauf ab, die Vorteile von Kryptowährungen mit der Stabilität traditioneller Fiat-Währungen zu kombinieren.

- **China:** China ist führend bei der Entwicklung von CBDCs mit seinem digitalen Yuan, der in verschiedenen Pilotprogrammen getestet wird. Der digitale Yuan soll die Effizienz von Zahlungen verbessern, Transaktionskosten senken und eine größere Kontrolle über die Geldpolitik ermöglichen.

- **Europäische Zentralbank (EZB):** Die EZB erforscht das Konzept eines digitalen Euro, der Bargeld ergänzen und die digitale Wirtschaft unterstützen würde. Die EZB bewertet die potenziellen Vorteile und Risiken eines digitalen Euros.

6. Zukünftige Entwicklungen Die Regulierungslandschaft für Kryptowährungen wird voraussichtlich weiterhin wachsen und sich entwickeln, da sich die Technologie weiterentwickelt und die Marktdynamik sich verändert. Regulierungsbehörden arbeiten daran, aufkommende Themen wie dezentrale Finanzen (DeFi), Stablecoins und grenzüberschreitende Transaktionen zu adressieren.

- **Globale Koordination:** Es werden Anstrengungen unternommen, um eine größere globale Koordination in der Regulierung von Kryptowährungen zu erreichen. Organisationen wie der Internationale Währungsfonds (IWF) und die Bank für Internationalen Zahlungsausgleich (BIZ) erkunden Rahmenbedingungen für internationale Zusammenarbeit und regulatorische Konsistenz.

- **Innovation und Regulierung im Gleichgewicht:** Regulierungsbehörden stehen vor der Herausforderung, Innovationen mit Risikomanagement in Einklang zu bringen. Das richtige Gleichgewicht zu finden, ist entscheidend, um

Innovationen zu fördern und gleichzeitig finanzielle Stabilität, Verbraucherschutz und die Einhaltung gesetzlicher Standards zu gewährleisten.

Die globale Regulierungslandschaft für Kryptowährungen ist vielfältig und ändert sich schnell. Sie umfasst eine Reihe von Überlegungen, einschließlich Anti-Geldwäsche und Verbraucherschutz, Besteuerung und die Entwicklung von Zentralbank-Digitalwährungen. Investoren müssen über regulatorische Entwicklungen informiert bleiben und sich an sich entwickelnde rechtliche und regulatorische Rahmenbedingungen anpassen, um Risiken zu managen und Chancen im Kryptowährungsmarkt zu nutzen.

In den Vereinigten Staaten bleibt die regulatorische Landschaft für Kryptowährungen fragmentiert und sich im Wandel begriffen. Die US-Regulierungsbehörden haben noch kein einheitliches Rahmenwerk speziell für Krypto-Assets entwickelt. Stattdessen wenden sie bestehende Finanzvorschriften auf Kryptowährungen je nach Einzelfall an. Dies führt oft dazu, dass Krypto-Assets entweder als Wertpapiere oder Rohstoffe kategorisiert werden, abhängig von ihren spezifischen Funktionen und Verwendungszwecken [268].

Die Securities and Exchange Commission (SEC) bewertet Kryptowährungen anhand der Kriterien eines „Wertpapiers" oder „Investitionsvertrags", wobei der Howey-Test als zentrales Instrument dient. Dieser Test beurteilt, ob ein Asset ein Investitionsvertrag ist, indem er prüft, ob eine Gewinnerwartung aus den Bemühungen anderer resultiert. Wenn eine Kryptowährung als solche Investitionsmöglichkeit angesehen wird, fällt sie unter die Zuständigkeit der SEC und muss den Wertpapiergesetzen entsprechen. Die SEC hat diese Haltung aktiv durchgesetzt, wie in der Klage gegen Ripple Labs im Dezember 2020 ersichtlich ist. Die SEC behauptete, dass Ripple über 1,3 Milliarden Dollar durch nicht registrierte Wertpapierangebote mit XRP-Verkäufen gesammelt habe, was Ripple als Kryptowährung und nicht als Wertpapier ansah. Dieser Fall verdeutlicht die rigorose Vorgehensweise der SEC bei der Anwendung traditioneller Wertpapiergesetze auf digitale Assets [268].

Im Gegensatz dazu reguliert die Commodity Futures Trading Commission (CFTC) Kryptowährungen, die als „Rohstoffe" angesehen werden. Die Aufsicht der CFTC konzentriert sich auf Futures, Swaps und Derivate im Zusammenhang mit digitalen Assets, um die Marktintegrität zu gewährleisten und Investoren zu schützen. Die Beteiligung der CFTC zeigt sich in ihrer Maßnahme von 2015 gegen Coinflip, den Betreiber der Derivabit-Plattform, wegen des Handels mit Bitcoin-Optionen und -Futures ohne ordnungsgemäße Registrierung. Diese Maßnahme verstärkte die Klassifizierung von Bitcoin und ähnlichen digitalen Währungen als Rohstoffe durch die CFTC. Darüber hinaus ergriff die CFTC im Oktober 2020 rechtliche Schritte gegen BitMEX wegen des Betriebs einer nicht registrierten Handelsplattform und des Versäumnisses, notwendige Maßnahmen zur Bekämpfung der Geldwäsche umzusetzen. Diese Maßnahmen spiegeln das Engagement der CFTC wider, die Märkte für rohstoffbezogene Kryptowährungen zu regulieren und die Einhaltung etablierter Finanzvorschriften zu gewährleisten [268].

Die regulatorischen Maßnahmen der SEC und CFTC unterstreichen die anhaltende Debatte und Unsicherheit bezüglich der Klassifizierung von Kryptowährungen. Das Fehlen klarer regulatorischer Richtlinien hat zu einem komplexen Umfeld geführt, in dem Kryptowährungen je nach ihren Eigenschaften und Verwendungszwecken unterschiedlich behandelt werden können. Die Notwendigkeit klarer definierter Vorschriften ist offensichtlich, da sie deutlichere Richtlinien für die Unterscheidung zwischen verschiedenen Arten von Kryptowährungen und deren jeweiligen regulatorischen Verpflichtungen bieten würde.

Die Europäische Union (EU) hat die Regulierung von Kryptowährungen durch die Integration von Krypto-Assets in bestehende Finanzregulierungsrahmen angegangen. Zunächst sah die Strategie der EU vor, Richtlinien und Verordnungen wie die Richtlinie über Märkte für Finanzinstrumente (MiFID) auf Krypto-Assets anzuwenden, die als Finanzinstrumente gelten. Die überarbeitete Richtlinie zur Bekämpfung von Geldwäsche (AMLD) führte Anti-Geldwäsche- und Anti-Terrorismus-Finanzierungs-Regime für Krypto-Asset-Anbieter ein, einschließlich Anbieter von Verwahrungs-Wallets und Austauschdiensten. Dennoch blieb die regulatorische Landschaft aufgrund unterschiedlicher Interpretationen durch die einzelnen Mitgliedstaaten fragmentiert, was zu rechtlichen Unsicherheiten und Lücken im Verbraucherschutz führte [268].

Um diese Herausforderungen anzugehen, erließ die EU im Mai 2023 die Verordnung über Märkte für Krypto-Assets (MiCA). MiCA bietet einen harmonisierten regulatorischen Rahmen für Krypto-Asset-Märkte in der gesamten EU und deckt Assets ab, die nicht bereits durch bestehende Finanzdienstleistungsgesetze reguliert sind. Sie klassifiziert Krypto-Assets in drei Kategorien: Asset-Referenz-Token, E-Geld-Token und andere Krypto-Assets wie Utility-Token. MiCA fordert von den Herausgebern von Krypto-Assets und Krypto-Asset-Dienstleistern (CASPs), Genehmigungen von nationalen zuständigen Behörden (NCAs) zu erhalten. Sie umfasst Aktivitäten im Zusammenhang mit der Emission, dem öffentlichen Angebot und dem Handel von Krypto-Assets. Darüber hinaus führt die Transfer of Funds Regulation (TFR) der EU, veröffentlicht im

Juni 2023, neue Regeln für Informationen, die Krypto-Asset-Übertragungen begleiten, ein, um Transparenz und Compliance zu verbessern [268].

Die MiCA-Verordnung stellt einen bedeutenden Schritt in Richtung eines maßgeschneiderten und einheitlichen regulatorischen Ansatzes dar, der darauf abzielt, die Lücken der bisherigen Rahmenwerke zu schließen. Dieser Schritt spiegelt das Engagement der EU wider, ein kohärentes regulatorisches Umfeld für Krypto-Assets zu schaffen und Innovationen mit Marktstabilität und Anlegerschutz in Einklang zu bringen [268].

Das Vereinigte Königreich hat die Regulierung von Kryptowährungen in seine bestehenden rechtlichen Rahmenwerke integriert. Im Jahr 2018 wurde die Cryptoassets Taskforce (CATF), bestehend aus der Financial Conduct Authority (FCA), der Bank of England (BoE) und dem Schatzamt (HMT), eingerichtet, um die Chancen und Risiken von Kryptowährungen zu adressieren. Die Empfehlungen der CATF führten zu einem vorsichtigen, aber umfassenden regulatorischen Ansatz [268].

Im Februar 2023 veröffentlichte das Schatzamt (HMT) ein Konsultationspapier zum zukünftigen Finanzdienstleistungsregime für Krypto-Assets, in dem Pläne skizziert werden, die Regulierung von Krypto-Assets in das bestehende Finanzdienstleistungs- und Marktgesetz (FSMA) zu integrieren. Der Ansatz der Regierung betont „technologieagnostische" Prinzipien und zielt darauf ab, „gleiche Risiken, gleiche regulatorische Ergebnisse" auf Krypto-Assets und traditionelle Finanzmärkte anzuwenden [268]. Dies vermeidet die Schaffung eines ungleichen Spielfelds zwischen Krypto-Unternehmen und traditionellen Institutionen. Das FSMA 2023 und die damit verbundenen Änderungen integrieren jetzt ausdrücklich Krypto-Assets in den FSMA-Rahmen, einschließlich der Regulated Activities Order (RAO) und der Financial Promotion Order (FPO). Diese Änderungen stellen sicher, dass Krypto-Assets, die unter spezifische Kategorien wie Sicherheitstoken fallen, entsprechend reguliert werden [268].

Der regulatorische Ansatz des Vereinigten Königreichs zeichnet sich durch eine phasenweise Integration von Krypto-Assets in das Finanzsystem aus. Phase 1 konzentriert sich auf fiat-unterstützte Stablecoins und verlangt von Emittenten und Verwahrern, eine Genehmigung der FCA zu beantragen und die Zahlungsdiensterichtlinien (PSRs) einzuhalten. Phase 2 wird die Regulierung auf andere Krypto-Asset-Kategorien ausweiten, einschließlich Emission, Kreditvergabe und Handelsaktivitäten. Dieser schrittweise Ansatz zielt darauf ab, Innovationen mit regulatorischer Aufsicht in Einklang zu bringen, um Verbraucherschutz und Marktstabilität sicherzustellen, während bestehende Rahmenwerke an die einzigartigen Aspekte von Krypto-Assets angepasst werden [268].

China hat eine strenge und sich entwickelnde Haltung zur Regulierung von Kryptowährungen eingenommen, die durch eine Reihe restriktiver Maßnahmen gekennzeichnet ist. Im Jahr 2013 gab die People's Bank of China (PBC) zusammen mit anderen Abteilungen eine Mitteilung heraus, die erklärte, dass Bitcoin nicht den rechtlichen Status einer Währung habe, und untersagte Finanzinstituten die Durchführung von Bitcoin-bezogenen Transaktionen. Dieser Schritt sollte den Status des Yuan schützen und Geldwäsche-Risiken eindämmen [268].

Der Aufstieg von Initial Coin Offerings (ICOs) als Methode zur Mittelbeschaffung führte zu weiteren regulatorischen Maßnahmen. Im Jahr 2017 verboten die PBC und mehrere andere Abteilungen ICOs und bezeichneten sie als nicht autorisierte Mittelbeschaffungsinstrumente, die finanzielle Betrügereien und illegale Wertpapieremissionen beinhalten könnten. Dieses Verbot sollte Investoren vor spekulativen und riskanten Unternehmungen schützen [268].

Im Jahr 2021 gab die chinesische Regierung eine umfassende Mitteilung heraus, die ihr Verbot des Handels und des Minings von Kryptowährungen bekräftigte. Die Mitteilung wiederholte, dass Kryptowährungen nicht als gesetzliches Zahlungsmittel anerkannt seien und zielte darauf ab, spekulativen Handel und illegale Mining-Aktivitäten weiter zu bekämpfen [268]. Diese Maßnahmen spiegeln Chinas strenge und zunehmend klare Haltung gegenüber Kryptowährungen wider und betonen die Kontrolle über finanzielle Risiken und die Aufrechterhaltung der regulatorischen Autorität über digitale Vermögenswerte.

Indiens regulatorischer Ansatz gegenüber Kryptowährungen war von Phasen des Zweifels, der Unklarheit und der allmählichen Akzeptanz geprägt. Im Jahr 2013 gab die Reserve Bank of India (RBI) eine Warnung zu den Risiken von Kryptowährungen heraus, die Bedenken hinsichtlich der Volatilität und möglicher illegaler Nutzung hervorhob. Diese anfängliche Haltung ließ den Markt in einem Zustand der Unsicherheit, ohne ein formelles regulatorisches Rahmenwerk [268].

Im April 2018 wies die RBI Finanzinstitute an, die Geschäfte mit Entitäten, die in Kryptowährungs-Transaktionen involviert sind, einzustellen, wodurch die Bankdienstleistungen für den Krypto-Sektor effektiv gesperrt wurden. Diese Maßnahme stellte erhebliche Herausforderungen für die Branche dar. Im März 2020 hob jedoch der Oberste Gerichtshof Indiens das Verbot der RBI auf und erklärte es für unverhältnismäßig. Diese Entscheidung markierte einen potenziellen Wandel hin zu einem unterstützenderen regulatorischen Umfeld für Kryptowährungen [268].

Trotz des Urteils des Obersten Gerichtshofs erfährt Indien weiterhin regulatorische Inkonsistenzen, da verschiedene Institutionen widersprüchliche Ansichten zu Kryptowährungen vertreten. Dieses Fehlen klarer und kohärenter Regulierung hat die Stabilität und das Wachstum des Krypto-Sektors in Indien beeinträchtigt und die Notwendigkeit eines ausgewogenen und umfassenden regulatorischen Rahmens zur Bewältigung der sich entwickelnden Dynamik des Kryptowährungsmarktes verdeutlicht [268].

In Kanada wird Kryptowährung nicht als gesetzliches Zahlungsmittel anerkannt, aber das Land hat eine proaktive Haltung bei der Regulierung des Krypto-Raums eingenommen und sich von vielen anderen Jurisdiktionen abgehoben. Kanada war ein Pionier bei der Integration von Kryptowährungen in sein Finanzökosystem und wurde insbesondere das erste Land, das einen Bitcoin Exchange-Traded Fund (ETF) genehmigte. Dieser wegweisende Schritt erfolgte mit der Einführung mehrerer Bitcoin-ETFs, die an der Toronto Stock Exchange gehandelt wurden und kanadischen Investoren eine regulierte und zugängliche Möglichkeit boten, über traditionelle Finanzmärkte in Bitcoin zu investieren [269].

Was die regulatorische Aufsicht für Krypto-Handelsplattformen betrifft, so verlangt Kanada von solchen Einrichtungen die Einhaltung der Vorschriften der Canadian Securities Administrators (CSA) und der Investment Industry Regulatory Organization of Canada (IIROC). Krypto-Handelsplattformen und -Händler, die im Land tätig sind, müssen sich bei den Provinzregulierungsbehörden registrieren, was sicherstellt, dass sie die bestehenden Wertpapiergesetze einhalten und einen Rahmen für den Anlegerschutz bieten. Dieser Ansatz zielt darauf ab, den Handel mit Kryptowährungen in die bestehenden regulatorischen Strukturen zu integrieren und die Aufsicht und Verantwortung zu verbessern [269].

Darüber hinaus klassifiziert Kanada alle Krypto-Investitionsfirmen als Geldserviceunternehmen (MSBs). Diese Klassifizierung erfordert, dass diese Unternehmen sich beim Financial Transactions and Reports Analysis Centre of Canada (FINTRAC) registrieren. Diese Registrierung ist entscheidend für die Bekämpfung von Geldwäsche und Terrorismusfinanzierung, da sie Krypto-Unternehmen den Anti-Money-Laundering- (AML) und Know-Your-Customer- (KYC) Anforderungen unterwirft. Durch die Einstufung von Krypto-Firmen als MSBs reiht Kanada sie hinsichtlich der regulatorischen Erwartungen und der Einhaltung der Vorschriften mit traditionellen Finanzinstituten ein [269].

Aus steuerlicher Sicht behandelt Kanada Kryptowährungen ähnlich wie andere Rohstoffe. Das bedeutet, dass Transaktionen mit Kryptowährungen steuerpflichtig sind, ähnlich wie die Besteuerung von Rohstoffen. Dieser Ansatz spiegelt Kanadas Sichtweise auf Kryptowährungen als Vermögenswerte und nicht als Währungen wider, was sich darauf auswirkt, wie Gewinne und Verluste aus Krypto-Transaktionen gemeldet und besteuert werden. Insgesamt betont Kanadas regulatorischer Rahmen für Kryptowährungen die Integration in bestehende Finanzsysteme, den Anlegerschutz und die Einhaltung von Anti-Geldwäsche-Standards, wodurch Kanada als Vorreiter in der proaktiven Regulierung digitaler Vermögenswerte positioniert wird [269].

In Australien werden Kryptowährungen als rechtliches Eigentum und nicht als Währung eingestuft, was bedeutet, dass sie der Kapitalertragssteuer (CGT) unterliegen. Dieser Besteuerungsansatz behandelt Kryptowährungen ähnlich wie andere Formen von Eigentum und verlangt von Einzelpersonen und Unternehmen die Zahlung von Steuern auf alle Kapitalgewinne, die aus dem Verkauf oder Tausch digitaler Vermögenswerte erzielt werden. Dies steht im Einklang mit Australiens umfassenderer Strategie zur Integration von Kryptowährungen in bestehende Finanzrahmen und der Sicherstellung der Einhaltung von Steuervorschriften [269].

Krypto-Börsen und verwandte Plattformen können in Australien betrieben werden, solange sie die regulatorischen Anforderungen des Australian Transaction Reports and Analysis Centre (AUSTRAC) erfüllen. Diese Plattformen müssen sich bei AUSTRAC registrieren und die Verpflichtungen zur Bekämpfung von Geldwäsche (AML) und Terrorismusfinanzierung (CTF) einhalten. Diese regulatorische Aufsicht stellt sicher, dass Krypto-Handelsaktivitäten auf potenziell illegale Aktivitäten überwacht werden und hilft, die Integrität des Finanzsystems aufrechtzuerhalten [269].

Im Jahr 2019 ergriff die Australian Securities and Investments Commission (ASIC) Maßnahmen zur Regulierung von Initial Coin Offerings (ICOs), die als Mittel zur Mittelbeschaffung für neue Kryptowährungen dienen. ASIC führte Anforderungen ein, um mehr Transparenz zu gewährleisten und Investoren zu schützen. Zusätzlich verhängte ASIC ein Verbot für Börsen, die Privatsphäre-Coins anbieten – Kryptowährungen, die darauf abzielen, die Anonymität der Nutzer zu verbessern – aufgrund von Bedenken über ihre potenzielle Nutzung in illegalen Aktivitäten. Dieser Schritt spiegelt den breiteren regulatorischen Trend hin zu einer verstärkten Prüfung von Technologien zur Verbesserung der Privatsphäre im Krypto-Bereich wider [269].

Bis 2021 begann Australien, umfassendere regulatorische Maßnahmen für Kryptowährungen zu erwägen, einschließlich der Schaffung eines Lizenzierungsrahmens und der möglichen Einführung einer digitalen Zentralbankwährung (CBDC). Ziel war es, ein strukturierteres und reguliertes Umfeld für die aufstrebende Krypto-Branche zu schaffen. Im Oktober 2023 kündigte das australische Finanzministerium Pläne zur Einführung eines neuen regulatorischen Rahmens an, dessen Entwurf voraussichtlich 2024 veröffentlicht wird. Dieser Rahmen würde eine 12-monatige Übergangsfrist für Unternehmen umfassen, um die Vorschriften einzuhalten, und markiert einen bedeutenden Schritt zur Formalisierung und Verbesserung der Kryptowährungsregulierung im Land [269].

In Singapur werden Kryptowährungen als Eigentum und nicht als gesetzliches Zahlungsmittel klassifiziert. Diese Klassifizierung entspricht dem Ansatz des Landes, digitale Vermögenswerte in bestehende rechtliche und finanzielle Systeme zu integrieren, ohne sie als offizielle Währung zu deklarieren. Die Monetary Authority of Singapore (MAS) ist für die Lizenzierung und Regulierung von Krypto-Börsen nach dem Payment Services Act (PSA) zuständig. Dieses Rahmenwerk bietet einen strukturierten Ansatz zur Überwachung der Aktivitäten von Kryptowährungsplattformen und stellt sicher, dass sie die regulatorischen Standards erfüllen.

Im Jahr 2022 gab die MAS Richtlinien für Anbieter digitaler Zahlungsmittel (DPT) heraus, in denen sie vor aggressiver öffentlicher Werbung warnte. Diese Vorsicht spiegelt die Bemühungen der Regulierungsbehörde wider, die Risiken im Zusammenhang mit der Förderung von Kryptowährungsdiensten zu mindern und möglichen Verbraucherschutz zu verhindern [269].

Im August 2023 führte die MAS einen regulatorischen Rahmen für Stablecoins ein, bei denen es sich um Kryptowährungen handelt, die an stabile Vermögenswerte wie Fiat-Währungen gebunden sind. Im Rahmen dieses Regelwerks müssen Stablecoin-Emittenten bestimmte Kriterien erfüllen und von der MAS die Genehmigung erhalten, die Bezeichnung „MAS-regulierter Stablecoin" zu verwenden. Diese Regulierung zielt darauf ab, die Glaubwürdigkeit und Stabilität von Stablecoins auf dem Markt zu verbessern und sie von nicht regulierten Alternativen zu unterscheiden [269].

Singapur ist bekannt für sein vorteilhaftes Steuerregime im Hinblick auf Kryptowährungen. Langfristige Kapitalgewinne aus Krypto-Investitionen werden nicht besteuert, was es zu einem attraktiven Umfeld für Investoren macht. Unternehmen, die häufig Krypto-Transaktionen durchführen, unterliegen jedoch der Einkommensteuer auf ihre Gewinne, um sicherzustellen, dass Unternehmen entsprechend ihrer betrieblichen Aktivitäten besteuert werden [269].

In Südkorea müssen Krypto-Börsen und Anbieter von virtuellen Vermögenswerten sich bei der Korea Financial Intelligence Unit (KFIU) registrieren, die unter der Financial Services Commission (FSC) operiert. Diese Registrierung ist Teil eines umfassenderen Ansatzes zur Regulierung der Krypto-Branche und stellt sicher, dass die Dienstleister rechtlichen und finanziellen Standards entsprechen [269].

Im Jahr 2021 verhängte Südkorea ein Verbot für Privatsphäre-Coins, was einem Trend in anderen Gerichtsbarkeiten folgt, die besorgt über die Nutzung anonymitätsfördernder Technologien in illegalen Aktivitäten sind. Dieses Verbot steht im Einklang mit Südkoreas vorsichtiger Herangehensweise an die Regulierung von Kryptowährungen und spiegelt das Engagement des Landes wider, potenziellen Missbrauch digitaler Vermögenswerte zu verhindern [269].

Das regulatorische Umfeld in Südkorea erhielt 2023 ein erhebliches Update mit der Umsetzung des Gesetzes zum Schutz von Nutzern virtueller Vermögenswerte. Dieses Gesetz benennt die Financial Services Commission als primäre Regulierungsbehörde für virtuelle Vermögenswerte und umreißt rechtliche und illegale Verwendungen von Kryptowährungen. Die Gesetzgebung enthält auch Bestimmungen zum Schutz der Nutzer und verpflichtet Emittenten und Dienstleister, spezifische Praktiken zum Schutz der Nutzer einzuhalten. Dieses umfassende regulatorische Rahmenwerk zielt darauf ab, Klarheit und Stabilität im Markt für virtuelle Vermögenswerte zu schaffen und sowohl das Vertrauen der Investoren als auch die Integrität des Marktes zu stärken [269].

Steuerliche Auswirkungen von Kryptowährungstransaktionen

Kryptowährungstransaktionen haben erhebliche steuerliche Auswirkungen, die je nach Rechtsordnung und Art der Transaktion variieren. In vielen Ländern werden Kryptowährungen als Eigentum oder Vermögenswerte und nicht als Währung behandelt, was die Art der Besteuerung beeinflusst. Das Verständnis dieser Auswirkungen ist entscheidend für Einzelpersonen und Unternehmen, die in Kryptowährungsaktivitäten involviert sind, um die Einhaltung der Steuerregelungen sicherzustellen und potenzielle rechtliche Probleme zu vermeiden.

Kapitalertragssteuer

In den meisten Rechtsordnungen unterliegen Kryptowährungen der Kapitalertragssteuer (CGT). Diese Steuer gilt für den Gewinn, der aus dem Verkauf oder Tausch von Kryptowährungen erzielt wird. Zum Beispiel, wenn eine Person Bitcoin für 10. 000 $ kauft und später für 15.000 $ verkauft, wird der Gewinn von 5.000 $ als Kapitalgewinn betrachtet und unterliegt der Besteuerung. Der Steuersatz, mit dem diese Gewinne besteuert werden, kann je nach Haltedauer des Vermögenswertes und Einkommensstufe des Steuerpflichtigen variieren. Kurzfristige Gewinne, typischerweise von Vermögenswerten, die weniger als ein Jahr gehalten wurden, werden oft höher besteuert als langfristige Gewinne, die in vielen Ländern von günstigeren Steuersätzen profitieren.

Einkommensteuer

Wenn Kryptowährungen als Einkommen verdient werden—zum Beispiel durch Mining, Staking oder als Zahlung für Waren und Dienstleistungen—unterliegen sie in der Regel der Einkommensteuer. Der Wert der Kryptowährung zum Zeitpunkt des Erhalts wird verwendet, um die Einkommenshöhe zu bestimmen, die dann gemäß der Einkommenssteuerstufe des Einzelnen oder Unternehmens besteuert wird. Zum Beispiel, wenn eine Person 1 Bitcoin im Wert von 20.000 $ als Zahlung für Beratungsdienste erhält, wird dieser Betrag als steuerpflichtiges Einkommen betrachtet und muss entsprechend angegeben werden.

Transaktionsgebühren und Abzüge

Transaktionsgebühren, die bei Kryptowährungshandelsgeschäften oder -transaktionen anfallen, sind ebenfalls aus steuerlicher Sicht relevant. In vielen Rechtsordnungen können diese Gebühren von den Kapitalgewinnen abgezogen werden, wodurch der zu versteuernde Betrag reduziert wird. Zum Beispiel, wenn eine Person 100 $ an Gebühren zahlt, um Kryptowährungen zu verkaufen, was zu einem Gewinn von 5.000 $ führt, kann der zu versteuernde Gewinn auf 4.900 $ angepasst werden. Eine ordnungsgemäße Dokumentation dieser Gebühren ist für eine genaue Steuerberichterstattung unerlässlich.

Dokumentation und Berichterstattung

Eine präzise Dokumentation ist wichtig für die Steuerkonformität. Steuerbehörden verlangen detaillierte Aufzeichnungen aller Kryptowährungstransaktionen, einschließlich Daten, Beträgen, Transaktionstypen und beteiligten Parteien. Dies ist notwendig für die Berechnung der Kapitalgewinne, die Einkommensberichterstattung und die Beantragung von Abzügen. Viele Steuerbehörden, wie das Internal Revenue Service (IRS) in den Vereinigten Staaten und das Australian Taxation Office (ATO), haben Richtlinien zur Dokumentation von Kryptowährungstransaktionen herausgegeben, und das Fehlen gründlicher Aufzeichnungen kann zu Komplikationen und möglichen Strafen führen.

Steuerliche Behandlung verschiedener Transaktionstypen

Verschiedene Arten von Kryptowährungstransaktionen können unterschiedliche steuerliche Behandlungen erfahren. Beispielsweise wird der Handel mit Kryptowährungen zwischen verschiedenen Coins oder Tokens allgemein als steuerpflichtiges Ereignis betrachtet, bei dem die Gewinne oder Verluste aus dem Handel angegeben werden müssen. Ebenso wird die Verwendung von Kryptowährungen zum Kauf von Waren oder Dienstleistungen ebenfalls als steuerpflichtiges Ereignis angesehen, bei dem der Marktwert der Kryptowährung zum Zeitpunkt der Transaktion entweder als Einkommen oder als Kapitalgewinn oder -verlust angegeben werden muss, abhängig vom Kontext.

Globale Steuerregelungen

Die steuerliche Behandlung von Kryptowährungstransaktionen kann erheblich je nach Land variieren. Einige Länder haben klare Vorschriften und Richtlinien, während andere noch an ihrem Ansatz arbeiten. Zum Beispiel werden in Ländern wie den Vereinigten Staaten und Australien Kryptowährungen allgemein als Eigentum behandelt, mit spezifischen Regeln für Kapitalgewinne und Einkommensteuer. Im Gegensatz dazu können andere Rechtsordnungen unterschiedliche Steuersätze, Berichterfordernisse haben oder noch keine umfassenden Vorschriften erlassen haben. Es ist entscheidend für Einzelpersonen und Unternehmen, die in Kryptowährungstransaktionen involviert sind, sich über die spezifischen Steuerregelungen in ihrem Land oder in jedem Land, in dem sie steuerliche Verpflichtungen haben, im Klaren zu sein und diese einzuhalten.

Neu auftretende Trends und Veränderungen

Mit der Weiterentwicklung des Kryptowährungsmarktes ändern sich auch die Steuerregelungen. Regierungen weltweit aktualisieren kontinuierlich ihre Steuerpolitik, um neue Entwicklungen im Krypto-Bereich zu berücksichtigen. Neu auftretende Trends, wie die zunehmende Nutzung von DeFi-Plattformen (dezentrale Finanzplattformen) und die Einführung von digitalen Zentralbankwährungen (CBDCs), könnten zukünftige Steuerregelungen und Berichterfordernisse beeinflussen. Es ist wichtig, über diese Änderungen informiert zu bleiben und professionelle Steuerberatung in Anspruch zu nehmen, um die steuerlichen Verpflichtungen im Zusammenhang mit Kryptowährungen effektiv zu verwalten.

Zusammenfassend umfassen die steuerlichen Auswirkungen von Kryptowährungstransaktionen Kapitalertragssteuer, Einkommensteuer, Transaktionsgebühren und Dokumentationsanforderungen. Die Behandlung dieser Transaktionen variiert je nach Rechtsordnung, und die Einhaltung der lokalen Vorschriften ist entscheidend, um rechtliche Probleme zu vermeiden und die steuerlichen Verpflichtungen zu optimieren.

Steuerliche Auswirkungen von Kryptowährungstransaktionen in den Vereinigten Staaten

In den Vereinigten Staaten werden die steuerlichen Auswirkungen von Kryptowährungstransaktionen vom Internal Revenue Service (IRS) geregelt, der Kryptowährungen als Eigentum und nicht als Währung betrachtet. Diese Klassifikation hat erhebliche Auswirkungen darauf, wie verschiedene Arten von Kryptowährungstransaktionen besteuert werden. Das Verständnis dieser Auswirkungen ist sowohl für Einzelpersonen als auch für Unternehmen, die im Kryptowährungsmarkt tätig sind, von entscheidender Bedeutung, um die Einhaltung der Bundessteuergesetze sicherzustellen und mögliche Strafen zu vermeiden.

- **Kapitalertragssteuer:** In den USA unterliegen Kryptowährungen der Kapitalertragssteuer, die auf die Gewinne aus dem Verkauf oder Tausch von Krypto-Assets angewendet wird. Wenn eine Person Kryptowährung für mehr verkauft als den Kaufpreis, ist der Gewinn—bekannt als Kapitalgewinn—steuerpflichtig. Zum Beispiel, wenn eine Person Bitcoin für 10.000 $ kauft und später für 15.000 $ verkauft, wird der Gewinn von 5.000 $ als Kapitalgewinn betrachtet und muss in der Steuererklärung angegeben werden. Der IRS unterscheidet zwischen kurzfristigen und langfristigen Kapitalgewinnen, wobei kurzfristige Gewinne (von weniger als einem Jahr gehalten) zu den normalen Einkommensteuersätzen besteuert werden, während langfristige Gewinne (von mehr als einem Jahr gehalten) von reduzierten Steuersätzen profitieren.

- **Einkommensteuer:** Kryptowährungen, die als Einkommen erhalten werden, unterliegen der Einkommensteuer. Dies umfasst Kryptowährungen, die durch Aktivitäten wie Mining, Staking oder als Zahlung für Dienstleistungen verdient werden. Der faire Marktwert der Kryptowährung zum Zeitpunkt des Erhalts bestimmt die Höhe des zu berichtenden Einkommens. Zum Beispiel, wenn jemand 1 Bitcoin mined, der zum Zeitpunkt des Erhalts 20.000 $ wert ist, wird dieser Betrag als steuerpflichtiges Einkommen behandelt. Das Einkommen muss in der Steuererklärung der Person angegeben werden und wird nach dem anwendbaren Einkommensteuersatz basierend auf dem Gesamteinkommen des Einzelnen oder Unternehmens besteuert.

- **Transaktionsgebühren und Abzüge:** Transaktionsgebühren, die bei Kryptowährungshandelsgeschäften anfallen, sind von den Kapitalgewinnen abziehbar. Wenn eine Person Kryptowährung verkauft und eine Gebühr an einen Broker oder eine Börse zahlt, kann diese Gebühr von den Kapitalgewinnen abgezogen werden, um den zu versteuernden Nettobetrag zu ermitteln. Zum Beispiel, wenn eine Person Kryptowährung mit einem Gewinn von 5 .000 $ verkauft und eine Transaktionsgebühr von 100 $ anfällt, würde der steuerpflichtige Gewinn auf 4.900 $ angepasst werden. Eine ordnungsgemäße Dokumentation dieser Gebühren ist für eine genaue Steuerberichterstattung unerlässlich.

- **Dokumentation und Berichterstattung:** Die detaillierte Dokumentation aller Kryptowährungstransaktionen ist entscheidend für die Steuerkonformität. Der IRS verlangt von Einzelpersonen, jede Transaktion mit Kryptowährungen zu berichten, einschließlich Käufen, Verkäufen, Tauschgeschäften und der Verwendung von Krypto für Zahlungen. Detaillierte Aufzeichnungen sollten das Datum der Transaktion, die Menge und Art der Kryptowährung, den fairen Marktwert zum Zeitpunkt der Transaktion und die gezahlten Transaktionsgebühren umfassen. Diese Informationen sind notwendig, um Kapitalgewinne genau zu berechnen, Einkommen zu berichten und eine ordnungsgemäße steuerliche Behandlung sicherzustellen.

- **Steuerliche Behandlung verschiedener Transaktionstypen:** Verschiedene Arten von Kryptowährungstransaktionen unterliegen unterschiedlichen steuerlichen Behandlungen. Beispielsweise wird der Handel mit einer Kryptowährung gegen eine andere als steuerpflichtiges Ereignis betrachtet, bei dem jeglicher Gewinn oder Verlust aus dem Handel gemeldet werden muss. Ebenso wird die Verwendung von Kryptowährungen zum Kauf von Waren oder Dienstleistungen als steuerpflichtiges Ereignis betrachtet. Der faire Marktwert der Kryptowährung zum Zeitpunkt des Kaufs muss als Einkommen oder Kapitalgewinn oder -verlust angegeben werden, abhängig vom Kontext.

- **Steuerberichterstattungsformulare:** Der IRS verlangt die Verwendung spezifischer Formulare zur Berichterstattung von Kryptowährungstransaktionen. Einzelpersonen verwenden in der Regel das Formular 1040 und fügen das Formular Schedule D und das Formular 8949 bei, um Kapitalgewinne und -verluste zu melden. Das Formular 8949 wird verwendet, um jede Transaktion im Detail zu erfassen, einschließlich Erwerbsdatum, Verkaufsdatum, Erlös und Kostenbasis. Für Einkommen aus Kryptowährungen wird das Formular 1040 verwendet, um den Einkommensbetrag zu melden. Unternehmen, die in Kryptowährungstransaktionen involviert sind, müssen möglicherweise zusätzliche Formulare verwenden, wie das Formular 1120 für Unternehmen.

- **Neu auftretende Trends und Aktualisierungen:** Die steuerlichen Regelungen für Kryptowährungen entwickeln sich weiter, während der Markt wächst und neue Technologien entstehen. Der IRS hat Richtlinien und Hinweise herausgegeben, um die steuerliche Behandlung zu klären, aber laufende Entwicklungen im Kryptowährungsbereich—wie das Wachstum von DeFi-Plattformen (dezentrale Finanzplattformen) und die Einführung von digitalen Zentralbankwährungen (CBDCs)—könnten zukünftige Steuerpolitik beeinflussen. Steuerpflichtige sollten über diese Änderungen informiert bleiben und in Betracht ziehen, professionelle Steuerberatung in Anspruch zu nehmen, um komplexe Szenarien zu navigieren und die Einhaltung der neuesten Vorschriften sicherzustellen.

- **Strafen und Durchsetzung:** Das Nichtberichtigen von Kryptowährungstransaktionen kann zu Strafen und Durchsetzungsmaßnahmen durch den IRS führen. Ungenaue Berichterstattung, Unterberichterstattung von Einkommen oder das Versäumnis, Transaktionen offenzulegen, kann zu Geldstrafen, Zinsen und möglichen rechtlichen Konsequenzen führen. Der IRS hat zunehmend den Fokus auf Kryptowährungstransaktionen gelegt, einschließlich der Ausstellung von Warnschreiben und der Durchführung von Prüfungen, um die Einhaltung sicherzustellen.

Laut dem Internal Revenue Service (IRS) werden die meisten Kryptowährungen als umwandelbare virtuelle Währungen klassifiziert. Diese Einstufung bedeutet, dass sie als Zahlungsmittel, Wertspeicher, Rechnungseinheit fungieren und gegen echtes Geld eingetauscht werden können. Folglich unterliegen alle Gewinne oder Einkünfte aus

Kryptowährungstransaktionen der Besteuerung. Das Verständnis darüber, wann und wie Kryptowährungen besteuert werden, umfasst die Navigation durch verschiedene Steuerszenarien und -regelungen. Hier ist ein detaillierter Überblick über die steuerlichen Auswirkungen und wesentlichen Überlegungen [270]:

In den USA betrachtet der IRS Kryptowährungen als Eigentum und nicht als Währung, was die Besteuerung erheblich beeinflusst. Kryptowährungstransaktionen lösen steuerpflichtige Ereignisse basierend auf Änderungen des Marktwerts oder der Art der Transaktion aus. Hier sind die wichtigsten Szenarien, die zu Steuerverpflichtungen führen [270]:

- **Verkauf von Kryptowährungen:** Wenn Sie eine Kryptowährung für mehr verkaufen als den Kaufpreis, unterliegt der erzielte Gewinn der Kapitalertragssteuer. Zum Beispiel, wenn Sie 1 Bitcoin (BTC) für 6.000 $ kaufen und später für 8.000 $ verkaufen, ist der Gewinn von 2.000 $ steuerpflichtig. Der Steuersatz für diesen Gewinn hängt davon ab, wie lange Sie das Asset gehalten haben. Kurzfristige Kapitalgewinne (von weniger als einem Jahr gehalten) werden zu Ihrem normalen Einkommensteuersatz versteuert, der für das Steuerjahr 2024 zwischen 0 % und 37 % liegt. Langfristige Kapitalgewinne (von mehr als einem Jahr gehalten) profitieren von reduzierten Sätzen von 0 %, 15 % oder 20 %, abhängig von Ihrem Gesamteinkommen.

- **Verwendung von Kryptowährungen für Käufe:** Wenn Sie Kryptowährungen verwenden, um Waren oder Dienstleistungen zu kaufen, entsteht ein steuerpflichtiges Ereignis. Der steuerpflichtige Betrag ist die Differenz zwischen dem Wert der Kryptowährung zum Zeitpunkt des Kaufs und dem ursprünglichen Kaufpreis. Zum Beispiel, wenn Sie Bitcoin für 5.000 $ gekauft haben und es verwenden, um ein Produkt im Wert von 6.000 $ zu kaufen, müssen Sie den Gewinn von 1.000 $ als steuerpflichtiges Einkommen melden.

- **Erhalt von Kryptowährungen als Zahlung:** Wenn Sie Kryptowährungen als Zahlung für Waren oder Dienstleistungen erhalten, muss dies als Geschäfteinkommen gemeldet werden. Der Wert der Kryptowährung zum Zeitpunkt des Erhalts wird als steuerpflichtiges Einkommen betrachtet. Dies gilt unabhängig davon, ob Sie ein Unternehmen sind oder als Einzelperson Kryptowährungen für Freiberufliche Tätigkeiten oder andere Dienstleistungen erhalten.

- **Mining und Staking:** Kryptowährungen, die durch Mining oder Staking verdient werden, gelten als gewöhnliches Einkommen und werden basierend auf ihrem Marktwert zum Zeitpunkt des Erhalts besteuert. Zum Beispiel, wenn Sie Bitcoin minen und dessen Wert zum Zeitpunkt des Minings 10.000 $ beträgt, wird dieser Betrag als Einkommen besteuert.

Bestimmte Aktivitäten im Zusammenhang mit Kryptowährungen gelten gemäß den Richtlinien des IRS nicht als steuerpflichtige Ereignisse [270]:

- **Kauf von Kryptowährungen mit Fiat-Währung:** Der Kauf von Kryptowährungen mit traditioneller Währung (wie USD) löst kein steuerpflichtiges Ereignis aus. Steuern sind erst fällig, wenn die Kryptowährung verkauft, getauscht oder in einer Transaktion verwendet wird, die zu einem Gewinn führt.

- **Spenden an wohltätige Organisationen:** Die Spende von Kryptowährungen an eine steuerlich anerkannte gemeinnützige Organisation oder Wohltätigkeitsorganisation ist nicht steuerpflichtig, vorausgesetzt, die Spende erfolgt an eine vom IRS anerkannte Wohltätigkeitsorganisation. Die Spende von Kryptowährungen kann jedoch Ihre allgemeine Steuerlage beeinflussen, zum Beispiel durch die Möglichkeit, eine steuerliche Absetzung zu erhalten.

- **Geschenke von Kryptowährungen:** Das Verschenken von Kryptowährungen stellt für den Schenker kein steuerpflichtiges Ereignis dar, obwohl der Empfänger steuerliche Auswirkungen in Abhängigkeit vom Wert des Geschenks und möglichen Geschenkausschlüssen haben kann.

- **Übertragungen zwischen Wallets:** Das Übertragen von Kryptowährungen zwischen persönlichen Wallets löst kein steuerpflichtiges Ereignis aus. Steuern werden nur fällig, wenn die Kryptowährung verkauft, für Käufe verwendet oder gegen ein anderes Asset eingetauscht wird.

Wesentliche Erkenntnisse:

- **Kapitalertragssteuer:** Wenn Sie durch den Verkauf oder Tausch von Kryptowährungen Gewinne erzielen, schulden Sie Kapitalertragssteuer. Der Steuersatz hängt davon ab, wie lange Sie das Asset gehalten haben und von Ihrem gesamten steuerpflichtigen Einkommen.

- **Verwendung für Käufe:** Die Verwendung von Kryptowährungen zum Kauf von Waren oder Dienstleistungen führt zu einem steuerpflichtigen Gewinn oder Verlust, basierend auf der Differenz zwischen dem Kaufpreis und dem Wert zum Zeitpunkt der Nutzung.

- **Geschäftseinkommen:** Der Erhalt von Kryptowährungen als Zahlung oder Einkommen aus Mining wird als gewöhnliches Einkommen besteuert.

- **Steueraufzeichnungen:** Die genaue Dokumentation aller Kryptowährungstransaktionen, einschließlich Kaufpreise, Verkaufswerte und Transaktionsgebühren, ist für eine ordnungsgemäße Steuerberichterstattung und -konformität unerlässlich.

Beispiele für Steuerereignisse bei Kryptowährungen

Kauf mit Kryptowährungen: Die Nutzung von Kryptowährungen für Einkäufe hat mehrere steuerliche Auswirkungen. Wenn Sie Kryptowährungen ausgeben, wird dies als steuerpflichtiges Ereignis behandelt. Hier ist eine detaillierte Betrachtung, wie es funktioniert [270]:

- **Transaktionsdetails:** Wenn Sie Kryptowährungen zur Bezahlung von Waren oder Dienstleistungen übertragen, sind Sie sowohl für die Umsatzsteuer als auch für die Kapitalertragssteuer auf die Transaktion verantwortlich. Wenn Sie zum Beispiel einen Schokoriegel mit Bitcoin kaufen, müssen Sie die Umsatzsteuer basierend auf dem Gesamtwert der Transaktion berechnen, der den Wert der Kryptowährung zum Zeitpunkt des Kaufs einschließt.

- **Kapitalgewinne oder -verluste:** Wenn der Wert Ihrer Kryptowährung seit dem Erwerb gestiegen ist, führt die Transaktion zu einem Kapitalgewinn. Im Gegenteil, wenn der Wert gefallen ist, führt es zu einem Kapitalverlust. Dieser Gewinn oder Verlust wird durch den Vergleich des Wertes der Kryptowährung zum Zeitpunkt des Kaufs mit ihrem Wert zum Zeitpunkt der Nutzung ermittelt. Sowohl der Gewinn als auch die Umsatzsteuer müssen in Ihrer Steuererklärung angegeben werden.

- **Aufzeichnung:** Um Ihre Steuern genau zu melden, ist es wichtig, den ausgegebenen Betrag und den Marktwert der Kryptowährung zum Zeitpunkt der Transaktion festzuhalten. Dies hilft Ihnen, die Kapitalgewinne oder -verluste zu berechnen und sicherzustellen, dass Sie den steuerlichen Vorschriften entsprechen.

Kauf von Kryptowährungen: Wenn Sie Kryptowährungen kaufen, wie zum Beispiel einen Bitcoin (BTC) Anfang 2019 für 3.700 $ erwerben und der Wert später auf 38.500 $ steigt, hat dies steuerliche Auswirkungen sowohl für Sie als auch für die beteiligten Verkäufer [270]:

- **Steuerpflicht des Verkäufers:** Wenn Sie Bitcoin verwenden, um ein Auto zu kaufen, muss der Verkäufer die Transaktion basierend auf dem Marktwert von Bitcoin zum Zeitpunkt des Verkaufs melden. Der Verkäufer muss auch alle Kapitalgewinne oder -verluste berechnen, wenn er das Bitcoin in Fiat-Währung umwandelt oder es für einen anderen Kauf verwendet.

- **Ihre Steuerpflicht:** Als Käufer müssen Sie die Transaktion als Kapitalgewinn melden. Dies wird basierend auf der Differenz zwischen dem ursprünglichen Kaufpreis des Bitcoins und seinem Wert zum Zeitpunkt der Nutzung für den Kauf berechnet. Dieser Gewinn muss in Ihrer Steuererklärung angegeben werden und den Gewinn aus der Investition in Kryptowährungen widerspiegeln.

Verkauf von Kryptowährungen: Wenn Sie Kryptowährungen gegen Fiat-Währung eintauschen, ist es entscheidend, Ihren Kostenbasis für steuerliche Zwecke zu verstehen [270]:

- **Berechnung der Kostenbasis:** Die Kostenbasis Ihrer Kryptowährung umfasst den gesamten ausgegebenen Betrag, einschließlich aller Gebühren. Um den steuerpflichtigen Betrag zu bestimmen, subtrahieren Sie die Kostenbasis vom Marktwert der Kryptowährung zum Zeitpunkt des Austauschs.

- **Steuerpflichtiger Betrag:** Wenn Sie einen Gewinn haben, wird die Differenz zwischen dem Marktwert und der Kostenbasis als steuerpflichtig betrachtet. Im Gegenteil, wenn Sie einen Verlust erleiden, können Sie diesen Verlust melden, um möglicherweise andere Kapitalgewinne auszugleichen.

- **Aufzeichnung von Gewinnen und Verlusten:** Ähnlich wie bei anderen Vermögenswerten werden die steuerpflichtigen Gewinne oder Verluste aus Kryptowährungstransaktionen als Kapitalgewinne oder -verluste kategorisiert, was eine genaue Dokumentation erfordert, um sie korrekt zu melden.

Kryptowährungs-Mining: Für Personen, die Kryptowährungen minen, ist die steuerliche Behandlung unterschiedlich [270]:

- **Steuerpflichtiges Einkommen:** Mining-Belohnungen gelten als gewöhnliches Einkommen. Der Wert der Kryptowährung zum Zeitpunkt des Minings ist als Einkommen steuerpflichtig.

- **Geschäftsoperationen:** Wenn Mining Teil eines Geschäfts ist, wird das Einkommen als Geschäftseinkommen gemeldet. Miner können damit verbundene Ausgaben, wie Hardware- und Stromkosten, abziehen, was ihr steuerpflichtiges Einkommen senken kann.

Kryptowährungs-Staking: Beim Staking von Kryptowährungen wird diese als Sicherheit hinterlegt, um Transaktionen auf einer Blockchain zu validieren [270]:

- **Einkommensteuer:** Belohnungen, die aus dem Staking erhalten werden, sind als gewöhnliches Einkommen steuerpflichtig. Die Belohnungen müssen basierend auf ihrem Marktwert zum Zeitpunkt des Erhalts gemeldet werden.

- **Kapitalgewinne:** Wenn Sie die gestakte Kryptowährung später verwenden oder umwandeln, müssen alle daraus resultierenden Kapitalgewinne oder -verluste gemeldet werden. Die Gewinne oder Verluste werden basierend auf dem Wert der Kryptowährung zum Zeitpunkt des Erwerbs im Vergleich zu ihrem Wert zum Zeitpunkt der Umwandlung oder Nutzung berechnet.

Tausch von Kryptowährungen: Wenn Sie eine Kryptowährung gegen eine andere tauschen, behandelt der IRS dies als steuerpflichtiges Ereignis [270]:

- **Steuerpflichtiges Ereignis:** Der Tausch einer Kryptowährung gegen eine andere ist vergleichbar mit der Umwandlung einer in Fiat-Währung und dann dem Kauf einer anderen. Dieser Prozess löst einen Kapitalgewinn oder -verlust bei der getauschten Kryptowährung aus.

- **Meldung von Gewinnen oder Verlusten:** Alle Gewinne oder Verluste aus dem Tausch müssen gemeldet werden. Viele Kryptowährungsbörsen bieten Tools zum Exportieren von Handelsdaten an, die zur Verfolgung und Berechnung steuerpflichtiger Ereignisse für eine genaue Berichterstattung verwendet werden können.

Das Verständnis dieser verschiedenen Steuerereignisse hilft, die Einhaltung der IRS-Vorschriften sicherzustellen und kann bei der effektiven Steuerplanung für Personen, die an Kryptowährungstransaktionen beteiligt sind, unterstützen.

Steuerliche Auswirkungen von Kryptowährungstransaktionen in Australien

Wann die Kapitalertragssteuer anwendbar ist

In vielen Rechtsordnungen, einschließlich Australien, werden Kryptowährungen als Kapitalertragssteuer (CGT) Vermögenswerte behandelt. Das bedeutet, dass jede Veräußerung oder Umwandlung eines Krypto-Vermögenswerts als CGT-Ereignis betrachtet wird, wenn Sie diesen Vermögenswert als Investition halten. Diese Ereignisse können entweder zu einem Kapitalgewinn oder einem Kapitalverlust führen. Ein Kapitalgewinn tritt ein, wenn der Wert des Krypto-Vermögenswerts über seiner Kostenbasis liegt, während ein Kapitalverlust auftritt, wenn sein Wert gesenkt wurde. Es ist wichtig zu beachten, dass Nettokapitalverluste nicht von anderen Einkommensarten abgezogen werden können. Sie könnten jedoch Anspruch auf einen CGT-Rabatt haben, wenn Sie den Vermögenswert mindestens 12 Monate halten, was Ihren steuerpflichtigen Gewinn reduzieren kann [271].

Bestimmung des Zeitpunkts des CGT-Ereignisses

Der Zeitpunkt eines CGT-Ereignisses ist entscheidend für eine genaue Meldung. Ein CGT-Ereignis tritt ein, wenn Sie einen Krypto-Vermögenswert veräußern. Dies kann auf verschiedene Weise geschehen [271]:

- Verkauf des Vermögenswerts
- Schenkung des Vermögenswerts
- Handel oder Austausch eines Krypto-Vermögenswerts gegen einen anderen
- Umwandlung des Vermögenswerts in Fiat-Währung (wie Australische Dollar)
- Verwendung des Vermögenswerts zum Kauf von Waren oder Dienstleistungen

Andere Ereignisse, die als CGT-Ereignisse qualifizieren könnten, sind der Verlust oder die Zerstörung des Vermögenswerts oder die Schaffung vertraglicher Rechte. Die spezifische Art des CGT-Ereignisses kann beeinflussen, wann das Ereignis als eingetreten betrachtet wird und wie der Kapitalgewinn oder -verlust berechnet werden sollte.

Berechnung Ihres CGT

Um Ihre Kapitalertragssteuer zu berechnen, folgen Sie diesen Schritten [271]:

1. **Aufzeichnungen sammeln:** Stellen Sie sicher, dass Sie genaue Aufzeichnungen über jeden Krypto-Vermögenswert und alle damit verbundenen Transaktionen haben. Dies umfasst Kaufpreise, Daten und den Wert der Vermögenswerte zum Zeitpunkt jeder Transaktion.

2. **Werte umrechnen:** Rechnen Sie den Wert der Krypto-Vermögenswerte in Australische Dollar (AUD) um, um Konsistenz in den Berechnungen zu gewährleisten.

3. **Kapitalgewinn oder -verlust ermitteln:** Ziehen Sie für jedes CGT-Ereignis die Kostenbasis (den ursprünglichen Kaufpreis plus alle damit verbundenen Kosten) von den Erlösen des Verkaufs oder dem Wert des Vermögenswerts zum Zeitpunkt der Transaktion ab. Wenn dies zu einer positiven Zahl führt, haben Sie einen Kapitalgewinn. Wenn es negativ ist, haben Sie einen Kapitalverlust.

4. **CGT-Rabatt anwenden:** Wenn Sie den Vermögenswert länger als 12 Monate gehalten haben, könnten Sie Anspruch auf einen CGT-Rabatt haben, der den steuerpflichtigen Betrag Ihres Kapitalgewinns reduziert.

Meldung des CGT auf Krypto-Vermögenswerte in Ihrer Steuererklärung

Bei der Meldung des CGT in Ihrer Steuererklärung [271]:

- **Für Einzelpersonen:** Wenn Sie Ihre Steuererklärung online mit myTax ausfüllen, beziehen Sie sich auf die Abschnitte über Kapitalgewinne oder -verluste. Bei Papierformularen folgen Sie den spezifischen Anweisungen für Einzelpersonen.

- **Für Unternehmen, Trusts oder Fonds:** Verwenden Sie den Kapitalertragssteuer-Plan und die entsprechenden Anweisungen für diese Einheiten.

Detaillierte Aufzeichnungen zu führen und Werkzeuge wie Online-Rechner zu nutzen, kann Ihnen helfen, Ihre Kapitalgewinne genau zu verwalten und zu melden. Stellen Sie stets sicher, dass Sie die lokalen Steuergesetze einhalten, und konsultieren Sie bei Bedarf einen Steuerfachmann, um komplexe Situationen zu bewältigen.

Rechtliche Herausforderungen und Fallstudien

Der Kryptowährungsmarkt, obwohl er erhebliche Innovationen und Chancen für finanzielle Inklusion bietet, hat auch mehrere hochkarätige Vorfälle erlebt, die die Risiken und regulatorischen Lücken innerhalb der Branche aufzeigen. Diese Vorfälle verdeutlichen die Notwendigkeit verbesserter Sicherheitsmaßnahmen und einer besseren regulatorischen Aufsicht zum Schutz der Investoren und zur Wahrung der Marktintegrität [268].

Mt. Gox-Hack: Im Jahr 2014 meldete Mt. Gox, einst die größte Bitcoin-Börse der Welt, Insolvenz nach einem schweren Sicherheitsvorfall. Etwa 850.000 BTC, die damals etwa 450 Millionen Dollar wert waren, wurden gestohlen. Dieser Hack offenbarte schwerwiegende Schwachstellen in den Sicherheitsprotokollen von Kryptowährungsbörsen und hob das Fehlen einer regulatorischen Aufsicht in der Branche hervor. Als Reaktion darauf verabschiedete Japan, wo Mt. Gox ansässig war, 2017 neue Gesetze zur Bekämpfung dieser Probleme. Das Payment Services Act (PSA) wurde überarbeitet, um strengere Sicherheitsmaßnahmen für Börsen vorzuschreiben, einschließlich der Aufrechterhaltung angemessener Rücklagen und jährlicher Prüfungen. Diese Änderungen zielten darauf ab, die Sicherheit der von Börsen gehaltenen Mittel zu verbessern und den Schutz der Investoren zu erhöhen [268].

Bitfinex-Hack: Der Bitfinex-Hack von 2016 war ein weiteres bedeutendes Ereignis im Kryptowährungsbereich. Bitfinex, eine bedeutende Kryptowährungsbörse, erlitt einen Sicherheitsvorfall, bei dem 120.000 BTC, die damals etwa 72 Millionen Dollar wert waren, verloren gingen. Der Hack lenkte die Aufmerksamkeit auf die Sicherheitspraktiken von Kryptowährungsbörsen und die Notwendigkeit regulatorischer Interventionen. Nach dem Vorfall verhängte die Commodity Futures Trading Commission (CFTC) eine Geldstrafe gegen Bitfinex für den Betrieb einer nicht registrierten Börse und das Versäumnis, angemessene Sicherheitsmaßnahmen zu implementieren. Dieser Vorfall unterstrich die Bedeutung rigoroser Sicherheitsstandards und regulatorischer Compliance in der Kryptowährungsbranche [268].

FTX-Kollaps: Der Zusammenbruch von FTX im November 2022 markierte eines der bedeutendsten Versagen in der Geschichte der Kryptowährungen. Die Krise begann, als CoinDesk Bedenken hinsichtlich der finanziellen Gesundheit von Alameda Research, einer Handelsfirma, die eng mit FTX verbunden war, meldete. Es wurde offenbart, dass ein großer Teil von Alamedas Bilanz in FTT, dem nativen Token von FTX, gehalten wurde. Diese Offenbarung führte zu einem Vertrauensverlust unter Investoren und Nutzern, was eine Liquiditätskrise auslöste, da viele versuchten, ihre Mittel gleichzeitig abzuziehen. Der Zusammenbruch wurde auf das Fehlen einer klaren Trennung zwischen Börsenoperationen und Handelsaktivitäten zurückgeführt. Als Reaktion darauf leiteten US-Behörden, einschließlich des Department of Justice (DOJ), der Securities and Exchange Commission (SEC) und der Financial Crimes Investigation Branch der Bahamas, Ermittlungen gegen die Börse und ihre Führungskräfte wegen möglicher regulatorischer Verstöße ein [268].

Terra-Luna-Crash: Im Mai 2022 erlebten Terra (LUNA) und sein Stablecoin TerraUSD (UST) einen katastrophalen Zusammenbruch. UST begann, seine Bindung an den Dollar zu verlieren, was durch den miteinander verbundenen Mechanismus zwischen UST und LUNA verschärft wurde. Der Zusammenbruch wurde durch eine hohe Rendite von 19,5 % ausgelöst, die das Anchor-Protokoll den UST-Einlegern bot, was zu großen Abhebungen und einem Bank Run führte. Dies führte dazu, dass UST von Dollar entkoppelt wurde und der Preis von LUNA dramatisch fiel, was zu einem „Todesspirale“ führte, bei dem das Angebot an LUNA stark anstieg, während sein Preis auf fast null fiel. Der Zusammenbruch von Terra-Luna führte zu regulatorischer Überprüfung von Stablecoins. Das britische HM Treasury kündigte Pläne an, Stablecoins im Rahmen einer umfassenderen Finanzdienstleistungsgesetzgebung zu regulieren, und die Financial Conduct Authority (FCA) schlug Vorschriften für Fiat-gestützte Stablecoins vor, was auf eine strengere Aufsicht hindeutet [268].

Tornado Cash-Sanktionen: Tornado Cash (TC) operiert als dezentrales Smart Contract auf der Ethereum-Blockchain, das entwickelt wurde, um die Transaktionsprivatsphäre zu verbessern, indem Kryptowährungen gemischt werden, um deren Ursprung und Ziel zu verschleiern. Trotz seines Potentials für legitime Nutzung wurde TC dafür kritisiert, Geldwäsche durch das Mischen der Erträge aus Cyberkriminalität zu erleichtern. Seit seiner Gründung im Jahr 2019 war TC in die Wäsche von Kryptowährungen im Wert von über 7 Milliarden Dollar verwickelt, einschließlich Mitteln, die mit der nordkoreanischen Hackergruppe Lazarus Group und anderen illegalen Aktivitäten wie dem Harmony Bridge Heist und dem Nomad Heist verbunden sind. Am 8. August 2022 verhängte das Office of Foreign Assets Control (OFAC) des US-Finanzministeriums Sanktionen gegen Tornado Cash gemäß Executive Order 13694, die darauf abzielen, die Verwendung von Kryptowährungen für illegale Aktivitäten zu bekämpfen. Dies markierte eine bedeutende regulatorische Maßnahme gegen Blockchain-Mixer und hob die fortwährende Herausforderung hervor, Privatsphäre mit regulatorischer Compliance in Einklang zu bringen [268].

Diese bedeutenden Vorfälle auf dem Kryptowährungsmarkt verdeutlichen die inhärenten Risiken und regulatorischen Herausforderungen im Zusammenhang mit digitalen Vermögenswerten. Sie haben erhebliche regulatorische Reaktionen ausgelöst und die dringende Notwendigkeit eines robusteren regulatorischen Rahmens zur Bewältigung von Sicherheits-, Compliance- und Finanzstabilitätsfragen aufgezeigt. Da sich der Kryptowährungsmarkt weiterhin entwickelt, ist es entscheidend, dass die Regulierungsbehörden umfassende Maßnahmen entwickeln und umsetzen, die Investoren schützen und die Integrität des Finanzsystems sicherstellen.

Herausforderungen in der Regulierung von Kryptowährungen

Die Regulierung von Kryptowährungen stellt aufgrund der besonderen Merkmale der Blockchain-Technologie und der sich entwickelnden Natur digitaler Vermögenswerte eine einzigartige Reihe von Herausforderungen dar. Diese Herausforderungen erfordern sorgfältige Überlegungen, um effektive regulatorische Rahmenbedingungen zu entwickeln, die Innovation mit dem Schutz der Investoren in Einklang bringen [268].

Eine der grundlegenden Herausforderungen bei der Regulierung von Kryptowährungen ist das Gleichgewicht zwischen der Skalierbarkeit der Blockchain und der finanziellen Inklusion. Kryptowährungen haben das Potenzial, die finanzielle Inklusion zu verbessern, indem sie unbankierten und unterbankierten Bevölkerungsgruppen alternativen Zugang zu Finanzdienstleistungen bieten. Dieses Potenzial wird umfassend diskutiert und hebt hervor, wie Kryptowährungen die ausschließenden Praktiken traditioneller Banksysteme herausfordern könnten. Trotz der wachsenden Marktkapitalisierung von Kryptowährungen bleibt ihre Akzeptanz im Vergleich zu traditionellen Finanzmärkten begrenzt. Diese Diskrepanz ist weitgehend auf Skalierungsprobleme zurückzuführen, die in der Blockchain-Technologie eingebettet sind. Zum Beispiel können Bitcoin und Ethereum, zwei der prominentesten Kryptowährungen, jeweils nur 7 und 20-30 Transaktionen pro Sekunde verarbeiten [268]. Diese Einschränkungen führen zu erheblichen Verzögerungen und höheren Transaktionskosten, die sich direkt auf die breitere Akzeptanz von Kryptowährungen auswirken. Folglich könnten die moderaten Akzeptanzraten die regulatorische Motivation reduzieren, da die wahrgenommenen Vorteile umfangreicher regulatorischer Maßnahmen die Kosten für deren Implementierung und Durchsetzung möglicherweise nicht aufwiegen [268].

Eine weitere bedeutende Herausforderung ist die pseudonyme Natur von Blockchain-Transaktionen, die die Regulierung von Kryptowährungen, insbesondere bei der Bekämpfung betrügerischer Aktivitäten, kompliziert. Die Blockchain-Technologie bietet ein hohes Maß an Privatsphäre, indem sie Transaktionen mit kryptografischen Adressen anstelle von persönlichen Identitäten verknüpft. Während diese Pseudonymität die Privatsphäre der Nutzer schützt, erschwert sie es den Regulierungsbehörden, Probleme wie Geldwäsche, Betrug und andere illegale Aktivitäten anzugehen. Regulierungsbehörden wie die U.S. Securities and Exchange Commission (SEC) und die Commodity Futures Trading Commission (CFTC) haben Vorschriften erlassen, um betrügerische Aktivitäten im Kryptowährungsbereich zu bekämpfen [268]. Die pseudonyme Natur von Blockchain-Transaktionen behindert jedoch oft diese Bemühungen, da es extrem schwierig sein kann, die Personen hinter Transaktionen zu identifizieren, ohne die Datenschutzrechte zu verletzen. Das Gleichgewicht zwischen effektiver Regulierung und dem Schutz der Privatsphäre der Nutzer bleibt eine kritische und komplexe Angelegenheit.

Die dezentrale Natur der Blockchain-Technologie, die die Innovation und Sicherheit von Kryptowährungen unterstützt, stellt bedeutende Herausforderungen für die regulatorische Aufsicht und rechtliche Verantwortlichkeit dar. Im Gegensatz zu traditionellen Finanzsystemen, die klare Hierarchien und regulierte Einheiten aufweisen, funktionieren Blockchain-Netzwerke ohne zentrale Autorität. Diese Dezentralisierung kompliziert die regulatorischen Bemühungen zur Durchsetzung von Compliance und Verantwortlichkeit. Beispielsweise machte der DAO-Hack auf der Ethereum-Blockchain im Jahr 2016, bei dem etwa 3,6 Millionen ETH gestohlen wurden, die Abwesenheit einer zentralen Autorität zu einem Problem. Die Herausforderung für Regulierungsbehörden besteht darin, Mechanismen zu entwickeln, die rechtliche Verantwortlichkeit innerhalb dezentraler Systeme sicherstellen, während die innovative und offene Natur der Blockchain-Technologie erhalten bleibt. Der Aufbau solcher Rahmenbedingungen ist entscheidend, um die Teilnehmer zu schützen und die Marktintegrität zu wahren [268].

Die grenzüberschreitende Natur der Blockchain-Technologie bringt Herausforderungen im Zusammenhang mit Zuständigkeitsfragen und regulatorischem Arbitrage mit sich. Kryptowährungen operieren global, was zu einem Flickenteppich von regulatorischen Ansätzen führt, bei dem einige Länder strenge Kontrollen auferlegen, während andere eine nachgiebigere Haltung einnehmen. Diese Diskrepanz kann zu regulatorischem Arbitrage führen, bei dem Unternehmen und Einzelpersonen Unterschiede in den regulatorischen Umfeldern ausnutzen, indem sie ihre Aktivitäten in Rechtsordnungen mit vorteilhafteren Vorschriften ansiedeln. Beispielsweise wurden viele Initial Coin Offerings (ICOs) als Reaktion auf strenge Vorschriften in bestimmten Ländern in Jurisdiktionen mit günstigeren rechtlichen Rahmenbedingungen gestartet, wie in der Schweiz und Singapur. Diese Praxis kann zu einem regulatorischen Wettlauf nach unten führen, bei dem Jurisdiktionen um die Attraktivität für Krypto-Projekte konkurrieren, indem sie weniger strenge regulatorische Anforderungen bieten. Um diese Herausforderungen zu bewältigen, wird internationale Zusammenarbeit und das Streben nach harmonisierten regulatorischen Standards immer wichtiger. Ein koordinierter Ansatz kann helfen, regulatorisches Arbitrage zu mindern und sicherzustellen, dass die Vorschriften für Kryptowährungen effektiv und konsistent über Grenzen hinweg sind [268].

Angesichts der diskutierten Herausforderungen sollten mehrere zentrale Fragen die regulatorischen Bemühungen leiten [268]:

1. **Sollten Kryptowährungen reguliert werden?** Regulierungsbehörden müssen die Vorteile der Integration von Kryptowährungen in regulatorische Rahmenbedingungen, wie den Schutz der Verbraucher und die Förderung der finanziellen Stabilität, gegen die potenziellen Nachteile einer Überregulierung abwägen, die Innovation ersticken und die finanzielle Inklusion einschränken könnte. Das richtige Gleichgewicht zu finden, ist entscheidend, um die Vorteile von Kryptowährungen zu nutzen und gleichzeitig die damit verbundenen Risiken zu mindern.

2. **Sollten bestehende Rahmenbedingungen angepasst oder neue entwickelt werden?** Die Anpassung bestehender regulatorischer Rahmenbedingungen, um Kryptowährungen einzubeziehen, kann einfacher sein, könnte jedoch zu Vorschriften führen, die nicht gut auf die einzigartigen Aspekte digitaler Vermögenswerte abgestimmt sind. Umgekehrt könnte die Entwicklung neuer, maßgeschneiderter Vorschriften einen präziseren Ansatz bieten, aber ressourcenintensiv und zeitaufwändig sein. Die Wahl zwischen der Anpassung bestehender Rahmenbedingungen oder der Schaffung neuer Rahmenbedingungen beeinflusst die Effektivität der regulatorischen Bemühungen.

3. **Wer sollte die Hauptziele der Regulierung von Kryptowährungen sein?** Regulierungsbehörden müssen entscheiden, ob sie sich auf die Technologie selbst, die Nutzer, Dienstleister oder spezifische Aktivitäten innerhalb des Kryptowährungs-Ökosystems konzentrieren wollen. Diese Entscheidung ist besonders bedeutsam im dezentralen Krypto-Markt, wo traditionelle Finanzintermediäre fehlen.

4. **Welche Ansätze sollten für die Regulierung von Kryptowährungen verfolgt werden?** Das Ziel regulatorischer Strategien sollte es sein, „gleiche Risiken, gleiche regulatorische Ergebnisse" zu erreichen und sicherzustellen, dass Kryptowährungen regulatorischen Maßnahmen unterliegen, die ihrem Risiko-Profil entsprechen. Regulierungsbehörden müssen Strategien entwickeln, die den regulatorischen Rahmen für Kryptowährungen an deren Funktionen und Risiken anpassen und eine Parität in den regulatorischen Standards und der Aufsicht zwischen digitalen Vermögenswerten und traditionellen Finanzinstrumenten anstreben.

Die Beantwortung dieser Fragen und Herausforderungen ist entscheidend für die Entwicklung eines regulatorischen Rahmens, der die Risiken im Zusammenhang mit Kryptowährungen effektiv verwaltet, während er Innovation und finanzielle Inklusion fördert.

Zukünftige Trends in der Regulierung

Die zukünftigen Trends in der Regulierung von Kryptowährungen werden voraussichtlich bedeutende Veränderungen und Entwicklungen im Zuge der sich wandelnden Landschaft digitaler Vermögenswerte durchlaufen. Ein entscheidender Aspekt, der voraussichtlich die regulatorische Umgebung prägen wird, ist die zunehmende globale Zusammenarbeit und Harmonisierung unter den Regulierungsbehörden weltweit [272]. Da Kryptowährungen nationale Grenzen überschreiten, wird die Notwendigkeit standardisierter regulatorischer Ansätze zwingend erforderlich, um Konsistenz und Klarheit im regulatorischen Rahmen zu gewährleisten [272]. Kooperationen zwischen internationalen Regulierungsorganisationen wie der Financial Action Task Force (FATF) und der International Organization of Securities Commissions (IOSCO) werden wahrscheinlich eine zentrale Rolle bei der Schaffung kohärenter Richtlinien spielen, die grenzüberschreitende Probleme angehen und regulatorische Harmonisierung fördern [272].

Darüber hinaus wird erwartet, dass ein wichtiger Fokus zukünftiger Kryptowährungsregulierungen auf der Verbesserung der Verbraucherschutzmaßnahmen liegen wird [272]. Mit der zunehmenden Akzeptanz digitaler Vermögenswerte wird prognostiziert, dass Regulierungsbehörden den Schutz der Investoren vor Betrug, Marktmanipulation und anderen Risiken im Zusammenhang mit Kryptowährungstransaktionen priorisieren werden [272]. Diese Betonung des Verbraucherschutzes könnte zur Umsetzung strengerer Anforderungen an Transparenz und Offenlegung durch Kryptowährungsbörsen und Initial Coin Offerings (ICOs) führen [272]. Zusätzlich werden regulatorische Rahmenbedingungen voraussichtlich Mechanismen für Streitbeilegung und Entschädigung einführen, um Nutzer vor finanziellen Verlusten durch Sicherheitsverletzungen oder Missmanagement von Krypto-Dienstleistern zu schützen [272].

Stablecoins und digitale Zentralbankwährungen (CBDCs) werden voraussichtlich zentrale Punkte in den zukünftigen Regulierungsefforts für Kryptowährungen darstellen [272]. Der Aufstieg der Stablecoins, die darauf ausgelegt sind, einen stabilen Wert im Vergleich zu Fiat-Währungen aufrechtzuerhalten, bringt regulatorische Herausforderungen im Zusammenhang mit Geldpolitik, finanzieller Stabilität und Verbraucherschutz mit sich [272]. Regulierungsbehörden werden voraussichtlich strenge Anforderungen an die Emittenten von Stablecoins stellen, um angemessene Reserven und Transparenz zu gewährleisten [272]. Andererseits wird die Entstehung von CBDCs, digitalen Währungen, die von Zentralbanken ausgegeben werden, Diskussionen über ihre Rolle im Finanzsystem und die Notwendigkeit neuer regulatorischer Rahmenbedingungen zur Behandlung ihrer Auswirkungen auf die Geldpolitik, finanzielle Stabilität und Privatsphäre auslösen [272].

Mit dem Fortschreiten der Blockchain-Technologie werden Regulierungsbehörden ihre Strategien anpassen müssen, um neue Innovationen und Anwendungen zu berücksichtigen [273]. Die Entwicklung von Blockchain-Lösungen wie dezentralen Finanzplattformen (DeFi) und Smart Contracts bietet sowohl Chancen als auch regulatorische Herausforderungen [273]. Zukünftige Vorschriften werden sich voraussichtlich auf die Definition des rechtlichen Status und der Betriebsstandards für dezentrale Plattformen konzentrieren, die Einhaltung bestehender Finanzgesetze sicherstellen und Sicherheits- sowie Durchsetzbarkeitsbedenken im Zusammenhang mit Smart Contracts adressieren

[273]. Regulierungsbehörden werden vor der Aufgabe stehen, ein Gleichgewicht zwischen der Förderung von Innovation und dem Schutz der Nutzer zu finden, während sie die Integrität des Marktes wahren [273].

Die Integration von Künstlicher Intelligenz (KI) und Automatisierung wird voraussichtlich erhebliche Auswirkungen auf die Regulierung von Kryptowährungen haben [273]. KI kann die regulatorische Aufsicht verbessern, indem sie große Mengen an Transaktionsdaten analysiert, um verdächtige Aktivitäten zu erkennen, Betrug zu verhindern und die Einhaltung regulatorischer Anforderungen sicherzustellen [273]. Automatisierungstools, einschließlich automatisierter Berichterstattung und Compliance-Systeme, haben das Potenzial, regulatorische Prozesse zu vereinfachen und die Effizienz zu steigern [273]. Allerdings wirft die Einbeziehung von KI und Automatisierung in regulatorische Praktiken Bedenken hinsichtlich Datenschutz, Sicherheit und möglicher algorithmischer Verzerrungen auf, die von den Regulierungsbehörden adressiert werden müssen [273].

Im Bereich der Besteuerung wird die Entwicklung der Kryptowährungstransaktionen kontinuierliche Entwicklungen in den Besteuerungsrahmenwerken erfordern, um die Komplexität digitaler Vermögenswerte zu berücksichtigen [272]. Zukünftige Trends könnten die Etablierung detaillierter Richtlinien für die Berichterstattung und Besteuerung verschiedener Arten von Kryptowährungstransaktionen, einschließlich Staking, Yield Farming und Non-Fungible Tokens (NFTs), umfassen [272]. Technologische Fortschritte könnten vereinfachte Steuerberichterstattungsprozesse für Einzelpersonen und Unternehmen ermöglichen, möglicherweise durch die Nutzung blockchain-basierter Lösungen zur genauen Verfolgung und Berichterstattung von Transaktionen [272]. Regulierungsbehörden werden vor der Herausforderung stehen, die Anforderungen an die Steuerkonformität mit der Förderung von Innovationen im Kryptowährungsbereich in Einklang zu bringen [272].

Zusammenfassend wird erwartet, dass die Zukunft der Regulierung von Kryptowährungen ein dynamisches Zusammenspiel zwischen Innovation und Aufsicht erleben wird, da das Ökosystem digitaler Vermögenswerte weiterhin wächst [272]. Regulierungsbehörden müssen anpassungsfähig und proaktiv bleiben, um aufkommende Herausforderungen und Chancen im Kryptowährungsbereich zu adressieren und ein robustes und förderliches regulatorisches Umfeld für Marktteilnehmer und Investoren zu gewährleisten.

9 Anwendungen in der Praxis

Kryptowährungen, ursprünglich als digitale Alternativen zu traditionellen Währungen konzipiert, haben sich zu vielseitigen Werkzeugen mit einer breiten Palette an praktischen Anwendungen entwickelt. Hier sind einige bemerkenswerte Beispiele:

1. **Digitale Zahlungen** Kryptowährungen wie Bitcoin und Ethereum werden zunehmend für digitale Zahlungen verwendet. Sie bieten eine dezentrale Alternative zu traditionellen Finanzsystemen und ermöglichen es Nutzern, Transaktionen ohne Zwischenhändler wie Banken durchzuführen. Beispielsweise akzeptieren Unternehmen wie Overstock, Newegg und verschiedene Online-Dienste Bitcoin als Zahlungsmethode. Diese Transaktionen können schneller und oft mit geringeren Gebühren verarbeitet werden als bei traditionellen Zahlungssystemen.

2. **Grenzüberschreitende Transaktionen** Kryptowährungen erleichtern grenzüberschreitende Transaktionen, indem sie die Notwendigkeit von Währungsumrechnungen beseitigen und die Transaktionszeiten sowie -kosten reduzieren. Beispielsweise kann das Versenden von Bitcoin oder Stablecoins wie USDC international in Minuten erfolgen, im Vergleich zu Tagen bei traditionellen Bankmethoden. Dies ist besonders nützlich in Regionen mit eingeschränktem Zugang zu Bankdienstleistungen oder hohen Überweisungsgebühren.

3. **Dezentrale Finanzen (DeFi)** DeFi stellt einen aufstrebenden Sektor im Bereich der Kryptowährungen dar, der darauf abzielt, traditionelle Finanzdienstleistungen mit dezentralen Technologien neu zu gestalten. DeFi-Plattformen bieten Dienstleistungen wie Verleih, Kreditaufnahme, Handel und das Verdienen von Zinsen auf Krypto-Vermögenswerte, ohne auf traditionelle Finanzintermediäre angewiesen zu sein. Beispielsweise ermöglichen Plattformen wie Compound und Aave Nutzern das Verleihen und Leihen von Kryptowährungen, während Uniswap den dezentralen Handel mit digitalen Vermögenswerten ermöglicht.

4. **Smart Contracts** Smart Contracts, hauptsächlich mit Ethereum verbunden, sind selbstausführende Verträge, bei denen die Bedingungen des Agreements direkt in den Code geschrieben sind. Diese Verträge führen automatisch die Bedingungen aus und setzen sie durch, sobald vordefinierte Bedingungen erfüllt sind, wodurch die Notwendigkeit für Zwischenhändler reduziert und das Betrugsrisiko minimiert wird. Smart Contracts werden in verschiedenen Anwendungen genutzt, von der Verwaltung von Lieferketten bis hin zur Automatisierung komplexer Finanztransaktionen.

5. **Non-Fungible Tokens (NFTs)** NFTs sind einzigartige digitale Vermögenswerte, die mithilfe der Blockchain-Technologie verifiziert werden. Sie repräsentieren den Besitz eines bestimmten Objekts oder Inhalts, wie Kunstwerke, Musik oder Sammlerstücke. Plattformen wie OpenSea und Rarible erleichtern die Erstellung, den Kauf und den Verkauf von NFTs. Künstler und Schöpfer nutzen NFTs, um ihre Arbeiten direkt zu monetarisieren, während Sammler in digitale Kunst und seltene Sammlerstücke investieren.

6. **Tokenisierung von Vermögenswerten** Tokenisierung umfasst die Umwandlung physischer oder finanzieller Vermögenswerte in digitale Tokens auf einer Blockchain. Dieser Prozess ermöglicht eine fractionale Eigentümerschaft und einen leichteren Transfer von Vermögenswerten. Immobilien, Kunst und andere wertvolle Vermögenswerte können tokenisiert werden, um Investitionsmöglichkeiten zu erweitern und die Liquidität zu erhöhen. Beispielsweise können Immobilien in digitale Tokens aufgeteilt werden, die Anteile an der Immobilie repräsentieren, was sie einem breiteren Spektrum von Investoren zugänglich macht.

7. **Lieferkettenmanagement** Die Blockchain-Technologie, die Grundlage für Kryptowährungen, verbessert die Transparenz und Effizienz im Lieferkettenmanagement. Durch die Aufzeichnung jedes Schrittes der Lieferkette auf einer Blockchain können Unternehmen die Herkunft von Waren verfolgen, die Authentizität überprüfen und Betrug reduzieren. Das Food Trust-Initiative von Walmart und IBM ist ein Beispiel dafür, wie Blockchain die Rückverfolgbarkeit und Sicherheit von Lebensmitteln verbessern kann.

8. **Digitale Identität und Sicherheit** Kryptowährungen und Blockchain-Technologie können das Management digitaler Identitäten verbessern, indem sie eine sichere und dezentrale Möglichkeit bieten, persönliche Informationen zu verwalten. Blockchain-basierte digitale Identitäten können den Nutzern Kontrolle über ihre Daten geben und das Risiko von Identitätsdiebstahl reduzieren. Projekte wie SelfKey und Sovrin zielen darauf ab, dezentrale Identitätslösungen bereitzustellen, die es Einzelpersonen ermöglichen, ihre Identität zu verifizieren, ohne auf traditionelle Institutionen angewiesen zu sein.

9. **Wohltätige Spenden** Kryptowährungen werden zunehmend für wohltätige Spenden verwendet, da sie Transparenz und Effizienz bieten. Spenden, die mit Kryptowährungen gemacht werden, können auf der Blockchain nachverfolgt werden, um sicherzustellen, dass die Mittel wie beabsichtigt verwendet werden. Plattformen wie BitGive und Binance Charity erleichtern Kryptowährungsdonationen für verschiedene Zwecke und verbessern die Transparenz und Rechenschaftspflicht im Wohltätigkeitssektor.

10. **Gaming und virtuelle Welten** Kryptowährungen und Blockchain-Technologie transformieren die Gaming-Industrie, indem sie es Spielern ermöglichen, In-Game-Assets sicher zu besitzen und zu handeln. Spiele wie Axie Infinity und Decentraland nutzen Blockchain, um virtuelle Welten zu schaffen, in denen Spieler virtuelle Gegenstände und Grundstücke mit Kryptowährungen kaufen, verkaufen und handeln können. Dies schafft neue Einnahmequellen für Spieleentwickler und bietet den Spielern echtes Eigentum an ihren In-Game-Assets.

Kryptowährungen und Blockchain-Technologie werden zunehmend in verschiedenen Sektoren integriert und bieten innovative Lösungen, die Effizienz, Transparenz und

Zugänglichkeit verbessern. Da sich die Technologie weiterentwickelt, wird erwartet, dass ihre praktischen Anwendungen weiter expandieren und viele Aspekte unseres täglichen Lebens und der Wirtschaftssysteme beeinflussen.

Dezentrale Finanzen (DeFi)

Dezentrale Finanzen (DeFi) repräsentieren einen revolutionären Ansatz für Finanzdienstleistungen, indem sie öffentliche Blockchains, hauptsächlich Ethereum, nutzen, um ein breites Spektrum an Finanzaktivitäten anzubieten, ohne auf traditionelle Banken angewiesen zu sein. DeFi ermöglicht es Nutzern, Finanztransaktionen wie das Verdienen von Zinsen, Ausleihen, Verleihen, den Kauf von Versicherungen, den Handel mit Derivaten und den Austausch von Vermögenswerten direkt über digitale Plattformen durchzuführen. Im Gegensatz zur traditionellen Finanzwelt funktioniert DeFi global, peer-to-peer und ist für alle Personen mit einer Internetverbindung zugänglich, wodurch die Notwendigkeit für Vermittler und damit verbundene Papierarbeit entfällt [274].

Vorteile von DeFi [274]:

- **Offener Zugang:** DeFi-Plattformen erfordern nicht, dass Nutzer Konten eröffnen oder Dienste über traditionelle Kanäle beantragen. Stattdessen wird der Zugang einfach durch das Erstellen eines digitalen Wallets gewährt. Diese einfache Zugangsweise reduziert die Teilnahmebarrieren und demokratisiert den Zugang zu Finanzdienstleistungen.

- **Pseudonyme Transaktionen:** Nutzer müssen keine persönlichen Informationen wie Namen oder E-Mail-Adressen offenlegen, um DeFi-Dienste zu nutzen. Diese Pseudonymität erhöht die Privatsphäre und reduziert das Risiko von Identitätsdiebstahl im Vergleich zu traditionellen Finanzsystemen.

- **Flexibilität:** DeFi ermöglicht eine nahtlose Bewegung von Vermögenswerten ohne die Genehmigung von Dritten. Überweisungen sind schnell, und Nutzer können Vermögenswerte weltweit bewegen, ohne auf traditionelle Bankprozesse warten oder hohe Gebühren zahlen zu müssen.

- **Geschwindigkeit und Effizienz:** Zinssätze und Belohnungen auf DeFi-Plattformen können sich schnell ändern, manchmal alle 15 Sekunden. Diese dynamische Umgebung führt oft zu signifikant höheren Renditen im Vergleich zu traditionellen Finanzmärkten, die mit starreren und langsameren Systemen arbeiten.

- **Transparenz:** DeFi-Plattformen bieten in der Regel vollständige Transparenz hinsichtlich der Transaktionen. Im Gegensatz zu traditionellen Finanzinstituten, die möglicherweise Details von Transaktionen verschleiern, bietet DeFi einen klaren Überblick über alle Operationen auf der Blockchain, was die Rechenschaftspflicht und das Vertrauen erhöht.

Nachteile von DeFi [274]:

- **Schwankende Transaktionskosten:** Transaktionsgebühren auf der Ethereum-Blockchain, die häufig für DeFi-Aktivitäten verwendet wird, können stark variieren. Aktives Trading oder häufige Transaktionen können aufgrund hoher Gasgebühren teuer werden, was die Gesamtrentabilität der DeFi-Aktivitäten beeinflussen kann.

- **Volatilität und Risiko:** Die Technologie, die DeFi zugrunde liegt, ist noch relativ neu, und die damit verbundenen Investitionsmöglichkeiten können hoch volatil sein. Nutzer können erhebliche Schwankungen im Wert ihrer Vermögenswerte erleben, und die schnelle Entwicklung der Technologie bedeutet, dass Plattformen experimentell und risikobehaftet sein können.

- **Aufzeichnung und Regulierung:** Nutzer sind selbst für die Führung ihrer Aufzeichnungen für steuerliche Zwecke verantwortlich, was angesichts der dezentralen und pseudonymen Natur von DeFi-Transaktionen herausfordernd sein kann. Die regulatorischen Rahmenbedingungen für DeFi variieren je nach Region, und Nutzer müssen sich über lokale Vorschriften informieren, um die Einhaltung sicherzustellen und steuerliche Verpflichtungen effektiv zu verwalten.

Im Wesentlichen bietet DeFi eine transformative Alternative zu traditionellen Finanzsystemen, indem es größere Zugänglichkeit, Privatsphäre und Effizienz bietet. Nutzer müssen jedoch Herausforderungen im Zusammenhang mit Transaktionskosten, Volatilität und regulatorischer Compliance bewältigen, um die Vorteile dieser aufkommenden Technologie vollständig nutzen zu können.

Dezentrale Finanzen (DeFi) repräsentieren einen transformativen Wandel im Finanzsektor, indem sie Blockchain-Technologie nutzen, um Finanzdienstleistungen außerhalb traditioneller Bankensysteme neu zu gestalten und zu innovieren. Die Kernziele von DeFi drehen sich um die Schaffung eines zugänglicheren, effizienteren und transparenteren Finanzökosystems durch Peer-to-Peer (P2P)-Transaktionen und dezentrale Protokolle.

Ziele von DeFi [275]:

- **Zugänglichkeit:** Eines der Hauptziele von DeFi ist die Demokratisierung des Zugangs zu Finanzdienstleistungen. Im Gegensatz zu traditionellen Finanzsystemen, die oft geografische oder sozioökonomische Barrieren haben, sind DeFi-Plattformen für jeden mit einer Internetverbindung verfügbar. Diese globale Reichweite bedeutet, dass Menschen aus unterversorgten oder abgelegenen Gebieten an Finanzaktivitäten wie Verleihen oder Handeln teilnehmen können, ohne durch geografische Einschränkungen oder Anforderungen von Finanzinstitutionen limitiert zu sein.

- **Niedrige Gebühren und hohe Zinsen:** DeFi zielt darauf ab, die Kosten im Zusammenhang mit Finanztransaktionen zu senken, indem Vermittler ausgeschlossen werden. In einem traditionellen Finanzsystem erheben Vermittler wie Banken oder Broker Gebühren für ihre Dienstleistungen, die sich erheblich summieren können. DeFi-Plattformen ermöglichen es Nutzern, Zinsen direkt miteinander zu verhandeln und Kryptowährungen mit minimalen Gebühren zu verleihen oder zu leihen. Diese direkte Interaktion zwischen den Parteien kann zu günstigeren Konditionen und höheren Zinssätzen für sowohl Verleiher als auch Entleiher im Vergleich zu traditionellen Finanzinstitutionen führen.

- **Sicherheit und Transparenz:** DeFi nutzt Blockchain-Technologie, um die Sicherheit und Transparenz von Finanztransaktionen sicherzustellen. Transaktionen werden auf einer Blockchain aufgezeichnet, die ein unveränderliches Hauptbuch ist, das nachträglich nicht verändert werden kann. Diese Unveränderlichkeit, kombiniert mit der Transparenz öffentlicher Blockchains, bedeutet, dass alle Transaktionen sichtbar und von jedem überprüfbar sind, obwohl die Identitäten der Nutzer pseudonym bleiben. Der Einsatz von Smart Contracts—selbst ausführenden Verträgen, deren Bedingungen direkt in den Code geschrieben sind—fügt eine zusätzliche Sicherheitsebene hinzu, indem Vertragsbedingungen automatisiert und ohne menschliches Eingreifen durchgesetzt werden.

- **Autonomie:** DeFi-Plattformen operieren unabhängig von traditionellen Finanzinstitutionen. Diese Dezentralisierung beseitigt die Notwendigkeit zentraler Behörden zur Verwaltung und Durchführung von Finanzdienstleistungen. Durch die Nutzung dezentraler Protokolle reduziert DeFi die Kosten im Zusammenhang mit Finanzdienstleistungen und entfernt potenzielle Schwachstellen, die in zentralisierten Systemen vorhanden sind. Diese Autonomie ermöglicht es Nutzern, mehr Kontrolle über ihre finanziellen Aktivitäten zu haben, einschließlich des Zugriffs, der Verwaltung und des Transfers von Vermögenswerten ohne Vermittler.

Beispiele und Anwendungen von DeFi [275]:

- **Dezentrale Börsen (DEXs):** Eine der beliebtesten Anwendungen von DeFi sind dezentrale Börsen wie Uniswap und PancakeSwap. Diese Plattformen ermöglichen den Handel von Kryptowährungen direkt zwischen Nutzern, ohne dass eine zentrale Börse erforderlich ist. Durch die Nutzung von Smart Contracts ermöglichen DEXs den Nutzern das Tauschen von Tokens und die Bereitstellung von Liquidität, was die Effizienz und Liquidität der Kryptowährungsmärkte verbessert.

- **Liquiditätsanbieter:** In DeFi tragen Liquiditätsanbieter Mittel zu Liquiditätspools bei, die den Handel auf dezentralen Börsen ermöglichen. Diese Pools ermöglichen es Nutzern, Vermögenswerte schnell zu handeln, indem sie sicherstellen, dass genügend Liquidität verfügbar ist. Im Gegenzug verdienen Liquiditätsanbieter Gebühren aus den innerhalb des Pools durchgeführten Transaktionen, was eine Quelle passiven Einkommens schafft.

- **Verleihen und Yield Farming:** DeFi-Verleihplattformen ermöglichen es Nutzern, ihre Krypto-Vermögenswerte gegen Zinsen zu verleihen. Yield Farming geht noch einen Schritt weiter, indem es Nutzern ermöglicht, zusätzliche Belohnungen durch die Bereitstellung von Liquidität oder durch die Teilnahme an verschiedenen DeFi-Protokollen zu verdienen. Flash Loans, ein Feature auf einigen DeFi-Plattformen, erlauben es Entleihern, Mittel ohne Sicherheiten zu erhalten, vorausgesetzt, das Darlehen wird innerhalb eines einzigen Transaktionsblocks zurückgezahlt.

- **Glücksspiel und Prognosemärkte:** DeFi hat auch in die Bereiche Glücksspiel und Prognosemärkte expandiert. Plattformen wie ZKasino und Azuro ermöglichen es Nutzern, Wetten auf verschiedene Ereignisse mit Kryptowährungen abzuschließen. Prognosemärkte hingegen erlauben es Nutzern, auf die Ergebnisse von Ereignissen, von politischen Wahlen bis zu Sportveranstaltungen, mithilfe dezentraler Mechanismen zu spekulieren.

- **Non-Fungible Tokens (NFTs):** Obwohl der NFT-Markt Schwankungen erfahren hat, bleibt er ein integraler Bestandteil des DeFi-Ökosystems. NFTs repräsentieren einzigartige digitale Vermögenswerte oder Sammlerstücke und werden oft in DeFi-Anwendungen verwendet, um Eigentum oder Zugriffsrechte an digitalen Gütern, Kunstwerken oder anderen Inhalten darzustellen.

DeFi strebt danach, die Finanzbranche zu revolutionieren, indem es Finanzdienstleistungen zugänglicher, kosteneffizienter und transparenter macht. Durch seine verschiedenen Anwendungen bietet DeFi innovative Lösungen, die traditionelle Finanzsysteme herausfordern und neue Möglichkeiten für Nutzer weltweit bieten.

Dezentrale Finanzen (DeFi) funktionieren nach dem Prinzip, traditionelle Vermittler wie Banken und Finanzinstitutionen durch die Nutzung von Blockchain-Technologie zu eliminieren. Im Gegensatz zu herkömmlichen Finanzsystemen, die von den Nutzern die Eröffnung von Konten und das Ausfüllen umfangreicher Formulare verlangen, ermöglicht DeFi nahtlose Interaktionen über dezentrale Anwendungen (dApps) auf Blockchains, hauptsächlich Ethereum. Hier ist eine detaillierte Übersicht darüber, wie DeFi funktioniert und wie Nutzer damit interagieren:

DeFi nutzt Blockchain-Technologie, um ein offenes, transparentes und dezentrales Finanzökosystem zu schaffen. Blockchains sind verteilte Hauptbücher, in denen Transaktionen in „Blöcken" aufgezeichnet und miteinander verknüpft werden, um eine „Kette" zu bilden. Jeder Block enthält einen Transaktionsdatensatz, und sobald ein Block verifiziert und abgeschlossen ist, wird er verschlüsselt und mit dem vorherigen Block verknüpft. Diese Unveränderlichkeit stellt sicher, dass Transaktionsaufzeichnungen nicht verändert werden können, ohne nachfolgende Blöcke zu ändern, was ein hohes Maß an Sicherheit und Vertrauen bietet.

Nutzer interagieren mit DeFi über Software, die als dApps bekannt ist, dezentrale Anwendungen, die auf der Blockchain laufen. Diese dApps ersetzen traditionelle Finanzinstitutionen, indem sie Finanzdienstleistungen mithilfe von Smart Contracts automatisieren. Smart Contracts sind selbst ausführende Verträge, deren Bedingungen direkt in den Code geschrieben sind. Dies beseitigt die Notwendigkeit von Vermittlern, reduziert Kosten und beschleunigt Transaktionen.

Interaktion mit DeFi [275]:

- **Verleihen und Leihen:** In DeFi können Nutzer ihre Kryptowährungen verleihen und Zinsen oder Belohnungen verdienen. Dieser Verleihprozess wird durch Smart Contracts ermöglicht, die die Zinsberechnung und -verteilung automatisieren. Entleiher können schnell Kredite erhalten, manchmal durch „Flash Loans", kurzfristige Kredite ohne Sicherheiten, im Gegensatz zum traditionellen Bankwesen.

- **Handel:** DeFi-Plattformen ermöglichen den Peer-to-Peer-Handel von Kryptowährungen. Nutzer können digitale Vermögenswerte direkt untereinander kaufen und verkaufen, ohne traditionelle Broker oder Börsen zu nutzen. Dieser Peer-to-Peer-Ansatz führt oft zu niedrigeren Gebühren und schnelleren Transaktionen im Vergleich zu traditionellen Finanzsystemen.

- **Sparen und Yield Farming:** Nutzer können ihre Kryptowährungen in DeFi-Anwendungen ähnlich wie bei Sparkonten einzahlen, die höhere Zinsen als traditionelle Banken bieten. Yield Farming beinhaltet das Bereitstellen von Liquidität an DeFi-Plattformen im Austausch für Belohnungen, typischerweise in Form zusätzlicher Kryptowährungen. Dieser Prozess kann sehr rentabel sein, obwohl er aufgrund der Marktschwankungen höhere Risiken bergen kann.

- **Derivate kaufen:** DeFi unterstützt auch den Handel mit Derivaten, Finanzverträgen, deren Wert sich aus zugrunde liegenden Vermögenswerten ableitet. Dazu gehören Optionen und Futures-Kontrakte auf dem Kryptowährungsmarkt, die es Nutzern ermöglichen, sich gegen Preisbewegungen abzusichern oder darauf zu spekulieren.

DeFi-Anwendungen, oder dApps, bieten Benutzeroberflächen zur Interaktion mit der Blockchain. Diese Anwendungen erleichtern Transaktionen, Kredite, Handel und mehr, indem sie den Nutzern ermöglichen, Optionen auszuwählen und Bedingungen über eine grafische Benutzeroberfläche festzulegen. Ohne solche Anwendungen müssten die Nutzer über Befehlszeilenoberflächen arbeiten, die weniger benutzerfreundlich sind [275].

Digitale Wallets sind für DeFi-Interaktionen unerlässlich. Sie speichern private Schlüssel, die als Passwörter zum Zugriff auf und zur Verwaltung von digitalen Vermögenswerten dienen. Diese Wallets ermöglichen es Nutzern, Kryptowährungen zu senden und zu empfangen sowie mit DeFi-Anwendungen zu interagieren. Bei einer Transaktion verwendet die Wallet den privaten Schlüssel, um die Transaktion zu signieren, wodurch sichere und unwiderrufliche Übertragungen gewährleistet werden.

Während DeFi erhebliche Vorteile in Bezug auf Zugänglichkeit, Sicherheit und Kosteneffizienz bietet, gewährleistet es keine vollständige Anonymität [275]. Transaktionen auf der Blockchain sind nachverfolgbar und können von jedem mit den entsprechenden Werkzeugen eingesehen werden. Obwohl die Transaktionen keine persönlichen Informationen wie Namen oder E-Mail-Adressen enthalten, sind sie dennoch durch Blockchain-Analysen nachverfolgbar. Diese Transparenz hilft, die Integrität des Finanzsystems aufrechtzuerhalten und kann bei regulatorischen und sicherheitsrelevanten Maßnahmen unterstützen.

DeFi stellt einen transformativen Ansatz für Finanzdienstleistungen dar, der Blockchain-Technologie nutzt, um ein offeneres, effizienteres und nutzerorientiertes Finanzsystem zu schaffen. Durch die Beseitigung traditioneller Vermittler und die Nutzung dezentraler Anwendungen und Smart Contracts bietet DeFi eine Reihe von Finanzdienstleistungen mit größerer Zugänglichkeit und geringeren Kosten, während es ein Maß an Transparenz und Sicherheit aufrechterhält [275].

Dezentrale Finanzen und Krypto-Wrapping in Australien

Das Verleihen und Leihen im Bereich der dezentralen Finanzen (DeFi) in Australien bietet neue Möglichkeiten und Komplexitäten im Vergleich zur traditionellen Finanzwelt. DeFi-Plattformen verwenden oft vertraute Finanzbegriffe wie „Verleihen“, „Leihen“ und „Zinsen“, aber diese Begriffe können unterschiedliche Auswirkungen auf die Besteuerung und das Eigentum haben [276].

Verleihen und Leihen in DeFi

Beim Verleihen in DeFi stellt man Kryptowährung einer Plattform oder Person zur Verfügung, um im Gegenzug Zinsen oder Belohnungen zu erhalten. Ähnlich ermöglicht das Leihen den Nutzern, Gelder ohne traditionelle Papierarbeit oder langwierige Prozesse zu erhalten. Diese Aktivitäten können jedoch ein Ereignis der Kapitalertragsteuer (CGT) auslösen. Ein CGT-Ereignis tritt normalerweise ein, wenn es zu einer Änderung im wirtschaftlichen Eigentum eines Krypto-Assets kommt. Diese Änderung kann in zwei

Hauptszenarien auftreten: beim Austausch eines Krypto-Assets gegen ein anderes oder beim Erhalt eines Anspruchs auf dasselbe Asset in der Zukunft [276].

Zum Beispiel, wenn man eine Kryptowährung an eine DeFi-Plattform verleiht, kann das Verleihen ein CGT-Ereignis darstellen, wenn es das Übertragen des Assets auf eine Adresse umfasst, die man nicht kontrolliert. Der Kapitalertrag wird durch den Marktwert des erhaltenen Eigentums bestimmt, der ein anderes Krypto-Asset oder ein Recht auf zukünftige Lieferung sein könnte.

Beispiel: Behandlung eines Krypto-Asset-Darlehens mit Eigentumsänderung

Betrachten wir Sasha, die 100 Xcoin für 800 $ gekauft hat und 50 Xcoin im Wert von 500 $ zu einem Zinssatz von 1 % verleiht. Sasha behält nach dem Verleihen nicht mehr das wirtschaftliche Eigentum an den Xcoin. Das Verleihen führt zu einem CGT-Ereignis, weil es eine Änderung im Eigentum gibt. Zum Zeitpunkt des Verleihens realisiert Sasha einen Kapitalgewinn von 100 $ basierend auf der Differenz zwischen dem ursprünglichen Wert und dem aktuellen Marktwert der Xcoin [276].

Beispiel: CGT-Behandlung beim Verleihen an eine DeFi-Plattform

Mika kauft 100 ZYX-Münzen für 1.000 $ und verleiht sie an eine DeFi-Plattform. Wenn die Plattform die ZYX-Münzen mit denen anderer Kreditgeber bündelt und die Bedingungen bezüglich des Eigentumserhalts unklar sind, tritt ein CGT-Ereignis ein, wenn Mika die Münzen anfänglich verleiht. Zu diesem Zeitpunkt wird Mikas Recht, die Münzen zu erhalten, mit 900 $ bewertet, was zu einem Kapitalverlust von 100 $ führt. Wenn Mikas Darlehen zurückgezahlt wird, hat der Marktwert der Münzen zugenommen, was zu einem Kapitalgewinn von 100 $ führt. Somit beträgt Mikas neuer Kostenbasis für die ZYX-Münzen 1.000 $ [276].

Liquiditätspools und -anbieter

Liquiditätspools sind ein weiterer integraler Bestandteil von DeFi. Diese Pools aggregieren Krypto-Assets, die in einem Smart Contract gesperrt sind, um dezentrales Verleihen zu erleichtern und die Handelsliquidität zu verbessern. Wenn man Assets in einen Liquiditätspool einzahlt, erhält man Token oder Rechte, die den Anteil am Pool repräsentieren. Diese Transaktion ist ein CGT-Ereignis, wobei die Kapitalerträge den Marktwert der erhaltenen Token oder Rechte darstellen [276].

Beispiel: Austausch eines Krypto-Assets durch den Liquiditätspool

Martha deponiert ein EH in den XA-Liquiditätspool und erhält 20 XA-Token. Wenn das EH vor drei Jahren für 2 $ erworben wurde und die XA-Token zum Zeitpunkt der Einzahlung 20 $ wert sind, realisiert Martha einen Kapitalgewinn von 18 $ auf die Einzahlung. Dieser Gewinn könnte für einen CGT-Rabatt in Frage kommen [276].

Krypto-Asset-DeFi-Zinsen und -Belohnungen

DeFi-Plattformen zahlen oft Belohnungen in Form von zusätzlichen Krypto-Assets aus. Diese Belohnungen werden steuerlich ähnlich wie Zinserträge behandelt. Wenn Sie regelmäßige Belohnungen erhalten, müssen Sie deren Marktwert zum Zeitpunkt des Erhalts als zu versteuerndes Einkommen angeben [276].

Beispiel: Krypto-Asset-Belohnung von einer DeFi-Plattform

Craig verleiht 100 Stablecoin-Token im Wert von jeweils 10 $ über eine DeFi-Plattform und erzielt eine Rendite von 1 % in Form zusätzlicher Stablecoins. Craig muss den Marktwert der neuen Token als Einkommen deklarieren, der in diesem Fall 10 $ beträgt [276].

Wrapped Tokens

Wrapped Tokens stellen ein Krypto-Asset auf einer anderen Blockchain oder in einem anderen Format dar. Beispielsweise ermöglicht das Wrappen von Bitcoin (BTC) in Wrapped Bitcoin (WBTC), den Wert von Bitcoin auf der Ethereum-Blockchain zu nutzen. Wrappen beinhaltet das Senden des Original-Assets an einen Smart Contract, der ein äquivalentes Wrapped Token prägt. Dieser Prozess löst ein CGT-Ereignis aus, da er den Austausch eines Assets gegen ein anderes beinhaltet, wobei die Kapitalerträge dem Marktwert des Wrapped Tokens zum Zeitpunkt des Austauschs entsprechen [276].

Beispiel: CGT-Behandlung beim Austausch von Wrapped Tokens

Kal kauft 1 BTC für 30.000 $ und wrappt ihn in 1 WBTC, der mit 45.000 $ bewertet wird. Der Wrapping-Prozess führt zu einem Kapitalgewinn von 15.000 $, der den Wertzuwachs des ursprünglichen BTC widerspiegelt [276].

Während DeFi innovative finanzielle Lösungen bietet, führt es auch zu steuerlichen Komplexitäten. Das Verständnis, wie verschiedene DeFi-Aktivitäten—wie Verleihen, Leihen, Liquiditätsbereitstellung und die Nutzung von Wrapped Tokens—CGT und Einkommensteuer beeinflussen, ist entscheidend für die Einhaltung der Vorschriften und eine effektive Finanzverwaltung in Australien.

Dezentrale Finanzen und Wrappen von Krypto in den USA

In den Vereinigten Staaten sind die steuerlichen Auswirkungen von Engagements im Bereich der dezentralen Finanzen (DeFi) aufgrund der sich entwickelnden Landschaft der Kryptowährungsregulierungen komplex und vielschichtig [277]. Der Internal Revenue Service (IRS) klassifiziert Kryptowährungstransaktionen als steuerpflichtige Ereignisse und behandelt sie als Vermögenswerte statt als Währung, was sich auch auf verschiedene DeFi-Aktivitäten erstreckt [277]. Diese Klassifizierung führt dazu, dass Gewinne oder Verluste aus DeFi-Transaktionen als Kapitalgewinne oder -verluste betrachtet werden, was den steuerlichen Grundsätzen entspricht, die auf traditionelle Kryptowährungen angewendet werden [277].

Bei spezifischen DeFi-Aktivitäten wie Verleihen und Leihen folgt die steuerliche Behandlung denselben Grundsätzen wie bei traditionellen Kryptowährungen [277]. Beispielsweise kann das Verleihen von Kryptowährungen in DeFi ein steuerpflichtiges Ereignis auslösen, wobei der IRS die Verleihtransaktion möglicherweise als Veräußerung des Vermögenswerts betrachtet, was zu Kapitalgewinnen oder -verlusten basierend auf der Wertänderung des Vermögenswerts führt [277]. Ebenso können das Leihen von Kryptowährungen und die anschließende Rückzahlung die Steuerverpflichtungen beeinflussen, abhängig von der Schwankung des Wertes der geliehenen Vermögenswerte [277].

Handel und Austausch von Kryptowährungen auf DeFi-Plattformen unterliegen ebenfalls der Besteuerung, wobei der IRS diese Transaktionen als steuerpflichtige Ereignisse betrachtet [277]. Kapitalgewinne oder -verluste müssen berechnet und gemeldet werden, wenn eine Kryptowährung gegen eine andere getauscht wird, basierend auf der Differenz zwischen dem Marktwert zum Zeitpunkt des Austauschs und dem ursprünglichen Kaufpreis [277]. Dieses Besteuerungsprinzip gilt für verschiedene DeFi-Aktivitäten und stellt sicher, dass Gewinne oder Verluste in die Berechnungen der Kapitalertragssteuer einfließen [277].

Das Bereitstellen von Liquidität in DeFi-Protokollen beinhaltet das Einzahlen von Kryptowährungen in Liquiditätspools, was der IRS als steuerpflichtiges Ereignis ansieht aufgrund der Übertragung des Eigentums [277]. Die Kapitalerträge aus der Einzahlung von Vermögenswerten in einen Liquiditätspool entsprechen dem Marktwert der erhaltenen Belohnungen oder Liquiditätsanbieter-Token, was eine genaue Meldung zu Steuerzwecken erforderlich macht [277]. Nachfolgende Abhebungen aus dem Liquiditätspool lösen ebenfalls steuerpflichtige Ereignisse aus, bei denen die Kapitalgewinne oder -verluste basierend auf den Vermögenswerten zum Einzahlungs- und Abhebungszeitpunkt berechnet werden müssen [277].

Yield Farming und Staking, gängige DeFi-Praktiken, werden vom IRS als steuerpflichtiges Einkommen betrachtet, wobei der Marktwert der erhaltenen Belohnungen als zu versteuerndes Einkommen gemeldet werden muss, das im Jahr des Erhalts angegeben wird [277]. Diese Belohnungen werden zu normalen Einkommensteuersätzen besteuert, was die Bedeutung einer genauen Meldung solcher Einkünfte zur Sicherstellung der Einhaltung der Steuervorschriften unterstreicht [277]. Ähnlich können Wrapped Tokens, die ursprüngliche Vermögenswerte auf verschiedenen Blockchains repräsentieren, steuerpflichtige Ereignisse basierend auf Kapitalgewinnen oder -verlusten aus dem Token-Konvertierungsprozess auslösen [277].

Eine genaue Aufzeichnung ist für die effektive Verwaltung der DeFi-Steuerverpflichtungen von größter Bedeutung, angesichts der Komplexität der beteiligten Transaktionen und Interaktionen [277]. Detaillierte Aufzeichnungen aller DeFi-Transaktionen, einschließlich Daten, Beträgen und Werten, sind essenziell für die präzise Berechnung von Gewinnen, Verlusten und Einkommen, wie es vom IRS gefordert wird [277]. Das Versäumnis, steuerpflichtige Ereignisse zu melden, kann zu Strafen und Zinsen führen, was die Bedeutung sorgfältiger Aufzeichnungen für die Einhaltung der DeFi-Steuervorschriften unterstreicht [277].

Non-Fungible Tokens (NFTs)

Non-Fungible Tokens (NFTs) repräsentieren eine bahnbrechende Möglichkeit, einzigartige Vermögenswerte mithilfe der Blockchain-Technologie zu digitalisieren und deren Eigentum zu verifizieren. Diese Tokens decken eine breite Palette digitaler und physischer Vermögenswerte ab, wie Kunstwerke, Videos oder digitale Inhalte, und verwandeln sie in tokenisierte Formen, die gehandelt oder verkauft werden können. Lassen Sie uns näher betrachten, wie NFTs funktionieren und wie sie sich von anderen Token-Typen wie Kryptowährungen unterscheiden [278].

NFTs werden erstellt, indem ein Vermögenswert—sei es ein digitales Kunstwerk, ein Video oder sogar ein digitales Sammlerstück—durch einen Prozess namens Tokenisierung in ein einzigartiges Token umgewandelt wird. Dieser Prozess umfasst die Generierung eines unverwechselbaren Identifizierungscodes, bekannt als Metadaten, der verschlüsselt und auf einer Blockchain gespeichert wird. Die Blockchain fungiert als sicheres, dezentrales Hauptbuch, das das einzigartige Token des NFTs aufzeichnet. Obwohl der Vermögenswert selbst—wie die tatsächliche Bild- oder Videodatei—an anderer Stelle (zum Beispiel auf einem Server oder in einer Cloud-Speicherung) gespeichert wird, repräsentiert der Blockchain-Eintrag das Eigentum und die Herkunft des Tokens [278].

Dieser Tokenisierungsprozess stellt sicher, dass jedes NFT einzigartig ist und nicht repliziert werden kann, wodurch eine sichere Methode zur Verfolgung und Verifizierung des Eigentums bereitgestellt wird. Die mit einem NFT verbundenen Metadaten enthalten Details über den Vermögenswert, einschließlich des Erstellers, der Eigentumshistorie und aller Attribute, die zu seinem Wert beitragen. Die Verbindung zwischen dem Token und dem Vermögenswert ist entscheidend, da sie die Einzigartigkeit und Authentizität des NFTs untermauert [278].

NFTs können auf verschiedenen Online-Marktplätzen gehandelt oder ausgetauscht werden, und ihr Wert kann durch Faktoren wie Marktnachfrage, den Ruf des Erstellers und die Einzigartigkeit des Vermögenswerts bestimmt werden. Zum Beispiel, wenn Sie ein NFT erstellen, indem Sie ein Smiley-Gesicht auf eine Banane zeichnen, es fotografieren und es auf einer Blockchain tokenisieren, weisen Sie dieser speziellen Abbildung effektiv einen einzigartigen digitalen Identifikator zu. Dieses NFT kann dann gegen Geld, Kryptowährungen oder andere NFTs gekauft, verkauft oder getauscht werden [278].

Der Wert eines NFTs ist subjektiv und hängt weitgehend von der Wahrnehmung des Marktes und dem Wert ab, der von den Besitzern und Käufern festgelegt wird. Im Gegensatz zu traditionellen Vermögenswerten leitet sich der Wert von NFTs aus ihrer Seltenheit, der Bedeutung des repräsentierten Vermögenswerts und der Nachfrage innerhalb des Marktplatzes ab. Das bedeutet, dass während das tatsächliche Bild des Smiley-Gesichts auf der Banane kopiert werden kann, das NFT einen einzigartigen Anspruch auf die Originalversion repräsentiert, eingebettet mit überprüfbarem Eigentum und Authentizität [278].

Um NFTs besser zu verstehen, ist es wichtig, sie mit Kryptowährungen zu vergleichen. Kryptowährungen, wie Bitcoin oder Ethereum, sind Beispiele für fungible Tokens. Das bedeutet, dass jede Einheit der Kryptowährung mit einer anderen des gleichen Typs austauschbar ist; zum Beispiel ist ein Bitcoin gleichwertig mit einem anderen Bitcoin. Diese Fungibilität ist ein grundlegendes Merkmal von Kryptowährungen, was sie für Transaktionen und Austausche im Finanzökosystem geeignet macht [278].

Im Gegensatz dazu sind NFTs nicht fungibel. Das bedeutet, dass zwei NFTs von derselben Blockchain zwar identisch aussehen oder ähnliche Attribute haben können, aber nicht austauschbar sind. Jedes NFT hat einen einzigartigen Identifizierungscode und Metadaten, die es von jedem anderen NFT unterscheiden. Diese Nicht-Fungibilität macht NFTs ideal für die Repräsentation einzigartiger digitaler oder physischer Vermögenswerte, da jedes Token einzigartiges Eigentum und Merkmale verkörpert, die nicht eins zu eins dupliziert oder ausgetauscht werden können [278].

NFTs nutzen die Blockchain-Technologie, um einzigartige digitale Tokens zu erstellen, zu speichern und zu verifizieren, die verschiedene Vermögenswerte repräsentieren. Durch die Tokenisierung von Vermögenswerten bieten NFTs eine sichere und transparente Möglichkeit, Eigentum und Herkunft festzustellen. Im Gegensatz zu Kryptowährungen, die fungibel und austauschbar sind, sind NFTs von Natur aus einzigartig und nicht ersetzbar, was ihren besonderen Wert auf dem Markt widerspiegelt. Diese Unterscheidung unterstreicht das transformative Potenzial von NFTs in Bereichen wie Kunst, Sammlerstücken und digitalem Eigentum und bietet neue Möglichkeiten für Schöpfer und Sammler gleichermaßen [278].

Non-Fungible Tokens (NFTs) haben große Aufmerksamkeit für ihre Rolle in der digitalen Kunst- und Sammlerbranche erhalten, doch ihre Anwendungen reichen weit über diese Bereiche hinaus. Einige der praktischen Anwendungen von NFTs in verschiedenen Sektoren umfassen:

1. **Digitale Kunst und Sammlerstücke** Die herausragendste Anwendung von NFTs ist in der digitalen Kunstwelt. NFTs bieten eine Möglichkeit, das Eigentum und die Authentizität digitaler Kunstwerke zu verifizieren, die leicht dupliziert werden können. Künstler nutzen NFTs, um ihre Werke direkt an Käufer zu verkaufen und Tantiemen aus Sekundärverkäufen zu erhalten. Dies hat den Kunstmarkt demokratisiert und den Künstlern mehr Kontrolle über ihre Werke gegeben.

2. **Gaming** NFTs werden zunehmend in Videospiele integriert, um In-Game-Assets wie Skins, Waffen und Charaktere darzustellen. Diese NFTs können außerhalb des Spiels gekauft, verkauft und gehandelt werden, wodurch Spieler einzigartige Gegenstände besitzen und möglicherweise von ihren virtuellen Besitztümern profitieren können. Spiele wie Axie Infinity und Decentraland nutzen NFTs, um das Spielerengagement zu steigern und neue Einnahmequellen zu schaffen.

3. **Virtuelle Immobilien** NFTs werden verwendet, um virtuelle Grundstücke und Immobilien in digitalen Welten oder Metaversen zu kaufen, zu verkaufen und zu handeln. Plattformen wie Decentraland und The Sandbox ermöglichen es Nutzern, Parzellen virtuellen Landes als NFTs zu erwerben, die entwickelt, vermietet oder verkauft werden können. Dieser Markt für virtuelle Immobilien bietet neue Investitions- und Ausdrucksmöglichkeiten in virtuellen Umgebungen.

4. **Musik und Unterhaltung** Musiker und Entertainer nutzen NFTs, um exklusive Inhalte, Sammlerstücke und Erlebnisse zu veröffentlichen. NFTs können verwendet werden, um Konzerttickets, Backstage-Pässe oder limitierte Tracks zu verkaufen. Beispielsweise haben Künstler wie Grimes und Kings of Leon NFT-basierte Alben und Konzerterlebnisse veröffentlicht, die den Fans einzigartige Möglichkeiten bieten, sich mit ihren Lieblingskünstlern zu beschäftigen.

5. **Geistiges Eigentum und Branding** Marken und Inhaber von geistigem Eigentum nutzen NFTs, um einzigartige digitale Merchandiseartikel und Erlebnisse zu schaffen. Unternehmen können limitierte NFTs herausgeben, die mit ihren Produkten oder Markenmeilensteinen verbunden sind. Beispielsweise haben große Marken wie Nike und Adidas NFTs für limitierte Merchandiseartikel und digitale Sammlerstücke erkundet, um die Markenbindung und Loyalität zu stärken.

6. **Identität und Zertifizierung** NFTs können für die digitale Identitätsverifizierung und Zertifizierung verwendet werden. Bildungseinrichtungen und Berufsorganisationen erkunden die Verwendung von NFTs für die Ausstellung digitaler Diplome, Zertifikate und Abzeichen. Diese NFTs dienen als manipulationssichere Aufzeichnungen von Leistungen und Qualifikationen und bieten eine sichere Möglichkeit zur Verifizierung von Qualifikationen.

7. **Immobilien** Im Immobiliensektor werden NFTs verwendet, um das Eigentum an physischen Immobilien oder Urkunden darzustellen. Diese Anwendung kann Immobilienkäufe durch effizientere und transparentere Eigentumsübertragungen vereinfachen. Immobilienplattformen experimentieren mit NFTs, um Prozesse wie den Kauf, Verkauf und die Übertragung von Eigentum zu vereinfachen.

8. **Ticketing und Veranstaltungsmanagement** NFTs bieten einen neuen Ansatz für die Veranstaltungs-Ticketvergabe und ermöglichen die digitale Ausgabe und Verifizierung von Tickets. NFT-basierte Tickets können Fälschungen verhindern und Sekundärmarkttransaktionen mit integrierten Tantiemen für Veranstalter ermöglichen. Diese Anwendung erhöht die Sicherheit und Transparenz im Ticketing und kommt sowohl Veranstaltern als auch Teilnehmern zugute.

9. **Wohltätigkeit und Fundraising** NFTs werden für wohltätige Zwecke und Fundraising-Kampagnen genutzt. Organisationen und Einzelpersonen erstellen und versteigern NFTs, um Gelder für verschiedene Zwecke zu sammeln, wobei die Erlöse direkt wohltätigen Initiativen zugutekommen. Dieser innovative Ansatz für Fundraising nutzt die einzigartigen Eigenschaften von NFTs, um Spender und Unterstützer anzuziehen.

10. **Rechtliche und vertragliche Vereinbarungen** NFTs können rechtliche Vereinbarungen und Verträge repräsentieren und bieten ein sicheres und unveränderliches Protokoll der Bedingungen. Smart Contracts, die oft mit NFTs verbunden sind, können vertragliche Verpflichtungen automatisieren und durchsetzen, wodurch der Bedarf an Vermittlern reduziert und die Transparenz in rechtlichen Vereinbarungen verbessert wird.

11. **Metaverse-Integration** Im wachsenden Bereich des Metaversums spielen NFTs eine entscheidende Rolle bei der Definition von digitalem Eigentum und Interaktion. NFTs repräsentieren Avatare, virtuelle Güter und Erlebnisse in diesen immersiven digitalen Welten und ermöglichen es den Nutzern, einzigartige virtuelle Identitäten und Vermögenswerte zu schaffen und zu besitzen.

NFTs haben ihre ursprünglichen Anwendungsfälle in der digitalen Kunst und den Sammlerstücken überschritten und sich zu einem vielseitigen Werkzeug mit Anwendungen in verschiedenen Branchen entwickelt. Ihre Fähigkeit, einzigartige Vermögenswerte darzustellen und das Eigentum durch Blockchain-Technologie zu verifizieren, transformiert Sektoren wie Gaming, Immobilien, Musik und mehr. Mit der fortschreitenden Entwicklung der Technologie wird der Anwendungsbereich von NFTs voraussichtlich weiter wachsen und neue Möglichkeiten für Innovation und Engagement bieten.

Wie NFTs Funktionieren

NFTs, oder Non-Fungible Tokens, stellen eine bedeutende Innovation im digitalen Bereich dar, da sie die Erstellung und Verifizierung einzigartiger digitaler Vermögenswerte durch Blockchain-Technologie ermöglichen. Der Prozess zur Erstellung eines NFTs wird als "Minting" bezeichnet, der mehrere wichtige Schritte umfasst, um die Einzigartigkeit und Authentizität des Vermögenswerts sicherzustellen [278].

Minting-Prozess

Minting ist der Prozess, bei dem die Informationen eines Vermögenswerts in ein digitales Token auf einer Blockchain umgewandelt werden. Auf hoher Ebene umfasst das Minting die Erstellung eines neuen Blocks in der Blockchain, die Validierung der NFT-Informationen und dann das Schließen des Blocks, um die Daten aufzuzeichnen. Dieser Prozess ist entscheidend, da er sicherstellt, dass die NFT-Informationen sicher gespeichert und verifiziert werden [278].

Der Minting-Prozess beinhaltet oft Smart Contracts, selbstausführende Verträge, deren Bedingungen in Code geschrieben sind. Smart Contracts automatisieren die Erstellung, Verwaltung und Übertragung von NFTs. Sie definieren die Regeln für das NFT, einschließlich der Zuordnung des Eigentums und der Möglichkeiten zur Übertragung oder zum Handel des Tokens. Wenn ein neues NFT geminted wird, zeichnet der Smart Contract die einzigartigen Details des NFTs auf und weist es einer Blockchain-Adresse zu. Diese Adresse repräsentiert den Eigentümer des NFTs und ist öffentlich verfügbar, wodurch Transparenz und Rückverfolgbarkeit des Eigentums gewährleistet werden [278].

Jedes während dieses Prozesses erstellte NFT erhält eine einzigartige Kennung, die es direkt mit einer spezifischen Blockchain-Adresse verknüpft. Selbst wenn mehrere NFTs für denselben Vermögenswert geminted werden – wie z. B. 5.000 identische digitale Bilder – ist jeder Token aufgrund seiner einzigartigen Kennung von den anderen unterscheidbar. Dies stellt sicher, dass jedes NFT ein einzigartiges digitales Vermögen bleibt, auch wenn das zugrunde liegende Asset selbst repliziert wird.

Blockchains und NFT-Variationen

Während Ethereum die am weitesten bekannte Blockchain für NFTs ist, können auch andere Blockchains NFTs erstellen, manchmal unter unterschiedlichen Namen. Beispielsweise sind NFTs auf der Bitcoin-Blockchain als Ordinals bekannt. Im Gegensatz zu Ethereum-basierten NFTs, die als Token erstellt werden, weisen Bitcoin Ordinals einzigartige Seriennummern oder Identifikatoren den Satoshis – der kleinsten Einheit von Bitcoin – zu. Diese Identifikatoren funktionieren ähnlich wie NFT-Token, wodurch Bitcoin Ordinals gekauft, verkauft und gehandelt werden können, während ihre Einzigartigkeit bewahrt bleibt [278].

Diese Variationen in den Blockchain-Implementierungen heben die Vielseitigkeit und Anpassungsfähigkeit der NFT-Technologie auf verschiedenen Blockchain-Plattformen hervor. Jede Blockchain bietet ihr eigenes Verfahren zur Erstellung und Verwaltung von NFTs, doch das zugrunde liegende Prinzip der Einzigartigkeit und Unteilbarkeit bleibt konstant.

Blockchain und Fungibilität

Das Konzept der Fungibilität ist zentral für das Verständnis des Unterschieds zwischen Kryptowährungen und NFTs. Kryptowährungen sind fungibel, was bedeutet, dass jede Einheit austauschbar und gleichwertig mit einer anderen Einheit desselben Typs ist. Zum Beispiel ist ein Bitcoin funktional derselbe wie ein anderer Bitcoin, ähnlich wie ein Dollar-Schein gleichwertig mit einem anderen Dollar-Schein ist. Diese Fungibilität macht Kryptowährungen als Tauschmittel in der digitalen Wirtschaft geeignet [278].

Im Gegensatz dazu sind NFTs nicht-fungibel, was bedeutet, dass jeder Token einzigartig ist und nicht eins zu eins mit einem anderen NFT ausgetauscht werden kann. NFTs dienen als digitale Darstellungen von einzigartigen Vermögenswerten, und ihre Einzigartigkeit ähnelt digitalen Pässen, die jeweils eine einzigartige, nicht übertragbare Identität enthalten. Diese Nicht-Fungibilität ermöglicht es NFTs, Vermögenswerte wie digitale Kunst, Sammlerstücke oder virtuelle Immobilien darzustellen, die jeweils eigene spezifische Attribute und Werte besitzen.

Darüber hinaus sind NFTs erweiterbar, was bedeutet, dass sie kombiniert oder modifiziert werden können, um neue, einzigartige NFTs zu erstellen. Dieses Konzept, das in der Kryptowährungsindustrie oft als "Breeding" bezeichnet wird, ermöglicht die Generierung neuer Token durch das Zusammenführen oder Ändern bestehender Token, wodurch die Möglichkeiten für die Erstellung und Innovation digitaler Vermögenswerte erweitert werden [278].

Vorteile von NFTs

Einer der bedeutendsten Vorteile von Non-Fungible Tokens (NFTs) ist ihre Fähigkeit, die Markteffizienz zu steigern. Durch die Tokenisierung physischer oder digitaler Vermögenswerte können NFTs den Verkaufsprozess vereinfachen und die Notwendigkeit traditioneller Vermittler beseitigen. Beispielsweise können Künstler und Schöpfer direkt mit ihrem Publikum in Kontakt treten und ihre Werke verkaufen, ohne auf Agenten oder Galerien angewiesen zu sein. Diese direkte Verbindung kann die Transaktionskosten senken und es den Schöpfern ermöglichen, einen größeren Teil des Verkaufspreises zu behalten. Der Einsatz von Blockchain-Technologie gewährleistet, dass Eigentum und Herkunft transparent aufgezeichnet werden, wodurch das Risiko von Betrug reduziert wird und Käufer Vertrauen in die Authentizität des Vermögenswerts erhalten [278].

NFTs bieten auch innovative Lösungen für Investitionen in verschiedene Vermögensklassen. Ein bemerkenswertes Beispiel ist die Entwicklung einer NFT-Lösung durch Ernst & Young für Investoren in edle Weine. Durch die Lagerung des Weins in einer sicheren Umgebung und die Nutzung von NFTs zur Dokumentation seiner Herkunft können Investoren sicher den Besitz ihrer Vermögenswerte nachverfolgen und handeln. Ebenso kann Immobilien tokenisiert werden, wodurch Immobilien in mehrere Abschnitte unterteilt werden können, die jeweils durch ein einzigartiges NFT vertreten sind. Dieser Ansatz vereinfacht den komplexen und bürokratischen Prozess von Immobiliengeschäften und ermöglicht einen effizienteren und transparenteren Handel von Immobilien [278].

Im Bereich der Unternehmensbesitzverhältnisse können NFTs ähnlich wie traditionelle Aktienzertifikate funktionieren. So wie der Aktienbesitz in Büchern mit Details wie dem Namen des Aktionärs und der Anzahl der Aktien aufgezeichnet wird, können NFTs Anteile an einem Unternehmen darstellen. Der wesentliche Vorteil der Nutzung von NFTs liegt in der Integration von Smart Contracts, die die Übertragung des Eigentums beim Verkauf automatisieren. Diese Automatisierung vereinfacht den Prozess und reduziert den Verwaltungsaufwand im Vergleich zum traditionellen Aktienhandel [278].

Ein weiterer bedeutender Vorteil von NFTs liegt in ihrem Potenzial zur Verbesserung der Sicherheit. NFTs basieren auf unveränderlicher Blockchain-Technologie, was bedeutet, dass persönliche Informationen, die mit NFTs verbunden sind, nicht ohne die entsprechenden Schlüssel verändert oder darauf zugegriffen werden können. Diese Unveränderlichkeit macht NFTs zu einem robusten Werkzeug für Identitätssicherheit, da sensible Informationen vor unbefugtem Zugriff geschützt bleiben [278].

NFTs demokratisieren auch das Investieren, indem sie die Fraktionierung von physischen Vermögenswerten ermöglichen. Die Tokenisierung erlaubt es mehreren Personen, einen Anteil an hochbewerteten Gegenständen wie Kunstwerken oder Immobilien zu besitzen, indem das Vermögen in kleinere, handelbare Teile aufgeteilt wird. Diese Fraktionierung ermöglicht es mehr Menschen, in wertvolle Vermögenswerte zu investieren, die sonst unerreichbar wären, und erweitert so den Zugang zu Investitionsmöglichkeiten [278].

Bedenken bezüglich Non-Fungible Tokens

Trotz ihrer zahlreichen Vorteile sind NFTs nicht ohne Bedenken. Ein Hauptproblem ist die Möglichkeit digitaler Piraterie. Während NFTs das Eigentum durch verschlüsselte Metadaten und Blockchain-Aufzeichnungen darstellen, kann die digitale Datei selbst – wie ein Bild, Video oder Musikstück – immer noch ohne Erlaubnis kopiert und verteilt werden. Das bedeutet, dass, obwohl das NFT das Eigentum und die Authentizität beweist, die digitale Datei leicht dupliziert werden kann. Die Verantwortung zur Durchsetzung des Eigentums und zur Verhinderung unbefugter Nutzung liegt oft beim NFT-Eigentümer, der möglicherweise rechtliche Schritte gegen Verletzer einleiten muss [278].

Eine weitere Herausforderung bei NFTs ist ihre Liquidität. Im Gegensatz zu Kryptowährungen, die leicht gegen andere Währungen eingetauscht werden können, sind NFTs oft sehr spezifisch und sprechen Nischenmärkte an. Diese Spezialisierung kann es schwierig machen, ein NFT zu verkaufen, wenn es aus der Mode kommt oder die Marktnachfrage sich ändert. Zum Beispiel kann es herausfordernd sein, einen Käufer zu finden, der bereit ist, einen gewünschten Preis zu zahlen, wenn ein NFT mit einem bestimmten Trend oder Künstler verbunden ist, der weniger populär wird [278].

Insgesamt bieten NFTs zwar innovative Lösungen und Vorteile in verschiedenen Bereichen, sie bringen jedoch auch ihre eigenen Herausforderungen mit sich, die von potenziellen Investoren und Schöpfern sorgfältig bedacht werden müssen.

Blockchain im Supply Chain Management

Die Blockchain-Technologie wird zunehmend für ihr Potenzial anerkannt, globale Lieferketten zu revolutionieren. Große Branchenakteure wie Maersk, Amazon, Walmart und DHL erkunden die Blockchain, um ihre Betriebseffizienz zu verbessern [279]. Die Blockchain adressiert verschiedene Herausforderungen in der Logistik und im Supply Chain Management, einschließlich Beschaffung, Transportmanagement, Verfolgung und Nachverfolgung, Zollzusammenarbeit und Handelsfinanzierung [279].

Ein wesentlicher Vorteil der Blockchain in der Logistik ist ihre Fähigkeit, Prozesse zu optimieren, indem die Notwendigkeit für Vermittler reduziert und Fehler minimiert werden. Traditionelle Systeme beinhalten oft zahlreiche Dokumente und unterschiedliche Systeme, was zu Problemen wie Rechnungsdoppellungen, fehlerhaften Gebühren und Änderungen des Transportmodus führen kann. Die Blockchain bietet eine einzige, transparente Quelle der Wahrheit, die Informationen konsolidiert und eine bessere Kommunikation zwischen den Partnern in der Lieferkette ermöglicht. Diese Transparenz kann die Notwendigkeit umfangreicher Dokumentation erheblich reduzieren und bietet Echtzeit-Einblicke in Lagerbestände und Serviceanforderungen [279].

Der Einsatz von Smart Contracts erhöht den Wert der Blockchain im Transport- und Logistikbereich weiter. Smart Contracts sind selbstvollziehende Verträge, deren Bedingungen direkt in die Blockchain kodiert sind. Sie automatisieren Transaktionen und behandeln Anpassungen oder Strafen automatisch, wodurch die Notwendigkeit manueller Streitbeilegungen entfällt. Zum Beispiel kann ein Smart Contract automatisch die notwendigen Maßnahmen ergreifen, wenn eine Lieferung verspätet ist oder die Bedingungen nicht erfüllt werden [279].

Ein praktisches Beispiel für die Vorteile der Blockchain zeigt sich beim Versand von Waren, wie einem Pullover von China nach Großbritannien. Traditionelle Versandprozesse erfordern zahlreiche Papierdokumente und manuelle Dateneingaben, was das Risiko von Fehlern erhöht. Mit der Blockchain kann der Pullover mit einem IoT-fähigen Chip ausgestattet werden, der ein digitales Signal sendet, wenn er die Fabrik verlässt. Dieses Signal wird auf der Blockchain aufgezeichnet, was automatische Zahlungen und Zollabfertigung auslöst. Dieses System stellt sicher, dass alle Daten genau und manipulationssicher sind und vereinfacht den gesamten Versandprozess [279].

Die Blockchain bietet auch erhebliche Verbesserungen in der Sicherheit innerhalb der Schifffahrtsbranche. Falsch deklarierte oder ungenau identifizierte gefährliche Fracht kann zu schweren Unfällen wie Bränden auf Containerschiffen führen. Die Blockchain kann eine transparente und genaue Verfolgung gefährlicher Güter bieten, wodurch das Risiko von Vorfällen aufgrund schlechter Verpackungspraktiken und falscher Dokumentation reduziert wird. Durch die Ermöglichung eines rechtzeitigen und genauen Informationsaustauschs verbessert die Blockchain die Einhaltung der Vorschriften und die Sicherheit im gesamten Versandprozess [279].

Die Blockchain-Technologie hat sich als transformative Kraft im Supply Chain Management herauskristallisiert und adressiert mehrere Ineffizienzen und Herausforderungen, denen traditionelle Systeme gegenüberstehen. Im Kern ist die Blockchain eine dezentrale, verteilte Ledger-Technologie, die Transaktionen über mehrere Computer aufzeichnet und sicherstellt, dass die Daten nicht rückwirkend geändert werden können. Diese Unveränderlichkeit und Transparenz machen die Blockchain zu einem idealen Werkzeug zur Verbesserung der Lieferkettenoperationen.

Ein wesentlicher Vorteil der Blockchain im Supply Chain Management ist ihre Fähigkeit, End-to-End-Sichtbarkeit zu bieten. Traditionelle Lieferketten umfassen oft mehrere Parteien, darunter Lieferanten, Hersteller, Distributoren und Einzelhändler, die jeweils ihre eigenen Aufzeichnungen führen. Dies kann zu Diskrepanzen, Verzögerungen und einem Mangel an Transparenz führen. Die Blockchain ermöglicht es allen Teilnehmern, auf eine einzige, unveränderliche Aufzeichnung von Transaktionen zuzugreifen, was hilft, Informationen in der gesamten Lieferkette zu synchronisieren. Diese Transparenz ermöglicht eine Echtzeit-Verfolgung von Waren, reduziert Verzögerungen und verbessert die Koordination.

Darüber hinaus verbessert die Blockchain die Rückverfolgbarkeit, indem sie eine sichere und transparente Möglichkeit bietet, die Bewegung von Waren von der Herkunft bis zum Ziel zu verfolgen. Beispielsweise kann in Branchen wie Lebensmitteln und Pharmazeutika, wo Herkunft und Authentizität entscheidend sind, die Blockchain jeden Schritt der Lieferkette dokumentieren. Dies stellt sicher, dass Produkte echt sind und Sicherheitsstandards erfüllen. Verbraucher und Unternehmen können die Herkunft und Handhabung von Produkten überprüfen, was Vertrauen aufbaut und das Risiko von Betrug reduziert.

Smart Contracts, die selbstvollziehende Verträge mit direkt in den Code geschriebenen Bedingungen sind, verbessern das Supply Chain Management weiter. Smart Contracts automatisieren verschiedene Prozesse, wie die Zahlungsabwicklung, die Auftragsabwicklung und Compliance-Überprüfungen. Beispielsweise könnte ein Smart Contract automatisch die Zahlung freigeben, sobald die Waren als geliefert bestätigt werden, basierend auf Daten, die auf der Blockchain aufgezeichnet sind. Diese Automatisierung reduziert den Verwaltungsaufwand und minimiert Fehler.

Kryptowährungen, die oft mit digitalen Finanztransaktionen in Verbindung gebracht werden, spielen auch eine bedeutende Rolle im Supply Chain Management. Kryptowährungen können Finanztransaktionen optimieren und die Effizienz von grenzüberschreitenden Zahlungen verbessern. Traditionelle Zahlungssysteme, insbesondere für internationale Transaktionen, beinhalten häufig mehrere Vermittler, hohe Gebühren und lange Bearbeitungszeiten. Kryptowährungen bieten eine dezentrale Alternative, die direkte Peer-to-Peer-Transaktionen ermöglicht, die schneller und kostengünstiger abgeschlossen werden können.

Im Supply Chain Management können Kryptowährungen schnellere und sicherere Zahlungen zwischen Parteien in verschiedenen Ländern ermöglichen. Beispielsweise kann ein Unternehmen, das Waren aus dem Ausland importiert, Kryptowährungen nutzen, um Lieferanten direkt zu bezahlen, wodurch traditionelle Banksysteme umgangen und Transaktionskosten gesenkt werden. Dies beschleunigt nicht nur den Zahlungsprozess, sondern reduziert auch das Risiko von Währungswechselkursfluktuationen und Gebühren der Finanzintermediäre.

Darüber hinaus kann die Integration von Kryptowährungen mit Blockchain-Technologie die Lieferkettenoperationen weiter verbessern. Beispielsweise können Kryptowährungszahlungen mit blockchain-basierten Smart Contracts verknüpft werden, um Transaktionen zu automatisieren und abzusichern. Diese Integration stellt sicher, dass Zahlungen nur dann erfolgen, wenn vordefinierte Bedingungen erfüllt sind, wie etwa die Lieferung von Waren oder die Erbringung einer Dienstleistung.

Insgesamt bieten sowohl Blockchain-Technologie als auch Kryptowährungen erhebliche Vorteile für das Supply Chain Management. Die Blockchain bietet Transparenz, Rückverfolgbarkeit und Automatisierung durch Smart Contracts, während Kryptowährungen die Effizienz und Kosteneffektivität von Finanztransaktionen verbessern. Gemeinsam können diese Technologien das Supply Chain Management transformieren, indem sie die Betriebseffizienz verbessern, Kosten senken und Vertrauen sowie Zuverlässigkeit in der gesamten Lieferkette erhöhen.

Kryptowährungen im E-Commerce

Kryptowährungen haben begonnen, einen signifikanten Einfluss auf den E-Commerce-Sektor auszuüben und bieten sowohl Chancen als auch Herausforderungen für Online-Unternehmen und Verbraucher. Ihre Rolle im E-Commerce verändert traditionelle Zahlungssysteme, bietet neue Möglichkeiten für Transaktionen und beeinflusst die Dynamik des Online-Shoppings insgesamt.

Kryptowährungen bieten mehrere Vorteile im E-Commerce, wobei einer der Hauptvorteile ihre Fähigkeit ist, schnelle und grenzüberschreitende Transaktionen zu erleichtern. Traditionelle Zahlungsmethoden wie Kreditkarten und Banküberweisungen können langsam und kostenintensiv sein, insbesondere bei internationalen Transaktionen [280]. Im Gegensatz dazu ermöglichen Kryptowährungen nahezu sofortige Überweisungen über Grenzen hinweg, ohne die Notwendigkeit von Zwischenhändlern, wodurch die Transaktionszeiten und -kosten für Unternehmen und Verbraucher erheblich gesenkt werden [280]. Dies bedeutet, dass ein Kunde in einem Land problemlos einen Einkauf in einem E-Commerce-Shop in einem anderen Land tätigen kann, wobei die Zahlung nahezu sofort mit Kryptowährungen wie Bitcoin oder Ethereum verarbeitet wird [280].

Darüber hinaus bieten Kryptowährungen verbesserte Sicherheitsmerkmale, da Transaktionen durch Blockchain-Technologie gesichert werden, die kryptografische Techniken verwendet, um die Datenintegrität und -privatsphäre zu gewährleisten [161]. Diese erhöhte Sicherheit reduziert die Risiken von Betrug und Rückbuchungen, die häufig mit traditionellen Zahlungssystemen verbunden sind, was zu weniger Streitigkeiten und potenziell niedrigeren Kosten im Zusammenhang mit Zahlungsabwicklung und Betrugsprävention für E-Commerce-Händler führt [161]. Die Integration von Blockchain in Online-E-Commerce-Transaktionen bietet verschiedene Vorteile wie schnellere und sicherere Zahlungen, digitale Identitätsverifizierung zur Betrugsprävention, einfache Nachverfolgung gekaufter Artikel und verbesserte Transaktionssicherheit durch Anwendungsentwicklung [78].

Ein weiterer bedeutender Vorteil von Kryptowährungen im E-Commerce ist das Potenzial für erhöhte finanzielle Inklusion, insbesondere für Personen, die keinen Zugang zu Bankdienstleistungen haben oder unterversorgt sind (Alsharu, 2024). In Regionen, in denen die traditionelle Bankinfrastruktur begrenzt ist, können Kryptowährungen als brauchbare Alternative dienen, um Zugang zu digitalen Finanzdienstleistungen zu ermöglichen und die Teilnahme an der globalen Wirtschaft zu ermöglichen [281]. Diese erweiterte Kundenbasis ermöglicht es E-Commerce-Unternehmen, neue Märkte und

Kundensegmente zu erschließen, die zuvor nicht zugänglich waren, und damit Wachstum und Einnahmechancen zu fördern [281].

Die Verwendung von Kryptowährungen in E-Commerce-Transaktionen ist auch mit dem Konzept des Vertrauens verbunden. Forschungsergebnisse haben gezeigt, dass das Vertrauen der Verbraucher in Krypto-Zahlungen von der Wahrnehmung der Informationsprivatsphäre und Sicherheit beeinflusst wird [161]. Wenn Verbraucher den Eindruck haben, dass ihre Daten sicher sind und ihre Privatsphäre beim Einsatz von Kryptowährungen für Transaktionen geschützt ist, stärkt dies ihr Vertrauen in die Zahlungsmethode und das gesamte E-Commerce-Erlebnis [161]. Dieser Vertrauensfaktor ist entscheidend für die Förderung des Verbrauchervertrauens und die Ermutigung zur Adoption von Kryptowährungen im E-Commerce [161].

Darüber hinaus kann die Adoption von Kryptowährungen im E-Commerce zu Marktdisintermediation führen, wobei neue Formen digitaler Währungen und Technologien, die in dezentralen Netzwerken eingebettet sind, Märkte und Handel neu gestalten [282]. Blockchain-gestützte Technologien spielen eine Schlüsselrolle bei der Ermöglichung dezentraler vertrauenswürdiger Peer-to-Peer-Transaktionsledger-Systeme, die potenziell traditionelle Marktstrukturen stören und zur Entwicklung nachhaltiger Geschäftsmodelle führen können [282]. Durch die Nutzung von Kryptowährungen und Blockchain-Technologie können E-Commerce-Plattformen Transaktionen optimieren, die Abhängigkeit von Zwischenhändlern reduzieren und effizientere und transparentere Markökosysteme schaffen [282].

Kryptowährungen haben aufgrund ihrer Vorteile an Popularität im E-Commerce gewonnen, stellen jedoch auch Herausforderungen dar, die angegangen werden müssen. Ein bedeutendes Anliegen ist die Preisvolatilität von Kryptowährungen, die sowohl für Händler als auch für Kunden Unsicherheit verursachen kann [283]. Die schwankenden Werte von Kryptowährungen wie Bitcoin können die Preisstrategien für Händler komplizieren, da ein Wertverlust vor Abschluss einer Transaktion dazu führen könnte, dass der Händler weniger Wert erhält als erwartet [283]. Diese Volatilität stellt Herausforderungen für Unternehmen in Bezug auf Finanzplanung und Preisstrategien dar, was es für sie unerlässlich macht, die Risiken bei der Nutzung von Kryptowährungen für Transaktionen zu berücksichtigen [283].

Darüber hinaus fügen regulatorische und rechtliche Fragen eine zusätzliche Ebene der Komplexität zur Nutzung von Kryptowährungen im E-Commerce hinzu [284]. Die sich entwickelnde regulatorische Landschaft rund um Kryptowährungen erfordert von E-Commerce-Unternehmen, dass sie sich durch unterschiedliche Vorschriften und rechtliche Rahmenbedingungen in verschiedenen Ländern navigieren [284]. Die Einhaltung von Vorschriften wie Anti-Geldwäsche (AML) und Know-Your-Customer (KYC) kann kompliziert und zeitaufwändig sein, was Auswirkungen darauf hat, wie Kryptowährungen in Transaktionen genutzt werden [284]. Diese rechtlichen Herausforderungen unterstreichen die Notwendigkeit für Unternehmen, sich über das regulatorische Umfeld auf dem Laufenden zu halten, um sicherzustellen, dass sie bei der Integration von Kryptowährungen in ihre E-Commerce-Operationen compliant bleiben [284].

Zusätzlich erfordert die Adoption von Kryptowährungen im E-Commerce technologische Integration und Infrastruktur-Upgrades [285]. Unternehmen, die Kryptowährungen als Zahlungsmethoden akzeptieren möchten, müssen Krypto-Zahlungsgateways implementieren und die Sicherheit ihrer Systeme gewährleisten, um diese Transaktionen effektiv abzuwickeln [285]. Diese technologische Integration kann mit zusätzlichen Kosten verbunden sein und spezielle technische Expertise erfordern, was eine Hürde für kleinere E-Commerce-Unternehmen darstellen kann, die Kryptowährungen einführen möchten [285]. Daher müssen Unternehmen die technologischen Anforderungen und potenziellen Kosten bewerten, die mit der Integration von Kryptowährungen in ihre E-Commerce-Plattformen verbunden sind [285].

E-Commerce-Plattformen und Online-Händler haben zunehmend Kryptowährungen als Zahlungsmethode akzeptiert, was einen Wandel hin zur Nutzung digitaler Währungen im Bereich der Online-Transaktionen zeigt. Große Akteure wie Overs tock.com und Newegg haben den Weg geebnet, indem sie Bitcoin akzeptieren und Krypto-Zahlungsgateways in ihre Checkout-Prozesse integriert haben [286]. Dieser Schritt bedient nicht nur die wachsende Beliebtheit von Kryptowährungen, sondern stimmt auch mit der sich entwickelnden Landschaft digitaler Transaktionen überein. Darüber hinaus signalisiert das Auftauchen neuer E-Commerce-Plattformen wie OpenBazaar einen bewussten Wandel hin zur ausschließlichen Unterstützung von Kryptowährungs-Transaktionen, indem traditionelle Zahlungssysteme umgangen und Blockchain-Technologie zur Ermöglichung von Peer-to-Peer-Transaktionen mit digitalen Währungen genutzt wird [286].

Ermöglichung von Kryptowährungszahlungen im E-Commerce

Die Ermöglichung von Kryptowährungszahlungen im E-Commerce umfasst die Auswahl eines Ansatzes, der mit den Bedürfnissen des Unternehmens, den technischen Fähigkeiten und den Erwartungen der Kunden übereinstimmt. Es gibt drei Hauptansätze zur Verarbeitung von Kryptowährungszahlungen, von denen jeder spezifische Vorteile und Überlegungen mit sich bringt [287].

Ansatz #1: Nutzung eines Drittanbieter-Krypto-Zahlungsgateways

Der erste Ansatz besteht darin, auf ein Drittanbieter-Krypto-Zahlungsgateway zurückzugreifen, wie zum Beispiel BitPay, CoinGate oder Coinbase Commerce. Diese Dienste bieten eine umfassende Lösung zur Annahme von Kryptowährungszahlungen und zur Bewältigung der damit verbundenen Komplexitäten [287].

Funktionen:

- **Zahlungen annehmen:** Diese Gateways unterstützen verschiedene Kryptowährungen, sodass Kunden mit ihrer bevorzugten digitalen Währung bezahlen können.
- **Automatische Umwandlung:** Das Gateway kann empfangene Kryptowährungen automatisch in eine vorher vereinbarte Fiat-Währung oder eine andere Kryptowährung umwandeln, um das Risiko der Preisvolatilität zu mindern.
- **Transaktionsabwicklung:** Das Gateway überweist die verarbeiteten Gelder auf das Händlerkonto des E-Verkäufers und plant die Auszahlungen auf das Bankkonto des E-Verkäufers.

Vorteile: Die Nutzung eines Drittanbieter-Gateways vereinfacht den Prozess der Annahme von Kryptowährungszahlungen. Es entfällt die Notwendigkeit, ein internes Krypto-Zahlungsverarbeitungssystem einzurichten, das komplex und ressourcenintensiv sein kann. Der Händler kann die Infrastruktur und das Fachwissen des Gateways nutzen, ohne sich selbst um die technischen Details kümmern zu müssen.

Vorsichtsmaßnahmen: Dieser Ansatz erfordert jedoch eine vollständige Abhängigkeit von einem Vermittler, was operative und Sicherheitsrisiken mit sich bringen kann. Zusätzliche Gebühren, die vom Gateway erhoben werden, können die Gesamtkosten der Zahlungsabwicklung erhöhen. Darüber hinaus sind die Funktionalität und die unterstützten Kryptowährungen vom Drittanbieter vorgegeben, was die Flexibilität und Kontrolle des Händlers einschränkt.

Empfehlungen: Es wird empfohlen, eine gründliche Analyse der verfügbaren Krypto-Zahlungsgateway-Anbieter durchzuführen, um denjenigen auszuwählen, der die besten Transaktionsverarbeitungsgebühren bietet und mit den Bedürfnissen des Unternehmens übereinstimmt. Ein detaillierter Vergleich der Lösungen kann helfen, den optimalen Anbieter auszuwählen, um wirtschaftliche Rentabilität sicherzustellen und die Kosten zu minimieren.

Ansatz #2: Einbettung von Krypto-Zahlungsbuttons

Der zweite Ansatz besteht darin, Kryptowährungs-Zahlungsbuttons direkt in eine E-Commerce-Plattform einzubetten. Diese Methode ermöglicht den Kunden eine nahtlose Zahlungserfahrung, da sie Transaktionen abschließen können, ohne die Website zu verlassen [287].

Funktionen:

- **Zahlungen mit einem Klick:** Kunden können Zahlungen mit einem einzigen Klick durchführen, was den Checkout-Prozess vereinfacht und das Nutzererlebnis verbessert.

- **Direktzahlungen:** Zahlungen werden direkt in die Kryptowährungs-Wallet des Händlers empfangen, was einen sofortigen Zugriff auf die Mittel ermöglicht.

Vorteile: Dieser Ansatz ist relativ schnell und einfach umzusetzen im Vergleich zur Einrichtung eines vollständigen Zahlungsgateways. Er erfordert keine direkte Integration mit einem Zahlungssystem, was ihn für viele E-Commerce-Unternehmen zu einer zugänglichen Option macht.

Vorsichtsmaßnahmen: Händler müssen ihre Kryptowährungs-Wallets verwalten, um Krypto-Mittel zu empfangen, zu speichern und zu verwalten. Für Unternehmen mit großem Inventar kann die Erstellung und Verwaltung individueller Zahlungsbuttons für jedes Produkt zeitaufwendig und arbeitsintensiv sein.

Empfehlungen: Die Nutzung von sofort einsatzbereiten Krypto-APIs, wie der Coinbase API, kann die Erstellung von Zahlungsbuttons vereinfachen und den Integrationsprozess beschleunigen. Dieser Ansatz kann die Komplexität der Implementierung von Kryptowährungszahlungen reduzieren und gleichzeitig eine benutzerfreundliche Erfahrung bieten.

Ansatz #3: Entwicklung eines benutzerdefinierten Krypto-Zahlungsgateways

Der dritte Ansatz besteht darin, ein benutzerdefiniertes Kryptowährungs-Zahlungsgateway zu entwickeln, das auf die spezifischen Bedürfnisse des E-Commerce-Unternehmens zugeschnitten ist. Diese Lösung bietet das höchste Maß an Flexibilität und Kontrolle über das Zahlungssystem [287].

Funktionen:

- **Angepasste Funktionen:** Das Gateway kann einzigartige Funktionen wie wiederkehrende Zahlungen, dynamisch angepasste Preise in Krypto und komplexe Geschäftsmodelle wie Pay-as-you-go unterstützen.

- **Umfassende Unterstützung:** Es kann alle erforderlichen Kryptowährungen unterstützen, einschließlich benutzerdefinierter oder weniger gängiger digitaler Währungen.

- **Integration:** Das Gateway kann nahtlos in bestehende E-Commerce-Systeme integriert werden, auch in solche, die veraltet oder legacy sind.

Vorteile: Eine benutzerdefinierte Lösung bietet die Möglichkeit, das Zahlungssystem genau auf die Anforderungen des Unternehmens zuzuschneiden, wodurch eine optimale Leistung und Sicherheit gewährleistet werden. Es beseitigt die Notwendigkeit von Vermittlern und reduziert potenzielle Risiken und zusätzliche Gebühren.

Vorsichtsmaßnahmen: Die Gestaltung und Implementierung eines benutzerdefinierten Krypto-Zahlungsgateways erfordert erheblichen Zeit- und Ressourcenaufwand. Das E-Commerce-Unternehmen ist verantwortlich für die Wartung und Unterstützung des Systems, was anspruchsvoll und komplex sein kann.

Empfehlungen: Unternehmen, die diesen Ansatz in Betracht ziehen, sollten die Vorteile der vollständigen Kontrolle und Anpassung gegen den Zeit- und Kostenaufwand der Entwicklung abwägen. Es ist entscheidend, dass das benutzerdefinierte Gateway mit den strategischen Zielen und technischen Fähigkeiten des Unternehmens übereinstimmt, um eine erfolgreiche Implementierung zu gewährleisten.

Zukunftsaussichten

Blickt man in die Zukunft, ist es wahrscheinlich, dass die Rolle von Kryptowährungen im E-Commerce weiter wachsen wird, da technologische Fortschritte und regulatorische Klarheit sich verbessern. Innovationen wie Stablecoins, die darauf ausgelegt sind, einen stabilen Wert im Verhältnis zu traditionellen Währungen aufrechtzuerhalten, könnten einige der Bedenken im Zusammenhang mit der Preisvolatilität adressieren. Zudem könnte eine erhöhte Akzeptanz und Integration von Kryptowährungen durch große

Finanzinstitute und Regulierungsbehörden die Integration in das E-Commerce-Ökosystem weiter verbessern.

10

Sicherheit und Betrugsprävention

Kryptowährungs-Sicherheit ist entscheidend für die Wahrung der Integrität und Vertrauenswürdigkeit digitaler Vermögenswerte. Mit der zunehmenden Beliebtheit von Kryptowährungen wächst auch der Bedarf an robusten Sicherheitsmaßnahmen zur Verhinderung von Betrug und zum Schutz von Vermögenswerten vor verschiedenen Bedrohungen. Wichtige Sicherheitspraktiken und Strategien zur Betrugsprävention im Bereich der Kryptowährungen umfassen:

1. **Sicherung von Kryptowährungs-Wallets**
   - **Arten von Wallets:**
     - **Hot Wallets:** Diese sind mit dem Internet verbunden und umfassen Web-Wallets, mobile Wallets und Desktop-Wallets. Obwohl sie für häufige Transaktionen praktisch sind, sind sie anfälliger für Online-Bedrohungen.
     - **Cold Wallets:** Dies sind Offline-Speicherlösungen wie Hardware-Wallets und Papier-Wallets. Sie bieten eine erhöhte Sicherheit, indem sie private Schlüssel vom Internet fernhalten, was die Anfälligkeit für Online-Angriffe reduziert.
   - **Best Practices:**
     - **Verwenden Sie starke Passwörter:** Stellen Sie sicher, dass Wallet-Konten und zugehörige Dienste starke, einzigartige Passwörter verwenden.

- **Zwei-Faktor-Authentifizierung (2FA) aktivieren:** Fügen Sie eine zusätzliche Sicherheitsebene zu Wallet-Konten hinzu, indem Sie 2FA verwenden, die einen zweiten Verifizierungsschritt neben dem Passwort erfordert.

- **Regelmäßige Backups:** Sichern Sie Wallet-Daten regelmäßig und speichern Sie Backups an sicheren Orten. Dies stellt sicher, dass Mittel im Falle eines Hardware-Ausfalls oder anderer Probleme wiederhergestellt werden können.

2. **Schutz der privaten Schlüssel**
   - **Private Schlüssel:**

     - **Definition:** Private Schlüssel sind kryptografische Schlüssel, die den Zugang zu Kryptowährungsbeständen kontrollieren. Sie sollten geheim und sicher aufbewahrt werden.

   - **Best Practices:**

     - **Private Schlüssel niemals teilen:** Private Schlüssel sollten niemals mit anderen geteilt werden. Wenn jemand Zugriff auf Ihren privaten Schlüssel erhält, kann er auf Ihre Mittel zugreifen.

     - **Schlüssel sicher aufbewahren:** Verwenden Sie Hardware-Wallets oder sichere Offline-Methoden zur Aufbewahrung privater Schlüssel. Vermeiden Sie es, sie im Klartext auf Ihrem Computer oder in Online-Diensten zu speichern.

3. **Verhindern von Phishing-Angriffen**
   - **Phishing:**

     - **Definition:** Phishing-Angriffe beinhalten die Täuschung von Personen, um sensible Informationen wie private Schlüssel oder Anmeldedaten durch betrügerische E-Mails oder Websites preiszugeben.

   - **Best Practices:**

     - **URLs überprüfen:** Überprüfen Sie immer die URL von Websites, auf denen Sie sensible Informationen eingeben. Stellen Sie sicher, dass Sie sich auf der offiziellen Seite befinden.

◦ **Vorsicht bei Links:** Vermeiden Sie es, auf Links in unerwünschten E-Mails oder Nachrichten zu klicken, da sie zu Phishing-Seiten führen können.

◦ **Anti-Phishing-Tools verwenden:** Nutzen Sie Browser-Erweiterungen und Anti-Phishing-Software, um Phishing-Versuche zu erkennen und zu blockieren.

4. Schutz von Kryptowährungs-Börsen

- **Börsen:**

  ◦ **Definition:** Kryptowährungs-Börsen sind Plattformen, auf denen Benutzer Kryptowährungen kaufen, verkaufen und handeln können. Sie sind aufgrund der großen Mengen an digitalen Vermögenswerten, die sie verwalten, häufig Ziel von Hackern.

- **Best Practices:**

  ◦ **Reputable Börsen wählen:** Verwenden Sie Börsen mit einem starken Ruf für Sicherheit und Compliance. Recherchieren Sie deren Sicherheitsmaßnahmen und Geschichte von Sicherheitsvorfällen.

  ◦ **2FA aktivieren:** Aktivieren Sie die Zwei-Faktor-Authentifizierung auf Börsenkonten, um eine zusätzliche Sicherheitsebene hinzuzufügen.

  ◦ **Regelmäßige Abhebungen:** Ziehen Sie für langfristige Aufbewahrung in Betracht, Mittel auf ein sicheres Wallet abzuheben, anstatt sie auf der Börse zu belassen.

5. Implementierung von Sicherheitsprotokollen

- **Sicherheitsprotokolle:**

  ◦ **Verschlüsselung:** Stellen Sie sicher, dass Kommunikationskanäle und Datenspeicherung verschlüsselt sind, um unbefugten Zugriff und Datenverletzungen zu schützen.

  ◦ **Sichere Software:** Halten Sie alle Software, einschließlich Wallets und Börsen, mit den neuesten Sicherheits-Patches und Updates aktuell.

6. Überwachung und Alarmierung

- **Überwachung:**
  - **Transaktionsüberwachung:** Überwachen Sie regelmäßig Kryptowährungs-Transaktionen auf ungewöhnliche Aktivitäten. Einige Dienste bieten Benachrichtigungen für verdächtige Transaktionen oder Anmeldeversuche.
  - **Sicherheitsalarme:** Aktivieren Sie Sicherheitsalarme von Wallets und Börsen, um über ungewöhnliche oder unbefugte Aktivitäten benachrichtigt zu werden.

7. Benutzeraufklärung

- **Benutzeraufklärung:**
  - **Bewusstseinsschulung:** Bilden Sie Benutzer und Interessengruppen über gängige Kryptowährungsbetrügereien, Phishing-Angriffe und bewährte Verfahren zum Schutz digitaler Vermögenswerte auf.
  - **Informiert bleiben:** Halten Sie sich über die neuesten Sicherheitsbedrohungen und Entwicklungen im Kryptowährungsbereich auf dem Laufenden.

8. Regulatorische Compliance

- **Compliance:**
  - **Regelungen einhalten:** Stellen Sie die Einhaltung von regulatorischen Anforderungen und Branchenstandards für Kryptowährungssicherheit und Betrugsprävention sicher.
  - **Best Practices anwenden:** Befolgen Sie die besten Praktiken für Datenschutz und Cybersicherheit, wie von Regulierungsbehörden empfohlen.

Häufige Betrügereien und wie man sie vermeidet

Mit dem Wachstum des Kryptowährungsmarktes steigt auch die Anzahl der Betrügereien, die auf Einzelpersonen und Investoren abzielen. Das Verständnis der häufigsten Kryptowährungsbetrügereien und das Wissen, wie man sie vermeidet, ist entscheidend zum Schutz Ihrer digitalen Vermögenswerte.

Kryptowährungsbetrügereien sind zunehmend raffinierter geworden, da der Markt für digitale Währungen wächst. Genauso wie Finanzkriminelle versuchen, traditionelle Bankkonten oder Kreditkarten zu stehlen, sind Krypto-Betrüger unermüdlich bemüht, auf Kryptowährungsbestände zuzugreifen und diese zu stehlen. Um Ihre digitalen Investitionen zu schützen, ist es entscheidend, die Arten von Kryptowährungsbetrügereien zu verstehen und Maßnahmen zum Selbstschutz zu ergreifen. Kryptowährungsbetrügereien fallen allgemein in zwei große Kategorien: solche, die auf den Zugriff auf digitale Wallets und Authentifizierungsdaten abzielen, und solche, die direkte Übertragungen von Vermögenswerten durch verschiedene betrügerische Schemen umfassen [288].

1. Betrügereien, die auf digitale Wallets und Authentifizierungsdaten abzielen

Eine weit verbreitete Kategorie von Kryptowährungsbetrügereien konzentriert sich auf den Zugang zu digitalen Wallets oder Authentifizierungsdaten des Ziels. Betrüger verwenden eine Vielzahl von Taktiken, um dieses Ziel zu erreichen, darunter Phishing, Social Engineering und Malware-Angriffe.

Phishing-Angriffe: Phishing umfasst das Täuschen von Personen, um sensible Informationen wie private Schlüssel oder Anmeldedaten preiszugeben, indem sie sich als legitime Entität ausgeben. Betrüger erstellen oft gefälschte Websites oder senden täuschend echte E-Mails, die angeblich von vertrauenswürdigen Kryptowährungsbörsen oder Wallet-Anbietern stammen. Diese betrügerischen Mitteilungen zielen darauf ab, Ihre Anmeldedaten zu erfassen, die dann verwendet werden können, um auf Ihr digitales Wallet zuzugreifen und es auszurauben [288].

Social Engineering: Social Engineering-Angriffe nutzen menschliche Psychologie aus, um Personen dazu zu bringen, persönliche Informationen preiszugeben. Betrüger können sich als vertrauenswürdige Kontakte oder Autoritätspersonen ausgeben und deren vermeintliche Glaubwürdigkeit nutzen, um private Schlüssel, Sicherheitscodes oder andere sensible Details zu erhalten. Zum Beispiel könnte sich ein Betrüger als Kundenservice-Mitarbeiter ausgeben und behaupten, Verifikationsdetails zu benötigen, um ein Problem mit Ihrem Konto zu lösen [288].

Malware und Keylogger: Malware und Keylogger sind bösartige Software, die entwickelt wurde, um Ihre Geräte zu infiltrieren und Tastatureingaben aufzuzeichnen oder

Bildschirmaktivitäten zu erfassen. Einmal installiert, können diese Programme Ihre privaten Schlüssel oder andere sensible Daten protokollieren und den Betrügern unbefugten Zugriff auf Ihre Kryptowährungsbestände verschaffen. Malware kann über infizierte E-Mail-Anhänge, bösartige Downloads oder kompromittierte Websites verbreitet werden [288].

Schutzmaßnahmen: Um sich gegen diese Arten von Betrügereien zu schützen, seien Sie vorsichtig bei jeder Kommunikation oder Website, die nach sensiblen Informationen fragt. Verwenden Sie zuverlässige Antivirensoftware, um Malware zu erkennen und zu entfernen, aktivieren Sie die Zwei-Faktor-Authentifizierung (2FA) für zusätzliche Sicherheit und vermeiden Sie das Klicken auf verdächtige Links oder das Herunterladen nicht verifizierter Anwendungen [288].

2. Betrügerische Methoden, die direkte Überweisungen an Betrüger beinhalten

Die zweite Kategorie von Kryptowährungsbetrügereien umfasst Methoden, bei denen Betrüger Personen dazu bringen, ihre Kryptowährungen direkt zu überweisen. Diese Methoden können verschiedene Formen annehmen, einschließlich betrügerischer Investitionsmöglichkeiten, falscher Geschäftsprojekte und Täuschungstaktiken.

Betrügerische Investitionsmöglichkeiten: Betrüger fördern oft Investitionsschemen, die hohe Renditen bei minimalem Risiko versprechen. Diese Schemen können gefälschte Initial Coin Offerings (ICOs) oder Ponzi-Schemata beinhalten, bei denen die Gelder neuer Investoren verwendet werden, um Renditen an frühere Investoren zu zahlen. Die Opfer werden überzeugt, ihre Kryptowährungen zu investieren, nur um später festzustellen, dass das Projekt ein Betrug war und ihre Gelder gestohlen wurden [288].

Imitation und Social Media-Betrügereien: Imitationsbetrügereien beinhalten Betrüger, die sich als bekannte Persönlichkeiten oder vertrauenswürdige Entitäten im Kryptowährungsbereich ausgeben. Sie können soziale Medien nutzen, um gefälschte Investitionsmöglichkeiten zu fördern oder Kryptowährungs-Spenden für wohltätige Zwecke zu erbitten. Diese Betrügereien schaffen oft ein Gefühl der Dringlichkeit oder Exklusivität, um Personen dazu zu bewegen, ihre Vermögenswerte schnell zu übertragen [288].

Geschäftsbetrügereien und gefälschte Angebote: Betrüger können auch gefälschte Geschäftsabschlüsse oder Partnerschaften erstellen, um Personen zu überzeugen, Kryptowährungszahlungen zu leisten. Diese Betrügereien beinhalten oft ausgeklügelte Pläne, wie gefälschte Verträge oder falsche Online-Shops, die legitim erscheinen sollen.

Sobald die Zahlung erfolgt ist, verschwindet der Betrüger, und das Opfer bleibt ohne Möglichkeit, seine Vermögenswerte zurückzuerhalten [288].

Schutzmaßnahmen: Um sich gegen diese direkten Überweisungsbetrügereien zu schützen, seien Sie skeptisch gegenüber Investitionsmöglichkeiten, die ungewöhnlich hohe Renditen versprechen oder sofortige Handlungen erfordern. Führen Sie gründliche Recherchen zu jeder Investition oder Geschäftsmöglichkeit durch und überprüfen Sie die Legitimität der beteiligten Entitäten. Verwenden Sie sichere und zuverlässige Plattformen für Finanztransaktionen und seien Sie vorsichtig bei unaufgeforderten Anfragen für Kryptowährungsüberweisungen [288].

Kryptowährungsbetrügereien können sehr vielfältig und raffiniert sein, da sie sowohl auf den Zugang zu digitalen Wallets als auch auf direkte Übertragungen von Vermögenswerten abzielen. Durch das Verständnis der verschiedenen Betrugsarten und die Umsetzung präventiver Maßnahmen können Sie das Risiko verringern, Opfer dieser betrügerischen Aktivitäten zu werden. Bleiben Sie stets wachsam, gehen Sie vorsichtig mit Ihren persönlichen Informationen um und suchen Sie vertrauenswürdige Quellen für Investitionen und Transaktionen, um Ihre Kryptowährungsvermögenswerte zu schützen [288].

Phishing-Angriffe im Kryptowährungssektor

Phishing-Angriffe stellen eine erhebliche Bedrohung im Kryptowährungsbereich dar und richten sich hauptsächlich an Einzelpersonen durch täuschende Praktiken, die darauf abzielen, sensible Informationen zu stehlen. Diese Betrügereien beinhalten das Täuschen der Opfer, damit sie private Schlüssel oder Anmeldedaten offenbaren, indem sie sich als vertrauenswürdige Entitäten ausgeben, wie beispielsweise Kryptowährungsbörsen oder Wallet-Anbieter. Das ultimative Ziel von Phishing-Betrügereien ist es, unbefugten Zugriff auf digitale Wallets zu erlangen, was zum Diebstahl wertvoller Kryptowährungsbestände führen kann [288, 289].

Phishing-Angriffe beinhalten typischerweise, dass Betrüger gefälschte Websites erstellen oder betrügerische E-Mails senden, die das Aussehen legitimer Kryptowährungsdienste nachahmen. Diese Mitteilungen sind so gestaltet, dass sie überzeugend wirken, häufig mit vertrauten Logos, Marken und offiziell aussehenden E-Mail-Adressen. Das Ziel der Betrüger ist es, die Empfänger zu täuschen, damit sie ihre privaten Schlüssel oder Anmeldedaten bereitstellen. Diese Schlüssel sind entscheidend, da sie wie Passwörter fungieren und Zugang zu den Kryptowährungsbeständen des Opfers gewähren [288, 289].

Beispielsweise könnte eine Phishing-E-Mail behaupten, von einer bekannten Kryptowährungsbörse zu stammen, und den Empfänger auf ein dringendes Sicherheitsproblem mit seinem Konto hinweisen. Die E-Mail enthält einen Link zu einer gefälschten Website, die der echten Anmeldeseite der Börse sehr ähnlich sieht. Sobald das Opfer seinen privaten Schlüssel oder seine Anmeldedaten auf dieser gefälschten Seite eingibt, erfassen die Betrüger diese Informationen und nutzen sie, um auf das digitale Wallet des Opfers zuzugreifen und es auszurauben [288, 289].

Innerhalb der Kryptowährungsindustrie konzentrieren sich Phishing-Betrügereien häufig darauf, private Schlüssel von Nutzern von Krypto-Software-Wallets zu erlangen. Diese Schlüssel sind entscheidend für den Zugriff auf die in einem digitalen Wallet gespeicherten Mittel. Im Gegensatz zu traditionellen Bankpasswörtern, die normalerweise durch mehrere Sicherheitsschichten geschützt sind, bieten private Schlüssel im Kryptowährungsbereich direkten Zugang zu den innerhalb eines Wallets gespeicherten Vermögenswerten.

Phishing-Angriffe, die auf Krypto-Wallets abzielen, funktionieren ähnlich wie andere Phishing-Schemata. Betrüger verwenden täuschende E-Mails, um die Empfänger auf eine speziell erstellte Website zu leiten, die dazu dient, Informationen zu privaten Schlüsseln zu erfassen. Indem sie den Nutzer überzeugen, seinen privaten Schlüssel auf der gefälschten Seite einzugeben, erlangen die Betrüger die Kontrolle über das Wallet und können die Kryptowährung auf ihre eigenen Konten übertragen [288, 289].

Phishing-Betrügereien gehören zu den häufigsten Angriffen auf Kryptowährungsnutzer. Laut Berichten des FBI betrafen Phishing-Betrügereien im Jahr 2022 über 300.000 Personen und im Jahr 2023 fast 298.000. Diese Angriffe führten zu erheblichen finanziellen Verlusten, wobei die Opfer insgesamt 52,1 Millionen Dollar im Jahr 2022 und mehr als 18,7 Millionen Dollar im Jahr 2023 verloren. Das Ausmaß und die finanziellen Auswirkungen von Phishing zeigen die ernste Bedrohung, die diese Betrügereien für Kryptowährungsnutzer darstellen [288].

Zum Schutz vor Phishing-Angriffen sollten Nutzer mehrere wichtige Maßnahmen ergreifen. Verifizieren Sie stets die Authentizität von Mitteilungen, die angeblich von Kryptowährungsdiensten stammen. Seien Sie vorsichtig bei E-Mails, die nach sensiblen Informationen fragen oder Links zu unbekannten Websites enthalten. Anstatt auf Links in E-Mails zu klicken, besuchen Sie direkt die offizielle Website Ihres Kryptowährungsdienstes, indem Sie die URL in Ihren Browser eingeben [288, 289].

Zusätzlich sollten Sie, wo möglich, die Multi-Faktor-Authentifizierung (MFA) aktivieren, da sie eine zusätzliche Sicherheitsebene über die privaten Schlüssel hinaus bietet. Aktualisieren Sie regelmäßig Ihre Software und verwenden Sie vertrauenswürdige Sicherheitstools, um potenzielle Bedrohungen zu erkennen und zu blockieren. Schließlich kann das Wissen über gängige Phishing-Taktiken und die Wachsamkeit dazu beitragen, Opfer dieser täuschenden Schemata zu vermeiden [288, 289].

Soziale Ingenieurkunst bei Kryptowährungsbetrügereien

Angriffe durch soziale Ingenieurkunst stellen eine ausgeklügelte Form der Täuschung dar, die die menschliche Psychologie ausnutzt, um Einzelpersonen zur Offenlegung persönlicher und sensibler Informationen zu manipulieren. Im Gegensatz zu technischen Angriffen, die auf der Ausnutzung von Systemanfälligkeiten basieren, konzentriert sich soziale Ingenieurkunst auf das Ausnutzen von Vertrauen und psychologischen Schwächen. Im Kontext von Kryptowährungen zielen diese Betrügereien häufig darauf ab, Benutzer dazu zu bringen, private Schlüssel, Sicherheitscodes oder andere wichtige Details preiszugeben, die zu unbefugtem Zugriff auf ihre digitalen Vermögenswerte führen können [288].

Angriffe durch soziale Ingenieurkunst gedeihen durch die Manipulation von Vertrauen und Glaubwürdigkeit. Betrüger können sich als vertrauenswürdige Kontakte oder autoritative Figuren ausgeben, um das Vertrauen des Opfers zu gewinnen. Sie könnten sich als Vertreter einer Regierungsbehörde, eines angesehenen Unternehmens, eines technischen Supports oder sogar als persönliche Bekannte ausgeben. Durch die Nutzung dieser vermeintlichen Autoritätsquellen schaffen die Betrüger eine überzeugende Fassade, die die Opfer dazu ermutigt, ihren Forderungen nachzukommen [288].

Ein gängiges Beispiel für soziale Ingenieurkunst ist, dass Betrüger sich als Kundenservicemitarbeiter ausgeben. Sie könnten Einzelpersonen per E-Mail, Telefon oder sozialen Medien kontaktieren und behaupten, dass ein dringendes Problem mit dem Konto der Person vorliegt. Um das Problem zu lösen, fordert der Betrüger sensible Informationen wie private Schlüssel oder Sicherheitscodes an. Da das Opfer glaubt, mit einem legitimen Support-Mitarbeiter zu sprechen, könnte es unbeabsichtigt kritische Informationen preisgeben, die dem Betrüger ermöglichen, die Kontrolle über seine Kryptowährungsbestände zu erlangen [288].

Betrüger, die soziale Ingenieurtechnik anwenden, investieren oft erhebliche Zeit und Mühe, um Vertrauen bei ihren Zielen aufzubauen. Sie könnten sich freundschaftlich unterhalten, scheinbar hilfreiche Ratschläge geben oder gefälschte Unterstützung anbieten, um eine Beziehung aufzubauen. Durch das Schaffen eines Gefühls von Vertrautheit und Zuverlässigkeit erscheinen die späteren Forderungen nach sensiblen Informationen glaubwürdiger [288].

Sobald Vertrauen aufgebaut ist, könnte der Betrüger das Opfer bitten, private Schlüssel preiszugeben oder Kryptowährung auf ein digitales Wallet zu übertragen. Diese Bitte könnte als routinemäßige Sicherheitsmaßnahme oder als dringende Notwendigkeit dargestellt werden. Beispielsweise könnte der Betrüger behaupten, dass das Konto des Opfers gefährdet sei, es sei denn, es werden Verifizierungsdetails bereitgestellt oder eine Zahlung geleistet [288].

Zum Schutz vor Angriffen durch soziale Ingenieurkunst ist es entscheidend, wachsam und skeptisch gegenüber unaufgeforderten Anfragen nach sensiblen Informationen zu bleiben. Unabhängig davon, wie überzeugend der Nachahmer erscheinen mag, sollten Benutzer vorsichtig sein, wenn sie aufgefordert werden, private Schlüssel, Sicherheitscodes bereitzustellen oder Kryptowährungsübertragungen vorzunehmen. Es ist ratsam, die Identität von Personen, die solche Informationen anfordern, unabhängig zu überprüfen, insbesondere wenn die Anfrage unerwartet ist oder nicht dem Charakter der angeblichen Quelle entspricht [288].

Eine gute Praxis ist es, offizielle Kommunikationskanäle zu nutzen, um Ansprüche oder Anfragen zu überprüfen. Wenn Sie beispielsweise von jemandem kontaktiert werden, der behauptet, von einer Kryptowährungsbörse oder einem Support-Team zu stammen, sollten Sie das Unternehmen direkt mit den Kontaktdaten von deren offizieller Website kontaktieren, anstatt sich auf die vom Betrüger bereitgestellten Kontaktdaten zu verlassen [288].

Darüber hinaus kann es helfen, sich über gängige Taktiken der sozialen Ingenieurkunst zu informieren und regelmäßig Sicherheitsprotokolle zu aktualisieren, um das Risiko zu verringern, Opfer dieser Betrügereien zu werden. Bewusstsein und vorsichtiges Verhalten sind entscheidend, um soziale Ingenieurversuche zu erkennen und zu vermeiden [288].

Malware und Keylogger bei Kryptowährungsbetrügereien

Malware und Keylogger stellen erhebliche Bedrohungen für die Sicherheit von Kryptowährungsvermögen dar. Diese Arten von bösartiger Software sind darauf ausgelegt, Geräte zu infiltrieren, sensible Informationen zu erfassen und unbefugten Zugriff auf die digitalen Bestände eines Opfers zu ermöglichen. Es ist entscheidend zu verstehen, wie Malware und Keylogger arbeiten, wie sie verbreitet werden und wie man sich gegen sie schützt, um Ihre Kryptowährungen zu schützen.

Malware, eine Abkürzung für "malicious software" (bösartige Software), umfasst eine Reihe schädlicher Programme, die darauf abzielen, die Sicherheit eines Computers oder Netzwerks zu gefährden. Keylogger sind eine spezielle Art von Malware, die sich auf das Aufzeichnen der vom Benutzer eingegebenen Tastatureingaben konzentriert. Wenn sie auf einem Gerät installiert sind, protokollieren Keylogger jede Eingabe, einschließlich Passwörter, private Schlüssel und andere sensible Daten. Diese Informationen werden dann an den Angreifer zurückgesendet, der dadurch unbefugten Zugang zu Kryptowährungs-Wallets und anderen Konten erhält.

Keylogger können auch Bildschirmaktivitäten erfassen, einschließlich Screenshots von auf dem Gerät des Opfers angezeigten sensiblen Informationen. Durch das Überwachen dessen, was der Benutzer sieht und eintippt, können diese bösartigen Programme private Informationen und Zugangsdaten extrahieren, die für den Zugriff auf Kryptowährungsbestände erforderlich sind.

Malware und Keylogger werden häufig über verschiedene Kanäle verbreitet, wobei oft soziale Ingenieurtechnik eingesetzt wird, um Benutzer zur Installation zu verleiten. Eine gängige Methode ist die Verbreitung über infizierte E-Mail-Anhänge. Betrüger senden möglicherweise E-Mails, die von legitimen Quellen zu stammen scheinen und Anhänge enthalten, die beim Öffnen Malware auf dem Gerät des Opfers installieren. Diese Anhänge können als harmlose Dateien wie Rechnungen, Updates oder Berichte getarnt sein.

Eine andere Methode besteht in bösartigen Downloads. Benutzer können unwissentlich Malware herunterladen, indem sie kompromittierte Websites besuchen oder auf täuschende Links klicken. Diese Sites geben sich oft als legitime Dienste oder Softwareanbieter aus und verleiten Benutzer dazu, Anwendungen oder Updates herunterzuladen, die sie für sicher halten. Nach der Installation können diese Anwendungen heimlich Malware oder Keylogger in das System einbetten.

Kompromittierte Websites können ebenfalls als Verbreitungswege für Malware dienen. Durch das Ausnutzen von Schwachstellen in Webbrowsern oder anderer Software können Angreifer bösartigen Code in Websites injizieren. Wenn Benutzer diese Sites besuchen, wird die Malware automatisch heruntergeladen und auf ihren Geräten ausgeführt, oft ohne deren Wissen.

Um sich gegen Malware und Keylogger zu schützen, können mehrere präventive Maßnahmen ergriffen werden. Zunächst ist es wichtig, stets aktuelle Antivirus- und Anti-Malware-Software zu verwenden. Diese Tools können bekannte Bedrohungen erkennen und entfernen und bieten eine wichtige Verteidigungslinie gegen bösartige Programme.

Das Vermeiden verdächtiger E-Mail-Anhänge und Links ist eine weitere wichtige Praxis. Benutzer sollten vorsichtig bei unerwünschten E-Mails sein, insbesondere bei solchen, die persönliche Informationen anfordern oder zu Downloads auffordern. Die Authentizität der E-Mail-Absender zu überprüfen und ungewöhnliche oder unerwartete Anhänge zu prüfen, kann helfen, das Risiko von Malware-Infektionen zu verringern.

Das Herunterladen von Software und Updates nur von vertrauenswürdigen Quellen ist entscheidend. Benutzer sollten sicherstellen, dass sie Anwendungen von offiziellen Websites oder bekannten App-Stores beziehen, die strenge Sicherheitsmaßnahmen haben.

Regelmäßige Updates von Betriebssystemen und Software können ebenfalls Schwachstellen reduzieren, die von Malware ausgenutzt werden könnten. Sicherheits-Patches und Updates werden oft veröffentlicht, um neu entdeckte Bedrohungen zu beheben und die Systemabwehr zu verbessern.

Schließlich kann die Implementierung starker Sicherheitspraktiken wie Mehr-Faktor-Authentifizierung (MFA) eine zusätzliche Schutzschicht bieten. Selbst wenn private Schlüssel oder Passwörter kompromittiert werden, kann MFA unbefugten Zugriff auf Kryptowährungs-Konten verhindern.

Betrügerische Investitionsmöglichkeiten im Kryptowährungsbereich

Betrügerische Investitionsmöglichkeiten sind eine weit verbreitete Bedrohung im Kryptowährungsbereich und zielen häufig auf Personen mit Versprechen hoher Renditen und minimalem Risiko ab. Betrüger verwenden verschiedene Taktiken, um ahnungslose Investoren anzulocken, darunter gefälschte Initial Coin Offerings (ICOs) und Ponzi-Systeme.

Das Verständnis dieser Systeme und ihrer Warnsignale ist entscheidend, um sich vor finanziellen Verlusten und potenziellen Betrügereien zu schützen.

Arten betrügerischer Investitionssysteme

1. **Gefälschte Initial Coin Offerings (ICOs):** Initial Coin Offerings (ICOs) sind Mittelbeschaffungsmechanismen in der Kryptowelt, bei denen neue Projekte ihre Tokens an Investoren im Austausch gegen etablierte Kryptowährungen wie Bitcoin oder Ethereum ausgeben. Während legitime ICOs aufregende Möglichkeiten für frühe Investitionen in vielversprechende Projekte bieten können, nutzen Betrüger dieses Mechanismus oft aus, indem sie gefälschte ICOs erstellen. Diese betrügerischen Systeme versprechen hohe Renditen und verwenden ausgeklügelte Marketingstrategien, um Investoren anzulocken. Sobald die Gelder gesammelt sind, verschwinden die Betrüger, und die Investoren bleiben mit wertlosen Tokens zurück, ohne Möglichkeit, ihre Investition zurückzuerhalten.

2. **Ponzi-Systeme:** Ponzi-Systeme beinhalten die Verwendung von Geldern neuer Investoren zur Auszahlung an frühere Investoren, wodurch der Anschein eines profitablen Investments erweckt wird. Im Kontext der Kryptowährung präsentieren sich diese Systeme oft als Investitionsplattformen oder Handelsdienste, die garantierte hohe Renditen bieten. Neue Investoren werden verlockt, ihre Gelder mit dem Versprechen erheblicher Gewinne zu investieren, doch während das System fortschreitet, basiert es auf einem ständigen Zufluss neuer Mittel, um Auszahlungen aufrechtzuerhalten. Schließlich bricht das System zusammen, wenn es unmöglich wird, neue Investoren zu gewinnen, was zu erheblichen finanziellen Verlusten für die letzten Investoren führt.

Merkmale betrügerischer Investitionsmöglichkeiten

Betrügerische Investitionsmöglichkeiten weisen oft mehrere Merkmale auf, die potenziellen Investoren helfen können, Warnsignale zu erkennen:

- **Unrealistische Versprechen:** Betrüger versprechen häufig garantierte hohe Renditen bei minimalem oder keinem Risiko, was ein erhebliches Warnsignal darstellen sollte. In der Finanzwelt gehen höhere Renditen typischerweise mit höheren Risiken einher, und jede Investition, die etwas anderes verspricht, sollte mit Vorsicht betrachtet werden.

- **Mangelnde Transparenz:** Legitimate Investitionen bieten klare und überprüfbare Informationen über ihr Geschäftsmodell, ihr Team und ihre Finanzen. Betrügerische Systeme mangeln oft an Transparenz und bieten wenig bis keine Informationen über das Management des Projekts oder wie die Renditen erzielt werden.

- **Drucktaktiken:** Betrüger können hohe Drucktaktiken anwenden, um Personen zu schnellen Entscheidungen zu drängen. Sie schaffen möglicherweise ein Gefühl der Dringlichkeit oder Knappheit, wie zeitlich begrenzte Angebote oder exklusive Gelegenheiten, um potenzielle Investoren davon abzuhalten, die Investition gründlich zu recherchieren.

- **Fehlen von regulatorischer Compliance:** Echte Investitionsmöglichkeiten halten sich an regulatorische Standards und verfügen oft über ordnungsgemäße Registrierungen oder Lizenzen. Betrügerische Systeme umgehen in der Regel die regulatorische Überprüfung und arbeiten ohne angemessene Aufsicht oder gesetzliche Compliance.

Um sich vor betrügerischen Investitionsmöglichkeiten zu schützen, ist es entscheidend, alle Investitionsangebote mit kritischem Blick zu betrachten. Führen Sie gründliche Recherchen zu jedem Projekt oder jeder Plattform durch, überprüfen Sie die Glaubwürdigkeit des Teams und suchen Sie nach Bewertungen oder Feedback von anderen Investoren. Seien Sie vorsichtig bei Angeboten, die zu gut erscheinen, um wahr zu sein, und vermeiden Sie Investitionen, die Sie zu übereilten Entscheidungen drängen.

Imitation und Betrügereien in sozialen Medien

Imitation und Betrügereien in sozialen Medien sind verbreitete Taktiken, die von Betrügern im Kryptowährungsbereich verwendet werden. Diese Betrügereien beinhalten, dass sich Betrüger als bekannte Persönlichkeiten oder vertrauenswürdige Entitäten ausgeben, um Personen zu täuschen und sie dazu zu bringen, ihre Kryptowährungsassets zu übertragen. Indem sie den Einfluss und die Glaubwürdigkeit von Prominenten, einflussreichen Persönlichkeiten oder renommierten Organisationen nutzen, versuchen Betrüger, ein Gefühl der Legitimität und Dringlichkeit zu erzeugen, um Menschen zu schnellen finanziellen Entscheidungen zu verleiten [288].

Bei Imitationsbetrügereien ahmen Betrüger häufig die Identitäten prominenter Figuren oder bekannter Entitäten innerhalb der Kryptowährungsbranche nach. Sie nutzen soziale Medienplattformen wie Twitter, Instagram oder Facebook, um gefälschte Profile zu erstellen oder bestehende Profile zu übernehmen. Diese betrügerischen Konten werden dann genutzt, um gefälschte Investitionsmöglichkeiten zu fördern oder Kryptowährungs-Spenden für angeblich wohltätige Zwecke zu sammeln. Beispielsweise könnte ein Betrüger ein überzeugendes Konto erstellen, das als von einem berühmten Krypto-Befürworter oder einem prominenten Geschäftsleiter betrieben erscheint. Sie könnten behaupten, eine Verlosung durchzuführen oder exklusive Investitionsangebote zu machen, und ihre Follower dazu ermutigen, Kryptowährung an ihre Wallet zu senden, mit dem Versprechen, eine größere Rückzahlung oder besondere Vorteile in der Zukunft zu erhalten [288].

Eine weitere gängige Taktik sind "Giveaway-Betrügereien", bei denen Betrüger versprechen, den Betrag der an sie gesendeten Kryptowährung zu verdoppeln oder zu vervielfachen. Sie erstellen gefälschte Social-Media-Posts oder Livestreams, die von legitimen Konten oder bekannten Persönlichkeiten zu stammen scheinen. Diese Posts enthalten oft dringende Handlungsaufrufe, wie zeitlich begrenzte Angebote oder exklusive Gelegenheiten, die Personen unter Druck setzen, schnell zu handeln. Der Reiz schneller und erheblicher Gewinne überzeugt die Opfer, ihre Kryptowährung zu übertragen, nur um festzustellen, dass der Betrüger mit ihren Geldern verschwunden ist [288].

Imitationsbetrügereien können auch Betrüger umfassen, die sich als Support- oder Sicherheitsteams von Kryptowährungsbörsen oder Wallet-Anbietern ausgeben. Sie können Nutzer über Direktnachrichten oder gefälschte Support-Kanäle kontaktieren und behaupten, Verifizierungsdetails oder Sicherheitscodes zu benötigen, um Probleme mit ihren Konten zu lösen. Indem sie das Vertrauen ausnutzen, das Menschen in offizielle Support-Kanäle setzen, manipulieren diese Betrüger ihre Opfer dazu, sensible Informationen preiszugeben oder Gelder unter falschen Vorwänden zu überweisen [288].

Um zu vermeiden, Opfer dieser Betrügereien zu werden, ist es entscheidend, Vorsicht walten zu lassen und die Authentizität jeglicher Kommunikation oder Angebote im Zusammenhang mit Kryptowährungen zu überprüfen. Überprüfen Sie immer die Legitimität von Social-Media-Konten, vergleichen Sie Informationen mit offiziellen Quellen und seien Sie misstrauisch gegenüber Anfragen nach sensiblen Informationen oder sofortigen finanziellen Handlungen. Durch Informiertheit und Wachsamkeit können sich

Personen besser vor den täuschenden Taktiken schützen, die bei Imitations- und Social-Media-Betrügereien verwendet werden [288].

Neue Krypto-basierte Möglichkeiten: ICOs und NFTs

Das Aufkommen neuer krypto-basierter Möglichkeiten wie Initial Coin Offerings (ICOs) und Non-Fungible Tokens (NFTs) hat innovative Investitionswege eröffnet. Diese Möglichkeiten bringen jedoch auch erhebliche Risiken mit sich, da sie oft von Betrügern ins Visier genommen werden, die das wachsende Interesse an digitalen Assets ausnutzen möchten. Während ICOs und NFTs lukrative Renditen bieten können, bergen sie auch potenzielle Fallstricke, über die Investoren sich im Klaren sein sollten [288].

Initial Coin Offerings (ICOs)

Initial Coin Offerings (ICOs) sind eine beliebte Fundraising-Methode in der Kryptowelt, bei der neue Projekte Tokens an Investoren im Austausch für etablierte Kryptowährungen wie Bitcoin oder Ethereum ausgeben. ICOs sind darauf ausgelegt, Kapital für neue Unternehmen zu beschaffen, können jedoch auch ein Nährboden für Betrug sein. Betrüger erstellen häufig gefälschte ICOs, indem sie betrügerische Websites einrichten, die legitim erscheinen. Diese Seiten versprechen möglicherweise hohe Renditen oder bahnbrechende Technologien, um Investoren zu locken. Sobald Investoren ihre Kryptowährung in die vorgesehene Wallet einzahlen, können die Betrüger schnell mit den Geldern verschwinden, ohne eine Spur des Investments zu hinterlassen. In einigen Fällen, selbst wenn das ICO echt ist, können die Gründer des Projekts täuschende Praktiken anwenden, wie z.B. übertriebene Behauptungen über das Potenzial des Produkts oder das Nichterfüllen von Versprechen, was zu finanziellen Verlusten für Investoren führt [288].

Rug Pulls

Ein besonders berüchtigter Betrug innerhalb des ICO-Raums ist der „Rug Pull". Dies geschieht, wenn die Entwickler eines Krypto-Projekts plötzlich alle Mittel aus dem Liquiditätspool abziehen und das Projekt über Nacht zusammenbricht. Nachdem sie erhebliches Kapital von Investoren gesammelt haben, verschwinden die Betrüger und machen sich unerreichbar. Investoren bleiben mit wertlosen Tokens zurück und haben keine Möglichkeit, ihre Investitionen zurückzuholen. Rug Pulls nutzen das Fehlen von Regulierung und Transparenz im Krypto-Bereich aus und kapitalisieren auf dem Vertrauen der Investoren in scheinbar vielversprechende Projekte. Um Opfer eines Rug Pulls zu vermeiden, ist es entscheidend, gründliche Recherchen über das Team, die Technologie und die finanziellen Praktiken des Projekts vor einer Investition durchzuführen [288].

Cloud Mining

Cloud Mining bietet einen weiteren Investitionsweg im Krypto-Sektor. Dabei zahlt man einem Dienstleister im Voraus, um Mining-Hardware oder Hash-Power zu mieten, mit dem Versprechen, einen Anteil an der geminten Kryptowährung zu erhalten. Der Reiz des Cloud Minings besteht darin, dass Einzelpersonen am Kryptowährungs-Mining teilnehmen können, ohne die Hardware oder technischen Operationen selbst verwalten zu müssen. Dieses Modell ist jedoch anfällig für Betrügereien. Einige Cloud-Mining-Plattformen sind betrügerisch und besitzen nicht die Mining-Ausrüstung, die sie behaupten zu haben. Nach Erhalt der anfänglichen Investition liefern diese Plattformen die versprochenen Mining-Belohnungen nicht, sodass Investoren keine Renditen erhalten. Während Cloud Mining legitim sein kann, ist es für Investoren wichtig, umfassende Due Diligence durchzuführen. Dazu gehört die Überprüfung der Legitimität der Plattform, das Verständnis ihrer Betriebsdetails sowie das Prüfen von Nutzerbewertungen und unabhängigen Prüfungen [288].

Obwohl ICOs und NFTs aufregende Investitionsmöglichkeiten bieten, bergen sie auch inhärente Risiken von Betrug und Täuschung. Investoren sollten wachsam bleiben und gründliche Recherchen durchführen, um ihre Vermögenswerte vor möglichen Betrügereien zu schützen. Durch das Verständnis der mit diesen neuen krypto-basierten Möglichkeiten verbundenen Risiken können Einzelpersonen fundiertere Entscheidungen treffen und sich vor finanziellen Verlusten schützen.

Best Practices zur Sicherung Ihrer Vermögenswerte

Die Erkennung von Kryptowährungsbetrügereien beinhaltet das Erkennen bestimmter Warnsignale und das Verständnis der Merkmale legitimer Projekte. Durch die Befolgung eines systematischen Ansatzes zur Bewertung von Kryptowährungen und deren zugehörigen Projekten können Sie sich davor schützen, Opfer betrügerischer Machenschaften zu werden [288].

Das White Paper lesen: Ein White Paper ist ein grundlegendes Dokument für jedes legitime Kryptowährungsprojekt. Es sollte eine detaillierte Beschreibung der Technologie, des Zwecks und der Funktionsweise der Kryptowährung bieten. Ein gut ausgearbeitetes White Paper wird die Protokolle, Algorithmen und die Blockchain-Infrastruktur klar und präzise darstellen, oft unterstützt durch technische Daten und Formeln. Legitime Projekte investieren erheblichen Aufwand in die Erstellung umfassender White Papers, die die Glaubwürdigkeit und Machbarkeit ihrer Vorschläge vermitteln [288].

Im Gegensatz dazu produzieren betrügerische Projekte oft schlecht geschriebene White Papers mit vagen oder widersprüchlichen Informationen. Sie können technische Details fehlen oder übertriebene Versprechungen ohne wesentliche Grundlage enthalten. Wenn ein White Paper eher wie eine Verkaufsbroschüre als wie ein technisches Dokument wirkt oder wenn es grundlegende Fragen zur Funktionalität und den Zielen des Projekts nicht beantwortet, könnte dies auf einen Betrug hindeuten. Zusätzlich sollten Sie überprüfen, ob das ICO oder Projekt bei den relevanten Regulierungsbehörden wie der Securities and Exchange Commission (SEC) registriert ist, da nicht registrierte Angebote oft Warnzeichen darstellen.

Teammitglieder identifizieren: Die Transparenz des Teams eines Projekts ist ein weiterer wichtiger Indikator für seine Legitimität. Reputable Kryptowährungen stellen detaillierte Informationen über ihre Teammitglieder bereit, einschließlich ihrer Qualifikationen, Erfahrungen und Rollen innerhalb des Projekts. Diese Informationen sind oft im White Paper oder auf der Website des Projekts zu finden.

Bei Open-Source-Projekten, bei denen das Team möglicherweise nicht immer namentlich genannt wird, sollten Sie in der Lage sein, den Code und die Entwicklungsgespräche auf Plattformen wie GitHub oder GitLab einzusehen. Diese Offenheit hilft, die Glaubwürdigkeit des Projekts zu etablieren und ermöglicht der Gemeinschaft, die Entwicklung zu überprüfen und zu unterstützen. Wenn Sie keine Informationen über das Team finden oder wenn das White Paper voller Fehler ist und überprüfbare Details fehlen, sollten Sie mit Vorsicht vorgehen.

Vorsicht vor „kostenlosen" Angeboten: Betrüger locken häufig mit Angeboten für kostenlose Coins oder Versprechungen von Airdrops. Diese Angebote mögen verlockend erscheinen, dienen jedoch oft dazu, persönliche Informationen zu sammeln oder Sie dazu zu bringen, Gelder zu überweisen. Denken Sie daran, dass seriöse Kryptowährungsprojekte keine kostenlosen Tokens oder Vermögenswerte als Teil ihrer regulären Operationen verschenken. Jedes Versprechen von kostenloser Kryptowährung sollte sorgfältig geprüft werden, da es häufig eine Taktik ist, um Menschen zu täuschen und auszunutzen [288].

Marketing sorgfältig prüfen: Marketingtaktiken können auf die Legitimität eines Projekts hinweisen. Etablierte Kryptowährungsprojekte beginnen in der Regel mit bescheidenen Marketingbemühungen und konzentrieren sich darauf, spezifische Probleme innerhalb des Blockchain-Ökosystems zu lösen. Sie bieten klare, gut dokumentierte Erklärungen ihrer Technologie und Ziele und verlassen sich nicht stark auf Hype oder extravagante Behauptungen.

Seien Sie vorsichtig bei Projekten, die sensationelle Updates betonen, wie etwa „Millionen gesammelt" oder aggressive Werbung. Solche Taktiken können verwendet werden, um von einem Mangel an Substanz oder echter technologischer Innovation abzulenken. Legitimate Projekte konzentrieren sich auf die Weiterentwicklung ihrer Technologie und bieten transparente Updates über ihren Entwicklungsfortschritt. Sie vermeiden es, ihr Potenzial zu überhypen, und präsentieren ihre Ziele und Erfolge stattdessen auf professionelle und ausgewogene Weise.

Wo Hype Ist, Gibt Es Oft Eine Warnung: Ein erheblicher Hype und auffälliges Marketing sind oft ein Warnsignal. Betrüger nutzen prominente Empfehlungen, auffällige Werbung und Versprechungen außergewöhnlicher Renditen, um Investoren anzulocken. Legitime Kryptowährungsunternehmen vermeiden in der Regel Übertreibungen und konzentrieren sich darauf, echten Wert und technologische Fortschritte zu bieten. Hoher Druck und dringende Handlungsaufforderungen werden typischerweise verwendet, um Einzelpersonen zu schnellen, impulsiven Entscheidungen zu drängen, was die Wahrscheinlichkeit erhöht, auf einen Betrug hereinzufallen [288].

Um sich vor Kryptowährungsbetrügereien zu schützen, ist es entscheidend, wachsam zu bleiben und präventive Maßnahmen zu ergreifen. Hier sind einige wichtige Maßnahmen, die Sie ergreifen können, um zu verhindern, Opfer dieser betrügerischen Machenschaften zu werden:

- **Keine privaten Schlüssel teilen:** Ihre privaten Schlüssel sind der kritischste Aspekt Ihrer Kryptowährungssicherheit. Sie gewähren Zugang zu Ihren digitalen Vermögenswerten und Ihrem Wallet. Keine legitime Kryptowährungstransaktion oder -dienstleistung verlangt, dass Sie Ihre privaten Schlüssel teilen. Wenn jemand danach fragt, ist das ein starkes Indiz für einen Betrug.

- **Versprechen hoher Renditen vermeiden:** Seien Sie skeptisch gegenüber jeder Gelegenheit, die erhebliche Renditen mit wenig oder keinem Risiko garantiert. Betrüger locken Opfer oft mit Versprechungen schnellen Geldes. Wenn eine

Investition zu gut klingt, um wahr zu sein, ist sie es wahrscheinlich auch. Führen Sie immer gründliche Recherchen durch, bevor Sie in ein Kryptowährungsprojekt oder -schema investieren.

- **Unaufgeforderte Investmentmanager ignorieren:** Wenn jemand Sie unerwartet kontaktiert und behauptet, Ihr Geld erheblich vermehren zu können, gehen Sie vorsichtig vor. Viele Betrüger geben sich als Investmentmanager oder Finanzberater aus, um Ihr Vertrauen zu gewinnen und Zugang zu Ihren Mitteln zu erhalten. Seriöse Investitionsprofis werben nicht durch unaufgeforderte Kommunikation um Kunden.

- **Vorsicht bei Prominentenempfehlungen:** Betrüger können sich als Prominente oder bekannte Persönlichkeiten ausgeben, um ihren Machenschaften Glaubwürdigkeit zu verleihen. Echte Prominente werden Sie wahrscheinlich nicht persönlich bezüglich Kryptowährungsinvestitionen kontaktieren. Wenn Sie solche Mitteilungen erhalten, ist es am besten, sie zu ignorieren.

- **Online-romantische Interessen überprüfen:** Seien Sie vorsichtig, wenn Sie auf Dating-Websites oder -Apps mit Personen kommunizieren, die nach Geld fragen, insbesondere wenn die Beziehung relativ neu ist. Betrüger könnten romantische Verbindungen ausnutzen, um unter falschen Vorwänden Mittel zu beschaffen. Ein persönliches Treffen und die Überprüfung ihrer Authentizität können Ihnen helfen, sich vor Betrug zu schützen.

- **Phishing-Warnungen ignorieren:** Klicken Sie nicht auf Links oder antworten Sie nicht auf Nachrichten, die behaupten, Ihr Konto sei eingefroren oder gefährdet. Diese Nachrichten stammen oft von Betrügern, die versuchen, Zugang zu Ihren Informationen zu erhalten. Kontaktieren Sie stattdessen die Organisation direkt über offizielle Kanäle, um mögliche Probleme mit Ihrem Konto zu überprüfen.

- **Offizielle Mitteilungen überprüfen:** Wenn Sie Mitteilungen erhalten, die angeblich von einer Regierungsbehörde, einer Finanzinstitution oder einem Versorgungsunternehmen stammen, antworten Sie nicht direkt über die bereitgestellten Kontaktinformationen. Besuchen Sie stattdessen die offizielle Website der Behörde, um die korrekten Kontaktdaten zu finden und die Legitimität der

Nachricht zu überprüfen.

- **Vorsicht bei „Cash-to-Crypto"-Jobs:** Seien Sie vorsichtig bei Stellenanzeigen, die Positionen im Zusammenhang mit der Umwandlung von Bargeld in Kryptowährung oder Mining-Operationen anbieten, insbesondere wenn sie Vorauszahlungen oder persönliche Informationen verlangen. Betrüger nutzen diese Jobangebote oft aus, um unaufmerksame Personen auszunutzen.

- **Erpressungsbedrohungen melden:** Wenn jemand droht, explizites Material oder andere schädliche Informationen zu veröffentlichen, es sei denn, Sie senden ihm Kryptowährung, handelt es sich um Erpressung. Melden Sie solche Vorfälle den zuständigen Behörden und erfüllen Sie die Forderungen nicht.

- **„Kostenlose" Gelder oder Krypto vermeiden:** Angebote für kostenlose Kryptowährung oder Geld sollten mit Skepsis betrachtet werden. Betrüger nutzen diese Taktiken, um Personen in ihre Machenschaften zu locken. Verifizieren Sie immer die Legitimität solcher Angebote, bevor Sie Maßnahmen ergreifen.

Wie man Betrügereien meldet

Wenn Sie auf einen Kryptowährungsbetrug stoßen oder glauben, dass Sie betroffen sind, stehen Ihnen verschiedene Organisationen und Ressourcen zur Verfügung, die Ihnen helfen können:

- **Federal Trade Commission (FTC):** Die FTC bietet eine Plattform zur Meldung von Betrug über ihr Betrugsberichterstattungssystem.

- **Commodity Futures Trading Commission (CFTC):** Sie können Beschwerden oder Hinweise zu Kryptowährungsbetrügereien über das Beschwerde- und Hinweissystem der CFTC einreichen.

- **Securities and Exchange Commission (SEC):** Melden Sie Wertpapierbetrug und Investitionsbetrügereien über die Betrugsberichterstattungsdienste der SEC.

- **FBI Internet Crime Complaint Center (IC3):** Für Online-Betrug, einschließlich Kryptowährungsbetrügereien, können Sie eine Beschwerde bei der IC3 zur Untersuchung einreichen.

- **Kontaktieren Sie Ihre Krypto-Börse:** Wenden Sie sich an Ihre Kryptowährungsbörse für zusätzliche Betrugspräventionsressourcen oder Unterstützung. Viele Börsen bieten Unterstützung und haben Maßnahmen zur Sicherung Ihrer Vermögenswerte getroffen.

Durch Wachsamkeit und die Nutzung dieser Ressourcen können Sie das Risiko erheblich reduzieren, Opfer von Kryptowährungsbetrügereien zu werden, und Ihre digitalen Vermögenswerte besser schützen.

Die Rolle von Regulierungsbehörden bei der Betrugsprävention

Regulierungsbehörden spielen eine entscheidende Rolle bei der Verhinderung von Kryptowährungsbetrug, indem sie darauf abzielen, Investoren zu schützen, die Marktintegrität zu wahren und Vertrauen in den wachsenden Bereich digitaler Vermögenswerte zu fördern. Ihre Beteiligung umfasst die Festlegung von Standards, die Durchsetzung der Einhaltung von Vorschriften und die Bereitstellung von Ressourcen für die Betrugsprävention und Unterstützung von Opfern.

Festlegung von Standards und Vorschriften

Regulierungsbehörden etablieren Rahmenwerke und Richtlinien, die Kryptowährungsunternehmen einhalten müssen, um legal tätig zu sein. Diese Vorschriften decken verschiedene Aspekte der Kryptowährungsindustrie ab, einschließlich Anforderungen zur Bekämpfung der Geldwäsche (AML), Know-your-Customer (KYC)-Protokolle und Wertpapiergesetze. Beispielsweise setzt die US-amerikanische Securities and Exchange Commission (SEC) Vorschriften durch, die verlangen, dass bestimmte Kryptowährungsangebote als Wertpapiere registriert werden, um sicherzustellen, dass sie spezifische Standards erfüllen und angemessene Offenlegungen gegenüber Investoren bereitstellen. Ebenso legt die Financial Action Task Force (FATF) internationale Standards zur Bekämpfung von Geldwäsche und Terrorismusfinanzierung fest, die von den Mitgliedsländern übernommen und umgesetzt werden, um Kryptowährungsbörsen und Wallet-Anbieter zu regulieren.

Durchsetzung und Compliance

Regulierungsbehörden überwachen aktiv die Einhaltung der festgelegten Vorschriften und setzen diese durch. Sie untersuchen verdächtige Aktivitäten, verfolgen betrügerische Machenschaften und verhängen Strafen gegen Verstöße. Zum Beispiel untersucht die

Commodity Futures Trading Commission (CFTC) betrügerische Praktiken im Handel mit Kryptowährungsderivaten und ergreift rechtliche Maßnahmen gegen Organisationen, die sich an Manipulation oder Täuschung beteiligen. Darüber hinaus überwachen nationale Finanzaufsichtsbehörden, wie die Financial Conduct Authority (FCA) im Vereinigten Königreich, Kryptowährungsunternehmen, um sicherzustellen, dass sie die regulatorischen Anforderungen einhalten und operationale Transparenz wahren.

Bereitstellung von Ressourcen und Anleitung

Regulierungsbehörden bieten auch wertvolle Ressourcen und Leitfäden, um Einzelpersonen und Unternehmen dabei zu unterstützen, sich sicher im Kryptowährungsbereich zu bewegen. Sie stellen Bildungsmaterialien, Warnungen vor neuen Betrugsmaschen und Ratschläge zur Erkennung betrügerischer Machenschaften bereit. Beispielsweise veröffentlicht die US-amerikanische Federal Trade Commission (FTC) Richtlinien zur Identifizierung und Vermeidung von Kryptowährungsbetrug, um Verbrauchern zu helfen, informierte Entscheidungen zu treffen. Ebenso gibt die Europäische Wertpapier- und Marktaufsichtsbehörde (ESMA) Warnungen und Einblicke in die Risiken im Zusammenhang mit Kryptowährungsinvestitionen und befähigt Investoren, sich vor Betrug zu schützen.

Unterstützung von Opfern und Meldemechanismen

Im Falle eines Betrugs bieten Regulierungsbehörden Unterstützung und Kanäle zur Meldung betrügerischer Aktivitäten. Sie stellen Plattformen bereit, auf denen Opfer Beschwerden einreichen und Hilfe suchen können. Beispielsweise ermöglicht das Internet Crime Complaint Center (IC3) des FBI Einzelpersonen, Online-Betrug, einschließlich Kryptowährungsbetrug, zur Untersuchung zu melden. Nationale Verbraucher- schutzbehörden, wie die Australian Competition and Consumer Commission (ACCC), bearbeiten ebenfalls Betrugsberichte und arbeiten mit anderen Behörden zusammen, um den Einfluss auf die Opfer zu mindern und zu bewältigen.

Förderung internationaler Zusammenarbeit

Angesichts der globalen Natur von Kryptowährungen arbeiten Regulierungsbehörden international zusammen, um grenzüberschreitenden Betrug zu bekämpfen. Organisationen wie die International Organization of Securities Commissions (IOSCO) und das Financial Stability Board (FSB) arbeiten zusammen, um konsistente regulatorische Standards zu schaffen und Informationen über neue Bedrohungen auszutauschen. Diese Zusammenarbeit hilft, die Herausforderungen der dezentralen und grenzüberschreitenden Natur von Kryptowährungstransaktionen anzugehen und die Wirksamkeit von Betrugspräventionsmaßnahmen zu erhöhen.

Förderung von Transparenz und Innovation

Regulierungsbehörden fördern auch Transparenz und Innovation innerhalb der Kryptowährungsbranche. Durch die Schaffung eines Umfelds, in dem Unternehmen mit Integrität arbeiten und ethische Standards einhalten, tragen Regulierer dazu bei, Vertrauen aufzubauen und nachhaltiges Wachstum im Sektor zu fördern. Beispielsweise ermöglichen regulatorische Sandboxes Unternehmen, neue Technologien und Geschäftsmodelle unter regulatorischer Aufsicht zu testen und bieten ein kontrolliertes Umfeld, um sicherzustellen, dass Innovationen sowohl effektiv als auch mit den gesetzlichen Anforderungen konform sind.

Fallstudien zu großen Sicherheitsverletzungen

Der Aufstieg digitaler Währungen und der Blockchain-Technologie wurde von bedeutenden Fortschritten in der Finanzinnovation begleitet. Ein großes Hindernis für ihre allgemeine Akzeptanz war jedoch das Hacking. Hochkarätige Diebstähle von Kryptowährungsbörsen und -plattformen haben das Vertrauen der Investoren erschüttert und Schwachstellen in der Sicherheit digitaler Vermögenswerte aufgezeigt.

Die Realität der Blockchain-Sicherheit

Obwohl die Blockchain-Technologie oft für ihre Sicherheitsmerkmale gelobt wird, ist sie nicht immun gegen Angriffe. Die dezentrale Natur von Blockchains und ihre Abhängigkeit von kryptografischen Prinzipien bieten ein hohes Maß an Sicherheit, aber diese Systeme sind immer noch anfällig für Schwachstellen. Im Laufe der Jahre haben mehrere große Hacks gezeigt, dass Blockchain-Projekte nur teilweise sicher sind und die Wahrnehmung untergraben, dass sie gegen Cyber-Bedrohungen immun sind. Allein im Jahr 2023 wurden über 1,7 Milliarden Dollar in Kryptowährungen gestohlen, ein Rückgang gegenüber 3,8 Milliarden Dollar im Jahr 2022, laut der Blockchain-Analysefirma Chainalysis. Dieser erhebliche Rückgang spiegelt die laufenden Bemühungen zur Verbesserung der Sicherheit wider, unterstreicht jedoch auch das anhaltende Risiko von Hacks [290].

Bemerkenswerte Kryptowährungs-Hacks

1. **Ronin Network - 625 Millionen Dollar:** Im März 2022 wurde das Ronin Network, das die beliebte Gaming-Plattform Axie Infinity unterstützt, Ziel des bisher größten Kryptowährungs-Hacks. Hacker nutzten Schwachstellen im Netzwerk aus und stahlen etwa 625 Millionen Dollar in Ethereum und USDC. Der Angriff wurde Berichten zufolge mit der Lazarus-Gruppe, einem nordkoreanischen staatlich unterstützten Hacking-Kollektiv, in Verbindung gebracht. Obwohl Sky Mavis, der Entwickler von Axie Infinity, 5,7 Millionen Dollar der gestohlenen Mittel zurückholen konnte, bleibt dieser Vorfall der größte Kryptowährungsdiebstahl in der Geschichte [290].

2. **Poly Network - 611 Millionen Dollar:** Im August 2021 nutzte ein einzelner Hacker eine Schwachstelle in der Poly Network DeFi-Plattform aus und stahl über 600 Millionen Dollar. Der Hacker gab einen erheblichen Teil der gestohlenen Mittel nach einem öffentlichen Aufruf und der Einrichtung von Rücksendeadressen durch das Poly Network zurück. Die Motivation des Hackers schien eher darin zu bestehen, das Netzwerk herauszufordern als finanziellen Gewinn zu erzielen [290].

3. **FTX - 600 Millionen Dollar:** Im November 2022 erlitt die Krypto-Industrie einen großen Rückschlag, als FTX, eine der führenden Kryptowährungsbörsen, Insolvenz anmeldete. Am Tag der Insolvenzanmeldung wurden mehr als 600 Millionen Dollar aus ihren Wallets gestohlen. Die Börse bestätigte den Hack über ihren Telegram-Kanal und warnte die Benutzer, die FTX-Seite aufgrund von Malware-Risiken zu meiden. 2024 wurde bekannt, dass eine SIM-Karten-Swap-Ring Zugang zu den Konten eines FTX-Mitarbeiters erhalten hatte, was die Situation weiter komplizierte [290].

4. **Binance BNB Bridge - 570 Millionen Dollar:** Im Oktober 2022 wurde Binance, eine große Kryptowährungsbörse, in einem hochkarätigen Angriff auf das Binance Smart Chain Token Hub Ziel eines Hacks. Hacker nutzten eine Schwachstelle in einem Smart Contract aus, um 2 Millionen zusätzliche Binance Coins (BNB) zu erstellen und abzuheben, was zu einem Verlust von etwa 570

Millionen Dollar führte. Dieser Vorfall verdeutlichte die Notwendigkeit strengerer Blockchain-Sicherheitsmaßnahmen [290].

5. **Coincheck - 532 Millionen Dollar:** Der Hack der japanischen Börse Coincheck im Januar 2018 führte zum Diebstahl von 523 Millionen Dollar in NEM-Coins. Die Schwachstelle wurde dem Einsatz eines Hot Wallets zugeschrieben, das weniger sicher ist als Offline-Cold-Storage. Zu dieser Zeit war dieser Vorfall der größte in der Geschichte der Kryptowährungen und übertraf sogar den Mt. Gox-Hack [290].

6. **Mt. Gox - 473 Millionen Dollar:** Einer der frühesten und bedeutendsten Hacks ereignete sich 2011, als Mt. Gox, damals die größte Bitcoin-Börse, 25.000 Bitcoins im Wert von etwa 400.000 Dollar verlor. Die Situation verschlechterte sich 2014, als die Börse etwa 650.000 Bitcoins von ihren Kunden und 100.000 von ihrem eigenen Bestand verlor, was 473 Millionen Dollar ausmachte. Der anfängliche Verlust wurde durch gestohlene Coins aus dem Hot Wallet der Börse verursacht [290].

7. **Wormhole - 325 Millionen Dollar:** Im Februar 2022 erlebte die DeFi-Plattform Wormhole einen Diebstahl in Höhe von 325 Millionen Dollar aufgrund eines Upgrade-Problems. Hacker nutzten eine Schwachstelle im GitHub-Repository des Projekts aus, was zum Diebstahl von Mitteln, einschließlich 47 Millionen Dollar im SOL-Token der Solana-Blockchain, führte [290].

8. **Mixin - 200 Millionen Dollar:** Im September 2023 wurde das Mixin Network über seinen Cloud-Dienstleister kompromittiert, was zu einem Diebstahl von etwa 200 Millionen Dollar in Bitcoin, Ether und Tether führte [290].

9. **Euler Finance - 197 Millionen Dollar:** Euler Finance, ein Kredit- und Darlehensprotokoll auf der Ethereum-Blockchain, wurde am 13. März 2023 in einem Flash-Liquiditätsangriff gehackt. Die Angreifer nutzten eine Schwachstelle aus, um 197 Millionen Dollar in verschiedenen Kryptowährungen zu stehlen. Interessanterweise begann der Hacker Tage später, die Mittel zurückzugeben, und äußerte Bedenken hinsichtlich ihrer Sicherheit [290].

10. **Bitmart - 196 Millionen Dollar:** Im Dezember 2021 verlor Bitmart, eine

zentralisierte Börse, 196 Millionen Dollar aufgrund eines Hacks. Der Angriff entnahm Mittel aus den Wallets der Börse, wobei bedeutende Beträge über Ethereum und Binance Smart Chain umgeleitet wurden [290].

Diese hochkarätigen Hacks verdeutlichen die Schwachstellen im Kryptowährungsbereich und zeigen, dass selbst mit fortschrittlicher Technologie Sicherheitsherausforderungen bestehen. Die erheblichen finanziellen Verluste und die Auswirkungen auf das Vertrauen der Investoren heben die anhaltende Notwendigkeit für verbesserte Sicherheitsmaßnahmen und regulatorische Aufsicht hervor. Während sich die Kryptowährungsindustrie weiterentwickelt, wird es entscheidend sein, diese Schwachstellen zu beheben, um größeres Vertrauen zu fördern und eine breite Akzeptanz zu erreichen [290].

11

Die Zukunft der Kryptowährung

Die Kryptowährungsbranche hat sich in relativ kurzer Zeit bemerkenswert entwickelt, von einer Nischentechnologie zu einem bedeutenden Störfaktor im Finanzsektor. Diese schnelle Expansion ist schwer zu kontextualisieren, angesichts der frühen Phase der Technologie und ihrer sich entwickelnden Anwendungen. Während die Branche weiter reift, stellt sich die Frage nach ihrer zukünftigen Richtung und dem Umfang ihrer Auswirkungen auf unser tägliches Leben [291].

Derzeit wird die weltweite Kryptowährungsbesitzerschaft auf etwa 200 bis 300 Millionen Menschen geschätzt, wobei Länder wie Vietnam in Bezug auf die Krypto-Adoption führend sind. Forschung von Allied Market Research prognostiziert, dass der Wert des Kryptowährungsmarktes bis 2030 auf fast 5 Billionen Dollar steigen könnte [291]. Dieses erwartete Wachstum wird hauptsächlich durch Überweisungen und globale Zahlungen angetrieben, was die zunehmende Integration von Kryptowährungen in alltägliche Finanztransaktionen unterstreicht. Diese Prognose dient als Beweis für das Potenzial der Kryptowährungen, ein zentraler Aspekt finanzieller Interaktionen in der Zukunft zu werden.

Ein Blick auf das Jahr 2050 zeigt interessante Möglichkeiten, wenn Kryptowährungen zu einem routinemäßigen Bestandteil täglicher Transaktionen werden könnten. Fragen darüber, ob Kryptowährungen ein universelles Zahlungsmittel werden oder ein spezialisiertes Feld für technikaffine Personen bleiben, stehen im Mittelpunkt der Diskussion. Die Zukunft der Kryptowährungen könnte eine weitverbreitete Akzeptanz beinhalten, die sie für die Allgemeinheit genauso zugänglich und verständlich macht wie traditionelle Finanzinstrumente [291].

Die Unvermeidbarkeit erhöhter Regulierung im Bereich der Kryptowährungen wird zunehmend klarer. Digitale Vermögenswerte, die bislang in einem relativ unregulierten Umfeld operierten, werden voraussichtlich strengeren Aufsichtsmaßnahmen gegenüberstehen, da Regierungen und Regulierungsbehörden auf ihren wachsenden Einfluss reagieren. Während einige Vorschriften als innovationshemmend wahrgenommen werden könnten, ist die Notwendigkeit von Verbraucherschutz und Branchenstandards unbestreitbar. Laut Daniel Seely, einem Finanzdienstleistungsanwalt, der auf Kryptowährungen spezialisiert ist, werden verschiedene Länder unterschiedliche Ansätze zur Regulierung verfolgen. Einige könnten Kryptowährungen in ihre Wirtschaftssysteme als gesetzliches Zahlungsmittel integrieren, während andere strenge Einschränkungen oder gar Verbote verhängen könnten. Die Entwicklung internationaler Rahmenbedingungen und Verträge könnte die Vorschriften weiter harmonisieren, ähnlich dem einheitlichen Ansatz mit dem Euro, wodurch grenzüberschreitende Kryptowährungstransaktionen und -nutzung erleichtert werden [291].

Non-Fungible Tokens (NFTs) stehen kurz davor, ein wesentlicher Bestandteil des Wachstums der Kryptowährungsbranche zu werden. Zunächst für digitale Kunstwerke populär gemacht, haben NFTs potenzielle Anwendungen in verschiedenen Sektoren, einschließlich Sport und Unterhaltung. Durch das Angebot einzigartiger, handelbarer digitaler Vermögenswerte können NFTs das Kundenengagement und die Markenloyalität für Unternehmen außerhalb des traditionellen Krypto-Bereichs steigern.

Der Erfolg im NFT-Bereich wird durch die weit verbreitete Akzeptanz von Web3-Wallets und die Benutzerfreundlichkeit der Blockchain-Interaktionen gemessen werden. Während Branchen wie Verlagswesen, Musik, Film und Gaming weitere Störungen erfahren, wird die Rolle von NFTs und Blockchain-Technologie bei der Etablierung echter digitaler Eigentümerschaft zunehmend prominent [291].

Die Zukunft der Kryptowährungsbranche birgt vielversprechende Perspektiven, die durch zunehmende Akzeptanz, sich entwickelnde regulatorische Rahmenbedingungen und technologische Fortschritte geprägt sind. Während Herausforderungen wie Dezentralisierung, Skalierbarkeit und Sicherheit bestehen bleiben, deutet die Entwicklung der Branche auf eine wachsende Integration in Finanzsysteme und den Alltag hin. Die Entwicklung von NFTs und die breitere Akzeptanz digitaler Vermögenswerte werden prägen, wie Kryptowährungen genutzt und verstanden werden, was sie bis 2050 möglicherweise zu einem grundlegenden Element der globalen Wirtschaft machen könnte.

Vorhersagen und Trends

Die Zukunft von Bitcoin: Herausforderungen und Entwicklungen

Während Bitcoin weiterhin die Vorstellungskraft von Investoren und der Öffentlichkeit fesselt, bleibt seine zukünftige Entwicklung stark von den laufenden Entwicklungen in der Blockchain-Technologie und der Lösung wichtiger Probleme beeinflusst. Während die Preisschwankungen von Bitcoin und seine Rolle als Investition bemerkenswert sind, sind die entscheidenden Faktoren für seine Zukunft eher auf Dezentralisierung, Skalierbarkeit und Sicherheit bezogen [292].

Dezentralisierung

Dezentralisierung ist ein Kernprinzip von Bitcoin, das als System gedacht ist, bei dem die Kontrolle verteilt statt zentralisiert ist. Dies umfasst sowohl die Verteilung des Bitcoin-Besitzes als auch die Dezentralisierung des Blockchain-Netzwerks selbst. Ursprünglich sollte Bitcoin für die breite Öffentlichkeit zugänglich und kontrolliert sein, um die Konzentration von Macht zu begrenzen. Die Landschaft hat sich jedoch erheblich verändert, da große Entitäten und institutionelle Investoren beträchtliche Mengen an Bitcoin erworben haben. Dieser Trend wirft Bedenken auf, dass Bitcoin zunehmend zentralisiert werden könnte, insbesondere da das verfügbare Angebot abnimmt und immer mehr Coins von wenigen bedeutenden Akteuren gehalten werden [292].

Auf der Blockchain-Seite wurde die Dezentralisierung durch den Aufstieg großer Mining-Operationen herausgefordert. Die Bitcoin-Blockchain war darauf ausgelegt, weit verbreitet zu sein, aber der zunehmende Marktwert von Bitcoin hat zur Dominanz von Mining-Farmen geführt. Diese Farmen kontrollieren erhebliche Teile der Verarbeitungsleistung des Netzwerks und schaffen Mining-Pools, die die Mining-Landschaft dominieren. Stand Juni 2024 kontrolliert eine kleine Anzahl von Mining-Pools eine erhebliche Mehrheit der Hash-Rate des Bitcoin-Netzwerks. Diese Konzentration von Macht untergräbt die dezentrale Natur der Blockchain und wirft Bedenken hinsichtlich einer möglichen Kontrolle durch einige große Entitäten auf [292].

Skalierbarkeitsprobleme

Skalierbarkeit bleibt eines der drängendsten Probleme von Bitcoin. Das Bitcoin-Netzwerk kann derzeit nur sechs bis acht Transaktionen pro Sekunde verarbeiten, was einen drastischen Unterschied zu anderen Blockchains darstellt, die viel höhere Transaktionsdurchsätze bieten. Diese Einschränkung hat zu anhaltenden Problemen mit hohen Transaktionsgebühren und langen Bestätigungszeiten geführt. Versuche, diese Probleme zu beheben, haben verschiedene Second-Layer-Lösungen umfasst, wie das Lightning Network. Diese Lösung zielt darauf ab, Transaktionen außerhalb der Blockchain abzuwickeln und dann auf der Bitcoin-Blockchain zu verrechnen, was theoretisch die Skalierbarkeit verbessern und Kosten reduzieren könnte. Solche Lösungen gehen jedoch oft mit Kompromissen einher, die möglicherweise Sicherheit und Dezentralisierung beeinträchtigen. Die Effektivität und Akzeptanz dieser Technologien werden entscheidend dafür sein, wie gut Bitcoin skalieren kann [292].

Sicherheitsprobleme

Sicherheit ist ein kritisches Anliegen für Bitcoin-Nutzer und Investoren. Während die Bitcoin-Blockchain selbst sicher bleibt, sind die Schnittstellen und Systeme, die zum Zugriff auf und zur Verwaltung von Bitcoin verwendet werden, häufig Ziele für Betrüger und Hacker. Ransomware-Angriffe und Betrügereien sind verbreitete Methoden, um Kryptowährungen zu stehlen, wobei sowohl Einzelpersonen als auch Unternehmen, die private Schlüssel verwalten, betroffen sind. Trotz der Sicherheit der Blockchain muss die umgebende Infrastruktur – wie digitale Wallets und Börsen – robust sein, um die Vermögenswerte der Nutzer zu schützen [292].

Regulatorische Entwicklungen

Das regulatorische Umfeld für Bitcoin entwickelt sich weiter, was erhebliche Auswirkungen auf seine Zukunft hat. Die Genehmigung von Bitcoin-Spot-Exchange-Traded-Funds (ETFs) hat den Zugang zu Bitcoin erweitert und könnte den Weg für ähnliche Entwicklungen mit anderen Kryptowährungen ebnen. Jüngste rechtliche Entscheidungen, wie der Fall der Securities and Exchange Commission (SEC) gegen Ripple und die regulatorische Haltung zu Insiderhandel in den Kryptomärkten, verdeutlichen die sich wandelnde Landschaft der Kryptowährungsregulierung. Diese Entwicklungen werden voraussichtlich weiterhin den regulatorischen Rahmen der Branche in den kommenden Jahren prägen [292].

Halvings

Die Halving-Ereignisse von Bitcoin, die etwa alle vier Jahre stattfinden, spielen eine zentrale Rolle in seinem wirtschaftlichen Modell. Während eines Halvings wird die Belohnung für das Mining neuer Blöcke halbiert, was die Rate beeinflusst, mit der neuer Bitcoin in Umlauf gebracht wird. Historisch gesehen folgten auf Halvings Preisanstiege bei Bitcoin aufgrund des reduzierten Angebots und der erhöhten Nachfrage. Das nächste Halving wird voraussichtlich um 2028 stattfinden, wobei das letzte Halving für 2140 prognostiziert wird. Während frühere Trends darauf hindeuten, dass Halvings den Bitcoin-Preis ankurbeln könnten, bleibt die zukünftige Leistung unsicher und von verschiedenen Markt- und Wirtschaftsbedingungen abhängig [292].

Aufkommende Trends

1. Bullischer Markt nach Genehmigung von ETFs

Der Kryptowährungsmarkt hat einen signifikanten Aufschwung erlebt, insbesondere bei Bitcoin, dessen Wert zu Beginn des Jahres 2024 um 150 % gestiegen ist. Zu Beginn des Jahres war Bitcoin etwa 44.000 $ wert, doch bis Ende Mai war der Preis auf fast 70.000 $ gestiegen. Experten erwarten, dass dieser bullische Trend bis 2025 anhalten könnte, mit Prognosen, die besagen, dass Bitcoin bis Ende 2024 möglicherweise 77.000 $ erreichen und bis Ende 2025 möglicherweise 123.000 $ überschreiten könnte. Diese Optimismus wird weitgehend den zwei Hauptfaktoren zugeschrieben: der Genehmigung von Bitcoin-Spot-ETFs und dem bevorstehenden Halving-Ereignis [293].

Die Bitcoin-Spot-ETFs, die im Januar 2024 von der SEC genehmigt wurden, nachdem jahrelange Erwartungen erfüllt wurden, haben eine entscheidende Rolle bei der Steigerung der Marktnachfrage gespielt. Diese ETFs ermöglichen es Investoren, sich Bitcoin auszusetzen, ohne die Kryptowährung direkt zu halten, wodurch die Investition für diejenigen vereinfacht wird, die Bedenken hinsichtlich der Navigation auf Krypto-Börsen haben. Bedeutende Finanzinstitute wie BlackRock und Fidelity haben sich in diesem Bereich als führend etabliert, indem sie erhebliche Bitcoin-Vermögenswerte halten und diese ETFs einem breiteren Anlegerkreis, einschließlich derjenigen, die Rentenkonten verwalten, anbieten [293].

Zusätzlich hat das Bitcoin-Halving-Ereignis, das etwa alle vier Jahre stattfindet, erhebliche Auswirkungen auf die Angebotsdynamik von Bitcoin. Das letzte Halving fand im April 2024 statt und reduzierte die Belohnung für das Mining von Bitcoin um die

Hälfte. Historisch gesehen folgten auf solche Ereignisse beträchtliche Preissteigerungen, obwohl diese Gewinne nicht immer sofort eintraten. Frühere Halvings in 2016 und 2020 führten innerhalb von sechs Monaten zu Preissteigerungen von 51 % bzw. 83 %. Analysten prognostizieren einen ähnlichen Trend nach dem Halving im April 2024, mit Erwartungen, dass Bitcoin innerhalb der folgenden sechs Monate sein Allzeithoch überschreiten könnte [293].

2. Das Zusammenspiel von KI und Krypto

Künstliche Intelligenz (KI) überschneidet sich zunehmend mit der Welt der Kryptowährungen, was zur Entstehung von KI-Token führt. Diese Token sind direkt mit KI-Vorhaben verbunden und können in verschiedenen Anwendungen wie Blockchain-Protokollen, dezentralen Webplattformen und maschinellen Lernsystemen verwendet werden. Das Suchinteresse an KI-Token ist 2024 gestiegen und spiegelt die wachsende Begeisterung für diesen Nischenbereich wider [293].

KI-Token erfüllen mehrere Funktionen: Sie können verwendet werden, um Dienstleistungen zu bezahlen, Plattformdaten zuzugreifen oder als Belohnungen für Teilnehmer an Plattformen zu dienen. Sie bieten auch Governance-Rechte für Inhaber, wodurch sie Entscheidungen der Plattform beeinflussen können. Derzeit gibt es fast 90 KI-Token im Umlauf, deren kombinierter Marktwert von 2,7 Milliarden $ im April 2023 auf über 39 Milliarden $ gestiegen ist [293].

Ein bemerkenswertes Beispiel ist Fetch.ai, dessen Token (FET) zwischen Mitte Februar und Mitte März 2024 einen bemerkenswerten Anstieg von 329 % verzeichnete. Fetch.ai, zusammen mit SingularityNET und Ocean Protocol, hat kürzlich die „Superintelligence Alliance" gegründet, mit dem Ziel, dezentrale KI voranzutreiben. Diese Allianz stellt einen bedeutenden Schritt zur Schaffung dezentraler KI-Systeme dar, die die Dominanz großer Technologiekonzerne ausgleichen sollen [293].

3. Finanzierung, Fusionen und Übernahmen im Krypto-Markt

Nach einer turbulenten Phase, die von hochkarätigen Krypto-Pleiten im Jahr 2022 geprägt war, erholte sich das Vertrauen der Investoren Ende 2023. Im letzten Quartal 2023 wurden 1,9 Milliarden $ in Krypto-bezogene Unternehmen investiert, wobei die größte Investition von 225 Millionen $ in Wormhole, eine Firma, die auf Cross-Chain-Konnektivität spezialisiert ist, flossen. Bis Februar 2024 erreichte die Finanzierung von Blockchain-Startups einen Dreimonatshöchststand von 485 Millionen $ [293].

Ein bemerkter Trend ist die wachsende Bedeutung von Bitcoin-Minern. Unternehmen, die im Mining tätig sind, haben ihre Aktienwerte besser als Bitcoin selbst entwickelt, wobei Firmen wie Marathon Digital, CleanSpark und Riot Platforms erhebliche Anstiege ihrer Aktienkurse verzeichneten. Mit dem bevorstehenden Bitcoin-Halving wird erwartet, dass größere Mining-Betriebe kleinere, weniger effiziente Konkurrenten übernehmen. Beispielsweise hebt CleanSparks Übernahme von drei Mining-Anlagen in Mississippi für 19,8 Millionen $ im Februar 2024 diesen Konsolidierungstrend hervor [293].

Zusätzlich führte die Fusion von Hut 8 Mining und US Bitcoin Corp. im November 2023 zur Gründung von Hut 8 Corp., das nun eine Marktkapitalisierung von 1,14 Milliarden $ aufweist. Solche Fusionen und Übernahmen gestalten die Krypto-Mining-Landschaft um und haben erhebliche Auswirkungen auf die Zukunft der Branche [293].

4. Zunehmende Regulierung von Kryptowährungen und Börsen

Das regulatorische Umfeld für Kryptowährungen ist zunehmend strenger geworden, insbesondere nach den hochkarätigen Fehltritten von Börsen wie FTX. Das Suchinteresse an „Krypto-Regulierung" ist in den letzten Jahren um 104 % gestiegen, da Regierungen und Regulierungsbehörden ihre Aufsicht über die Branche intensivieren. Die SEC, unter der Leitung von Gary Gensler, war besonders aktiv und drängt auf klarere Vorschriften und größere Compliance von Krypto-Firmen [293].

Im Jahr 2023 reichte die SEC Klagen gegen mehrere große Krypto-Entitäten ein, darunter Coinbase und Binance, wegen Nichteinhaltung der regulatorischen Anforderungen. Binance wurde zur Zahlung von 4 Milliarden $ an Bußgeldern verurteilt, was die schweren Konsequenzen von Nichteinhaltung widerspiegelt. Zusätzlich hat Präsident Biden eine Steuer von 30 % auf das Krypto-Mining gefordert, was das Regierungsziel signalisiert, den Sektor umfassender zu regulieren [293].

Mit zunehmender regulatorischer Prüfung suchen einige Krypto-Unternehmen nach Möglichkeiten, ihre Operationen in andere Länder zu verlagern, um die Auswirkungen der US-Regulierungen zu mindern. Beispielsweise haben Gemini und Coinbase ihre Aktivitäten auf Regionen wie die Vereinigten Arabischen Emirate bzw. Bermuda ausgeweitet, wobei regulatorische Bedenken als Schlüsselfaktor für ihre Entscheidung genannt werden [293].

5. Der wachsende Klimaeinfluss von Krypto

Der Umweltimpact des Kryptowährungs-Mining, insbesondere durch den Proof of Work (PoW)-Konsensmechanismus, ist eine zunehmende Besorgnis. PoW erfordert erhebliche Rechenleistung und Energie, was zu hohem Stromverbrauch und Wasserverbrauch führt. Laut dem Cambridge Bitcoin Electricity Consumption Index verbraucht das Bitcoin-Mining jährlich etwa 1174 TWh Strom – mehr als der gesamte Stromverbrauch der Niederlande. Dieses Verbrauchsniveau führt zu hohen Kohlenstoffemissionen, wobei 67 % der im Krypto-Mining verwendeten Energie aus fossilen Brennstoffen stammen [293].

Bemühungen zur Bewältigung dieser Umweltprobleme umfassen den Übergang von Ethereum zu Proof of Stake (PoS) im Jahr 2022, der den Energieverbrauch um 99 % reduziert hat. Bitcoin wird jedoch wahrscheinlich nicht zu PoS wechseln, und seine Mining-Praktiken werden weiterhin einen erheblichen Umwelteinfluss haben. Da die Branche zunehmender Überprüfung ihrer Klimaauswirkungen gegenübersteht, wird der Druck steigen, nachhaltigere Praktiken und Technologien zu übernehmen [293].

6. Reale Vermögenswerte werden digital mit Blockchain-Technologie

Die Tokenisierung von realen Vermögenswerten (RWAs) ist ein weiterer aufkommender Trend im Krypto-Bereich. Tokenisierung umfasst die Schaffung digitaler Repräsentationen physischer Vermögenswerte auf der Blockchain, die Immobilien, Kunstwerke, Anleihen und geistiges Eigentum umfassen können. Dieser Prozess verbessert die Liquidität, erleichtert die fraktionale Eigentümerschaft und automatisiert das Vermögensmanagement [293].

Finanzinstitute beginnen, die Tokenisierung von Vermögenswerten zu akzeptieren. BlackRock hat beispielsweise 2024 seinen ersten tokenisierten Vermögensfonds, BUIDL, auf der Ethereum-Blockchain gestartet. Dieser Fonds, in Partnerschaft mit Securitize, sammelte in seiner ersten Woche 240 Millionen $. Ähnlich erkundet Citigroup die Tokenisierung von Finanzvermögenswerten auf einer privaten Blockchain, um Transaktionen zu optimieren und die Bearbeitungszeiten zu verkürzen [293].

Der Markt für tokenisierte Vermögenswerte, der 2023 auf 2,81 Milliarden $ geschätzt wurde, wird voraussichtlich erheblich wachsen, mit Prognosen, die bis 2030 9,82 Milliarden $ erreichen. Einige Prognosen, wie die von Boston Consulting Group, legen nahe, dass bis 2030 bis zu 16 Billionen $ an RWAs tokenisiert werden könnten, was potenziell 10 % des globalen BIP darstellen könnte [293].

7. Globale Beamte erkunden Zentralbank-Digitalwährungen (CBDCs)

Zentralbank-Digitalwährungen (CBDCs) werden von Bankensystemen weltweit als Mittel zur Schaffung einer virtuellen Währung, die von Zentralbanken verwaltet wird, erforscht. Dieser Ansatz zielt darauf ab, die Vorteile digitaler Währungen mit der Stabilität der Zentralbankaufsicht zu kombinieren. Derzeit entwickeln oder testen 132 Länder CBDCs, die 98 % des globalen BIP abdecken [293].

Länder wie Jamaika, Nigeria und die Bahamas haben CBDCs bereits vollständig implementiert. China führt das größte CBDC-Experiment mit seinem digitalen Yuan durch, der in 25 Städten getestet wird. Bis 2030 erwartet die Bank für Internationalen Zahlungsausgleich, dass 15 Einzelhandels-CBDCs und 9 Großhandels-CBDCs betriebsbereit sein werden. Auch das SWIFT-Netzwerk arbeitet an einer CBDC-Plattform, um grenzüberschreitende Transaktionen zu erleichtern und die Integration mit bestehenden Bankinfrastrukturen zu ermöglichen [293].

Im Gegensatz dazu sind US-Beamte zögerlich, CBDCs zu akzeptieren, und äußern Bedenken hinsichtlich Datenschutz, Finanzstabilität und der Auswirkungen auf traditionelle Bankensysteme. Die Federal Reserve hat angedeutet, dass jede Entscheidung zu CBDCs die Zustimmung des Kongresses erfordern würde, was die laufenden Debatten über die potenziellen Auswirkungen digitaler Währungen auf das Finanzsystem widerspiegelt [293].

Die Rolle von Kryptowährungen in der globalen Wirtschaft

Kryptowährungen haben sich von Nischen-Digitalvermögen zu einem bedeutenden Bestandteil der globalen Wirtschaft entwickelt und beeinflussen verschiedene Sektoren und Finanzsysteme. Ursprünglich wurden Kryptowährungen wie Bitcoin hauptsächlich als spekulative Investitionen oder alternative Währungen betrachtet, doch ihre Rolle hat sich erheblich ausgeweitet und wirkt sich auf alles aus, von Investitionsstrategien bis hin zu Finanztransaktionen und darüber hinaus.

Kryptowährungen haben neue Formen der finanziellen Innovation hervorgebracht. Der Aufstieg digitaler Vermögenswerte hat zu verschiedenen Finanzprodukten und -dienstleistungen geführt, einschließlich dezentraler Finanzplattformen (DeFi), die traditionelle Finanzdienstleistungen wie Kreditvergabe und -aufnahme außerhalb konventioneller Bankensysteme anbieten. Diese Plattformen nutzen Blockchain-Technologie, um Transparenz zu bieten, Kosten zu senken und die Zugänglichkeit zu erhöhen.

Darüber hinaus haben Initial Coin Offerings (ICOs) und Security Token Offerings (STOs) es Startups und Unternehmen ermöglicht, Kapital auf neuartige Weise zu beschaffen, oft indem sie traditionelle Venture-Capital-Routen umgehen.

Als Anlageklasse haben Kryptowährungen sowohl institutionelle als auch private Investoren angezogen. Das Potenzial für hohe Renditen, gepaart mit einer zunehmenden Mainstream-Adoption, hat digitale Vermögenswerte zu einer begehrten Ergänzung von Anlageportfolios gemacht. Beispielsweise sind Bitcoin und Ethereum zu wichtigen Investitionsgütern geworden, deren Performance oft als Barometer für den breiteren Kryptowährungsmarkt angesehen wird. Das Wachstum krypto-bezogener Finanzprodukte wie Bitcoin ETFs und Futures-Kontrakte hat traditionellen Investoren zudem einen leichteren Zugang zu digitalen Vermögenswerten verschafft und diese weiter in die globale Finanzlandschaft integriert.

Kryptowährungen werden zunehmend für grenzüberschreitende Transaktionen und Überweisungen genutzt und bieten eine schnellere, kostengünstigere Alternative zu traditionellen Bankensystemen. Digitale Währungen ermöglichen nahezu sofortige Überweisungen über Grenzen hinweg, ohne dass Zwischenhändler erforderlich sind, was die Transaktionsgebühren und Bearbeitungszeiten erheblich reduziert. Diese Fähigkeit ist besonders vorteilhaft in Regionen mit eingeschränkter Bankeninfrastruktur oder hohen Überweisungsgebühren. Beispielsweise sind kryptowährungsbasierte Überweisungsdienste in Teilen Afrikas und Lateinamerikas beliebt geworden, wo traditionelle Finanzsysteme oft hohe Gebühren und Verzögerungen verursachen.

Die Möglichkeit, Transaktionen in Kryptowährungen durchzuführen, bietet auch eine Alternative für Menschen in Ländern mit instabilen Währungen oder wirtschaftlichen Krisen. In Venezuela und Argentinien haben sich beispielsweise Einzelpersonen Kryptowährungen zugewandt, um Werte zu bewahren und Transaktionen inmitten von Hyperinflation und wirtschaftlicher Instabilität zu erleichtern. Diese Anpassungsfähigkeit unterstreicht das Potenzial digitaler Währungen, finanzielle Stabilität und Zugänglichkeit in herausfordernden wirtschaftlichen Umfeldern zu bieten.

Zentralbank-Digitalwährungen (CBDCs) stellen eine bedeutende Entwicklung bei der Integration von Kryptowährungen in die globale Wirtschaft dar. Im Gegensatz zu dezentralen Kryptowährungen werden CBDCs von Zentralbanken ausgegeben und reguliert, wodurch die Vorteile digitaler Währungen mit der Stabilität und Aufsicht traditioneller Finanzinstitutionen kombiniert werden. Viele Länder erforschen oder entwickeln aktiv CBDCs als Mittel zur Modernisierung ihrer Währungssysteme, Verbesserung der Zahlungseffizienz und Erhöhung der finanziellen Inklusion.

CBDCs könnten das globale Finanzsystem umgestalten, indem sie eine von der Regierung unterstützte digitale Alternative zu privaten Kryptowährungen bieten. Sie versprechen schnellere, sicherere Transaktionen und könnten potenziell die Abhängigkeit von Bargeld verringern. Die Implementierung von CBDCs wirft jedoch auch Bedenken hinsichtlich Datenschutz, Cybersicherheit und den möglichen Auswirkungen auf traditionelle Bankensysteme auf. Während Zentralbanken diese Herausforderungen bewältigen, wird die Entwicklung und Einführung von CBDCs voraussichtlich eine entscheidende Rolle bei der Gestaltung der Zukunft des globalen Finanzökosystems spielen.

Das Wachstum von Kryptowährungen hat zu einer erhöhten regulatorischen Überprüfung geführt, da Regierungen versuchen, Innovationen mit Risikomanagement in Einklang zu bringen. Regulierungsrahmen entwickeln sich weiter, um Bedenken bezüglich der Marktstabilität, des Verbraucherschutzes und der Bekämpfung von Geldwäsche zu adressieren. Während die Vorschriften klarer werden, werden sie die Entwicklung und Akzeptanz von Kryptowährungen beeinflussen und damit deren Integration in die globale Wirtschaft prägen.

Darüber hinaus erstrecken sich die wirtschaftlichen Auswirkungen von Kryptowährungen auf ihre Auswirkungen auf traditionelle Finanzinstitutionen und Geldpolitik. Der Aufstieg digitaler Vermögenswerte hat Banken und Finanzinstitute dazu veranlasst, Blockchain-Technologie und digitale Währungen als Mittel zur Verbesserung ihrer Dienstleistungen und Betriebseffizienz zu erkunden. Zudem stellt die dezentrale Natur von Kryptowährungen traditionelle Wirtschaftsmodelle in Frage, insbesondere in Bereichen wie Geldpolitik und Finanzstabilität.

Zusammenfassend lässt sich sagen, dass Kryptowährungen eine zunehmend herausragende Rolle in der globalen Wirtschaft spielen, finanzielle Innovationen vorantreiben, grenzüberschreitende Transaktionen erleichtern und die Entwicklung von CBDCs anregen. Während sich die Landschaft weiterentwickelt, werden die Integration digitaler Vermögenswerte in das globale Finanzsystem weitreichende Auswirkungen auf Investitionsstrategien, regulatorische Rahmenbedingungen und wirtschaftliche Stabilität haben.

Technologische Fortschritte und Innovationen

Kryptowährungen haben trotz ihres revolutionären Versprechens oft ihre potenziellen Vorteile für viele Nutzer nicht voll ausgeschöpft. Probleme wie Marktschwankungen, regulatorische Unsicherheit und Sicherheitsbedenken haben die anfängliche Begeisterung für digitale Vermögenswerte überschattet. Globale Institutionen wie der Internationale Währungsfonds (IWF) und das Finanzstabilitätsrat (FSB) haben strengere Vorschriften gefordert, um diese Probleme zu adressieren und mögliche Risiken zu mindern. Diese erhöhte Überprüfung spiegelt den breiteren Bedarf an einem robusterem Rahmen wider, um die Stabilität und Integrität des Finanzsystems sicherzustellen, während es sich mit neuen Technologien integriert [294].

Jedoch hat sich die Technologie hinter Kryptowährungen schnell weiterentwickelt und könnte signifikante Versprechungen für die Zukunft bieten. Innovationen wie Tokenisierung, Verschlüsselung und Programmierbarkeit haben das Potenzial, Finanzdienstleistungen durch erhöhte Effizienz, Sicherheit und Funktionalität zu transformieren. Tokenisierung beinhaltet die Darstellung von Eigentumsrechten an einem Vermögenswert, wie Geld, auf einem digitalen Hauptbuch. Dieses Hauptbuch wird von allen Teilnehmern des Marktes gepflegt, was es weit zugänglich, synchronisiert und manipulationssicher macht. Während Anonymität bei Transaktionen keine Anforderung ist und sogar die finanzielle Integrität untergraben kann, bietet die Tokenisierung eine Möglichkeit, Vermögenswerte sicherer und transparenter digital zu verwalten und zu übertragen [294].

Verschlüsselung ist ein weiterer entscheidender technologischer Fortschritt, der eine Trennung zwischen Compliance-Überprüfungen und Transaktionen ermöglicht. Durch die Sicherstellung, dass nur autorisierte Parteien auf sensible Informationen zugreifen können, fördert die Verschlüsselung Transparenz und Vertrauen. Diese Technologie unterstützt die Integrität finanzieller Transaktionen und hilft, unbefugten Zugriff oder Manipulation zu verhindern [294].

Programmierbarkeit, einschließlich der Verwendung von "Smart Contracts", ermöglicht die Automatisierung von Finanzverträgen ohne die Notwendigkeit von Vermittlern. Diese Smart Contracts können Vereinbarungen basierend auf vordefinierten Bedingungen automatisch ausführen, wodurch die Notwendigkeit vertrauenswürdiger Dritter reduziert und Transaktionen gestrafft werden. Diese Fähigkeit könnte die Effizienz von Finanzoperationen erheblich steigern und die Möglichkeit von Streitigkeiten verringern [294].

Der private Sektor war Vorreiter bei der Nutzung dieser technologischen Fortschritte. Innovationen wie die Tokenisierung von Finanzvermögenswerten (Aktien, Anleihen usw.) versprechen, Handelskosten zu senken, Märkte zu integrieren und den Zugang zu verschiedenen Finanzprodukten zu erweitern. Zum Beispiel können Stablecoins, die digitale Währungen sind, die an traditionelle Vermögenswerte wie den US-Dollar gekoppelt sind, Transaktionen innerhalb dieses tokenisierten Ökosystems erleichtern, sofern sie den regulatorischen Standards entsprechen. Darüber hinaus experimentieren Banken mit tokenisierten Girokonten, und Automatisierungstechnologien ermöglichen Entwicklern die Erstellung anspruchsvoller Finanzanwendungen, ähnlich wie bei Smartphone-Apps [294].

Trotz dieser Fortschritte könnte der private Sektor allein möglicherweise nicht garantieren, dass Transaktionen universell sicher, effizient und interoperabel sind. Private Netzwerke für den Handel mit Vermögenswerten und Zahlungen könnten entstehen, könnten aber an Standardisierung und Investitionen mangeln. Offene Hauptbücher könnten versuchen, diese privaten Netzwerke zu überbrücken, aber sie könnten nicht weit verbreitete Akzeptanz oder Rentabilität erreichen. Das Risiko der Verwendung privater Geldformen für Transaktionen könnte auch Herausforderungen für die beteiligten Gegenparteien darstellen [294].

Zentralbank-Digitalwährungen (CBDCs) bieten eine potenzielle Lösung, indem sie sowohl als monetäres Instrument als auch als wesentliche Infrastruktur für die Abwicklung von Transaktionen dienen. CBDCs können Sicherheit und Liquidität bei Zahlungen bieten und gleichzeitig eine Plattform für die Interoperabilität zwischen verschiedenen digitalen Geldnetzwerken und Vermögenswerten bieten. CBDCs könnten Transaktionen zwischen verschiedenen Arten von privatem Geld ermöglichen, Treuhand- und Bedingungszahlungen erleichtern und grundlegende Programmierung für Smart Contracts unterstützen. Diese doppelte Funktion von CBDCs als Währung und technologische Plattform könnte helfen, verschiedene digitale Finanzsysteme zu integrieren und zu optimieren [294].

Insbesondere grenzüberschreitende Zahlungen könnten von dieser Vision profitieren. Eine öffentliche Plattform für den Handel mit digitalen Repräsentationen von Zentralbankreserven über Grenzen hinweg könnte internationale Transaktionen vereinfachen, ohne erhebliche Änderungen an bestehenden nationalen Zahlungssystemen vorzunehmen. Diese Plattform könnte Risikoteilung, Währungsumtausch und Liquidität effektiver verwalten und dabei die Vorteile der Einzelbuchtechnologie und Programmierbarkeit nutzen, um reibungslose und sichere Transaktionen zu gewährleisten. Verschlüsselung würde auch eine Rolle beim Management von Informationsübertragungen und der Einhaltung von Vorschriften spielen, während sie in bestimmten Aspekten des Transaktionsprozesses Anonymität bewahren würde [294].

Insgesamt haben Kryptowährungen zwar anfänglich den Wunsch hervorgerufen, traditionelle Vermittler und öffentliche Aufsicht zu umgehen, aber ihre zugrunde liegende Technologie bietet wertvolle Einblicke zur Verbesserung der Finanzinfrastruktur. Durch die Nutzung dieser Fortschritte kann der öffentliche Sektor die Effizienz, Sicherheit und Interoperabilität von Finanzsystemen verbessern. Die fortwährende Erforschung und Entwicklung dieser Technologien könnte letztlich die Kluft zwischen privater Innovation und öffentlicher Regulierung überbrücken und zu einem robusterem und gerechterem digitalen Finanzökosystem beitragen.

12

Kryptowährungs-Mining

Kryptowährungs-Mining ist ein grundlegender Prozess, bei dem Transaktionen validiert und in ein Blockchain-Register – eine dezentrale und verteilte Datenbank – aufgenommen werden. Dieser Prozess beinhaltet das Lösen komplexer mathematischer Probleme, um die Sicherheit und Integrität des Kryptowährungsnetzwerks zu gewährleisten. Hier ist ein detaillierter Blick auf das Mining:

Die Hauptziele des Kryptowährungs-Minings sind dreifach. Erstens dient es der Überprüfung von Transaktionen, um sicherzustellen, dass sie den Netzwerkregeln und -standards entsprechen. Zweitens werden nach der Verifizierung diese Transaktionen in Blöcke organisiert und zur Blockchain, einem öffentlichen Ledger, der alle Transaktionen aufzeichnet, hinzugefügt. Drittens erzeugt das Mining oft neue Einheiten der Kryptowährung, bietet Belohnungen für die Teilnehmer und schafft einen Anreiz für die fortwährende Teilnahme am Mining-Prozess.

In Systemen, die Proof of Work (PoW) verwenden, setzen Miner Rechenleistung ein, um kryptografische Rätsel zu lösen. Diese Rätsel sind so gestaltet, dass sie schwierig zu lösen, aber einfach zu überprüfen sind. Wenn ein Miner erfolgreich ein Rätsel löst, erstellt er einen neuen Block von Transaktionen, der dann im Netzwerk verbreitet wird. Andere Miner und Netzwerkteilnehmer überprüfen diesen Block und seine Transaktionen. Nach der Bestätigung wird der Block zur Blockchain hinzugefügt, und der Miner, der das Rätsel gelöst hat, wird mit neu geminteten Kryptowährungen und Transaktionsgebühren aus den im Block enthaltenen Transaktionen belohnt.

Alternative Konsensmechanismen, wie Proof of Stake (PoS), bieten einen anderen Ansatz. Im PoS werden Validatoren oder „Staker" ausgewählt, um neue Blöcke zu erstellen, basierend auf der Anzahl der Münzen, die sie halten und als Sicherheiten „staken" wollen. Diese Methode reduziert den Bedarf an umfangreicher Rechenleistung. Andere Modelle, wie Delegated Proof of Stake (DPoS) und Proof of Authority (PoA), bieten zusätzliche Variationen, wie Transaktionen validiert und neue Blöcke erstellt werden.

Die Werkzeuge, die für das Mining verwendet werden, haben sich erheblich weiterentwickelt. Anfangs wurde Kryptowährungs-Mining mit Standard-Computerprozessoren (CPUs) durchgeführt, aber diese Methode ist aufgrund ihrer Ineffizienz weitgehend veraltet. Grafikkarten (GPUs) bieten eine bessere Leistung und werden weit verbreitet für das Mining verschiedener Kryptowährungen verwendet. Anwendungs-Spezifische Integrierte Schaltungen (ASICs) sind spezialisierte Hardware, die speziell für das Mining entwickelt wurde und hohe Effizienz und Leistung bietet, obwohl sie typischerweise für spezifische Kryptowährungen wie Bitcoin verwendet werden. Mining-Rigs, die maßgeschneiderte Systeme sind, die mehrere GPUs oder ASICs kombinieren, verbessern die Mining-Kapazität und -Effizienz.

Mining bringt mehrere Herausforderungen mit sich. Der Energieverbrauch, der mit dem Mining verbunden ist, insbesondere in PoW-Systemen, kann erheblich sein, was zu hohem Stromverbrauch und Umweltbedenken führt. Die Schwierigkeit der Mining-Rätsel passt sich im Laufe der Zeit an, um sicherzustellen, dass neue Blöcke mit konstanter Rate hinzugefügt werden, was zur Aufrechterhaltung der Netzwerksicherheit beiträgt, aber die Rentabilität des Minings beeinträchtigen kann. Darüber hinaus kann die Mining-Power in wenigen großen Operationen oder Mining-Pools konzentriert werden, was zu Zentralisierung und reduzierter Netzwerk-Dezentralisierung führen kann.

Um einige dieser Herausforderungen zu bewältigen, schließen sich Einzelminer oft Mining-Pools an. Durch das Zusammenlegen ihrer Rechenressourcen können Miner ihre Chancen erhöhen, erfolgreich einen Block zu minen, und die Belohnungen proportional teilen. Dieser Ansatz reduziert die Schwankungen bei den Belohnungen und ermöglicht häufigere Auszahlungen, da der Pool die Belohnungen basierend auf der geleisteten Arbeit jedes Teilnehmers verteilt.

Mining kann wirtschaftlich lohnend sein, insbesondere wenn es effizient mit Zugang zu kostengünstigem Strom und fortschrittlicher Hardware verwaltet wird. Der Energieverbrauch, der mit dem Mining verbunden ist, hat jedoch Diskussionen über seine

Umweltbelastung und die Notwendigkeit nachhaltigerer Praktiken ausgelöst. Dies hat zu Forderungen nach der Einführung energieeffizienterer Konsensmechanismen geführt.

Kryptowährungs-Mining spielt eine entscheidende Rolle in vielen Blockchain-Netzwerken, indem es Transaktionen validiert und neue Kryptowährungseinheiten erstellt. Während es für die Sicherheit und den Betrieb dezentraler Netzwerke unerlässlich ist, bringt es auch Herausforderungen im Zusammenhang mit Energieverbrauch und Zentralisierung mit sich.

Eine Vielzahl von Kryptowährungen kann geminet werden, jede mit unterschiedlichen Algorithmen, Mining-Prozessen und Anforderungen. Hier ist eine Übersicht über einige der bemerkenswertesten:

1. Bitcoin (BTC)

- **Algorithmus:** SHA-256
- **Beschreibung:** Bitcoin ist die erste und bekannteste Kryptowährung. Er verwendet den SHA-256-Hash-Algorithmus, und das Mining erfordert erhebliche Rechenleistung. ASIC (Application-Specific Integrated Circuit) Miner werden typischerweise für das Bitcoin-Mining verwendet, da sie hohe Effizienz bieten.

2. Ethereum (ETH) (Hinweis: Ethereum wechselt von Proof of Work zu Proof of Stake)

- **Algorithmus:** Ethash
- **Beschreibung:** Ethereum verwendet den Ethash-Algorithmus, der darauf ausgelegt ist, ASIC-resistent zu sein und den GPU (Graphics Processing Unit) Minern mehr Zugang zu ermöglichen. Ethereum wechselt jedoch zu einem Proof of Stake (PoS) Konsensmechanismus mit Ethereum 2.0, der letztendlich das Mining einstellen wird.

3. Litecoin (LTC)

- **Algorithmus:** Scrypt
- **Beschreibung:** Litecoin wird oft als das Silber zu Bitcoins Gold angesehen. Er verwendet den Scrypt-Algorithmus, der sowohl ASIC- als auch GPU-Mining ermöglicht. Litecoin ist bekannt für seine schnelleren Blockgenerierungszeiten im Vergleich zu Bitcoin.

4. Bitcoin Cash (BCH)

- **Algorithmus:** SHA-256
- **Beschreibung:** Als Fork von Bitcoin verwendet Bitcoin Cash ebenfalls den SHA-256-Algorithmus, was ihn mit der Bitcoin-Mining-Hardware kompatibel macht. Er wurde geschaffen, um die Skalierbarkeitsprobleme von Bitcoin durch Erhöhung der Blockgröße zu adressieren.

5. Monero (XMR)

- **Algorithmus:** RandomX
- **Beschreibung:** Monero legt den Fokus auf Privatsphäre und Anonymität. Er verwendet den RandomX-Algorithmus, der für CPU-Mining optimiert ist. Der Mining-Algorithmus von Monero ist darauf ausgelegt, ASIC-resistent zu sein, was dezentrales Mining ermöglicht.

6. Dash (DASH)

- **Algorithmus:** X11
- **Beschreibung:** Dash verwendet den X11-Algorithmus, der eine Kombination aus elf verschiedenen Hash-Funktionen ist. Dieser Ansatz bietet erhöhte Sicherheit und ist darauf ausgelegt, ASIC-resistent zu sein. Dash bietet Funktionen wie schnellere Transaktionen und Datenschutzoptionen.

7. Zcash (ZEC)

- **Algorithmus:** Equihash
- **Beschreibung:** Zcash ist bekannt für seine datenschutzorientierten Funktionen und verwendet den Equihash-Algorithmus. Er ermöglicht es Minern, GPUs für das Mining zu verwenden, obwohl auch ASIC-Miner für diese Kryptowährung entwickelt wurden.

8. Ravencoin (RVN)

- **Algorithmus:** KawPow
- **Beschreibung:** Ravencoin verwendet den KawPow-Algorithmus, eine modifizierte Version von ProgPoW, die ASIC-resistent ist und GPU-Mining begünstigt. Er konzentriert sich auf die Übertragung und Erstellung von Vermögenswerten auf seiner Blockchain.

9. Grin (GRIN)

- **Algorithmus:** Cuckoo Cycle

- **Beschreibung:** Grin ist eine datenschutzorientierte Kryptowährung, die den Cuckoo Cycle-Algorithmus verwendet. Er ist darauf ausgelegt, ASIC-resistent zu sein und kann mit GPUs geminet werden.

10. Horizen (ZEN)

- **Algorithmus:** Equihash

- **Beschreibung:** Horizen, ehemals bekannt als ZenCash, verwendet den Equihash-Algorithmus. Er betont Datenschutz und Skalierbarkeit und kann mit GPUs oder spezialisierten ASICs geminet werden.

11. Firo (ehemals Zcoin) (FIRO)

- **Algorithmus:** MTP (Merkle Tree Proof)

- **Beschreibung:** Firo verwendet den MTP-Algorithmus, der ASIC-resistent ist und CPU- sowie GPU-Mining begünstigt. Er konzentriert sich auf Datenschutz und dezentrale Governance.

12. Dogecoin (DOGE)

- **Algorithmus:** Scrypt

- **Beschreibung:** Ursprünglich als Memecoin erstellt, verwendet Dogecoin den Scrypt-Algorithmus, ähnlich wie Litecoin. Er kann sowohl mit ASICs als auch mit GPUs geminet werden.

13. Siacoin (SC)

- **Algorithmus:** Blake2b

- **Beschreibung:** Siacoin verwendet den Blake2b-Algorithmus. Es ist eine blockchain-basierte dezentrale Speicherplattform, die es Benutzern ermöglicht, ihren ungenutzten Festplattenspeicher zu vermieten.

14. Bea (BEA)

- **Algorithmus:** CryptoNight

- **Beschreibung:** Bea ist eine neuere Kryptowährung, die den CryptoNight-Algorithmus verwendet, der für CPU-Mining optimiert ist. Er konzentriert sich auf Datenschutz und Dezentralisierung.

15. Vertcoin (VTC)

- **Algorithmus:** Lyra2REv3

- **Beschreibung:** Vertcoin ist darauf ausgelegt, ASIC-resistent zu sein und Dezentralisierung zu fördern. Er verwendet den Lyra2REv3-Algorithmus, der für GPU-Mining geeignet ist.

Diese Kryptowährungen unterscheiden sich erheblich in ihren Mining-Algorithmen, Hardware-Anforderungen und allgemeinen Zielen. Die Wahl, welche Kryptowährung geminet werden soll, hängt oft von Faktoren wie den verfügbaren Ressourcen des Miners, den Stromkosten und den spezifischen Zielen des Mining-Betriebs ab.

Die Wirtschaftlichkeit des Minings

Kryptowährungs-Mining beinhaltet mehrere Kosten, die die Gesamtprofitabilität erheblich beeinflussen können. Diese Kosten können in Hardware-Ausgaben, Energieverbrauch, Kühlanforderungen, Wartungs- und Reparaturbedarfe sowie Transaktionsgebühren unterteilt werden [295].

Hardware-Kosten: Eine der wesentlichen Ausgaben beim Kryptowährungs-Mining sind die Kosten für spezialisierte Hardware, wie etwa Application-Specific Integrated Circuits (ASICs). ASICs sind maßgeschneiderte Geräte, die speziell für das Mining bestimmter Kryptowährungen entwickelt wurden und hohe Leistung und Effizienz bieten. Diese Geräte können jedoch teuer sein, und ihre Kosten können die Rentabilität der Mining-Operationen erheblich beeinflussen. Zudem kann ältere Hardware mit dem Fortschritt der Mining-Technologie weniger effizient oder veraltet werden, was zusätzliche Investitionen in neue Ausrüstung erforderlich macht [295].

Energiekosten: Der Energieverbrauch ist eine weitere bedeutende Kostenstelle beim Mining. Mining-Operationen benötigen eine erhebliche Menge Strom, um die Rechenanlagen zu betreiben, insbesondere in Proof-of-Work (PoW) Systemen. Die Energie, die zum Betrieb und zur Kühlung der Hardware benötigt wird, kann erheblich sein, und die Stromkosten in einer bestimmten Region können die Rentabilität des

Minings stark beeinflussen. Regionen mit niedrigeren Energiekosten sind oft attraktiver für Mining-Operationen, da niedrigere Strompreise die Gesamtkosten ausgleichen und die Rentabilität erhöhen können [295].

Kühlkosten: Mining-Ausrüstung erzeugt während des Betriebs eine erhebliche Menge an Wärme, was effektive Kühllösungen erfordert, um Überhitzung zu verhindern und die optimale Leistung aufrechtzuerhalten. Kühlkosten können beträchtlich sein, insbesondere bei großangelegten Mining-Operationen oder in Regionen mit höheren Umgebungstemperaturen. Effektive Kühllösungen können Klimaanlagen, industrielle Ventilatoren oder spezialisierte Kühlgeräte umfassen, die alle zu den Betriebskosten einer Mining-Anlage beitragen [295].

Wartungs- und Reparaturkosten: Die Wartung und Reparatur von Mining-Ausrüstung ist entscheidend, um deren Effizienz und Lebensdauer zu gewährleisten. Im Laufe der Zeit können Komponenten abnutzen oder ausfallen, was Reparaturen oder Ersatz erfordert. Regelmäßige Wartung, wie Reinigung, Leistungsüberwachung und Teileaustausch, ist wichtig, um die Mining-Ausrüstung in gutem Zustand zu halten. Diese laufenden Wartungs- und Reparaturkosten können sich summieren und die Gesamtrentabilität der Mining-Operationen beeinträchtigen [295].

Transaktionsgebühren: Neben Blockbelohnungen können Miner auch Transaktionsgebühren für die Verarbeitung von Netzwerktransaktionen verdienen. Die Höhe der Transaktionsgebühren kann je nach Netzwerkaktivität und Nachfrage nach Transaktionsverarbeitung variieren. In Zeiten hoher Transaktionsvolumina können die Gebühren steigen, was die Rentabilität des Minings potenziell erhöht. Umgekehrt können Transaktionsgebühren in Zeiten geringerer Netzwerkaktivität sinken, was die Rentabilität des Minings negativ beeinflussen könnte. Daher können Schwankungen bei den Transaktionsgebühren, zusammen mit anderen Faktoren, die finanziellen Ergebnisse von Mining-Aktivitäten beeinflussen [295].

Das Einkommen aus dem Kryptowährungs-Mining wird hauptsächlich durch die Menge an Kryptowährung bestimmt, die ein Miner über einen bestimmten Zeitraum produzieren kann, und den aktuellen Marktpreis dieser Kryptowährung. Um die Mining-Einnahmen zu berechnen, wird die insgesamt geminte Menge an Kryptowährung mit ihrem Marktpreis multipliziert. Diese Berechnung gibt eine Schätzung der Einnahmen, die ein Miner aus seinen Mining-Aktivitäten generieren kann [295].

Zum Beispiel, wenn ein Miner spezialisierte Ausrüstung verwendet, um Bitcoin (BTC) zu minen und alle 10 Tage 1 BTC produziert, und der Marktpreis von BTC bei 50.000

$ liegt, würde das Einkommen aus dem Mining eines BTC 50.000 $ betragen. Diese einfache Berechnung gibt einen klaren Überblick über das Bruttoeinnahmenpotenzial aus Mining-Aktivitäten [295].

Es gibt jedoch mehrere Faktoren, die das tatsächliche Einkommen eines Miners beeinflussen. Erstens kann der Marktpreis der Kryptowährung erheblich schwanken. Der Wert von BTC kann beispielsweise je nach Marktbedingungen steigen oder fallen, was die Einnahmen aus dem Mining beeinflusst. Wenn der Marktpreis hoch ist, steigen die Einnahmen, während ein Preisrückgang zu reduzierten Einnahmen führt [295].

Zweitens spielt die Schwierigkeit des Mining-Prozesses eine entscheidende Rolle bei der Bestimmung der Einnahmen. Die Mining-Schwierigkeit bezieht sich darauf, wie herausfordernd es ist, die kryptografischen Rätsel zu lösen, die zur Validierung von Transaktionen und zum Hinzufügen dieser zur Blockchain erforderlich sind. Wenn mehr Miner dem Netzwerk beitreten und die Mining-Technologie fortschreitet, steigt typischerweise die Schwierigkeit des Minings. Das bedeutet, dass das Mining neuer Blöcke schwieriger und zeitaufwändiger wird, was die Rate beeinflussen kann, mit der Kryptowährung produziert wird und folglich die generierten Einnahmen [295].

Drittens ist der Strompreis ein bedeutender Faktor, der die Mining-Einnahmen beeinflusst. Mining-Operationen verbrauchen eine große Menge Strom, und der Strompreis kann je nach Region variieren. Höhere Stromkosten reduzieren den Nettogewinn aus dem Mining, da ein erheblicher Teil der Einnahmen für die Stromversorgung der Mining-Ausrüstung ausgegeben werden muss [295].

Schließlich beeinflusst auch die Effizienz der verwendeten Mining-Ausrüstung die Einnahmen. Moderne Mining-Hardware wie ASICs bietet im Vergleich zu älteren Technologien höhere Leistung und Effizienz. Mit zunehmender Mining-Komplexität wird effizientere Ausrüstung notwendig, um die Rentabilität aufrechtzuerhalten. Frühere Bitcoin-Miner konnten zum Beispiel erhebliche Einnahmen mit einfacher Hardware erzielen. Als jedoch das Mining-Netzwerk wuchs und die Mining-Schwierigkeit anstieg, sank die Einnahme pro Recheneinheit. Miner mussten in fortschrittlichere und teurere Ausrüstung investieren, um wettbewerbsfähig zu bleiben und weiterhin signifikante Einnahmen zu erzielen [295].

Das Einkommen aus Kryptowährungs-Mining wird durch die Menge an geminter Kryptowährung und ihren Marktpreis bestimmt, ist jedoch auch von der Mining-Schwierigkeit, den Stromkosten und der Effizienz der Mining-Ausrüstung beeinflusst. Diese Variablen können zu erheblichen Einnahmeschwankungen führen, weshalb es für Miner entscheidend ist, alle Faktoren zu berücksichtigen, wenn sie die Rentabilität ihrer Mining-Operationen bewerten.

Wirtschaftlichkeit des Bitcoin-Minings

Das Verständnis der finanziellen Dynamik des Bitcoin-Minings erfordert eine detaillierte Untersuchung der anfallenden Kosten und Einnahmen. Lassen Sie uns ein hypothetisches Beispiel mit Daten aus Juni 2023 betrachten, um diese wirtschaftlichen Überlegungen zu veranschaulichen [296].

Kostenannahmen

Die Kosten für Strom, die einen wesentlichen Faktor bei Mining-Operationen darstellen, werden auf 0,05 $ pro Kilowattstunde (kWh) geschätzt. Neben dem Stromverbrauch werden weitere Kosten wie Mining-Pool-Gebühren, Personal- und Internetkosten auf 20 % der Stromkosten geschätzt. Diese umfassende Betrachtung hilft bei der Berechnung der Gesamtkosten für das Bitcoin-Mining [296].

Netzwerk- und ASIC-Annahmen

Für dieses Beispiel wird die Netzwerk-Hashrate auf 375 Exahashes pro Sekunde (EH/s) festgelegt, mit einer Bitcoin-Blockbelohnung von 6,25 BTC und einer durchschnittlichen Transaktionsgebühr von 0,3125 BTC. Die tägliche Gesamteinnahme aus dem Mining beträgt etwa 6,56 BTC, und die insgesamt pro Tag ausgegebenen Bitcoins belaufen sich auf 945 BTC [296].

Die im Beispiel verwendete Mining-Hardware ist der Antminer S19 XP, der eine Hashrate von 140 Terahashes pro Sekunde (TH/s) hat und 3.031 Watt (W) Leistung verbraucht. Dieses Modell kostet 4.600 $ und hat eine Lebensdauer von 2,5 Jahren [296].

Berechnungen und Analyse

Um die Wirtschaftlichkeit zu verstehen, sind mehrere Berechnungen erforderlich [296]:

1. **Hashes, die erforderlich sind, um einen Bitcoin zu minen:** Die Berechnung der Anzahl der benötigten Hashes, um einen Bitcoin zu minen, ergibt sich aus der Netzwerk-Hashrate, der Anzahl der Sekunden an einem Tag und der täglichen Bitcoin-Produktion. Dies ergibt ungefähr 34.000 EH (Exahashes) pro Bitcoin.

2. **Zeit, die ein ASIC-Miner benötigt, um einen Bitcoin zu minen:** Unter

Verwendung der Netzwerk-Hashrate und der Hashrate des ASIC-Miners wird geschätzt, dass ein einzelner ASIC-Miner etwa 7,7 Jahre benötigt, um einen Bitcoin zu minen. Diese Berechnung konvertiert Exahashes in Terahashes, um die Verarbeitungsleistung der Hardware zu berücksichtigen.

3. **Kapitalausgaben (CapEx):** Im Laufe seiner Lebensdauer wird erwartet, dass der ASIC-Miner etwa 0,32 BTC mined. Bei Kosten von 4.600 $ für den Miner beträgt der effektive Preis pro geminten Bitcoin etwa 14.300 $.

4. **Betriebsausgaben (OpEx):**

    - **Stromkosten:** Die Stromkosten für das Mining eines Bitcoins werden berechnet, indem die benötigte Zeit zum Minen mit dem Stromverbrauch und den Stromkosten multipliziert wird, was insgesamt etwa 10.200 $ beträgt.

    - **Kühl- und Gemeinkosten:** Kühl- und andere Betriebskosten, die 20 % der Stromkosten ausmachen, belaufen sich auf etwa 2.000 $.

Kombiniert man diese Ausgaben, ergibt sich eine Gesamtkosten von etwa 26.500 $ für die Produktion eines Bitcoins. Diese Zahl umfasst sowohl Kapital- als auch Betriebskosten [296].

Rentabilitätsvergleich

Um die Rentabilität zu bewerten, vergleicht man die Produktionskosten mit dem Marktpreis von Bitcoin. In diesem Szenario betragen die Kosten für das Mining eines Bitcoins 26.500 $, während der Kauf eines Bitcoins am Spotmarkt etwa 26.600 $ kostet. Dies deutet darauf hin, dass das Mining unter diesen Bedingungen fast kostendeckend ist [296].

Überlegungen für Miner

Die zentrale Frage für Miner ist, ob die Produktionskosten niedriger sind als der direkte Kauf von Bitcoin auf dem Markt. Damit das Mining finanziell rentabel ist, müssen die Produktionskosten erheblich niedriger sein als der Marktpreis. Angesichts der aktuellen Annahmen könnten Klein-Miner Schwierigkeiten haben, profitabel zu bleiben, insbesondere wenn die Hashraten und Stromkosten hoch sind. Umgekehrt könnten Groß-Miner, die Zugang zu effizienterem Equipment und möglicherweise niedrigeren Energiekosten haben, das Mining wirtschaftlich sinnvoll finden [296].

Die Wirtschaftlichkeit des Bitcoin-Minings umfasst das Abwägen von Kapitalausgaben, Betriebskosten und Einnahmen im Vergleich zu Marktpreisen. Detaillierte Berechnungen und Marktvergleiche sind entscheidend, um zu beurteilen, ob Mining-Operationen unter verschiedenen Bedingungen rentabel sind.

Bitcoin-Mining

Bitcoin-Mining erfolgt durch einen Prozess, der Kryptographie, verteiltes Rechnen und wettbewerbliches Raten kombiniert, um Transaktionen im Bitcoin-Netzwerk zu verifizieren und abzusichern. Zur Vereinfachung kann man es sich wie ein Spiel vorstellen, bei dem die Teilnehmer versuchen, eine Zahl zu erraten. Hier ist eine detaillierte Erklärung, wie Bitcoin-Mining funktioniert [297]:

Das Rategame

Stellen Sie sich vor, Sie laden Freunde zu einem Ratespiel ein, bei dem sie eine Zahl zwischen 1 und 100 erraten müssen. In diesem Spiel besteht das Ziel nicht darin, die genaue Zahl zu erraten, sondern als Erster eine Zahl zu nennen, die kleiner oder gleich einer festgelegten Zielzahl ist, die Sie im Kopf haben. Zum Beispiel, wenn die Zielzahl 19 ist und Ihre Freunde Zahlen wie 21, 55 und 83 raten, sind sie nicht erfolgreich, weil ihre Schätzungen alle höher als 19 sind. Wenn jedoch einer von ihnen 16 rät, gewinnt er, weil 16 kleiner als 19 ist und somit die Zielkriterien erfüllt. Dieser Prozess veranschaulicht das grundlegende Prinzip des Bitcoin-Minings, bei dem Miner mehrere Versuche unternehmen, um ein Problem zu lösen und eine Lösung zu finden, die bestimmten Kriterien entspricht.

Der Ziel-Hash

Im Bitcoin-Mining ist der "Ziel-Hash" ein entscheidendes Konzept. Dieser Ziel-Hash stellt einen Wert dar, den Miner mit ihren Rechenleistungen erreichen oder überschreiten müssen. Jeder Block in der Bitcoin-Blockchain erfordert einen gültigen Hash-Wert, der unter einem bestimmten Ziel liegt, das durch das Schwierigkeitslevel des Netzwerks festgelegt wird. Das Netzwerk passt diese Schwierigkeit etwa alle zwei Wochen an, um sicherzustellen, dass Blöcke in einem konstanten Tempo, ungefähr alle zehn Minuten, gemined werden. So wie im Ratespiel das Ziel eine bestimmte Zahl ist, ist der Ziel-Hash im Mining ein kryptografischer Wert, den die Miner mit ihren Rechenversuchen erreichen wollen.

Der Mining-Prozess

Bitcoin-Mining beinhaltet das Lösen komplexer mathematischer Rätsel durch kryptografisches Hashing. Miner nutzen ihre Rechenleistung, um einen Hash-Wert zu erzeugen, indem sie kontinuierlich ein Stück Daten, das als "Nonce" bezeichnet wird, im Block-Header ändern. Sie hashen diese Daten wiederholt, bis sie einen Hash-Wert finden, der unter dem vom Netzwerk festgelegten Ziel-Hash liegt. Dieser Prozess erfordert immense Rechenressourcen, da Miner im Wesentlichen schnelle, aufeinanderfolgende Versuche unternehmen, um einen gültigen Hash zu finden. Der erste Miner, der einen Hash entdeckt, der die Kriterien des Netzwerks erfüllt, wird mit neu geschürften Bitcoin und Transaktionsgebühren aus den Transaktionen in diesem Block belohnt.

Verteiltes Rechnen

Bitcoin-Mining basiert auf einem dezentralisierten Netzwerk von Computern, bekannt als Knoten, die diesen Hashing-Prozess durchführen. Jeder Knoten arbeitet unabhängig, folgt jedoch demselben Protokoll und den gleichen Regeln. Dieser dezentrale Ansatz stellt sicher, dass keine einzelne Entität Kontrolle über das Netzwerk hat und hilft, die Sicherheit und Integrität der Blockchain zu gewährleisten. Die kombinierte Rechenleistung aller Miner trägt zur Sicherheit des Netzwerks bei, indem es extrem schwierig wird, dass ein einzelner Teilnehmer die Blockchain verändert.

Kryptografische Sicherheit

Kryptographie spielt eine grundlegende Rolle im Bitcoin-Mining. Der Prozess umfasst Hash-Algorithmen wie SHA-256, die Eingabedaten in einen Hash-Wert fester Länge umwandeln. Die Hash-Funktion ist so konzipiert, dass sie einseitig ist, das heißt, es ist einfach, den Hash aus den Eingabedaten zu berechnen, aber nicht möglich, die Eingabedaten aus dem Hash zurückzuentwickeln. Dieser kryptografische Ansatz stellt sicher, dass die verarbeiteten Daten sicher und manipulationssicher sind, was das Vertrauen in die verifizierten Transaktionen stärkt.

Der Hash

Im Kern des Bitcoin-Minings steht das Konzept des Hashs. Ein Hash ist eine 64-stellige hexadezimale Zahl, die durch die Anwendung des SHA-256-Hash-Algorithmus auf die Daten eines Blocks erzeugt wird. Dieser Prozess beinhaltet das Durchlaufen der Blockinformationen durch den SHA-256-Algorithmus, der eine einzigartige, feste

Länge an Zeichen generiert, die als Hash bekannt ist. Wenn Sie beispielsweise Daten in einen Online-SHA-256-Hash-Generator eingeben, erhalten Sie einen Hash wie a54f83a5db7371eeefa2287a0ede750ac623e49a8ba29f248eb785fe0a678559. Der Hashing-Prozess selbst ist extrem schnell und dauert weniger als eine Sekunde, um einen Hash zu erzeugen. Das Umkehren dieses Prozesses—das Entschlüsseln des Hashes, um die ursprünglichen Daten zurückzugewinnen—ist mit moderner Hardware rechnerisch unpraktisch und kann Jahrhunderte in Anspruch nehmen [297].

Hashes sind im Bitcoin-Mining von entscheidender Bedeutung, da sie die verschlüsselte Ausgabe der Blockdaten darstellen. Wenn Sie auch nur ein einzelnes Zeichen der Eingabedaten ändern, ändert sich der resultierende Hash drastisch. Zum Beispiel, wenn Sie das erste Wort eines Absatzes von "At" in "Aa" ändern, wird der Hash von a54f83a5db7371eeefa2287a0ede750ac623e49a8ba29f248eb785fe0a678559 zu fbfa33ff980d1492b3a9275a1eb945d89bd6b699ca19c3c470021b8f253654af. Dies veranschaulicht, wie empfindlich der Hashing-Prozess auf Änderungen der Eingabedaten reagiert. Im Bitcoin-Mining enthält jeder Block einen Hash des vorherigen Blocks, wodurch eine sichere und kontinuierliche Kette von Blöcken entsteht, die als Blockchain bekannt ist.

Ziel-Hash

Der Ziel-Hash spielt eine zentrale Rolle bei der Bestimmung der Mining-Schwierigkeit. Er ist im Wesentlichen eine Zahl, die Miner zu lösen versuchen. Dieser Ziel-Hash ist eine kompakte Darstellung der Mining-Schwierigkeit, die vom Bitcoin-Netzwerk erzeugt wird. Zum Beispiel könnte ein Block-Hash als 00000000000000000005a849c28eb24b8a5e04fcecc1ccb3eb2998e4730a456e erscheinen, während der Ziel-Hash in einer kompakteren Form wie 0x175c739 dargestellt werden könnte.

Der Ziel-Hash ist eine komprimierte Version des Schwierigkeitsziels und stellt eine Zahl dar, die Miner mit ihren erzeugten Hashes erreichen oder überschreiten müssen. In dieser Darstellung könnte die Zahl wie 0...000005c73900000...0 aussehen, was darauf hinweist, dass Miner einen Hash-Wert finden müssen, der numerisch kleiner oder gleich diesem Ziel ist. Die Schwierigkeit des Minings wird im Laufe der Zeit basierend auf der Rechenleistung des Netzwerks angepasst, um sicherzustellen, dass neue Blöcke mit einer konstanten Rate gemined werden. Miner erreichen dies, indem sie wiederholt verschiedene Nonce-Werte hashen, bis sie einen finden, der einen Hash erzeugt, der das

Ziel des Ziel-Hashes erfüllt oder überschreitet, was eine rechenintensive und ressourcenaufwendige Aufgabe ist.

Mining

Bitcoin-Mining ist ein Prozess, bei dem ein Hash mithilfe eines Mining-Programms erzeugt wird, wobei ein Schlüsselkomponente die Nonce, oder "einmalig verwendete Zahl", ist. Diese Nonce ist ein Wert, den Miner an die Daten anhängen, die sie hashen, um einen gültigen Hash zu finden. Der Prozess beginnt mit der Nonce auf Null gesetzt, und bei jedem Versuch wird die Nonce um eins erhöht—beginnend bei 0, dann 1, 2, 3 und so weiter. Das Ziel ist es, einen Hash-Wert zu finden, der zusammen mit der Nonce das vom Netzwerk festgelegte Schwierigkeitsziel erreicht [297].

Wenn ein Miner diese Aufgabe ausführt, muss der Hash, den er produziert, zusammen mit der Nonce kleiner oder gleich dem vom Bitcoin-Netzwerk angegebenen Ziel-Hash sein. Wenn der resultierende Hash größer als der Ziel-Hash ist, wird der Versuch als erfolglos betrachtet, und der Miner erhöht die Nonce, um einen anderen Hash zu versuchen. Dieser Prozess wird kontinuierlich wiederholt, bis ein gültiger Hash gefunden wird. Der erste Miner, der einen gültigen Hash entdeckt, der die Zielkriterien erfüllt, hat seinen vorgeschlagenen Block zur Blockchain hinzugefügt. Dieser Miner wird dann mit neu geschürften Bitcoins und Transaktionsgebühren aus den Transaktionen in diesem Block belohnt.

Sobald ein Block zur Blockchain hinzugefügt wird, enthält er neue Transaktionen, und der Mining-Prozess beginnt erneut mit dem nächsten Block. Jeder Block hat eine maximale Größe von etwa einem Megabyte, und sobald er mit Transaktionen gefüllt ist, wird er geschlossen, verschlüsselt und auf die gleiche Weise gemined. Der kontinuierliche Mining-Betrieb ist entscheidend für die Aufrechterhaltung der Blockchain, da er sicherstellt, dass Transaktionen validiert und zum Hauptbuch hinzugefügt werden.

Das Bitcoin-Netzwerk arbeitet rund um die Uhr mit Tausenden von Mining-Geräten, die konkurrieren, um diese kryptografischen Rätsel zu lösen. Der erste Miner, der das Rätsel erfolgreich löst und den Ziel-Hash erfüllt, darf den Block zur Kette hinzufügen und erhält die Belohnung. Um ihre Chancen zu verbessern, bilden Miner oft Mining-Pools, in denen sie ihre Rechenleistung kombinieren, um ihre Wahrscheinlichkeit zu erhöhen, die Blockbelohnung zu gewinnen. Dieser Poolansatz ermöglicht es ihnen, die

Belohnungen proportional zu ihrer beigetragenen Rechenleistung zu teilen, was es ihnen erleichtert, im wettbewerbsintensiven Mining-Markt mithalten zu können.

Die Mining-Rate des Bitcoin-Netzwerks oder Hash-Rate spiegelt die kombinierte Rechenleistung aller Miner wider. Am 3. Juli 2024 lag die Netzwerk-Hash-Rate durchschnittlich bei etwas mehr als 578 Exahashes pro Sekunde (EH/s), was 578 gefolgt von 18 Nullen entspricht. Da es etwa 10 Minuten dauert, einen neuen Block zu minen, bedeutet dies, dass eine enorme Anzahl von Hash-Versuchen unternommen wird, um die richtige Nonce zu finden—etwa $3{,}4 \times 10^{23}$ Hashes pro Block. Dieser immense Rechenaufwand verdeutlicht die erheblichen Ressourcen, die für das Bitcoin-Mining erforderlich sind, und das hohe Wettbewerbsniveau im Netzwerk [297].

Proof-of-Work

Das Konzept des Proof-of-Work (PoW) ist grundlegend für das Bitcoin-Mining und dient sowohl als Validierungsmechanismus als auch als Sicherheitsmerkmal. Beim PoW bezieht sich der Begriff „Arbeit" auf den rechnerischen Aufwand, der erforderlich ist, um einen gültigen Hash zu erzeugen, der das Schwierigkeitsziel des Bitcoin-Netzwerks erfüllt. Dieser Hash-Erzeugungsprozess dient als Beweis dafür, dass der Miner ausreichende Rechenressourcen aufgewendet hat, um die Transaktionen im Block zu validieren. Daher bedeutet der Begriff „Proof-of-Work", dass der rechnerische Aufwand oder die „Arbeit" die Gültigkeit der Transaktionen und den Beitrag des Miners zur Aufrechterhaltung der Blockchain beweist [297].

Obwohl PoW oft als Konsensmechanismus beschrieben wird, ist es nur ein Teil des umfassenderen Konsensprozesses. Konsens im Bitcoin-Netzwerk wird erreicht, wenn ein Miner erfolgreich einen neuen Block zur Blockchain hinzufügt, der dann von anderen Knoten im Netzwerk überprüft wird. Diese Knoten prüfen die Gültigkeit des Blocks, indem sie die Hashes verifizieren und sicherstellen, dass die Transaktionen den Regeln des Netzwerks entsprechen. Dieser Verifizierungsprozess erfordert jedoch keine wesentliche Energie oder Rechenleistung, da er von jedem Knoten parallel durchgeführt wird, während der nächste Block gemined wird. Da kontinuierlich neue Blöcke hinzugefügt werden, werden diese durch diese netzwerkweite Validierung bestätigt, um sicherzustellen, dass die Blockchain genau und sicher bleibt.

Bestätigung

Sobald ein Block gemined wurde, wird er nicht sofort bestätigt. Ein Block gilt als bestätigt, nachdem er in die Blockchain integriert und durch mehrere nachfolgende Blöcke validiert wurde. Konkret wird ein Block typischerweise als bestätigt angesehen, nachdem er von sechs zusätzlichen Blöcken gefolgt wurde, was insgesamt sechs Bestätigungen ergibt. Dieser Prozess ist entscheidend, da er die Sicherheit der Blockchain erhöht. Wenn die Informationen eines Blocks vor Erreichen der sechs Bestätigungen verändert würden, wäre es erforderlich, eine unpraktisch große Menge an Rechenleistung aufzuwenden, um den Proof-of-Work für den geänderten Block und alle nachfolgenden Blöcke neu zu erstellen, was solche Änderungen höchst unwahrscheinlich macht.

Jeder Block in der Bitcoin-Blockchain enthält den Hash des vorherigen Blocks, wodurch eine Kette von Blöcken entsteht. Wenn ein neuer Block gemined wird, enthält sein Hash den Hash des vorherigen Blocks, wodurch die Blöcke miteinander verknüpft werden. Diese Verknüpfung ist entscheidend, da selbst eine kleine Änderung der Daten eines Blocks seinen Hash drastisch verändern würde, was die gesamte Kette stören würde. Diese Eigenschaft des Block-Hashings stellt sicher, dass es extrem schwierig ist, Informationen innerhalb eines Blocks zu ändern, ohne alle nachfolgenden Blöcke zu ändern, sobald ein Block bestätigt ist.

Belohnungen

Miner werden durch Blockbelohnungen und Transaktionsgebühren zum Mitmachen im Bitcoin-Netzwerk angeregt. Anfangs, im Jahr 2009, betrug die Belohnung für das Mining eines Blocks 50 Bitcoins. Diese Belohnung unterliegt etwa alle vier Jahre oder alle 210.000 Blöcke einem Halbierungsereignis. Die Halbierung reduziert die Blockbelohnung um die Hälfte, was das Mining zunehmend weniger rentabel macht, aber auch die Rate, mit der neue Bitcoins erstellt werden, verringert. Ab April 2024 beträgt die Blockbelohnung 3,125 Bitcoins [297].

Neben den Blockbelohnungen verdienen Miner auch Transaktionsgebühren aus den Transaktionen, die in den von ihnen geminten Blöcken enthalten sind. Diese Gebühren werden von den Nutzern gezahlt, um Miner zu motivieren, ihre Transaktionen in den

Block aufzunehmen. Da das Gesamtangebot von Bitcoin seinem Höchststand von 21 Millionen—erwartet um 2140—naht, wird die Blockbelohnung schließlich auslaufen, wobei die Transaktionsgebühren als primäre Anreize für Miner übrig bleiben. Dieses gebührenbasierte System stellt sicher, dass Miner weiterhin motiviert bleiben, Transaktionen zu sichern und zu validieren, auch nachdem die Blockbelohnung endet.

Schwierigkeit

Die Mining-Schwierigkeit misst, wie herausfordernd es ist, einen Hash zu finden, der das Ziel des Netzwerks erfüllt. Die Schwierigkeit wird etwa alle zwei Wochen oder alle 2.016 Blöcke basierend auf der Hash-Rate des Netzwerks und der Zeit angepasst, die zum Mining des vorherigen Blocksatzes benötigt wurde. Wenn Miner Blöcke zu schnell lösen, wird die Schwierigkeit erhöht, um die durchschnittliche Blockzeit bei etwa 10 Minuten zu halten. Umgekehrt, wenn das Mining weniger effizient wird oder Miner das Netzwerk verlassen, sinkt die Schwierigkeit, um das Mining zu erleichtern.

Am 1. Mai 2024 war die Mining-Schwierigkeit auf etwa 83,7 Billionen festgelegt. Das bedeutet, dass die Wahrscheinlichkeit, einen Hash unter dem Ziel-Hash zu erzeugen, 1 zu 83,7 Billionen beträgt. Um die Größe dieser Zahl zu verdeutlichen, ist sie etwa 286.000-mal weniger wahrscheinlich als der Gewinn des Powerball-Hauptpreises mit einem einzelnen Ticket. Dieses hohe Schwierigkeitsniveau spiegelt die beträchtliche Rechenleistung wider, die für das Mining von Bitcoin erforderlich ist, und unterstreicht die wettbewerbsintensive Natur des Mining-Prozesses [297].

Einrichtung einer Bitcoin-Mining-Operation

Die Einrichtung einer Bitcoin-Mining-Operation umfasst mehrere wichtige Ressourcen und Überlegungen, um effektives und profitables Mining zu gewährleisten [296].

Hardware-Anforderungen: Im Kern des Bitcoin-Minings steht der spezialisierte Computer, der als Application-Specific Integrated Circuit (ASIC)-Miner bekannt ist. Diese Geräte sind speziell für das Mining von Kryptowährungen entwickelt und bieten im Vergleich zu allgemeinen Computern erhebliche Rechenleistung. Für Bitcoin sind ASIC-Miner unerlässlich, da sie in der Lage sind, Milliarden von Hashes pro Sekunde zu verarbeiten. Beliebte Modelle von Herstellern wie Bitmain und Whatsminer können für die neuesten Versionen zwischen 3.000 und 5.000 Dollar kosten. Ältere, gebrauchte Modelle sind zu niedrigeren Preisen erhältlich, könnten jedoch weniger effizient sein. Die Wahl des ASIC-Miners beeinflusst die Effizienz der Operation, wobei neuere Modelle in der Regel höhere Hash-Raten und eine bessere Energieeffizienz bieten [296].

Energieversorgung: Strom ist ein entscheidender Bestandteil des Bitcoin-Minings, da Miner ihre ASIC-Geräte kontinuierlich betreiben müssen. Die Kosten für Strom wirken sich direkt auf die Rentabilität aus, weshalb es wichtig ist, eine zuverlässige und kostengünstige Stromquelle zu sichern. Die Stromkosten sind ein wesentlicher Aspekt; für viele Miner ist die Suche nach kostengünstigem Strom eine hohe Priorität. Die Effizienz von Mining-Operationen hängt oft von den lokalen Strompreisen ab, die regional stark variieren können. In den letzten Jahren haben Mining-Operationen aufgrund höherer Stromkosten an anderen Orten in Gebiete mit günstigeren Strompreisen, wie Teilen der Vereinigten Staaten, Kanada und Russland, migriert.

Internetverbindung: Eine stabile und schnelle Internetverbindung ist notwendig, um sicherzustellen, dass die Mining-Ausrüstung mit dem Bitcoin-Netzwerk verbunden bleibt. Diese Konnektivität ist entscheidend sowohl für die Übermittlung von Mining-Ergebnissen als auch für den Empfang von Updates vom Netzwerk. Die Internetverbindung muss zuverlässig sein, um Unterbrechungen zu vermeiden, die die Mining-Bemühungen behindern oder zu potenziellen Verlusten führen könnten.

Kühlinfrastruktur: ASIC-Miner erzeugen während des Betriebs eine erhebliche Menge an Wärme, was Kühlungssysteme unerlässlich macht. Eine angemessene Kühlinfrastruktur, sei es durch Klimaanlagen oder spezialisierte Kühlsysteme, ist notwendig, um optimale Betriebstemperaturen aufrechtzuerhalten und Überhitzung zu verhindern. In Heimkonfigurationen kann dies die Verwendung zusätzlicher Ventilatoren oder Klimaanlagen umfassen, während große Mining-Farmen oft fortschrittlichere Kühllösungen nutzen.

Betriebsmanagement: Die Einrichtung einer Mining-Operation umfasst auch die logistischen Aspekte der Unterbringung der Ausrüstung und deren Wartung. Dazu gehört die Verwaltung des physischen Raums, in dem das Mining stattfindet, sei es zu Hause oder in einem größeren Lagerhaus. Für industrielle Operationen kann dies mehrere Lagerhäuser umfassen, die mit umfangreichen Kühl- und Energiemanagementsystemen ausgestattet sind. Zudem kann Personal erforderlich sein, wenn die Operation groß angelegt ist und eine fortlaufende Verwaltung benötigt.

Mining-Pools und Einnahmen: Viele Einzelminer schließen sich Mining-Pools an, um ihre Chancen auf das erfolgreiche Mining eines Blocks zu erhöhen. Pools kombinieren die Rechenleistung mehrerer Miner und verteilen die Belohnungen basierend auf dem Beitrag jedes Teilnehmers zum Mining-Aufwand. Die Einnahmen für Miner umfassen die Blockbelohnung (die etwa alle vier Jahre halbiert wird) und Transaktionsgebühren. Ab Juni 2023 haben die Transaktionsgebühren durchschnittlich etwa 0,31 BTC pro Block betragen, was ungefähr 5% der Blockbelohnung entspricht. Die kombinierten Einnahmen aus Blockbelohnungen und Transaktionsgebühren bieten den Anreiz für Miner, ihre Operationen aufrechtzuerhalten [296].

Einrichtung eines ASIC-Miners

Die Einrichtung eines ASIC-Miners umfasst mehrere wichtige Schritte, um sicherzustellen, dass die Ausrüstung effizient und effektiv arbeitet. Hier ist eine detaillierte Anleitung zum Prozess [298]:

1. Vorbereitung ist entscheidend

Bevor Sie Ihren ASIC-Miner einrichten, ist eine gründliche Vorbereitung entscheidend für eine reibungslose Installation. Beginnen Sie damit, Ihre Umgebung zu bewerten, um die Anforderungen des Miners zu erfüllen. Stellen Sie sicher, dass Sie eine stabile Internetverbindung haben, da kontinuierliche Online-Konnektivität für Mining-Operationen unerlässlich ist. Außerdem sollten Sie einen speziellen Stromkreis für die Stromversorgung des Miners einrichten. ASIC-Miner können erhebliche Mengen Strom verbrauchen und viel Wärme erzeugen, daher ist ein kühler und gut belüfteter Bereich erforderlich, um Überhitzung zu verhindern und sicherzustellen, dass die Ausrüstung optimal läuft. Eine ordnungsgemäße Vorbereitung hilft, potenzielle Probleme im Zusammenhang mit der Stromversorgung, der Internetverbindung und der Kühlung zu vermeiden.

2. Auswahl der richtigen Hardware

Die Auswahl des geeigneten ASIC-Miners ist eine entscheidende Entscheidung, die Ihre Mining-Effizienz und Gesamtkosten beeinflusst. Mehrere Hersteller wie Bitmain, EBANG und INNOSILICON bieten verschiedene Modelle mit unterschiedlichen Leistungsmerkmalen und Preispunkten an. Berücksichtigen Sie bei der Auswahl Ihrer Hardware Faktoren wie Hash-Rate, Energieverbrauch und Kosten, um sicherzustellen, dass der Miner zu Ihrem Budget und Ihren Mining-Zielen passt. Es ist auch wichtig, bei vertrauenswürdigen Quellen zu kaufen, um Fälschungen oder minderwertige Produkte zu vermeiden, die die Leistung und Haltbarkeit beeinträchtigen können. Eine Recherche und der Vergleich verschiedener Modelle helfen Ihnen, eine fundierte Entscheidung basierend auf Ihren spezifischen Bedürfnissen zu treffen.

3. Einrichtung der Hardware

Sobald Sie Ihren ASIC-Miner haben, umfasst die physische Einrichtung mehrere Schritte:

- **Stromversorgung anschließen:** Beginnen Sie damit, den ASIC-Miner an eine Stromversorgungs Einheit (PSU) anzuschließen. Stellen Sie sicher, dass alle Verbindungen sicher sind, um elektrische Probleme zu vermeiden. Der Miner hat in der Regel spezifische Stromanforderungen, daher sollten Sie eine PSU verwenden, die diesen Anforderungen entspricht.

- **Stromverbindung:** Stecken Sie die Stromversorgung in eine Steckdose, was für ASIC-Miner üblicherweise erforderlich ist. Einige Modelle können einen Netzschalter haben, daher sollten Sie die Anweisungen des Herstellers für spezifische Details überprüfen. Stellen Sie sicher, dass die Stromquelle stabil ist, um Unterbrechungen in den Mining-Operationen zu verhindern.

4. Internetverbindung herstellen

Eine stabile Internetverbindung ist entscheidend für Mining-Operationen. Verwenden Sie ein CAT5- oder CAT6-Ethernet-Kabel, um Ihren ASIC-Miner direkt mit Ihrem Router oder Netzwerk-Switch zu verbinden. Während Wi-Fi-Adapter verwendet werden können, wird eine kabelgebundene Verbindung für größere Stabilität und Zuverlässigkeit empfohlen. Stellen Sie sicher, dass das Kabel sicher eingesteckt ist, um Verbindungsprobleme zu vermeiden.

5. Miner konfigurieren

Um Ihren ASIC-Miner zu konfigurieren, folgen Sie diesen Schritten:

- **Zugriff auf Router-Konfiguration:** Melden Sie sich im Konfigurationsmenü Ihres Routers an, um die IP-Adresse des Miners zu finden. Diese ist normalerweise in der Liste der verbundenen Geräte zu finden.

- **Miner-Interface:** Geben Sie die IP-Adresse in einen Webbrowser ein, um auf das Konfigurationsinterface des Miners zuzugreifen. Sie werden aufgefordert, sich mit den Standard-Anmeldedaten einzuloggen, die in der Regel im Handbuch oder Setup-Leitfaden des Miners angegeben sind.

- **Konfigurationseinstellungen:** Nachdem Sie sich eingeloggt haben, konfigurieren Sie die Einstellungen Ihres Mining-Pools und die Wallet-Adresse. Dies umfasst das Eingeben von Details wie der URL des Pools und Ihrer Wallet-Adresse, an die die geschürften Coins gesendet werden. Befolgen Sie die Anweisungen Ihres Mining-Pools und des Herstellers des Miners für eine genaue Konfiguration.

6. Beitritt zu einem Mining-Pool

Mining-Pools sind wichtig, um Ihre Chancen auf das erfolgreiche Mining von Blöcken zu erhöhen, indem sie die Rechenleistung mit anderen Minern kombinieren. Um einem Mining-Pool beizutreten, wählen Sie einen seriösen Pool wie Slushpool, F2Pool oder BTC.com. Melden Sie sich für ein Konto beim ausgewählten Pool an und folgen Sie deren spezifischen Anweisungen, um Ihren ASIC-Miner zu integrieren. Die Mitgliedschaft im Pool umfasst oft das Eingeben der Serveradresse des Pools und Ihrer Mining-Anmeldeinformationen in die Konfigurationseinstellungen des Miners.

7. Überwachung und Wartung

Die kontinuierliche Überwachung und Wartung sind entscheidend für die Langlebigkeit und Effizienz Ihres ASIC-Miners:

- **Leistungsüberwachung:** Überprüfen Sie regelmäßig die Leistung des Miners, um sicherzustellen, dass er effizient läuft und nicht überhitzt. Viele Miner verfügen über integrierte Überwachungstools, die Echtzeit-Statistiken zur Hash-Rate, Temperatur und anderen Leistungskennzahlen bieten.

- **Wartung:** Reinigen Sie das Gerät regelmäßig, um Staub und Schmutz zu entfernen, die die Belüftung behindern und die Kühlung beeinträchtigen können. Stellen Sie sicher, dass die Kühllüfter und Lüftungsöffnungen ordnungsgemäß funktionieren, um optimale Betriebstemperaturen aufrechtzuerhalten. Regelmäßige Wartung hilft, Hardware-Ausfälle zu verhindern und eine konstante Mining-Leistung sicherzustellen.

Abbildung 17: Antminer ASIC Miner. Steve Rainwater aus Irving, USA, CC BY-SA 2.0, über Wikimedia Commons.

Mining Pools und Solo-Mining

In der Kryptowährungs-Community stellen Solo-Mining und Pool-Mining zwei unterschiedliche Ansätze zum Mining digitaler Vermögenswerte dar, jeder mit seinen eigenen Vorteilen und Herausforderungen. Das Verständnis beider Methoden ist entscheidend für alle, die eine Beteiligung am Kryptowährungs-Mining in Betracht ziehen [299].

Solo-Mining bezeichnet den Prozess, bei dem ein einzelner Miner das Mining unabhängig durchführt und ausführt. Dies umfasst die Einrichtung und den Betrieb von Mining-Hardware ohne die Inanspruchnahme von Drittanbietern oder Mining-Pools. Solo-Miner verbinden ihre Mining-Maschinen direkt mit dem Kryptowährungsnetzwerk und versuchen, kryptografische Rätsel zu lösen, um neue Blöcke zu entdecken. Im Erfolgsfall erhält der Miner die gesamte Blockbelohnung und die Transaktionsgebühren, die mit dem Block verbunden sind [299].

Historisch gesehen war Solo-Mining aufgrund niedrigerer Netzwerk-Schwierigkeiten und Hardware-Anforderungen besser machbar. Mit zunehmender Komplexität der Mining-Algorithmen und dem Wachstum der Gesamt-Netzwerk-Hashrate wurde Solo-Mining jedoch zunehmend herausfordernd. Heute hängt die Rentabilität des Solo-Minings stark von der Hardware-Leistung des Miners und der aktuellen Netzwerk-Schwierigkeit ab. Solo-Miner müssen über erhebliche Rechenleistung verfügen, um effektiv konkurrieren zu können. Während die potenziellen Belohnungen erheblich sein können, sind sie selten und unvorhersehbar, was zu beträchtlichen Risiken führt [299].

Die Essenz des Solo-Minings liegt in seiner Unabhängigkeit und Selbstgenügsamkeit. Der Prozess beginnt mit der Auswahl einer Kryptowährung, die gemined werden soll. Miner müssen in leistungsstarke Hardware investieren, die in der Lage ist, komplexe mathematische Rätsel zu lösen. Zunächst wurden CPUs für das Mining verwendet, doch mit der zunehmenden Netzwerk-Schwierigkeit wurden GPUs, FPGAs und ASICs aufgrund ihrer überlegenen Verarbeitungsfähigkeiten häufiger eingesetzt.

Miner müssen auch ein kompatibles digitales Wallet einrichten, um ihre geminten Coins zu empfangen und zu speichern. Eine zuverlässige und schnelle Internetverbindung ist notwendig, um mit dem Kryptowährungsnetzwerk verbunden zu bleiben. Der Mining-Prozess selbst umfasst die Ausführung von Mining-Software, die die Hardware mit dem Netzwerk verbindet und dem Miner ermöglicht, kryptografische Rätsel zu lösen. Der Erfolg im Solo-Mining hängt von der Rechenleistung der Hardware und der aktuellen Netzwerk-Schwierigkeit ab, die erheblich variieren kann [299].

Um mit dem Solo-Mining zu beginnen, benötigen Miner robuste Hardware, die komplexe Berechnungen bewältigen kann. Im Laufe der Zeit hat sich die Branche von der Verwendung von CPUs zu fortschrittlicheren Optionen wie GPUs, FPGAs und ASICs entwickelt. Jede Art von Hardware hat ihre Vorteile und ist für verschiedene Kryptowährungen geeignet. Beispielsweise sind ASIC-Miner aufgrund ihres spezialisierten Designs besonders effektiv für das Bitcoin-Mining [299].

Neben der Hardware benötigen Miner ein digitales Wallet zur Aufbewahrung der geminten Coins und eine zuverlässige Internetverbindung, um die Netzwerkverbindung aufrechtzuerhalten. Die Einrichtung umfasst auch die Installation und Konfiguration von Mining-Software, die mit der gewählten Kryptowährung kompatibel ist. Regelmäßige Wartung und Überwachung sind entscheidend, um sicherzustellen, dass der Mining-Betrieb reibungslos läuft und rentabel bleibt.

Pool-Mining ist ein kollaborativer Ansatz, bei dem mehrere Miner ihre Rechenleistung kombinieren, um ihre Chancen auf das erfolgreiche Mining eines Blocks zu erhöhen. Durch das Zusammenlegen ihrer Ressourcen können Miner kryptografische Rätsel schneller und effizienter lösen als individuell. Wenn ein Pool erfolgreich einen Block mined, werden die Belohnungen unter den Teilnehmern basierend auf ihrem Beitrag zu den Bemühungen des Pools verteilt.

Pool-Mining bietet mehrere Vorteile, wie eine konsistentere und vorhersehbare Einkommensquelle. Dies liegt daran, dass Belohnungen unter den Pool-Mitgliedern geteilt werden, wodurch das Risiko langer Perioden ohne Auszahlungen reduziert wird. Pool-Mining ermöglicht es Minern auch, die kollektive Rechenleistung zu nutzen, um Kryptowährungen mit höheren Netzwerk-Schwierigkeiten zu minen, als es für einzelne Miner möglich wäre.

Solo-Mining bietet mehrere potenzielle Vorteile [299]:

- **Volle Belohnungseigentümerschaft:** Der Hauptvorteil besteht darin, dass Solo-Miner die gesamte Blockbelohnung und die Transaktionsgebühren erhalten, wenn sie erfolgreich einen Block minen. Dies kann zu erheblichen Einnahmen führen, wenn der Miner das Glück hat, einen Block zu finden.

- **Minimale Störungen:** Solo-Miner sind weniger wahrscheinlich von Pool-Ausfällen oder anderen externen Faktoren betroffen, die die Mining-Betriebe beeinflussen könnten.

- **Keine Pool-Gebühren:** Solo-Miner vermeiden die Gebühren, die von Mining-Pools erhoben werden, was ihre Gesamtrentabilität potenziell erhöht.

- **Höhere langfristige Erträge:** Im Laufe der Zeit könnten Solo-Miner höhere Renditen sehen als beim Pool-Mining, insbesondere wenn sie ihren Betrieb aufrechterhalten und kontinuierlich Blöcke finden können.

Trotz ihrer potenziellen Belohnungen bringt das Solo-Mining bemerkenswerte Nachteile mit sich [299]:

- **Hohe Kapitalanforderungen:** Die Einrichtung eines Solo-Mining-Betriebs erfordert eine erhebliche Investition in Hardware und Infrastruktur.

- **Risiko ohne Belohnung:** Die Wahrscheinlichkeit, längere Zeit keinen Block zu finden, ist hoch, was zu möglichen Verlusten der Investition führen kann.

- **Begrenzte Rechenleistung:** Der Wettbewerb mit großen Mining-Pools ist herausfordernd, da einzelne Miner möglicherweise nicht über die Rechenleistung verfügen, um Blöcke effizient zu lösen.

- **Einkommensvariabilität:** Die Einnahmen aus dem Solo-Mining können unregelmäßig und unvorhersehbar sein, mit der Möglichkeit von langen Phasen ohne Belohnungen.

Pool-Mining hat ebenfalls seine Vorteile [299]:

- **Stabiles Einkommen:** Pool-Mining bietet eine stabilere und vorhersehbare Einkommensquelle, da die Belohnungen regelmäßig unter den Mitgliedern verteilt werden.

- **Erhöhte Mining-Effizienz:** Durch das Zusammenlegen von Ressourcen können Mining-Pools komplexere kryptografische Rätsel bewältigen und Kryptowährungen mit höherem Schwierigkeitsgrad minen.

- **Flexibilität:** Pool-Mining ermöglicht es Minern, zwischen verschiedenen Kryptowährungen zu wechseln und ihre Bemühungen basierend auf Marktbedingungen und Mining-Rentabilität zu optimieren.

Allerdings hat das Pool-Mining auch seine Herausforderungen [299]:

1. **Externe Risiken:** Pools können anfällig für externe Angriffe oder technische Probleme sein, die den Mining-Prozess und die Belohnungsverteilung beeinträchtigen können.

2. **Pool-Gebühren:** Die meisten Mining-Pools erheben eine Gebühr für ihre Dienstleistungen, was die Gesamteinnahmen reduzieren kann.

3. **Geringere Belohnungen:** Da die Belohnungen unter den Pool-Mitgliedern geteilt werden, sind die individuellen Auszahlungen in der Regel niedriger als wenn ein Miner alleine erfolgreich wäre.

4. **Sicherheitsrisiken:** Pools speichern erhebliche Mengen an Kryptowährung, was sie zu Zielen für Angreifer macht.

Strategien für erfolgreiches Solo-Mining

Um die Erfolgschancen im Solo-Mining zu maximieren, können mehrere Strategien angewendet werden [299]:

- **Hardware optimieren:** Investieren Sie in leistungsstarke Mining-Hardware und halten Sie diese auf dem neuesten Stand, um eine wettbewerbsfähige Leistung aufrechtzuerhalten.

- **Software konfigurieren:** Verwenden Sie Mining-Software, die für Ihre Hardware und die Kryptowährung, die Sie minen, optimiert ist. Eine ordnungsgemäße Konfiguration kann die Effizienz verbessern.

- **Informiert bleiben:** Verfolgen Sie Fortschritte in der Mining-Technologie und -Trends, um sicherzustellen, dass Ihre Einrichtung wettbewerbsfähig bleibt.

- **Sicherheitsmaßnahmen:** Implementieren Sie robuste Sicherheitspraktiken, einschließlich starker Passwörter, Zwei-Faktor-Authentifizierung und sicherer Wallet-Speicherung, um Ihre Vermögenswerte zu schützen.

- **Überwachung und Verwaltung:** Überwachen Sie regelmäßig die Leistung Ihres Mining-Betriebs und passen Sie diese an die Netzwerk-Schwierigkeit und Marktbedingungen an. Der Beitritt zu Mining-Communities kann wertvolle Unterstützung und Einblicke bieten.

Solo-Mining vs. Pool-Mining

Die Entscheidung zwischen Solo-Mining und Pool-Mining hängt von mehreren Faktoren ab, einschließlich finanzieller Kapazität, Hardware-Fähigkeit und Risikobereitschaft. Solo-Mining bietet das Potenzial für hohe Belohnungen, bringt jedoch erhebliche Risiken mit sich und erfordert eine beträchtliche Investition. Pool-Mining bietet stabilere Einnahmen und reduziert das individuelle Risiko, erfordert jedoch die Aufteilung der Belohnungen und Gebühren mit anderen Minern.

Sowohl Solo- als auch Pool-Mining haben ihre Vor- und Nachteile. Solo-Mining könnte für diejenigen ansprechend sein, die über erhebliche Ressourcen und eine hohe

Risikobereitschaft verfügen, während Pool-Mining oft aufgrund seiner Stabilität und reduzierten individuellen Risiken bevorzugt wird.

Analyse der Kapitalanforderungen und Rentabilität des Solo-Mining

Solo-Mining erfordert eine erhebliche Kapitalinvestition aufgrund der hohen Kosten, die mit der Einrichtung und Wartung eines Mining-Betriebs verbunden sind. Für einen Solo-Miner, der im Bitcoin-Netzwerk mit einer hohen Hashrate von beispielsweise 1 Petahash pro Sekunde (1 PH/s) minen möchte, sind die Kapitalanforderungen erheblich. Der Aufbau einer Mining-Farm, die in der Lage ist, diese Hashrate zu unterstützen, kostet typischerweise etwa 200.000 US-Dollar. Diese Schätzung umfasst die Hardware, wie ASIC-Miner, jedoch nicht laufende Kosten wie Strom und Wartung. Angesichts der zunehmenden Komplexität von Mining-Netzwerken ist die anfängliche Investition nur ein Teil der gesamten Kapitalanforderungen [299].

Die Schwierigkeit des Bitcoin-Minings, die proportional zur Hashrate des Netzwerks ist, ist im Laufe der Zeit dramatisch gestiegen. Ein Miner mit einer Kapazität von 200.000 US-Dollar würde erhebliche Herausforderungen beim Finden eines Blocks gegenüberstehen. Bei den aktuellen Schwierigkeitsgraden wird geschätzt, dass es etwa 200 Tage kontinuierlicher Mining-Arbeit dauern könnte, um erfolgreich einen Block zu finden und die damit verbundene Belohnung von 12,5 Bitcoins zu verdienen. Obwohl diese Belohnung erheblich ist, ist es wichtig zu berücksichtigen, dass die Netzwerk-Schwierigkeit von Bitcoin kontinuierlich steigt. Mit wachsender Komplexität müssen Miner ihre Operationen erheblich ausweiten, was potenziell Kapitalinvestitionen in Millionenhöhe erfordern könnte, um eine wettbewerbsfähige Mining-Power aufrechtzuerhalten.

Der Einfluss neuer Technologien auf das Solo-Mining

Technologische Fortschritte prägen kontinuierlich das Gebiet des Kryptowährungs-Mining. Innovationen wie energieeffizientere Mining-Chips und die Nutzung erneuerbarer Energiequellen werden immer bedeutender. Der Trend zu mehr Nachhaltigkeit wird durch Umweltbedenken und regulatorische Anforderungen vorangetrieben, was zu einem Umstieg auf umweltfreundlichere Mining-Praktiken führt. Darüber hinaus zielt die Gamifizierung des Minings, die Mining-Aktivitäten in Play-to-Earn-Spiele und andere interaktive Plattformen integriert, darauf ab, den Prozess für ein breiteres Publikum zugänglicher und attraktiver zu machen.

Die Weiterentwicklung der Mining-Technologie umfasst auch die zunehmende Beteiligung von Unternehmen, da Firmen in der Mining-Branche öffentliche Angebote prüfen, um Kapital für Expansionen zu sammeln. Dieser Trend deutet auf einen strukturierteren und professionelleren Ansatz bei Mining-Betrieben hin, der die Rentabilität des Solo-Mining beeinflussen könnte [299].

Solo-Mining und das sich entwickelnde Kryptowährungsumfeld

Mit dem Fortschritt der Technologie und dem zunehmenden Fokus auf Nachhaltigkeit wird die Zukunft des Solo-Mining von mehreren Faktoren beeinflusst. Die Entwicklung effizienterer Mining-Hardware und die Einführung grüner Technologien deuten darauf hin, dass Solo-Mining sowohl profitabel als auch umweltbewusst werden könnte. Wirtschaftliche Faktoren wie Stromkosten und die Effizienz der Mining-Rigs bleiben jedoch entscheidend für die Rentabilität. Der Übergang von CPUs zu ASICs unterstreicht die Bedeutung, sich über technologische Fortschritte auf dem Laufenden zu halten, um wettbewerbsfähig zu bleiben [299].

Darüber hinaus wird das breitere Kryptowährungs-Ökosystem, einschließlich der regulatorischen Rahmenbedingungen und der Verfügbarkeit von günstigem Strom, die Machbarkeit des Solo-Mining beeinflussen. Neue Mining-Algorithmen und Netzwerke könnten bessere Belohnungen und niedrigeren Energieverbrauch bieten, was darüber entscheiden könnte, ob Solo-Mining auch in Zukunft eine tragfähige Option für Einzelminer bleibt.

Mining-Algorithmen außer SHA-256

Übersicht über Mining-Algorithmen: Scrypt, Ethash, RandomX, X11, Equihash, Blake2b und Lyra2REv3

1. Scrypt

Scrypt ist ein speicherintensiver Proof-of-Work (PoW)-Algorithmus, der ursprünglich entwickelt wurde, um widerstandsfähiger gegen ASICs (Application-Specific Integrated Circuits) zu sein, im Vergleich zu traditionellen Algorithmen wie SHA-256. Er wurde entwickelt, um die Einschränkungen früherer Mining-Algorithmen zu adressieren, indem Miner gezwungen werden, eine erhebliche Menge an Speicher zusätzlich zur Rechenleistung zu nutzen. Dieser Ansatz soll das Spielfeld zwischen CPU-, GPU- und ASIC-Minern nivellieren. Scrypt wird von mehreren Kryptowährungen verwendet, wobei Litecoin die bekannteste ist. Der Algorithmus erfordert von den Minern speicherintensive Operationen, die den Einsatz einer großen Menge an RAM umfassen, was es schwieriger macht für ASICs, das Mining zu dominieren.

Ausrüstung zum Mining von Scrypt

Das Mining von auf Scrypt basierenden Kryptowährungen, wie Litecoin, erfordert spezielle Arten von Hardware, die auf die speicherintensive Natur des Scrypt-Algorithmus abgestimmt sind. Dieser Algorithmus wurde entwickelt, um widerstandsfähiger gegen ASIC-Mining im Vergleich zu älteren Algorithmen zu sein, was anfänglich eine breitere Palette von Mining-Hardware ermöglichte. Im Laufe der Zeit wurden jedoch spezialisierte Geräte entwickelt, um die Effizienz zu maximieren. Hier ist eine detaillierte Übersicht über die für Scrypt-Mining verwendete Ausrüstung:

- **ASIC-Miner:** Application-Specific Integrated Circuits (ASICs) sind die effizienteste Hardware für das Mining von auf Scrypt basierenden Kryptowährungen. ASIC-Miner sind maßgeschneiderte Maschinen, die speziell für den Scrypt-Algorithmus entwickelt wurden und erhebliche Vorteile gegenüber traditioneller Mining-Hardware in Bezug auf Rechenleistung und Energieeffizienz bieten. Diese Geräte sind speziell dafür gebaut, die komplexen kryptografischen Rätsel zu lösen, die von Scrypt gefordert werden, was zu deutlich höheren Hashraten im Vergleich zu CPUs oder GPUs führt. Beliebte Modelle sind der Antminer L3+, der für seine Leistung und Energieeffizienz im Scrypt-Mining anerkannt ist.

- **GPUs:** Graphics Processing Units (GPUs) waren historisch die beliebteste Wahl für das Mining von auf Scrypt basierenden Kryptowährungen vor der Einführung von ASICs. GPUs bieten eine gute Balance zwischen Rechenleistung und Energieverbrauch, was sie für eine Reihe von Mining-Aufgaben geeignet macht. Obwohl sie in Bezug auf die Hashrate nicht so effizient wie ASIC-Miner sind, werden GPUs weiterhin von Hobbyisten und Kleinminen betrieben, die mehr Flexibilität und die Fähigkeit bevorzugen, verschiedene Kryptowährungen zu minen. Beliebte GPU-Modelle für das Mining sind die aus der NVIDIA GeForce- und AMD Radeon-Serie, die in der Lage sind, die speicherintensive Natur des Scrypt-Algorithmus zu bewältigen.

- **CPUs:** Central Processing Units (CPUs) sind im Allgemeinen die am wenigsten effektive Option für das Mining von auf Scrypt basierenden Kryptowährungen aufgrund ihrer begrenzten Rechenleistung und Effizienz im Vergleich zu GPUs und ASICs. Während CPUs früher für das Scrypt-Mining verwendet wurden, machen ihre niedrigeren Hashraten und höheren Energieverbrauch sie heute weniger praktisch für ernsthaftes Mining. CPUs können noch von einzelnen Minern oder zu Bildungszwecken verwendet werden, sind jedoch im Vergleich zu spezialisierterer Hardware nicht wettbewerbsfähig.

- **Stromversorgungsgeräte (PSUs):** Unabhängig von der verwendeten Mining-Hardware ist eine zuverlässige und ausreichende Stromversorgung (PSU) unerlässlich. Mining-Hardware benötigt eine erhebliche Menge an Strom, um effektiv zu arbeiten, und die Verwendung eines hochwertigen PSU gewährleistet eine stabile und kontinuierliche Betriebsführung. Für ASIC-Miner sind PSUs mit hoher Wattzahl und Effizienzratings erforderlich, um den Strombedarf der Hardware zu unterstützen. Es ist entscheidend, die Spezifikationen des PSU mit den Anforderungen der Mining-Ausrüstung abzustimmen, um Stromprobleme zu vermeiden und eine optimale Leistung zu gewährleisten.

- **Kühlungslösungen:** Mining-Hardware erzeugt während des Betriebs erhebliche Wärme, weshalb effektive Kühlungslösungen erforderlich sind, um die Leistung aufrechtzuerhalten und Überhitzung zu verhindern. Für ASIC-Miner gehören Kühlsysteme normalerweise zu den eingebauten Lüftern, aber zusätzliche externe Kühlungslösungen wie Klimaanlagen oder spezielle Kühleinheiten können erforderlich sein, um die Temperaturen in größeren Mining-Setups zu verwalten. Eine ordnungsgemäße Belüftung und Temperaturkontrolle sind entscheidend, um die Lebensdauer der Ausrüstung zu verlängern und effiziente Mining-Betriebe aufrechtzuerhalten.

- **Regale und Aufbewahrungssysteme:** Bei größeren Mining-Operationen ist die Organisation und Sicherung der Mining-Ausrüstung sowohl für die Betriebseffizienz als auch für die Sicherheit wichtig. Regale und Aufbewahrungssysteme helfen dabei, ASIC-Miner, GPUs und andere Komponenten so anzuordnen, dass der Luftstrom und die Zugänglichkeit optimiert werden. Eine ordnungsgemäße Einrichtung und Organisation kann auch bei der Wartung und Fehlersuche hilfreich sein.

- **Netzwerkinfrastruktur:** Eine stabile und schnelle Internetverbindung ist für Mining-Operationen unerlässlich, um eine konstante Kommunikation mit dem Kryptowährungsnetzwerk sicherzustellen. Mining-Hardware muss mit dem Internet verbunden sein, um Daten zu empfangen und zu übermitteln sowie am Mining-Prozess teilzunehmen. Eine zuverlässige Netzwerkinfrastruktur hilft, Ausfallzeiten zu verhindern und sicherzustellen, dass die Mining-Operationen so effizient wie möglich sind.

2. Ethash

Ethash ist der Mining-Algorithmus, der von Ethereum und mehreren anderen Kryptowährungen verwendet wird. Er wurde entwickelt, um ASIC-resistent und speicherintensiv zu sein, ähnlich wie Scrypt. Ethash erfordert von den Minern, eine große Menge an Speicher für die Speicherung eines Datensatzes namens DAG (Directed Acyclic Graph) zu verwenden. Dieser Datensatz wächst im Laufe der Zeit, was die Speicheranforderungen für das Mining erhöht. Ethash basiert auf einer Kombination von Hash-Funktionen, um ein Gleichgewicht zwischen Recheneffizienz und Widerstand gegen ASIC-Mining zu erreichen. Es verwendet einen zweistufigen Prozess, der Hashing und zufällige Stichproben umfasst, was es für GPU-Mining geeignet macht und gleichzeitig Widerstand gegen die Dominanz von ASICs aufrechterhält.

Das Mining von Ethash, dem Algorithmus, der von Ethereum und mehreren anderen Kryptowährungen verwendet wird, erfordert typischerweise spezifische Arten von Ausrüstung, um effektiv zu sein. Hier ist eine detaillierte Übersicht über die für das Mining von Ethash allgemein verwendete Ausrüstung:

- **Grafikprozessoren (GPUs):** Für die Mehrheit der Ethash-Mining-Operationen sind Grafikprozessoren (GPUs) die primäre Hardware. GPUs werden aufgrund ihrer Fähigkeit, die parallele Verarbeitung zu bewältigen, die von Ethash's Hashing-Algorithmus erforderlich ist, bevorzugt. Im Gegensatz zu CPUs, die Aufgaben sequenziell verarbeiten, können GPUs mehrere Berechnungen gleichzeitig durchführen, was sie gut für Mining-Aufgaben geeignet macht. Beliebte GPU-Modelle von Herstellern wie NVIDIA und AMD, wie die NVIDIA GeForce RTX-Serie oder die AMD Radeon RX-Serie, werden häufig verwendet. Diese GPUs werden auf Grundlage ihrer Hashrate (der Geschwindigkeit, mit der sie Mining-Algorithmen lösen können), ihres Energieverbrauchs und ihrer Gesamt-effizienz ausgewählt. Für optimale Leistung verwenden Miner oft mehrere GPUs in einem einzigen Mining-Rig, um die Hash-Power und Rentabilität zu steigern.

- **Mining-Rigs:** Mining-Rigs sind Setups, die mehrere GPUs beherbergen, um die Mining-Effizienz zu maximieren. Diese Rigs sind so konzipiert, dass sie mehrere GPUs sowie andere notwendige Komponenten wie ein Motherboard, CPU, RAM und Speicher aufnehmen können. Ein typisches Mining-Rig für Ethash kann zwischen 4 bis 8 oder mehr GPUs umfassen. Der Rahmen des Rigs ist so konstruiert, dass er eine ordnungsgemäße Belüftung und Kühlung für die GPUs gewährleistet, die während des Betriebs erhebliche Wärme erzeugen. Die Wahl des Mining-Rigs hängt von der Anzahl der GPUs und der Gesamt-konfiguration ab, um sicherzustellen, dass es alle Komponenten effektiv unterstützen und mit Strom versorgen kann.

- **Stromversorgungsgeräte (PSUs):** Eine stabile und ausreichende Stromversorgung ist für Mining-Operationen von entscheidender Bedeutung. Mining-Rigs mit mehreren GPUs benötigen Stromversorgungsgeräte (PSUs), die die hohen Stromanforderungen der Ausrüstung bewältigen können. PSUs für Mining-Rigs sind in der Regel Hochleistungsgeräte, oft mit Bewertungen von 1000W bis 1600W oder mehr, abhängig von der Anzahl und Art der verwendeten GPUs. Es ist wichtig, eine PSU mit ausreichender Wattzahl und Effizienz auszuwählen, um eine stabile Stromversorgung sicherzustellen und potenzielle Probleme wie Stromausfälle oder Hardware-Schäden zu vermeiden.

- **Kühlsysteme:** Aufgrund der hohen Wärmeentwicklung von GPUs während des Minings ist eine effektive Kühlung entscheidend, um optimale Betriebstemperaturen aufrechtzuerhalten und Hardware-Schäden zu verhindern. Kühlsysteme für Ethash-Mining-Setups umfassen verschiedene Komponenten wie:

- **Lüfter:** Zusätzliche Gehäuselüfter oder GPU-Lüfter helfen, heiße Luft abzuführen und den Luftstrom innerhalb des Mining-Rigs aufrechtzuerhalten.

- **Kühlkörper:** Diese werden verwendet, um Wärme von der GPU und anderen Komponenten abzuleiten.
- **Kühlpads:** Für fortschrittlichere Setups können Flüssigkeitskühlungslösungen eingesetzt werden, um die Kühl-effizienz weiter zu verbessern.
- Eine ordnungsgemäße Kühlung hilft nicht nur, die Lebensdauer der Ausrüstung zu verlängern, sondern verbessert auch die Mining-Leistung, indem sie thermisches Drosseln verhindert.
- **Motherboards und CPUs:** Das Motherboard ist das Rückgrat des Mining-Rigs und verbindet alle Komponenten miteinander. Es muss mit der Anzahl der verwendeten GPUs kompatibel sein und mehrere PCIe-Steckplätze für deren Anschluss unterstützen. Die CPU in einem Mining-Rig muss nicht besonders leistungsstark sein; sie verwaltet hauptsächlich die Kommunikation zwischen den GPUs und dem Rest des Systems. Basis-CPUs sind für Mining-Operationen ausreichend, da die Rechenleistung der CPU nicht der Hauptfokus im Ethash-Mining ist.
- **Speicher:** Während die Speicheranforderungen für das Mining minimal sind, wird häufig eine Solid-State-Drive (SSD) verwendet, um das Betriebssystem und die Mining-Software zu speichern. Eine SSD wird gegenüber einer traditionellen Festplatte bevorzugt, da sie schnellere Lese-/Schreibgeschwindigkeiten bietet, was die Gesamt-effizienz des Mining-Rigs verbessern kann. Die Speicherkapazität muss nicht umfangreich sein; typischerweise reicht ein Laufwerk mit einer Kapazität von 120GB bis 250GB aus.
- **Mining-Software:** Um Ethash effektiv zu minen, benötigen Miner Software, die mit der Mining-Hardware kommuniziert und sich mit Mining-Pools verbindet. Beliebte Ethash-Mining-Software umfasst Ethminer, Claymore Miner und PhoenixMiner. Die Wahl der Software kann die Leistung und Kompatibilität beeinflussen, daher ist es wichtig, eine zuverlässige und gut unterstützte Option auszuwählen. Die Software wird konfiguriert, um den Mining-Prozess zu optimieren, die GPUs zu verwalten und Shares an den Mining-Pool zu übermitteln.

- **Netzwerk-Ausrüstung:** Eine stabile und schnelle Internetverbindung ist für Mining-Operationen unerlässlich. Ein standardmäßiges Netzwerk-Setup mit einem zuverlässigen Router und einer Ethernet-Verbindung wird typischerweise verwendet, um eine kontinuierliche Kommunikation mit dem Mining-Pool sicherzustellen und Verbindungsprobleme zu vermeiden. Während Wi-Fi verwendet werden kann, wird eine kabelgebundene Verbindung aufgrund ihrer Stabilität und geringeren Latenz bevorzugt.

3. RandomX

RandomX ist ein PoW-Algorithmus, der sowohl ASIC-resistent als auch CPU-freundlich gestaltet ist. Er wurde als Ersatz für den von Monero verwendeten CryptoNight-Algorithmus eingeführt und zielt darauf ab, eine gerechtere Mining-Umgebung zu bieten. RandomX ist darauf ausgelegt, allgemeine CPUs zu nutzen, indem er eine große Menge an zufälligem Speicherzugriff und Berechnungen verwendet, die für ASICs schwer effizient durchzuführen sind. Der Fokus des Algorithmus auf CPU-Mining stellt sicher, dass das Mining für eine breitere Palette von Teilnehmern zugänglich bleibt, was dazu beiträgt, das Netzwerk zu dezentralisieren und den Einfluss spezialisierter Mining-Hardware zu verringern.

RandomX ist der Proof-of-Work (PoW)-Algorithmus, der von Kryptowährungen wie Monero (XMR) verwendet wird und darauf ausgelegt ist, CPU-freundlich und widerstandsfähig gegen ASIC (Application-Specific Integrated Circuit)-Mining zu sein. Daher unterscheidet sich die für das Mining von RandomX verwendete Ausrüstung erheblich von der für Algorithmen wie Ethash oder Scrypt verwendeten. Hier ist eine detaillierte Übersicht über die für das Mining von RandomX allgemein verwendete Ausrüstung:

- **Zentralprozessoren (CPUs):** Zentralprozessoren (CPUs) sind die primäre Hardware für das Mining von RandomX. Im Gegensatz zu anderen Algorithmen, die für GPUs oder ASICs optimiert sind, wurde RandomX entwickelt, um die vielfältigen Fähigkeiten von CPUs zu nutzen. Dazu gehört die Nutzung des großen Cache-Speichers und der verschiedenen Befehlssätze moderner CPUs. CPUs von Herstellern wie Intel und AMD werden häufig für das RandomX-Mining verwendet. Insbesondere Prozessoren mit mehreren Kernen und Threads, wie die AMD Ryzen- und Intel Core i9-Serie, bieten aufgrund ihrer Fähigkeit, parallele Verarbeitungsaufgaben effektiver zu bewältigen, verbesserte Leistung. RandomX-Mining profitiert von CPUs mit großem Cache und fortschrittlichen Befehlssätzen, was sie gut für die Anforderungen des Algorithmus geeignet macht.

• **Mining-Rigs:** Für das RandomX-Mining bezieht sich der Begriff „Mining-Rig" typischerweise auf ein Setup, das aus mehreren CPUs besteht, die zusammenarbeiten, um die Hashing-Leistung zu erhöhen. Diese Rigs können von Single-CPU-Setups bis hin zu komplexeren Konfigurationen mit mehreren CPUs reichen. Ein Mining-Rig für RandomX umfasst in der Regel ein Motherboard, das mehrere CPU-Sockel unterstützt, ausreichenden RAM und Speicher für das Betriebssystem und die Mining-Software. Das Design des Rigs konzentriert sich auf die Maximierung der CPU-Leistung und Kühlungseffizienz. Beispielsweise könnte ein Multi-CPU-Mining-Rig ein Hochleistungs-Motherboard verwenden, das für Server- oder Workstation-Einsätze ausgelegt ist und mehrere CPU-Installationen unterstützt sowie genügend PCIe-Slots für zusätzliche Hardware bietet.

• **Kühlsysteme:** CPUs erzeugen während des Mining-Betriebs erhebliche Wärme, und eine effektive Kühlung ist entscheidend, um die optimale Leistung aufrechtzuerhalten und die Lebensdauer der Hardware zu verlängern. Eine ordnungsgemäße Kühlung hilft nicht nur, stabile und effiziente Mining-Operationen zu erreichen, sondern verhindert auch thermisches Drosseln, das die CPU-Leistung reduzieren kann.

• **Stromversorgungsgeräte (PSUs):** Stromversorgungsgeräte (PSUs) in RandomX-Mining-Setups müssen zuverlässige und ausreichende Leistung für die CPUs und andere Komponenten bereitstellen. Im Gegensatz zu GPU-basierten Mining-Rigs sind die Stromanforderungen für CPU-Mining in der Regel niedriger, erfordern jedoch dennoch sorgfältige Überlegungen. Eine PSU mit ausreichender Wattzahl und Effizienz-Bewertungen ist wichtig, um eine stabile Stromversorgung sicherzustellen und potenzielle Probleme zu vermeiden. Für Setups mit mehreren CPUs kann eine PSU mit höherer Wattzahl erforderlich sein, um die kombinierte Stromnachfrage aller Komponenten zu unterstützen.

• **Motherboards und RAM:** Motherboards, die in RandomX-Mining-Rigs verwendet werden, müssen die CPUs und andere Komponenten unterstützen können. Für Multi-CPU-Rigs sind Motherboards, die für Server- oder Hochleistungsrechenumgebungen ausgelegt sind, bevorzugt. Diese Motherboards bieten oft mehrere CPU-Sockel, zahlreiche PCIe-Slots und ausreichende Speicherkapazität. RAM ist ebenfalls wichtig, da das RandomX-Mining von größeren Mengen an Speicher profitieren kann. Typischerweise werden 8GB bis 16GB RAM für eine optimale Leistung empfohlen, obwohl in High-End-Setups mehr verwendet werden kann.

• **Speicher:** Für das RandomX-Mining sind die Speicheranforderungen relativ bescheiden. Eine Solid-State-Drive (SSD) wird verwendet, um das Betriebssystem, die Mining-Software und alle notwendigen Updates zu speichern. SSDs werden gegenüber traditionellen Festplatten aufgrund ihrer schnelleren Lese-/Schreibgeschwindigkeiten bevorzugt, was zur Gesamt-effizienz des Mining-Betriebs beitragen kann. Eine Speicherkapazität von 120GB bis 250GB ist in der Regel ausreichend für die meisten RandomX-Mining-Setups.

• **Mining-Software:** Mining-Software für RandomX ist entscheidend für die Schnittstelle mit den CPUs und die Verbindung zu Mining-Pools. Beliebte Software-Optionen sind XMRig und RandomX Miner. Diese Software-Programme sind darauf ausgelegt, die CPU-Leistung für das RandomX-Mining zu optimieren und die Komplexität des Einreichens von Shares bei Mining-Pools zu bewältigen. Die Software muss ordnungsgemäß konfiguriert werden, um das spezifische Hardware-Setup und die Anforderungen des Mining-Pools zu erfüllen.

• **Netzwerk-Ausrüstung:** Eine stabile Internetverbindung ist für das RandomX-Mining von entscheidender Bedeutung, da sie eine kontinuierliche Kommunikation mit dem Mining-Pool gewährleistet und Verbindungsprobleme vermeidet. Eine kabelgebundene Ethernet-Verbindung wird aufgrund ihrer Zuverlässigkeit und geringeren Latenz bevorzugt. Die Netzwerkausrüstung umfasst in der Regel einen Router und ein Netzwerkkabel, um das Mining-Rig mit dem Internet zu verbinden.

4. X11

X11 ist ein Multi-Hash-Mining-Algorithmus, der eine Reihe von elf verschiedenen kryptografischen Hash-Funktionen verwendet, um Blöcke zu verarbeiten. Entwickelt von Dash, wurde X11 geschaffen, um die Sicherheit zu verbessern und das Risiko von Kollisionen und Schwachstellen zu reduzieren. Die Verwendung mehrerer Hash-Funktionen macht X11 widerstandsfähiger gegen Angriffe und verbessert das allgemeine Sicherheitsprofil. Der Ansatz von X11 erhöht auch die Komplexität des Minings, was es für ASICs schwieriger macht, das Netzwerk zu dominieren, im Vergleich zu Algorithmen, die eine einzelne Hash-Funktion verwenden. Dieser mehrschichtige Ansatz balanciert Mining-Effizienz mit robuster Sicherheit.

X11 ist ein Proof-of-Work (PoW)-Hashing-Algorithmus, der hauptsächlich von Kryptowährungen wie Dash verwendet wird. Er zeichnet sich durch die Verwendung von elf aufeinander folgenden Hash-Funktionen aus, die darauf ausgelegt sind, die Sicherheit zu verbessern und das Mining widerstandsfähiger gegen ASIC (Application-Specific Integrated Circuit) und FPGA (Field-Programmable Gate Array) Dominanz zu machen. Hier ist eine detaillierte Übersicht über die für das Mining von X11 typischerweise verwendete Ausrüstung:

- **Anwendungsspezifische Integrierte Schaltkreise (ASICs):** Während X11 ursprünglich entwickelt wurde, um widerstandsfähiger gegen ASIC-Mining im Vergleich zu anderen Algorithmen zu sein, hat die Entwicklung von ASICs speziell für X11 erheblich Fortschritte gemacht. Moderne ASIC-Miner sind jetzt in der Lage, X11-basierte Kryptowährungen effizient zu minen. Diese Geräte sind hochspezialisierte Hardware, die ausschließlich für das Mining von X11 entwickelt wurde und bieten überlegene Leistung und Energieeffizienz im Vergleich zu allgemein verwendeten Mining-Geräten. Beliebte ASIC-Miner für X11 sind Modelle von Herstellern wie Bitmain und Innosilicon. Diese ASICs sind darauf ausgelegt, die elf Hash-Funktionen von X11 mit hoher Geschwindigkeit auszuführen, was sie sehr effektiv für das Mining von X11-Münzen macht.

- **Grafikprozessoren (GPUs):** Vor dem Aufkommen von X11-spezifischen ASICs wurden GPUs häufig für das Mining von X11-Kryptowährungen verwendet. Grafikprozessoren sind vielseitig und können die komplexen Berechnungen bewältigen, die vom X11-Algorithmus gefordert werden. GPUs von Herstellern wie NVIDIA und AMD werden in Mining-Rigs für X11 verwendet. Hochleistungsmodelle wie die NVIDIA GeForce GTX 1080 Ti oder AMD Radeon RX 580 sind aufgrund ihrer Fähigkeit, die parallele Verarbeitung, die von X11 benötigt wird, zu bewältigen, bevorzugt. Mining-Rigs mit mehreren GPUs können eingerichtet werden, um die Hash-Leistung zu erhöhen und die Wahrscheinlichkeit zu verbessern, Blöcke zu lösen und Belohnungen zu verdienen.

- **Mining-Rigs:** Für das X11-Mining ist ein Mining-Rig ein Setup, das mehrere GPUs oder ASICs umfasst, die zusammenarbeiten, um die Hash-Leistung zu maximieren. Ein Mining-Rig für X11 besteht typischerweise aus folgenden Komponenten:

- **Motherboard:** Ein Motherboard, das mehrere GPU-Installationen oder eine ASIC-Einheit unterstützt.

- **Stromversorgungsgerät (PSU):** Eine PSU, die ausreichend Leistung für alle Komponenten im Rig bereitstellt. Für GPU-basierte Rigs ist eine Hochleistungs-PSU erforderlich, um die Stromanforderungen mehrerer GPUs zu unterstützen.

- **Kühlsystem:** Eine angemessene Kühlung ist entscheidend, um Überhitzung zu verhindern. Für GPU-Mining-Rigs umfasst dies oft mehrere Lüfter und manchmal benutzerdefinierte Kühllösungen. Für ASIC-Miner sind in der Regel eingebaute Kühlsysteme ausreichend, aber zusätzliche Kühlung kann bei Bedarf hinzugefügt werden.

- **Gehäuse oder Rahmen:** Ein Gehäuse oder Rahmen, der die GPUs oder ASICs hält, um einen angemessenen Luftstrom und Zugang zur Wartung zu gewährleisten.

- **Stromversorgungsgeräte (PSUs):** Stromversorgungsgeräte sind für sowohl GPU- als auch ASIC-Mining-Setups von entscheidender Bedeutung. Für X11-Mining müssen PSUs zuverlässige Leistung bereitstellen, um die Energieanforderungen der Mining-Hardware zu unterstützen. Hochleistungs-PSUs sind für Multi-GPU-Rigs erforderlich, während ASIC-Miner in der Regel spezifische PSU-Anforderungen haben, die vom Hersteller festgelegt werden. Es ist wichtig, eine PSU mit guter Effizienzbewertung und ausreichender Wattzahl auszuwählen, um einen stabilen Betrieb sicherzustellen und strombezogene Probleme zu vermeiden.

- **Kühlsysteme:** Effektive Kühlung ist entscheidend für die Aufrechterhaltung der Leistung und Lebensdauer der Mining-Ausrüstung. Für GPU-basierte Mining-Rigs umfassen Kühllösungen:

- **Luftkühler:** Hochleistungs-Luftkühler mit großen Kühlkörpern und mehreren Lüftern.

- **Benutzerdefinierte Kühllösungen:** Einige Miner verwenden benutzerdefinierte Setups mit Flüssigkeitskühlung, um die Wärme effektiver zu bewältigen.

- **Für ASIC-Miner:** Eingebaute Kühlsysteme sind in der Regel darauf ausgelegt, die während des Betriebs erzeugte Wärme zu bewältigen. In Umgebungen mit hohen Temperaturen oder bei Setups mit mehreren ASICs kann jedoch zusätzliche Kühlung erforderlich sein.

- **Netzwerk-Ausrüstung:** Eine stabile Internetverbindung ist für das Mining von X11 von entscheidender Bedeutung, da sie eine kontinuierliche Kommunikation mit dem Mining-Pool und die rechtzeitige Einreichung von Shares sicherstellt. Die Netzwerkausrüstung umfasst typischerweise einen zuverlässigen Router und eine kabelgebundene Ethernet-Verbindung. Eine direkte Verbindung wird gegenüber Wi-Fi bevorzugt, um Latenz und Verbindungsprobleme zu minimieren.

- **Mining-Software:** Mining-Software für X11 ist entscheidend für die Verwaltung des Mining-Prozesses und die Verbindung zu Mining-Pools. Software-Optionen umfassen Programme wie CGMiner und BFGMiner, die speziell für die Anforderungen des X11-Minings entwickelt wurden. Die Software muss korrekt konfiguriert werden, um mit dem Hardware-Setup und den Parametern des Mining-Pools übereinzustimmen.

- **Speicher:** Die Speicheranforderungen für X11-Mining sind relativ bescheiden. Eine Solid-State-Drive (SSD) wird üblicherweise verwendet, um das Betriebssystem, die Mining-Software und alle notwendigen Updates zu speichern. SSDs werden gegenüber traditionellen Festplatten bevorzugt, da sie schnellere Lese-/Schreibgeschwindigkeiten bieten, die zur Gesamt-Effizienz des Mining-Betriebs beitragen können.

- **Mining-Pools:** Der Beitritt zu einem Mining-Pool ist eine gängige Praxis für X11-Miner, da er die Chancen erhöht, Blöcke erfolgreich zu lösen und Belohnungen zu erhalten. Beliebte X11-Mining-Pools sind das offizielle Pool von Dash und andere Drittanbieter-Optionen. Miner müssen ihre Mining-Software konfigurieren, um sich mit dem gewählten Pool zu verbinden und den Anweisungen des Pools für das Setup zu folgen.

5. Equihash

Equihash ist ein speicherintensiver Proof-of-Work (PoW) Algorithmus, der darauf ausgelegt ist, ASIC-resistent zu sein, und von Kryptowährungen wie Zcash verwendet wird. Er basiert auf einer Variante des verallgemeinerten Geburtstagsproblems, um eine Hash-Funktion zu erstellen, die erheblichen Speicher- und Rechenaufwand erfordert, um sie zu lösen. Der Algorithmus besteht darin, ein rechnerisches Problem zu lösen, das die Speicherung und Verarbeitung großer Datenmengen erfordert, was es für ASICs schwierig macht, Equihash-basierte Coins effizient zu minen. Dieser Fokus auf speicherintensive Operationen hilft, ein ausgewogeneres Spielfeld für GPU-Miner zu gewährleisten und die Netzwerksdezentralisierung zu fördern.

Equihash ist ein Proof-of-Work (PoW) Hashing-Algorithmus, der für seine speicherintensiven Anforderungen bekannt ist und darauf ausgelegt wurde, gegen ASIC (Application-Specific Integrated Circuit) Mining resistent zu sein und GPU (Graphics Processing Unit) Minern zugänglicher zu sein. Da der Equihash-Algorithmus von mehreren Kryptowährungen, einschließlich Zcash und Horizen, übernommen wurde, kann die für das Mining von Equihash verwendete Ausrüstung je nach den spezifischen Anforderungen des Algorithmus und den technologischen Fortschritten in der Mining-Hardware variieren. Hier ist ein detaillierter Überblick über die Ausrüstung, die allgemein für das Mining von Equihash verwendet wird:

Grafikprozessoren (GPUs): GPUs waren historisch gesehen die primäre Hardware für das Mining von Equihash aufgrund der speicherintensiven Natur des Algorithmus. Grafikprozessoren sind gut für das Equihash-Mining geeignet, da sie die parallele Verarbeitung bewältigen können, die erforderlich ist, um die komplexen Berechnungen des Algorithmus zu lösen. Hochleistungs-GPUs von Herstellern wie NVIDIA und AMD werden häufig in Mining-Rigs für Equihash verwendet.

- **NVIDIA GPUs:** Hochwertige Modelle wie die NVIDIA GeForce RTX 3090 und RTX 3080 bieten beträchtliche Hash-Raten für das Equihash-Mining. Diese GPUs sind wegen ihrer fortschrittlichen Architektur und großen Speichermengen beliebt, die vorteilhaft für die Anforderungen des Algorithmus sind.

- **AMD GPUs:** Modelle wie die AMD Radeon RX 5700 XT und RX 580 sind ebenfalls beliebte Optionen. Diese GPUs bieten ein gutes Gleichgewicht zwischen Leistung und Kosten, was sie sowohl für kleine als auch große Mining-Operationen geeignet macht.

Mining-Rigs: Mining-Rigs für Equihash bestehen typischerweise aus mehreren GPUs, die zusammenarbeiten, um die Hash-Leistung zu erhöhen und die Chancen auf das Lösen von Blöcken zu verbessern. Eine typische Mining-Rig-Konfiguration umfasst:

- **Motherboard:** Ein Motherboard, das mehrere GPU-Installationen unterstützt. Für das Equihash-Mining sind Motherboards mit mehreren PCIe-Steckplätzen erforderlich, um mehrere GPUs unterzubringen.

- **Netzteil (PSU):** Ein leistungsstarkes PSU ist entscheidend, um genügend Strom für alle GPUs und andere Komponenten im Rig bereitzustellen. Netzteile mit hoher Effizienz sind bevorzugt, um einen stabilen Betrieb zu gewährleisten und den Energieverbrauch zu reduzieren.

- **Kühlsystem:** Effektive Kühlung ist entscheidend, um die Wärme, die durch mehrere GPUs erzeugt wird, zu verwalten. Dazu gehören Hochleistungs-Lüfter und in einigen Fällen maßgeschneiderte Kühlungslösungen wie Flüssigkeitskühlung, um Überhitzung zu verhindern und die optimale Leistung aufrechtzuerhalten.

- **Rahmen oder Gehäuse:** Ein Mining-Rahmen oder -Gehäuse, das die GPUs unterbringt und eine ordnungsgemäße Belüftung sicherstellt. Diese Einrichtung hilft, die GPUs kühl zu halten und für Wartungsarbeiten zugänglich zu machen.

Anwendungsspezifische integrierte Schaltkreise (ASICs): Während Equihash anfangs resistent gegen ASIC-Mining war, aufgrund seiner speicherintensiven Natur, haben Fortschritte in der ASIC-Technologie zur Entwicklung spezialisierter ASIC-Miner für Equihash geführt. Diese Geräte sind darauf ausgelegt, die spezifischen Berechnungen des Equihash-Algorithmus mit hoher Effizienz durchzuführen.

- **Equihash ASIC Miner:** Unternehmen wie Bitmain und Innosilicon haben ASIC-Miner entwickelt, die speziell für Equihash ausgelegt sind. Diese Geräte sind so gebaut, dass sie die Speicherkapazitäten des Algorithmus bewältigen und hohe Hash-Raten bei geringem Stromverbrauch im Vergleich zu GPUs bieten. Der Antminer Z15 von Bitmain ist ein Beispiel für einen ASIC-Miner, der speziell für Equihash-basierte Kryptowährungen wie Zcash entwickelt wurde.

Netzteil-Einheiten (PSUs): Für ASIC-Miner ist ein Netzteil erforderlich, das die geeignete Spannung und den Strom liefert, die für das Gerät erforderlich sind. ASIC-Miner haben typischerweise spezifische PSU-Anforderungen, die vom Hersteller festgelegt sind. Es ist wichtig, ein PSU zu verwenden, das den Leistungsanforderungen des ASIC-Miners entspricht, um einen zuverlässigen Betrieb zu gewährleisten und Stromprobleme zu vermeiden.

Kühlsysteme: Sowohl GPU- als auch ASIC-Mining-Setups benötigen eine effektive Kühlung zur Wärmebewältigung. Für GPU-Mining-Rigs umfasst dies Hochleistungs-Luftkühler oder maßgeschneiderte Flüssigkeitskühlungslösungen. ASIC-Miner sind oft mit integrierten Kühlsystemen ausgestattet, aber zusätzliche Kühlung kann in Umgebungen mit hohen Temperaturen oder bei Betrieb mehrerer Einheiten erforderlich sein.

Netzwerkausrüstung: Eine stabile Internetverbindung ist für das Equihash-Mining unerlässlich, um eine kontinuierliche Kommunikation mit Mining-Pools und die rechtzeitige Einreichung von Shares sicherzustellen. Ein zuverlässiger Router und eine kabelgebundene Ethernet-Verbindung werden gegenüber Wi-Fi bevorzugt, um Latenz- und Verbindungsprobleme zu minimieren.

Mining-Software: Mining-Software ist erforderlich, um den Mining-Prozess zu verwalten und eine Verbindung zu Mining-Pools herzustellen. Für das Equihash-Mining gehören zu den beliebten Softwareoptionen:

- **EWBF's Cuda Miner:** Eine beliebte Mining-Software für NVIDIA GPUs, bekannt für ihre Effizienz und Benutzerfreundlichkeit.

- **Claymore's ZCash/Equihash Miner:** Diese Software wird häufig für AMD GPUs verwendet und bietet Unterstützung für mehrere Mining-Algorithmen, einschließlich Equihash.

Die Software muss so konfiguriert werden, dass sie zur Hardware-Konfiguration und den Parametern des Mining-Pools passt.

Speicher: Die Speicheranforderungen für das Equihash-Mining sind relativ bescheiden. Eine Solid-State-Drive (SSD) wird üblicherweise verwendet, um das Betriebssystem, die Mining-Software und Updates zu speichern. SSDs werden aufgrund ihrer schnelleren Lese-/Schreibgeschwindigkeiten bevorzugt, was zur insgesamt besseren Mining-Effizienz beitragen kann.

Mining-Pools: Das Beitreten zu einem Mining-Pool ist eine gängige Praxis für Equihash-Miner, um die Chancen auf das Lösen von Blöcken und das Verdienen von Belohnungen zu erhöhen. Beliebte Equihash-Mining-Pools sind F2Pool, Slushpool und Nanopool. Miner müssen ihre Mining-Software konfigurieren, um eine Verbindung zum gewählten Pool herzustellen und die Anweisungen des Pools zur Einrichtung befolgen.

6. Blake2b

Blake2b ist eine kryptografische Hash-Funktion, die aufgrund ihrer hohen Geschwindigkeit und Sicherheit in mehreren Mining-Algorithmen verwendet wird. Es handelt sich um eine optimierte Version der Blake-Hash-Funktion, die entwickelt wurde, um starke Sicherheit bei schnellen Verarbeitungsgeschwindigkeiten zu bieten. Blake2b wird in Algorithmen wie der Blake2b-Variante für Decred und Siacoin verwendet. Die Effizienz und Sicherheit der Hash-Funktion machen sie für verschiedene Anwendungen, einschließlich Kryptowährungs-Mining, geeignet, da sie eine schnelle und zuverlässige Hashing-Leistung bei gleichzeitiger robustem Schutz gewährleistet.

Blake2b ist eine kryptografische Hash-Funktion, die in verschiedenen Kryptowährungen verwendet wird und für ihre Sicherheit und Effizienz bekannt ist. Sie wird häufig in den Mining-Algorithmen mehrerer Coins, einschließlich Siacoin und Decred, eingesetzt. Das Mining von Blake2b erfordert Hardware und Software, die die spezifischen Rechenanforderungen dieses Algorithmus bewältigen können. Hier ist ein detaillierter Überblick über die Ausrüstung, die allgemein für das Mining von Blake2b verwendet wird:

Grafikprozessoren (GPUs): Grafikprozessoren (GPUs) sind die am häufigsten verwendete Hardware für das Mining von Kryptowährungen, die den Blake2b-Algorithmus nutzen. GPUs eignen sich gut für das Blake2b-Mining aufgrund ihrer Fähigkeit, parallele Berechnungen effizient durchzuführen. Diese Fähigkeit ist entscheidend für die Handhabung der Hash-Funktion, die mehrere Runden des Hashings umfasst und erhebliche Rechenleistung erfordert.

NVIDIA GPUs: Hochleistungs-GPUs von NVIDIA, wie die GeForce RTX 3080 und RTX 3070, sind beliebte Optionen für das Blake2b-Mining. Diese Modelle bieten erhebliche Verarbeitungsleistung und Speicherbandbreite, die für den Hashing-Prozess von Vorteil sind. Die CUDA-Architektur von NVIDIA ist besonders effektiv für Mining-Anwendungen und ermöglicht eine effiziente Handhabung des Blake2b-Algorithmus.

AMD GPUs: Auch die AMD Radeon RX 5700 XT und RX 580 werden häufig für das Blake2b-Mining verwendet. Diese GPUs bieten ein gutes Gleichgewicht zwischen Kosten und Leistung. AMD-GPUs sind bekannt für ihre hohen Hash-Raten und effiziente Energieverbrauch, was sie für sowohl kleine als auch große Mining-Operationen geeignet macht.

Anwendungsspezifische integrierte Schaltungen (ASICs): Im Gegensatz zu einigen anderen Algorithmen wird Blake2b nicht so weitreichend von ASIC-Minern unterstützt, da es weniger standardisiert ist als Algorithmen wie SHA-256 oder Ethash. Die Entwicklung von ASICs für Blake2b ist jedoch möglich und wurde in der Kryptowährungs-Mining-Industrie untersucht. ASIC-Miner für Blake2b sind darauf ausgelegt, die spezifischen Berechnungen des Algorithmus mit hoher Effizienz und niedrigerem Energieverbrauch im Vergleich zu GPUs durchzuführen.

Blake2b ASIC-Miner: Derzeit gibt es weniger ASIC-Miner, die speziell für Blake2b entwickelt wurden, im Vergleich zu anderen Algorithmen. Unternehmen, die auf ASIC-Mining-Hardware spezialisiert sind, wie Bitmain oder Innosilicon, könnten potenziell spezialisierte ASICs für Blake2b entwickeln, wenn genügend Nachfrage und technologische Machbarkeit gegeben sind. Diese ASICs würden signifikante Leistungsverbesserungen im Vergleich zu GPUs bieten, einschließlich höherer Hash-Raten und geringerer Betriebskosten.

Mining-Rigs: Mining-Rigs für Blake2b bestehen aus mehreren GPUs, die zusammenarbeiten, um die gesamte Hash-Rate zu erhöhen. Eine typische Mining-Rig-Konfiguration umfasst:

- Motherboard: Ein Motherboard, das mehrere GPUs unterstützt, mit mehreren PCIe-Slots zur Aufnahme der benötigten Grafikkarten.

- Stromversorgungseinheit (PSU): Eine leistungsstarke PSU ist erforderlich, um alle GPUs und andere Komponenten im Rig mit Strom zu versorgen. Es ist wichtig, eine PSU mit ausreichender Kapazität und Effizienz auszuwählen, um einen stabilen Betrieb sicherzustellen.

- Kühlsystem: Eine effektive Kühlung ist notwendig, um die Wärme, die von mehreren GPUs erzeugt wird, zu bewältigen. Dazu gehören leistungsstarke Lüfter und möglicherweise Flüssigkeitskühlungslösungen, um optimale Betriebstemperaturen zu erhalten und Überhitzung zu vermeiden.

- Gehäuse oder Rahmen: Ein Mining-Gehäuse oder -Rahmen, der die GPUs unterbringt und eine ausreichende Belüftung gewährleistet. Eine ordnungsgemäße Belüftung ist wichtig, um die GPUs kühl zu halten und Staubansammlungen zu verhindern.

Stromversorgungseinheiten (PSUs): Sowohl für GPU- als auch für ASIC-Mining-Setups ist eine Stromversorgungseinheit entscheidend. Die PSU muss die Stromanforderungen der Hardware erfüllen, um einen stabilen und zuverlässigen Betrieb sicherzustellen. Für GPUs ist eine PSU mit hoher Effizienzbewertung und ausreichender Wattzahl erforderlich, um das gesamte Mining-Rig zu unterstützen. Bei ASIC-Minern werden die Stromanforderungen in der Regel vom Hersteller angegeben, und es ist wichtig, eine PSU zu verwenden, die diesen Spezifikationen entspricht.

Kühlsysteme: Effektive Kühlsysteme sind entscheidend für die Leistung und Lebensdauer der Mining-Ausrüstung. GPUs und ASIC-Miner erzeugen während des Betriebs erhebliche Mengen an Wärme, die ihre Effizienz und Lebensdauer beeinträchtigen kann. Mining-Rigs verwenden typischerweise leistungsstarke Lüfter, und einige Setups können Flüssigkeitskühlungslösungen integrieren, um die Temperaturen zu verwalten. Eine angemessene Kühlung hilft, Überhitzung zu vermeiden und eine stabile Mining-Leistung aufrechtzuerhalten.

Netzwerk-Ausrüstung: Eine stabile und zuverlässige Internetverbindung ist für erfolgreiches Blake2b-Mining erforderlich. Miner sollten eine kabelgebundene Ethernet-Verbindung anstelle von Wi-Fi verwenden, um Latenz- und Verbindungsprobleme zu minimieren. Ein zuverlässiger Router und Netzwerkgeräte sind entscheidend, um eine kontinuierliche Kommunikation mit Mining-Pools und eine zeitnahe Übermittlung von Shares sicherzustellen.

Mining-Software: Mining-Software ist erforderlich, um den Mining-Prozess zu verwalten und sich mit Mining-Pools zu verbinden. Für Blake2b-Mining stehen verschiedene Softwareoptionen zur Verfügung, einschließlich:

- CCMiner: Eine beliebte Open-Source-Mining-Software, die mehrere Algorithmen unterstützt, einschließlich Blake2b. Sie ist mit NVIDIA GPUs kompatibel und bietet Optionen zur Optimierung der Mining-Leistung.

- Claymore's MultiMiner: Diese Software unterstützt AMD GPUs und bietet eine Reihe von Funktionen für das Mining verschiedener Algorithmen, einschließlich Blake2b.

Die Software muss konfiguriert werden, um mit der Hardware-Konfiguration und den Parametern des Mining-Pools übereinzustimmen.

Speicher: Die Speicheranforderungen für das Blake2b-Mining sind relativ bescheiden. Eine Solid-State-Drive (SSD) wird üblicherweise verwendet, um das Betriebssystem, die Mining-Software und Updates zu speichern. SSDs werden bevorzugt, da sie schnellere Lese-/Schreibgeschwindigkeiten bieten, was zur Gesamteffizienz des Minings beitragen kann.

Mining-Pools: Der Beitritt zu einem Mining-Pool ist eine gängige Praxis für Blake2b-Miner, um ihre Chancen auf das Lösen von Blöcken und das Verdienen von Belohnungen zu erhöhen. Mining-Pools aggregieren die Rechenleistung mehrerer Miner und verteilen die Belohnungen basierend auf der beigetragenen Hash-Power. Beliebte Blake2b-Mining-Pools umfassen solche, die auf Siacoin oder Decred spezialisiert sind, wo Miner beitreten und die Einrichtungshinweise des Pools befolgen können.

7. Lyra2REv3

Lyra2REv3 ist ein Proof-of-Work (PoW) Algorithmus, der hauptsächlich von der Kryptowährung Vertcoin verwendet wird. Es handelt sich um einen speicherintensiven Algorithmus, der darauf ausgelegt ist, ASIC-resistent zu sein und das Mining mit GPUs zu bevorzugen. Lyra2REv3 umfasst eine Reihe von Hashing-Funktionen und speicherintensiven Techniken, um sicherzustellen, dass das Mining für eine breitere Teilnehmergruppe zugänglich bleibt. Der Fokus des Algorithmus auf Speicherschwierigkeit und rechnerische Komplexität zielt darauf ab, die Vorteile spezialisierter Mining-Hardware zu verringern und ein dezentraleres Netzwerk zu fördern. Das Design von Lyra2REv3 hilft, die Netzwerksicherheit zu erhalten und gleichzeitig sicherzustellen, dass das Mining wettbewerbsfähig und zugänglich bleibt.

Lyra2REv3 ist ein kryptografischer Algorithmus, der im Kryptowährungs-Mining verwendet wird, insbesondere für Coins wie Vertcoin. Er ist darauf ausgelegt, speicherintensiv und resistent gegen ASIC-Mining zu sein, was bedeutet, dass er häufig mit GPUs gemined wird. Hier ist eine detaillierte Übersicht über die Ausrüstung, die allgemein für das Mining von Lyra2REv3 verwendet wird:

Grafikprozessoren (GPUs): Grafikprozessoren (GPUs) sind die primäre Hardware für das Mining von Kryptowährungen, die den Lyra2REv3-Algorithmus verwenden. GPUs eignen sich gut für das Lyra2REv3-Mining aufgrund ihrer Fähigkeit, speicherintensive Berechnungen effizient zu verarbeiten. Dieser Algorithmus erfordert signifikante

Speicherbandbreite und Rechenleistung, was GPUs zur effektivsten Hardware-Wahl macht.

NVIDIA GPUs: Hochleistungs-GPUs von NVIDIA sind beliebte Optionen für das Lyra2REv3-Mining. Modelle wie die NVIDIA GeForce RTX 3080, RTX 3070 und RTX 3060 Ti sind aufgrund ihrer überlegenen Hash-Raten und Speicherbandbreiten gefragt. Die Architektur von NVIDIA, insbesondere die Ampere- und Turing-Serie, bietet ausgezeichnete Leistung für speicherintensive Algorithmen, wodurch sie sich gut für das Lyra2REv3-Mining eignet.

AMD GPUs: Auch die AMD Radeon RX 5700 XT, RX 580 und RX 570 werden häufig für das Mining von Lyra2REv3 verwendet. AMD-GPUs sind bekannt für ihre hohe Speicherbandbreite und wettbewerbsfähige Hash-Raten, die für Algorithmen wie Lyra2REv3 von Vorteil sind, die erhebliche Speicherressourcen erfordern. Die Polaris- und Navi-Architekturen dieser GPUs bieten ein gutes Gleichgewicht zwischen Kosten und Leistung für Miner.

Mining-Rigs: Mining-Rigs für Lyra2REv3 bestehen typischerweise aus mehreren GPUs, die zusammenarbeiten, um die Hash-Power zu maximieren. Eine typische Mining-Rig-Konfiguration umfasst:

- **Motherboard:** Ein Motherboard mit mehreren PCIe-Slots zur Aufnahme mehrerer GPUs. Spezialisierte Mining-Motherboards sind darauf ausgelegt, mehrere GPUs zu unterstützen und einen stabilen Betrieb zu gewährleisten.

- **Stromversorgungseinheit (PSU):** Eine leistungsstarke PSU, die alle GPUs und andere Komponenten unterstützt. Es ist wichtig, eine PSU mit ausreichender Kapazität und Effizienz auszuwählen, um eine zuverlässige Leistung sicherzustellen.

- **Kühlsystem:** Effektive Kühlung ist erforderlich, um die Wärme zu bewältigen, die von mehreren GPUs erzeugt wird. Mining-Rigs verwenden häufig leistungsstarke Lüfter oder sogar Flüssigkeitskühlungssysteme, um optimale Temperaturen aufrechtzuerhalten und Überhitzung zu verhindern.

- **Rahmen oder Gehäuse:** Ein Mining-Rahmen oder offenes Gehäuse, das zum Unterbringen der GPUs und zur Gewährleistung einer angemessenen Belüftung konzipiert ist. Eine ordnungsgemäße Belüftung ist wichtig, um die GPUs kühl zu halten und Staubansammlungen zu vermeiden.

Stromversorgungseinheiten (PSUs): Für das Mining von Lyra2REv3 ist die Stromversorgungseinheit entscheidend, um einen stabilen und effizienten Betrieb sicherzustellen. Eine PSU mit hoher Effizienz und ausreichender Wattzahl ist notwendig, um alle GPUs und andere Komponenten im Mining-Rig mit Strom zu versorgen. Es ist wichtig, eine PSU auszuwählen, die die gesamte Stromaufnahme der Mining-Anlage bewältigen kann, unter Berücksichtigung der Anzahl der GPUs und deren Stromanforderungen.

Kühlsysteme: Mining-Hardware erzeugt eine erhebliche Menge an Wärme, insbesondere wenn mehrere GPUs gleichzeitig betrieben werden. Effektive Kühlsysteme sind notwendig, um diese Wärme zu bewältigen und die Leistung aufrechtzuerhalten. Hochleistungs-Lüfter sowie mögliche Flüssigkeitskühlungslösungen helfen dabei, die GPUs und andere Komponenten innerhalb sicherer Temperaturbereiche zu halten. Eine ordnungsgemäße Kühlung verbessert nicht nur die Leistung, sondern verlängert auch die Lebensdauer der Mining-Ausrüstung.

Netzwerkausrüstung: Eine stabile und zuverlässige Internetverbindung ist für das Mining von Lyra2REv3 unerlässlich. Miner sollten eine kabelgebundene Ethernet-Verbindung anstelle von Wi-Fi verwenden, um eine konsistente und zuverlässige Kommunikation mit Mining-Pools sicherzustellen. Netzwerkausrüstung wie ein hochwertiger Router stellt sicher, dass das Mining-Rig verbunden bleibt und die Arbeit effizient an den Pool übermittelt werden kann.

Mining-Software: Mining-Software ist erforderlich, um den Mining-Prozess zu verwalten und eine Verbindung zu Mining-Pools herzustellen. Für Lyra2REv3 stehen mehrere Softwareoptionen zur Verfügung:

- **CCMiner:** Eine beliebte Open-Source-Mining-Software, die eine Vielzahl von Algorithmen unterstützt, einschließlich Lyra2REv3. Sie ist mit NVIDIA-GPUs kompatibel und bietet verschiedene Optionen zur Leistungsoptimierung.

- **Claymore's CryptoNote CPU Miner:** Diese Software unterstützt AMD-GPUs und ist bekannt für ihre benutzerfreundliche Oberfläche und effiziente Mining-Leistung für Lyra2REv3.

Speicher: Die Speicheranforderungen für das Mining von Lyra2REv3 sind relativ bescheiden. Eine Solid-State-Disk (SSD) wird häufig verwendet, um das Betriebssystem, die Mining-Software und notwendige Updates zu speichern. SSDs werden aufgrund ihrer schnelleren Lese-/Schreibgeschwindigkeiten bevorzugt, die zur allgemeinen Mining-Effizienz und -Zuverlässigkeit beitragen können.

Mining-Pools: Der Beitritt zu einem Mining-Pool ist eine gängige Praxis für Miner von Lyra2REv3, um ihre Chancen zu erhöhen, Blöcke zu lösen und Belohnungen zu verdienen. Mining-Pools bündeln die Rechenleistung mehrerer Miner und verteilen Belohnungen basierend auf der beigetragenen Hash-Power. Miner sollten einen Pool auswählen, der Lyra2REv3 unterstützt, und die Anweisungen des Pools befolgen, um ihr Mining-Rig zu konfigurieren.

Jeder dieser Algorithmen wurde mit spezifischen Zielen entwickelt, wie der Verbesserung der Sicherheit, der Erhöhung der ASIC-Resistenz oder der Optimierung für bestimmte Hardwaretypen. Das Verständnis der Merkmale und Anforderungen jedes Algorithmus kann Minern helfen, den am besten geeigneten für ihre Bedürfnisse und Fähigkeiten auszuwählen.

Aufbau eines Mining-Rigs

Ein Krypto-Mining-Rig ist ein spezialisiertes Computersystem, das entwickelt wurde, um Kryptowährungen durch die Nutzung der Rechenleistung von Grafikprozessoren (GPUs) oder anwendungsspezifischen integrierten Schaltkreisen (ASICs) zu minen. Diese Rigs sind entscheidend für die Aufrechterhaltung der Blockchain-Netzwerke verschiedener Kryptowährungen, wie Bitcoin, indem sie Daten verarbeiten und Transaktionen validieren. Das Wesen des Minings besteht darin, zur Blockchain der Kryptowährung beizutragen und Belohnungen zu verdienen, indem komplexe kryptografische Rätsel erfolgreich gelöst werden.

Die Hauptkomponenten eines Mining-Rigs bestehen typischerweise aus GPUs oder ASICs, die für die intensiven Berechnungen, die beim Mining erforderlich sind, unerlässlich sind. GPUs, die für ihre parallelen Verarbeitungskapazitäten bekannt sind, werden häufig für das Mining von Coins verwendet, die auf Algorithmen angewiesen sind, die erhebliche Rechenleistung erfordern. ASICs hingegen sind maßgeschneiderte Geräte, die für spezifische Mining-Algorithmen optimiert sind und höhere Effizienz und Leistung für Coins mit gut definierten Algorithmen bieten [300].

Der Mining-Prozess umfasst mehrere wesentliche Schritte. Zunächst verifizieren Miner die Authentizität der Transaktionen, um sicherzustellen, dass alle Transaktionen, die in einem Block enthalten sind, legitim sind und den Netzwerkregeln entsprechen. Dieser Schritt ist entscheidend für die Integrität der Blockchain. Nach der Verifizierung verhindern Miner das doppelte Ausgeben, ein Szenario, bei dem dieselbe Kryptowährung mehr als einmal ausgegeben wird. Dies wird erreicht, indem sichergestellt wird, dass jede Transaktion einzigartig ist und genau in der Blockchain aufgezeichnet wird [300].

Der Kern des Mining-Prozesses ist das Hashing, bei dem ein kryptografischer Algorithmus auf die Blockdaten angewendet wird. Dies produziert eine 64-stellige hexadezimale Zahl, bekannt als Hash. Miner konkurrieren darum, diese kryptografischen Rätsel zu lösen, indem sie einen Hash finden, der den spezifischen vom Netzwerk festgelegten Kriterien entspricht. Der erste Miner, der den richtigen Hash findet, fügt den Block der Blockchain hinzu und wird mit neu geschöpfter Kryptowährung und Transaktionsgebühren belohnt [300].

Der dezentrale Konsens im Mining wird durch einen Mechanismus namens Proof of Work (PoW) erreicht. PoW stellt sicher, dass das Netzwerk sich auf den Zustand der Blockchain einigt und betrügerische Transaktionen verhindert. Die Rentabilität des Minings wird durch mehrere Faktoren beeinflusst, einschließlich der Hashing-Power des Mining-Rigs, den Stromkosten und der anfänglichen Investition in die Mining-Ausrüstung. Effiziente Mining-Operationen erfordern die Balance dieser Faktoren, um die Erträge zu maximieren und gleichzeitig die Ausgaben zu verwalten [300].

Der Aufbau eines Kryptowährungs-Mining-Rigs umfasst das Zusammenstellen verschiedener spezialisierter Komponenten, um ein System zu schaffen, das in der Lage ist, digitale Vermögenswerte effizient zu minen. Jede Komponente spielt eine entscheidende Rolle bei der Gesamtleistung des Rigs, mit spezifischen Überlegungen zur Optimierung der Mining-Effizienz und -Rentabilität.

Abbildung 18: Mining-Rig-Setup. Gzen92, CC BY-SA 4.0, über Wikimedia Commons.

Komponenten zum Bau eines Mining-Rigs

- **GPU (Graphics Processing Unit):** Die GPU ist das Herzstück jedes Mining-Rigs. Sie übernimmt den Großteil der Berechnungsarbeit, die für das Mining von Kryptowährungen erforderlich ist. Typischerweise ist ein Mining-Rig mit mehreren GPUs ausgestattet – oft sechs oder mehr –, um die Hashrate zu maximieren, was sich direkt auf die Mining-Leistung auswirkt. Die Leistung der GPU ist ein entscheidender Faktor für die Effizienz und Rentabilität des Rigs. GPUs werden gegenüber CPUs (Central Processing Units) bevorzugt, da sie höhere Hashraten und Parallelverarbeitungsfähigkeiten bieten, die für die komplexen Berechnungen beim Mining erforderlich sind. Hochleistungs-GPUs wie die NVIDIA CMP HX-Serie, AMD RX 6800, NVIDIA GeForce RTX 3060 Ti und Radeon RX Vega 56/64 werden häufig bei Mining-Operationen verwendet [300].

- **Motherboard:** Das Motherboard dient als zentrale Verbindungseinheit für alle

Komponenten des Mining-Rigs. Es muss mit den gewählten GPUs kompatibel sein und mehrere Einheiten gleichzeitig unterstützen. Bei der Auswahl eines Motherboards ist es wichtig, eines zu wählen, das Platz für vier bis acht GPUs bietet, abhängig von der Größe und Komplexität des Rigs. Kompatibilitätsprobleme können auftreten, wenn das Motherboard die benötigte Anzahl an GPUs nicht unterstützt oder wenn es zu Treiberkonflikten kommt, daher sind sorgfältige Auswahl und Kompatibilitätsprüfungen erforderlich, um einen reibungslosen Betrieb zu gewährleisten [300].

- **CPU (Central Processing Unit):** Die CPU in einem Mining-Rig übernimmt allgemeine Aufgaben und unterstützt den Betrieb der GPU. Für Mining-Zwecke ist eine CPU mit niedriger bis moderater Leistung ausreichend. Prozessoren der 8. oder 9. Generation von Intel werden oft wegen ihres Gleichgewichts zwischen Leistung und Energieeffizienz empfohlen. Die Hauptaufgabe der CPU in einem Mining-Rig besteht darin, das Betriebssystem zu verwalten und die Gesamtsystemstabilität zu unterstützen [300].

- **RAM (Random Access Memory):** RAM ist entscheidend für die Verarbeitung temporärer Daten und für einen reibungslosen Betrieb. Der benötigte RAM kann je nach Konfiguration des Mining-Rigs und der spezifischen Kryptowährung, die gemined wird, variieren. Allgemein werden 4GB bis 12GB RAM für eine optimale Leistung empfohlen. Die Installation des RAM umfasst das Öffnen der seitlichen Halterungen des Motherboard-Slots, das Einsetzen des RAM-Moduls in den entsprechenden Steckplatz und das Sicherstellen, dass es fest an seinem Platz ist [300].

- **Netzteil (PSU):** Ein robustes und zuverlässiges Netzteil ist unerlässlich, um das gesamte Mining-Rig mit Strom zu versorgen. Da Mining-Rigs mit mehreren GPUs eine erhebliche Menge Strom benötigen, ist es wichtig, ein Netzteil mit ausreichender Wattzahl zu wählen, um die Last zu bewältigen. Hochleistungs- und energieeffiziente Netzteile sind erforderlich, um einen stabilen und kontinuierlichen Betrieb des Rigs ohne Stromunterbrechungen oder Überlastungen sicherzustellen [300].

- **Mining-Rahmen:** Der Mining-Rahmen bietet die physische Struktur, um alle Komponenten des Mining-Rigs unterzubringen und zu organisieren. Er ist so konzipiert, dass er mehrere GPUs und andere Hardware unterstützt und gleichzeitig eine angemessene Belüftung gewährleistet. Das Design des Rahmens erleichtert den Luftstrom, um die von den GPUs erzeugte Wärme abzuleiten, was für die Aufrechterhaltung der optimalen Leistung und die Vermeidung von Überhitzung entscheidend ist [300].

Schritt-für-Schritt-Anleitung zum Bau Ihres Mining-Rigs

Der Bau eines Mining-Rigs umfasst eine Reihe von Schritten, um sicherzustellen, dass alle Komponenten ordnungsgemäß montiert und konfiguriert sind, um eine optimale Leistung zu gewährleisten. Diese Anleitung führt Sie durch jeden Schritt, von der Montage des Rahmens bis zur Einrichtung der GPUs mit PCIe-Riser-Karten.

Montage des Mining-Rahmens

Der erste Schritt beim Bau Ihres Mining-Rigs ist die Montage des Mining-Rahmens. Beginnen Sie damit, einen geeigneten Rahmen auszuwählen, der die Anzahl der GPUs aufnehmen kann, die Sie verwenden möchten. Marken wie Veddha, Kingwin und Hydra bieten Mining-Rahmen an, die für sechs bis acht GPUs ausgelegt sind. Stellen Sie sicher, dass der Rahmen robust ist und ausreichend Platz für alle Komponenten sowie eine angemessene Belüftung bietet, um das System kühl zu halten [300].

Sobald Sie den Rahmen haben, sichern Sie alle Komponenten an ihrem Platz. Beginnen Sie damit, das Motherboard am Rahmen zu befestigen. Achten Sie darauf, dass alle Schrauben fest angezogen sind, um Bewegungen oder Vibrationen zu verhindern, die die Komponenten beschädigen könnten. Eine ordnungsgemäße Befestigung des Motherboards ist entscheidend für die Stabilität und dafür, dass alle Anschlüsse zugänglich sind [300].

Installation von Motherboard, CPU und RAM

Mit dem Rahmen an seinem Platz ist der nächste Schritt die Installation von Motherboard, CPU und RAM. Beginnen Sie damit, die CPU in den entsprechenden Sockel auf dem Motherboard einzusetzen. Stellen Sie sicher, dass Sie die CPU korrekt ausrichten und vorsichtig an ihren Platz drücken. Nachdem die CPU installiert ist, sichern Sie sie mit dem entsprechenden Verriegelungsmechanismus [300].

Installieren Sie als Nächstes die RAM-Module, indem Sie diese in die RAM-Slots des Motherboards schieben. Achten Sie darauf, die RAM-Module korrekt auszurichten und fest herunterzudrücken, bis die Halterungen an beiden Seiten des Slots einrasten. Dies stellt sicher, dass der RAM ordnungsgemäß sitzt und korrekt funktioniert.

Nach der Installation von CPU und RAM befestigen Sie das Motherboard am Mining-Rahmen. Schließen Sie das Netzteil (PSU) an das Rig an, indem Sie es an einem Ort positionieren, von dem aus es leicht mit allen Komponenten verbunden werden kann. Stellen Sie sicher, dass das PSU sicher montiert ist und alle Kabel ordnungsgemäß angeschlossen sind.

Anschluss des Netzteils

Das Netzteil ist entscheidend für die Stromversorgung aller Komponenten im Mining-Rig. Stellen Sie sicher, dass das von Ihnen gewählte PSU über ausreichend PCIe-Anschlüsse verfügt, um die Anzahl der GPUs, die Sie verwenden möchten, zu unterstützen. Schließen Sie die entsprechenden Stromkabel vom PSU an das Motherboard und andere Komponenten wie die GPUs an. Ein ordnungsgemäßer Anschluss des PSU stellt sicher, dass jede Komponente die notwendige Energie für einen optimalen Betrieb erhält [300].

Einrichtung der PCIe-Riser-Karten und GPUs

PCIe-Riser-Karten sind unerlässlich, um GPUs mit dem Motherboard zu verbinden, was eine flexible Platzierung und Ausrichtung der GPUs innerhalb des Mining-Rigs ermöglicht. Um die PCIe-Riser-Karten einzurichten, folgen Sie diesen Schritten [300]:

1. **PCIe-Riser an die GPU anschließen:** Schieben Sie die PCIe-Riser-Karte auf die Grafikkarte (GPU). Die Riser-Karte bietet eine physische Verbindung zwischen der GPU und dem Motherboard.

2. **USB-Kabel anschließen:** Schließen Sie ein Ende des USB-Kabels an die GPU und das andere Ende an den PCIe x1-Adapter an. Dieses Kabel stellt eine Verbindung zwischen der GPU und dem Motherboard her.

3. **An das Motherboard anschließen:** Stecken Sie den USB-zu-PCIe x1-Adapter in den entsprechenden Slot auf dem Motherboard. Diese Verbindung ermöglicht es dem Motherboard, über den Riser mit der GPU zu kommunizieren.

Durch die korrekte Einrichtung der PCIe-Riser-Karten verbessern Sie die Konnektivität zwischen den GPUs und dem Motherboard, was die Mining-Leistung und das potenzielle Gewinnpotenzial des Rigs erheblich steigern kann. Darüber hinaus helfen PCIe-Riser-Karten, den Luftstrom um die GPUs zu verbessern, wodurch die Wärmeentwicklung reduziert und die Stabilität sowie Leistung der Mining-Hardware erhalten bleibt.

Konfiguration Ihres Mining-Rigs

Nachdem Sie Ihr Mining-Rig zusammengebaut haben, ist der nächste entscheidende Schritt die Konfiguration, um sicherzustellen, dass es effizient und effektiv für das Mining arbeitet. Dieser Prozess umfasst das Anpassen der BIOS-Einstellungen, das Einrichten des Betriebssystems und das Installieren der geeigneten Mining-Software. Jeder Schritt ist entscheidend, um die Leistung und Stabilität Ihrer Mining-Operationen zu optimieren.

BIOS-Konfiguration für Mining

Die BIOS-Konfiguration (Basic Input/Output System) ist ein grundlegender Schritt zur Optimierung Ihres Mining-Rigs. Greifen Sie auf das BIOS-Menü zu, indem Sie während des ersten Starts Ihres Computers entweder die Del- oder F2-Taste drücken. Dieses Menü ermöglicht es Ihnen, mehrere wichtige Einstellungen anzupassen, die die Mining-Leistung erheblich beeinflussen können.

1. **PCI-e Gen Geschwindigkeit:** Die PCI Express (PCI-e) Slots auf Ihrem Motherboard werden verwendet, um GPUs anzuschließen. Die Anpassung der PCI-e Gen Geschwindigkeit kann helfen, die Stabilität und Leistung der GPUs zu verbessern. Stellen Sie die PCI-e Gen Geschwindigkeit auf eine niedrigere Version wie Gen 1 oder Gen 2 ein, wenn Sie bei höheren Geschwindigkeiten Instabilitäten feststellen. Diese Einstellung stellt sicher, dass die GPUs korrekt erkannt werden und ohne Fehler arbeiten können.

2. **Mining-Modus:** Einige Motherboards verfügen über einen speziellen „Mining-Modus“ oder „Crypto Mining Mode“ im BIOS. Die Aktivierung dieses Modus kann die Einstellungen des Motherboards für Mining-Operationen optimieren und die Leistung und Stabilität verbessern. Dieser Modus kann verschiedene Parameter anpassen, einschließlich der Energieeinstellungen und Slot-Konfigurationen, um Mining-Aktivitäten besser zu unterstützen.

3. **Boot-Reihenfolge:** Die Festlegung der Boot-Reihenfolge bestimmt, von welchem Gerät das System zuerst startet. Stellen Sie sicher, dass die Boot-Reihenfolge so konfiguriert ist, dass vom primären Speichergerät, auf dem das Betriebssystem installiert ist, gebootet wird. Diese Einstellung stellt sicher, dass das Rig korrekt startet und das Betriebssystem ohne Probleme lädt.

4. **Primäre Videoausgabe:** In einem Mining-Rig mit mehreren GPUs kann es wichtig sein, die primäre Videoausgabe auf die integrierte Grafikkarte oder eine bestimmte GPU einzustellen. Diese Einstellung sorgt dafür, dass das System den richtigen Display-Ausgang verwendet, insbesondere wenn Sie eine dedizierte GPU für das Mining und nicht für Anzeigefunktionen verwenden.

Nachdem Sie die erforderlichen Anpassungen im BIOS vorgenommen haben, speichern Sie die Änderungen, indem Sie die F10-Taste drücken, und verlassen Sie das BIOS-Menü, indem Sie die ESC-Taste drücken. Dies stellt sicher, dass alle Änderungen angewendet werden und das System mit den neuen Einstellungen neu gestartet wird.

Einrichten des Betriebssystems

Nachdem Sie das BIOS konfiguriert haben, besteht der nächste Schritt darin, das Betriebssystem (OS) auf Ihrem Mining-Rig einzurichten. Für die meisten Mining-Rigs werden häufig Windows- oder Linux-basierte Betriebssysteme verwendet. Stellen Sie sicher, dass das OS auf Ihrem primären Speichergerät, wie einer SSD, installiert ist, um schnellere Boot-Zeiten und verbesserte Leistung zu gewährleisten [300].

1. **Installieren des Betriebssystems:** Befolgen Sie das Standardverfahren zur Installation Ihres gewählten OS. Bei Windows verwenden Sie ein bootfähiges USB-Laufwerk oder Installationsmedium. Für Linux können Sie ein ähnliches Verfahren verwenden oder ein bootfähiges USB-Laufwerk mit einer mining-freundlichen Linux-Distribution erstellen.

2. **Installieren der Treiber:** Nach der Installation des OS stellen Sie sicher, dass alle erforderlichen Treiber installiert sind, insbesondere für die GPUs. Richtige Treiber sind entscheidend, damit die GPUs optimal funktionieren und das System sie effektiv erkennen und nutzen kann.

Installation der Mining-Software

Mit dem OS und den Treibern eingerichtet, können Sie nun die Mining-Software installieren. Mining-Software wird verwendet, um Ihr Rig mit einem Mining-Pool zu verbinden und den Mining-Prozess zu verwalten [300].

1. **Mining-Software auswählen:** Wählen Sie eine Mining-Software aus, die mit der Kryptowährung kompatibel ist, die Sie minen möchten. Beliebte Optio-

nen sind NiceHash, Claymore und CGMiner, unter anderem. Die Wahl der Software hängt von den spezifischen Algorithmen der Kryptowährung und der Hardware-Kompatibilität ab.

2. **Mining-Software konfigurieren:** Nach der Installation konfigurieren Sie die Mining-Software, um sich mit Ihrem gewählten Mining-Pool zu verbinden. Geben Sie die Adresse des Pools, Ihre Wallet-Adresse und andere notwendige Parameter in die Konfigurationsdatei oder das Einstellungsmenü der Software ein. Diese Einrichtung ermöglicht es Ihrem Mining-Rig, am Mining-Pool teilzunehmen und bei der Blocklösung mitzuhelfen.

3. **Mining starten:** Starten Sie die Mining-Software und überwachen Sie deren Leistung. Stellen Sie sicher, dass das Rig innerhalb sicherer Temperaturbereiche arbeitet und alle Komponenten korrekt funktionieren. Überprüfen Sie regelmäßig das Dashboard der Mining-Software auf Leistungskennzahlen und Verdienste.

Einrichtung des Betriebssystems für ein Mining-Rig

Die Einrichtung des Betriebssystems ist ein entscheidender Schritt, um sicherzustellen, dass Ihr Mining-Rig optimal funktioniert. Bei der Verwendung eines Windows-Betriebssystems müssen mehrere wichtige Aufgaben abgeschlossen werden, um das System für das Mining zu konfigurieren. Diese Aufgaben umfassen das Überprüfen der GPU-Erkennung, das Aktualisieren der Treiber, das Anpassen der Energieeinstellungen und das Konfigurieren des virtuellen Speichers.

Überprüfen der GPU-Erkennung

Der erste Schritt zur Konfiguration eines Windows-basierten Mining-Rigs besteht darin, sicherzustellen, dass alle GPUs vom Betriebssystem korrekt erkannt werden. Dieser Prozess umfasst die Überprüfung, ob jede GPU erkannt und ordnungsgemäß im System funktioniert.

1. **Geräte-Manager öffnen:** Greifen Sie auf den Geräte-Manager zu, indem Sie mit der rechten Maustaste auf das Startmenü klicken und „Geräte-Manager" aus der Liste auswählen. Dieses Dienstprogramm bietet einen Überblick über alle Hardwarekomponenten, die mit Ihrem System verbunden sind.

2. **GPU-Auflistung überprüfen:** Erweitern Sie im Geräte-Manager den Abschnitt „Grafikkarten", um die Liste der in Ihrem Mining-Rig installierten

GPUs zu sehen. Stellen Sie sicher, dass jede GPU in der Liste angezeigt wird, ohne Warnsymbole wie gelbe Ausrufezeichen, die auf Probleme mit der Hardware hinweisen.

3. **GPU-Status überprüfen:** Wenn einige GPUs nicht erkannt werden oder Fehler anzeigen, beheben Sie das Problem, indem Sie die physischen Verbindungen überprüfen, sicherstellen, dass die Stromkabel ordnungsgemäß angeschlossen sind, und die GPUs in ihren Slots neu einsetzen. Falls nötig, ziehen Sie das Troubleshooting-Handbuch des GPU-Herstellers zurate.

Aktualisierung der GPU-Treiber

Ordnungsgemäße GPU-Treiber sind entscheidend für optimale Leistung und Stabilität. Aktualisierte Treiber stellen sicher, dass die GPUs effizient arbeiten können und vollständig mit der Mining-Software kompatibel sind.

1. **Neueste Treiber herunterladen:** Besuchen Sie die offizielle Website des GPU-Herstellers, wie NVIDIA oder AMD, und laden Sie die neuesten Treiber für Ihre spezifischen GPU-Modelle herunter.

2. **Treiber installieren:** Führen Sie die heruntergeladenen Treiber-Installationsdateien aus und folgen Sie den Anweisungen auf dem Bildschirm, um die Treiber zu installieren. Es wird allgemein empfohlen, eine saubere Installation durchzuführen, um mögliche Konflikte mit früheren Treiberversionen zu vermeiden.

3. **System neu starten:** Starten Sie nach der Installation der Treiber Ihren Computer neu, um sicherzustellen, dass die Änderungen wirksam werden und das System die neuen Treiber erkennt.

Anpassen der Energieeinstellungen

Um die Mining-Effizienz zu maximieren, müssen Sie die Energieeinstellungen anpassen, um zu verhindern, dass der Computer in den Energiesparmodus wechselt, und um die Leistung zu optimieren.

1. **Energieeinstellungen aufrufen:** Öffnen Sie die Systemsteuerung und

navigieren Sie zu „System und Sicherheit“, dann wählen Sie „Energieoptionen“.

2. **Energiesparplaneinstellungen ändern:** Klicken Sie neben dem ausgewählten Energiesparplan auf „Energiesparplaneinstellungen ändern“. Wählen Sie dann „Erweiterte Energieeinstellungen ändern“, um detaillierte Energieverwaltungsoptionen aufzurufen.

3. **Schlafoptionen festlegen:** Im Menü „Erweiterte Einstellungen“ suchen Sie den Abschnitt „Ruhezustand“ und stellen Sie die Option „Ruhezustand nach“ für sowohl „Betrieb am Akku“ als auch „Betrieb am Netz“ auf „Nie“. Dies verhindert, dass der Computer in den Ruhezustand wechselt, was den Mining-Betrieb unterbrechen könnte.

4. **Leistungseinstellungen anpassen:** Stellen Sie auch sicher, dass die Einstellung „Bildschirm ausschalten“ auf einen Zeitraum festgelegt ist, der für Ihre Einrichtung bequem ist, oder auf „Nie“, wenn Sie den Bildschirm während des Minings eingeschaltet lassen möchten.

Konfigurieren des virtuellen Speichers

Richtige Einstellungen für den virtuellen Speicher sind entscheidend, um die Systemstabilität und Leistung während des Mining-Betriebs aufrechtzuerhalten. Der virtuelle Speicher fungiert als Erweiterung des Arbeitsspeichers Ihres Systems und hilft bei der Verwaltung großer Datenmengen.

1. **Einstellungen für den virtuellen Speicher aufrufen:** Klicken Sie mit der rechten Maustaste auf „Dieser PC“ oder „Computer“ auf dem Desktop oder im Datei-Explorer und wählen Sie „Eigenschaften“. Klicken Sie dann auf „Erweiterte Systemeinstellungen“ und navigieren Sie zum Tab „Erweitert“. Unter „Leistung“ klicken Sie auf „Einstellungen“ und wechseln dann zum Tab „Erweitert“.

2. **Größe der Auslagerungsdatei anpassen:** Klicken Sie im Abschnitt „Virtueller Speicher“ auf „Ändern“, um die Einstellungen für die Auslagerungsdatei aufzurufen. Deaktivieren Sie die Option „Größe der Auslagerungsdatei für alle

Laufwerke automatisch verwalten".

3. **Benutzerdefinierte Größe festlegen:** Wählen Sie das Laufwerk aus, auf dem Sie den virtuellen Speicher festlegen möchten (in der Regel das Laufwerk C:). Wählen Sie die Option „Benutzerdefinierte Größe" und stellen Sie sowohl die „Anfangsgröße" als auch die „Maximalgröße" auf 16384 MB (16 GB) ein. Dies bietet ausreichend virtuellen Speicher zur Unterstützung der Mining-Aktivitäten und gewährleistet eine reibungslose Leistung.

4. **Übernehmen und neu starten:** Klicken Sie auf „Festlegen", um die neuen Einstellungen anzuwenden, und dann auf „OK", um zu bestätigen. Starten Sie Ihren Computer neu, um sicherzustellen, dass die neuen virtuellen Speichereinstellungen wirksam werden.

Installation der Mining-Software

Die Installation der Mining-Software ist ein entscheidender Schritt im Kryptowährungs-Mining-Prozess, da sie es Ihrem Mining-Rig ermöglicht, die erforderlichen Berechnungen durchzuführen, um Kryptowährung zu minen und sich mit einem Mining-Pool zu verbinden. Mining-Software fungiert als Brücke zwischen Ihrer Hardware und dem Blockchain-Netzwerk und übernimmt Aufgaben wie das Verwalten von Mining-Betrieb, die Kommunikation mit dem Mining-Pool und das Melden von Ergebnissen. Zu den beliebten Mining-Software-Optionen gehören CGMiner, EasyMiner und Kryptex, jede mit eigenen Funktionen und Kompatibilität mit verschiedenen Kryptowährungen.

- **Die richtige Software wählen:** Die Wahl der Mining-Software hängt von der Kryptowährung ab, die Sie minen möchten, und der Hardware, die Sie verwenden. Zum Beispiel ist CGMiner für seine Vielseitigkeit bekannt und unterstützt verschiedene Kryptowährungen, ist jedoch komplexer in der Einrichtung. EasyMiner ist benutzerfreundlich und bietet eine grafische Oberfläche, was es zu einer guten Wahl für Anfänger macht. Kryptex bietet einen unkomplizierten Einrichtungsprozess und unterstützt mehrere Kryptowährungen, was Flexibilität für Miner bietet. Stellen Sie sicher, dass Sie Mining-Software auswählen, die mit Ihrer gewählten Kryptowährung und der Konfiguration Ihres Mining-Rigs kompatibel ist.

- **Konfigurieren der Mining-Software:** Nach Auswahl und Installation der Mining-Software erfolgt der nächste Schritt: die Konfiguration. Dies umfasst mehrere wichtige Aufgaben:
  - **Mining-Pool-Adresse eingeben:** Mining-Pools sind Gruppen von Minern, die ihre Rechenleistung über ein Netzwerk teilen und die Belohnungen anteilig aufteilen. Sie müssen die Adresse des Mining-Pools eingeben, dem Sie beitreten möchten. Diese Adresse leitet Ihre Mining-Software an den richtigen Pool weiter, um Arbeit einzureichen und Belohnungen zu erhalten.
  - **Benutzername und Passwort eingeben:** Die meisten Mining-Pools erfordern die Erstellung eines Kontos, und Sie müssen Ihren Benutzernamen und Ihr Passwort eingeben, die mit diesem Konto verknüpft sind. Diese Informationen authentifizieren Ihre Verbindung zum Pool und stellen sicher, dass Ihre Mining-Bemühungen korrekt Ihrem Konto zugeordnet werden.
  - **Kryptowährung angeben:** Die Mining-Software muss so konfiguriert werden, dass sie die spezifische Kryptowährung minen kann, die Sie gewählt haben. Dies erfolgt in der Regel durch Auswahl der entsprechenden Option in den Software-Einstellungen oder durch manuelles Eingeben der relevanten Details.
  - **Anzahl der GPUs angeben:** Wenn Ihr Mining-Rig über mehrere GPUs verfügt, müssen Sie die Anzahl der GPUs angeben, die die Software nutzen soll. Eine ordnungsgemäße Konfiguration stellt sicher, dass alle verfügbaren Hardware-Ressourcen effizient genutzt werden, um die Mining-Ausbeute zu maximieren.
- **Mining-Prozess starten:** Nachdem alle Einstellungen konfiguriert sind, starten Sie den Mining-Prozess, indem Sie auf die Schaltfläche „Mining starten" in der Software klicken. Die Software beginnt, Mining-Algorithmen auszuführen, sich mit dem Mining-Pool zu verbinden und die erforderlichen Berechnungen zur Mining von Kryptowährung durchzuführen. Regelmäßige Überwachung der Software-Leistung ist wichtig, um sicherzustellen, dass alles

reibungslos läuft und um etwaige auftretende Probleme zu beheben.

Wahl der Kryptowährung und des Mining-Pools

Die Auswahl der richtigen Kryptowährung zum Mining und der Beitritt zu einem geeigneten Mining-Pool sind wesentliche Schritte zur Optimierung Ihrer Mining-Aktivitäten.

- **Kryptowährung wählen:** Die Rentabilität des Minings variiert erheblich je nach der gewählten Kryptowährung. Zu berücksichtigende Faktoren sind:
    - **Rentabilität:** Verwenden Sie Rentabilitätsrechner wie WhatToMine, minerstat und 2CryptoCalc, um zu bewerten, welche Kryptowährung die besten Renditen basierend auf Ihrer Hardware-Konfiguration, Stromkosten und aktuellen Netzwerkbedingungen bietet. Diese Rechner geben Schätzungen der potenziellen Einnahmen und helfen Ihnen, informierte Entscheidungen darüber zu treffen, welche Kryptowährung Sie minen sollten.
    - **Konsensmechanismus:** Verschiedene Kryptowährungen verwenden verschiedene Konsensmechanismen wie Proof of Work (PoW) oder Proof of Stake (PoS). Für Mining-Zwecke sollten Sie sich auf PoW-basierte Kryptowährungen konzentrieren, die zu Ihren Hardwarefähigkeiten passen.
    - **Persönliche Vorlieben:** Berücksichtigen Sie Ihre persönlichen Interessen und die langfristige Lebensfähigkeit der Kryptowährung. Einige Miner bevorzugen es, aufstrebende Projekte oder solche mit spezifischen technologischen Fortschritten zu unterstützen.
- **Beitritt zu einem Mining-Pool:** Der Beitritt zu einem Mining-Pool kann Ihre Chancen erheblich erhöhen, einen Block erfolgreich zu minen und Belohnungen zu erhalten, da die kombinierte Rechenleistung des Pools die Wahrscheinlichkeit erhöht, kryptografische Rätsel zu lösen.
    - **Konto einrichten:** Registrieren Sie ein Konto beim ausgewählten Mining-Pool. Dieser Prozess umfasst in der Regel die Angabe eines Benutzer-

namens, einer E-Mail-Adresse und manchmal zusätzlicher Details wie Zahlungsinformationen.

- **Mining-Software konfigurieren:** Geben Sie die Adresse des Mining-Pools, Ihre Kontodaten und andere erforderliche Einstellungen in Ihre Mining-Software ein. Diese Konfiguration ermöglicht es Ihrem Mining-Rig, mit dem Pool zu kommunizieren und Mining-Ergebnisse einzureichen.
- **Wallet verbinden:** Verknüpfen Sie Ihre Kryptowährungs-Wallet mit dem Mining-Pool. Diese Wallet wird die Belohnungen aus dem Mining erhalten. Stellen Sie sicher, dass die Wallet-Adresse korrekt eingegeben ist, um den Verlust von Einnahmen zu vermeiden.
- **Mining starten:** Nach Abschluss der Einrichtung starten Sie den Mining-Prozess. Überwachen Sie die Mining-Software und das Pool-Dashboard, um die Leistung, Einnahmen und mögliche Probleme im Blick zu behalten.

Umweltauswirkungen und Nachhaltigkeit

Globale Energienutzung des Bitcoin-Minings

Laut einer Studie der United Nations University und des Journals *Earth's Future* verbrauchte das Bitcoin-Mining im Zeitraum 2020–2021 erstaunliche 173,42 Terawattstunden (TWh) Strom [301]. Dieser Energieverbrauch würde Bitcoin hypothetisch auf den 27. Platz der energieverbrauchendsten Länder weltweit setzen, noch vor Pakistan, einem Land mit mehr als 230 Millionen Einwohnern [301]. Die Umweltbelastung ist ebenso erschreckend; der CO2-Fußabdruck des Bitcoin-Minings in diesem Zeitraum entsprach dem Verbrennen von 84 Milliarden Pfund Kohle oder dem Betrieb von 190 Erdgaskraftwerken [301]. Um diesen CO2-Fußabdruck auszugleichen, müssten etwa 3,9 Milliarden Bäume gepflanzt werden, was einer Fläche entspricht, die vergleichbar mit den Niederlanden, der Schweiz, Dänemark oder 7% des Amazonas-Regenwaldes ist [301].

Diese enorme Umweltbelastung verdeutlicht die erheblichen Energieanforderungen des Bitcoin-Minings.

Wasser- und Landverbrauch

Das Bitcoin-Mining belastet auch erheblich Wasserressourcen und Landnutzung. Der globale Wasserverbrauch des Bitcoin-Minings im Jahr 2020–2021 entsprach der Menge, die nötig wäre, um über 660.000 olympische Schwimmbecken zu füllen, eine Menge, die den Wasserbedarf von mehr als 300 Millionen Menschen in ländlichen Gebieten Sub-Sahara-Afrikas decken könnte [301]. Darüber hinaus betrug der Landverbrauch der Bitcoin-Mining-Aktivitäten in diesem Zeitraum das 1,4-fache der Größe von Los Angeles. Diese Zahlen unterstreichen den umfangreichen ökologischen Fußabdruck der Bitcoin-Mining-Operationen, der über den reinen Energieverbrauch hinausgeht.

Energiequellenaufteilung

Die Energieversorgung des Bitcoin-Minings basiert stark auf fossilen Brennstoffen. Laut dem Bericht entfiel 45% des Energiebedarfs von Bitcoin auf Kohle, gefolgt von Erdgas mit 21% [301]. Wasserkraft, trotz ihrer erheblichen Wasser- und Umweltbelastungen, war die größte erneuerbare Energiequelle und deckte 16% des Strombedarfs von Bitcoin. Auch die Kernenergie spielte eine wesentliche Rolle und lieferte 9% des gesamten Stroms für das Bitcoin-Mining. Im Gegensatz dazu waren erneuerbare Quellen wie Solar- und Windenergie nur minimal, mit jeweils nur 2% und 5% [301]. Diese Abhängigkeit von fossilen Brennstoffen verdeutlicht die Notwendigkeit nachhaltigerer Energienutzung im Kryptowährungssektor.

Geografische Verteilung und Auswirkungen

China war in diesem Zeitraum bei weitem das führende Bitcoin-Mining-Land und übertraf andere Länder deutlich. Um die CO2-Emissionen aus Chinas kohlenstoffintensiven Bitcoin-Mining-Operationen im Jahr 2021–2022 auszugleichen, müssten etwa 2 Milliarden Bäume gepflanzt werden, was einer Fläche entspricht, die Portugal und Irland zusammen oder 45.000 Mal die Größe des Central Parks in New York City abdecken würde. Weitere bedeutende Bitcoin-Mining-Nationen waren die USA, Kasachstan, Russland, Malaysia, Kanada, Deutschland, Iran, Irland und Singapur. Trotz des bedeutenden Anteils von China sank der Anteil des Landes am Bitcoin-Mining von 73% im Jahr 2020 auf 21% im Jahr 2022 aufgrund von Regierungsregulierungen [301]. Dieser Rückgang führte zu höheren Anteilen für die USA und Kasachstan.

Umweltfolgen und Zukunftsausblick

Die Umweltbelastungen des Bitcoin-Minings sind erheblich, da 67% des Stroms im Zeitraum 2020–2021 aus fossilen Energiequellen stammten. Allein die CO2-Emissionen des Bitcoin-Minings in diesem Zeitraum überschritten 85,89 Megatonnen (Mt) CO2 [301]. Dieses Niveau an Treibhausgasemissionen stellt ein ernstes Risiko dar, die globale Erwärmung über das Ziel des Pariser Abkommens hinaus zu treiben, das eine Begrenzung des Temperaturanstiegs auf unter 2 Grad Celsius vorsieht. Die zehn größten Bitcoin-Mining-Nationen sind für 92-94% des globalen CO2-, Wasser- und Landfußabdrucks von Bitcoin verantwortlich [301].

Um diese Auswirkungen zu mindern, ist es entscheidend, regulatorische Maßnahmen und technologische Innovationen zu erforschen. Dringende Eingriffe sind erforderlich, um die Umweltprobleme des wachsenden Kryptowährungssektors zu bewältigen. Länder mit niedrigen Strompreisen, wie Kasachstan, ziehen weiterhin Bitcoin-Miner aufgrund finanzieller Anreize an, trotz der Abhängigkeit von nicht erneuerbaren Energiequellen. Die Bewältigung dieser Probleme erfordert eine gemeinsame Anstrengung zur Förderung nachhaltigerer Praktiken und Energiequellen innerhalb der Kryptowährungsindustrie.

Strom ist das Rückgrat der Kryptowährungs-Mining-Operationen, wodurch seine Verfügbarkeit und Zuverlässigkeit von entscheidender Bedeutung sind. Für Miner ist die Sicherstellung einer stabilen und unterbrechungsfreien Stromversorgung aufgrund der kontinuierlichen Rechenanforderungen des Mining-Prozesses entscheidend. Ein wichtiger Aspekt ist die Redundanz der Stromversorgung; jede Störung kann den Mining-Betrieb zum Stillstand bringen und zu potenziellen finanziellen Verlusten führen. Texas hat sich zu einem bedeutenden Zentrum für Bitcoin-Mining entwickelt, da es vergleichsweise niedrige Energiekosten bietet. Potenzielle Investoren sollten jedoch die

Schwachstellen im Stromnetz von Texas beachten, da die Zuverlässigkeit ein Problem darstellen kann. Stromausfälle oder Instabilität im Netz könnten den Mining-Betrieb erheblich beeinträchtigen, was die Notwendigkeit von Backup-Stromlösungen und einer sorgfältigen Bewertung der lokalen Energieinfrastruktur unterstreicht [296].

Die Kosten für Strom beeinflussen direkt die Rentabilität der Mining-Aktivitäten. Für zeitgenössische Mining-Operationen können Stromkosten über 0,05 $ pro Kilowattstunde (kWh) das Mining unprofitabel machen. Im Jahr 2022 führte ein Anstieg der Stromkosten in den Vereinigten Staaten zu erhöhten Betriebskosten für Mining-Unternehmen, was einige an den Rand der finanziellen Not oder sogar in die Insolvenz brachte [296]. Dies verdeutlicht die entscheidende Rolle der Energiekosten in der Gesamtkostenstruktur des Minings und die Notwendigkeit für Miner, kostengünstigen Strom zu sichern, um die Rentabilität zu erhalten. Hohe Stromkosten können das Endergebnis erheblich beeinträchtigen, was es für Miner unerlässlich macht, ihre Energiekosten kontinuierlich zu überwachen und zu verwalten [296].

Regulatorische Faktoren stellen eine zusätzliche Risikostufe für Kryptowährungs-Miner dar. Länder wie China haben zuvor Einschränkungen beim Mining aufgrund des Energieverbrauchs und der Umweltbedenken verhängt, und andere Nationen, einschließlich Kasachstan und Island, haben ähnliche Maßnahmen getroffen, um die Nachfrage auf ihren Energiesystemen zu kontrollieren. In den Vereinigten Staaten haben einige Staaten das Bitcoin-Mining begrüßt und Anreize angeboten, doch es gibt zunehmende bundesstaatliche Überprüfungen. Neue Steuerberichterstattungspflichten und eine verstärkte Aufsicht durch Agenturen wie die Federal Reserve stehen bevor. Diese sich entwickelnde regulatorische Landschaft erfordert Wachsamkeit von den Minern, da Änderungen in den Vorschriften erhebliche Auswirkungen auf ihre Operationen und Rentabilität haben können [296].

Die Umweltfolgen des Bitcoin-Minings sind ein bedeutendes Anliegen mit erheblichen ethischen und reputationsbezogenen Implikationen. Der hohe Energieverbrauch im Zusammenhang mit Mining-Operationen hat zu Kritik hinsichtlich seines CO2-Fußabdrucks geführt. Berichte wie die von *The New York Times* haben den umfangreichen Stromverbrauch der Bitcoin-Mining-Operationen hervorgehoben und mit dem jährlichen Energieverbrauch ganzer Länder wie Finnland verglichen. Im Durchschnitt erfordert das Mining eines einzelnen Bitcoins etwa 155.000 kWh, ein krasser Gegensatz zu den 900 kWh, die ein durchschnittlicher US-Haushalt pro Monat verbraucht [296].

Da Klima- und Umweltfragen zunehmend an Bedeutung gewinnen, priorisieren Unternehmen branchenübergreifend die Reduzierung von Kohlenstoffemissionen. Beispielsweise hat Tesla seine Bitcoin-Käufe aufgrund von Umweltbedenken pausiert, aber signalisiert, dass man bereit sei, Transaktionen wieder aufzunehmen, sobald ein erheblicher Teil des Bitcoin-Minings erneuerbare Energiequellen nutzt [296]. In Reaktion darauf wechseln einige Mining-Unternehmen zu erneuerbaren Energiequellen oder nutzen überschüssige Energie aus erneuerbaren Ressourcen. Innovationen wie die Nutzung von abgefackeltem Erdgas, überschüssiger Solar- oder Windenergie und Wasserkraft aus Staudammüberläufen werden untersucht. Diese Strategien müssen jedoch sicherstellen, dass sie die gesamte Energienachfrage nicht unbeabsichtigt erhöhen [296].

13 Smart Contracts und DApps

Kryptowährungs-Smart Contracts sind selbstausführende Verträge, bei denen die Vertragsbedingungen direkt in den Code geschrieben sind. Sie arbeiten auf Blockchain-Netzwerken, am häufigsten auf Plattformen wie Ethereum, die Smart Contract-Funktionalität unterstützen. Smart Contracts automatisieren die Ausführung von vertraglichen Vereinbarungen, sobald vordefinierte Bedingungen erfüllt sind, wodurch die Notwendigkeit für Vermittler entfällt und das Risiko von Betrug oder Manipulation reduziert wird.

Verständnis von Smart Contracts

Smart Contracts funktionieren als programmierbare Skripte auf einer Blockchain, die automatisch die Bedingungen eines Vertrags basierend auf den kodierten Bedingungen durchsetzen und ausführen. Wenn ein Smart Contract auf einer Blockchain bereitgestellt wird, wird er in einem dezentralen Netzwerk von Knoten gespeichert, wodurch er unveränderlich und transparent wird. Der Code des Vertrags legt die Regeln und Vorschriften der Vereinbarung fest und führt automatisch aus, wenn diese Bedingungen erfüllt sind. Zum Beispiel wird in einer Token-Übertragungsvereinbarung ein Smart Contract die Übertragung ausführen, sobald der Sender die erforderlichen Mittel bereitstellt und die Adresse des Empfängers verifiziert ist. Dieser Prozess eliminiert manuelle Eingriffe und sorgt für Genauigkeit.

Ein bedeutender Vorteil von Smart Contracts ist ihre Fähigkeit, autonom ohne menschliches Eingreifen zu arbeiten. Dies führt zu erhöhter Effizienz und Geschwindigkeit bei der Ausführung von Vereinbarungen. Smart Contracts bieten auch Transparenz, da alle Transaktionen und Vertragsausführungen auf der Blockchain aufgezeichnet werden und von jedem mit Zugriff überprüft werden können. Darüber hinaus erhöhen sie die Sicherheit durch die Verwendung kryptografischer Algorithmen zum Schutz der Daten und reduzieren das Risiko von Manipulation oder Betrug. Zusätzlich senkt die Beseitigung von Vermittlern die Kosten, die mit der traditionellen Vertragsdurchsetzung und -verwaltung verbunden sind.

Smart Contracts haben eine breite Palette von Anwendungen in verschiedenen Sektoren. Im Finanzbereich werden sie auf Plattformen für dezentrale Finanzen (DeFi) verwendet, um Kreditvergaben, -aufnahmen und Handelsprozesse zu automatisieren. Im Immobilienbereich können Smart Contracts Immobilienkäufe erleichtern, indem sie automatisch das Eigentum nach Zahlungseingang übertragen. Das Lieferkettenmanagement profitiert von Smart Contracts, indem sie die Bestandsverfolgung automatisieren und Transparenz bei der Bewegung von Waren gewährleisten. Selbst im Rechtsbereich können sie genutzt werden, um selbstausführende Vereinbarungen zu erstellen und Compliance-Prüfungen zu automatisieren.

Trotz ihrer Vorteile sind Smart Contracts nicht ohne Herausforderungen. Eine große Sorge ist die Komplexität der Kodierung und das Potenzial für Programmierfehler, die unbeabsichtigte Konsequenzen oder Schwachstellen verursachen können. Die Unveränderlichkeit der Blockchain bedeutet, dass der Code eines Smart Contracts nach der Bereitstellung nicht mehr geändert werden kann, was problematisch sein kann, wenn Fehler entdeckt werden. Darüber hinaus sind Smart Contracts auf die Genauigkeit der von ihnen empfangenen Daten angewiesen; wenn die Eingabedaten fehlerhaft oder manipuliert sind, kann die Ausführung des Vertrags beeinträchtigt werden. Es treten auch rechtliche und regulatorische Überlegungen auf, da die dezentrale Natur von Smart Contracts Zuständigkeitsfragen und Durchsetzbarkeit komplizieren kann.

Die Bedeutung von Smart Contracts

Smart Contracts spielen eine zentrale Rolle im Blockchain-Ökosystem und dienen als Rückgrat für eine Vielzahl von dezentralen Anwendungen (dApps) und Finanzinstrumenten. Ihre Bedeutung ergibt sich aus ihrer Fähigkeit, vertragliche Vereinbarungen sicher und transparent zu automatisieren und durchzusetzen, wobei die unveränderliche Natur der Blockchain-Technologie genutzt wird. Durch die automatische Ausführung von Verträgen basierend auf vordefinierten Bedingungen eliminieren Smart Contracts die Notwendigkeit von Vermittlern, straffen Prozesse und senken Kosten, wodurch sie für Innovationen in verschiedenen Sektoren entscheidend sind [302].

Ermöglichung von dezentralen Anwendungen

Smart Contracts sind entscheidend für die Entwicklung dezentraler Anwendungen (dApps), die ohne zentrale Autorität oder Vermittler arbeiten. Diese Anwendungen nutzen die Blockchain-Technologie, um Dienstleistungen bereitzustellen und Transaktionen in einem dezentralen und vertrauenslosen Umfeld auszuführen. Zum Beispiel ermöglichen Smart Contracts im Bereich der dezentralen Finanzen (DeFi) komplexe Finanzoperationen wie Kreditvergabe, -aufnahme und Handel, ohne auf traditionelle Finanzinstitutionen angewiesen zu sein. Diese Dezentralisierung ermöglicht es Nutzern, direkt mit Finanzdienstleistungen zu interagieren, die Zugänglichkeit zu verbessern und die Kosten für Vermittler zu reduzieren [302].

Revolutionierung finanzieller Transaktionen

Einer der bedeutendsten Auswirkungen von Smart Contracts ist ihre Fähigkeit, traditionelle Finanzsysteme zu transformieren. DeFi-Anwendungen, die auf Smart Contracts basieren, ermöglichen es Nutzern, Finanzaktivitäten durchzuführen, ohne Banken oder andere Finanzvermittler zu benötigen. Plattformen wie Uniswap und Compound veranschaulichen diese Transformation. Uniswap ermöglicht Nutzern den direkten Handel von Kryptowährungen über eine dezentrale Börse, wobei Smart Contracts die Wechselkurse und die Transaktionsausführung übernehmen. Compound ermöglicht es Nutzern, Zinsen auf ihre Vermögenswerte zu verdienen oder Kredite aufzunehmen, ohne eine traditionelle Bank einzubeziehen. Ähnlich verwendet USDC, ein an den US-Dollar gebundener Stablecoin, Smart Contracts, um seinen Wert aufrechtzuerhalten und eine stabile digitale Währungsalternative zu bieten [302].

Optimierung und Automatisierung von Prozessen

Smart Contracts bieten bedeutende Vorteile, indem sie verschiedene Prozesse automatisieren, die traditionell manuelle Eingriffe erforderten. Zum Beispiel, wenn Sie Ethereum besitzen und es in USDC umwandeln möchten. Mit einer dezentralen Börse wie Uniswap können Sie diese Transaktion nahtlos über einen Smart Contract durchführen. Der Smart Contract findet den besten Wechselkurs, erleichtert den Handel und überträgt das USDC auf Ihre Brieftasche, ohne dass eine zentrale Autorität oder ein Vermittler erforderlich ist. Diese Automatisierung reduziert die Transaktionszeiten und -kosten und macht den Prozess effizienter und benutzerfreundlicher [302].

Sicherheit und Transparenz verbessern

Ein weiterer wichtiger Vorteil von Smart Contracts ist ihre Fähigkeit, erhöhte Sicherheit und Transparenz zu bieten. Sobald ein Smart Contract auf der Blockchain bereitgestellt wird, ist sein Code unveränderlich und transparent, was bedeutet, dass er nicht verändert oder manipuliert werden kann. Diese Unveränderlichkeit stellt sicher, dass die Bedingungen des Vertrags genau wie programmiert ausgeführt werden, wodurch das Risiko von Betrug reduziert und verlässliche sowie vorhersehbare Ergebnisse gewährleistet werden. Darüber hinaus bedeutet die dezentrale Natur der Blockchain-Technologie, dass Transaktionen auf einem öffentlichen Ledger aufgezeichnet werden, was Transparenz bietet und es Nutzern ermöglicht, die Ausführung und Ergebnisse des Vertrags zu überprüfen [302].

Herausforderungen traditioneller Finanzsysteme überwinden

Traditionelle Finanzsysteme sind oft mit hohen Kosten und Ineffizienzen verbunden, wie teuren Währungsumtauschgebühren und komplexen Kreditprozessen. Smart Contracts begegnen diesen Herausforderungen, indem sie direkte und automatisierte Transaktionen ermöglichen, Gebühren reduzieren und globalen Zugang zu Finanzdienstleistungen schaffen. Beispielsweise kann die Umwandlung von Währungen durch traditionelle Finanzsysteme aufgrund von Wechselkursänderungen und Gebühren zeitaufwendig und kostspielig sein. Ebenso erfordern Kreditvergabe und -aufnahme oft umfangreiche Bürokratie und Vermittler. Smart Contracts vereinfachen diese Prozesse, machen Finanztransaktionen effizienter und zugänglicher, insbesondere im globalen Kontext [302].

Wie Smart Contracts funktionieren

Smart Contracts, erstmals in den 1990er Jahren von dem Informatiker und Juristen Nick Szabo vorgeschlagen, sind digitale Vereinbarungen, die programmiert sind, um automatisch die Bedingungen eines Vertrags auszuführen und durchzusetzen. Szabo verglich sie mit einem Verkaufsautomaten, der den Verkaufsprozess eines Produkts automatisiert. Genauso wie ein Verkaufsautomat Zahlungen akzeptiert, ein Produkt ausgibt und Wechselgeld ohne menschliches Eingreifen bereitstellt, automatisieren Smart Contracts den Austausch von Werten oder Informationen gemäß vordefinierten Regeln. Diese Automatisierung ermöglicht es Smart Contracts, Transaktionen auszuführen und Vereinbarungen durchzusetzen, ohne dass Vermittler erforderlich sind [302].

Arten von Smart Contracts

Smart Contracts lassen sich in drei verschiedene Typen einteilen, von denen jeder einen spezifischen Zweck innerhalb des Blockchain-Ökosystems erfüllt. Diese Kategorien umfassen Smart Legal Contracts, Dezentrale Autonome Organisationen (DAOs) und Application Logic Contracts (ALCs). Jeder Typ spielt eine einzigartige Rolle und funktioniert nach unterschiedlichen Prinzipien und Strukturen [303]:

- **Smart Legal Contracts:** Smart Legal Contracts sind so gestaltet, dass sie traditionelle rechtliche Verträge widerspiegeln, aber durch Blockchain-Technologie ausgeführt und durchgesetzt werden. Diese Verträge folgen einer klaren „Wenn dies passiert, dann wird das passieren"-Logik und stellen sicher, dass die Bedingungen automatisch erfüllt werden, sobald vordefinierte Kriterien erfüllt sind. Zum Beispiel könnte ein Smart Legal Contract automatisch das Eigentum an einem Vermögenswert übertragen oder eine Zahlung freigeben, wenn bestimmte Bedingungen erfüllt sind, wie das Erreichen einer Frist oder die Verifizierung einer Bedingung. Die Unveränderlichkeit und Transparenz der Blockchain-Technologie bieten eine größere Sicherheit und Rechenschaftspflicht im Vergleich zu traditionellen Papierverträgen. Die digitale Natur dieser Verträge ermöglicht auch die Verwendung digitaler Signaturen, die den Verifizierungsprozess verbessern. Im Falle einer Nicht-Einhaltung könnten die beteiligten Parteien erhebliche rechtliche Konsequenzen erfahren, was die Notwendigkeit der Einhaltung der Vertragsbedingungen verstärkt.

- **Dezentrale Autonome Organisationen (DAOs):** Dezentrale Autonome Organisationen, oder DAOs, stellen eine einzigartige Form von Smart Contracts dar, bei denen die Governance und Entscheidungsfindung kollektiv ohne zentrale Autorität verwaltet werden. Ein DAO funktioniert durch eine Reihe von Regeln und Protokollen, die in einem Smart Contract auf der Blockchain kodiert sind. Mitglieder eines DAOs halten typischerweise Governance-Token, die ihnen Stimmrechte gewähren und ihnen ermöglichen, Entscheidungen bezüglich der Operationen, Finanzierung und anderer wichtiger Aspekte der Organisation zu beeinflussen. Der in den Smart Contract eingebettete Code bestimmt, wie das DAO funktioniert, einschließlich der Mittelzuweisung und Entscheidungsfindung. Ein Beispiel für ein DAO ist VitaDAO, das Blockchain-Technologie verwendet, um eine Gemeinschaft zu unterstützen, die sich auf wissenschaftliche Forschung konzentriert. DAOs bieten eine neuartige Möglichkeit, Organisationen durch dezentrale und demokratische Prozesse zu verwalten, wodurch die Notwendigkeit traditioneller Exekutivrollen und zentraler Kontrolle entfällt.

- **Application Logic Contracts (ALCs):** Application Logic Contracts (ALCs) sind Smart Contracts, die dazu entwickelt wurden, anwendungsspezifische Logik zu verwalten und auszuführen. Im Gegensatz zu Smart Legal Contracts, die auf menschlichen oder organisatorischen Vereinbarungen basieren, erleichtern ALCs die Interaktion zwischen Maschinen oder verschiedenen Blockchain-Verträgen. Diese Verträge sind entscheidend für Anwendungen, die eine nahtlose Integration und Kommunikation zwischen verschiedenen Geräten erfordern, wie sie im Internet der Dinge (IoT) zu finden sind. ALCs ermöglichen komplexe Interaktionen und Datenaustausche zwischen intelligenten Geräten, Anwendungen und anderen blockchain-basierten Verträgen. Ihre Rolle besteht darin, Prozesse zu automatisieren und Logik innerhalb einer bestimmten Anwendung oder eines Systems zu verwalten, um sicherzustellen, dass verschiedene Komponenten effizient und zuverlässig zusammenarbeiten.

Jeder Typ von Smart Contract erfüllt eine bestimmte Funktion innerhalb des Blockchain-Ökosystems und trägt zu einer Vielzahl von Anwendungen bei, von rechtlichen Vereinbarungen und organisatorischer Governance bis hin zu fortschrittlichen Maschineninteraktionen und Systemintegrationen [303].

Beliebte Plattformen und Zugänglichkeit

Ethereum, die am weitesten verbreitete Smart-Contract-Plattform, unterstützt die Erstellung und Bereitstellung von Smart Contracts über ihre Blockchain. Ethereum ist jedoch nicht allein in diesem Bereich; andere Blockchains wie EOS, Neo, Tezos, Tron, Polkadot und Algorand unterstützen ebenfalls Smart Contracts. Diese Verträge können von jedem mit den notwendigen Programmierkenntnissen entwickelt und bereitgestellt werden. Der Code der Smart Contracts wird auf der Blockchain gespeichert, wodurch er öffentlich zugänglich und verifizierbar ist. Diese Transparenz stellt sicher, dass jeder den Code des Vertrags einsehen kann, um dessen Logik und Funktionalität zu verstehen, bevor er sich damit beschäftigt [302].

Programmiersprachen und Transparenz

Smart Contracts werden je nach Blockchain, auf der sie bereitgestellt werden, in verschiedenen Programmiersprachen geschrieben. Zum Beispiel wird Solidity häufig für Ethereum-Smart Contracts verwendet, während Web Assembly und Michelson in anderen Blockchain-Umgebungen zum Einsatz kommen. Auf Ethereum wird der Code jedes Smart Contracts dauerhaft auf der Blockchain aufgezeichnet. Das bedeutet, dass jeder den Code und den aktuellen Zustand des Vertrags einsehen kann, was bei der Überprüfung der Ausführung des Vertrags hilft und sicherstellt, dass er den erwarteten Regeln und der Logik entspricht [302].

Ausführung und Konsens

Wenn ein Smart Contract Gelder oder Anweisungen erhält, wird sein Code über alle Knoten im Netzwerk ausgeführt. Jeder Knoten, also jeder Computer, der mit dem Blockchain-Netzwerk verbunden ist, speichert eine Kopie des Smart Contracts und seines aktuellen Zustands. Die Ausführung des Codes des Vertrags durch alle Knoten ist notwendig, um einen Konsens über das Ergebnis des Vertrags und den daraus resultierenden Wertfluss zu erreichen. Diese dezentrale Ausführung stellt sicher, dass Smart Contracts sicher und zuverlässig arbeiten können, ohne eine zentrale Autorität, selbst bei komplexen Transaktionen oder unbekannten Parteien [302].

Gasgebühren

Auf Plattformen wie Ethereum erfordert die Ausführung eines Smart Contracts die Zahlung einer Gebühr, die als „Gas" bekannt ist. Gasgebühren sind wichtig für den Betrieb des Netzwerks und die Entschädigung von Minern oder Validierern, die Transaktionen verarbeiten und validieren. Die Menge an Gas, die benötigt wird, hängt von der Komplexität des Vertrags und den Ressourcen ab, die für die Ausführung erforderlich sind. Diese Gebühren werden in der nativen Kryptowährung der Plattform bezahlt und sind notwendig, um Transaktionen und Smart Contracts auf der Blockchain auszuführen [302].

Unveränderlichkeit und Sicherheit

Sobald auf einer Blockchain bereitgestellt, sind Smart Contracts im Allgemeinen unveränderlich, was bedeutet, dass sie von ihren Erstellern oder anderen Parteien nicht geändert werden können. Diese Unveränderlichkeit stellt sicher, dass die Bedingungen des Vertrags unverändert bleiben und ein sicheres und zuverlässiges Framework für die Ausführung von Transaktionen bieten. Es gibt jedoch einige Ausnahmen, bei denen Smart Contracts mit erweiterbaren Funktionen oder Governance-Mechanismen entworfen sein können, die unter bestimmten Bedingungen Änderungen ermöglichen. Trotz dieser

Ausnahmen hilft das allgemeine Prinzip der Unveränderlichkeit, Zensur zu verhindern und sicherzustellen, dass der Vertrag wie ursprünglich beabsichtigt funktioniert [302].

Zusammenfassend lässt sich sagen, dass Smart Contracts eine wesentliche Rolle bei der Weiterentwicklung der Blockchain-Technologie spielen, indem sie die Entwicklung dezentraler Anwendungen ermöglichen und traditionelle Finanzsysteme transformieren. Sie bieten Automatisierung, Sicherheit und Transparenz, beheben Ineffizienzen und Barrieren im traditionellen Finanzwesen und eröffnen neue Möglichkeiten für Nutzer weltweit.

Bedeutung von Smart Contracts für Krypto-Investoren

Smart Contracts haben für Krypto-Investoren eine erhebliche Bedeutung, insbesondere aufgrund ihres transformativen Einflusses darauf, wie Transaktionen durchgeführt, Vermögenswerte verwaltet und Investitionen im Kryptowährungsbereich getätigt werden. Wichtige Aspekte ihrer Bedeutung umfassen:

- **Automatisierte und vertrauenslose Transaktionen:** Smart Contracts automatisieren Transaktionen basierend auf vordefinierten Regeln, wodurch die Notwendigkeit von Vermittlern entfällt. Für Krypto-Investoren bedeutet dies, dass Transaktionen automatisch und zuverlässig ausgeführt werden können, sobald die Bedingungen erfüllt sind. Diese Automatisierung reduziert das Risiko menschlicher Fehler und erhöht das Vertrauen in den Transaktionsprozess, da die Ausführung des Vertrags durch Code und nicht durch subjektive Interpretation geregelt wird.

- **Erhöhte Sicherheit und Transparenz:** Smart Contracts arbeiten mit Blockchain-Technologie, die Transparenz und Unveränderlichkeit bietet. Investoren können die Bedingungen und die Ausführung von Smart Contracts öffentlich auf der Blockchain überprüfen, um sicherzustellen, dass die Vereinbarungen wie beabsichtigt durchgesetzt werden. Die dezentrale Natur von Blockchains fügt ebenfalls eine Sicherheitsebene hinzu, da es keinen einzigen Schwachpunkt gibt, der ausgenutzt werden könnte.

- **DeFi und finanzielle Innovation:** Smart Contracts sind das Rückgrat von dezentralen Finanzanwendungen (DeFi), die eine Vielzahl von Finanzdienstleistungen ohne traditionelle Vermittler anbieten. Investoren können an verschiedenen DeFi-Aktivitäten teilnehmen, wie zum Beispiel Verleihen, Ausleihen und Handel, indem sie Smart Contracts nutzen. Dies eröffnet neue Möglichkeiten zur Erzielung von Erträgen, zur Verwaltung von Vermögenswerten und zum Zugang zu Finanzdienstleistungen auf dezentrale Weise.

- **Effiziente und kostengünstige Operationen:** Durch die Automatisierung von Prozessen und das Entfernen von Vermittlern können Smart Contracts Transaktionskosten und Bearbeitungszeiten erheblich reduzieren. Für Investoren bedeutet dies niedrigere Gebühren und schnellere Ausführung von Handels- und Transaktionsvorgängen, was die Gesamt-effizienz verbessert und potenziell die Renditen auf Investitionen erhöht.

- **Programmierte Anlagestrategien:** Smart Contracts ermöglichen die Erstellung komplexer, programmierbarer Anlagestrategien. Beispielsweise können Investoren Smart Contracts nutzen, um automatisierte Handelsstrategien zu implementieren, dezentrale Investmentfonds einzurichten oder tokenisierte Vermögenswerte mit spezifischen Regeln für deren Verwaltung zu schaffen. Diese Flexibilität erlaubt ausgefeiltere und maßgeschneiderte Anlageansätze.

- **Sicherheit und Betrugsprävention:** Der Einsatz von Smart Contracts minimiert das Risiko von Betrug und Manipulation. Die Bedingungen des Vertrags sind in die Blockchain kodiert, was es böswilligen Akteuren erschwert, die Vereinbarung zu ändern oder zu manipulieren. Investoren profitieren von erhöhter Sicherheit und einer geringeren Wahrscheinlichkeit von Streitigkeiten oder betrügerischen Aktivitäten.

- **Zugang zu neuen Finanzinstrumenten:** Smart Contracts ermöglichen die Erstellung und Verwaltung neuer Finanzinstrumente, wie tokenisierte Vermögenswerte und dezentrale Börsen. Investoren können auf eine breitere Palette von Investitionsmöglichkeiten zugreifen, einschließlich solcher, die möglicherweise nicht über traditionelle Finanzsysteme verfügbar sind. Diese Diversifizierung kann Investoren helfen, Risiken zu steuern und neue Wachstumswege zu erkunden.

- **Tokenisierung und Liquidität:** Smart Contracts erleichtern die Tokenisierung realer Vermögenswerte, wodurch diese auf der Blockchain dargestellt und gehandelt werden können. Dieser Prozess erhöht die Liquidität und bietet Investoren mehr Möglichkeiten zum Handel und zur Investition in eine Vielzahl von Vermögenswerten. Die Tokenisierung ermöglicht auch Bruchteilseigentum, wodurch hochpreisige Vermögenswerte für eine breitere Investorenbasis zugänglicher werden.

Die Beziehung zwischen Smart Contracts und dApps

Smart Contracts und dezentrale Anwendungen (dApps) sind tief miteinander verbunden, wobei Smart Contracts die grundlegende Technologie darstellen, auf der dApps aufgebaut sind. Das Verständnis ihrer Beziehung umfasst die Untersuchung, wie jedes Element funktioniert und wie sie zusammenarbeiten, um verschiedene dezentrale Funktionen zu ermöglichen.

Smart Contracts als Rückgrat von dApps

Smart Contracts sind selbstausführende Verträge, bei denen die Vertragsbedingungen direkt in Code geschrieben sind. Sie werden auf einer Blockchain bereitgestellt und führen automatisch vordefinierte Aktionen aus, wenn bestimmte Bedingungen erfüllt sind. Diese Verträge sind nach ihrer Bereitstellung unveränderlich, was bedeutet, dass ihr Code nicht geändert werden kann, und sie arbeiten ohne die Notwendigkeit einer zentralen Autorität. Die Hauptfunktion eines Smart Contracts besteht darin, die Verhandlung oder Erfüllung eines Vertrags zu erleichtern, zu überprüfen oder durchzusetzen, wodurch die Notwendigkeit von Vermittlern entfällt und das Risiko von Betrug reduziert wird.

Dezentrale Anwendungen (dApps) nutzen diese Smart Contracts, um verschiedene Funktionen innerhalb ihrer Systeme auszuführen. Im Wesentlichen basieren dApps auf Blockchain-Plattformen, die Smart Contracts unterstützen, wie Ethereum, Binance Smart Chain oder Solana. Die in diesen dApps eingebetteten Smart Contracts übernehmen die zugrunde liegende Logik und die Regeln, die die Funktionsweise der Anwendung regeln. Beispielsweise könnten Smart Contracts in einer DeFi-Plattform (dezentrale Finanzen) Kreditprotokolle verwalten, Handelsstrategien automatisieren oder die Ausgabe von Stablecoins erleichtern.

Wie dApps Smart Contracts nutzen

- **Automatisierung und Effizienz:** dApps verlassen sich auf Smart Contracts, um Prozesse und Transaktionen zu automatisieren. Zum Beispiel erleichtern Smart Contracts in einer dezentralen Börse (DEX) wie Uniswap den Austausch von Token, indem sie Trades automatisch basierend auf vordefinierten Algorithmen ausführen. Diese Automatisierung reduziert die Notwendigkeit manueller Eingriffe und erhöht die Effizienz der Anwendung.

- **Transparenz und Sicherheit:** Der Code der Smart Contracts wird auf der Blockchain gespeichert, was ihn transparent und öffentlich verifizierbar macht. Diese Transparenz stellt sicher, dass die Regeln und die Logik der dApp für alle Benutzer zugänglich sind, was Vertrauen und Sicherheit fördert. Da die Ausführung der Smart Contracts dezentralisiert und vom Netzwerk überprüft wird, wird das Risiko von Manipulationen oder betrügerischen Aktivitäten minimiert.

- **Dezentralisierung:** dApps sind darauf ausgelegt, dezentral zu arbeiten, was bedeutet, dass keine einzelne Entität die Kontrolle über die Anwendung hat. Smart Contracts tragen zu dieser Dezentralisierung bei, indem sie auf einem verteilten Netzwerk von Knotenpunkten laufen. Jeder Knoten speichert eine Kopie des Smart Contracts und führt ihn gemäß den Konsensregeln der Blockchain aus, wodurch die dApp funktioniert, ohne auf einen zentralen Server oder eine zentrale Autorität angewiesen zu sein.

- **Benutzerdefinierte Funktionalität:** Smart Contracts bieten die Flexibilität, benutzerdefinierte Funktionen innerhalb von dApps zu erstellen. Entwickler können spezifischen Code schreiben, um festzulegen, wie Vermögenswerte verwaltet werden, wie Transaktionen verarbeitet werden oder wie Benutzer mit der Anwendung interagieren. Diese Anpassungsfähigkeit ermöglicht es dApps, eine Vielzahl von Anwendungsfällen abzudecken, von Finanzdienstleistungen und Spielen bis hin zu Lieferkettenmanagement und Governance.

Beispiele für Integrationen

Betrachten wir eine dezentrale Kreditplattform, die auf Ethereum basiert. Die Smart Contracts der Plattform verwalten den Kredit- und Verleihprozess und stellen sicher, dass die Bedingungen erfüllt und die Sicherheiten korrekt verwaltet werden. Benutzer interagieren mit der dApp, um Kredite oder Einlagen zu initiieren, während die Smart

Contracts die Transaktionen ausführen und die Regeln automatisch durchsetzen. Ähnlich könnte in einer dezentralen Gaming-Plattform ein Smart Contract die In-Game-Vermögenswerte verwalten und sicherstellen, dass Eigentum und Transaktionen transparent und sicher abgewickelt werden.

Beliebte Dezentrale Anwendungen (dApps)

Der Markt für dezentrale Anwendungen (dApps) hat in den letzten Jahren ein explosives Wachstum erlebt. Laut aktuellen Daten ist die jährliche Wachstumsrate (CAGR) des dApp-Marktes auf 56,1 % gestiegen, was ein starkes und beschleunigtes Interesse an diesen Technologien widerspiegelt. Bis 2022 hatte sich die tägliche Nutzerbasis für dApps um erstaunliche 396 % erweitert und erreichte etwa 2,7 Millionen Nutzer [304]. Diese bemerkenswerte Wachstumsdynamik unterstreicht die zunehmende Akzeptanz und Abhängigkeit von dezentralen Technologien in verschiedenen Sektoren. Prognosen deuten darauf hin, dass der dApp-Markt weiterhin erheblich wachsen wird, mit einer voraussichtlichen Bewertung von 368,25 Milliarden USD bis 2027 [304]. Dieses Wachstum wird durch die steigende Nachfrage nach dezentralen Lösungen angetrieben, die im Vergleich zu traditionellen zentralisierten Anwendungen verbesserte Sicherheit, Transparenz und Benutzerkontrolle bieten.

Dezentrale Anwendungen, oder dApps, sind Computerprogramme, die auf Blockchain-Technologie basieren und nicht auf einen zentralen Server angewiesen sind. Im Gegensatz zu traditionellen Client-Server-Modellen, bei denen ein einzelner Server oder eine kontrollierende Entität die Anwendung verwaltet, nutzen dApps ein dezentrales Peer-to-Peer (P2P)-Netzwerk für ihre Backend-Operationen. Diese dezentrale Architektur stellt sicher, dass keine einzelne Entität die Kontrolle über die Anwendung hat, was sie zensurresistent macht und das Risiko von Single Points of Failure reduziert [304].

Zum Beispiel kann Visa als zentrale Anwendung etwa 10.000 Transaktionen pro Sekunde abwickeln, während Blockchain-Plattformen wie Solana bis zu 50.000 Transaktionen pro Sekunde verarbeiten können, obwohl diese Zahl variieren kann [304]. Diese Skalierbarkeit ermöglicht es dApp-Nutzern auf solchen Plattformen, von schnelleren und effizienteren Transaktionen zu profitieren. dApps werden überwiegend in Bereichen wie Finanzen, Gaming und Governance genutzt. Im Finanzsektor gehören zu den dApps Krypto-Wallets und dezentrale Finanzplattformen (DeFi). Im Gaming-Bereich erleichtern dApps dezentrale Spielerlebnisse, und in der Governance ermöglichen dApps dezentralen Organisationen, kollektive Entscheidungen zu treffen. Ethereum, eine der führenden Blockchain-Plattformen, beherbergt etwa die Hälfte aller aktiven dApps, dank seiner robusten Infrastruktur, die von der Ethereum Virtual Machine (EVM) unterstützt wird und eine breite Palette von dezentralen Anwendungen ermöglicht [304].

Typen von dApps

Dezentrale Anwendungen können basierend auf ihrer Struktur und ihrer Beziehung zu den zugrunde liegenden Blockchain-Technologien in drei Haupttypen unterteilt werden [304]:

- **Typ I dApps:** Typ I dApps operieren als eigenständige Blockchains. Diese dApps sind grundlegend und dienen als Infrastruktur für andere Anwendungen. Ein herausragendes Beispiel für eine Typ I dApp ist Bitcoin. Bitcoin selbst ist eine Blockchain, die als dezentrale Anwendung fungiert und eine Plattform für Kryptowährungstransaktionen bietet, ohne auf externe Infrastruktur angewiesen zu sein.

- **Typ II dApps:** Typ II dApps bauen auf bestehenden Typ I dApps auf. Sie fungieren als Protokolle, die auf der zugrunde liegenden Blockchain arbeiten und oft ihre eigenen nativen Token einführen. Zum Beispiel ist Polygon eine Typ II dApp, die auf der Ethereum-Blockchain betrieben wird. Es verbessert die Skalierbarkeit und Transaktionsdurchsatz von Ethereum, indem es eine Layer-2-Lösung bietet, die die Effizienz steigert und die Kosten für auf Ethereum basierende dezentrale Anwendungen senkt.

- **Typ III dApps:** Typ III dApps bauen auf Typ II dApps auf und nutzen die Infrastruktur und Protokolle, die von den Typ II-Anwendungen bereitgestellt werden. Diese dApps funktionieren ebenfalls als Protokolle mit eigenen nativen Token. Ein Beispiel für eine Typ III dApp ist Decentral Games, das im Polygon-Netzwerk betrieben wird. Durch die Nutzung der zugrunde liegenden Typ II dApp-Infrastruktur von Polygon kann Decentral Games dezentrale Spielerlebnisse mit verbesserter Skalierbarkeit und Leistung bieten.

Insgesamt spiegeln die verschiedenen Typen von dApps die sich entwickelnde Natur der Blockchain-Technologie und ihrer Anwendungen wider. Während der Markt für dezentrale Anwendungen weiter wächst, werden diese Typen eine entscheidende Rolle bei der Gestaltung der Zukunft digitaler Interaktionen und Transaktionen spielen.

Dezentrale Anwendungen (dApps) haben zahlreiche Möglichkeiten eröffnet, wie Einzelpersonen im Blockchain-Ökosystem Geld verdienen können. Hier ist ein detaillierter Überblick über einige der besten dApps zur Gewinnung von Profit, wobei Aave als herausragendes Beispiel hervorgehoben wird.

Aave: Ein Führer im DeFi-Kreditverleih und -Leihen

Aave ist eine herausragende dApp im Bereich der dezentralen Finanzen (DeFi) und bietet eine umfassende Plattform für das Verleihen und Ausleihen von Kryptowährungen. Im Gegensatz zu traditionellen Finanzsystemen operiert Aave auf der Ethereum-Blockchain, wodurch Nutzer Zinsen auf ihre Einlagen verdienen und Kredite aufnehmen können, ohne eine zentrale Autorität zu benötigen.

Eine der innovativsten Funktionen von Aave sind die sogenannten Flash Loans. Dies sind unbesicherte Kredite, die innerhalb eines einzelnen Transaktionsblocks zurückgezahlt werden müssen. Flash Loans ermöglichen es Nutzern, komplexe finanzielle Manöver wie Arbitrage, Refinanzierung und andere Investitionsstrategien durchzuführen, ohne anfängliches Kapital zu benötigen. Diese einzigartige Funktion eröffnet erhebliche Gewinnmöglichkeiten für diejenigen, die diese Kredite strategisch nutzen können, um Markteffizienzen auszunutzen.

Neben Flash Loans unterstützt Aave eine Vielzahl von Kryptowährungen und bietet Flexibilität sowie mehrere Möglichkeiten, durch Zinsgewinne zu verdienen. Nutzer können ihre Vermögenswerte in Liquiditätspools einzahlen und Zinsen verdienen, während Kreditnehmer durch die Bereitstellung von Sicherheiten Zugang zu Mitteln erhalten. Die benutzerfreundliche Oberfläche und die robusten Sicherheitsmaßnahmen der Plattform machen sie sowohl für neue als auch erfahrene Nutzer attraktiv, die Einkommen aus ihren Krypto-Beständen generieren möchten.

Andere Bemerkenswerte dApps zum Geldverdienen

- **Yield Farming Plattformen:** Yield Farming oder Liquiditätsmining umfasst das Bereitstellen von Liquidität für dezentrale Börsen (DEXs) oder Kreditprotokolle im Austausch für Belohnungen. Plattformen wie Yearn.finance und SushiSwap bieten Nutzern die Möglichkeit, durch Teilnahme an Yield Farming-Aktivitäten Renditen zu erzielen.

- **Blockchain-Spiele und NFTs:** Play-to-Earn-Spiele wie Axie Infinity und Decentraland ermöglichen es Nutzern, durch das Spielen Kryptowährungen und NFTs zu verdienen. Diese Vermögenswerte können gehandelt oder verkauft werden, was potenziell erhebliche Gewinne für erfahrene Spieler oder Investoren bieten kann.

- **Aufgabenbasierte Verdienste:** Einige dApps bieten Belohnungen für das Erledigen von Aufgaben oder die Teilnahme an Umfragen. Apps wie StormX gewähren Nutzern Kryptowährungen für die Teilnahme an verschiedenen Aktivitäten, wobei diese typischerweise geringere Erträge im Vergleich zu anderen Methoden bieten.

- **Dezentrale Börsen (DEXs):** Plattformen wie Uniswap und PancakeSwap ermöglichen es Nutzern, Liquidität für Handelspaare bereitzustellen und einen Anteil an den Transaktionsgebühren zu verdienen. Nutzer können auch Yield Farming und Staking auf diesen Börsen betreiben.

Beliebte dApps

Dezentrale Anwendungen (dApps) sind zu einem bedeutenden Bestandteil des Blockchain-Ökosystems geworden und erfüllen verschiedene Zwecke in mehreren Bereichen. Von Spielen und Finanzen bis hin zu sozialem Networking und Governance nutzen dApps die Blockchain-Technologie, um dezentrale Lösungen und Möglichkeiten anzubieten. Hier ist ein detaillierter Blick auf mehrere prominente dApps, die unterschiedliche Anwendungsfälle veranschaulichen [304, 305]:

PancakeSwap: PancakeSwap ist eine führende dezentrale Börse (DEX), die auf der Binance Smart Chain (BSC) aufgebaut ist und eine Alternative zu Ethereum-basierten DEXs wie Uniswap bietet. Seit ihrer Einführung Anfang 2020 hat PancakeSwap erheblich an Beliebtheit gewonnen, mit über 2,8 Millionen Nutzern und einem verwalteten Gesamtwert (TVL) von 9,9 Milliarden USD. Die Plattform ermöglicht es Nutzern, BEP-20-Token, die nativ auf der BSC sind, zu handeln und bietet im Vergleich zu traditionellen Börsen reduzierte Transaktionsgebühren und schnellere Bearbeitungszeiten.

Ein herausragendes Merkmal von PancakeSwap ist seine Vielseitigkeit bei den Verdienstmöglichkeiten. Nutzer können im Yield Farming tätig werden, indem sie ihre BEP-20-Token staken, um Belohnungen zu erhalten, und an Lotterien teilnehmen, die zusätzliche Möglichkeiten bieten, Kryptowährungen zu gewinnen. PancakeSwap bietet auch Staking für den nativen Token CAKE an, der den Nutzern Governance-Rechte und die Möglichkeit gibt, Entscheidungen auf der Plattform zu beeinflussen. Die niedrigen Transaktionsgebühren und die breite Palette an Funktionen machen PancakeSwap zu einer beliebten Wahl unter DeFi-Enthusiasten.

Axie Infinity: Axie Infinity ist ein prominentes NFT-basiertes Spiel, das in den Gaming- und Blockchain-Communities breite Aufmerksamkeit erregt hat. Das Spiel ermöglicht es Spielern, digitale Kreaturen namens Axies zu erstellen und zu sammeln, die in Kämpfen und verschiedenen In-Game-Aktivitäten verwendet werden können. Mit einer Spitzen-Nutzerbasis von 1,5 Millionen aktiven Spielern und einer Marktkapitalisierung von 0,94 Milliarden USD hat sich Axie Infinity als bedeutender Akteur im Metaverse- und NFT-Gaming-Bereich etabliert.

Spieler in Axie Infinity können durch das Spielen Belohnungen verdienen, die auf dem Marktplatz gehandelt oder verkauft werden können. Die Integration von NFTs im Spiel ermöglicht es Nutzern, einzigartige Vermögenswerte zu besitzen und an einer lebhaften digitalen Wirtschaft teilzunehmen. Axie Infinity veranschaulicht, wie Blockchain-Technologie genutzt werden kann, um fesselnde Spielerlebnisse zu schaffen, die auch finanzielle Anreize bieten.

Uniswap: Uniswap, das 2018 gestartet wurde, ist eine der am weitesten verbreiteten dezentralen Börsen auf der Ethereum-Blockchain. Es funktioniert nach einem automatisierten Market-Maker (AMM)-Modell, das es Nutzern ermöglicht, ERC-20-Token direkt ohne Zwischenhändler zu handeln. Uniswap ist bekannt für seine niedrigen Transaktionsgebühren und den effizienten Handelsprozess, was zur Popularität bei Krypto-Händlern beigetragen hat.

Die dezentrale Natur von Uniswap bedeutet, dass die Nutzer die Kontrolle über ihre Mittel behalten und nicht den Risiken von zentralisierten Börsen ausgesetzt sind. Liquiditätsanbieter auf Uniswap verdienen einen Anteil an den von der Plattform generierten

Transaktionsgebühren, was eine passive Einkommensquelle darstellt. Der UNI-Token, der Governance-Token von Uniswap, gewährt den Inhabern Stimmrechte zu Vorschlägen, die die Zukunft der Plattform betreffen. Die benutzerfreundliche Oberfläche und die robuste Funktionalität machen Uniswap zu einer führenden Wahl für dezentrales Trading.

OpenSea: OpenSea ist ein Peer-to-Peer-Marktplatz für den Kauf, Verkauf und Handel von Non-Fungible Tokens (NFTs). Mit 2,3 Millionen aktiven Nutzern und einer Bewertung von 13 Milliarden USD ist OpenSea ein bedeutender Akteur im NFT-Bereich. Die Plattform ermöglicht es Nutzern, eine breite Palette von digitalen Vermögenswerten zu handeln, darunter Sammlerstücke, Spielgegenstände und virtuelle Immobilien.

OpenSea arbeitet nach einem dezentralen Modell, das direkte Transaktionen zwischen Käufern und Verkäufern ohne Zwischenhändler ermöglicht. Dieser Ansatz reduziert die Transaktionsgebühren und bietet mehr Kontrolle über den Handelsprozess. Der Einsatz der Blockchain-Technologie gewährleistet die Sicherheit und Transparenz der Transaktionen. Trotz Kritik an Insiderhandel und Phishing-Angriffen festigt die umfangreiche Auswahl an NFTs und die Rolle im wachsenden digitalen Asset-Markt OpenSea als führenden NFT-Marktplatz.

Rarible: Rarible ist ein weiteres prominentes NFT-Marktplatz, das es Nutzern ermöglicht, digitale Vermögenswerte zu kaufen, zu verkaufen und zu prägen. Rarible zeichnet sich durch Funktionen wie gasfreies Prägen, Unterstützung mehrerer Wallets und Kreditkartenzahlungen aus. Es unterstützt Transaktionen in Tezos, Flow und Ethereum, mit einer festen Transaktionsgebühr von 2,5% und der Möglichkeit, NFTs mit Fiat-Währungen zu kaufen.

Die benutzerfreundliche Oberfläche von Rarible und die vielfältigen Vermögenswerte ziehen sowohl erfahrene Händler als auch Neueinsteiger an. Mit über 15.000 einzigartigen aktiven Nutzern wächst Rarible weiterhin als beliebte Plattform für NFT-Handel. Die Zugänglichkeit und innovativen Funktionen tragen zu seiner Attraktivität im wettbewerbsintensiven NFT-Marktplatz bei.

Sandbox: Sandbox ist eine Metaverse-Plattform, die es Nutzern ermöglicht, virtuelle Grundstücke innerhalb einer Blockchain-basierten digitalen Umgebung zu kaufen, zu entwickeln und zu monetarisieren. Mit einer Marktkapitalisierung von 1,4 Milliarden USD und über 160.000 Grundstücken bietet Sandbox Raum für Investitionen und die Erstellung digitaler Vermögenswerte. Der größte virtuelle Grundstücksverkauf der

Plattform brachte 4,3 Millionen USD ein und unterstreicht ihren bedeutenden Einfluss im virtuellen Immobilienmarkt.

Die Integration der Blockchain-Technologie bei Sandbox ermöglicht es Nutzern, virtuelle Immobilien zu besitzen und zu entwickeln und fördert ein kreatives und interaktives digitales Ökosystem. Mit 39.000 täglichen Nutzern und einer wachsenden Community stellt Sandbox eine bedeutende Innovation im Metaverse- und digitalen Asset-Investment dar.

1inch: 1inch Network ist ein DeFi-Aggregator, der Nutzern hilft, die besten Preise über mehrere dezentrale Börsen hinweg zu finden. 2019 gestartet, nutzt 1inch sein Aggregationsprotokoll, um Trades effizient zu routen und dabei Plattformen wie Ethereum, Polygon und BNB Chain zu nutzen. Mit etwa 23.500 täglichen Nutzern und einer Marktkapitalisierung von 334,08 Millionen USD bietet 1inch eine umfassende Lösung zur Optimierung von Trades und zum Zugang zu Liquidität.

Die Fähigkeit der Plattform, Liquidität aus verschiedenen Quellen zu aggregieren, stellt sicher, dass Nutzer die bestmöglichen Kurse erhalten, was sie zu einem wertvollen Werkzeug für DeFi-Händler und Investoren macht. Der Fokus von 1inch auf Effizienz und Kostenersparnis verbessert das gesamte Handelserlebnis.

Marinade Finance: Marinade Finance ist das erste Liquid-Staking-Protokoll auf der Solana-Blockchain, das im August 2021 gestartet wurde. Mit über 450 Validatoren und 240,96 Millionen USD im Gesamtwert bietet Marinade Finance den Nutzern die Möglichkeit, Solana (SOL)-Token zu staken und Belohnungen zu erhalten, ohne die traditionelle Unstaking-Periode abwarten zu müssen. Dieser innovative Ansatz beim Staking bietet Liquidität und Flexibilität für SOL-Halter.

Decentraland: Decentraland ist eine auf Ethereum basierende virtuelle Welt, in der Nutzer Inhalte erstellen, konsumieren und monetarisieren können. Mit einer Marktkapitalisierung von 1,31 Milliarden USD und durchschnittlich 600 täglichen Nutzern ermöglicht Decentraland den Nutzern, digitale Immobilien zu kaufen und zu entwickeln, an der Governance teilzunehmen und einzigartige digitale Vermögenswerte zu handeln. Der MANA-Token, der für Transaktionen und Governance verwendet wird, spielt eine zentrale Rolle in der Wirtschaft der Plattform.

Die Integration der Blockchain-Technologie in Decentraland schafft eine sichere und dezentrale Umgebung für virtuelle Erlebnisse und macht es zu einem bemerkenswerten Projekt im Metaverse-Bereich.

Balancer: Balancer ist eine dezentrale Börse (DEX) und ein automatisiertes Market-Maker (AMM)-Protokoll, das sich im Ethereum-basierten DeFi-Ökosystem durch seine Flexibilität und Benutzerkontrolle auszeichnet. Es ermöglicht die Erstellung benutzerdefinierter Liquiditätspools mit unterschiedlichen Zusammensetzungen von Kryptowährungen und bietet ein Maß an Anpassung, das bei traditionellen AMMs nicht häufig zu finden ist.

Zentral für die Funktionalität von Balancer ist das Vault, ein ausgeklügelter Smart Contract, der alle Tokens über verschiedene Liquiditätspools hinweg verwaltet. Diese Architektur trennt die Buchführung der Vermögenswerte von der Pool-Logik selbst, was die Transaktionseffizienz verbessert und die Gas-Kosten senkt. Das Design des Vault ermöglicht Multi-Hop-Trades, bei denen Transaktionen optimiert werden können, indem Token-Transfers minimiert und so die Gesamtkosten der Transaktionen gesenkt werden.

Im Gegensatz zu traditionellen AMMs, die auf feste Handels-Paare beschränkt sind, erlaubt Balancer Pools, die mehrere Token in beliebigen Verhältnissen enthalten. Diese Flexibilität erhöht die Markteffizienz, indem sie Nischen- oder weniger häufig gehandelte Token berücksichtigt und so die Gesamtl liquidität verbessert. Darüber hinaus finden Balancers fortschrittliche Algorithmen die besten Handelswege über seine Pools hinweg und optimieren die Preisgestaltung für die Nutzer. Das bedeutet reduzierte Slippage und Transaktionsgebühren bei gleichzeitig maximierten Erträgen aus den Trades.

Der native Token von Balancer, BAL, spielt eine doppelte Rolle in der Governance und Anreizsetzung. Token-Inhaber können über wichtige Protokollentscheidungen abstimmen, wie z.B. Änderungen an der Plattform und Belohnungsstrukturen. BAL-Token werden auch als Belohnungen an Liquiditätsanbieter verteilt, um sie zu ermutigen, zur Plattform beizutragen und an deren Governance teilzunehmen.

Die Kombination aus innovativen Funktionen und dem Engagement für Dezentralisierung macht Balancer zu einem bedeutenden Akteur im DeFi-Bereich. Es bietet eine robuste und flexible Plattform sowohl für den Handel als auch für die Bereitstellung von Liquidität und spricht sowohl Anfänger als auch erfahrene Nutzer im Kryptowährungsmarkt an.

Compound: Compound ist ein führendes DeFi-Protokoll, das es Nutzern ermöglicht, Kryptowährungen auf dezentrale Weise zu verleihen und zu leihen. Auf der Ethereum-Blockchain aufgebaut, bietet Compound ein einzigartiges Peer-to-Peer-Lendingsystem, bei dem Nutzer durch die Bereitstellung von Liquidität für Kreditnehmer Zinsen verdienen können.

Das Protokoll funktioniert durch Smart Contracts, die autonom Kreditgeber und Kreditnehmer ohne traditionelle Finanzintermediäre zusammenbringen. Dieses System gewährleistet Transparenz und reduziert den Bedarf an Dritten, wodurch die Effizienz und Kosteneffektivität beim Verleihen und Leihen verbessert wird.

Compound integriert einen Automated Market Maker (AMM), um den Verleih- und Leihprozess zu erleichtern. Der AMM passt die Zinssätze dynamisch basierend auf Angebot und Nachfrage für jede Anlage innerhalb des Compound-Ökosystems an. Dieser algorithmische Ansatz hilft dabei, Kreditnehmer effizient mit Kreditgebern abzugleichen und sicherzustellen, dass die Zinssätze den aktuellen Marktbedingungen entsprechen.

Der COMP-Token ist zentral für das Governance-Modell von Compound. Inhaber von COMP-Token haben die Möglichkeit, über wichtige Protokollentscheidungen abzustimmen, wie z.B. Systemaktualisierungen und die Verwaltung der Schatzkammer. Diese Governance-Struktur ermöglicht es den Nutzern, die zukünftige Ausrichtung des Protokolls zu beeinflussen und fördert einen dezentralen Entscheidungsfindungsprozess.

Insgesamt positioniert sich Compound mit seiner dezentralen Verleih- und Leihplattform, kombiniert mit dem Einsatz von AMM und Governance durch COMP-Token, als bedeutender Akteur im DeFi-Bereich und bietet eine sichere und effiziente Alternative zu traditionellen Finanzsystemen.

Yearn Finance: Yearn Finance ist ein bedeutendes DeFi-Projekt, das darauf abzielt, die Erträge für Kryptowährungsinhaber durch seine Yield Aggregator- und Liquiditätsbereitstellungsdienste zu maximieren. Die Kernprodukte der Plattform, Vaults und Earn, sind darauf ausgelegt, die Investitionsrenditen der Nutzer zu optimieren, indem Vermögenswerte automatisch reinvestiert und über verschiedene DeFi-Protokolle diversifiziert werden.

Was Yearn Finance auszeichnet, ist die Nutzung des YFI-Tokens, das eine entscheidende Rolle in der Governance und Investitionsstrategie der Plattform spielt. YFI-Inhaber haben die Macht, über wichtige Entscheidungen bezüglich Plattformänderungen und Kapitalallokation abzustimmen. Dieser Ansatz stellt sicher, dass die Plattform agil bleibt und auf Marktbedingungen reagiert, um kontinuierlich die besten Investitionsmöglichkeiten für ihre Nutzer zu suchen.

Die Vaults von Yearn Finance ermöglichen es Nutzern, ihre Vermögenswerte in verschiedene Anlagestrategien einzuzahlen, die darauf verwaltet werden, die Rendite zu maximieren. Das Earn-Produkt bietet ähnliche Möglichkeiten für Nutzer, Zinsen auf ihre Bestände zu verdienen, indem verschiedene DeFi-Strategien genutzt werden. Trotz jüngster Schwankungen im Marktpreis von YFI bleibt Yearn Finance ein bedeutender und innovativer Akteur im DeFi-Bereich, bekannt für sein Engagement, hohe Renditen zu liefern und sich an die sich wandelnden Marktbedingungen anzupassen.

MakerDAO: MakerDAO ist eine dezentrale Anwendung (dApp) auf der Ethereum-Blockchain, die eine einzigartige Lösung innerhalb des DeFi-Ökosystems bietet, indem sie einen Stablecoin, DAI, bereitstellt, der an den US-Dollar gekoppelt ist. MakerDAO ermöglicht es Nutzern, DAI-Token im Austausch für das Sperren von ETH als Sicherheiten zu erhalten, was hilft, die Stabilität von DAI aufrechtzuerhalten und eine zuverlässige Stablecoin-Lösung zu bieten.

Die Plattform ist entscheidend für die Stabilisierung des DeFi-Ökosystems, da sie Händlern und Investoren eine Möglichkeit bietet, Kryptowährungstransaktionen ohne die typischerweise mit anderen digitalen Vermögenswerten verbundene Volatilität durchzuführen. Diese Stabilität vereinfacht Handels- und Investitionsentscheidungen, da die Nutzer auf einen konstanten Wert ihrer Transaktionen vertrauen können.

Darüber hinaus ermöglicht das Smart-Contract-System von MakerDAO Kreditnehmern, Kredite durch die Nutzung ihrer Krypto-Assets abzusichern, und schafft ein vertrauensloses und transparentes System. Dieser Prozess beseitigt die Notwendigkeit von Zwischenhändlern und gewährleistet Fairness und Transparenz im Kreditprozess.

Die Bereitstellung des DAI-Stablecoins durch MakerDAO und die Möglichkeit, dezentrale Kredite durch besicherte Vermögenswerte anzubieten, machen es zu einem wichtigen Bestandteil des DeFi-Bereichs. Es bietet Stabilität und Transparenz und erleichtert das Handeln und Leihen in einer dezentralen Umgebung.

KAI-CHING: KAI-CHING ist eine innovative dezentrale Anwendung (dApp), die Gaming mit Finanzen kombiniert, um eine spannende Finanzplattform zu schaffen. Auf Blockchain-Technologie aufgebaut, vereint KAI-CHING traditionelle Finanztransaktionen mit interaktiven Spielelementen und bietet den Nutzern sowohl Unterhaltung als auch Investitionsmöglichkeiten.

Die Plattform nutzt gamifizierte Finanzen und verwandelt finanzielle Aktivitäten in unterhaltsame Spielerlebnisse. Dieser Ansatz macht Finanzen nicht nur zugänglicher, sondern steigert auch das Nutzerengagement durch interaktive Funktionen und Belohnungssysteme. Nutzer können Token innerhalb der Plattform verdienen und nutzen, an Spielen teilnehmen und an investitionsähnlichen Aktivitäten teilnehmen.

Die Infrastruktur von KAI-CHING unterstützt eine Vielzahl von Finanzdienstleistungen, die mit Spielelementen integriert sind. Nutzer können an Herausforderungen und Wettbewerben teilnehmen, die reale Handelsszenarien in einer kontrollierten, risikoarmen Umgebung simulieren. Dieser gamifizierte Ansatz hilft den Nutzern, finanzielle Konzepte, Risikomanagement und Marktspekulation auf eine unterhaltsame und interaktive Weise zu verstehen.

KAI-CHING betont Gemeinschaft und soziale Interaktion und ermutigt die Nutzer, zusammenzuarbeiten und miteinander zu konkurrieren. Funktionen wie Ranglisten und gemeinsame Herausforderungen fördern ein Gemeinschaftsgefühl und ermöglichen es den Nutzern, sich zu verbinden, Strategien auszutauschen und freundschaftlich zu konkurrieren.

Insgesamt hebt sich KAI-CHING durch die Kombination von Gaming und finanziellen Aktivitäten hervor und bietet eine neuartige und ansprechende Möglichkeit, mit den Finanzmärkten zu interagieren. Die Nutzung von Blockchain-Technologie gewährleistet Transparenz und Sicherheit und macht es zu einer zuverlässigen Plattform sowohl für Unterhaltung als auch für finanzielle Aktivitäten.

Curve: Curve ist eine dezentrale Börse (DEX), die sich auf den Handel mit Stablecoins spezialisiert hat. Im Gegensatz zu anderen DEXs ist Curve darauf ausgelegt, effiziente und geringe Slippage-Transaktionen bei Stablecoins zu ermöglichen. Dieser Fokus auf den Handel mit Stablecoins hilft den Nutzern, übermäßige Gebühren und Slippage zu vermeiden, die häufig beim Handel zwischen Stablecoins und großen Kryptowährungen auftreten.

Der Automated Market Maker (AMM)-Algorithmus von Curve ist darauf ausgelegt, die Liquidität von Stablecoins effektiv zu verwalten. Durch die Optimierung des Handelsprozesses für Stablecoins minimiert Curve die Auswirkungen von Slippage und sorgt dafür, dass Nutzer große Mengen an Stablecoins mit minimalen Preisabweichungen handeln können.

Die Plattform bietet niedrige Transaktionsgebühren, was sie zu einer kosteneffektiven Option für Stablecoin-Händler macht. Diese Effizienz wird durch den optimierten Handelsmechanismus von Curve erreicht, der sowohl schnell als auch wirtschaftlich ist.

Der CRV-Token ist integraler Bestandteil des Governance-Systems von Curve. Token-Inhaber können über Protokollentscheidungen abstimmen, einschließlich Änderungen der Gebührenstrukturen und Liquiditätsanreize. Dieses Governance-Modell ermöglicht eine Beteiligung der Gemeinschaft an der Entwicklung der Plattform und stellt sicher, dass Entscheidungen die Interessen der Nutzer widerspiegeln.

Curves Fokus auf effizienten Stablecoin-Handel, niedrige Transaktionsgebühren und Gemeinschafts-Governance durch den CRV-Token positioniert es als wertvollen und einzigartigen Akteur im DeFi-Ökosystem und bietet eine zuverlässige und kosteneffektive Plattform für Stablecoin-Transaktionen.

Zusammenfassend veranschaulichen diese dApps die vielfältigen Anwendungen der Blockchain-Technologie, von dezentralem Handel und NFT-Marktplätzen bis hin zu Metaverse-Plattformen und DeFi-Lösungen. Jede dApp bietet einzigartige Funktionen und Möglichkeiten und spiegelt die wachsende Innovation und Akzeptanz innerhalb des Blockchain-Ökosystems wider.

Zukünftige Entwicklungen bei Smart Contracts

Mit der Weiterentwicklung der Blockchain-Technologie werden sich wahrscheinlich die Fähigkeiten und Anwendungsfälle für Smart Contracts erweitern. Innovationen in Programmiersprachen, Interoperabilität zwischen verschiedenen Blockchains und Verbesserungen bei Sicherheitsmaßnahmen werden voraussichtlich die Funktionalität und Zuverlässigkeit von Smart Contracts erhöhen. Zudem wird erwartet, dass mit der Entwicklung regulatorischer Rahmenbedingungen zur Bewältigung der einzigartigen Herausforderungen von Smart Contracts deren Akzeptanz und Integration in Mainstream-Anwendungen zunehmen wird. Insgesamt stellen Smart Contracts einen bedeutenden Fortschritt in der Art und Weise dar, wie Vereinbarungen ausgeführt und durchgesetzt werden, mit dem Potenzial, zahlreiche Branchen zu revolutionieren.

Smart Contracts stehen kurz davor, verschiedene Sektoren zu transformieren, indem sie beispiellose Automatisierung, Transparenz und Effizienz bieten. Ihre Fähigkeit, vordefinierte Aktionen automatisch auszuführen, sobald bestimmte Bedingungen erfüllt sind, macht sie besonders attraktiv für Branchen wie Finanzen, Immobilien, Lieferkettenmanagement und Gesundheitswesen. Im Finanzwesen können Smart Contracts komplexe Prozesse wie Kreditgenehmigungen und Versicherungsansprüche durch Automatisierung der Entscheidungsfindung basierend auf Echtzeitdaten rationalisieren. Im Immobilienbereich können sie Transaktionen vereinfachen, indem sie das Eigentum automatisch nach Erfüllung der vereinbarten Bedingungen übertragen. Die Gesundheitsbranche könnte von Smart Contracts durch automatisiertes Patientenmanagement und vereinfachte Versicherungsansprüche profitieren. Da sich die Blockchain-Technologie weiterentwickelt und stärker in Mainstream-Systeme integriert wird, wird erwartet, dass Smart Contracts ein Standardwerkzeug werden, das sich weiter in diese und andere Sektoren einbettet [306].

Das Internet der Dinge (IoT) stellt eine bedeutende Grenze für Smart Contracts dar, da es die physische und digitale Welt durch vernetzte Geräte kombiniert. IoT-Geräte erzeugen enorme Datenmengen, die von Smart Contracts genutzt werden können, um Prozesse und Transaktionen basierend auf realen Informationen zu automatisieren. Beispielsweise könnten Smart Contracts verwendet werden, um Versorgungszahlungen zu verwalten, indem sie automatisch Gebühren basierend auf Daten von Smart Metern abziehen. Im Lieferkettenmanagement können sie die Lagerverwaltung automatisieren, indem sie Bestellungen auslösen, wenn die Bestände einen bestimmten Schwellenwert erreichen. Die nahtlose Integration von Smart Contracts mit IoT hat das Potenzial, effizientere und reaktionsschnellere Systeme zu schaffen, die den Bedarf an manueller Eingriffe reduzieren und die gesamte Betriebseffizienz verbessern [306].

Obwohl Smart Contracts durch ihre dezentrale und unveränderliche Natur die Sicherheit verbessern, sind sie nicht ohne Schwachstellen. Mit der zunehmenden Verbreitung wird es von entscheidender Bedeutung sein, ihre Sicherheit zu gewährleisten. Neue Sicherheitstechniken wie formale Verifikation und fortgeschrittene kryptographische Methoden werden eine zentrale Rolle beim Schutz von Smart Contracts vor möglichen Angriffen spielen. Darüber hinaus werden datenschutzbewahrende Technologien wie Zero-Knowledge-Proofs und sichere Mehrparteienberechnungen voraussichtlich an Bedeutung gewinnen. Zero-Knowledge-Proofs ermöglichen die Verifikation von Informationen, ohne die zugrunde liegenden Daten offenzulegen, während sichere Mehrparteienberechnungen eine kollaborative Datenverarbeitung ohne Offenlegung individueller Eingaben ermöglichen. Diese Fortschritte werden dazu beitragen, Datenschutzbedenken zu adressieren und die allgemeine Sicherheit von Smart Contracts zu stärken [306].

Da Smart Contracts zunehmend in verschiedene Branchen integriert werden, werden sie zwangsläufig mit bestehenden rechtlichen und regulatorischen Rahmenbedingungen in Berührung kommen. Diese Schnittstelle wird voraussichtlich bedeutende Entwicklungen in der Regulierung und rechtlichen Anerkennung von Smart Contracts nach sich ziehen. Neue Gesetze könnten entstehen, um den rechtlichen Status von Smart Contracts zu definieren, ihre Durchsetzbarkeit zu klären und Richtlinien für ihre Nutzung festzulegen. Rechtliche Streitigkeiten im Zusammenhang mit Smart Contracts könnten wichtige

Präzedenzfälle schaffen und zukünftige Vorschriften und Interpretationen beeinflussen. Die sich entwickelnde regulatorische Landschaft wird Innovationen mit Verbraucherschutz in Einklang bringen müssen, um sicherzustellen, dass Smart Contracts sowohl effektiv als auch rechtskonform sind [306].

Interoperabilität – die Fähigkeit verschiedener Blockchain-Plattformen, miteinander zu interagieren und Informationen auszutauschen – ist ein entscheidender Trend für die Zukunft von Smart Contracts. Mit dem Wachstum des Blockchain-Ökosystems werden verschiedene Plattformen und Netzwerke nahtlos kommunizieren und zusammenarbeiten müssen. Interoperabilität könnte neue Arten von Anwendungen ermöglichen, wie beispielsweise plattformübergreifende Finanzprodukte, die Vermögenswerte aus mehreren Blockchains nutzen, oder dezentrale Datenmarktplätze, die Daten aus verschiedenen Quellen aggregieren. Die Erreichung von Interoperabilität wird Fortschritte bei Cross-Chain-Protokollen und -Standards erfordern, um sicherzustellen, dass Smart Contracts effizient über verschiedene Blockchain-Umgebungen hinweg operieren können. Dies wird neue Möglichkeiten für Innovation und Zusammenarbeit im Blockchain-Bereich eröffnen und die potenziellen Anwendungsfälle für Smart Contracts erweitern [306].

14 Kryptowährungen und Gesellschaft

Der soziale Einfluss von Kryptowährungen

Die Entwicklung von Kryptowährungen ist ein vielschichtiger Prozess, der die Schaffung, Pflege und Weiterentwicklung digitaler Währungen und ihrer zugrunde liegenden Technologien umfasst. Im Kern stellt eine Kryptowährung eine Form von digitaler oder virtueller Währung dar, die Kryptografie nutzt, um Sicherheit zu gewährleisten. Im Gegensatz zu traditionellen Währungen arbeiten Kryptowährungen unabhängig von zentralen Autoritäten wie Regierungen oder Finanzinstitutionen. Diese Unabhängigkeit wird durch dezentrale Systeme erreicht, die die Notwendigkeit von Vermittlern bei Transaktionen beseitigen [307].

Die Entwicklung von Kryptowährungen umfasst eine Reihe von Aktivitäten, die mit der Gestaltung und Implementierung von Algorithmen und Protokollen beginnen. Diese Elemente sind entscheidend für die Erstellung, Übertragung und Verifizierung digitaler Vermögenswerte. Eine der grundlegenden Technologien, die Kryptowährungen zugrunde liegen, ist die Blockchain-Technologie. Eine Blockchain dient als dezentrales Hauptbuch, das alle Transaktionen transparent und unveränderlich aufzeichnet. Diese Technologie stellt sicher, dass eine Transaktion, nachdem sie aufgezeichnet wurde, nicht mehr geändert oder gelöscht werden kann, was die Sicherheit und Zuverlässigkeit der Kryptowährung erhöht [307].

Eine wichtige Herausforderung bei der Entwicklung von Kryptowährungen ist die Skalierbarkeit. Da Kryptowährungen an Popularität gewinnen, müssen sie in der Lage sein, steigende Transaktionsvolumen zu bewältigen, ohne die Leistung zu beeinträchtigen. Entwickler arbeiten an verschiedenen Lösungen zur Bewältigung von Skalierbarkeitsproblemen, wie der Optimierung von Konsensalgorithmen und der Implementierung von Layer-2-Lösungen wie State Channels und Sidechains. Diese Lösungen zielen darauf ab, die Transaktionsdurchsatzrate zu erhöhen und die Latenz zu reduzieren, während die Sicherheit und Dezentralisierung des Netzwerks erhalten bleiben [307].

Sicherheit ist ein weiteres zentrales Anliegen bei der Entwicklung von Kryptowährungen. Kryptowährungen sind oft Ziel von Cyberangriffen, einschließlich Hacks und Betrug. Die Sicherstellung der Sicherheit digitaler Vermögenswerte umfasst die Implementierung robuster kryptografischer Techniken, die Durchführung regelmäßiger Sicherheitsüberprüfungen und die Entwicklung sicherer Softwareprotokolle. Entwickler konzentrieren sich auch auf die Schaffung sicherer Wallets zum Speichern von Kryptowährungen, die entscheidend sind, um die Vermögenswerte der Nutzer vor Diebstahl oder Verlust zu schützen [307].

Regulatorische Konformität wird zunehmend zu einem wichtigen Aspekt der Kryptowährungsentwicklung. Da Kryptowährungen immer mehr in Finanzsysteme integriert werden, stehen sie unter der Aufsicht von Regulierungsbehörden. Entwickler müssen komplexe rechtliche Rahmenbedingungen durchdringen und sicherstellen, dass ihre Projekte den Vorschriften zu Anti-Geldwäsche (AML), Know-your-Customer (KYC) und anderen finanziellen Vorschriften entsprechen. Dies umfasst häufig die Integration von Funktionen, die die regulatorische Konformität unterstützen, während gleichzeitig die Notwendigkeit für den Schutz der Privatsphäre und Sicherheit der Nutzer gewahrt bleibt [307].

Darüber hinaus geht die Entwicklung von Kryptowährungen über grundlegende Währungstransaktionen hinaus. Entwickler arbeiten daran, die Benutzeroberflächen zu verbessern, um Kryptowährungen zugänglicher und benutzerfreundlicher zu machen. Sie erstellen auch Anwendungen, die die Blockchain-Technologie für verschiedene Zwecke nutzen, wie zum Beispiel dezentrale Finanzplattformen (DeFi), Non-Fungible Tokens (NFTs) und Smart Contracts. Diese Anwendungen zeigen die Vielseitigkeit der Blockchain-Technologie und ihr Potenzial zur Transformation verschiedener Branchen über traditionelle Finanztransaktionen hinaus [307].

Ein besonders vielversprechender Aspekt der Kryptowährungsentwicklung ist ihr Potenzial zur Förderung der finanziellen Inklusion. Traditionelle Bankensysteme lassen oft große Teile der globalen Bevölkerung, insbesondere in Entwicklungsregionen, wo der Zugang zu Bankdienstleistungen eingeschränkt ist, außen vor. Kryptowährungen können eine alternative Möglichkeit zur finanziellen Teilhabe für die unbankierten und unterbankierten Menschen bieten, indem sie zugängliche und erschwingliche Finanzdienstleistungen bereitstellen. Das Verständnis der sozialen Dynamik dieser benachteiligten Bevölkerungsgruppen hilft Entwicklern, Lösungen zu schaffen, die ihren spezifischen Bedürfnissen entsprechen, wie niedrige Transaktionsgebühren und einfacher Zugang über mobile Geräte. Auf diese Weise können Kryptowährungen dazu beitragen, die Kluft zwischen verschiedenen sozioökonomischen Gruppen zu überbrücken, wirtschaftliche Ungleichheiten zu verringern und die finanzielle Eigenverantwortung auf globaler Ebene zu fördern [307].

Die Entwicklung von Kryptowährungen überschneidet sich häufig mit komplexen regulatorischen Rahmenbedingungen. Der rechtliche Status von Kryptowährungen und verwandten Technologien variiert erheblich zwischen den Rechtsordnungen, und die Navigation in diesem regulatorischen Umfeld kann herausfordernd sein. Das Verständnis des sozialen und politischen Kontexts, in dem Kryptowährungen operieren, hilft Entwicklern, regulatorische Herausforderungen besser vorherzusehen und zu bewältigen. Dies umfasst die Kenntnis lokaler regulatorischer Anforderungen, die Zusammenarbeit mit politischen Entscheidungsträgern und die Sicherstellung, dass Projekte den Gesetzen zu Anti-Geldwäsche (AML), Know-your-Customer (KYC) und anderen finanziellen Vorschriften entsprechen. Die Balance zwischen Konformität und Innovation ist entscheidend für die Förderung eines gesunden regulatorischen Umfelds, das technologische Fortschritte unterstützt, während es die Nutzer schützt und die finanzielle Integrität wahrt [307].

Die volatile Natur der Kryptowährungsmärkte birgt Risiken für Verbraucher, einschließlich der Exponierung gegenüber Betrug, Scam und Marktmanipulation. Durch das Verständnis der sozialen Auswirkungen und der Verwundbarkeiten der Nutzer können Entwickler Plattformen und Protokolle mit eingebauten Schutzmechanismen entwerfen, um den Verbraucherschutz zu verbessern. Dies kann die Implementierung von Funktionen wie sicheren Transaktionsprotokollen, Nutzeraufklärungsprogrammen und transparenten Praktiken zur Verhinderung von Ausnutzung umfassen. Die Gewährleistung, dass Kryptowährungstransaktionen fair und transparent sind, hilft dabei, Vertrauen unter den Nutzern aufzubauen und trägt zu einem stabileren und zuverlässigeren Marktumfeld bei [307].

Kryptowährungsprojekte sind oft auf starke Unterstützung und aktive Teilnahme der Gemeinschaft angewiesen, um erfolgreich zu sein. Das Verständnis der sozialen Dynamik innerhalb von Kryptowährungsgemeinschaften—wie deren Werte, Anliegen und Erwartungen—kann Entwicklern helfen, Plattformen zu schaffen, die bei den Nutzern Anklang finden und deren Engagement fördern. Das Fördern eines Vertrauensgefühls, der Transparenz und der Inklusivität innerhalb dieser Gemeinschaften ist entscheidend für die langfristige Nachhaltigkeit eines Projekts. Das Engagement mit Community-Mitgliedern, das Einholen von Feedback und das Eingehen auf ihre Bedürfnisse und Anliegen können zu höheren Akzeptanzraten und stärkerer Projektloyalität führen [307].

Kryptowährungs-Mining und Transaktionsverifizierung, insbesondere bei Proof-of-Work (PoW)-Systemen, können erhebliche Umweltauswirkungen aufgrund des hohen Energieverbrauchs haben. Das Verständnis der sozialen und ökologischen Auswirkungen dieser Praktiken ist entscheidend für die Entwicklung nachhaltigerer Lösungen. Entwickler erkunden zunehmend umweltfreundliche Konsensmechanismen wie Proof-of-Stake (PoS) und optimieren den Energieverbrauch, um den Kohlenstoff-Fußabdruck im Zusammenhang mit Kryptowährungsoperationen zu reduzieren. Durch die Auseinandersetzung mit Umweltfragen können Entwickler zu dem umfassenderen Ziel beitragen, nachhaltige und verantwortungsvolle Technologien zu schaffen [307].

Der Aufstieg von Kryptowährungen hat das Potenzial, traditionelle Finanzsysteme zu stören und die globalen wirtschaftlichen Dynamiken zu beeinflussen. Dies umfasst die Veränderung der Art und Weise, wie Transaktionen durchgeführt werden, die Auswirkungen auf die Geldpolitik und den internationalen Handel. Das Verständnis der sozialen und wirtschaftlichen Implikationen dieser Verschiebungen hilft Entwicklern, die Herausforderungen und Chancen, die sich ergeben, besser vorherzusehen und zu bewältigen. Durch die Berücksichtigung des breiteren wirtschaftlichen Kontexts können Entwickler Lösungen schaffen, die positiv zur wirtschaftlichen Entwicklung, Stabilität und Integration von Kryptowährungen in das globale Finanzsystem beitragen [307].

Wirtschaftliche Ermächtigung durch Kryptowährungsentwicklung

Die wirtschaftliche Ermächtigung durch die Entwicklung von Kryptowährungen ist ein Thema von wachsendem Interesse aufgrund des Potentials der Blockchain- und Kryptowährungstechnologien, die wirtschaftliche Stabilität und Effizienz positiv zu beeinflussen [308]. Kryptowährungen bieten neue Möglichkeiten der Einnahmengenerierung auf individueller, organisatorischer und nationaler Ebene und stimulieren Geschäftsmodelle und Investitionsmöglichkeiten, die auf Krypto-Token basieren [309]. Die Entwicklung von Blockchain und Kryptowährungen wird als Möglichkeit angesehen, wirtschaftliche Belastungen, die mit Rezessionen verbunden sind, zu lindern [310]. Durch die Ausweitung des Einflusses von Kryptowährungen durch Adoption können Länder ihren Einfluss auf die globale Wirtschaft verstärken [311].

Einer der transformativsten Auswirkungen der Kryptowährungsentwicklung ist das Potenzial, wirtschaftliche Ermächtigung zu bieten, insbesondere in Regionen, in denen traditionelle Bankdienstleistungen selten oder unzugänglich sind. Kryptowährungen arbeiten auf dezentralen Netzwerken, die es Einzelpersonen ermöglichen, Finanztransaktionen direkt miteinander durchzuführen, ohne die Notwendigkeit von Vermittlern wie Banken oder Zahlungsabwicklern. Diese dezentrale Natur reduziert Transaktionskosten und Eintrittsbarrieren, wodurch Finanzdienstleistungen für Menschen, die zuvor keinen Zugang zu traditionellen Finanzsystemen hatten, zugänglicher und erschwinglicher werden. Zum Beispiel können Personen in abgelegenen oder unterversorgten Gebieten Kryptowährungen nutzen, um Zahlungen zu erhalten, Gelder zu überweisen oder Einkäufe zu tätigen, ohne auf teure und oft unzuverlässige Bankinfrastrukturen angewiesen zu sein [307].

Der Aufstieg von dezentralen Finanzplattformen (DeFi) stellt einen bedeutenden Fortschritt bei der Förderung finanzieller Inklusion dar. Auf der Blockchain-Technologie basierende DeFi-Plattformen bieten eine breite Palette von Finanzdienstleistungen – einschließlich Kreditvergabe, Kreditaufnahme, Staking und Zinsgewinne – außerhalb des traditionellen Bankensystems an. Diese Inklusivität ermöglicht es Einzelpersonen, an Finanzaktivitäten teilzunehmen, die zuvor nur denen mit Zugang zu konventionellen Bankdienstleistungen vorbehalten waren. Durch die Nutzung von Smart Contracts und Blockchain-Technologie bieten DeFi-Plattformen eine zugängliche und transparente Möglichkeit, Vermögenswerte zu verwalten und zu vermehren. Diese erhöhte Zugänglichkeit hat das Potenzial, Finanzdienstleistungen zu demokratisieren und die Kluft zwischen finanziell eingeschlossenen und ausgeschlossenen Bevölkerungsgruppen zu überbrücken.

Die wirtschaftliche Ermächtigung durch Kryptowährungen kann einen Multiplikatoreffekt haben und zu breiterem wirtschaftlichem Wachstum und Entwicklung beitragen. Durch die Bereitstellung von Werkzeugen zur Verwaltung und Vermehrung ihres Vermögens können Kryptowährungen und DeFi-Plattformen unternehmerische Aktivitäten und Innovationen stimulieren. Kleinunternehmer und Unternehmer in Schwellenländern können auf Kapital und Finanzdienstleistungen zugreifen, die zuvor unerreichbar waren, was es ihnen ermöglicht, ihre Unternehmungen zu starten und auszubauen. Dieser unternehmerische Geist kann die Schaffung von Arbeitsplätzen fördern, die Produktivität steigern und zur allgemeinen wirtschaftlichen Entwicklung beitragen. Darüber hinaus kann die Fähigkeit, Mittel effizienter zu verwalten, zur Bekämpfung der Armut und zur Verbesserung des Lebensstandards beitragen.

Kryptowährungen und Blockchain-Technologie können Unternehmertum fördern, indem sie die Hürden für die Gründung und Führung eines Unternehmens senken. Traditionelle Finanzsysteme erfordern oft umfangreiche Dokumentationen und Kreditgeschichten, um Kredite oder Investitionen zu sichern, was für viele Unternehmer prohibitiv sein kann. Im Gegensatz dazu bieten DeFi-Plattformen alternative Finanzierungsmechanismen wie dezentrale Kreditvergabe und Crowdfunding, die es Einzelpersonen ermöglichen, einfacher auf Kapital zuzugreifen. Diese Demokratisierung der Finanzdienstleistungen fördert Innovationen und ermöglicht es Menschen aus verschiedenen Hintergründen, ihre Ideen zu verwirklichen, neue Geschäftsmöglichkeiten zu schaffen und zum Wirtschaftswachstum beizutragen.

Trotz ihres Potentials stehen Kryptowährungen und DeFi-Plattformen vor mehreren Herausforderungen, die ihre vollständige Verwirklichung wirtschaftlicher Ermächtigung behindern könnten. Regulatorische Prüfungen sind ein bedeutendes Hindernis, da Regierungen und Finanzaufsichtsbehörden versuchen, Rahmenbedingungen zur Risikoverwaltung im Zusammenhang mit digitalen Vermögenswerten zu etablieren. Die Einhaltung von Vorschriften bei gleichzeitiger Förderung von Innovationen ist ein heikles Gleichgewicht, das Entwickler und politische Entscheidungsträger navigieren müssen. Darüber hinaus können technologische Barrieren wie eingeschränkter Internetzugang, digitale Kompetenz und Sicherheitsbedenken die Akzeptanz und Wirksamkeit von Kryptowährungslösungen beeinträchtigen. Die Bewältigung dieser Herausforderungen erfordert eine Zusammenarbeit zwischen Entwicklern, Regulierungsbehörden und Gemeinschaften, um ein Umfeld zu schaffen, das wirtschaftliche Ermächtigung unterstützt und gleichzeitig Risiken mindert.

Im Kontext der Mikrofinanz wurden Kryptowährungen als vorteilhaft für Kreditnehmer, Mikrofinanzinstitute und Bildungseinrichtungen identifiziert [312]. Der Einsatz von Kryptowährungen in der Mikrofinanz kann Einzelpersonen und Gemeinschaften durch den Zugang zu Finanzdienstleistungen und die Förderung der wirtschaftlichen Entwicklung stärken. Darüber hinaus kann die Verwaltung von Kryptowährungen durch Finanzintermediäre zahlreiche Vorteile für globale Finanzmärkte und die Wirtschaft bieten [313]. Dies unterstreicht das Potenzial von Kryptowährungen, eine bedeutende Rolle bei der Gestaltung der Zukunft von Finanzsystemen zu spielen.

Die wirtschaftliche Ermächtigung von Frauen ist ein wesentlicher Aspekt nachhaltiger Entwicklung, wobei finanzielle Autonomie und erhöhte Entscheidungsrollen zentrale Komponenten sind [314]. Die wirtschaftliche Ermächtigung von Frauen kann zu einer verbesserten finanziellen Inklusion, Vermögensbesitz und Wohlstandsschaffung führen, was zu umfassenderen Bemühungen um wirtschaftliche Ermächtigung beiträgt [315]. Darüber hinaus wurde die Rolle von Genossenschaften bei der Ermächtigung von Frauen in Entwicklungsländern als Schlüsselfaktor zur Förderung wirtschaftlicher Unabhängigkeit und Selbstständigkeit anerkannt [316].

Im Bereich der Gemeindentwicklung spielt wirtschaftliche Ermächtigung eine wesentliche Rolle bei der Verbesserung des wirtschaftlichen Wohlstands und der Förderung nachhaltigen Wachstums [317]. Die Stärkung von Gemeinschaften durch Initiativen wie die Entwicklung von Kleinunternehmen kann zu erhöhter wirtschaftlicher Stabilität und Wohlstand führen. Darüber hinaus können erfolgreiche Initiativen zur wirtschaftlichen Ermächtigung positive Auswirkungen auf die Lebensstandards und das allgemeine Wohlbefinden innerhalb von Gemeinschaften haben [318]. Durch die Stabilisierung der wirtschaftlichen Bedingungen und die Unterstützung lokaler Unternehmen können Gemeinschaften signifikantes Wachstum und Entwicklung erfahren.

Die Entwicklung von Kryptowährungen bietet eine einzigartige Gelegenheit zur wirtschaftlichen Ermächtigung auf verschiedenen Ebenen, von Einzelpersonen bis hin zu Nationen. Durch die Nutzung der Blockchain-Technologie und die Annahme des Potentials von Kryptowährungen können Gesellschaften Innovationen fördern, wirtschaftliches Wachstum anregen und marginalisierte Gruppen wie Frauen und unterversorgte Gemeinschaften stärken. Es ist jedoch entscheidend, regulatorische Herausforderungen zu bewältigen, Risiken zu mindern und einen inklusiven Zugang zu Kryptowährungstechnologien sicherzustellen, um ihr volles Potential zur Förderung wirtschaftlicher Ermächtigung auszuschöpfen.

Entwicklung von Kryptowährungen und deren Auswirkungen auf finanzielle Freiheit und Unabhängigkeit

Die Entwicklung von Kryptowährungen transformiert die Art und Weise, wie Einzelpersonen ihre Finanzen verwalten und kontrollieren. Traditionell basieren finanzielle Transaktionen und Vermögensverwaltung stark auf Intermediären wie Banken und Finanzinstituten. Diese Intermediäre erheben nicht nur Gebühren, sondern haben auch die Macht, Einschränkungen aufzuerlegen, den Zugang zu kontrollieren und unter bestimmten Umständen sogar Mittel einzuziehen. Kryptowährungen hingegen operieren auf dezentralen Netzwerken, die keine Intermediäre benötigen. Diese Dezentralisierung gewährt den Einzelpersonen mehr Kontrolle über ihr Vermögen, sodass sie ihre Mittel unabhängig speichern, verwalten und übertragen können. Durch die Nutzung digitaler Währungen können Menschen traditionelle Finanzsysteme umgehen und ihre Exposition gegenüber den Risiken von Zensur oder Beschlagnahme von Mitteln durch Behörden oder Finanzinstitute reduzieren [307].

Ein besonders überzeugender Aspekt von Kryptowährungen ist ihre Fähigkeit, grenzüberschreitende Transaktionen zu erleichtern. Traditionelle Banksysteme erfordern oft komplexe Verfahren, hohe Gebühren und Verzögerungen beim Geldtransfer über geografische Grenzen hinweg. Kryptowährungen bieten eine nahtlose und kostengünstige Alternative, indem sie es Einzelpersonen ermöglichen, weltweit Transaktionen durchzuführen, ohne teure Intermediäre in Anspruch nehmen zu müssen. Diese Zugänglichkeit ist insbesondere für Menschen in Regionen mit unterentwickelter Finanzinfrastruktur oder für Unbanked von Vorteil. Durch die Bereitstellung eines Mittels zur Teilnahme an finanziellen Aktivitäten ohne geografische Einschränkungen tragen Kryptowährungen zur finanziellen Inklusion bei und erweitern die Möglichkeiten für Einzelpersonen weltweit.

Das Aufkommen von dezentralen Finanzplattformen (DeFi) stellt einen bedeutenden Fortschritt im Finanzdienstleistungsbereich dar. Basierend auf der Blockchain-Technologie bieten DeFi-Plattformen eine breite Palette von Finanzdienstleistungen an, darunter Kredite, Darlehen und das Verdienen von Zinsen auf digitale Vermögenswerte. Diese Dienstleistungen sind direkt über Blockchain-Netzwerke zugänglich, wodurch die Notwendigkeit traditioneller Finanzinstitute entfällt. DeFi-Plattformen nutzen Smart

Contracts, um finanzielle Vereinbarungen zu automatisieren und durchzusetzen, was Transparenz und Effizienz bietet. Diese Innovation fördert die finanzielle Freiheit weiter, indem sie Einzelpersonen die Teilnahme an finanziellen Aktivitäten ermöglicht, die zuvor nur denen mit Zugang zu konventionellen Banken vorbehalten waren. Dadurch können Nutzer ihre Finanzen effektiver verwalten, ihr Vermögen vergrößern und Kapital ohne die Abhängigkeit von traditionellen Finanzintermediären erhalten.

Trotz des vielversprechenden Potentials von Kryptowährungen zur Verbesserung der finanziellen Freiheit und Unabhängigkeit müssen mehrere Herausforderungen und Einschränkungen angegangen werden. Regulatorische Unsicherheiten stellen ein erhebliches Hindernis dar, da Regierungen und Finanzaufsichtsbehörden daran arbeiten, Rahmenbedingungen für die Nutzung und den Austausch digitaler Währungen zu schaffen. Das Gleichgewicht zwischen regulatorischer Compliance und dem Bedarf an Innovation bleibt ein komplexes Problem für Entwickler und politische Entscheidungsträger. Zudem können technologische Einschränkungen wie Skalierbarkeit, Sicherheitsbedenken und die digitale Kluft die Effektivität und Akzeptanz von Kryptowährungslösungen beeinflussen. Beispielsweise haben nicht alle Regionen zuverlässigen Internetzugang oder digitale Kompetenz, was die weitverbreitete Nutzung von Kryptowährungen behindern kann.

Mit Blick auf die Zukunft wird erwartet, dass die kontinuierliche Entwicklung von Kryptowährungen die finanzielle Freiheit und Unabhängigkeit weiter vorantreibt. Mit dem Fortschritt der technologischen Innovationen und regulatorischen Rahmenbedingungen werden Kryptowährungen und DeFi-Plattformen voraussichtlich stärker in das globale Finanzsystem integriert. Diese Integration könnte die Finanzlandschaft neu gestalten und neue Möglichkeiten für Einzelpersonen und Unternehmen bieten. Der fortwährende Fortschritt der Blockchain-Technologie, gepaart mit zunehmender Akzeptanz und Nutzung, wird wahrscheinlich die Evolution digitaler Währungen und deren Einfluss auf Finanzsysteme vorantreiben [307].

Soziale Gleichheit und Inklusion

Die fortlaufende Entwicklung von Kryptowährungen bietet einen vielversprechenden Weg zur Förderung sozialer Gleichheit und Inklusion, indem sie den Zugang zu Finanzdienstleistungen demokratisiert, Diskriminierung reduziert und marginalisierte

Gemeinschaften stärkt. Kryptowährungen haben das Potenzial, marginalisierte Gemeinschaften zu ermächtigen, indem sie ihnen finanzielle Werkzeuge und Chancen bieten, die zuvor unerreichbar waren [319]. Diese Zugänglichkeit kann erheblich dazu beitragen, finanzielle Diskriminierung zu verringern, indem Peer-to-Peer-Transaktionen ohne die Notwendigkeit von Intermediären ermöglicht werden, wodurch eine größere wirtschaftliche Teilnahme und Ermächtigung für Personen gefördert wird, die historisch von traditionellen Finanzsystemen ausgeschlossen waren [320].

Dezentrale Finanzen (DeFi), die auf Blockchain- und Smart-Contract-Plattformen wie Ethereum basieren, haben sich als wichtiger Treiber der finanziellen Inklusion herausgestellt [321]. Die offene, erlaubnisfreie und interoperable Natur der DeFi-Protokolle ermöglicht es Einzelpersonen, auf eine breite Palette von Finanzdienstleistungen zuzugreifen, ohne auf traditionelle Intermediäre angewiesen zu sein, wodurch finanzielle Chancen demokratisiert werden [321]. Darüber hinaus wurde die Interdependenz zwischen Online-Peer-to-Peer-Krediten und Kryptowährungsmärkten untersucht, um ihre Auswirkungen auf die finanzielle Inklusion zu verstehen, und es wurden potenzielle Synergien zwischen diesen Plattformen zur Erweiterung des Zugangs zu Finanzdienstleistungen aufgezeigt [322].

Die Auswirkungen von Kryptowährungen auf die globale Einkommensungleichheit und Vermögensverteilung wurden untersucht, wobei die Ergebnisse darauf hindeuten, dass Kryptowährungen zusammen mit dem Goldstandard erheblich zur Verringerung der globalen Ungleichheit beigetragen haben [323]. Durch die Bereitstellung alternativer Wege für finanzielle Transaktionen und Vermögensakkumulation haben Kryptowährungen das Potenzial, gleiche Wettbewerbsbedingungen zu schaffen und eine gerechtere Verteilung von Ressourcen zu fördern [323]. Darüber hinaus wurde die Rolle von Kryptowährungen in Schwellenländern untersucht, wobei ihr Potenzial zur Verbesserung der finanziellen Inklusion und wirtschaftlichen Ermächtigung in Entwicklungsländern hervorgehoben wurde [324].

Die fortlaufende Entwicklung von Kryptowährungen bietet einen vielversprechenden Weg zur Förderung sozialer Gleichheit und Inklusion, indem sie den Zugang zu Finanzdienstleistungen demokratisiert, Diskriminierung reduziert und marginalisierte Gemeinschaften stärkt. Durch innovative Technologien wie Blockchain und DeFi haben Kryptowährungen das Potenzial, die Finanzlandschaft zu revolutionieren und Einzelpersonen weltweit Möglichkeiten zur wirtschaftlichen Teilnahme und Ermächtigung zu bieten. Klare regulatorische Rahmenbedingungen, zusammen mit Faktoren wie finanzieller

Bildung und Benutzerfreundlichkeit, sind entscheidend für die weitreichende Akzeptanz von Kryptowährungen und die Maximierung ihres Einflusses auf die finanzielle Inklusion. Während die Forschung auf diesem Gebiet weiter voranschreitet, ist es wichtig, das transformative Potenzial von Kryptowährungen zu nutzen, um ein inklusiveres und gerechteres Finanzsystem für alle zu schaffen.

Philanthropie und soziale Impact-Projekte: Die Rolle von Kryptowährungen

Einer der bemerkenswertesten sozialen Auswirkungen der Kryptowährungsentwicklung ist ihre Fähigkeit, die Philanthropie durch Verbesserung der Transparenz und Effizienz bei wohltätigen Spenden zu transformieren. Traditionelle Spendenprozesse beinhalten oft mehrere Intermediäre wie Zahlungsabwickler und Wohltätigkeitsorganisationen, was Ineffizienzen verursachen und das Risiko von Fehlallokationen oder Missbrauch der Mittel erhöhen kann. Kryptowährungen bieten durch ihre zugrunde liegende Blockchain-Technologie eine Lösung für diese Herausforderungen, indem sie eine sichere, transparente und direkte Methode zum Übertragen von Spenden ermöglichen. Jede Transaktion, die mit Kryptowährungen durchgeführt wird, wird in einem öffentlichen Hauptbuch aufgezeichnet, wodurch Spender ihre Beiträge in Echtzeit nachverfolgen können. Diese Transparenz stellt sicher, dass die Mittel den beabsichtigten Empfängern zugeleitet werden und das Risiko von Betrug reduziert wird, da jede Transaktion verifiziert und geprüft werden kann. Durch die Straffung des Spendenprozesses können Kryptowährungen das Vertrauen der Spender erhöhen und eine größere Beteiligung an wohltätigem Geben fördern [307].

Kryptowährungen haben auch das Potenzial, soziale Auswirkungen in Regionen mit eingeschränktem Zugang zu traditionellen Finanzdienstleistungen zu fördern. In vielen Teilen der Welt sehen sich Einzelpersonen und Organisationen erheblichen Barrieren gegenüber, wenn sie versuchen, Zugang zu konventionellen Bankensystemen zu erhalten oder Finanzmittel für soziale Projekte zu sichern. Kryptowährungen, mit ihrer grenzenlosen und dezentralen Natur, können diese Barrieren überwinden, indem sie eine direkte und zugängliche Möglichkeit zur Finanzierung sozialer Impact-Initiativen bieten. Beispielsweise können Projekte, die sich auf die Verbesserung der Gesundheitsversorgung, Bildung oder Umweltbewahrung in unterversorgten Gebieten konzentrieren, von Kryptowährungs-Spenden und -Investitionen profitieren. Dieser direkte Zugang zu Finanzmitteln kann Innovation und Entwicklung in wichtigen Sektoren erleichtern und dabei helfen, lokale Bedürfnisse zu adressieren und nachhaltige Entwicklung zu fördern.

Neben direkten Spenden können Kryptowährungen Gemeinschaften befähigen, ihre eigenen digitalen Währungen, bekannt als Community Tokens, zu erstellen. Diese Tokens können für verschiedene Zwecke innerhalb eines lokalen Kontextes gestaltet werden, wie z.B. zur Anreizung positiver Verhaltensweisen, Unterstützung lokaler Projekte oder Förderung des Gemeinschaftsengagements. Zum Beispiel könnte ein Community Token verwendet werden, um Einzelpersonen für ihre Teilnahme an Umweltbewahrungsmaßnahmen oder die Unterstützung lokaler Unternehmen zu belohnen. Durch die Nutzung der Blockchain-Technologie können Gemeinschaften ihre eigenen Wirtschaftssysteme entwerfen und verwalten, die auf ihre spezifischen Bedürfnisse und Ziele abgestimmt sind. Dies kann die lokale wirtschaftliche Widerstandsfähigkeit stärken, ein Gefühl der Gemeinschaftsverantwortung fördern und Innovationen vorantreiben. Die erfolgreiche Umsetzung von Community Tokens erfordert jedoch sorgfältige Planung und Verwaltung, um ihre Effektivität und Nachhaltigkeit sicherzustellen.

Trotz der potenziellen Vorteile von Kryptowährungen in der Philanthropie und bei sozialen Impact-Projekten müssen mehrere Herausforderungen angegangen werden. Regulierungskontrollen sind eine solche Herausforderung, da Regierungen und Aufsichtsbehörden weiterhin Rahmenbedingungen für die Nutzung von Kryptowährungen entwickeln. Die Einhaltung gesetzlicher und regulatorischer Anforderungen bei gleichzeitiger Wahrung der dezentralen und transparenten Natur von Kryptowährungen kann komplex sein. Darüber hinaus können technologische Barrieren wie der Bedarf an Internetzugang und digitaler Bildung die Effektivität von Kryptowährungs-basierten Lösungen in bestimmten Regionen einschränken. Die Bewältigung dieser Herausforderungen wird entscheidend sein, um das volle Potenzial von Kryptowährungen zur Förderung von Philanthropie und sozialem Impact zu realisieren.

Ausblickend bieten die fortlaufende Entwicklung und Akzeptanz von Kryptowährungen vielversprechende Möglichkeiten zur Erweiterung ihrer Rolle in der Philanthropie und bei sozialen Impact-Projekten. Mit der Weiterentwicklung der Technologie und der Anpassung der regulatorischen Rahmenbedingungen könnten Kryptowährungen eine zunehmend bedeutende Rolle bei der Unterstützung wohltätiger Initiativen und gemeinschaftsgetriebener Projekte spielen. Das Potenzial für erhöhte Transparenz, Effizienz und Zugänglichkeit bietet eine überzeugende Vision für die Zukunft der

Philanthropie und des sozialen Impacts, angetrieben durch die innovativen Möglichkeiten digitaler Währungen und Blockchain-Technologie [307].

Regulatorische Herausforderungen und soziale Auswirkungen in der Kryptowährungsentwicklung

Eine der vordringlichsten regulatorischen Herausforderungen bei der Kryptowährungsentwicklung ist die Komplexität und Variabilität der Vorschriften in verschiedenen Jurisdiktionen. Kryptowährungen operieren in einem globalen Ökosystem, in dem sich die regulatorischen Rahmenbedingungen von Land zu Land erheblich unterscheiden. In einigen Regionen können die Vorschriften streng sein und darauf abzielen, illegale Aktivitäten wie Geldwäsche und Betrug zu verhindern. In anderen Regionen kann das regulatorische Umfeld permissiver sein und Innovation sowie Investitionen fördern. Diese Inkonsistenz schafft eine fragmentierte Landschaft, in der Entwickler, Investoren und Nutzer sich durch ein Flickenteppich von Gesetzen und Vorschriften navigieren müssen. Die Unsicherheit bezüglich der regulatorischen Anforderungen kann Eintrittsbarrieren für neue Teilnehmer schaffen, die allgemeine Akzeptanz behindern und das Gesamtwachstum des Kryptowährungssektors beeinträchtigen. Zum Beispiel können strenge Vorschriften oder gar Verbote in bestimmten Jurisdiktionen die Fähigkeit von Kryptowährungsprojekten einschränken, globale Zielgruppen zu erreichen, wodurch ihr potenzieller sozialer Einfluss begrenzt wird [307].

Regulatorische Herausforderungen beeinflussen auch die Zugänglichkeit von Kryptowährungen, was besonders besorgniserregend für marginalisierte Gemeinschaften ist, die bereits Barrieren zu traditionellen Finanzdienstleistungen haben. In Regionen mit weniger regulatorischer Klarheit oder restriktiven Vorschriften können Einzelpersonen Schwierigkeiten haben, auf Kryptowährungsbörsen, Wallets und andere Finanzdienstleistungen zuzugreifen. Dieser Mangel an Zugang kann bestehende wirtschaftliche Ungleichheiten verschärfen und verhindern, dass diese Gemeinschaften von den finanziellen Inklusionsmöglichkeiten profitieren, die Kryptowährungen bieten. Andererseits könnten klare und unterstützende regulatorische Rahmenbedingungen einen besseren Zugang zu digitalen Währungen ermöglichen und möglicherweise mehr Menschen dazu befähigen, am Finanzsystem teilzunehmen, Geld zu sparen und wirtschaftliche Aktivitäten zu verfolgen. Wie Regulierungsbehörden Kryptowährungen behandeln, kann daher erhebliche Auswirkungen auf die finanzielle Inklusion und wirtschaftliche Empowerment benachteiligter Bevölkerungsgruppen haben.

Die regulatorische Überprüfung kann auch die Entwicklung neuer Technologien und Geschäftsmodelle im Kryptowährungsbereich beeinflussen. Während Vorschriften wichtig sind, um die Marktintegrität zu gewährleisten und Verbraucher zu schützen, können übermäßig restriktive oder unklare Regeln die Innovation ersticken, indem sie hohe Compliance-Kosten verursachen oder den Umfang der zulässigen Aktivitäten einschränken. Beispielsweise können strenge Vorschriften für Initial Coin Offerings (ICOs) oder Plattformen für Dezentrale Finanzen (DeFi) Startups davon abhalten, innovative Projekte zu verfolgen oder in den Markt einzutreten. Dies kann zu einem langsameren Tempo der technologischen Entwicklung und reduzierter Konkurrenz führen, was letztlich die potenziellen Vorteile der Kryptowährungsentwicklung begrenzt. Auf der anderen Seite können gut gestaltete Vorschriften, die klare Richtlinien bieten und gleichzeitig Experimente und Wachstum ermöglichen, einen lebendigeren und innovativeren Sektor fördern.

Trotz dieser Herausforderungen kann eine ausgewogene und durchdachte Regulierung positive soziale Auswirkungen haben. Effektive regulatorische Rahmenbedingungen können den Verbraucherschutz verbessern, indem sie Standards für Sicherheit, Transparenz und Fairness festlegen. Beispielsweise können Vorschriften, die Kryptowährungsbörsen dazu verpflichten, robuste Verfahren zur Bekämpfung von Geldwäsche (AML) und zur Kundenidentifikation (KYC) umzusetzen, dazu beitragen, Betrug und illegale Aktivitäten zu verhindern und das Vertrauen in das Kryptowährungsökosystem zu erhöhen. Darüber hinaus können klare Vorschriften rechtliche Sicherheit bieten, die institutionelle Investoren und die breite Akzeptanz anziehen, was letztendlich zur Stabilität und Legitimität des Kryptowährungsmarktes beiträgt. Durch die Schaffung eines Umfelds, in dem Innovation und Verbraucherschutz koexistieren, kann ausgewogene Regulierung die breiteren sozialen Vorteile der Kryptowährungsentwicklung unterstützen.

Die Navigation durch die regulatorische Landschaft bleibt eine zentrale Herausforderung für die Kryptowährungsentwicklung. Interessengruppen im Kryptowährungsbereich, einschließlich Entwickler, Investoren und Entscheidungsträger, müssen zusammenarbeiten, um regulatorische Probleme zu bewältigen und Rahmenbedingungen zu fördern, die Innovation und Aufsicht in Einklang bringen. Dies beinhaltet die Zusammenarbeit mit Regulierungsbehörden, die Teilnahme an politischen Diskussionen und die Förderung bewährter Verfahren, die sowohl den Marktbedürfnissen als auch den gesellschaftlichen Zielen entsprechen. Da sich der Kryptowährungssektor weiterentwickelt, werden fortlaufender Dialog und Anpassung entscheidend sein, um Vorschriften zu gestalten, die positive soziale Ergebnisse unterstützen und gleichzeitig Risiken mindern.

Kulturelle Veränderungen und globale Perspektiven in der Kryptowährungsentwicklung

Der Aufstieg von Kryptowährungen katalysiert tiefgreifende kulturelle Veränderungen, indem etablierte Konzepte von Geld und Eigentum herausgefordert werden. Im Gegensatz zu traditionellen Fiat-Währungen, die von zentralen Behörden herausgegeben und reguliert werden, operieren Kryptowährungen auf dezentralen Netzwerken und werden durch Algorithmen und Konsensmechanismen gesteuert. Dieser Wandel verändert grundlegend, wie Menschen Geld wahrnehmen und damit umgehen. Für viele, insbesondere in jüngeren Generationen, stellen digitale Währungen eine Abkehr vom herkömmlichen Banksystem dar und bieten ein neues Paradigma finanzieller Autonomie und Innovation. Auch das Konzept von Eigentum entwickelt sich weiter, da digitale Vermögenswerte wie Kryptowährungen und nicht-fungible Token (NFTs) neuartige Möglichkeiten zur Darstellung und Übertragung von Wert einführen. Diese kulturelle Transformation betrifft nicht nur die Übernahme neuer Technologien, sondern auch das grundlegende Überdenken von wirtschaftlichen Austauschprozessen und Eigentumsrechten im digitalen Zeitalter [307].

Jüngere Generationen stehen an vorderster Front bei der Akzeptanz von Kryptowährungen, getrieben von ihrer Vertrautheit mit Technologie und Offenheit für alternative Finanzsysteme. Für viele Millennials und Gen Z stellen digitale Währungen eine natürliche Erweiterung ihres digitalen Lebens dar, die nahtlos mit ihren Online-Aktivitäten und sozialen Interaktionen integriert werden. Diese demografische Gruppe ist eher geneigt, innovative Finanzlösungen wie dezentrale Finanzplattformen (DeFi) und digitale Wallets zu erkunden, die ihren Werten von Bequemlichkeit, Transparenz und finanzieller Inklusion entsprechen. Da diese jüngeren Menschen die dominierenden wirtschaftlichen Akteure werden, werden ihre Präferenzen und Verhaltensweisen zunehmend die Zukunft der Finanzsysteme prägen, möglicherweise die

Akzeptanz von Kryptowährungen beschleunigen und beeinflussen, wie sie in die mainstreamwirtschaftlichen Aktivitäten integriert werden.

Kryptowährungen überwinden traditionelle Barrieren bei grenzüberschreitenden Transaktionen und fördern eine globalere Perspektive auf Finanzen. Durch den Betrieb auf dezentralen Netzwerken ermöglichen Kryptowährungen sofortige und kosteneffiziente Überweisungen über geografische Grenzen hinweg, wodurch die Einschränkungen traditioneller Finanzsysteme umgangen werden, die oft hohe Gebühren und Verzögerungen mit sich bringen. Dieser globale Ansatz bei Finanztransaktionen verbessert die finanzielle Inklusion, insbesondere in Entwicklungsländern, in denen der Zugang zu Bankdienstleistungen möglicherweise begrenzt ist. Menschen in diesen Regionen können nun am globalen Wirtschaftsgeschehen teilnehmen, internationale Märkte erschließen und Überweisungen effizienter empfangen. Diese erhöhte Vernetzung beeinflusst auch regulatorische Diskussionen und Wirtschaftspolitik, da Regierungen und Institutionen sich mit den Auswirkungen einer grenzlosen digitalen Wirtschaft auseinandersetzen. Die Notwendigkeit, sich an dieses neue Finanzumfeld anzupassen, erfordert eine Neubewertung bestehender Rahmenbedingungen und die Entwicklung neuer Vorschriften, die die einzigartigen Herausforderungen der Kryptowährungen adressieren.

Mit dem zunehmenden Einfluss von Kryptowährungen werden sie auch auf globaler Ebene die regulatorischen Diskussionen und Wirtschaftspolitik beeinflussen. Regierungen und Aufsichtsbehörden sind aktiv damit beschäftigt, zu bewerten, wie die Komplexitäten einer digitalen, dezentralen Wirtschaft angegangen werden können. Dazu gehört die Entwicklung von Vorschriften, die Innovation und Aufsicht in Einklang bringen, den Verbraucherschutz gewährleisten und Bedenken hinsichtlich Sicherheit, Besteuerung und Geldwäschebekämpfung adressieren. Der Aufstieg der Kryptowährungen führt auch zu Diskussionen über die Geldpolitik, da traditionelle Finanzsysteme sich an die wachsende Rolle digitaler Vermögenswerte bei wirtschaftlichen Transaktionen anpassen müssen. Diese regulatorischen und politischen Verschiebungen sind entscheidend dafür, wie Kryptowährungen in das umfassendere Finanzsystem integriert werden und wie sie die wirtschaftliche Stabilität und das Wachstum beeinflussen.

Insgesamt trägt die Entwicklung von Kryptowährungen zu einem breiteren kulturellen Wandel hin zu digitalen, dezentralen und globalisierten Finanzsystemen bei. Diese Transformation geht über die bloße technologische Adoption hinaus und beeinflusst, wie Menschen Wert wahrnehmen, finanzielle Transaktionen durchführen und mit

Wirtschaftssystemen interagieren. Die wachsende Akzeptanz und Integration von Kryptowährungen verändern gesellschaftliche Einstellungen zu Geld und Eigentum, fördern eine größere finanzielle Inklusion und führen zu einer Neubewertung regulatorischer und wirtschaftlicher Politiken. Da sich diese Veränderungen weiter entfalten, werden sie weitreichende Auswirkungen auf die Gesellschaft haben, weitere Innovationen vorantreiben und die Landschaft der globalen Finanzen verändern.

Finanzielle Inklusion und Kryptowährungen

Mit der zunehmenden Verbreitung von Kryptowährungen wird erwartet, dass sie von einer breiteren Gruppe von Einzelpersonen und Unternehmen angenommen werden, was zu einer größeren finanziellen Inklusion und Empowerment führen wird [325]. Dieser Anstieg der Akzeptanz wird voraussichtlich die Finanzen demokratisieren, indem er den Einzelpersonen mehr Autonomie über ihre Finanzen gewährt und ihre Abhängigkeit von traditionellen Finanzinstitutionen verringert. Darüber hinaus wird die durch die Entwicklung von Kryptowährungen erleichterte verbesserte Zugänglichkeit den Prozess des Kaufs, Verkaufs und der Nutzung digitaler Währungen vereinfachen, wodurch die Art und Weise revolutioniert wird, wie Menschen mit Geld, Finanzen und der globalen Wirtschaft umgehen [326].

Obwohl die Aussichten auf eine erhöhte Akzeptanz und Zugänglichkeit vielversprechend sind, könnten bestimmte Herausforderungen wie regulatorische Unklarheiten und technologische Hürden den Fortschritt hin zu einer breiteren Akzeptanz, insbesondere für bestimmte demografische Gruppen, behindern [327]. Die Überwindung dieser Hindernisse wird entscheidend sein, um das volle Potenzial der Kryptowährungen zu realisieren, die Finanzlandschaften neu zu gestalten und Einzelpersonen weltweit zu empowern. Die sozialen Auswirkungen der erhöhten Akzeptanz und Zugänglichkeit von Kryptowährungen werden voraussichtlich tiefgreifend sein und die gesellschaftlichen Wahrnehmungen und Interaktionen mit Finanzsystemen grundlegend verändern [328].

Forschungen haben gezeigt, dass die Akzeptanz von Kryptowährungen von verschiedenen Faktoren beeinflusst wird, wie der wahrgenommenen Nützlichkeit, der Benutzerfreundlichkeit, der Innovationskraft, der Einstellung, dem wahrgenommenen Risiko und der Qualität der Ergebnisse [10]. Das Verständnis dieser Faktoren ist für politische Entscheidungsträger und Branchenbeteiligte entscheidend, um sich effektiv im sich entwickelnden Bereich der digitalen Währungen zurechtzufinden. Studien haben auch die Bedeutung subjektiver Normen, globaler Aufmerksamkeit und Verhaltensverzerrungen bei der Gestaltung der Entscheidungen von Einzelpersonen bezüglich der Akzeptanz von Kryptowährungen hervorgehoben [329]. Durch die Aufklärung dieser Faktoren zielen Forscher darauf ab, Erkenntnisse zu liefern, die Strategien zur Förderung einer breiteren Akzeptanz und Nutzung von Kryptowährungen informieren können.

Darüber hinaus darf die Rolle des Vertrauens bei der Förderung der Akzeptanz von Kryptowährungen nicht unterschätzt werden, da es eine zentrale Rolle bei der Schaffung von Vertrauen unter Nutzern und Investoren spielt [330]. Das Vertrauen in die Sicherheit und Zuverlässigkeit von Kryptowährungssystemen zu etablieren, ist entscheidend für die Schaffung eines günstigen Umfelds für die Akzeptanz. Außerdem war die Integration von Technologiebewertungsmodellen wie dem TAM (Technology Acceptance Model) maßgeblich für das Verständnis der Absichten der Verbraucher zur Annahme von Kryptowährungsplattformen [331]. Durch die Nutzung solcher Modelle können Forscher tiefer in die Feinheiten des Nutzerverhaltens und der Vorlieben im Bereich der digitalen Währungen eintauchen.

Des Weiteren geht die Wirkung der Akzeptanz von Kryptowährungen über einzelne Nutzer hinaus und umfasst breitere wirtschaftliche Implikationen, einschließlich finanzieller Innovation und regulatorischer Rahmenbedingungen [332]. Politische Entscheidungsträger und Regulierungsbehörden spielen eine entscheidende Rolle bei der Gestaltung des Verlaufs der Kryptowährungsakzeptanz, indem sie klare Richtlinien und Rahmenbedingungen schaffen, die Innovation und Verbraucherschutz in Einklang bringen. Studien haben auch das transformative Potenzial von Kryptowährungen bei der Verbesserung der finanziellen Inklusion und wirtschaftlichen Ermächtigung, insbesondere in Entwicklungsländern, hervorgehoben [333]. Durch die Nutzung digitaler Währungen können Menschen in unterversorgten Regionen Zugang zu Finanzdienstleistungen erhalten und aktiver am globalen Wirtschaftsgeschehen teilnehmen.

Kryptowährungen in Entwicklungsländern

Der Aufstieg von Kryptowährungen hat tatsächlich Wellen im globalen Finanzwesen geschlagen, traditionelle Systeme herausgefordert und sowohl Investoren als auch Entscheidungsträger erheblich interessiert. Die Anziehungskraft von Kryptowährungen liegt in ihrem Potenzial, etablierte Finanznormen zu stören und zu revolutionieren, indem sie neue Möglichkeiten für Transaktionen, Wertaufbewahrung und wirtschaftliche Aktivitäten bieten. Während sich ein Großteil der Aufmerksamkeit auf entwickelte Regionen konzentriert hat, in denen Krypto-Märkte bereits etabliert sind, reicht die Auswirkung von Kryptowährungen weit über diese Bereiche hinaus, wobei Entwicklungsländer als besonders interessante und transformative Arenen für die Annahme digitaler Währungen hervortreten [334].

Obwohl der globale Kryptowährungsmarkt überwiegend in entwickelten Regionen wie Nordamerika und Ostasien konzentriert ist, nehmen Entwicklungsländer zunehmend am Krypto-Sektor teil. Ein Chainalysis-Bericht aus dem Jahr 2023 zeigt, dass 40 % der weltweiten Kryptowährungsnutzer jetzt in Ländern mit niedrigem bis mittlerem Einkommen (LMICs) ansässig sind. Dieser signifikante Anteil unterstreicht das zunehmende Interesse und die Akzeptanz von Kryptowährungen in diesen Regionen. Die Akzeptanz wird durch eine Kombination von Faktoren vorangetrieben, die Kryptowährungen in Kontexten, in denen traditionelle Finanzsysteme möglicherweise fehlen oder unzureichend sind, besonders attraktiv machen [334].

Forschungen aus dem Jahr 2022 zeigen einen bemerkenswerten Trend: Die Akzeptanz von Kryptowährungen ist in Entwicklungsländern, insbesondere in Asien, Afrika und Lateinamerika, signifikant höher. Dieser Trend zeigt sich in dem erheblichen Anteil an Kryptowährungsnutzern in diesen Regionen im Vergleich zu entwickelten Nationen. Beispielsweise gehören Länder wie Thailand, Nigeria, die Philippinen, Südafrika, Argentinien, Indonesien und Brasilien zu den zehn Ländern mit dem höchsten Prozentsatz an Krypto-Nutzern. Thailand führt mit 20 % seiner Bevölkerung, die sich mit Kryptowährungen beschäftigt, während Nigeria, die Philippinen und Südafrika jeweils 19 % aufweisen und Argentinien mit 18 % knapp dahinter liegt [335]. Indonesien und Brasilien sehen beide 16 % ihrer Bevölkerung mit Kryptowährungen beschäftigt. Diese hohe Akzeptanzrate in Ländern mit niedrigem und mittlerem Einkommen hebt einen wachsenden Trend zur Integration digitaler Währungen in Regionen hervor, in denen traditionelle Finanzsysteme möglicherweise weniger zugänglich oder weniger effizient sind [335].

Mehrere Faktoren tragen zu diesem erhöhten Niveau der Kryptowährungsakzeptanz in Entwicklungsländern bei. Ein wesentlicher Faktor ist der eingeschränkte Zugang zu traditionellen Bankdienstleistungen. In vielen dieser Länder bleiben große Teile der Bevölkerung unbanked oder underbanked, was Kryptowährungen als attraktive Alternative zur finanziellen Inklusion macht. Kryptowährungen bieten Einzelpersonen die Möglichkeit, am globalen Wirtschaftsgeschehen teilzunehmen, ohne ein traditionelles Bankkonto zu benötigen, und ermöglichen den Zugang zu Finanzdienstleistungen wie Ersparnissen, Zahlungen und Investitionen [335].

Darüber hinaus können Kryptowährungen als Absicherung gegen wirtschaftliche Instabilität und Inflation dienen, die in einigen Entwicklungsländern verbreitete Probleme darstellen. Die Möglichkeit, Wert in digitaler Form zu speichern und zu transferieren, kann Einzelpersonen vor der Abwertung lokaler Währungen schützen und Stabilität in unsicheren wirtschaftlichen Umfeldern bieten [335].

Die rechtliche Anerkennung von Bitcoin in El Salvador und der Zentralafrikanischen Republik stellt einen bedeutenden Meilenstein in der Akzeptanz von Kryptowährungen dar. Im Jahr 2021 wurde El Salvador das erste Land, das Bitcoin offiziell als gesetzliches Zahlungsmittel anerkannte, mit dem Ziel, die Kosten für grenzüberschreitende Überweisungen zu senken und das Wirtschaftswachstum anzukurbeln. Ähnlich folgte die Zentralafrikanische Republik 2022 und erkannte Bitcoin als gesetzliches Zahlungsmittel an, mit dem ähnlichen Ziel, die wirtschaftlichen Chancen und die finanzielle Inklusion zu verbessern [335].

Diese wegweisenden Schritte sind jedoch nicht ohne Kontroversen geblieben. Der Internationale Währungsfonds (IWF) hat Bedenken hinsichtlich der potenziellen Risiken im Zusammenhang mit der Akzeptanz von Kryptowährungen geäußert, insbesondere in Bezug auf die finanzielle Stabilität. Der IWF hebt die inhärente Volatilität von Kryptowährungen hervor, die zu erheblichen Wertschwankungen führen kann. Diese Volatilität stellt Risiken für das breitere Finanzsystem dar und könnte die wirtschaftliche Stabilität untergraben, wenn sie nicht sorgfältig gemanagt wird [335].

In El Salvador und der Zentralafrikanischen Republik wird die Einführung von Kryptowährungen als gesetzliches Zahlungsmittel als gewagtes Experiment angesehen, das darauf abzielt, die Vorteile digitaler Währungen zu nutzen. Während diese Initiativen das Potenzial haben, wirtschaftliche Innovation und Inklusion voranzutreiben, sehen sie sich auch Herausforderungen bei der Integration von Kryptowährungen in bestehende Finanzsysteme und den breiteren Auswirkungen auf die wirtschaftliche Stabilität gegenüber [335].

In vielen Entwicklungsländern sind traditionelle Bankensysteme für große Teile der Bevölkerung nicht zugänglich. Diese Systeme leiden oft unter unzureichender Infrastruktur, hohen Kosten oder strengen Anforderungen wie Mindestguthaben, die viele

Menschen von der Teilnahme am Finanzsystem ausschließen können. Kryptowährungen bieten eine praktikable Alternative, indem sie den Menschen ermöglichen, sich an der digitalen Wirtschaft zu beteiligen, ohne ein traditionelles Bankkonto zu benötigen. Diese erhöhte finanzielle Inklusion ermöglicht es Einzelpersonen, Wert durch digitale Mittel zu speichern, zu transferieren und zuzugreifen, wodurch die Kluft zwischen den unbanked und dem breiteren Wirtschaftssystem überbrückt wird [334].

In Ländern mit hohen Inflationsraten können Kryptowährungen als Schutz gegen die Abwertung der Währung fungieren. Inflation schmälert den Wert traditioneller Währungen, was die Ersparnisse und die Kaufkraft der Einzelnen verringert. Kryptowährungen, aufgrund ihrer dezentralen Natur und begrenzten Verfügbarkeit (wie bei Bitcoin zu sehen), bieten eine mögliche Absicherung gegen eine solche Abwertung. Durch das Halten oder Transaktionen in Kryptowährungen können Einzelpersonen ihre Vermögenswerte vor den negativen Auswirkungen der Inflation schützen und ihre Kaufkraft sowie finanzielle Stabilität bewahren [334].

Auch die Überweisungsindustrie ist ein Bereich, in dem Kryptowährungen erhebliche Vorteile bieten. Geldtransfers über Grenzen hinweg sind traditionell mit hohen Gebühren, Verzögerungen und mangelnder Transparenz verbunden. Kryptowährungen vereinfachen diesen Prozess, indem sie eine kostengünstigere, schnellere und transparentere Methode zum Geldtransfer bereitstellen. Für Migranten, die Überweisungen an ihre Familien schicken, kann dies zu erheblichen Kosteneinsparungen und schnelleren Transaktionszeiten führen. Die Fähigkeit, Geld schnell und kostengünstig zu senden und zu empfangen, kann einen tiefgreifenden Einfluss auf das wirtschaftliche Wohlbefinden der Empfänger in Entwicklungsländern haben [334].

Der zunehmende Zugang zu Smartphones und dem Internet in Entwicklungsländern unterstützt ebenfalls das Wachstum der Kryptowährungsakzeptanz. Mit der zunehmenden Verbreitung mobiler Technologien erhalten Menschen in diesen Regionen Zugang zu mobilen Krypto-Wallets und dezentralen Finanzanwendungen (DeFi). Diese technologischen Fortschritte erleichtern die Nutzung von Kryptowährungen, indem sie zugängliche Plattformen für die Verwaltung digitaler Vermögenswerte, die Teilnahme an finanziellen Aktivitäten und die Beteiligung am wachsenden Ökosystem der dezentralen Finanzen bieten [334].

Der Aufstieg von Kryptowährungen in Entwicklungsländern wird durch mehrere überzeugende Faktoren vorangetrieben, darunter die Notwendigkeit finanzieller Inklusion, Schutz vor Inflation, verbesserte Überweisungsprozesse und die wachsende Akzeptanz von Technologie. Da Kryptowährungen in diesen Regionen weiter an Bedeutung gewinnen, haben sie das Potenzial, bedeutende positive Veränderungen herbeizuführen, Finanzsysteme zu transformieren, die wirtschaftliche Stabilität zu verbessern und neue Chancen für Einzelpersonen zu bieten, die zuvor von traditionellen Finanzinstituten unterversorgt waren. Die fortlaufenden Entwicklungen bei der Akzeptanz von Kryptowährungen in Entwicklungsländern werden voraussichtlich eine entscheidende Rolle bei der Gestaltung der Zukunft des globalen Finanzsystems spielen [334].

Überweisungen spielen eine entscheidende Rolle in den Volkswirtschaften von Entwicklungsländern und machen oft einen erheblichen Teil ihres BIP aus. Entwicklungsländer sind häufig Nettoexporteure von Arbeitskraft, wobei Millionen von Arbeitskräften in andere Länder migrieren, um bessere Beschäftigungsmöglichkeiten zu finden. Laut der Weltbank wurden 2019 fast 550 Milliarden Dollar an Überweisungen an Länder mit niedrigem und mittlerem Einkommen geschickt [335]. Diese Finanzströme sind für viele Familien und Gemeinschaften von entscheidender Bedeutung und bieten wesentliche Unterstützung für alltägliche Bedürfnisse, Bildung und Gesundheitsversorgung [335].

El Salvador dient als bemerkenswertes Beispiel für ein Land, das stark auf Überweisungen angewiesen ist. In dieser zentralamerikanischen Nation machen Überweisungen bis zu 20 % der nationalen Wirtschaft aus. Der Großteil dieser Mittel – etwa 95 % – stammt von salvadorianischen Arbeitskräften, die in den Vereinigten Staaten ansässig sind [335]. Diese starke Abhängigkeit von Überweisungen unterstreicht deren Bedeutung als finanzielle Lebensader für viele Salvadorianer und hebt die potenziellen Auswirkungen von Änderungen im Überweisungsprozess hervor.

Traditionelle grenzüberschreitende Überweisungen können mit Herausforderungen verbunden sein. Transaktionen werden oft langsam verarbeitet, benötigen mehrere Tage zur Abwicklung und können hohe Gebühren von Vermittlern wie Banken und Geldtransferunternehmen verursachen. Diese Gebühren können das Senden kleiner Beträge wirtschaftlich unpraktisch machen, insbesondere für einkommensschwache Personen, die möglicherweise häufig oder in kleinen Beträgen Geld senden müssen. Die Ineffizienzen traditioneller Überweisungssysteme können die insgesamt an die Empfänger gelangten Beträge reduzieren und die Wirksamkeit der finanziellen Unterstützung beeinträchtigen [335].

In vielen Entwicklungsländern stellen Überweisungen von im Ausland arbeitenden Migranten eine entscheidende wirtschaftliche Lebensader dar. Diese Überweisungen, also die Mittel, die von Einzelpersonen an ihre Familien oder Freunde in ihren Herkunftsländern geschickt werden, spielen eine bedeutende Rolle in den Volkswirtschaften dieser Nationen. Laut der Weltbank können Überweisungen einen erheblichen Anteil des Bruttoinlandsprodukts (BIP) eines Landes ausmachen, wobei die Zahlen bis zu 20 % und in einigen Fällen bis zu 40 % erreichen [336]. Diese hohe Prozentzahl unterstreicht die Bedeutung von Überweisungen zur Unterstützung von Haushaltseinkommen, Verbesserung der Lebensstandards und Förderung der wirtschaftlichen Stabilität in diesen Regionen.

Der Aufstieg von Kryptowährungen hat eine transformative Alternative zu traditionellen Überweisungsmethoden eingeführt. Kryptowährungen bieten eine attraktive Lösung für Menschen in Entwicklungsländern, da sie die Möglichkeit bieten, traditionelle Finanzintermediäre zu umgehen, die oft mit hohen Gebühren und langen Transaktionszeiten verbunden sind. Die digitale Natur der Kryptowährungen ermöglicht schnellere und kostengünstigere Überweisungen, was besonders vorteilhaft in Regionen ist, in denen die traditionelle Finanzinfrastruktur begrenzt oder ineffizient ist [336].

Laut dem Digital 2022 Global Overview Report, einer Zusammenarbeit von DataReportal, We Are Social und Hootsuite, besitzt mehr als einer von zehn internetnutzenden Personen weltweit nun eine Form von Kryptowährung [336]. Diese Statistik hebt ein signifikantes Maß an Akzeptanz unter Internetnutzern hervor, wobei Entwicklungsländer noch höhere Raten an Kryptowährungsbesitz zeigen. Die höhere Verbreitung in diesen Regionen wird oft mehreren Faktoren zugeschrieben, einschließlich der Volatilität und Instabilität lokaler Fiat-Währungen, die Kryptowährungen als attraktive Alternative zur Werterhaltung und Durchführung von Transaktionen erscheinen lassen [336].

In Entwicklungsländern, in denen konventionelle Währungen anfällig für Wechselkursfluktuationen sind, bieten Kryptowährungen einen stabilen Wertaufbewahrungsmechanismus und ein Mittel zur finanziellen Sicherheit. Die Möglichkeit, Mittel in Kryptowährungen zu halten und zu transferieren, kann dazu beitragen, die Risiken im Zusammenhang mit Währungsabwertung und wirtschaftlicher Instabilität zu mindern. Diese Stabilität ist besonders attraktiv für Einzelpersonen und Unternehmen in Regionen, in denen die wirtschaftlichen Bedingungen weniger vorhersehbar sind und traditionelle Finanzsysteme unzureichend oder unzuverlässig sein können [336].

Die Akzeptanz von Kryptowährungen verändert den Überweisungsmarkt, indem sie eine effizientere und kostengünstigere Methode zum Geldversand über Grenzen hinweg bietet. Da traditionelle Überweisungsdienste oft durch hohe Gebühren und lange Bearbeitungszeiten gekennzeichnet sind, bieten Kryptowährungen eine vereinfachte Alternative, die die Transaktionskosten senkt und die Überweisung von Geldern beschleunigt. Dieser Wandel kommt nicht nur den Empfängern zugute, indem sichergestellt wird, dass sie mehr von dem gesendeten Geld erhalten, sondern verbessert auch die allgemeine Zugänglichkeit von Überweisungsdiensten für Migranten und ihre Familien [336].

Kryptowährungen bieten eine vielversprechende Alternative zu traditionellen Überweisungsmethoden, indem sie eine effizientere und kostengünstigere Möglichkeit bieten, Gelder über Grenzen hinweg zu transferieren. Digitale Währungen, insbesondere solche, die auf Blockchain-Technologie basieren, ermöglichen schnellere Transaktionen, die innerhalb von Minuten abgewickelt werden können, unabhängig von der geografischen Distanz zwischen Sender und Empfänger. Zudem fallen bei Kryptowährungstransaktionen typischerweise deutlich niedrigere Gebühren im Vergleich zu traditionellen Überweisungsdiensten an. Diese Kostensenkung kann es wirtschaftlicher machen, kleinere Beträge zu senden, und erhöht die Nützlichkeit und Zugänglichkeit von Überweisungsdiensten für die Nutzer [335].

Einige Unternehmen erkunden bereits die Nutzung von Kryptowährungen zur Verbesserung der Überweisungsdienste. Zum Beispiel hat MoneyGram, ein bedeutender Akteur in der Überweisungsbranche, mit Stablecoin-Überweisungen auf der Stellar-Blockchain experimentiert [335]. Stablecoins sind digitale Vermögenswerte, die darauf ausgelegt sind, einen stabilen Wert zu bewahren, indem sie an eine Reserve von Vermögenswerten, wie eine Fiat-Währung, gebunden sind. Durch die Nutzung von Stablecoins zielt MoneyGram darauf ab, eine stabilere und kostengünstigere Überweisungsoption im Vergleich zu traditionellen Methoden anzubieten. Die Stellar-Blockchain bietet die Vorteile schneller Transaktionszeiten und niedriger Gebühren und macht sie zu einer attraktiven Plattform für grenzüberschreitende Zahlungen [335].

In vielen Entwicklungsländern ist wirtschaftliche Instabilität ein erhebliches Problem. Hyperinflation, weit verbreitete Korruption und anhaltende finanzielle Not haben diese Regionen geplagt, oft als Folge fehlerhafter traditioneller Finanzsysteme. Die lokalen Währungen in diesen Ländern leiden häufig unter unvorhersehbarer Inflation und volatilen Wechselkursen, was ihren Wert im Laufe der Zeit schwächt. Kryptowährungen haben sich als gangbare Alternative zu diesen schwachen nationalen Währungen herausgestellt, da sie eine Lösung bieten, die viele der Schwächen des traditionellen Finanzsystems umgeht. Im Gegensatz zu Fiat-Währungen sind Kryptowährungen dezentralisiert und unterliegen nicht der direkten Kontrolle durch Regierungen oder Banken, wodurch sie immun gegenüber lokalen wirtschaftlichen Politiken und Manipulationen sind. Diese Dezentralisierung ermöglicht es Einzelpersonen, eine größere Kontrolle über ihre Vermögenswerte zu haben, frei von den Einschränkungen und der möglichen Instabilität traditioneller Finanzsysteme [336].

Die dezentrale Natur von Kryptowährungen bietet einen überzeugenden Vorteil für Nutzer in Entwicklungsländern. Traditionelle Finanzsysteme sind oft durch Ineffizienzen und Korruption geprägt, was zu einem Mangel an Vertrauen unter den Bürgern führt. Kryptowährungen arbeiten auf Basis der Blockchain-Technologie, die ein verteiltes digitales Hauptbuch verwendet, um jede Transaktion aufzuzeichnen. Dieses Hauptbuch ist unveränderlich, was bedeutet, dass einmal aufgezeichnete Transaktionen nicht verändert oder gelöscht werden können. Dieses Merkmal reduziert das Risiko von Betrug und Manipulation und fördert ein höheres Maß an Vertrauen unter den Nutzern. Im Gegensatz zu Fiat-Währungen, die Rückbuchungen und korrupten Praktiken unterliegen können, bieten Kryptowährungen eine transparente und zuverlässige Alternative, bei der Transaktionen dauerhaft und überprüfbar sind [336].

Trotz der wachsenden Akzeptanz von Kryptowährungen in Entwicklungsländern bestehen weiterhin mehrere Herausforderungen und Einschränkungen. Ein wesentliches Problem ist das Fehlen einer weit verbreiteten Akzeptanz und Anerkennung. Kryptowährungen werden nicht universell als Zahlungsmittel akzeptiert, und ihre Nutzung ist oft auf bestimmte Plattformen und Händler beschränkt. Diese Einschränkung beeinträchtigt ihre Praktikabilität für alltägliche Transaktionen und steht im starken Kontrast zu den etablierten und weltweit akzeptierten traditionellen Zahlungsmethoden. Darüber hinaus bleibt das regulatorische Umfeld für Kryptowährungen in vielen Regionen unklar. Etwa 80 % der Zentralbanken weltweit haben entweder keine digitalen Währungen eingeführt oder verfügen über unklare rechtliche Rahmenbedingungen, die Kryptowährungen nicht vollständig berücksichtigen [336].

Eine weitere wesentliche Herausforderung ist die inhärente Volatilität von Kryptowährungen. Beispielsweise hat Bitcoin eine maximale Menge von 21 Millionen Münzen, was eine begrenzte Ressource schafft, deren Wert ausschließlich durch die Marktnachfrage bestimmt wird. Diese begrenzte Versorgung, kombiniert mit hoher Volatilität, bedeutet, dass der Wert von Kryptowährungen dramatisch schwanken kann. Diese Unvorhersehbarkeit stellt ein erhebliches Risiko dar, insbesondere für Einzelpersonen und Unternehmen in Entwicklungsländern, die möglicherweise bereits mit finanzieller Instabilität zu kämpfen haben. Im Gegensatz zu traditionellen Fiat-Währungen, die von Zentralbanken verwaltet werden, um Stabilität zu gewährleisten, fehlen Kryptowährungen Mechanismen zur Stabilisierung ihres Wertes, was sie stark anfällig für Marktschocks macht [336].

Die internationale Finanzgemeinschaft, einschließlich Institutionen wie dem Internationalen Währungsfonds (IWF) und der Weltbank, hat Bedenken hinsichtlich der Einführung von Kryptowährungen als offizielle Währungen geäußert [336]. Der IWF hat beispielsweise gewarnt, dass Kryptowährungen Länder schwerer Preisvolatilität aussetzen und die Kapitalverkehrskontrollen untergraben könnten. Auch die Weltbank hat die Verwendung von Bitcoin als gesetzliches Zahlungsmittel, insbesondere in El Salvador, kritisiert und erklärt, dass sie aufgrund von Bedenken hinsichtlich der finanziellen Stabilität nicht mit dem Land an seinen Kryptowährungsplänen zusammenarbeiten werde [336].

Trotz dieser Bedenken werden die potenziellen Vorteile von Kryptowährungen anerkannt. Der IWF hat die Nutzung der Blockchain-Technologie für digitale Upgrades nationaler Währungen befürwortet, was Entwicklungsländern die technologischen Vorteile von Kryptowährungen bieten könnte, ohne die mit extremer Volatilität verbundenen Risiken. Dieser Ansatz bietet eine Möglichkeit, die Vorteile der Blockchain-Technologie zu nutzen, während die Stabilität durch traditionelle Währungssysteme gewahrt bleibt [336].

Die Zukunft der Kryptowährungen in Entwicklungsländern bleibt unsicher und umstritten. Während Kryptowährungen vielversprechende Lösungen für langjährige finanzielle Probleme bieten und erheblich an Zugkraft gewonnen haben, bringen sie auch erhebliche Risiken und Einschränkungen mit sich. Die Debatte wird voraussichtlich weitergehen, während weitere Entwicklungsländer die Nutzung von Kryptowährungen erkunden. Es wird erwartet, dass sich das traditionelle globale Finanzsystem entwickeln wird, indem es die Vorteile der Blockchain-Technologie integriert und gleichzeitig die Herausforderungen meistert, die Kryptowährungen als offizielle Währungen darstellen. Das Ergebnis wird davon abhängen, wie gut diese Nationen und die globale Finanzgemeinschaft das innovative Potenzial von Kryptowährungen mit dem Bedürfnis nach wirtschaftlicher Stabilität und regulatorischer Klarheit in Einklang bringen können [336].

Ethische Überlegungen

Kryptowährungen haben sich schnell von einem Nischen-Digitalasset zu einem bedeutenden Bestandteil der Finanzlandschaft entwickelt und revolutionieren traditionelle Währungs- und Transaktionsmethoden. Mit der zunehmenden Verbreitung von Kryptowährungen sind jedoch wichtige ethische Fragen zu Datenschutz, Anonymität und krimineller Aktivität aufgekommen. Diese Fragen spiegeln das komplexe Zusammenspiel zwischen den Vorteilen der Dezentralisierung und den potenziellen Risiken eines unregulierten Finanzumfelds wider [337].

Datenschutz und Anonymität gehören zu den am meisten geschätzten Merkmalen von Kryptowährungen. Datenschutz bezieht sich auf die Fähigkeit der Nutzer, ihre persönlichen Informationen vertraulich zu halten, während Anonymität die Möglichkeit beschreibt, Transaktionen durchzuführen, ohne die eigene Identität preiszugeben. Kryptowährungen erreichen diese Merkmale durch ausgeklügelte kryptografische Techniken und dezentrale Netzwerke, die die Identität und Transaktionsdetails der Nutzer verschleiern [337].

Der Reiz von Datenschutz und Anonymität liegt in ihrem Potenzial, die Nutzer vor verschiedenen Bedrohungen wie Cyberangriffen und staatlicher Überwachung zu schützen. Personen, die Wert auf Privatsphäre legen, könnten motiviert sein, Kryptowährungen zu nutzen, um ihre finanziellen Aktivitäten vor neugierigen Blicken zu schützen. Beispielsweise möchten einige Nutzer sensible Finanzinformationen schützen oder mögliche Repressionen von Behörden vermeiden. Diese Merkmale bringen jedoch auch ethische Dilemmata mit sich, da dieselben Eigenschaften, die Privatsphäre bieten, auch illegale Aktivitäten erleichtern können [337].

Die durch Kryptowährungen gebotene Anonymität kann unbeabsichtigt Möglichkeiten für illegale Aktivitäten wie Geldwäsche, Terrorismusfinanzierung und Cyberkriminalität schaffen. Die Möglichkeit, Transaktionen durchzuführen, ohne die eigene Identität preiszugeben, erleichtert es Einzelpersonen, sich an diesen Aktivitäten zu beteiligen, ohne entdeckt zu werden. Dies wirft ethische Fragen auf, ob die Vorteile von Datenschutz und Anonymität die Risiken des Missbrauchs überwiegen [337].

Darüber hinaus kann das Fehlen von Transparenz bei Kryptowährungstransaktionen zu Steuerhinterziehung und anderen unethischen Praktiken führen. Die dezentrale Natur von Kryptowährungen bedeutet, dass Transaktionen nicht denselben Aufsichts- und Regulierungsrahmen wie traditionelle Finanzsysteme unterliegen. Diese Undurchsichtigkeit kann Schlupflöcher für illegale Aktivitäten schaffen und die Bemühungen untergraben, finanzielle Integrität und Compliance sicherzustellen [337].

Die Bewältigung dieser ethischen Herausforderungen erfordert Maßnahmen, um sicherzustellen, dass Datenschutz und Anonymität nicht auf Kosten von Sicherheit und Verantwortung gehen. Verschiedene Strategien können eingesetzt werden, um diese Bedenken auszugleichen [337]:

- **Datenschutzorientierte Kryptowährungen:** Einige Kryptowährungen wie Monero, Zcash und Dash sind darauf ausgelegt, verbesserte Datenschutzfunktionen durch fortschrittliche kryptografische Techniken zu bieten. Diese datenschutzorientierten Kryptowährungen zielen darauf ab, ein höheres Maß an Anonymität zu gewährleisten und gleichzeitig die finanziellen Informationen der Nutzer zu schützen.

- **Anonyme Wallets:** Diese Wallets ermöglichen es den Nutzern, ihre Kryptowährungen zu speichern und zu verwalten, ohne persönliche Informationen preiszugeben. Oft nutzen sie Technologien wie das Tor-Netzwerk, um die IP-Adressen der Nutzer zu verschleiern und die Anonymität zu erhöhen.

- **Dezentralisierte Börsen:** Dezentrale Börsen ermöglichen es den Nutzern, Kryptowährungen zu handeln, ohne auf zentrale Vermittler angewiesen zu sein. Dieser Ansatz verbessert die Privatsphäre und reduziert den Bedarf an persönlichen Informationen.

- **Coin-Mixing-Dienste:** Coin-Mixing-Dienste kombinieren die Kryptowährungen der Nutzer, um Transaktionsspuren zu verschleiern und es schwieriger zu machen, einzelne Transaktionen nachzuvollziehen. Während diese Dienste die Privatsphäre verbessern können, besteht auch die Möglichkeit des Missbrauchs für illegale Aktivitäten.

- **Virtuelle Private Netzwerke (VPNs):** VPNs können die IP-Adressen und Standorte der Nutzer verschleiern, wodurch zusätzliche Schichten der Anonymität beim Einsatz von Kryptowährungsdiensten geschaffen werden.

Ethische Fragen und Regulatorische Überlegungen

Die ethischen Fragen rund um Datenschutz und Anonymität bei Kryptowährungen gehen über die individuellen Nutzerbedenken hinaus und haben umfassendere regulatorische und gesellschaftliche Implikationen [337]:

- **Balance zwischen Datenschutz und Sicherheit:** Regulierungsbehörden müssen ein Gleichgewicht finden zwischen dem Schutz der Privatsphäre der Nutzer und der Sicherstellung, dass Kryptowährungen keine illegalen Aktivitäten erleichtern. Dies erfordert die Entwicklung von Rahmenbedingungen, die den Datenschutz wahren und gleichzeitig Missbrauch verhindern.

- **Transparenz und Rechenschaftspflicht:** Größere Transparenz und Rechenschaftspflicht bei Kryptowährungstransaktionen sind entscheidend, um Risiken im Zusammenhang mit illegalen Aktivitäten zu mindern. Maßnahmen wie Know-your-customer (KYC) und Anti-Geldwäsche (AML) Richtlinien können helfen, diese Bedenken zu adressieren.

- **Einhaltung von Vorschriften:** Die Einhaltung von Vorschriften kann aufgrund der dezentralen Natur von Kryptowährungen herausfordernd sein. Klare und durchsetzbare Vorschriften sind notwendig, um ethische Standards aufrechtzuerhalten und potenzielle Risiken zu adressieren.

- **Datenschutz versus öffentliches Interesse:** Während Datenschutz und Anonymität wichtig sind, müssen sie gegen das öffentliche Interesse abgewogen werden. Es ist essenziell sicherzustellen, dass Kryptowährungen die Steuercompliance nicht untergraben oder zu illegalen Aktivitäten beitragen, um ethische Praktiken aufrechtzuerhalten.

Die ethischen Implikationen von Datenschutz und Anonymität bei Kryptowährungstransaktionen sind komplex und vielschichtig. Während diese Merkmale erhebliche Vorteile in Bezug auf Benutzerprivatsphäre und Sicherheit bieten, stellen sie auch Herausforderungen im Hinblick auf kriminelle Aktivitäten und regulatorische Compliance dar. Die Bewältigung dieser ethischen Fragen erfordert einen differenzierten Ansatz, der Datenschutz mit Transparenz und Rechenschaftspflicht ausbalanciert. Während sich die Landschaft der Kryptowährungen weiterentwickelt, wird fortlaufender Dialog und regulatorische Innovation entscheidend sein, um diese ethischen Überlegungen zu navigieren und sicherzustellen, dass die Technologie dem Gemeinwohl dient.

Kryptowährung und Kriminelle Aktivitäten

Kryptowährungen, gekennzeichnet durch ihre dezentrale und oft anonyme Natur, sind ein bedeutendes Anliegen hinsichtlich krimineller Aktivitäten geworden. Während sie zahlreiche Vorteile bieten, wie finanzielle Privatsphäre und dezentrale Transaktionen, können dieselben Merkmale von Kriminellen für verschiedene illegale Zwecke ausgenutzt werden. Das Verständnis der Verbindung zwischen Kryptowährungen und kriminellen Aktivitäten ist entscheidend für die Entwicklung effektiver Regulierungen und Maßnahmen zur Eindämmung des Missbrauchs [337-342].

Kryptowährungen, insbesondere Bitcoin, sind mit verschiedenen Formen krimineller Aktivitäten verwoben. Eine aktuelle akademische Studie mit dem Titel „Sex, Drugs, and Bitcoin: How Much Illegal Activity Is Financed Through Cryptocurrencies" schätzt, dass jährlich etwa 76 Milliarden Dollar an illegalen Transaktionen durch Bitcoin ermöglicht werden, was etwa 46% aller Bitcoin-Transaktionen ausmacht [343]. Diese Statistik verdeutlicht die bedeutende Rolle, die Kryptowährungen bei der Ermöglichung illegaler Aktivitäten spielen.

Zum Kontext weist die Studie darauf hin, dass der gesamte Markt für illegale Drogen in den Vereinigten Staaten auf etwa 100 Milliarden Dollar jährlich geschätzt wird [343]. Die Tatsache, dass Kryptowährungen in einem so erheblichen Teil der illegalen Transaktionen involviert sind, deutet auf einen tiefgreifenden Einfluss auf das Funktionieren der Schwarzmärkte hin. Ähnlich wie Online-Zahlungssysteme wie PayPal den traditionellen Einzelhandel revolutionierten, indem sie Online-Einkäufe ermöglichten, transformieren Kryptowährungen die Landschaft des Schwarzmarkts, indem sie eine neue Form des „Schwarzmarkt-E-Commerce" ermöglichen. Diese Verschiebung zeigt, dass Kryptowährungen nicht nur ein Werkzeug für illegale Aktivitäten sind, sondern die Infrastruktur des illegalen Handels durch effizientere und anonymere Finanzmechanismen umgestalten [343].

Trotz der alarmierenden Zahlen ist es aufgrund der inhärenten Undurchsichtigkeit von Kryptowährungstransaktionen herausfordernd, das Ausmaß der durch Kryptowährungen erleichterten illegalen Aktivitäten zu überprüfen. Im Gegensatz zu traditionellen Finanzsystemen werden Kryptowährungstransaktionen in einem öffentlichen Ledger aufgezeichnet, aber die Identitäten hinter diesen Transaktionen sind oft pseudonym. Dies erschwert es, illegale Aktivitäten eindeutig nachzuverfolgen und zu quantifizieren, was zu Skepsis hinsichtlich der genauen Zahlen führt. Dennoch ist die Korrelation zwischen der Nutzung von Kryptowährungen und illegalen Aktivitäten offensichtlich und wachsend, was auf ein klares Muster des Missbrauchs hinweist [343].

Das Aufkommen von „Schatten"-Kryptowährungen wie Dash, Monero und ZCash hat die Landschaft von Kryptowährungen und Kriminalität weiter kompliziert [343]. Diese Kryptowährungen sind mit erweiterten Datenschutzfunktionen ausgestattet, die es noch schwieriger machen, Transaktionen nachzuverfolgen. Beispielsweise werden Bitcoin-Transaktionen auf einem öffentlichen Ledger aufgezeichnet, während diese datenschutzorientierten Alternativen fortschrittliche kryptografische Techniken verwenden, um Transaktionsdetails und Benutzeridentitäten zu verschleiern. Infolgedessen hat sich die kriminelle Nutzung von Kryptowährungen von Bitcoin zu diesen undurchsichtigeren Optionen verlagert. Diese Verschiebung deutet darauf hin, dass sich mit der technologischen Entwicklung auch die Methoden von Kriminellen ändern, um der Entdeckung zu entgehen [343].

Die zunehmende Nutzung von Schatten-Kryptowährungen wird mit einem Rückgang des Anteils illegaler Aktivitäten, die mit Bitcoin durchgeführt werden, in Verbindung gebracht. Dies deutet darauf hin, dass, obwohl Bitcoin nach wie vor ein bedeutendes Mittel für illegale Transaktionen bleibt, die Entwicklung von Kryptowährungen mit erweiterten Datenschutzfunktionen zu einer Umstrukturierung illegaler Aktivitäten beiträgt. Kriminelle nutzen diese neuen Technologien, um ihre Aktivitäten weiter zu verschleiern, was zu einem sich entwickelnden Umfeld führt, in dem die Bekämpfung von Kryptowährungs-bedingter Kriminalität komplexer wird [343].

Einer der Hauptzwecke von Kryptowährungen im kriminellen Bereich ist Geldwäsche. Der Prozess der Geldwäsche beinhaltet die Verschleierung der Herkunft illegal erworbener Gelder, um sie legitim erscheinen zu lassen. Kryptowährungen erleichtern diesen Prozess, indem sie es Nutzern ermöglichen, Gelder über mehrere Konten oder Börsen zu transferieren, wodurch die Spur des Geldes verwischt wird. Techniken wie „Mixing"- oder „Tumbling"-Dienste, die verschiedene Kryptowährungen miteinander vermischen, erschweren die Verfolgung und verschleiern die ursprüngliche Quelle der Mittel. Dieser Missbrauch von Kryptowährungen stellt eine Herausforderung für Regulierungsbehörden und Strafverfolgungsbehörden dar, die sich bemühen, Finanzkriminalität zu bekämpfen [337].

Kryptowährungen werden auch in verschiedenen Formen von Cyberkriminalität genutzt. Ransomware-Angriffe, bei denen Angreifer die Daten eines Opfers verschlüsseln und eine Zahlung in Kryptowährung für die Freigabe fordern, sind zunehmend verbreitet. Die Anonymität von Kryptowährungen erschwert es den Strafverfolgungsbehörden, die Täter zu identifizieren oder die gestohlenen Mittel zurückzugewinnen. Zudem werden Kryptowährungen oft zur Erleichterung von Hacking-Aktivitäten und dem Diebstahl persönlicher Informationen verwendet. Die Möglichkeit, Transaktionen anonym durchzuführen, kann Cyberkriminelle ermutigen, was im weiteren Kontext der Online-Sicherheit eine erhebliche Sorge darstellt [337].

Die Anonymität von Kryptowährungstransaktionen stellt ein ernstes Risiko für die Terrorismusfinanzierung dar. Terroristische Organisationen können Kryptowährungen nutzen, um Mittel zu beschaffen und zu transferieren, ohne entdeckt zu werden. Die Schwierigkeit, Kryptowährungstransaktionen nachzuvollziehen, ermöglicht es diesen Organisationen, ihre Aktivitäten zu finanzieren und gleichzeitig traditionelle finanzielle Überprüfungen zu vermeiden. Diese Nutzung von Kryptowährungen zur Terrorismusfinanzierung unterstreicht die Notwendigkeit verstärkter regulatorischer Maßnahmen, um den Fluss von Mitteln zu illegalen Aktivitäten zu verhindern und sicherzustellen, dass Finanzsysteme nicht zur Unterstützung des Terrorismus genutzt werden [337].

Kryptowährungen werden häufig für Transaktionen auf Darknet-Märkten verwendet, die versteckte Teile des Internets darstellen, die nur über spezialisierte Software wie Tor zugänglich sind. Diese Märkte erleichtern den Austausch illegaler Waren und Dienstleistungen, einschließlich Drogen, Waffen und gestohlener persönlicher Informationen. Kryptowährungen bieten aufgrund ihrer pseudonymen Natur eine bevorzugte Zahlungsmethode für Transaktionen auf diesen Märkten. Diese Verbindung zwischen Kryptowährungen und Darknet-Märkten wirft Bedenken hinsichtlich der Rolle digitaler Währungen im Unterstützung illegalen Handels auf und hebt die Herausforderungen hervor, die mit der Durchsetzung von Vorschriften in solchen Umfeldern verbunden sind [337].

Der Kryptowährungsraum ist auch von Betrügereien und betrügerischen Machenschaften durchzogen. Falsche Initial Coin Offerings (ICOs), Ponzi-Schemata und Phishing-Angriffe sind gängige Beispiele dafür, wie Kryptowährungen genutzt werden können, um Investoren und Nutzer zu täuschen. Betrüger nutzen die relativ unregulierte Natur des Kryptowährungsmarktes aus, um Betrug zu begehen, indem sie oft hohe Renditen oder innovative Projekte versprechen, um Einzelpersonen zu verleiten, in nicht existierende oder bösartige Projekte zu investieren. Diese Aktivitäten schädigen nicht nur Einzelpersonen, sondern beeinträchtigen auch die gesamte Glaubwürdigkeit der Kryptowährungsbranche [337].

Die Verbindung zwischen Kryptowährungen und kriminellen Aktivitäten hat zu einer verstärkten Prüfung und regulatorischen Bemühungen geführt. Regulierungsbehörden und Kryptowährungsbörsen haben Know Your Customer (KYC) und Anti-Geldwäsche (AML) Richtlinien implementiert, um das Risiko illegaler Aktivitäten zu reduzieren. KYC-Verfahren erfordern von den Nutzern, ihre Identität zu verifizieren, was es Kriminellen erschwert, Kryptowährungen anonym zu verwenden. AML-Richtlinien zielen darauf ab, die Nutzung von Kryptowährungen zur Geldwäsche zu verhindern, indem sie Transaktionen überwachen und verdächtige Aktivitäten melden [337].

Strafverfolgungsbehörden haben auch Techniken entwickelt, um Kryptowährungstransaktionen zu verfolgen und nachzuvollziehen. Beispielsweise werden Blockchain-Analysewerkzeuge verwendet, um den Fluss von Mitteln durch die Blockchain zu verfolgen, Muster und potenzielles kriminelles Verhalten zu identifizieren. Dennoch stellt die dezentrale und pseudonyme Natur von Kryptowährungen weiterhin eine Herausforderung dar, um alle Formen illegaler Aktivitäten effektiv zu verhindern und zu bekämpfen [337].

Trotz des Potentials für kriminellen Missbrauch ist es wichtig, die legitimen Verwendungen und Vorteile von Kryptowährungen anzuerkennen. Die Herausforderung besteht darin, die Notwendigkeit von Datenschutz und Anonymität mit der Anforderung von Transparenz und Rechenschaftspflicht in Einklang zu bringen. Regulatorische Rahmenbedingungen müssen sorgfältig gestaltet werden, um den Datenschutz der Nutzer zu schützen und gleichzeitig die Risiken im Zusammenhang mit kriminellen Aktivitäten zu adressieren [337].

Ethik der Regulierung von Kryptowährungen

Die Regulierung von Kryptowährungen bringt eine Reihe ethischer Überlegungen mit sich. Da digitale Währungen zunehmend in das globale Finanzsystem integriert werden, wird es immer wichtiger, sicherzustellen, dass regulatorische Maßnahmen mit den Grundprinzipien der Kryptowährungen – wie Dezentralisierung, Datenschutz und Innovation – übereinstimmen. Hier untersuchen wir die wichtigsten ethischen Überlegungen bei der Regulierung von Kryptowährungen, um sicherzustellen, dass der regulatorische Rahmen ein verantwortungsbewusstes Wachstum unterstützt, ohne die grundlegenden Werte zu untergraben, die Kryptowährungen einzigartig machen [337].

Eines der primären ethischen Dilemmata bei der Regulierung von Kryptowährungen besteht darin, Datenschutz mit Sicherheit in Einklang zu bringen. Kryptowährungen bieten Nutzern erhebliche Datenschutzvorteile, indem Transaktionen anonym oder pseudonym durchgeführt werden können. Dieser Datenschutz kann jedoch auch für illegale Aktivitäten wie Geldwäsche, Terrorismusfinanzierung und Cyberkriminalität ausgenutzt werden. Eine effektive Regulierung muss ein empfindliches Gleichgewicht finden: Sie sollte Maßnahmen zur Verhinderung und Minderung dieser Risiken umsetzen, ohne den Datenschutz zu untergraben, der für die Attraktivität von Kryptowährungen grundlegend ist. Regulatorische Richtlinien wie Know Your Customer (KYC) und Anti-Geldwäsche (AML) Anforderungen sollen die Sicherheit erhöhen, indem sie die Identität der Nutzer überprüfen und Transaktionen überwachen. Während diese Maßnahmen entscheidend zur Verhinderung von Missbrauch beitragen, müssen sie sorgfältig gestaltet werden, um sicherzustellen, dass sie die Datenschutzrechte legitimer Nutzer nicht beeinträchtigen [337].

Kryptowährungen sind eng mit Innovation und Wettbewerb verbunden, die wesentliche Treiber ihrer Entwicklung und ihres Erfolgs sind. Die Regulierung muss so gestaltet sein, dass sie Innovationen fördert, anstatt sie zu ersticken. Übermäßig restriktive oder belastende Vorschriften können das Wachstum neuer Technologien behindern und das Wettbewerbsumfeld einschränken. Beispielsweise könnten zu strenge Vorschriften Eintrittsbarrieren für Start-ups und kleinere Akteure schaffen, wodurch die Macht in den Händen weniger großer Unternehmen konzentriert und der Wettbewerb im Markt reduziert wird. Ethische Regulierung sollte ein dynamisches und wettbewerbsfähiges Umfeld fördern, in dem neue Ideen gedeihen können und zur allgemeinen Weiterentwicklung des Kryptowährungs-Ökosystems beitragen [337].

Der Schutz der Interessen der Verbraucher ist ein entscheidender Aspekt der Regulierung von Kryptowährungen. Mit der zunehmenden Verbreitung von Kryptowährungen sind die Sicherheit von Geldern und die Verhinderung von Betrug wesentliche Prioritäten. Regulatorische Rahmenbedingungen sollten darauf abzielen, Nutzer vor betrügerischen Schemen, Betrügereien und dem Verlust von Geldern aufgrund von Sicherheitsverletzungen zu schützen. Dies umfasst die Implementierung von Standards für Kryptowährungsbörsen und -wallets, um sicherzustellen, dass sie bewährte

Verfahren für Sicherheit und Transparenz einhalten. Effektive Verbraucherschutzmaßnahmen können das Vertrauen in den Kryptowährungsmarkt stärken und dessen verantwortungsvolle Nutzung fördern, was wiederum das langfristige Wachstum und die Stabilität unterstützt [337].

Regulierung muss auch ethischen Standards entsprechen und die grundlegenden Prinzipien der Kryptowährung wie Dezentralisierung und Anonymität respektieren. Diese Prinzipien sind zentral für die Ethik der Kryptowährung, die darauf abzielt, ein Finanzsystem zu schaffen, das weniger auf zentrale Kontrolle angewiesen ist und offener und zugänglicher ist. Ethische Regulierung sollte Maßnahmen vermeiden, die diese Kernwerte untergraben oder unnötige Einschränkungen schaffen, die die Funktionsweise dezentraler Netzwerke negativ beeinflussen könnten. Vorschriften sollten mit einem klaren Verständnis der Technologie und ihrer Auswirkungen gestaltet werden, um sicherzustellen, dass sie ethische Praktiken unterstützen, ohne die grundlegenden Prinzipien der Kryptowährung zu gefährden [337].

Kryptowährungen haben ein erhebliches Potenzial, um Finanzdienstleistungen für unterversorgte Bevölkerungsgruppen in Entwicklungsländern bereitzustellen. Viele Menschen in diesen Regionen haben keinen Zugang zu traditionellen Bankdienstleistungen und könnten von der finanziellen Inklusion profitieren, die Kryptowährungen bieten können. Ethische Regulierung sollte die Auswirkungen auf diese Bevölkerungsgruppen berücksichtigen und darauf abzielen, keine Barrieren zu schaffen, die ihren Zugang zu Finanzdienstleistungen einschränken könnten. Regulierungen sollten so gestaltet werden, dass sie die Nutzung von Kryptowährungen unterstützen, um finanzielle Inklusion und wirtschaftliche Entwicklung zu fördern, anstatt sie zu behindern. Dies beinhaltet die Schaffung regulatorischer Rahmenbedingungen, die an die einzigartigen Bedürfnisse der Entwicklungsländer angepasst sind und die positive Nutzung von Kryptowährungen zur wirtschaftlichen Ermächtigung fördern [337].

Die ethischen Überlegungen zur Regulierung von Kryptowährungen sind vielschichtig und erfordern ein sorgfältiges Gleichgewicht zwischen verschiedenen konkurrierenden Interessen. Regulierung muss Datenschutz- und Sicherheitsbedenken adressieren, Innovation fördern und Verbraucherinteressen schützen. Sie sollte auch mit den zentralen ethischen Standards der Dezentralisierung und Transparenz übereinstimmen und die potenziellen Vorteile von Kryptowährungen für Entwicklungsländer berücksichtigen. Durch eine durchdachte und umfassende Auseinandersetzung mit diesen ethischen Anliegen können Regulierungsbehörden einen Rahmen schaffen, der das verantwortungsvolle Wachstum von Kryptowährungen unterstützt und deren positiven Einfluss auf das globale Finanzsystem maximiert [337].

Die Rolle der Investoren bei der Förderung ethischer Praktiken

Investoren spielen eine entscheidende Rolle bei der Gestaltung der ethischen Landschaft der Kryptowährungsbranche. Ihre Entscheidungen und Handlungen können das Marktverhalten beeinflussen, die Nachfrage nach ethischen Praktiken vorantreiben und Unternehmen dazu ermutigen, höhere Standards für soziale Verantwortung und Nachhaltigkeit einzuhalten. Da der Kryptowährungssektor weiterhin wächst, können Investoren ihren Einfluss nutzen, um ethische Praktiken zu fördern und eine verantwortungsvollere und nachhaltigere Branche zu unterstützen [344].

Eine der direktesten Möglichkeiten, wie Investoren ethische Praktiken fördern können, besteht darin, Unternehmen auszuwählen und zu unterstützen, die Nachhaltigkeit und soziale Verantwortung priorisieren. Investoren haben die Macht, Kapital in Unternehmen zu lenken, die sich ethischen Operationen verpflichtet haben, wie zum Beispiel solche, die Umweltschutz, faire Arbeitspraktiken und Gemeinschaftsengagement betonen. Durch Investitionen in Unternehmen, die diese Werte in ihre Geschäftsmodelle integrieren, können Investoren eine Marktnachfrage nach ethischen Kryptowährungspraktiken schaffen. Dies motiviert nicht nur andere Unternehmen, ähnliche Praktiken zu übernehmen, sondern hilft auch, ethische Maßstäbe innerhalb der Branche zu etablieren.

Investoren können Unternehmen anhand ihrer Umwelt-, Sozial- und Governance-Kriterien (ESG) bewerten. Zum Beispiel könnten sie sich entscheiden, in Kryptowährungsprojekte zu investieren, die erneuerbare Energiequellen für Mining-Operationen nutzen, faire Handelsprinzipien einhalten oder sich karitativ engagieren [344]. Durch solche Investitionen unterstützen sie Unternehmen, die ethischen Standards entsprechen und positive soziale und ökologische Auswirkungen haben.

Neben der Auswahl ethischer Investitionen können Investoren für mehr Transparenz und Verantwortlichkeit innerhalb der Kryptowährungsbranche eintreten. Dies umfasst die Unterstützung von Bemühungen zur Schaffung klarer regulatorischer Rahmenbedingungen, die Verbraucher schützen und Missbrauch verhindern. Investoren können sich mit Regulierungsbehörden austauschen, an öffentlichen Konsultationen teilnehmen und Initiativen unterstützen, die darauf abzielen, die Transparenz von Kryptowährungstransaktionen und -operationen zu verbessern.

Transparenz und Verantwortlichkeit sind entscheidend, um illegale Aktivitäten wie Geldwäsche und Betrug zu verhindern, die die Integrität des Kryptowährungsmarktes untergraben können. Durch die Befürwortung robuster regulatorischer Maßnahmen und bewährter Verfahren tragen Investoren dazu bei, dass die Branche mit einem höheren Maß an Kontrolle und Überwachung arbeitet. Dies fördert wiederum ein vertrauenswürdigeres und sichereres Umfeld für alle Marktteilnehmer.

Die Umweltauswirkungen des Kryptowährungs-Mining sind eine erhebliche Sorge, insbesondere bei Proof-of-Work (PoW)-Systemen, die einen hohen Energieverbrauch erfordern. Investoren können eine Rolle bei der Förderung von Energieeffizienz und ökologischer Nachhaltigkeit spielen, indem sie Projekte unterstützen, die sich auf die Reduzierung ihres CO_2-Fußabdrucks konzentrieren. Dazu gehört die Investition in Kryptowährungen, die energieeffiziente Konsensmechanismen wie Proof-of-Stake (PoS) nutzen, oder in solche, die innovative Lösungen zur Minderung ihrer Umweltbelastung umsetzen.

Investoren können auch Unternehmen dazu ermutigen, Praktiken zu übernehmen, die den Energieverbrauch minimieren und Nachhaltigkeit fördern. Dies könnte die Unterstützung von Forschung und Entwicklung in grünen Technologien, wie erneuerbare Energielösungen für Mining-Operationen, oder die Befürwortung der Implementierung von Kohlenstoffkompensationsprogrammen umfassen. Durch die Priorisierung von Investitionen in umweltverantwortliche Projekte tragen Investoren zu einer nachhaltigeren Zukunft für die Kryptowährungsindustrie bei.

Aktives Engagement in der Unternehmensführung ist eine weitere Möglichkeit, wie Investoren ethische Praktiken im Kryptowährungssektor beeinflussen können. Investoren können ihre Aktionärsrechte nutzen, um mehr Verantwortlichkeit von Unternehmen zu fordern, für ethische Geschäftspraktiken einzutreten und Transparenz bei der Unternehmensberichterstattung zu fördern. Dazu gehört die Teilnahme an Aktionärsversammlungen, das Abstimmen über Unternehmensrichtlinien und das Verantwortlichmachen von Unternehmensführern für ihre Handlungen.

Engagierte Investoren können auch mit anderen Interessengruppen zusammenarbeiten, darunter Regulierungsbehörden, Branchenverbände und Nichtregierungsorganisationen (NGOs), um ethische Probleme anzugehen und branchenweite Standards zu fördern. Durch die Zusammenarbeit können Investoren dazu beitragen, systematische Veränderungen voranzutreiben, die einen ethischeren und verantwortungsvolleren Kryptowährungsmarkt fördern.

Investoren spielen eine entscheidende Rolle bei der Förderung ethischer Praktiken innerhalb der Kryptowährungsindustrie. Durch strategische Investitionen in Unternehmen, die Nachhaltigkeit und soziale Verantwortung priorisieren, die Befürwortung von mehr Transparenz und Verantwortlichkeit sowie die Unterstützung bewährter Verfahren für Umweltverträglichkeit können Investoren positive Veränderungen bewirken. Ihre Handlungen beeinflussen nicht nur das Marktverhalten, sondern tragen auch zur Entwicklung eines ethischeren und verantwortungsvolleren Kryptowährungs-Ökosystems bei. Durch die Nutzung ihres Einflusses können Investoren dazu beitragen, eine Zukunft zu gestalten, in der ethische Überlegungen integraler Bestandteil des Wachstums und Erfolgs des Kryptowährungssektors sind.

15 Dezentrale Autonome Organisationen (DAOs)

Dezentrale Autonome Organisationen (DAOs) sind ein neuartiges Organisationsmodell, das Blockchain-Technologie nutzt, um dezentrale, selbstverwaltende Einheiten zu schaffen. DAOs sind darauf ausgelegt, ohne eine zentrale Autorität oder traditionelle Managementstruktur zu funktionieren und stattdessen auf Smart Contracts und Gemeinschaftskonsens zu setzen, um Entscheidungen zu treffen und Funktionen auszuführen.

Dezentralisierung ist ein grundlegendes Merkmal von DAOs, das sie von traditionellen Organisationsstrukturen unterscheidet. Im Gegensatz zu herkömmlichen Organisationen, die typischerweise von einer zentralen Autorität oder einem Vorstand geleitet werden, verteilt ein DAO die Entscheidungsbefugnis auf alle Mitglieder oder Token-Inhaber. Das bedeutet, dass keine einzelne Person oder Entität die Kontrolle über die gesamte Organisation hat. Stattdessen wird die Macht auf eine breite Basis von Teilnehmern verteilt, was sicherstellt, dass Entscheidungen den kollektiven Willen der Gemeinschaft widerspiegeln. Dieser dezentrale Ansatz erhöht die Transparenz, reduziert das Risiko von

Korruption und richtet die Betriebsabläufe der Organisation enger an den Interessen ihrer Stakeholder aus.

Autonomie ist ein weiteres prägendes Merkmal von DAOs. Sobald ein DAO eingerichtet und seine Smart Contracts auf einer Blockchain bereitgestellt sind, arbeitet die Organisation unabhängig gemäß den vordefinierten Regeln, die in diesen Verträgen kodiert sind. Diese Automatisierung bedeutet, dass DAOs Transaktionen durchführen, Mittel verwalten und Governance-Entscheidungen treffen können, ohne direkte menschliche Eingriffe zu benötigen. Die Smart Contracts, die selbstausführenden Vereinbarungen, die in die Blockchain kodiert sind, gewährleisten, dass alle Operationen genau wie programmiert durchgeführt werden. Dies reduziert die Notwendigkeit von Vermittlern und administrativem Aufwand, während gleichzeitig das Potenzial für menschliche Fehler oder Vorurteile in der Entscheidungsfindung minimiert wird.

Die Governance innerhalb eines DAOs erfolgt durch einen demokratischen und transparenten Abstimmungsprozess. Mitglieder oder Token-Inhaber eines DAOs haben typischerweise die Möglichkeit, verschiedene Änderungen oder Initiativen vorzuschlagen und darüber abzustimmen. Diese Abstimmungsbefugnis ist oft proportional zur Anzahl der gehaltenen Tokens, was bedeutet, dass Personen mit mehr Tokens größeren Einfluss auf den Entscheidungsprozess haben. Vorschläge können von Änderungen in den Betriebsverfahren der Organisation bis hin zu Änderungen der in den Smart Contracts kodierten Regeln reichen. Sobald ein Vorschlag durch das Abstimmungsverfahren genehmigt wird, wird er automatisch durch die Smart Contracts ausgeführt, wodurch sichergestellt wird, dass die Governance der Organisation sowohl effizient als auch im Einklang mit den kollektiven Entscheidungen ihrer Mitglieder ist.

Dezentrale Autonome Organisationen nutzen Blockchain-Technologie, um eine dezentrale, autonome und demokratisch verwaltete Einheit zu schaffen. Durch die Verteilung der Entscheidungsbefugnis, Automatisierung der Betriebsabläufe und Ermöglichung transparenter Governance bieten DAOs einen neuartigen Ansatz zur Verwaltung von Organisationen, der eng mit den Prinzipien der Dezentralisierung und kollektiven Teilnahme übereinstimmt.

Kryptowährungsinvestoren könnten an Dezentrale Autonome Organisationen (DAOs) aus mehreren überzeugenden Gründen interessiert sein, die alle mit der sich entwickelnden Landschaft digitaler Vermögenswerte und dezentraler Governance zusammenhängen.

DAOs repräsentieren ein modernes Governance-Modell, das gut mit den Prinzipien der Dezentralisierung und Transparenz übereinstimmt, die in der Kryptowährung verankert sind. Im Gegensatz zu traditionellen Organisationen werden DAOs durch Smart Contracts auf einer Blockchain verwaltet, was dezentrale Entscheidungsfindung ermöglicht und die Notwendigkeit von Vermittlern reduziert. Dieser innovative Ansatz bietet Investoren eine neue Möglichkeit, an der Governance teilzunehmen, Entscheidungsprozesse zu beeinflussen und sich demokratisch mit Organisationen auseinanderzusetzen. Für Investoren, die an der Zukunft dezentraler Systeme interessiert sind, bieten DAOs ein greifbares Beispiel dafür, wie Blockchain-Technologie traditionelle Organisationsstrukturen transformieren kann.

Investoren in DAOs haben oft die Möglichkeit, von der potenziellen Wertsteigerung der DAO-Tokens zu profitieren, die basierend auf dem Erfolg und Wachstum der Organisation im Wert steigen können. Viele DAOs sind in Wachstumssektoren wie dezentralisierte Finanzen (DeFi), NFT-Marktplätze und Blockchain-Infrastruktur tätig, die lukrative Investitionsmöglichkeiten bieten können. Durch das Halten und die aktive Teilnahme an einem DAO können Investoren potenziell vom finanziellen Erfolg der Unternehmungen, Projekte oder Dienstleistungen der DAO profitieren, ähnlich wie frühe Investoren in traditionellen Startups von deren Wachstum profitieren könnten.

DAOs unterstützen oder verwalten oft innovative Projekte im Bereich Kryptowährung und Blockchain. Eine Investition in ein DAO kann Zugang zu Projekten bieten, die an der Spitze der technologischen Entwicklung stehen. Beispielsweise könnte ein DAO neue DeFi-Protokolle finanzieren, neue Blockchain-Anwendungen entwickeln oder aufstrebende NFT-Projekte unterstützen. Dieser Zugang ermöglicht es Investoren, Teil bahnbrechender Initiativen zu sein und potenziell von frühen Chancen zu profitieren, die die Zukunft der Branche gestalten könnten.

DAOs operieren auf Blockchain-Netzwerken, die verbesserte Transparenz und Unveränderlichkeit bieten. Alle Transaktionen und Governance-Aktivitäten innerhalb eines DAOs werden auf der Blockchain aufgezeichnet, was es Investoren erleichtert, die Operationen und finanziellen Aktivitäten der Organisation zu überprüfen. Diese Transparenz hilft, Vertrauen aufzubauen und sicherzustellen, dass Entscheidungen auf offene und verantwortungsvolle Weise getroffen werden. Für Investoren kann dieses Maß an Sichtbarkeit beruhigend sein, da es Klarheit darüber bietet, wie Mittel verwaltet werden, wie Entscheidungen getroffen werden und wie die Organisation funktioniert.

Einer der Hauptanziehungspunkte von DAOs für Investoren ist die Möglichkeit, aktiv an der Governance der Organisation teilzunehmen. Token-Inhaber haben typischerweise Abstimmungsrechte proportional zur Anzahl der von ihnen gehaltenen Tokens, was ihnen ermöglicht, Änderungen vorzuschlagen und darüber abzustimmen, Mittel zuzuweisen und die Richtung der Organisation zu beeinflussen. Dieses Maß an Beteiligung ermächtigt Investoren, direkten Einfluss auf die Betriebsabläufe und Strategien des DAOs zu haben, und bietet eine engagiertere und partizipativere Investitionserfahrung im Vergleich zu traditionellen Investitionsmodellen.

Das Konzept und die Struktur von DAOs

Dezentrale autonome Organisationen (DAOs) stellen eine bedeutende Weiterentwicklung im Organisationsmanagement dar, indem sie Blockchain-Technologie und Smart Contracts nutzen, um dezentrale Governance und betriebliche Effizienz zu ermöglichen. So funktionieren DAOs [345, 346]:

Smart Contracts: Im Zentrum der Operationen eines DAOs stehen Smart Contracts. Diese sind selbst auszuführende Programme, die in einem Blockchain-Netzwerk wie Ethereum kodiert sind. Smart Contracts automatisieren die Durchsetzung von Regeln und Prozessen und beseitigen die Notwendigkeit von Vermittlern und manueller Aufsicht. In einem DAO definieren Smart Contracts die organisatorischen Regeln, Betriebsabläufe und Entscheidungsprozesse. Zum Beispiel kann ein Smart Contract festlegen, wie Vorschläge eingereicht, wie Stimmen gezählt und wie Mittel zugewiesen werden. Wenn Mitglieder Änderungen oder neue Initiativen vorschlagen, führt der Smart Contract Transaktionen aus oder nimmt automatisch Änderungen basierend auf dem Ergebnis der Abstimmung vor. Wird ein Vorschlag genehmigt, sorgt der Smart Contract dafür, dass die vorgeschlagenen Maßnahmen ohne weitere menschliche Intervention umgesetzt werden.

Tokenomics: Tokens sind entscheidend für die Funktionsweise eines DAOs und dienen sowohl als Mittel zur Governance als auch als Maß für die Teilnahme. Jedes DAO gibt eigene Tokens aus, die Mitglieder halten, um an Entscheidungsprozessen teilzunehmen. Die Anzahl der Tokens, die ein Mitglied besitzt, korreliert oft mit seiner Stimmkraft, wobei mehr Tokens einen größeren Einfluss auf die Governance des DAOs gewähren. Beispielsweise könnte ein Mitglied, das 200 Tokens besitzt, doppelt so viel

Stimmkraft haben wie ein Mitglied mit 100 Tokens. Dieses auf Tokens basierende System bringt die Interessen der Teilnehmer mit dem Erfolg des DAOs in Einklang, da diejenigen mit mehr Tokens ein größeres Interesse am Ergebnis der Entscheidungen haben. Tokens können auch Eigentum oder Anspruch auf einen Anteil an den Vermögenswerten oder Gewinnen des DAOs repräsentieren, was die Mitglieder weiter motiviert, im besten Interesse der Organisation zu handeln.

Transparenz: Transparenz ist ein grundlegendes Merkmal von DAOs, ermöglicht durch das unveränderliche und öffentliche Ledger der Blockchain. Alle Transaktionen und Governance-Aktivitäten innerhalb eines DAOs werden auf der Blockchain aufgezeichnet, sodass jede Aktion von allen Mitgliedern sichtbar und überprüfbar ist. Dieses Maß an Transparenz hilft, Vertrauen und Verantwortlichkeit innerhalb der Organisation aufzubauen, da alle Mitglieder sehen können, wie Entscheidungen getroffen werden, wie Mittel verwendet werden und wie Vorschläge behandelt werden. Diese Sichtbarkeit dient auch als Abschreckung gegen mögliche Fehlverhalten, da jeder Versuch, das System zu manipulieren oder zu korrumpieren, von der Gemeinschaft leicht erkannt werden kann.

Entscheidungsfindung und Abstimmung: Der Entscheidungsprozess in einem DAO ist grundsätzlich demokratisch und verlässt sich stark auf Abst Mechanismen. Wenn ein Mitglied oder eine Gruppe von Mitgliedern einen Vorschlag einreicht, wird er unter allen berechtigten Token-Inhabern zur Abstimmung gestellt. Das Ergebnis der Abstimmung bestimmt, ob die vorgeschlagenen Änderungen oder Maßnahmen umgesetzt werden. Smart Contracts automatisieren die Ausführung dieser Entscheidungen basierend auf den Abstimmungsergebnissen. Beispielsweise kann, wenn ein DAO beschließt, ein neues Projekt zu finanzieren, der Smart Contract die zugewiesenen Mittel direkt an die Projektbeteiligten überweisen. Dieser Prozess stellt sicher, dass Entscheidungen kollektiv und transparent getroffen werden, die Willensmeinung der Mehrheit widerspiegeln und die in den Smart Contracts kodierten Regeln befolgen.

Dezentralisierung: Ein wesentliches Merkmal von DAOs ist das Fehlen zentraler Kontrolle. Im Gegensatz zu traditionellen Organisationen verlassen sich DAOs nicht auf eine zentrale Autorität oder Managementstruktur. Stattdessen operieren sie basierend auf den in den Smart Contracts programmierten Regeln und den kollektiven Entscheidungen ihrer Mitglieder. Diese Dezentralisierung verringert das Risiko von Korruption oder Voreingenommenheit, da keine einzelne Person oder Gruppe unverhältnismäßige Kontrolle über die Organisation hat. Mitglieder interagieren mit dem DAO über die Blockchain, und alle Entscheidungen werden durch einen konsensbasierten Prozess getroffen, was die demokratische Natur der Organisation stärkt.

DAOs nutzen Smart Contracts, Tokenomics, Transparenz und dezentrale Governance, um ein effizientes und demokratisches Organisationsmodell zu schaffen. Durch die Automatisierung der Entscheidungsprozesse, die Bereitstellung klarer Abst Mechanismen und die Sicherstellung, dass alle Aktionen in einem öffentlichen Ledger aufgezeichnet werden, bieten DAOs einen neuartigen Ansatz zur Verwaltung von Organisationen, der mit den Prinzipien der Dezentralisierung und kollektiven Teilnahme übereinstimmt [345, 346].

Vorteile von DAOs

Einer der wesentlichen Vorteile von dezentralen autonomen Organisationen (DAOs) ist ihre dezentrale Natur. Im Gegensatz zu traditionellen Organisationen, bei denen die Entscheidungsfindung in den Händen weniger Personen, wie eines CEOs oder eines Vorstandes, konzentriert ist, verteilen DAOs die Autorität auf eine breite Basis von Teilnehmern. Dieser dezentrale Ansatz stellt sicher, dass keine einzelne Person oder kleine Gruppe unkontrollierte Macht über die Organisation hat. Stattdessen werden Entscheidungen kollektiv von einer vielfältigen Gruppe von Mitgliedern getroffen, was die Inklusivität und Fairness des Governance-Prozesses erhöht. Durch die Verteilung der Entscheidungsgewalt streben DAOs an, eine demokratischere und gerechtere Struktur zu schaffen, die die kollektiven Interessen und das Fachwissen einer größeren Gruppe widerspiegelt [345, 346].

DAOs fördern ein hohes Maß an Teilnahme unter ihren Mitgliedern. In einer traditionellen Organisation ist die Stimmkraft oft auf eine ausgewählte Gruppe beschränkt, aber in einem DAO haben Token-Inhaber die Möglichkeit, Entscheidungen durch Abstimmung zu beeinflussen. Dieses partizipative Modell befähigt Einzelpersonen, direkt an der Governance der Organisation teilzunehmen und ihre Perspektiven einzubringen. Obwohl die individuelle Stimmkraft je nach Anzahl der gehaltenen Tokens variieren kann, vermittelt die Möglichkeit, Vorschläge zu machen und über Änderungen abzustimmen, den Mitgliedern ein Gefühl der Eigenverantwortung und Beteiligung. Dieses erhöhte Engagement kann zu fundierteren Entscheidungen und einer stärkeren Verbindung zwischen Mitgliedern und dem DAO führen [345, 346].

Transparenz ist ein weiterer wesentlicher Vorteil von DAOs. Alle Abstimmungen und Governance-Aktivitäten werden auf der Blockchain aufgezeichnet und sind öffentlich zugänglich. Diese Transparenz schafft ein System, in dem die Handlungen und Entscheidungen der Mitglieder für die gesamte Gemeinschaft sichtbar sind. Das Wissen, dass ihre Stimmen und Vorschläge öffentlich einsehbar sind, ermutigt die Mitglieder, in Übereinstimmung mit den besten Interessen der Organisation und ihrer Gemeinschaft zu handeln. Diese Offenheit hilft, Vertrauen innerhalb des DAOs aufzubauen und Handlungen abzuhalten, die schädlich oder eigennützig sein könnten, da die Mitglieder motiviert sind, einen positiven Ruf zu wahren und konstruktiv zu den Zielen der Organisation beizutragen [345, 346].

DAOs haben das Potenzial, Personen aus verschiedenen geografischen Standorten und Hintergründen zusammenzubringen und eine globale Gemeinschaft zu fördern, die durch eine gemeinsame Vision vereint ist. Die digitale Natur von DAOs bedeutet, dass jeder mit einer Internetverbindung teilnehmen kann, unabhängig von seinem physischen Standort. Diese Inklusivität ermöglicht es DAOs, auf eine breite Palette von Talenten, Perspektiven und Fachwissen aus der ganzen Welt zuzugreifen. Durch die Nutzung der kollektiven Weisheit und Fähigkeiten einer globalen Gemeinschaft können DAOs innovative Lösungen und Initiativen verfolgen, die innerhalb der Grenzen einer traditionellen, geografisch gebundenen Organisation möglicherweise nicht möglich wären [345, 346].

Einschränkungen von DAOs

Eine der Herausforderungen, mit denen DAOs konfrontiert sind, ist die Geschwindigkeit der Entscheidungsfindung. In traditionellen Organisationen kann ein einzelner Geschäftsführer oder Vorstand schnell Entscheidungen treffen und Änderungen umsetzen. Im Gegensatz dazu erfordert ein DAO Konsens von einer breiten Basis von Teilnehmern, was zeitaufwendig sein kann. Die Notwendigkeit von Abstimmungen und Überlegungen unter vielen Mitgliedern kann den Prozess verlangsamen, insbesondere wenn unterschiedliche Zeitzonen und unterschiedliche Prioritäten der Mitglieder berücksichtigt werden müssen. Dieser langsamere Entscheidungsprozess kann ein Nachteil in Situationen sein, die schnelle Reaktionen oder agile Anpassungen erfordern [345, 346].

Eine weitere Einschränkung ist die Notwendigkeit umfassender Bildung und Kommunikation unter den DAO-Mitgliedern. Im Gegensatz zu einem traditionellen CEO oder Vorstand, der möglicherweise ein tiefes Verständnis für die Betriebsabläufe der Organisation hat, kommen DAO-Mitglieder oft aus unterschiedlichen Hintergründen mit variierenden Wissens- und Erfahrungsgraden. Es kann herausfordernd sein, alle Teilnehmer über laufende Initiativen, vorgeschlagene Änderungen und strategische Pläne zu informieren. Sicherzustellen, dass die Mitglieder informiert und engagiert sind, erfordert erheblichen Aufwand und Ressourcen, was eine Barriere für effektive Governance und Entscheidungsfindung darstellen kann [345, 346].

Die dezentrale und partizipative Natur von DAOs kann zu Ineffizienzen führen. Der Aufwand und die Zeit, die erforderlich sind, um Mitglieder zu schulen, Initiativen zu kommunizieren und Abstimmungen zu erleichtern, können zu einer langsameren Umsetzung von Änderungen und Entscheidungen führen. DAOs können sich in administrativen Aufgaben und langen Überlegungen verfangen, was ihre Fähigkeit beeinträchtigen kann, schnell und effektiv zu handeln. Diese Ineffizienz kann durch die Notwendigkeit, unter einer großen Anzahl von Individuen zu koordinieren, verschärft werden, was zu Verzögerungen und verpassten Chancen führen kann [345, 346].

Sicherheit ist eine kritische Sorge für DAOs, da sie anfällig für technische und Cyber-Risiken sind. Die Implementierung und Aufrechterhaltung sicherer Smart Contracts erfordert erhebliche Expertise, und etwaige Schwachstellen können von böswilligen Akteuren ausgenutzt werden. Trotz Maßnahmen wie Multi-Signatur-Wallets und Cold Storage können DAOs weiterhin Risiken wie Hacks, Diebstahl von Geldern und Vertrauensbrüche ausgesetzt sein. Die Gewährleistung der Integrität und Sicherheit der Betriebsabläufe und Vermögenswerte des DAOs ist entscheidend für die Aufrechterhaltung des Mitgliedervertrauens und der allgemeinen Stabilität der Organisation [345, 346].

Obwohl DAOs Vorteile wie Dezentralisierung, erhöhte Teilnahme, Transparenz und globale Gemeinschaftsengagement bieten, sehen sie sich auch Herausforderungen hinsichtlich der Entscheidungsfindungsgeschwindigkeit, Mitgliederschulung, Betriebseffizienz und Sicherheit gegenüber. Das Verständnis dieser Vorteile und Einschränkungen ist entscheidend für jeden, der eine Beteiligung oder Investition in ein DAO in Betracht zieht.

Bemerkenswerte DAOs und ihr Einfluss

Dezentrale Autonome Organisationen (DAOs) repräsentieren eine vielfältige Reihe von Organisationsstrukturen im Bereich der Blockchain und Kryptowährungen. Diese Einheiten nutzen Smart Contracts und Blockchain-Technologie, um ohne traditionelle hierarchische Verwaltung zu operieren. Die acht Haupttypen von DAOs dienen jeweils unterschiedlichen Zwecken und bieten einzigartige Funktionen [347]:

1. Protokoll-DAOs Protokoll-DAOs sind darauf ausgelegt, dezentrale Protokolle zu verwalten, wie etwa Kredit-/Leih-Anwendungen, dezentrale Börsen (DEXs) und andere dezentrale Anwendungen (dapps). Diese DAOs konzentrieren sich auf die Verwaltung und Verbesserung der Protokolle, die sie regieren. Beispiele:

- **MakerDAO**: MakerDAO verwaltet das Maker-Protokoll, das die Erstellung und Verwaltung des DAI-Stablecoins ermöglicht. MKR-Token-Inhaber können über Änderungen des Protokolls abstimmen, einschließlich Anpassungen der Sicherheitenanforderungen und Zinssätze. MKR dient auch als Sicherheitsnetz; wenn der Wert von DAI nicht vollständig durch seine Sicherheiten abgedeckt ist, werden neue MKR-Token geprägt und verkauft, um die Lücke zu schließen.

- **Uniswap**: Uniswap ist eine prominente DEX, die von der Uniswap Foundation verwaltet wird. UNI-Token-Inhaber nehmen an der Governance teil und kontrollieren Aspekte wie Protokoll-Upgrades und die Gemeinschaftskasse. Vorschläge erfordern eine Mindestanzahl von Stimmen, um berücksichtigt zu werden, was sicherstellt, dass wesentliche Änderungen einen breiten Konsens widerspiegeln.

- **Yearn Finance**: Yearn DAO verwaltet das Yearn Finance-Ökosystem, das Yield Farming-Strategien automatisiert. YFI-Token-Inhaber können abstimmen, welche Strategien finanziert werden sollen und wie Ressourcen innerhalb der Vaults des DAOs verteilt werden.

2. Grant-DAOs Grant-DAOs konzentrieren sich auf die Bereitstellung von Finanzmitteln und Unterstützung für verschiedene Projekte und Initiativen innerhalb des Web3-Ökosystems. Diese DAOs fungieren oft als gemeinnützige oder strategische Förderorganisationen. Beispiele:

- **Aave Grants DAO**: Dieses DAO finanziert Entwicklungsprojekte im Zusammenhang mit dem Aave-Protokoll. Es unterstützt eine Vielzahl von Initiativen, einschließlich Integrationen und Entwickler-Tools, mit vierteljährlich verteilten

Mitteln.

- **MetaCartel**: MetaCartel bietet finanzielle Unterstützung und betriebliche Ressourcen für frühe dezentrale Anwendungen (dapps). Es vergibt Zuschüsse an Projekte, die darauf abzielen, den Web3-Bereich voranzutreiben, einschließlich neuer DAOs und gemeinschaftsorientierter Initiativen.

3. Philanthropie-DAOs Philanthropie-DAOs konzentrieren sich auf soziale Auswirkungen und wohltätige Aktivitäten und nutzen die dezentrale Natur von DAOs, um philanthropische Bemühungen zu organisieren und durchzuführen. Beispiele:

- **Big Green DAO**: Verbunden mit der Big Green Charity unterstützt dieses DAO Initiativen zur Verbesserung der Ernährung und der psychischen Gesundheit durch Ernährungsgerechtigkeit. Es reorganisiert die Fördervergabe, um von der Agilität und Transparenz von DAOs zu profitieren.

- **UkraineDAO**: Koordiniert von PleasrDAO und anderen Gruppen, sammelte UkraineDAO über 3 Millionen USD in ETH, um ukrainische Soldaten und Hilfsorganisationen während des Konflikts in der Ukraine zu unterstützen. Das schnelle Fundraising und die schnelle Bereitstellung verdeutlichen die Effektivität von DAOs in der Notfallphilanthropie.

4. Soziale DAOs Soziale DAOs bringen Gemeinschaften von gleichgesinnten Individuen zusammen, wie etwa Entwickler, Künstler und Kreative. Die Mitgliedschaft erfordert oft den Besitz bestimmter Token oder NFTs oder eine Einladung. Beispiele:

- **Developer DAO**: Dieses DAO ist Web3-Entwicklern gewidmet und bietet eine Plattform für Zusammenarbeit und Wissensaustausch. Die Mitgliedschaft erfordert den Besitz eines Genesis-NFTs oder eine Einladung zur privaten Gemeinschaft.

- **Friends With Benefits**: Fokussiert auf die Förderung von Kreativität und Gemeinschaft, erfordert dieses DAO den Besitz von $FWB-Token, um Zugang zu Veranstaltungen zu erhalten und sich mit anderen Kreativen zu vernetzen. Es betont Exklusivität und Netzwerkeffekte.

5. Collector-DAOs

Collector-DAOs bündeln Ressourcen, um in hochpreisige NFTs und Sammlerstücke zu investieren. Mitglieder besitzen Anteile an den gesammelten Vermögenswerten, die proportional zu ihren Beiträgen sind.

Beispiele:

- **FlamingoDAO**: Bekannt für den Erwerb hochkarätiger NFTs von Künstlern wie Pak und CryptoPunk #2890, veranschaulicht FlamingoDAO, wie kollektive Investitionen Zugang zu wertvoller digitaler Kunst bieten können.

- **ConstitutionDAO**: Dieses DAO hatte zum Ziel, ein Erstauflageexemplar der US-Verfassung zu erwerben und sammelte innerhalb einer Woche 47 Millionen USD in ETH. Obwohl sie überboten wurden, zeigte der Einsatz des DAOs das Potenzial kollektiver Kaufkraft bei hochkarätigen Auktionen.

6. Investment- und Venture-DAOs

Investment- und Venture-DAOs konzentrieren sich auf das Poolen von Kapital, um in Start-ups, Protokolle und andere Investitionsmöglichkeiten innerhalb und außerhalb des Web3-Raums zu investieren.

Beispiele:

- **Krause House DAO**: Ziel ist der Kauf eines NBA-Teams, wobei Mitglieder in Entscheidungen bezüglich Teammanagement und Betrieb einbezogen werden. Es stellt einen neuartigen Ansatz für den Sportbesitz dar.

- **MetaCartel Ventures (MCV)**: Investiert in frühe dapps und nutzt das Fachwissen und die Ressourcen der MetaCartel-Community, um vielversprechende Projekte zu unterstützen.

- **BessemerDAO**: Gegründet von Bessemer Venture Partners, diskutiert dieses DAO Trends und Ressourcen in der Kryptoindustrie und bietet Einblicke und Investitionsmöglichkeiten.

7. Medien-DAOs

Medien-DAOs revolutionieren traditionelle Medien, indem sie die Erstellung und Verteilung von Inhalten durch Community-Mitglieder ermöglichen. Im Gegensatz zu zentralisierten Medienplattformen können Einzelpersonen bei Medien-DAOs von ihren Beiträgen profitieren.

Beispiele:

- **BanklessDAO**: Konzentriert sich auf die Förderung eines banklosen Finanzsystems durch community-gesteuerte Medien und Bildung. Es unterstützt die Adoption von Prinzipien der dezentralen Finanzen (DeFi).

- **Decrypt**: Ermächtigt seine Community, über die Erstellung von Inhalten abzustimmen, wodurch Nutzer den Typ der produzierten Artikel und Medien beeinflussen können.

8. SubDAOs

SubDAOs sind Teilmengen größerer DAOs und sind für die Verwaltung spezifischer Funktionen wie Betrieb, Marketing oder Treasury-Management zuständig. Sie optimieren die Entscheidungsfindung durch Delegation von Verantwortlichkeiten.

Beispiele:

- **Balancer Protocol**: Hat SubDAOs implementiert, um verschiedene Aspekte der DAO-Operationen zu verwalten, wodurch die Gesamt-Governance effizienter und fokussierter wird. Jedes SubDAO verwaltet bestimmte Aufgaben oder Bereiche und ermöglicht eine schnellere Ausführung von Entscheidungen und Vorschlägen.

Diese verschiedenen Arten von DAOs verdeutlichen die Flexibilität und das innovative Potenzial dezentraler Governance-Strukturen, die jeweils auf einzigartige Weise zur sich entwickelnden Landschaft der Blockchain-Technologie und Gemeinschaftsverwaltung beitragen.

Stand April 2023: Die größten dezentralen autonomen Organisationen (DAOs) nach Marktkapitalisierung ihrer Governance-Token repräsentieren eine vielfältige Bandbreite von Sektoren innerhalb des dezentralen Ökosystems. Dazu gehören [348]:

Uniswap Foundation

- **Projekt:** Uniswap

- **Token:** UNI

- **Marktkapitalisierung:** 3,4 Milliarden USD

- **Projektfokus:** Dezentrale Börse (DEX)

- Uniswap ist eine der bekanntesten dezentralen Börsen (DEXs), die auf der Ethereum-Blockchain betrieben wird. Die Uniswap Foundation verwaltet die

Entwicklung und Governance von Uniswap durch ihren UNI-Token, der den Inhabern die Teilnahme an den Entscheidungsprozessen des Protokolls ermöglicht. Uniswap erleichtert den Handel von Kryptowährungen ohne eine zentrale Autorität, indem automatisierte Market Maker (AMMs) verwendet werden, um Kauf- und Verkaufsaufträge abzugleichen.

Lido DAO

- **Projekt:** Lido
- **Token:** LDO
- **Marktkapitalisierung:** 2,1 Milliarden USD
- **Projektfokus:** Liquid Staking-Protokoll
- Lido DAO regiert Lido, eine Liquid-Staking-Lösung, die darauf ausgelegt ist, Liquidität für gestakte Vermögenswerte bereitzustellen. Lido ermöglicht es Nutzern, ihre Ethereum- und andere Vermögenswerte zu staken und gleichzeitig Liquidität durch die Ausgabe von gestakten Tokens (z.B. stETH) zu erhalten. Dieser Ansatz ermöglicht es den Nutzern, Staking-Belohnungen zu verdienen und gleichzeitig ihre gestakten Vermögenswerte in anderen DeFi-Aktivitäten zu nutzen, wodurch die Liquiditätsprobleme im Zusammenhang mit traditionellem Staking angesprochen werden.

Ape Foundation

- **Projekt:** ApeCoin
- **Token:** APE
- **Marktkapitalisierung:** 1,5 Milliarden USD
- **Projektfokus:** NFTs, Metaverse und Unterhaltung in Web3
- Die Ape Foundation überwacht ApeCoin, das mit einem breiteren DeFi-Protokoll und community-gesteuerten Projekten im Bereich Kunst, Gaming und Unterhaltung verbunden ist. ApeCoin wird zur Governance und Unterstützung von Initiativen im Ökosystem verwendet, einschließlich des Bored Ape Yacht Club (BAYC) und anderer NFT-bezogener Unternehmungen. Das DAO

fördert die Beteiligung der Community an der Entwicklung von Web3-bezogenen Unterhaltungsprojekten.

Arbitrum Foundation

- **Projekt:** Arbitrum
- **Token:** ARB
- **Marktkapitalisierung:** 1,5 Milliarden USD
- **Projektfokus:** Layer 2-Blockchain auf Ethereum
- Arbitrum bietet eine Layer 2-Skalierungslösung für Ethereum, die darauf abzielt, die Transaktionsgeschwindigkeiten zu verbessern und die Kosten durch optimistische Rollups zu reduzieren. Die Arbitrum Foundation regiert das Arbitrum-Protokoll, das entwickelt wurde, um die Skalierbarkeit von Ethereum zu verbessern, während Sicherheit und Dezentralisierung beibehalten werden. Der ARB-Token wird für die Governance innerhalb des Arbitrum-Ökosystems verwendet.

Internet Computer (Service Nervous System)

- **Projekt:** Internet Computer
- **Token:** ICP
- **Marktkapitalisierung:** 1,4 Milliarden USD
- **Projektfokus:** Web3-Infrastruktur-Blockchain
- Der Internet Computer zielt darauf ab, die Funktionalität des Internets durch eine dezentrale Plattform für Smart Contracts und Anwendungen zu erweitern. Regiert vom Service Nervous System wird ICP verwendet, um die Internet Computer-Blockchain zu verwalten, die skalierbare und effiziente Infrastruktur für Web3-Anwendungen bieten soll.

Aave

- **Projekt:** Aave Liquidity Protocol
- **Token:** AAVE

- **Marktkapitalisierung:** 1 Milliarde USD
- **Projektfokus:** Kreditprotokoll
- Aave fungiert als dezentrales Kreditprotokoll, das es Nutzern ermöglicht, verschiedene Kryptowährungen zu leihen und zu verleihen. Der AAVE-Token wird für Governance und Teilnahme an Protokoll-Updates und Entscheidungsfindungen verwendet. Aave bietet eine dezentrale Plattform zum Verdienen von Zinsen auf Einlagen und zum Leihen von Vermögenswerten.

BitDAO

- **Projekt:** BitDAO
- **Token:** BIT
- **Marktkapitalisierung:** 1 Milliarde USD
- **Projektfokus:** Web3-Projektfinanzierung
- BitDAO ist eine dezentrale autonome Organisation, die sich auf die Finanzierung und Unterstützung von Web3-Projekten konzentriert. Der BIT-Token erleichtert die Governance und Entscheidungsfindung in Bezug auf Investitionen in neue Blockchain-Projekte und Innovationen und fördert das Wachstum innerhalb des Web3-Ökosystems.

Curve.fi DAO

- **Projekt:** Curve
- **Token:** CRV
- **Marktkapitalisierung:** 778 Millionen USD
- **Projektfokus:** Dezentrale Börse (DEX)
- Curve Finance ist eine dezentrale Börse, die auf den Handel mit Stablecoins spezialisiert ist und niedrige Slippage und hohe Liquidität für Stablecoin-Swaps bietet. Der CRV-Token wird für die Governance verwendet und ermöglicht es den Inhabern, an Protokollentscheidungen teilzunehmen und Belohnungen zu verdienen.

Synthetix

- **Projekt:** Synthetix
- **Token:** SNX
- **Marktkapitalisierung:** 691 Millionen USD
- **Projektfokus:** Derivate-Liquiditätsprotokoll
- Synthetix betreibt eine dezentrale Plattform für den Handel mit synthetischen Vermögenswerten, einschließlich Derivaten und anderen Finanzinstrumenten. Der SNX-Token wird verwendet, um die synthetischen Vermögenswerte abzusichern und an der Governance des Protokolls teilzunehmen.

MakerDAO

- **Projekt:** Dai Stablecoin
- **Token:** MKR
- **Marktkapitalisierung:** 677 Millionen USD
- **Projektfokus:** Smart Contract-Plattform
- MakerDAO regiert die Schaffung und Stabilität des Dai-Stablecoins, der an den US-Dollar gekoppelt ist. Der MKR-Token wird für Governance und die Verwaltung der Stabilität von Dai verwendet. MakerDAO betreibt eine dezentrale Plattform, die es Nutzern ermöglicht, Stablecoins durch Smart Contracts zu erstellen und zu verwalten.

Diese DAOs repräsentieren ein breites Spektrum an Aktivitäten im Kryptowährungsbereich, von dezentralen Börsen und Liquid Staking bis hin zu Web3-Infrastruktur und NFT-fokussierten Projekten. Das Governance- und Betriebsmodell jedes DAOs spiegelt seinen einzigartigen Fokus und seine Beiträge zum Blockchain-Ökosystem wider.

Rechtliche und Governance-Herausforderungen

Dezentrale autonome Organisationen (DAOs) stellen einen neuartigen Ansatz für das Organisationsmanagement dar, indem sie Blockchain-Technologie und Smart Contracts nutzen, um Entscheidungsfindung und Betrieb ohne traditionelle hierarchische Strukturen zu ermöglichen. Während DAOs innovative Lösungen und Effizienzen bieten, stehen sie auch vor erheblichen rechtlichen und Governance-Herausforderungen, die für eine breitere Akzeptanz und Stabilität gelöst werden müssen.

Rechtliche Herausforderungen für dezentrale autonome Organisationen (DAOs) ergeben sich aus verschiedenen Faktoren, einschließlich regulatorischer Unsicherheit, Fragen zur rechtlichen Personhaftigkeit, Komplexität der regulatorischen Compliance und Schwierigkeiten bei der Streitbeilegung. DAOs operieren in einem rechtlichen Graubereich aufgrund der dezentralen und grenzüberschreitenden Natur ihrer Aktivitäten, mit denen traditionelle rechtliche Rahmenbedingungen Schwierigkeiten haben [349]. Regulierungsbehörden kämpfen noch damit, wie bestehende Gesetze im Zusammenhang mit Unternehmensführung, Wertpapieren und Finanztransaktionen auf DAOs angewendet werden können, was zu Unsicherheiten führt, die Risiken für Teilnehmer darstellen und DAOs daran hindern können, nahtlos über verschiedene Rechtsordnungen hinweg zu arbeiten [349].

Eine der Haupthürden für DAOs ist das Fehlen einer rechtlichen Personhaftigkeit, im Gegensatz zu traditionellen Entitäten wie Unternehmen, die eine rechtliche Status haben, der es ihnen ermöglicht, Verträge abzuschließen, Vermögenswerte zu besitzen und für rechtliche Verpflichtungen haftbar gemacht zu werden [349]. DAOs, die dezentral und oft anonym sind, haben keine klare rechtliche Identität, was es schwierig macht, Verträge durchzusetzen, Streitigkeiten zu behandeln und Haftung effektiv zu managen [349]. Während einige DAOs versuchen, diese Herausforderung zu mildern, indem sie sich als juristische Personen in bestimmten Rechtsordnungen registrieren, kann dieser Ansatz dem dezentralen Ethos widersprechen, den DAOs aufrechterhalten möchten [349].

Die regulatorische Compliance stellt eine weitere wesentliche Herausforderung für DAOs dar, da sie sich durch ein komplexes Netz von Vorschriften bewegen müssen, das Wertpapiergesetze, Anforderungen zur Bekämpfung der Geldwäsche (AML) und Know-your-Customer (KYC)-Regeln umfasst [349]. Die Sicherstellung der Compliance bei gleichzeitiger Wahrung der dezentralen Natur der Organisation ist ein heikles Balanceakt, insbesondere da bestimmte Aktivitäten von DAOs unter den Handel mit Wertpapieren oder Investitionen fallen könnten, was möglicherweise die Aufmerksamkeit der Finanzaufsichtsbehörden auf sich zieht [349].

Darüber hinaus stellt die dezentrale Natur von DAOs Hindernisse bei der Streitbeilegung dar, da traditionelle Rechtssysteme schlecht gerüstet sind, um Konflikte, die aus DAO-Aktivitäten entstehen, zu bewältigen (Beck et al., 2018). Das Fehlen einer zentralen Autorität in DAOs bedeutet oft, dass die Beilegung von Streitigkeiten schwierig wird, wobei einige DAOs ihre eigenen Streitbeilegungsmechanismen implementieren, die in konventionellen Rechtssystemen möglicherweise nicht anerkannt oder durchsetzbar sind [349].

Vor dem Hintergrund dieser rechtlichen Herausforderungen wird deutlich, dass DAOs vor einem komplexen Umfeld stehen, in dem bestehende rechtliche Rahmenbedingungen Schwierigkeiten haben, mit der innovativen und dezentralen Natur dieser Organisationen Schritt zu halten. Während Regulierungsbehörden weiterhin versuchen, traditionelle Gesetze auf DAOs anzuwenden, müssen Teilnehmer und Interessengruppen ein Terrain voller Unsicherheiten und Risiken navigieren, was die Notwendigkeit maßgeschneiderter rechtlicher Lösungen verdeutlicht, die die einzigartigen Merkmale von DAOs berücksichtigen und gleichzeitig Compliance und Verantwortlichkeit gewährleisten. Die Bewältigung dieser rechtlichen Herausforderungen ist entscheidend für das nachhaltige Wachstum und die weitreichende Akzeptanz von DAOs in der sich entwickelnden digitalen Wirtschaft.

Governance-Herausforderungen in dezentralen autonomen Organisationen (DAOs) umfassen verschiedene kritische Aspekte, die ihre Effektivität und Nachhaltigkeit beeinflussen können. Ein wesentlicher Bereich der Besorgnis ist die Entscheidungsfindung innerhalb von DAOs, bei der die Verwendung von Governance-Token für Abstimmungen zu Komplikationen führen kann, insbesondere in großen DAOs mit zahlreichen Token-Inhabern. Die Sicherstellung von Fairness, Transparenz und Widerstandsfähigkeit gegenüber Manipulationen in diesen Abstimmungsmechanismen ist entscheidend, um Entscheidungsstau zu vermeiden, insbesondere wenn Vorschläge eine Supermehrheit erfordern oder bei niedriger Wahlbeteiligung [350]. Darüber hinaus stellt die Token-Konzentration eine erhebliche Governance-Herausforderung dar, da die Macht in DAOs oft mit dem Besitz von Governance-Token korreliert. Diese Konzentration von Macht bei einer ausgewählten Gruppe von Token-Inhabern kann die dezentrale Natur der Organisation untergraben und frühzeitigen Investoren oder Gründern mit einem unverhältnismäßig großen Token-Bestand ungebührlichen Einfluss verschaffen [351].

Sicherheitsrisiken stellen eine weitere große Governance-Herausforderung für DAOs dar, hauptsächlich aufgrund von Schwachstellen in den Smart Contracts, die sie regieren.

Diese Schwachstellen, die auf Codierungsfehler zurückzuführen sind, können ausgenutzt werden, um erhebliche finanzielle Verluste oder betriebliche Störungen zu verursachen. Während die Implementierung robuster Sicherheitsmaßnahmen und regelmäßiger Audits unerlässlich ist, macht die Open-Source-Natur vieler DAOs sie anfällig für potenzielle Ausnutzung durch bösartige Akteure [352]. Darüber hinaus wird die Koordination von Entscheidungsprozessen und Betriebsmanagement zunehmend kompliziert, wenn DAOs expandieren und wachsen. Die Skalierung von Governance-Mechanismen, um eine größere Teilnehmerbasis zu berücksichtigen, während Effizienz und Engagement aufrechterhalten werden, stellt eine bedeutende Herausforderung dar, die DAOs angehen müssen, um ihre Funktionalität und Effektivität zu bewahren [97].

Community-Engagement ist eine kritische Governance-Herausforderung für DAOs, da die aktive Teilnahme einer vielfältigen Gruppe von Mitgliedern für ihren Erfolg von entscheidender Bedeutung ist. Die Motivation von Token-Inhabern, sich an Governance-Aktivitäten zu beteiligen und zur Erreichung der Ziele der Organisation beizutragen, kann jedoch herausfordernd sein. Die Aufrechterhaltung aktiver Beteiligung und die Förderung eines Gemeinschaftsgefühls unter den Mitgliedern sind wesentliche Aspekte, auf die DAOs sich konzentrieren müssen, um ihre Langlebigkeit und Effektivität sicherzustellen [353].

Bei der Bewältigung dieser Governance-Herausforderungen müssen DAOs ein komplexes Umfeld von Risiken und Chancen navigieren. Die Sicherheitsüberprüfung von Blockchain-Smart Contracts ist ein wichtiger Fokusbereich, wobei Forschungen die Bedeutung der Sicherstellung der Richtigkeit und Sicherheit dieser Verträge hervorheben, um Schwachstellen und potenzielle Angriffe zu vermeiden [354]. Darüber hinaus spielt das Design von DAOs eine entscheidende Rolle bei der Überwindung von Governance-Herausforderungen, wobei die Implementierung von Governance-Mechanismen, die mit Prinzipien wie Ostroms Prinzipien der gemeinsamen Governance übereinstimmen, einen Rahmen für effektive dezentrale Entscheidungsfindung und Management bietet [355].

Während DAOs eine vielversprechende Alternative zu traditionellen Organisationsstrukturen bieten, stehen sie vor einer Reihe von rechtlichen und Governance-Herausforderungen, die für ihre weitreichende Akzeptanz gelöst werden müssen. Das Navigieren durch regulatorische Unsicherheiten, die Sicherstellung der rechtlichen Anerkennung, das Management von Governance-Komplexitäten und die Sicherung gegen Sicherheitsrisiken sind entscheidend für den langfristigen Erfolg und die Nachhaltigkeit von DAOs.

Während sich die rechtlichen und regulatorischen Rahmenbedingungen weiterentwickeln, müssen DAOs sich anpassen und innovieren, um diese Herausforderungen zu überwinden und ihr volles Potenzial zu entfalten.

Erstellung einer Dezentralen Autonomen Organisation (DAO)

Die Erstellung einer Dezentralen Autonomen Organisation (DAO) umfasst einen vielschichtigen Prozess, der technische Entwicklung, strategische Planung und Governance-Design kombiniert. Dazu gehören [356]:

1. Zweck der DAO festlegen

Der erste und vielleicht wichtigste Schritt bei der Erstellung einer DAO ist die Festlegung ihres Zwecks. Diese grundlegende Entscheidung prägt jeden anderen Aspekt der Entstehung und des Betriebs der DAO. Der Zweck einer DAO kann von der Verwaltung eines dezentralen Finanzprotokolls (DeFi) bis zur Überwachung eines community-gesteuerten Projekts oder sogar der Verwaltung von Investitionen in aufstrebende Technologien reichen. Eine klare Formulierung der Mission der DAO hilft bei der Gestaltung ihres Governance-Modells und der Smart Contracts, um die Ziele zu erreichen. Beispielsweise wird eine DAO, die zur Verwaltung eines DeFi-Protokolls entwickelt wurde, andere Anforderungen haben als eine DAO, die sich auf Community-Governance oder die Finanzierung von Kunstprojekten konzentriert.

2. Das Governance-Modell entwerfen

Sobald der Zweck festgelegt ist, besteht der nächste Schritt darin, das Governance-Modell zu entwerfen, das festlegt, wie Entscheidungen innerhalb der DAO getroffen werden. Wichtige Elemente, die zu berücksichtigen sind, umfassen:

- **Abstimmungsrechte**: Entscheiden Sie, ob die Abstimmungsmacht proportional zur Anzahl der Token eines Mitglieds sein wird oder ob jedes Mitglied eine gleichwertige Stimme haben wird. Diese Entscheidung beeinflusst, wie Einfluss und Kontrolle unter den Mitgliedern verteilt werden.

- **Vorschläge**: Bestimmen Sie, wer Vorschläge machen kann und welche Arten von Entscheidungen zur Abstimmung gestellt werden können. Wird es Kosten für das Einreichen von Vorschlägen geben oder wird es allen Mitgliedern offenstehen?

- **Abstimmungsprozess**: Definieren Sie die Parameter für den Abstimmungsprozess, einschließlich der Dauer der Abstimmungsperioden und des Prozentsatzes der Stimmen, die erforderlich sind, damit ein Vorschlag angenommen wird. Dies sorgt für Klarheit und Fairness bei der Entscheidungsfindung.

- **Token-Verteilung**: Planen Sie, wie die Token anfänglich verteilt werden und ob neue Token im Laufe der Zeit geprägt werden. Diese Verteilung beeinflusst die Governance-Struktur und die anfängliche Kontrolle innerhalb der DAO.

3. Die Smart Contracts codieren

Die Codierung von Smart Contracts ist das technische Rückgrat der Erstellung einer DAO. Diese Verträge automatisieren das Governance-Modell der DAO, indem sie alles von der Erstellung von Vorschlägen bis zur Abstimmung und Ausführung von Entscheidungen verwalten. Smart Contracts werden typischerweise in Solidity geschrieben, der Programmiersprache für Ethereum.

- **Implementierung**: Smart Contracts müssen die Governance-Regeln präzise umsetzen, einschließlich Vorschlagseinreichung, Abst mekanismen und Entscheidungsumsetzung.

- **Testen und Auditieren**: Testen und auditieren Sie die Smart Contracts gründlich, um sicherzustellen, dass sie korrekt funktionieren und frei von Sicherheitsanfälligkeiten sind. Dieser Schritt ist entscheidend, da Smart Contracts autonom arbeiten und Fehler oder Sicherheitsmängel erhebliche Konsequenzen haben können.

4. Die Smart Contracts bereitstellen

Nach dem Testen und Auditing besteht der nächste Schritt darin, die Smart Contracts auf der Blockchain bereitzustellen. Dieser Prozess umfasst das Hochladen des Codes in das Blockchain-Netzwerk, was die DAO und ihre zugehörigen Token etabliert.

- **Gasgebühren**: Die Bereitstellungskosten, bekannt als Gasgebühren, hängen von der Komplexität der Smart Contracts und der Auslastung des Netzwerks ab. Es ist wichtig, diese Kosten in der Budgetierungsphase zu berücksichtigen.

5. Die Token verteilen

Nach der Bereitstellung verteilen Sie die Token der DAO gemäß dem geplanten Verteilungsmodell. Dies kann verschiedene Strategien umfassen:

- **Erstverteilung**: Weisen Sie Token den Gründungsmitgliedern, frühen Mitwirkenden oder durch einen öffentlichen Verkauf zu.

- **Airdrops**: Verteilen Sie Token an bestehende Nutzer eines Produkts oder einer Dienstleistung, um Engagement und Teilnahme an der DAO zu fördern.

6. Den Governance-Prozess starten

Sobald die DAO live ist und die Token verteilt sind, kann der Governance-Prozess beginnen. Mitglieder können nun Vorschläge erstellen und abstimmen, wodurch die Operationen und Entscheidungsfindungen der DAO eingeleitet werden.

Best Practices für die Erstellung von DAOs

1. **Auditierung von Smart Contracts**: Angesichts der kritischen Rolle, die Smart Contracts spielen, wird dringend empfohlen, diese von erfahrenen Fachleuten auditieren zu lassen. Dies verringert das Risiko von Sicherheitsanfälligkeiten und erhöht die Sicherheit der DAO.

2. **Allmähliche Dezentralisierung**: Viele erfolgreiche DAOs entscheiden sich für einen allmählichen Dezentralisierungsansatz. Das bedeutet, mit einer stärker zentralisierten Struktur zu beginnen und die Kontrolle schrittweise an die DAO zu übertragen, während sie reift und ihre operationale Stabilität nachweist.

3. **Anreize für Teilnahme**: Um aktive Teilnahme an der Governance zu fördern, implementieren Sie Mechanismen, die Mitglieder für ihr Engagement bei Abstimmungen und Vorschlagsprozessen belohnen. Dies könnte finanzielle Anreize oder Zugang zu exklusiven Vorteilen umfassen.

4. **Rechtliche Überlegungen**: Konsultieren Sie rechtliche Experten, um die regulatorische Landschaft zu navigieren und potenzielle rechtliche Risiken zu adressieren. Das Verständnis und die Einhaltung geltender Vorschriften kann helfen, rechtliche Probleme zu vermeiden und sicherzustellen, dass die DAO im rechtlichen Rahmen operiert.

Die Erstellung eines DAOs erfordert einen durchdachten Ansatz, der technische Entwicklung, strategische Governance-Planung und rechtliche Überlegungen integriert. Durch die sorgfältige Definition des Zwecks, die Gestaltung eines effektiven Governance-Modells, das Programmieren und Implementieren von Smart Contracts sowie die Sicherstellung der fortlaufenden Beteiligung und Einhaltung können Sie ein erfolgreiches und widerstandsfähiges DAO aufbauen. Der Aufbau einer dezentralen Organisation umfasst somit eine Reihe strategischer und technischer Schritte, die alle entscheidend sind, um eine funktionale und wirkungsvolle Dezentrale Autonome Organisation (DAO) zu schaffen. Dazu gehören [357]:

1. Definieren Sie die Struktur Ihrer Organisation: Bevor Sie sich mit dem Programmieren oder technischen Aspekten befassen, ist es entscheidend, die Struktur und den Zweck Ihres DAOs gründlich zu definieren. Beginnen Sie damit, die Kernziele zu klären:

- **Zielsetzung:** Bestimmen Sie, was Sie mit Ihrem DAO erreichen möchten. Möchten Sie eine Plattform für dezentrale Finanzen (DeFi), ein gemeinschaftlich betriebenes Projekt oder ein Investitionsvehikel schaffen? Klare Ziele werden das Design und die Funktionalität Ihres DAOs prägen.

- **Entscheidungsfindung:** Bestimmen Sie, welche Entscheidungen das DAO treffen wird. Wird es Investitionen verwalten, eine Gemeinschaft regieren oder ein Protokoll überwachen? Die Definition der Entscheidungsprozesse hilft bei der Gestaltung effektiver Governance-Mechanismen.

- **Problemlösung:** Bewerten Sie, ob das DAO ein spezifisches Problem oder Bedürfnis auf dem Markt ansprechen wird. Das Verständnis des Problems, das es lösen möchte, wird die Entwicklung relevanter Funktionen und Governance-Modelle leiten.

- **Gemeinschaftsauswirkungen:** Überlegen Sie, wie das DAO seiner Gemeinschaft zugutekommen wird. Wird es durch finanzielle Erträge, Gemeinschaftsengagement oder Innovationen Mehrwert bieten? Eine klare Vision der Vorteile für die Gemeinschaft hilft bei der Schaffung einer unterstützenden und aktiven Nutzerbasis.

- **Technische Ressourcen:** Bewerten Sie die technischen und Programmierressourcen, die für den Aufbau und die Wartung des DAOs erforderlich sind. Dazu gehören Programmierkenntnisse, Blockchain-Infrastruktur und Entwicklungstools, die für die Implementierung notwendig sind.

- **Vision und Herausforderungen:** Formulieren Sie eine Vision für Ihr DAO und bereiten Sie sich auf die Herausforderungen vor, die mit dem Krypto-Markt verbunden sind. Dazu gehört das Navigieren durch regulatorische Unsicherheiten, das Management der Erwartungen der Gemeinschaft und das Handling technischer Komplexitäten.

2. Wählen Sie Ihren DAO-Typ: Nachdem Sie die Struktur und den Zweck definiert haben, besteht der nächste Schritt darin, den Typ des DAOs auszuwählen, der mit Ihren Zielen übereinstimmt. Hier sind einige gängige DAO-Typen:

- **Protokoll-DAOs:** Diese DAOs konzentrieren sich auf das Management dezentraler Protokolle. Sie sind im DeFi-Bereich weit verbreitet und beinhalten bekannte Beispiele wie MakerDAO, Uniswap und Yearn Finance. Sie verwalten und regieren in der Regel dezentrale Anwendungen (dApps) oder Finanzdienstleistungen.

- **Investitions-DAOs:** Diese DAOs sind darauf ausgelegt, Mittel von Investoren zu bündeln, um neue Projekte oder Unternehmungen zu unterstützen. Die gesammelten Mittel werden genutzt, um in aufkommende Chancen zu investieren, und Entscheidungen werden durch den Governance-Prozess des DAOs getroffen.

- **Stiftungs-DAOs:** Ähnlich wie Investitions-DAOs unterstützen Stiftungs-DAOs Projekte und Ideen. Ihr Fokus liegt jedoch speziell auf DeFi-Projekten und Innovationen. Sie stellen Finanzierung oder Ressourcen für Projekte bereit, die mit ihren Zielen übereinstimmen.

- **Soziale DAOs:** Diese Organisationen konzentrieren sich auf soziale Netzwerke und Gemeinschaftsengagement innerhalb des Krypto-Ökosystems. Ein Beispiel ist Blockster, das soziale Medieninteraktionen und Community-Bildung unterstützt.

- **Sammler-DAOs:** In Verbindung mit NFTs (Non-Fungible Tokens) verwalten und regieren diese DAOs digitale Sammlerstücke. PleasrDAO ist ein bemerkenswertes Beispiel, das sich auf NFT-bezogene Investitionen und Gemeinschaftsaktivitäten konzentriert.

- **Unterhaltungs-DAOs:** Diese DAOs bieten dezentrale Unterhaltung und unterstützen kreative Projekte. Sie ermöglichen Entwicklern die Umsetzung dezentraler Unterhaltungsideen, wobei Flufworld ein herausragendes Beispiel ist.

- **Philanthropische DAOs:** Obwohl seltener, zielen diese DAOs darauf ab, wohltätige oder soziale Zwecke innerhalb des Web3-Ökosystems zu unterstützen. Die BigGreen DAO, zum Beispiel, konzentriert sich auf philanthropische Bemühungen im Blockchain-Bereich.

3. Entscheiden Sie sich für den Token: Tokens sind ein grundlegender Aspekt eines DAOs und erfüllen verschiedene Rollen:

- **Vorrat und Verteilung:** Planen Sie die Gesamtmenge der Tokens und deren Verteilung. Entscheiden Sie, wie viele Tokens geprägt und verteilt werden und wie sie unter Mitgliedern, Investoren und Interessengruppen aufgeteilt werden.

- **Anreize und Belohnungen:** Gestalten Sie Mechanismen zur Belohnung von Teilnehmern und zur Anreizung von Engagement. Tokens können verwendet werden, um Belohnungen zu verteilen, Stimmrechte zu gewähren und aktive Teilnahme zu fördern.

- **Governance:** Tokens sind entscheidend für die Governance. Sie ermöglichen es Mitgliedern, über Vorschläge abzustimmen, Entscheidungen zu treffen und die Richtung des DAOs zu beeinflussen. Ein gut strukturiertes Tokensystem unterstützt eine effektive und faire Governance.

- **Gemeinschaftsaufbau:** Tokens helfen beim Aufbau und der Erweiterung der Gemeinschaft. Sie können für Fundraising, Nutzerengagement und den Aufbau einer loyalen Unterstützerbasis verwendet werden.

4. Erstellen Sie Ihr DAO: Die Erstellung eines DAOs beinhaltet die Nutzung verschiedener Werkzeuge und Plattformen zur Einrichtung der Organisation. Mehrere beliebte Blockchain-Tools können diesen Prozess erleichtern:

- **Aragon:** Bietet eine benutzerfreundliche Oberfläche zur Erstellung und Verwaltung von DAOs mit anpassbaren Governance-Funktionen.

- **Colony:** Stellt Werkzeuge für dezentrales Projektmanagement und Governance zur Verfügung.

- **Syndicate:** Konzentriert sich auf Investitions-DAOs und kollaborative Investitionsfonds.

- **OpenLaw:** Erleichtert die Erstellung von rechtlichen Vereinbarungen und Smart Contracts für DAOs.

- **DAOstack:** Bietet eine Reihe von Werkzeugen für DAO-Governance und Entscheidungsfindung.

- **Orca Protocol:** Bietet Infrastruktur für den Aufbau von DAOs und die Verwaltung dezentraler Organisationen.

5. Richten Sie die Schatzkammer ein: Nach der Erstellung des DAOs ist das Management der Schatzkammer entscheidend für effektive finanzielle Operationen:

- **Sichere Mittel:** Verwenden Sie Schatzkammer-Management-Tools, um die Mittel des DAOs zu sichern und zu verwalten. Werkzeuge wie Gnosis Safe, Multis und Juicebox bieten sichere Möglichkeiten zur Handhabung von Mitteln und zur Verwaltung finanzieller Operationen.

- **Crowdfunding:** Falls Ihr DAO Crowdfunding umfasst, stellen Sie sicher, dass die Mittel effektiv verwaltet und gemäß den Zielen des DAOs verteilt werden.

- **Finanzmanagement:** Werkzeuge wie Llama, Parcel und Utopia können beim Verfolgen von Ausgaben, dem Management von Budgets und der Sicherstellung von Transparenz in finanziellen Operationen helfen.

6. Bauen Sie die Gemeinschaft auf und engagieren Sie sich: Der Erfolg eines DAOs hängt stark von seiner Gemeinschaft ab. Der Aufbau und die Pflege einer engagierten, unterstützenden und vertrauenswürdigen Gemeinschaft sind entscheidend:

- **Engagement:** Fördern Sie eine aktive Gemeinschaft, indem Sie zur Teilnahme an Governance, Diskussionen und Aktivitäten ermutigen. Eine engagierte Gemeinschaft trägt zum Wachstum und Erfolg des DAOs bei.

- **Unterstützung:** Bieten Sie Unterstützung und Ressourcen für die Mitglieder der Gemeinschaft an, um ihnen zu helfen, sich einzubringen und effektiv beizutragen.

- **Vertrauen:** Bauen Sie Vertrauen durch Transparenz, regelmäßige Updates und offene Kommunikation auf. Eine vertrauenswürdige Gemeinschaft ist eher bereit, aktiv teilzunehmen und die Ziele des DAOs zu unterstützen.

16

Kryptowährungs-Exchange-Traded Funds (ETFs)

Kryptowährungs-Exchange-Traded Funds (ETFs) sind Investmentfonds, die an traditionellen Börsen gehandelt werden und die Leistung von Kryptowährungen oder einem Korb von Kryptowährungen nachverfolgen. Sie bieten Investoren Zugang zum Kryptowährungsmarkt, ohne dass sie digitale Vermögenswerte direkt kaufen oder verwalten müssen. Hier ist eine detaillierte Übersicht über Kryptowährungs-ETFs:

Kryptowährungs-ETFs sind Investitionsvehikel, die es Investoren ermöglichen, über ein reguliertes Finanzprodukt Zugang zu Kryptowährungen zu erhalten. Anstatt Kryptowährungen direkt zu kaufen, erwerben Investoren Anteile am ETF, der die zugrunde liegenden Kryptowährungen oder verwandte Vermögenswerte hält. Die Leistung des ETFs spiegelt die Preisbewegungen der zugrunde liegenden Vermögenswerte wie Bitcoin, Ethereum oder ein diversifiziertes Portfolio digitaler Währungen wider.

Arten von Kryptowährungs-ETFs

Kryptowährungs-Exchange-Traded Funds (ETFs) gibt es in mehreren Typen, die jeweils eine eigene Struktur und Anlagestrategie aufweisen:

Physische ETFs: Physische ETFs halten direkt die zugrunde liegende Kryptowährung im Depot. Ein Bitcoin-Physischer ETF beispielsweise erwirbt und lagert tatsächliche Bitcoins in sicheren Tresoren. Investoren des ETFs besitzen Anteile, die einen proportionalen Anteil an den vom Fonds gehaltenen Bitcoins repräsentieren. Der Wert dieser Anteile spiegelt den aktuellen Marktpreis von Bitcoin wider, was es Investoren ermöglicht, Zugang zur Kryptowährung zu erhalten, ohne die digitalen Vermögenswerte selbst verwalten oder sichern zu müssen. Physische ETFs bieten direkten Zugang zum Kryptowährungsmarkt und zielen im Allgemeinen darauf ab, die Leistung des zugrunde liegenden Vermögenswerts nachzubilden. Sie profitieren von der Einfachheit, den Spotpreis der Kryptowährung nachzuverfolgen, was für Investoren von Vorteil sein kann, die die Komplexität der Speicherung und Verwaltung von Kryptowährungen vermeiden möchten.

Futures-basierte ETFs: Futures-basierte ETFs investieren in Kryptowährungs-Futures-Kontrakte statt in die tatsächlichen Kryptowährungen. Ein Futures-Kontrakt ist eine Finanzvereinbarung, um einen Vermögenswert zu einem festgelegten zukünftigen Datum zu einem bestimmten Preis zu kaufen oder zu verkaufen. Futures-basierte ETFs zielen darauf ab, die Leistung dieser Kontrakte nachzubilden, die auf den erwarteten zukünftigen Preis der Kryptowährung basieren können. Das Hauptmerkmal von futures-basierten ETFs ist, dass sie nicht die zugrunde liegende Kryptowährung halten, sondern Verträge, deren Wert davon abgeleitet wird. Dies kann zu Abweichungen zwischen der Performance des ETFs und dem Spotpreis der Kryptowährung führen, aufgrund von Faktoren wie den Kosten für das Rollen von Futures-Kontrakten, Marktschwankungen und anderen Faktoren, die den Futures-Markt beeinflussen. Diese ETFs können daher die Preisbewegungen der zugrunde liegenden Kryptowährung nicht perfekt nachbilden und haben oft höhere Verwaltungsgebühren.

Krypto-Index-ETFs: Krypto-Index-ETFs bieten diversifizierten Zugang zu einer Reihe von Kryptowährungen oder verwandten Vermögenswerten. Anstatt sich auf eine einzelne Kryptowährung zu konzentrieren, verfolgen diese ETFs einen Korb digitaler Vermögenswerte oder von Unternehmen im Bereich Blockchain-Technologie. Der Index kann mehrere Kryptowährungen wie Bitcoin, Ethereum und andere enthalten oder Unternehmen einbeziehen, die im Blockchain-Bereich tätig sind. Durch die Haltung eines diversifizierten Portfolios von Kryptowährungen oder blockchainbezogenen Vermögenswerten zielen Krypto-Index-ETFs darauf ab, das Risiko zu verringern, das mit der Investition in einzelne digitale Vermögenswerte verbunden ist. Diese Diversifizierung kann helfen, die Auswirkungen von Volatilität bei einzelnen Kryptowährungen zu mindern und eine breitere Marktexposition zu bieten. Index-ETFs sind darauf ausgelegt, einen spezifischen Marktindex oder Benchmark nachzubilden, wobei sie die Leistung der im Index enthaltenen zugrunde liegenden Vermögenswerte widerspiegeln.

Hebel- und inverse ETFs: Hebel- und inverse ETFs sind darauf ausgelegt, die Leistung einer Kryptowährung zu vervielfachen oder umzukehren. Hebel-ETFs verwenden Finanzderivate und Kreditaufnahme, um ein Vielfaches der Rendite des zugrunde liegenden Vermögenswerts zu bieten. Ein Beispiel ist ein 2x Hebel-Bitcoin-ETF, der darauf abzielt, die tägliche Rendite von Bitcoin zu verdoppeln. Diese ETFs werden typischerweise von Investoren genutzt, die von kurzfristigen Preisbewegungen profitieren möchten und werden aufgrund der Risiken, die damit verbunden sind, normalerweise nicht für langfristiges Halten empfohlen.

Inverse ETFs hingegen zielen darauf ab, von Rückgängen im Preis des zugrunde liegenden Vermögenswerts zu profitieren. Sie nutzen Derivate, um Renditen zu erzeugen, die invers zur Leistung der Kryptowährung korreliert sind. Ein inverser Bitcoin-ETF würde beispielsweise versuchen, positive Renditen zu erzielen, wenn der Preis von Bitcoin fällt. Sowohl Hebel- als auch inverse ETFs bergen höhere Risiken und sind im Allgemeinen für erfahrene Investoren gedacht, die ihre Portfolios aktiv verwalten. Die vervielfachten Renditen können zu erheblichen Gewinnen führen, aber auch zu erheblichen Verlusten, insbesondere in volatilen Märkten. Die Leistung dieser ETFs kann auch durch Faktoren wie den Compound-Effekt und Marktvolatilität beeinflusst werden, was dazu führen kann, dass sie sich erheblich von dem erwarteten Vielfachen der Rendite des zugrunde liegenden Vermögenswerts über die Zeit hinweg abweichen.

Investoren, die an Bitcoin interessiert sind, haben zwei Hauptmethoden, um Zugang zur Kryptowährung zu erhalten: durch Spot-Bitcoin-ETFs und Bitcoin-Futures-ETFs. Jede Methode bietet unterschiedliche Möglichkeiten, in Bitcoin zu investieren, mit unterschiedlichen Implikationen für die Funktionsweise der Investition und die damit verbundenen Risiken.

Spot-Bitcoin-ETFs: Ein Spot-Bitcoin-ETF ist darauf ausgelegt, Investoren direkten Zugang zu Bitcoin zu verschaffen, indem er physische Bitcoins in Reserve hält. Im Wesentlichen besitzt und lagert der ETF die tatsächliche Kryptowährung, und der Wert der ETF-Anteile spiegelt direkt den Wert der gehaltenen Bitcoins wider. Wenn Sie in einen Spot-Bitcoin-ETF investieren, investieren Sie effektiv in die zugrunde liegenden Bitcoin-Vermögenswerte, ohne die Kryptowährung selbst kaufen und verwalten zu müssen [358].

Der Wert eines Spot-Bitcoin-ETFs schwankt entsprechend dem Bitcoin-Preis. Wenn der Preis von Bitcoin steigt, erhöht sich auch der Wert der ETF-Anteile und umgekehrt. Diese direkte Korrelation bedeutet, dass der ETF als einfaches Instrument dient, um Zugang zu den Preisbewegungen von Bitcoin zu erhalten [358].

Es gibt jedoch einige Einschränkungen zu beachten. Im Gegensatz zum Kryptowährungsmarkt, der rund um die Uhr geöffnet ist, haben traditionelle Börsen, an denen Bitcoin-ETFs gehandelt werden, feste Handelszeiten. Diese Einschränkung kann die Fähigkeit, auf Preisänderungen außerhalb der regulären Handelszeiten zu reagieren, begrenzen. Darüber hinaus unterliegen Investoren in Spot-Bitcoin-ETFs einer regulatorischen Aufsicht und können Verwaltungsgebühren im Zusammenhang mit dem Betrieb des Fonds und der Lagerung der physischen Bitcoins begegnen [358].

Bitcoin-Futures-ETFs: Im Gegensatz dazu hält ein Bitcoin-Futures-ETF nicht direkt Bitcoin. Stattdessen investiert er in Bitcoin-Futures-Kontrakte, die Vereinbarungen sind, Bitcoin zu einem festgelegten Preis an einem bestimmten zukünftigen Datum zu kaufen oder zu verkaufen. Diese Kontrakte werden an Futures-Börsen gehandelt, und ihr Wert leitet sich vom erwarteten zukünftigen Preis von Bitcoin ab, nicht vom aktuellen Spotpreis [358].

Der Hauptvorteil eines futures-basierten ETFs besteht darin, dass er die Komplexitäten und Risiken im Zusammenhang mit der direkten Haltung von Bitcoin, wie zum Beispiel Lagerungs- und Sicherheitsbedenken, vermeidet. Investoren in Futures-ETFs sind den Preisbewegungen von Bitcoin durch die Futures-Kontrakte ausgesetzt, was möglicherweise einen bequemeren und regulierten Weg bietet, Zugang zu Bitcoin zu erhalten [358].

Jedoch haben futures-basierte ETFs ihre eigenen Herausforderungen. Der Preis von Futures-Kontrakten kann vom Spotpreis von Bitcoin abweichen, bedingt durch Faktoren wie die Kosten für das Rollen von Kontrakten und Marktentwicklungen. Beispielsweise können Futures-Kontrakte zu einem Aufschlag oder Abschlag gegenüber dem Spotpreis gehandelt werden, je nach Angebot und Nachfrage im Futures-Markt. Darüber hinaus kann der Prozess des „Rollens“ von Kontrakten—bei dem auslaufende Futures-Kontrakte durch neue ersetzt werden—zu potenziellen Gewinnen oder Verlusten für Investoren führen, was die Gesamtperformance des ETFs beeinflussen kann [358].

Wesentliche Unterschiede und Überlegungen: Die Wahl zwischen einem Spot-Bitcoin-ETF und einem futures-basierten Bitcoin-ETF hängt von verschiedenen Faktoren ab, einschließlich Anlagezielen, Risikobereitschaft und Marktentwicklungen. Spot-ETFs bieten eine direkte Verbindung zum Bitcoin-Preis, sind jedoch mit Handelszeitenbeschränkungen und Lagerungsüberlegungen verbunden. Futures-ETFs hingegen bieten eine Möglichkeit, Zugang zu Bitcoin über Futures-Kontrakte zu erhalten, vermeiden die direkte Handhabung der Kryptowährung, bringen jedoch potenzielle Tracking-Fehler und Komplexitäten im Zusammenhang mit dem Futures-Handel mit sich [358].

Vorteile von Kryptowährungs-ETFs

Zugänglichkeit: Kryptowährungs-ETFs werden an traditionellen Börsen gehandelt, was ihre Zugänglichkeit erheblich erhöht. Im Gegensatz zu direkten Investitionen in Kryptowährungen, die den Umgang mit Kryptowährungsbörsen und die Verwaltung digitaler Wallets erfordern, können ETFs über herkömmliche Brokerage-Konten gekauft und verkauft werden. Diese Zugänglichkeit ist besonders vorteilhaft für Investoren, die sich mit den Komplexitäten und Sicherheitsbedenken im Zusammenhang mit dem direkten Halten und Handeln von Kryptowährungen nicht wohlfühlen. Durch die Nutzung einer vertrauten Investmentplattform können Einzelpersonen problemlos Zugang zum Kryptowährungsmarkt erhalten, ohne sich mit den oft unbekannten und technischen Aspekten der Verwaltung digitaler Vermögenswerte auseinandersetzen zu müssen.

Regulierung: ETFs unterliegen der Aufsicht von Finanzbehörden, was eine zusätzliche Schutz- und Transparenzebene für Investoren bietet, die im direkten Kryptowährungsmarkt nicht immer vorhanden ist. Regulierungsrahmen für ETFs stellen sicher, dass diese Produkte bestimmten Standards und Praktiken entsprechen, wie z.B. regelmäßige Berichterstattung und Offenlegungspflichten. Diese Aufsicht hilft, ein Maß an Vertrauen und Verantwortlichkeit aufrechtzuerhalten und das Risiko von Betrug und Fehlmanagement zu reduzieren. Die Regulierung verlangt auch in der Regel die Einhaltung etablierter Handelspraktiken und Investitionsschutzmaßnahmen, was die allgemeine Sicherheit und Glaubwürdigkeit von Kryptowährungsinvestitionen über ETFs erhöhen kann.

Bequemlichkeit: Die Investition in Kryptowährungs-ETFs vereinfacht den Zugang zu digitalen Vermögenswerten. Im Gegensatz zur Verwaltung einzelner Kryptowährungsbestände, die das Sichern von privaten Schlüsseln und die Handhabung der Wallet-Sicherheit umfasst, können ETF-Investoren ihre Investitionen über ihre bestehenden Brokerage-Konten verwalten. Diese Bequemlichkeit beseitigt die Notwendigkeit separater Kryptowährungs-Wallets und reduziert die Komplexität beim Kauf, der Speicherung und dem Verkauf von Kryptowährungen. Durch die Integration von Kryptowährungsinvestitionen in ein traditionelles Investmentportfolio vereinfachen ETFs den Prozess und machen ihn für eine breitere Investorenbasis zugänglicher und handhabbarer.

Diversifikation: Index-ETFs bieten den Vorteil der Diversifikation, indem sie Zugang zu einem Korb von Kryptowährungen oder verwandten Vermögenswerten bieten. Diese Diversifikation hilft, das Risiko auf mehrere digitale Vermögenswerte zu verteilen und die Auswirkungen einer schlechten Performance einer einzelnen Kryptowährung auf die Gesamtinvestition zu reduzieren. Ein Crypto Index ETF könnte beispielsweise eine Reihe von Kryptowährungen wie Bitcoin, Ethereum und andere sowie Unternehmen im Blockchain-Technologiebereich umfassen. Dieser diversifizierte Ansatz kann die Volatilität einzelner Kryptowährungen abmildern und ein stabileres Investitionsprofil bieten, was ihn zu einer attraktiven Option für Investoren macht, die das Risiko verwalten möchten, während sie am Kryptowährungsmarkt teilnehmen.

Nachteile von Kryptowährungs-ETFs

Gebühren: Kryptowährungs-ETFs sind mit Verwaltungsgebühren verbunden, die die Gesamtanlageerträge beeinflussen können. Diese Gebühren werden typischerweise als Kostenquote angegeben, die die jährlichen Kosten für die Verwaltung des ETFs im Verhältnis zu seinen Gesamtvermögen darstellt. Während diese Gebühren die Kosten für die Verwaltung und den Betrieb des Fonds decken, können sie die Erträge über die Zeit schmälern. Beispielsweise kann ein ETF mit einer hohen Kostenquote im Vergleich zur direkten Performance der zugrunde liegenden Kryptowährung unterperformen aufgrund der Kosten für die Verwaltung des Fonds. Investoren sollten sich dieser Gebühren bewusst sein und sie bei der Bewertung der potenziellen Erträge aus einer Investition in einen Kryptowährungs-ETF berücksichtigen.

Tracking-Fehler: Futures-basierte und Index-ETFs können Tracking-Fehler aufweisen, bei denen die Performance des ETFs von der Performance der zugrunde liegenden Kryptowährung oder des Index abweicht. Tracking-Fehler können aufgrund verschiedener Faktoren auftreten, wie z.B. die Kosten für das Rollen von Futures-Kontrakten, Änderungen der Marktentwicklungen oder Unterschiede in den von den ETFs erhobenen Verwaltungsgebühren. Beispielsweise kann ein futures-basierter ETF den Spotpreis der zugrunde liegenden Kryptowährung aufgrund der Kosten für Futures-Kontrakte und der Mechanik des Futures-Marktes möglicherweise nicht perfekt nachbilden. Investoren sollten sich dieser potenziellen Abweichungen bei der Investition in ETFs bewusst sein und überlegen, wie sie die erwartete Performance beeinflussen könnten.

Regulatorische Risiken: Das regulatorische Umfeld für Kryptowährungs-ETFs entwickelt sich kontinuierlich weiter, und Änderungen der Vorschriften können die Verfügbarkeit und Struktur dieser Investmentprodukte beeinflussen. Regulierungsbehörden weltweit entwickeln und verfeinern weiterhin ihre Ansätze für Kryptowährungen und verwandte Finanzprodukte. Mit Änderungen der Vorschriften könnten die Möglichkeit, neue ETFs auf den Markt zu bringen, bestehende zu ändern oder die allgemeinen Marktdynamiken zu beeinflussen, beeinträchtigt werden. Investoren sollten über regulatorische Entwicklungen informiert bleiben und auf mögliche Änderungen vorbereitet sein, die ihre Investitionen in Kryptowährungs-ETFs beeinflussen könnten.

Marktrisiken: Trotz der Möglichkeit, auf eine zugänglichere und bequemere Weise in Kryptowährungen zu investieren, tragen ETFs weiterhin die inherenten Marktrisiken der zugrunde liegenden digitalen Vermögenswerte. Kryptowährungen sind bekannt für ihre hohe Volatilität und erhebliche Preisschwankungen, die die Performance von ETFs, die diese Vermögenswerte nachbilden, beeinflussen können. Marktstimmungen, regulatorische Nachrichten und technologische Entwicklungen können alle zur Volatilität der Kryptowährungspreise beitragen. Daher bleiben Investoren in Kryptowährungs-ETFs den Risiken des breiteren Kryptowährungsmarktes ausgesetzt, einschließlich potenzieller starker Wertverluste und allgemeiner Markinstabilität.

Beispiele für Kryptowährungs-ETFs

ProShares Bitcoin Strategy ETF (BITO): Der ProShares Bitcoin Strategy ETF (BITO) war einer der ersten Bitcoin-Futures-ETFs, der in den Vereinigten Staaten genehmigt wurde. Im Gegensatz zu ETFs, die tatsächlich Bitcoin halten, investiert BITO in Bitcoin-Futures-Kontrakte, bei denen es sich um Vereinbarungen handelt, Bitcoin zu einem zukünftigen Datum zu einem festgelegten Preis zu kaufen oder zu verkaufen. Durch die Verfolgung dieser Futures-Kontrakte zielt BITO darauf ab, die Performance von Bitcoin im Futures-Markt widerzuspiegeln. Der ETF hält kein Bitcoin direkt, sondern beteiligt sich an Futures-Kontrakten, die an regulierten Börsen gehandelt werden. Diese Struktur ermöglicht es Investoren, von den Preisbewegungen von Bitcoin zu profitieren, ohne die zugrunde liegende Kryptowährung direkt besitzen oder verwalten zu müssen. Als einer der ersten seiner Art in den USA hat BITO eine bemerkenswerte Rolle bei der Erweiterung der Bitcoin-Investitionsmöglichkeiten für institutionelle und private Investoren gespielt.

Grayscale Bitcoin Trust (GBTC): Der Grayscale Bitcoin Trust (GBTC) ist ein Investmentvehikel, das zwar technisch kein ETF ist, aber auf ähnliche Weise funktioniert, indem es Zugang zu Bitcoin bietet. GBTC ist ein Trust, der Bitcoin hält und Anteile ausgibt, die außerbörslich (OTC) gehandelt werden. Jede Aktie von GBTC repräsentiert eine bestimmte Menge an Bitcoin, wodurch Investoren die Möglichkeit erhalten, über ein herkömmliches Brokerage-Konto in Bitcoin zu investieren. Während es ähnlich wie ein ETF funktioniert, indem es Investoren ermöglicht, an den Preisbewegungen von Bitcoin teilzuhaben, ist GBTC als Trust strukturiert und nicht als ETF. Diese Unterschied in der Struktur kann zu einzigartigen Marktdynamiken und Preisunterschieden im Vergleich zu traditionellen ETFs führen.

Purpose Bitcoin ETF (BTCC): Der Purpose Bitcoin ETF (BTCC) ist ein kanadischer ETF, der direkt Bitcoin hält, was ihn von futures-basierten ETFs unterscheidet. Durch die direkte Verwahrung von Bitcoin bietet BTCC den Investoren einen direkten Zugang zur Kryptowährung. Der ETF ist darauf ausgelegt, den Spotpreis von Bitcoin nachzubilden, was bedeutet, dass seine Performance eng den tatsächlichen Marktwert von Bitcoin widerspiegelt. Diese direkte Halteweise von Bitcoin kann für Investoren attraktiv sein, die nicht mit den Komplexitäten von Futures-Kontrakten umgehen möchten und eine unkomplizierte Möglichkeit suchen, in Bitcoin zu investieren. BTCC stellt einen wichtigen Schritt in der Zugänglichkeit von Kryptowährungsinvestitionen dar, insbesondere für Investoren in Kanada, die durch eine regulierte ETF-Struktur direkten Zugang zu Bitcoin suchen.

VanEck Vectors Bitcoin Strategy ETF (XBTF): Der VanEck Vectors Bitcoin Strategy ETF (XBTF) ist ein weiteres Beispiel für einen futures-basierten Bitcoin-ETF. Ähnlich wie der ProShares Bitcoin Strategy ETF (BITO) investiert XBTF in Bitcoin-Futures-Kontrakte anstelle von physischem Bitcoin. Ziel von XBTF ist es, die Performance von Bitcoin im Futures-Markt zu verfolgen und die Preisbewegungen von Bitcoin-Futures-Kontrakten widerzuspiegeln. Dieser ETF bietet Investoren eine Möglichkeit, von den Preisfluktuationen von Bitcoin durch Futures-Kontrakte zu profitieren. Wie bei anderen futures-basierten ETFs kann die Performance von XBTF vom Spotpreis von Bitcoin abweichen, aufgrund von Faktoren wie den Kosten für das Rollen von Futures-Kontrakten und den Marktbedingungen.

Diese Beispiele veranschaulichen die Vielfalt der Kryptowährungs-ETFs, die auf dem Markt verfügbar sind. Jeder ETF-Typ bietet unterschiedliche Methoden, um Zugang zu Kryptowährungen zu erhalten, von direkten Bitcoin-Beständen bis hin zu Investitionen in Futures-Kontrakte. Die Wahl zwischen diesen ETFs hängt von Faktoren wie Investitionszielen, Risikotoleranz und Präferenzen für direkte oder futures-basierte Exposition ab. Das Verständnis der spezifischen Struktur und des Fokus jedes ETFs kann Investoren helfen, fundierte Entscheidungen über die Integration von Kryptowährungsinvestitionen in ihre Portfolios zu treffen.

Kryptowährungs-ETFs bieten eine bequeme Möglichkeit, in digitale Vermögenswerte über traditionelle Finanzmärkte zu investieren. Sie kommen in verschiedenen Formen, jede mit ihren eigenen Merkmalen, Vorteilen und Risiken. Investoren sollten diese Faktoren und ihre Anlageziele sorgfältig berücksichtigen, wenn sie Kryptowährungs-ETFs bewerten.

Kauf und Verkauf von Kryptowährungs-Exchange-Traded Funds (ETFs)

Kauf von Kryptowährungs-ETFs

1. **Brokerage-Konto auswählen:** Um Kryptowährungs-ETFs zu kaufen, benötigen Sie zunächst ein Brokerage-Konto. Dieses Konto kann bei einer traditionellen Brokerage-Firma, einer digitalen Handelsplattform oder einem

Online-Investment-Service eingerichtet werden, der Zugang zu ETFs bietet. Stellen Sie sicher, dass die Brokerage seriös ist und die spezifischen Kryptowährungs-ETFs unterstützt, an denen Sie interessiert sind. In der Regel müssen Sie eine Kontoanmeldung ausfüllen, eine Identifikation bereitstellen und Ihr Konto finanzieren, bevor Sie mit dem Handel beginnen können.

2. **ETF recherchieren und auswählen:** Vor dem Kauf sollten Sie die verfügbaren Kryptowährungs-ETFs recherchieren, um einen zu finden, der Ihren Investitionszielen und Ihrer Risikobereitschaft entspricht. Berücksichtigen Sie Faktoren wie den Typ des ETFs (z.B. physisch oder futures-basiert), die zugrunde liegenden Kryptowährungen oder Vermögenswerte, die er verfolgt, seine Performance-Historie, die Kostenquoten und Verwaltungsgebühren. Beispielsweise könnte ein physischer Bitcoin-ETF wie der Purpose Bitcoin ETF (BTCC) geeignet sein, wenn Sie direkte Exposition gegenüber Bitcoin bevorzugen. Wenn Sie hingegen an einer Exposition durch Futures-Kontrakte interessiert sind, könnten ETFs wie der ProShares Bitcoin Strategy ETF (BITO) in Betracht kommen.

3. **Bestellung aufgeben:** Sobald Sie sich für einen ETF entschieden haben, melden Sie sich bei Ihrem Brokerage-Konto an und navigieren Sie zur Handelsplattform. Geben Sie das Ticker-Symbol des ETFs (z.B. BITO für ProShares Bitcoin Strategy ETF) in die Suchleiste ein. Geben Sie die Anzahl der Anteile ein, die Sie kaufen möchten, und wählen Sie den Auftragstyp (z.B. Market Order, Limit Order). Eine Market Order wird zum aktuellen Marktpreis ausgeführt, während eine Limit Order es Ihnen ermöglicht, einen spezifischen Preis festzulegen, zu dem Sie kaufen möchten. Überprüfen und bestätigen Sie die Bestelldetails, bevor Sie sie absenden. Der Kauf wird während der Handelszeiten ausgeführt und die Anteile werden Ihrem Brokerage-Konto hinzugefügt.

Verkauf von Kryptowährungs-ETFs

1. **Position überprüfen:** Bevor Sie verkaufen, überprüfen Sie Ihre ETF-Bestände, um zu bestimmen, welchen ETF Sie verkaufen möchten und wie viele Anteile Sie liquidieren wollen. Berücksichtigen Sie Ihre Investitionsziele, die aktuellen

Marktbedingungen und mögliche steuerliche Auswirkungen. Wenn Ihr ETF erheblich an Wert gewonnen hat oder die Marktbedingungen auf einen Rückgang hindeuten, könnten Sie entscheiden, dass es Zeit ist zu verkaufen.

2. **Verkaufsorder aufgeben:** Melden Sie sich erneut bei Ihrem Brokerage-Konto an und finden Sie den ETF, den Sie verkaufen möchten. Geben Sie das Ticker-Symbol des ETFs ein und spezifizieren Sie die Anzahl der Anteile, die Sie verkaufen möchten. Wählen Sie den Ordertyp aus: eine Market Order, um zum aktuellen Marktpreis zu verkaufen, oder eine Limit Order, um einen spezifischen Preis festzulegen, zu dem Sie verkaufen möchten. Überprüfen Sie die Bestelldetails und geben Sie die Order auf. Ähnlich wie beim Kauf wird die Transaktion während der Handelszeiten verarbeitet und der Erlös aus dem Verkauf wird Ihrem Brokerage-Konto gutgeschrieben.

3. **Überwachen und verwalten:** Überwachen Sie nach dem Verkauf Ihr Brokerage-Konto, um sicherzustellen, dass der Verkauf wie erwartet ausgeführt wurde. Verfolgen Sie alle Änderungen in Ihrem Portfolio und ziehen Sie eine Neubewertung in Betracht, wenn nötig. Achten Sie zudem auf mögliche steuerliche Auswirkungen des Verkaufs, da Sie möglicherweise Kapitalgewinne oder -verluste in Ihrer Steuererklärung angeben müssen.

Genehmigungen von Bitcoin-ETFs in den USA und Australien

Genehmigungen in den USA

Der Weg für Bitcoin-ETFs in den USA war von erheblichem regulatorischen Prüfungsaufwand und Meilensteinen geprägt. Im Jahr 2017 wies die U.S. Securities and Exchange Commission (SEC) den ersten Antrag auf die Einführung eines Bitcoin-Spot-ETFs zurück, was Bedenken hinsichtlich der Marktmanipulation, Liquidität und Anlegerschutz widerspiegelte. Diese Entscheidung setzte einen Präzedenzfall für gründliche Bewertungen zukünftiger Bitcoin-ETF-Vorschläge [358].

Jedoch wurden Fortschritte bei futures-basierten Bitcoin-ETFs erzielt. Der ProShares Bitcoin Strategy ETF (BITO), der im Oktober 2021 den Handel aufnahm, stellt einen bedeutenden Fortschritt dar. BITO verfolgt Bitcoin-Futures-Kontrakte, die an der Chicago Mercantile Exchange (CME) gehandelt werden, anstatt Bitcoin direkt zu halten.

Diese Struktur wurde von den Regulierungsbehörden als weniger riskant angesehen als der Besitz von physischem Bitcoin. Der schnelle Erfolg von BITO, der fast sofort über 1 Milliarde USD an Vermögenswerten erreichte, zeigte großes Marktinteresse und Investorenbedarf nach regulierter Bitcoin-Exposition [358].

Im Juni 2023 reichte BlackRock, eine große Vermögensverwaltungsgesellschaft, Unterlagen bei der SEC für einen Spot-Bitcoin-ETF ein, was eine neue Phase des Optimismus auf dem Markt signalisierte. Trotz der Einreichung hatte die SEC zu diesem Zeitpunkt noch keinen Spot-Bitcoin-ETF genehmigt. Die Erwartung rund um BlackRocks Antrag spiegelte wachsendes Vertrauen wider, dass eine solche Genehmigung bevorstehen könnte, wobei mit einer Genehmigung möglicherweise noch im Jahr 2023 gerechnet wurde. Im Januar 2024 wurde dieser Optimismus Realität, als die SEC mehrere Spot-Bitcoin-ETFs von namhaften Finanzinstituten, darunter BlackRock, Ark Investments, 21Shares, Fidelity und Invesco, genehmigte. Dies stellte einen bedeutenden Schritt in der regulatorischen Akzeptanz von Bitcoin-ETFs in den USA dar und ermöglichte eine direktere Investition in Bitcoin durch regulierte Finanzprodukte [358].

Genehmigungen in Australien

Australiens Ansatz zu Kryptowährungs-ETFs war im Vergleich zu den USA bemerkenswert proaktiv. Nach dem Start von BITO in den USA gab die Australian Securities and Investments Commission (ASIC) umfassende Richtlinien für ETFs heraus, die digitale Vermögenswerte wie Bitcoin und Ethereum verfolgen. Diese Richtlinien wurden entwickelt, um Bedenken hinsichtlich Marktsicherheit, Transparenz und genauer Preisgestaltung zu adressieren und ein sichereres Investitionsumfeld für australische Investoren zu gewährleisten [358].

Am 12. Mai 2022 schrieb Australien Geschichte mit der Einführung seiner ersten Bitcoin-Spot-ETFs. Diese Entwicklung war ein Meilenstein für den australischen Kryptomarkt und bot Investoren eine neue Möglichkeit für direkte Exposition gegenüber Bitcoin. Die Genehmigung und Einführung dieser ETFs demonstrierten Australiens Engagement für die Integration von Kryptowährungen in traditionelle Finanzmärkte [358].

Zusätzlich hatten australische Investoren vor den Bitcoin-Spot-ETFs Zugang zu einem ETF, der auf Krypto-bezogene Unternehmen fokussiert war. Der Betashares Crypto Equities ETF (ASX: CRYP), der im November 2021 eingeführt wurde, bot Zugang zu Unternehmen, die das Kryptowährungs-Ökosystem unterstützen. Der erfolgreiche Start, gekennzeichnet durch Rekordzuflüsse von 39,7 Millionen AUD, zeigte starkes Investoreninteresse und die wachsende Rolle von Kryptowährungen im breiteren Finanzmarkt. Dieser ETF bot einen anderen Ansatz zur Exposition gegenüber der Krypto-Ökonomie, indem er sich auf Aktien statt auf direkte Kryptowährungsbestände konzentrierte [358].

Potenzielle zukünftige ETF-Listungen und Entwicklungen

Der Markt für Kryptowährungs-ETFs entwickelt sich schnell, wobei aktuelle Entwicklungen in den USA Trends in anderen Regionen, einschließlich Australien, beeinflussen. Die U.S. Securities and Exchange Commission (SEC) hat kürzlich Spot-Ethereum-ETFs genehmigt, was einen bedeutenden Meilenstein in der Akzeptanz von digitalen Anlageprodukten darstellt. Diese Genehmigung ebnet den Weg für Ethereum-fokussierte ETFs, in den Markt einzutreten, und stellt einen großen Schritt in Richtung der Mainstream-Integration von Kryptowährungen in traditionelle Finanzmärkte dar. Allerdings ist die endgültige Genehmigung der S-1-Anmeldungen der ETFs noch ausstehend, was bedeutet, dass diese Produkte noch nicht gehandelt werden [359].

In Australien war die Landschaft der Krypto-ETFs proaktiver. Australische Investoren erhielten im Mai 2022 Zugang zu einem Spot-Ethereum-ETF mit der Einführung des Global X 21shares Ethereum ETF (EETH). Diese Entwicklung ermöglichte es australischen Investoren, direkt in Ethereum über ein reguliertes Finanzprodukt zu investieren. Trotz dieses Fortschritts hat der Global X 21shares Ethereum ETF weniger Aufmerksamkeit im Vergleich zu seinen US-Pendants erhalten, teilweise aufgrund des vergleichsweise kleineren Investitionsvolumens im australischen Markt [359].

In Zukunft könnte die Landschaft der Kryptowährungs-ETFs über Bitcoin und Ethereum hinausgehen. In den USA hat die Chicago Board Options Exchange (CBOE) zwei 19b-4-Formulare für neue ETFs eingereicht, die sich auf Solana konzentrieren—insbesondere den VanEck Solana Trust und den 21Shares Core Solana ETF. Diese Einreichungen deuten auf ein wachsendes Interesse hin, das Angebot an Kryptowährungen, die über ETFs verfügbar sind, zu diversifizieren. Analysten spekulieren, dass Solana (SOL) eine der nächsten Kryptowährungen sein könnte, bei denen ein Spot-ETF eingeführt wird, was einen breiteren Trend widerspiegelt, eine größere Vielfalt an digitalen Vermögenswerten in Anlageprodukte einzubeziehen [359].

Australiens proaktive Haltung zur Regulierung von Kryptowährungen deutet darauf hin, dass der Markt dort ebenfalls eine erhöhte Aktivität erleben könnte. Mögliche zukünftige Entwicklungen könnten zusätzliche Kryptowährungs-ETFs an der Australian Securities Exchange (ASX) und bei Cboe Australia umfassen. Es könnte auch die Einführung von Spot-ETFs für andere Krypto-Assets über Ethereum hinaus geben. Darüber hinaus werden die regulatorischen Richtlinien in Australien voraussichtlich weiterhin weiterentwickelt, um neue Trends zu berücksichtigen und den Anlegerschutz zu gewährleisten [359].

Mit der Einführung neuer ETF-Angebote wird erwartet, dass sie zugänglichere Investitionsmöglichkeiten für digitale Vermögenswerte bieten. Es ist jedoch wichtig, dass Investoren sich der inhärenten Volatilität der Kryptowährungsmärkte bewusst bleiben. Auch wenn diese neuen Produkte den Einstieg in den Krypto-Raum erleichtern können, gehen sie auch mit Risiken einher, die sorgfältige Überlegung und due diligence erfordern [359].

Alternativen zu Kryptowährungs-ETFs

Krypto-Trusts

Im Bereich der Krypto-Investitionen stellen Bitcoin-Investment-Trusts eine bemerkenswerte Alternative zu traditionellen Kryptowährungs-ETFs dar. Obwohl die U.S. Securities and Exchange Commission (SEC) bei der Genehmigung vieler Krypto-ETFs vorsichtig war, haben Investment-Trusts einen Weg für Investoren geboten, um Zugang zu Bitcoin und anderen Kryptowährungen zu erhalten. Bitcoin-Investment-Trusts, wie der Grayscale Bitcoin Trust (GBTC), sind geschlossene Fonds, die Bitcoin im Namen der Investoren halten. Diese Trusts werden an außerbörslichen (OTC) Märkten gehandelt, was bedeutet, dass sie nicht an großen Börsen wie ETFs gelistet sind [360].

Ein wesentlicher Unterschied zwischen Krypto-Trusts und ETFs ist die Zugänglichkeit. Krypto-Trusts sind typischerweise nur für institutionelle Investoren, akkreditierte Investoren oder vermögende Einzelpersonen verfügbar und nicht für die allgemeine Öffentlichkeit zugänglich. Darüber hinaus erfordern sie oft eine erhebliche Mindestinvestition und haben Sperrfristen, während derer Investoren ihre Anteile nicht verkaufen können. Trotz dieser Einschränkungen bieten Krypto-Trusts eine Möglichkeit, Zugang zu Bitcoin zu erhalten, ohne die Kryptowährung direkt kaufen und speichern zu müssen. Diese Fahrzeuge handeln jedoch oft mit einem Aufschlag oder Abschlag gegenüber dem tatsächlichen Wert des zugrunde liegenden Bitcoins aufgrund ihrer geschlossenen Fondsstruktur [360].

Krypto-ETPs

Exchange-Traded Products (ETPs) umfassen eine Vielzahl von Anlageprodukten, einschließlich ETFs. Im Krypto-Bereich sind Krypto-ETPs speziell dafür konzipiert, Schuldtitel zu halten, die von Zweckgesellschaften (SPVs) ausgegeben werden, die wiederum zugrunde liegende Krypto-Assets halten. Die SPV verwendet diese Krypto-Assets als Sicherheiten zur Ausgabe der ETPs, die dann an Finanzbörsen gehandelt werden [360].

Krypto-ETPs unterliegen anderen Vorschriften als ETFs. Sie fallen unter das Securities Act von 1933, das weniger strenge regulatorische Anforderungen stellt als das Investment Company Act von 1940, unter dem ETFs registriert sind. Folglich bieten Krypto-ETPs nicht denselben Schutz für Aktionäre wie ETFs. Im Gegensatz zu ETFs, die basierend auf der Marktnachfrage Anteile schaffen und zurücknehmen können, haben Krypto-ETPs in der Regel eine feste Anzahl von Anteilen. Dieses feste Angebot kann zu Abweichungen zwischen dem Marktpreis des ETPs und dem zugrunde liegenden Krypto-Wert führen, da der Aktienpreis vom tatsächlichen Wert der besicherten Krypto-Assets abweichen kann [360].

Unternehmen, die Krypto halten

Eine alternative Möglichkeit, Zugang zu Kryptowährungen zu erhalten, besteht darin, in börsennotierte Unternehmen zu investieren, die erhebliche Mengen an Krypto-Assets in ihren Bilanzen halten. Zum Beispiel ist MicroStrategy (MSTR) bekannt für seine beträchtlichen Bitcoin-Bestände, mit etwa 214.000 Bitcoins im Mai 2024. Ähnlich halten Unternehmen wie Galaxy Digital Holdings (BRPHF) und Tesla (TSLA) ebenfalls Bitcoin. Investieren in diese Unternehmen bietet indirekten Zugang zu den

Kryptowährungsmärkten durch Aktienbesitz. Es ist jedoch wichtig zu beachten, dass diese Investitionen mit zusätzlichen Risiken und Volatilität verbunden sind, die mit den Geschäftstätigkeiten und der Marktperformance der Unternehmen insgesamt zusammenhängen, und nicht nur mit dem Wert der Krypto-Assets, die sie halten [360].

Krypto-bezogene ETFs

Für diejenigen, die eine diversifizierte Exposition gegenüber dem Kryptowährungs- und Blockchain-Sektor suchen, gibt es ETFs, die in Unternehmen investieren, die sich mit Blockchain-Technologie und digitalen Assets beschäftigen, anstatt Kryptowährungen direkt zu halten. Ein Beispiel ist der Amplify Transformational Data Sharing ETF (BLOK), der ein Portfolio von Unternehmen umfasst, die an der Entwicklung und Anwendung von Blockchain-Technologien beteiligt sind. Diese ETFs bieten eine Möglichkeit, in das breitere Krypto-Ökosystem zu investieren, einschließlich Firmen, die Infrastruktur und Dienstleistungen im Zusammenhang mit digitalen Assets bereitstellen. Sie können als weniger direkter, aber potenziell breiterer Ansatz zur Erzielung von Zugang zum Wachstum und zur Innovation im Blockchain-Bereich dienen, ohne die Volatilität zu erfahren, die mit dem direkten Halten von Kryptowährungen verbunden ist [360].

Insgesamt bieten diese Alternativen zu Kryptowährungs-ETFs verschiedene Möglichkeiten für Investoren, sich mit dem Kryptomarkt auseinanderzusetzen, jede mit ihren eigenen Vorteilen und Überlegungen.

17
Eine neue Kryptowährung erstellen

Die Erstellung einer Kryptowährung kann durch eine Vielzahl von Motivationen getrieben werden, die jeweils einzigartig für die Ziele und Bedürfnisse des Erstellers sind [361]. Hier sind einige häufige Gründe:

Geschäftsentwicklung und Innovation: Viele Unternehmen entscheiden sich dafür, ihre eigenen Kryptowährungen zu erstellen, um die Blockchain-Technologie zur Verbesserung ihrer Betriebsabläufe zu nutzen. Zum Beispiel könnte ein Unternehmen eine Kryptowährung entwickeln, um Transaktionen zu vereinfachen, Gebühren zu senken oder eine neue Zahlungsform innerhalb seines Ökosystems zu ermöglichen. Dieser Ansatz kann auch Teil einer umfassenderen Strategie sein, die Blockchain-Technologie in das Geschäftsmodell zu integrieren. Durch die Ausgabe eigener Kryptowährungen können Unternehmen eine neue Einnahmequelle schaffen, Kundenbindung anreizen und innovative Finanzprodukte einführen. Dies kann besonders vorteilhaft für Branchen sein, die stark auf Transaktionen und digitale Interaktionen angewiesen sind.

Direkte Belohnungen und Anreize: Ein weiterer Grund für die Erstellung einer Kryptowährung ist die direkte Belohnung von Dienstleistern oder Mitarbeitern, ohne traditionelle Fiat-Währungen zu verwenden. Beispielsweise könnte ein Unternehmen einen Token ausgeben, der einen Anteil am Unternehmensgewinn oder Zugang zu speziellen Dienstleistungen repräsentiert. Dieser direkte Ansatz kann die Motivation erhöhen und die Interessen der Dienstleister mit dem Erfolg des Unternehmens in Einklang bringen. Durch die Verwendung von Kryptowährungen als Belohnung können Unternehmen eine flexible und potenziell wertvolle Form der Entlohnung bieten, die innerhalb einer breiteren digitalen Wirtschaft gehandelt oder genutzt werden kann.

Gemeinschaftsbildung: Die Schaffung einer Kryptowährung kann auch ein leistungsfähiges Werkzeug zur Gemeinschaftsbildung sein. Viele Kryptowährungen werden entwickelt, um Nischen-Communities oder spezifische Zwecke zu unterstützen. Diese Tokens können verwendet werden, um Engagement zu fördern, Mittel für Gemeinschaftsprojekte zu sammeln oder dezentrale Governance zu unterstützen. Beispielsweise könnte eine gemeinschaftsorientierte Kryptowährung Teilnehmer für Beiträge oder die Teilnahme an gemeinschaftsgetriebenen Initiativen belohnen. Dieser Ansatz fördert nicht nur ein Gefühl der Zugehörigkeit, sondern erleichtert auch finanzielle Transaktionen innerhalb der Gemeinschaft, ohne auf traditionelle Bankensysteme angewiesen zu sein.

Spaß und Experimentieren: Neben praktischen Anwendungen erstellen einige Einzelpersonen oder Gruppen Kryptowährungen rein aus Spaß oder als Form des Experimentierens. Dies könnte die Entwicklung einer neuen Münze oder eines Tokens als persönliches Projekt, Bildungsunternehmen oder Hobby beinhalten. Die Schaffung solcher Kryptowährungen kann eine Möglichkeit sein, mehr über Blockchain-Technologie zu lernen, innovative Konzepte zu erkunden oder einfach den Prozess des Schaffens von etwas Neuem zu genießen. Diese Projekte dienen oft als Lern-Erfahrungen und haben möglicherweise keine ernsthaften kommerziellen Ziele, können jedoch zum umfassenderen Verständnis von Blockchain- und Kryptowährungstechnologie beitragen.

Methoden der Erstellung

Unabhängig von der Motivation gibt es vier Hauptmethoden zur Erstellung einer Kryptowährung, die jeweils für unterschiedliche Zwecke und Schwierigkeitsgrade geeignet sind:

1. **Erstellung einer neuen Blockchain:** Diese Methode umfasst die Entwicklung einer völlig neuen Blockchain von Grund auf. Sie erfordert ein tiefes Verständnis der Blockchain-Technologie, einschließlich Konsensmechanismen,

kryptografischen Protokollen und Netzwerkarchitektur. Dieser Ansatz bietet maximale Flexibilität und Kontrolle, erfordert jedoch auch erhebliche technische Expertise und Ressourcen.

2. **Forking einer bestehenden Blockchain:** Eine weitere Option ist das Forken einer bestehenden Blockchain. Dies umfasst die Modifizierung des Codebases einer bestehenden Kryptowährung, um eine neue Version mit unterschiedlichen Regeln oder Funktionen zu erstellen. Forking ist eine beliebte Methode zur Einführung neuer Kryptowährungen, da es Entwicklern ermöglicht, bestehende Technologie zu nutzen, während Anpassungen vorgenommen werden, um spezifische Bedürfnisse zu erfüllen.

3. **Ausgabe von Tokens auf einer bestehenden Blockchain:** Die zugänglichste Methode zur Erstellung einer Kryptowährung ist die Ausgabe von Tokens auf einer bestehenden Blockchain-Plattform wie Ethereum oder Binance Smart Chain. Diese Plattformen bieten Frameworks und Werkzeuge zur Erstellung und Verwaltung von Tokens, ohne dass eine neue Blockchain entwickelt werden muss. Diese Methode ist gut geeignet für diejenigen, die einen Token mit spezifischen Funktionen erstellen möchten, jedoch keine neue Blockchain-Infrastruktur benötigen.

4. **Verwendung spezialisierter Plattformen:** Es gibt verschiedene spezialisierte Plattformen, die benutzerfreundliche Werkzeuge zur Erstellung von Kryptowährungen anbieten. Diese Plattformen bieten Vorlagen und einfach zu verwendende Schnittstellen, die den Prozess der Ausgabe von Tokens oder Münzen vereinfachen. Sie sind ideal für Einzelpersonen oder Organisationen, die möglicherweise nicht über umfangreiche technische Kenntnisse verfügen, aber dennoch eine Kryptowährung erstellen und bereitstellen möchten.

Wo man seine Kryptowährung erstellen kann

Die Erstellung einer eigenen Kryptowährung umfasst die Nutzung der Blockchain-Technologie, die die notwendige Infrastruktur für digitale Vermögenswerte bereitstellt. Verschiedene Blockchain-Plattformen bieten die Werkzeuge und Frameworks, um

Einzelpersonen und Organisationen bei der Erstellung eigener Coins oder Tokens zu unterstützen [361]. Diese Plattformen unterscheiden sich in ihren Funktionen, Konsensmechanismen und Fähigkeiten, wodurch eine Vielzahl von Kryptowährungsprojekten möglich ist. Hier ein genauerer Blick auf einige beliebte Plattformen, auf denen Sie Ihre Kryptowährung erstellen können:

- **Ethereum:** Ethereum ist eine der am weitesten verbreiteten Plattformen zur Erstellung neuer Kryptowährungen, insbesondere Tokens. Es bietet eine robuste, ausgereifte Umgebung mit umfangreicher Unterstützung durch seine Ethereum Virtual Machine (EVM). Ethereum verwendet Smart Contracts – selbst ausführende Verträge, deren Bedingungen direkt in Code geschrieben sind –, um Tokens zu erstellen und zu verwalten. Dies geschieht durch Standards wie ERC-20 für fungible Tokens und ERC-721 für nicht-fungible Tokens (NFTs). Das umfangreiche Ökosystem, einschließlich dezentraler Anwendungen (dApps) und DeFi-Projekten, macht es zu einer beliebten Wahl für die Token-Erstellung.

- **Binance Smart Chain (BSC):** BSC ist bekannt für seine Kompatibilität mit der EVM von Ethereum, was bedeutet, dass Projekte leicht auf BSC migriert oder dort entwickelt werden können, ohne große Änderungen am bestehenden Ethereum-Code vornehmen zu müssen. Es bietet schnellere Transaktionszeiten und niedrigere Gebühren im Vergleich zu Ethereum, was es zu einer attraktiven Alternative für die Erstellung von Tokens und dezentralen Anwendungen macht.

- **Solana:** Solana ist bekannt für seine hohe Leistung und Skalierbarkeit, mit einem Konsensmechanismus, der Proof-of-Stake und Proof-of-History kombiniert. Es unterstützt Smart Contracts und dezentrale Anwendungen, was es für die Erstellung von schnellen, kostengünstigen Tokens geeignet macht. Solanas Infrastruktur ist darauf ausgelegt, ein großes Transaktionsvolumen zu bewältigen, was für Projekte von Vorteil sein kann, die schnelle und häufige Interaktionen erfordern.

- **EOS:** EOS konzentriert sich auf die Bereitstellung einer skalierbaren und benutzerfreundlichen Umgebung für dezentrale Anwendungen. Es verwendet einen Delegated Proof-of-Stake (DPoS) Konsensmechanismus, der hohe Durchsatzraten und geringe Latenzzeiten bietet. EOS ermöglicht die Erstellung benutzerdefinierter Tokens und dApps und legt Wert auf Benutzerfreundlichkeit mit Funktionen wie kostenlosen Transaktionen und hoher Skalierbarkeit.

- **Waves:** Waves bietet eine Plattform zur Erstellung und Einführung benutzerdefinierter Tokens mit einem Fokus auf Benutzerfreundlichkeit und Geschwindigkeit. Es bietet eine einfache Oberfläche für die Token-Erstellung und -Verwaltung und unterstützt eine Reihe von Token-Standards. Waves enthält auch eine dezentrale Börse (DEX), auf der Tokens gehandelt werden können.

- **BitShares:** BitShares bietet eine Plattform zur Erstellung benutzerdefinierter Tokens mit einem Fokus auf dezentrale Finanzdienstleistungen. Es verwendet einen Delegated Proof-of-Stake (DPoS) Mechanismus und stellt Werkzeuge für die Einführung von Tokens und die Verwaltung dezentraler Börsen bereit. BitShares legt Wert auf Skalierbarkeit und hohe Leistung.

- **NEM:** Die Blockchain-Plattform von NEM bietet Werkzeuge zur Erstellung und Verwaltung benutzerdefinierter Tokens durch ihr Mosaic-Feature. Sie unterstützt verschiedene Token-Typen und bietet Funktionen wie Vermögensübertragungen und dezentrale Abstimmungen. NEM legt Wert auf Sicherheit und Skalierbarkeit.

- **Komodo:** Komodo ermöglicht die Erstellung benutzerdefinierter Tokens und Blockchains mit einem Fokus auf Sicherheit und Interoperabilität. Es bietet ein Framework zur Erstellung von Tokens mit Funktionen wie atomaren Swaps und Cross-Chain-Funktionalität, was es zu einer vielseitigen Option für Entwickler macht.

- **Nxt:** Nxt ist eine Blockchain-Plattform, die die Token-Erstellung durch ihre Asset Exchange unterstützt. Sie bietet Funktionen zur Erstellung und Verwaltung digitaler Vermögenswerte mit einem Fokus auf Einfachheit und Sicherheit. Die Plattform von Nxt bietet integrierte Werkzeuge für die Ausgabe von Tokens und deren Integration in verschiedene Anwendungen.

- **TRON:** TRON ist bekannt für seinen hohen Durchsatz und niedrige Transaktionsgebühren. Es unterstützt Smart Contracts und die Erstellung benutzerdefinierter Tokens durch seinen TRC-20-Standard. TRONs Fokus auf Unterhaltung und Inhaltsverteilung macht es zu einer beliebten Wahl für Projekte in diesen Sektoren.

- **IOTA:** IOTA ist für das Internet der Dinge (IoT) konzipiert und verwendet eine einzigartige Technologie namens Tangle, die ein gerichteter azyklischer Graph (DAG) anstelle einer traditionellen Blockchain ist. Dies ermöglicht skalierbare und gebührenfreie Transaktionen, was es für IoT-Anwendungen und benutzerdefinierte Tokens geeignet macht.

- **NEO:** NEO bietet eine Plattform zur Erstellung digitaler Vermögenswerte und Smart Contracts. Es unterstützt verschiedene Token-Standards und legt Wert auf digitale Identität und regulatorische Compliance. NEOs Fokus auf eine intelligente Wirtschaft und Interoperabilität mit anderen Blockchains macht es zu einer geeigneten Wahl für die Entwicklung benutzerdefinierter Tokens.

- **Cardano:** Cardano ist bekannt für seinen forschungsgetriebenen Ansatz und hohe Skalierbarkeit. Es verwendet einen Proof-of-Stake Konsensmechanismus und bietet eine Plattform zur Erstellung und Verwaltung benutzerdefinierter Tokens durch seine Smart Contract-Funktionen. Cardanos Schwerpunkt auf Sicherheit und Nachhaltigkeit macht es zu einer vielversprechenden Option für neue Kryptowährungsprojekte.

- **Qtum:** Qtum kombiniert Elemente von Bitcoin und Ethereum und bietet eine hybride Plattform, die Smart Contracts und benutzerdefinierte Tokens unterstützt. Das Design konzentriert sich auf die Verbindung der Sicherheit des UTXO-Modells von Bitcoin mit der Flexibilität von Ethereum-Smart Contracts und bietet ein vielseitiges Umfeld für die Token-Erstellung.

Jede dieser Plattformen bietet einzigartige Funktionen und Vorteile, und die Wahl der Plattform hängt von Ihren spezifischen Bedürfnissen ab, wie Skalierbarkeit, Transaktionskosten und Entwicklungstools. Ob Sie eine Community-Münze, einen Utility-Token oder ein komplexeres digitales Asset erstellen, diese Blockchain-Plattformen bieten die notwendige Infrastruktur, um Ihr Kryptowährungsprojekt zum Leben zu erwecken.

Die Erstellung einer Kryptowährung ist dank Fortschritten in der Blockchain-Technologie und der Verfügbarkeit verschiedener Online-Plattformen und -Werkzeuge zunehmend zugänglich geworden. Diese Plattformen vereinfachen den Prozess erheblich und ermöglichen es Einzelpersonen und Organisationen, ihre eigenen Kryptowährungen mit minimalem technischem Wissen zu starten.

Moderne Plattformen zur Erstellung von Kryptowährungen haben den Prozess so weit vereinfacht, dass er so einfach sein kann wie das Ausfüllen einer Online-Umfrage. Benutzer müssen in der Regel grundlegende Informationen angeben, wie ihren Namen, die Anzahl der zu erstellenden Krypto-Assets und einige zusätzliche Details zu den Eigenschaften oder Zwecken der Kryptowährung. Dieser benutzerfreundliche Ansatz ermöglicht es jedem, auch Personen mit begrenztem technischen Fachwissen, eine Kryptowährung zu erstellen. Die Plattformen übernehmen die zugrunde liegenden Komplexitäten der Blockchain-Technologie, sodass die Benutzer sich auf die Definition der einzigartigen Merkmale und Ziele ihrer Kryptowährung konzentrieren können.

Ein wesentlicher Vorteil der Nutzung etablierter Blockchain-Plattformen ist die verbesserte Sicherheits- und Integrationsfunktionen, die sie bieten. Durch die Erstellung einer Kryptowährung auf einer anerkannten Blockchain wie Ethereum oder Binance Smart Chain können Benutzer die Sicherheitsprotokolle und die Infrastruktur dieser etablierten Netzwerke nutzen. Dies gewährleistet nicht nur ein höheres Sicherheitsniveau für die Kryptowährung, sondern ermöglicht es ihr auch, von dem bestehenden Ökosystem aus Werkzeugen, Anwendungen und Integrationen zu profitieren. Etablierte Blockchains bieten oft robuste Rahmenwerke zur Verwaltung von Tokens, die die Entwicklung und Bereitstellung neuer Kryptowährungen erleichtern und das Risiko von Schwachstellen reduzieren können.

Automatische Generatoren sind eine weitere Möglichkeit, eine Kryptowährung einzurichten, und sie können den Prozess in nur wenigen Minuten abschließen. Diese Generatoren bieten eine schnelle und einfache Möglichkeit, ein Token zu erstellen, bringen jedoch Risiken mit sich. Die Einfachheit automatischer Generatoren kann betrügerische Betreiber und Betrügereien anziehen, die die Integrität und Sicherheit der Kryptowährung gefährden können. Es ist wichtig, dass Benutzer Vorsicht walten lassen und gründlich den Ruf und die Zuverlässigkeit jeder Plattform recherchieren, die sie verwenden, um Betrug zu vermeiden.

Für diejenigen, die vollständige Kontrolle und Flexibilität suchen, umfasst die Erstellung einer Kryptowährung von Grund auf den Aufbau einer völlig neuen Blockchain. Diese Methode erfordert erhebliches technisches Fachwissen und Aufwand, einschließlich der Gestaltung der Architektur der Blockchain, der Implementierung von

Konsensmechanismen und der Sicherstellung von Sicherheitsprotokollen. Der Aufbau einer benutzerdefinierten Blockchain bietet uneingeschränkte Freiheit, die Kryptowährung an spezifische Bedürfnisse und Ziele anzupassen, erfordert jedoch auch eine erhebliche Investition von Zeit und Ressourcen. Dieser Ansatz wird in der Regel von Projekten verfolgt, die einzigartige Anforderungen haben oder beabsichtigen, über die Fähigkeiten bestehender Blockchain-Plattformen hinaus zu innovieren.

Der Besitz und die Pflege einer Kryptowährung stellt mehrere fortlaufende Herausforderungen dar, insbesondere für diejenigen, die sie selbst erstellt haben. Nach dem Start der Kryptowährung muss der Ersteller verschiedene Aufgaben erledigen, einschließlich kontinuierlicher Programm-Updates, der Etablierung und Pflege eines Netzwerks von Knoten und der Investition in Marketingmaßnahmen zur Förderung und Popularisierung der Kryptowährung. Erfolgreiche Wartung erfordert nicht nur technische Fähigkeiten, sondern auch strategische Planung und Ressourcenzuweisung. Der Ersteller muss sicherstellen, dass die Kryptowährung sicher, funktionsfähig und relevant in einem wettbewerbsintensiven und sich schnell entwickelnden Markt bleibt.

Die richtige Lösung zur Erstellung von Kryptowährungen und Tokens auswählen

Bei der Entscheidung, eine Kryptowährung oder ein Token zu erstellen, ist es entscheidend, das passende Blockchain-Netzwerk auszuwählen und die Unterschiede zwischen Coins und Tokens zu verstehen. Hier ist eine detaillierte Übersicht, wie man eine informierte Wahl trifft [361]:

Empfohlene Blockchain-Netzwerke

Für die meisten Nutzer, die eine Kryptowährung oder ein Token erstellen möchten, ist es ratsam, etablierte Blockchain-Netzwerke wie Binance Smart Chain (BSC), Ethereum oder Solana zu nutzen. Diese Netzwerke bieten robuste Frameworks und Standards, die den Erstellungsprozess vereinfachen:

1. **Ethereum (ERC-20 Standard):** Ethereum ist eine der am weitesten verbreiteten Plattformen zur Erstellung von Tokens. Der ERC-20 Standard bietet eine gemeinsame Regelbasis, die Entwicklern das Erstellen interoperabler Tokens erleichtert. Dieser Standard hat sich als de facto Norm für viele Tokens im Krypto-Raum etabliert. Durch die Nutzung von Ethereum profitieren Sie von

dessen umfangreichem Ökosystem, einschließlich zahlreicher Wallet-Anbieter und dezentraler Anwendungen (DApps), die ERC-20-Tokens unterstützen.

2. **Binance Smart Chain (BEP-20 Standard):** BSC, das den BEP-20 Standard nutzt, bietet ähnliche Funktionen wie Ethereum, jedoch mit unterschiedlichen Kompromissen. BEP-20-Tokens sind kompatibel mit dem Binance-Ökosystem, einschließlich der dezentralen Börse Binance DEX. BSC ist bekannt für seine niedrigeren Transaktionsgebühren und schnelleren Bestätigungszeiten im Vergleich zu Ethereum, was es zu einer attraktiven Option für diejenigen macht, die Kosten minimieren und die Transaktionseffizienz verbessern möchten.

3. **Solana:** Solana bietet eine leistungsstarke Blockchain mit schnellen Transaktionsgeschwindigkeiten und niedrigen Gebühren. Es ist eine hervorragende Wahl für Projekte, die hohe Skalierbarkeit und Geschwindigkeit erfordern. Obwohl Solana nicht so weit verbreitet ist wie Ethereum oder BSC, machen das wachsende Ökosystem und die technologischen Vorteile es zu einer praktikablen Option zur Erstellung neuer Tokens.

Verwendung von Sidechains

Neben den primären Blockchains sollten Sie auch in Betracht ziehen, eine Sidechain zu verwenden, um die Fähigkeiten Ihres Projekts zu erweitern. Eine Sidechain arbeitet parallel zu einer Haupt-Blockchain und bietet zusätzliche Funktionen, während sie von der Sicherheit und Dezentralisierung der Hauptkette profitiert. Zum Beispiel bietet das Polygon-Netzwerk, eine Sidechain, die mit Ethereum verbunden ist, niedrigere Transaktionskosten und schnellere Geschwindigkeiten. Durch die Nutzung einer Sidechain können Sie die Funktionalität Ihres Projekts anpassen, während Sie weiterhin von der Sicherheit und den Netzwerk-Effekten einer großen Blockchain wie Ethereum profitieren.

Einsatz von Entwicklern für die Token-Erstellung

Wenn Sie über das technische Fachwissen zur Erstellung Ihrer eigenen Kryptowährung oder Ihres Tokens nicht verfügen, können Sie professionelle Dienstleistungen in Anspruch nehmen. Viele Entwickler und Firmen bieten Dienstleistungen zur Erstellung von Tokens basierend auf vordefinierten Parametern und Regeln an. Dieser Weg vereinfacht den Prozess, ist jedoch in der Regel mit Kosten verbunden. Für diejenigen, die mit Smart Contracts und Blockchain-Technologie nicht vertraut sind, kann die Beauftragung von Entwicklern eine effiziente Möglichkeit sein, ein Token mit minimalem Aufwand zu starten.

Erstellung einer eigenen Blockchain und Coin

Für diejenigen mit ehrgeizigen Plänen und den notwendigen Ressourcen bietet die Erstellung einer neuen Blockchain und Kryptowährung (Coin) maximale Flexibilität und Kontrolle. Dieser Prozess ist komplex und erfordert ein Team von Entwicklern und Blockchain-Experten. Im Gegensatz zu Tokens, die auf bestehenden Blockchains aufgebaut sind, erfordert die Erstellung von Coins den Aufbau eines gesamten Blockchain-Netzwerks, die Implementierung von Konsensmechanismen und die Sicherstellung von Sicherheitsprotokollen. Dieser Ansatz erfordert erhebliches Programmierwissen, finanzielle Investitionen und Aufwand, um das Netzwerk zu etablieren und zu pflegen.

Token vs. Coin

Das Verständnis des Unterschieds zwischen Tokens und Coins ist entscheidend:

- **Coins:** Ein Coin arbeitet auf seiner eigenen Blockchain. Beispiele sind Bitcoin und Ethereum. Coins werden für verschiedene Zwecke verwendet, einschließlich Transaktionsgebühren, Governance und als Wertspeicher. Die Erstellung eines Coins erfordert erhebliches technisches Fachwissen und Ressourcen, einschließlich des Aufbaus einer Blockchain und der Entwicklung von Netzwerkprotokollen. Zum Beispiel ist Bitcoin Cash ein Fork von Bitcoin und stellt einen neuen Coin mit eigener Blockchain dar.

- **Tokens:** Tokens werden auf bestehenden Blockchains erstellt, wie ERC-20 Tokens auf Ethereum. Sie dienen oft spezifischen Funktionen innerhalb eines Ökosystems, wie der Erleichterung von Transaktionen oder der Repräsentation von Vermögenswerten. Tokens sind in der Regel einfacher und kostengünstiger zu erstellen als Coins, da sie die bestehende Blockchain-Infrastruktur nutzen. Sie profitieren vom etablierten Nutzerstamm und der technischen Unterstützung der zugrunde liegenden Blockchain.

Vergleichende Analyse

Bei der Wahl zwischen der Erstellung eines Coins oder Tokens:

- Coins erfordern den Aufbau und die Pflege einer neuen Blockchain, die Suche nach Validatoren und umfangreiches Programmierwissen. Sie erfordern mehr Zeit und Ressourcen, bieten jedoch ein höheres Erfolgspotenzial, wenn sie gut umgesetzt werden.

- Tokens sind einfacher und kostengünstiger zu erstellen. Sie nutzen bestehende

Blockchains, haben Zugang zu etablierten Nutzerbasen und sind einfacher mit öffentlich verfügbaren Werkzeugen und Open-Source-Software zu entwickeln. Sie sind eine praktische Wahl für die meisten neuen Projekte, die einen effizienten Einstieg in den Kryptowährungsmarkt suchen.

Die Erstellung der Kryptowährung

Die Erstellung Ihrer eigenen Kryptowährung umfasst mehrere entscheidende Schritte, von denen jeder sorgfältige Überlegungen und Planungen erfordert. Hier ist eine detaillierte Übersicht des Prozesses [361]:

1. Erstellung einer neuen Blockchain

Der grundlegende Schritt bei der Erstellung Ihrer eigenen Kryptowährung ist die Entwicklung einer neuen Blockchain. Dieser Prozess erfordert ein fundiertes Verständnis der Blockchain-Technologie und mindestens grundlegende Programmierkenntnisse. Für diejenigen, die sich in dezentralen Technologien auskennen, kann diese Aufgabe relativ unkompliziert sein. Für Neulinge können jedoch die Komplexitäten, die mit dem Design und der Implementierung einer Blockchain verbunden sind, erheblich sein. Dieser Schritt umfasst die Etablierung der Kerninfrastruktur Ihrer Kryptowährung, einschließlich ihres Protokolls und Netzwerks.

2. Definition von Nutzen und Funktionen

Bevor Sie Ihre Kryptowährung auf den Markt bringen, ist es wichtig, ihren Nutzen und Zweck zu definieren. Kryptowährungen können verschiedene Rollen übernehmen, wie den Zugang zu Dienstleistungen ermöglichen, finanzielle Vermögenswerte repräsentieren oder als Tauschmittel fungieren. Eine klare Darstellung der Merkmale und Ziele Ihrer Kryptowährung von Anfang an hilft, die Entwicklung zu leiten und sicherzustellen, dass sie ihre beabsichtigten Ziele erreicht. Zu verstehen, welchen Wert Ihre Kryptowährung den Nutzern bieten wird, ist entscheidend für ihren Erfolg.

3. Gestaltung des wirtschaftlichen Modells

Das wirtschaftliche Modell Ihrer Kryptowährung, oft als Tokenomics bezeichnet, ist von entscheidender Bedeutung. Dazu gehören Entscheidungen über das Gesamtangebot an Coins oder Tokens, die Verteilungsmethode und deren Bewertung. Ein gut durchdachtes wirtschaftliches Modell wird die Nutzer dazu ermutigen, zu investieren und an Ihrer Kryptowährung teilzunehmen. Es ist wichtig, eine Strategie zu entwickeln, die die

Nachfrage fördert und Engagement anreizt, da ein schlecht strukturiertes wirtschaftliches Modell den Erfolg Ihres Projekts gefährden kann.

4. Rechtliche Überlegungen

Rechtliche Konformität ist ein kritischer Aspekt bei der Erstellung einer Kryptowährung. Verschiedene Länder haben unterschiedliche Vorschriften bezüglich Kryptowährungen, und einige können sogar vollständige Verbote aussprechen. Es ist wichtig, die rechtlichen Rahmenbedingungen, die für Ihr Projekt relevant sind, zu recherchieren und zu verstehen. Die Beratung durch Rechtsexperten zur Navigation durch diese Komplexitäten kann helfen, mögliche rechtliche Probleme zu vermeiden und sicherzustellen, dass Ihre Kryptowährung allen geltenden Vorschriften entspricht.

5. Strategische Planung und Ideenfindung

Ein gut definierter strategischer Plan ist entscheidend für den Erfolg Ihrer Kryptowährung. Dies umfasst das Verständnis des Ökosystems, in dem Ihre Kryptowährung operieren wird, das Identifizieren der Probleme, die sie lösen soll, und das Bestimmen Ihrer Zielgruppe. Eine überzeugende Wert proposition ist der Schlüssel, um potenzielle Investoren und Nutzer anzuziehen. Das Initial Coin Offering (ICO) oder das Security Token Offering (STO) sollte gut geplant und kommuniziert werden, um Interesse zu wecken und Investitionen zu sichern.

6. Entwicklung der Blockchain und Konsensmechanismus

Wenn Sie sich entscheiden, Ihre eigene Blockchain zu erstellen, müssen Sie einen geeigneten Konsensmechanismus auswählen. Der Konsensmechanismus ist die Methode, durch die Transaktionen validiert und zur Blockchain hinzugefügt werden. Beliebte Optionen sind Proof of Stake (PoS) und Proof of Work (PoW). PoS wird aufgrund seiner geringeren Hardware-Anforderungen und Variationen bevorzugt, während PoW, das von Bitcoin verwendet wird, für seine Sicherheit bekannt ist, jedoch kosten- und energieintensiv ist. Die Wahl des Konsensmechanismus wird die Funktionalität und Nachhaltigkeit Ihrer Blockchain beeinflussen.

7. Festlegung der Regeln für Smart Contracts

Smart Contracts sind selbst auszuführende Verträge, bei denen die Vertragsbedingungen direkt in den Code geschrieben sind. Diese Verträge spielen eine wesentliche Rolle in Ihrem Kryptowährungsprojekt. Es ist wichtig, klare Regeln für diese Verträge festzulegen, da sie automatisch auf Grundlage vordefinierter Bedingungen arbeiten. Einmal bereitgestellt, können Smart Contracts nicht mehr geändert werden, daher sind sorgfältiges Design und Testen entscheidend, um sicherzustellen, dass sie wie beabsichtigt funktionieren.

8. Durchführung externer Audits

Ein externes Audit ist ein kritischer Schritt, um die Sicherheit und Integrität Ihrer Blockchain und Kryptowährung sicherzustellen. Die Beauftragung einer renommierten Audit-Firma zur Überprüfung Ihres Codes und Ihrer Infrastruktur kann potenzielle Schwachstellen aufdecken und Risiken minimieren. Dieser Prozess erhöht auch die Glaubwürdigkeit bei Investoren und Nutzern. Die Kosten für ein Audit variieren je nach Ruf der Firma und Komplexität Ihres Projekts, liegen jedoch in der Regel zwischen 3.000 und 5.000 US-Dollar.

9. Erstellung eines Whitepapers

Ein Whitepaper ist ein detailliertes Dokument, das den Zweck, die Technologie und den Entwicklungsplan Ihrer Kryptowährung umreißt. Es dient als wichtiges Werkzeug zur Kommunikation mit potenziellen Investoren und Interessengruppen. Ein gut gestaltetes Whitepaper sollte das Problem ansprechen, das Ihre Kryptowährung lösen soll, die innovativen Lösungen, die sie bietet, den Projektfahrplan, die Teamdetails und das Wertversprechen. Die Investition in professionelle Whitepaper-Schreibdienste wird empfohlen, wobei die Kosten in der Regel zwischen 1.000 und 2.000 US-Dollar liegen.

10. Marketing und Community-Aufbau

Effektives Marketing ist entscheidend für den Erfolg Ihrer Kryptowährung. Nutzen Sie verschiedene Kanäle, einschließlich Social Media, Pressemitteilungen und Gastbeiträge, um Ihr Projekt und dessen einzigartigen Wert zu fördern. Der Aufbau und die Pflege einer aktiven Community sind ebenfalls wichtig. Die Interaktion mit Ihrer Zielgruppe und die Bereitstellung zeitnaher Unterstützung können Vertrauen und Loyalität fördern. Viele erfolgreiche Kryptowährungen haben starke, engagierte Communities, die zu ihrem Wachstum und Erfolg beitragen.

Kosten

Die Kosten für die Erstellung einer Kryptowährung können je nach Komplexität des Projekts und ob Sie eine neue Blockchain erstellen oder eine bestehende nutzen, stark variieren. Im Durchschnitt kann die Entwicklung einer Kryptowährung von Grund auf etwa 10.000 US-Dollar kosten und 5-6 Monate in Anspruch nehmen [361]. Zusätzliche Ausgaben umfassen externe Audits, die zwischen 3.000 und 5.000 US-Dollar liegen, und professionelle Whitepaper-Schreibdienste, die zwischen 1.000 und 2.000 US-Dollar kosten. Diese Schätzungen berücksichtigen nicht andere mögliche Kosten wie Marketing und Community-Management [361].

Beispiel-Erstellungsprozesse

Erstellen eines Ethereum-Tokens

Die Erstellung einer Kryptowährung umfasst mehrere Schritte, die alle entscheidend dafür sind, dass Ihr Token wie beabsichtigt funktioniert und nahtlos in die Ethereum-Blockchain integriert wird. Hier ist eine detaillierte Anleitung zur Erstellung eines Ethereum-basierten Tokens, einschließlich der wesentlichen Codierungs- und Bereitstellungsverfahren [362]:

1. Vorbereitung zur Erstellung Ihres Tokens

Der Prozess beginnt mit der Verwendung einer Ethereum-Wallet-App, die für die Bereitstellung Ihres Smart Contracts erforderlich ist. Beginnen Sie damit, die Ethereum-Wallet-Anwendung aus einer vertrauenswürdigen Quelle herunterzuladen und zu installieren. Nach der Installation öffnen Sie die App und suchen Sie den Button "Neuen Vertrag bereitstellen", der sich normalerweise in der oberen rechten Ecke der Benutzeroberfläche befindet. Dieser Button startet den Prozess der Erstellung Ihres neuen Tokens.

2. Schreiben des grundlegenden Solidity-Vertrags

Nach dem Klicken auf "Neuen Vertrag bereitstellen" werden Sie aufgefordert, Solidity-Code in ein Quellcodefeld einzugeben. Solidity ist die Programmiersprache, die für das Schreiben von Smart Contracts auf der Ethereum-Blockchain verwendet wird. Für ein grundlegendes Token können Sie den folgenden Solidity-Code verwenden:

```solidity
contract MyToken {
/* This creates an array with all balances */
mapping (address => uint256) public balanceOf;
}
```

In diesem Code ist mapping ein assoziatives Array, das Ethereum-Adressen mit Token-Beständen verknüpft. Das Schlüsselwort public stellt sicher, dass jeder diese Bestände einsehen kann. Dieser ursprüngliche Code richtet die grundlegende Struktur des Smart Contracts Ihres Tokens ein.

3. Festlegen des Token-Angebots

Um das anfängliche Angebot an Tokens festzulegen, fügen Sie die folgende Codezeile unter dem bestehenden Code im Solidity-Feld hinzu:

```solidity
function MyToken() {
balanceOf[msg.sender] = 21000000;
}
```

Dieser Code legt das anfängliche Token-Angebot auf 21 Millionen fest, aber Sie können diese Zahl nach Bedarf anpassen. msg.sender bezieht sich auf die Adresse, die den Vertrag bereitstellt, was bedeutet, dass das anfängliche Angebot dieser Adresse zugewiesen wird.

4. Ermöglichen von Token-Übertragungen

Um Token-Übertragungen zwischen Adressen zu ermöglichen, müssen Sie eine Funktion hinzufügen, die diese Transaktionen verarbeitet. Fügen Sie den folgenden Code hinzu:

```solidity
/* Send coins */
function transfer(address _to, uint256 _value) {
/* Add and subtract new balances */
balanceOf[msg.sender] -= _value;
balanceOf[_to] += _value;
}
```

Diese Funktion ermöglicht die Übertragung von Tokens von einer Adresse zur anderen. Das Guthaben des Absenders wird um den übertragenden Betrag reduziert, und das Guthaben des Empfängers wird entsprechend erhöht.

5. Validierung der Übertragungen

Um Probleme wie Überziehungen (bei denen jemand versucht, mehr Tokens zu übertragen, als er besitzt) zu verhindern, fügen Sie Validierungsprüfungen hinzu:

```solidity
function transfer(address _to, uint256 _value) {
/* Check if sender has balance and for overflows */
require(balanceOf[msg.sender] >= _value && balanceOf[_to] + _value >= balanceOf[_to]);
/* Add and subtract new balances */
balanceOf[msg.sender] -= _value;
balanceOf[_to] += _value;
}
```

Die “require”-Anweisung stellt sicher, dass der Absender über genügend Guthaben verfügt und dass die Übertragung keine Überlauffehler im Guthaben des Empfängers verursacht.

6. Hinzufügen von Token-Metadaten

Um grundlegende Informationen über Ihren Token, wie den Namen, das Symbol und die Dezimalstellen, einzufügen, fügen Sie den folgenden Code hinzu:

```solidity
/* Initializes contract with initial supply tokens to the creator of the contract */
function MyToken(uint256 initialSupply, string tokenName, string tokenSymbol, uint8 decimalUnits) {
balanceOf[msg.sender] = initialSupply; // Give the creator all initial tokens
name = tokenName; // Set the name for display purposes
symbol = tokenSymbol; // Set the symbol for display purposes
decimals = decimalUnits; // Amount of decimals for display purposes
}
```

Dieser Code initialisiert den Vertrag mit den angegebenen Token-Details und weist die gesamte Anfangsmenge der Adresse des Erstellers zu.

7. Erstellen von Ereignissen zur Überwachung

Ereignisse sind entscheidend, um Ethereum-Wallets und anderen Werkzeugen die Überwachung von Aktivitäten auf der Blockchain zu ermöglichen. Fügen Sie die folgende Ereigniserklärung zu Ihrem Vertrag hinzu:

```solidity
event Transfer(address indexed from, address indexed to, uint256 value);
```

In the `transfer` function, emit this event to notify listeners of the transaction:

```solidity
/* Notify anyone listening that this transfer took place */
Transfer(msg.sender, _to, _value);
```

Ereignisse helfen, Token-Übertragungen zu verfolgen und bieten Transparenz für Transaktionen.

8. Den Token bereitstellen

Sobald Ihr Vertragscode fertig ist, navigieren Sie zum Tab „Verträge" in Ihrer Ethereum-Wallet-App und klicken Sie auf „Neuen Vertrag bereitstellen". Kopieren und fügen Sie Ihren Solidity-Code in das entsprechende Feld ein. Passen Sie Parameter wie _supply, _name, _symbol und _decimals nach Bedarf an. Nachdem Sie Ihre Einstellungen bestätigt haben, geben Sie Ihr Wallet-Passwort ein, um den Vertrag bereitzustellen.

9. Abschluss und Überlegungen

Nach der Bereitstellung wird Ihr Token aktiv auf der Ethereum-Blockchain sein. Sie können mit ihm interagieren, Token übertragen und Anwendungen rund um ihn aufbauen. Stellen Sie sicher, dass Sie die Funktionalität gründlich testen und zusätzliche Funktionen oder Verbesserungen basierend auf dem Feedback der Benutzer und den sich entwickelnden Anforderungen in Betracht ziehen.

Zusammenfassend lässt sich sagen, dass die Erstellung eines Ethereum-basierten Tokens das Schreiben und Bereitstellen von Solidity-Code umfasst, der die Merkmale, Funktionalität und Metadaten des Tokens definiert. Wenn Sie diese Schritte befolgen, können Sie erfolgreich Ihre eigene Kryptowährung starten und beginnen, ihr Ökosystem aufzubauen.

Erstellen eines Tokens mit Bitbond

Bevor Sie sich mit der Erstellung Ihrer eigenen Kryptowährung beschäftigen, ist es wichtig, die Grundlagen von Krypto-Token und den damit verbundenen Schritten zu verstehen. Token sind digitale Vermögenswerte, die auf Blockchains existieren und Eigentum an realen Vermögenswerten darstellen oder innerhalb dezentraler Anwendungen (DApps) Nützlichkeit bieten können. Sich mit diesen Grundlagen vertraut zu machen, hilft Ihnen, den Prozess der Token-Erstellung effektiv zu navigieren. Sobald Sie ein Verständnis für Tokenisierung und dezentrale Finanzen (DeFi) haben, müssen Sie die notwendigen Komponenten für die Erstellung Ihres Tokens vorbereiten [363].

1. **Unterstützte Wallets** Der erste Schritt zur Erstellung eines Tokens besteht darin, sicherzustellen, dass Sie eine kompatible Krypto-Wallet haben. Wenn Sie zum Beispiel Bitbond's Token Tool verwenden, benötigen Sie eine unterstützte Wallet wie MetaMask, Coinbase Wallet oder WalletConnect. Es ist wichtig, eine seriöse Wallet auszuwählen, da die Sicherheit Ihrer Token stark von der verwendeten Wallet abhängt. Recherchieren Sie die Funktionen und Sicherheitsmaßnahmen jeder Wallet, um sicherzustellen, dass sie Ihren Anforderungen entspricht. Lernen Sie mehr über verschiedene Krypto-Wallets, um deren Unterschiede und Funktionen zu verstehen.

2. **Sicherstellen ausreichender Mittel** Bevor Sie mit der Token-Erstellung fortfahren, stellen Sie sicher, dass Ihre Wallet über ausreichende Mittel verfügt, um Netzwerk- und Servicegebühren zu decken. Diese Gebühren sind erforderlich, um Transaktionen zu verarbeiten und Smart Contracts auf der Blockchain bereitzustellen. Die Gebühren werden in der Regel in der nativen Kryptowährung des Netzwerks bezahlt. Wenn Sie beispielsweise ein Token im Ethereum-Netzwerk erstellen, benötigen Sie Ether (ETH), um diese Kosten zu decken. Überprüfen Sie immer die aktuellen Gebührenraten und stellen Sie sicher, dass Sie genug haben, um Unterbrechungen während des Erstellungsprozesses zu vermeiden.

3. **Forschung zu Blockchain-Netzwerken** Die Wahl des richtigen Blockchain-Netzwerks ist entscheidend für den Erfolg Ihres Tokens. Jede Blockchain hat ihre eigenen Governance-Regeln, Vorteile und unterstützten Token-Standards. Ethereum ist aufgrund seiner umfangreichen Nutzung in DeFi-Anwendungen und des hohen Transaktionsvolumens eine beliebte Wahl, leidet jedoch auch unter Staus und hohen Gasgebühren. Andere Blockchains könnten niedrigere Gebühren oder unterschiedliche Funktionen bieten. Forschen Sie nach Blockchain-Netzwerken, um eines zu finden, das zu den Bedürfnissen und Zielen Ihres Projekts passt.

4. **Auswahl eines Netzwerks und eines Token-Standards** Die Wahl des Blockchain-Netzwerks bestimmt die Token-Standards, die Sie verwenden kön-

nen. Token-Standards definieren die Regeln und Funktionen Ihres Tokens. Häufige Standards sind ERC-20 für fungible Tokens und ERC-721 oder ERC-1155 für nicht-fungible Tokens (NFTs) im Ethereum-Netzwerk. Die Funktionen und Anwendungsfälle Ihres Tokens beeinflussen, welcher Standard am besten geeignet ist. Stellen Sie sicher, dass das von Ihnen ausgewählte Netzwerk und der Token-Standard die von Ihnen vorgesehenen Funktionen unterstützen.

5. **Verwendung des Token-Tools zur Erstellung** Sobald Sie Ihre Wallet und das Netzwerk bereit haben, können Sie Plattformen wie das Token Tool von Bitbond nutzen, um den Erstellungsprozess zu vereinfachen. Beginnen Sie, indem Sie zum Token Tool navigieren und „Token erstellen" aus dem Menü auswählen. Wählen Sie die Option „DeFi Token", um Ihren Smart Contract zu konfigurieren und bereitzustellen. Sie müssen das Netzwerk auswählen, das Sie verwenden möchten, aus dem Dropdown-Menü. Das Token Tool unterstützt mehrere Blockchain-Netzwerke und deren Testnetze.

6. **Verbinden Ihrer Wallet** Verbinden Sie Ihre Wallet mit dem Token Tool, indem Sie auf die Schaltfläche „Wallet verbinden" klicken. Wählen Sie aus den verfügbaren Wallet-Anbietern und bestätigen Sie die Verbindung in der Benutzeroberfläche Ihrer Wallet. Stellen Sie sicher, dass Ihre Wallet auf demselben Netzwerk eingestellt ist, das Sie im Token Tool ausgewählt haben. Das Abschließen der Profilkonfiguration kann Ihnen einen Rabattcode für zukünftige Transaktionen bieten. Diese Verbindung ist entscheidend, um mit der Blockchain zu interagieren und Ihr Token bereitzustellen.

7. **Festlegen der Token-Eigenschaften** Mit dem Token Tool ist die Erstellung Ihres Tokens so einfach wie das Ausfüllen eines Formulars. Definieren Sie die Eigenschaften Ihres Tokens, einschließlich Name, Symbol, anfängliche Versorgung und Dezimalstellen. Diese Eigenschaften sind grundlegend dafür, wie Ihr Token identifiziert und verwendet wird. Die Plattform vereinfacht die technischen Aspekte und ermöglicht es Ihnen, sich auf die Konfiguration dieser Attribute gemäß den Anforderungen Ihres Projekts zu konzentrieren.

8. **Festlegen der Token-Funktionen** Im Abschnitt „Token-Konfiguration" können Sie spezifische Funktionen für Ihr Token aktivieren, wie z. B. eine Bren-

nrate oder Minting-Fähigkeiten. Diese Funktionen beeinflussen, wie Ihr Token innerhalb des Ökosystems funktioniert und interagiert. Seien Sie vorsichtig bei der Auswahl von Funktionen, da Smart Contracts nach der Bereitstellung unveränderlich sind. Wenn Sie Funktionen wie Minting aktivieren, können diese später nicht mehr deaktiviert werden. Überprüfen und finalisieren Sie diese Einstellungen gründlich, um zu vermeiden, dass Sie aufgrund von Fehlern ein neues Token erstellen müssen.

9. **Bestätigen der Transaktion** Nachdem Sie die Eigenschaften und Funktionen Ihres Tokens konfiguriert haben, überprüfen Sie alle Details sorgfältig. Klicken Sie auf „Token erstellen", um den Prozess zu starten. Sie müssen dann die Transaktion bestätigen und die damit verbundenen Gebühren in Ihrer Wallet bezahlen. Dieser Schritt ist entscheidend für die Bereitstellung des Smart Contracts auf der Blockchain. Die Transaktion wird verarbeitet, und sobald sie bestätigt ist, wird Ihr Token erstellt und bereitgestellt.

10. **Verwalten Ihres Tokens** Nach erfolgreicher Bereitstellung erhalten Sie ein Popup-Fenster mit einem Link zum Block-Explorer und der Adresse Ihres Tokens. Diese Adresse ermöglicht es Ihnen, Ihr Token auf der Blockchain zu verwalten und zu interagieren. Verwenden Sie diese Informationen, um Transaktionen zu verfolgen, Token-Details zu überprüfen und alle notwendigen Aktionen im Zusammenhang mit Ihrem Token durchzuführen.

Erstellen eines BEP-20 Tokens

Die Erstellung eines BEP-20 Tokens umfasst mehrere wichtige Schritte und erfordert technisches Wissen, insbesondere in den Bereichen Programmierung und Blockchain-Bereitstellung. BEP-20 ist ein Token-Standard auf der Binance Smart Chain (BSC), der dem ERC-20-Standard von Ethereum ähnlich ist, aber für das BSC-Ökosystem angepasst wurde. Hier ist eine detaillierte Erklärung des Prozesses [364]:

1. **MetaMask und BSC Mainnet einrichten:** Bevor Sie beginnen, stellen Sie sicher, dass MetaMask eingerichtet und mit dem Binance Smart Chain Mainnet verbunden ist. MetaMask ist eine beliebte Kryptowährungs-Wallet, die verschiedene Blockchains, einschließlich BSC, unterstützt. Falls Sie das BSC-Net-

zwerk noch nicht zu MetaMask hinzugefügt haben, können Sie spezifische Anleitungen wie den Leitfaden „MetaMask mit BNB Smart Chain verbinden" befolgen. Dieses Setup ist entscheidend, da MetaMask für die Transaktionsgenehmigungen und die Interaktion mit dem Smart Contract verwendet wird.

2. **Zugriff auf Remix IDE:** Remix ist eine integrierte Entwicklungsumgebung (IDE) für die Entwicklung und Bereitstellung von Smart Contracts, die mit Ethereum Virtual Machine (EVM) Netzwerken, einschließlich BSC, kompatibel ist. Gehen Sie zur Remix IDE-Website. In Remix klicken Sie mit der rechten Maustaste auf den [contracts]-Ordner im Bereich „Datei-Explorer" und wählen [Neue Datei], um eine neue Datei zu erstellen, in der Sie Ihren BEP-20 Smart Contract schreiben.

3. **Erstellen und Benennen Ihrer Vertragsdatei:** Benennen Sie die neue Datei BEP20.sol. Die .sol-Erweiterung zeigt an, dass diese Datei Solidity-Code enthalten wird, die Programmiersprache für Ethereum- und BSC-Smart Contracts.

4. **Programmiersprache festlegen:** Stellen Sie sicher, dass die Programmiersprache auf Solidity eingestellt ist. Sie können dies überprüfen, indem Sie das Sprachwahl-Symbol auf der rechten Seite der Remix-Oberfläche kontrollieren. Falls nicht auf Solidity eingestellt, wird Ihr Smart Contract-Code nicht korrekt kompiliert.

5. **BEP-20 Smart Contract Code einfügen:** Kopieren Sie den BEP-20 Smart Contract-Code in Ihre neu erstellte BEP20.sol-Datei. Dieser Code definiert die Funktionen Ihres Tokens, wie z.B. die Verfolgung der Salden und die Handhabung von Überweisungen. Für detaillierte Parameter und Funktionen können Sie den Code auf GitHub oder anderen zuverlässigen Quellen einsehen.

6. **Token-Details anpassen:** Ändern Sie den Smart Contract-Code, um Details spezifisch für Ihren Token aufzunehmen. Dazu gehören der Name des Tokens (z.B. Binance Academy Coin oder BAC), Symbol, Dezimalstellen (z.B. 18) und die Gesamtversorgung (z.B. 100.000.000). Stellen Sie sicher, dass die Gesamtversorgung an die von Ihnen angegebenen Dezimalstellen angepasst wird.

7. **Smart Contract kompilieren:** Um den Smart Contract zu kompilieren, klick-

en Sie auf das Kompilieren-Symbol auf der linken Seite von Remix. Aktivieren Sie die Kontrollkästchen [Auto-Kompilierung] und [Optimierung aktivieren], und klicken Sie dann auf [Kompilieren]. Dieser Prozess wandelt Ihren Solidity-Code in Bytecode um, der auf dem BSC-Netzwerk bereitgestellt werden kann.

8. **ABI kopieren:** Nach der Kompilierung klicken Sie auf die Schaltfläche [ABI], um die Application Binary Interface (ABI) des Vertrags zu kopieren. Die ABI ist wichtig für die Interaktion mit Ihrem Smart Contract über verschiedene Schnittstellen und Tools.

9. **Smart Contract bereitstellen:** Wechseln Sie zum Bereitstellungsbereich von Remix, indem Sie [Injected Web3] als Ihre Umgebung auswählen. Diese Einstellung stellt sicher, dass Remix über Ihre MetaMask-Wallet mit dem BSC-Netzwerk interagiert. Stellen Sie sicher, dass Ihr BEP20-Vertrag ausgewählt ist, und klicken Sie dann auf [Bereitstellen]. MetaMask fordert Sie auf, die Transaktion zu bestätigen und die erforderlichen Gasgebühren zu zahlen.

10. **Vertrag verifizieren und veröffentlichen:** Nachdem der Vertrag bereitgestellt wurde, müssen Sie den Vertragscode auf BscScan verifizieren und veröffentlichen. Besuchen Sie BscScan, fügen Sie die Vertragsadresse ein, wählen Sie [Solidity (Einzel)] als Compiler-Typ aus und stellen Sie sicher, dass die Compiler-Version mit der in Remix verwendeten übereinstimmt. Diese Verifizierung hilft, Transparenz und Sicherheit zu gewährleisten.

11. **Vertragscode flatten:** In Remix klicken Sie mit der rechten Maustaste auf BEP20.sol und wählen [Flatten]. Dieser Prozess kombiniert den gesamten Code in einer einzigen Datei, was die Verifizierung auf BscScan erleichtert. Gewähren Sie Remix die Erlaubnis, den Code zu flatten und kopieren Sie den Inhalt von BEP20_flat.sol.

12. **Vertragscode verifizieren und veröffentlichen:** Fügen Sie den geflatteten Code in BscScan ein, stellen Sie die Optimierung auf Ja und klicken Sie auf [Verifizieren und Veröffentlichen]. Ein erfolgreicher Splash-Bildschirm bestätigt, dass der Vertrag verifiziert ist.

13. **Token minten:** Mit dem verifizierten Vertrag können Sie Token minten. Gehen

Sie zur Vertragsadresse auf BscScan, wählen Sie [Contract schreiben] und verbinden Sie Ihr MetaMask-Konto. Geben Sie im Minting-Bereich die Anzahl der zu mintenden Token einschließlich der Dezimalstellen ein und klicken Sie auf [Schreiben]. Bestätigen Sie die Transaktion in MetaMask.

14. **Token-Minting bestätigen:** Nachdem die Transaktion bestätigt wurde, werden die Token geminted und an die Adresse gesendet, die den Smart Contract erstellt hat. Sie können nun Ihren BEP-20 Token mit der Vertragsadresse verwalten und damit interagieren.

Ihre Kryptowährung listen lassen

Nachdem Sie Ihren BEP-20 Token erstellt haben, sollten Sie überlegen, ihn auf einer Kryptowährungsbörse wie Binance listen zu lassen. Dieser Schritt umfasst das Ausfüllen der von der Börse bereitgestellten Antragsformulare und das Durchlaufen eines Due-Diligence-Prozesses. Das Bereitstellen von Liquidität und das Akzeptieren börsenspezifischer Token (z.B. BNB, BUSD) können ebenfalls Teil der Listungsanforderungen sein. Regelmäßige Updates zum Fortschritt Ihres Projekts sind während des Antragsprozesses erforderlich.

Das Erstellen eines BEP-20 Tokens umfasst technische Schritte, aber mit Tools wie Remix und entsprechender Anleitung wird es handhabbar. Stellen Sie sicher, dass Sie umfassende Tests durchführen und alle Anforderungen einhalten, um Ihren Token erfolgreich zu starten und zu verwalten.

Bewertung Ihrer Kryptowährung nach der Erstellung

Die Bewertung einer Kryptowährung nach ihrer Erstellung ist eine entscheidende Phase, die ihren Erfolg und ihre Akzeptanz erheblich beeinflusst. Nachdem Sie Ihre Kryptowährung entwickelt haben, verlagert sich die Herausforderung von der Erstellung hin zur Sicherstellung, dass Ihr digitales Asset an Zugkraft gewinnt und Investoren anzieht. Hier ist ein detaillierter Überblick über diesen Prozess:

1. **Die Bedeutung von Community und Marktinteresse** Der Erfolg einer

Kryptowährung hängt nicht nur von ihrer technischen Erstellung ab, sondern auch stark von ihrer Marktakzeptanz und der Unterstützung durch die Community. Ohne eine engagierte Benutzerbasis kann selbst die technisch ausgefeilteste Kryptowährung Schwierigkeiten haben, an Zugkraft zu gewinnen. Der Aufbau einer unterstützenden und aktiven Community ist entscheidend, da sie dazu beiträgt, Interesse zu wecken, Nachfrage zu schaffen und den Wert der Kryptowährung zu etablieren. Der Umgang mit potenziellen Nutzern, der Aufbau von Beziehungen und die aktive Kommunikation sind unerlässlich, um eine loyale Anhängerschaft zu kultivieren.

2. **Initial Coin Offering (ICO)** Eine der Hauptmethoden zur Bewertung und Mittelbeschaffung für eine neue Kryptowährung ist ein Initial Coin Offering (ICO). Ein ICO ist ein Finanzierungsmechanismus, bei dem Investoren Token der neuen Kryptowährung im Austausch für etablierte Kryptowährungen wie Bitcoin oder Ethereum oder manchmal auch Fiat-Währungen erwerben. Dieser Prozess ermöglicht es Ihnen, Anfangskapital zu generieren und das Marktinteresse an Ihrer Kryptowährung zu messen. Während eines ICOs bieten Sie einen Teil des gesamten Token-Angebots frühen Investoren oft zu einem ermäßigten Preis im Vergleich zum zukünftigen Marktpreis an. Der Erfolg des ICOs liefert nicht nur die notwendige Finanzierung, sondern fungiert auch als Barometer für den potenziellen Marktwert Ihrer Kryptowährung.

3. **Entwicklung eines überzeugenden Wertangebots** Um Investoren anzuziehen und eine starke Community aufzubauen, ist es wichtig, ein überzeugendes Wertangebot zu präsentieren. Dies beinhaltet die klare Definition des Problems, das Ihre Kryptowährung lösen soll, der Vorteile, die sie bietet, und wie sie sich von bestehenden Lösungen abhebt. Ein gut formuliertes Wertangebot wird bei potenziellen Nutzern und Investoren Anklang finden und dazu beitragen, Interesse und Unterstützung zu wecken. Diese Botschaft sollte effektiv durch Marketingmaterialien, Ihr Whitepaper und andere Werbekanäle kommuniziert werden.

4. **Strategisches Marketing und Promotion** Effektives Marketing ist entscheidend für die erfolgreiche Bewertung Ihrer Kryptowährung. Ein strategischer Marketingplan hilft dabei, ein breiteres Publikum zu erreichen und Aufsehen um Ihr Projekt zu erzeugen. Nutzen Sie verschiedene Marketingkanäle

wie soziale Medien, Content-Marketing, Pressemitteilungen und Community-Engagement, um Aufmerksamkeit zu erzeugen. Die Teilnahme an relevanten Branchenevents, Webinaren und Konferenzen kann ebenfalls die Sichtbarkeit erhöhen und potenzielle Investoren anziehen.

5. **Aufbau und Pflege einer Community** Eine starke und aktive Community ist für den langfristigen Erfolg Ihrer Kryptowährung unerlässlich. Der Kontakt mit Ihrer Community durch regelmäßige Updates, das Beantworten von Fragen und das Fördern von Diskussionen kann Vertrauen und Loyalität aufbauen. Anreize für die Teilnahme der Community, wie Belohnungen für Beiträge oder früherer Zugang zu Funktionen, können ebenfalls das Engagement erhöhen. Eine engagierte Community unterstützt nicht nur die Kryptowährung, sondern hilft auch dabei, das Wort zu verbreiten und weitere Akzeptanz zu fördern.

6. **Nach dem ICO: Überlegungen** Nach einem erfolgreichen ICO sollte der Fokus auf der Aufrechterhaltung des Momentums und der Sicherstellung des kontinuierlichen Wachstums liegen. Dies beinhaltet die Umsetzung des während des ICOs vorgestellten Fahrplans, das Einhalten von Versprechungen und die kontinuierliche Verbesserung der Kryptowährung basierend auf Nutzerfeedback. Regelmäßige Updates zum Fortschritt, neuen Entwicklungen und strategischen Partnerschaften können dazu beitragen, das Interesse aufrechtzuerhalten und neue Nutzer zu gewinnen. Zudem ist es wichtig, die Liquidität und Marktperformance Ihrer Kryptowährung zu verwalten, um ihren Wert zu erhalten und ihr Ökosystem zu unterstützen.

7. **Langfristiger Wert und Nachhaltigkeit** Die langfristige Bewertung Ihrer Kryptowährung hängt von ihrer Fähigkeit ab, echten Wert zu liefern und ihr Ökosystem aufrechtzuerhalten. Dies umfasst kontinuierliche Entwicklung, die Aufrechterhaltung einer robusten Infrastruktur und die Anpassung an Marktveränderungen. Die Sicherstellung der Nützlichkeit, Sicherheit und Relevanz der Kryptowährung im sich entwickelnden digitalen Umfeld ist entscheidend für ihren anhaltenden Erfolg. Der Aufbau strategischer Partnerschaften und die Integration mit anderen Plattformen können ebenfalls ihren Wert und ihre Nutzbarkeit erhöhen.

Referenzen

1.Valencia, F., A. Gómez-Espinosa, and B. Valdés-Aguirre, *Price Movement Prediction of Cryptocurrencies Using Sentiment Analysis and Machine Learning.* Entropy, 2019. **21**(6): p. 589.

2.Shahzad, M.F., et al., *Cryptocurrency Awareness, Acceptance, and Adoption: The Role of Trust as a Cornerstone.* Humanities and Social Sciences Communications, 2024. **11**(1).

3.Gil-Cordero, E., J.-P. Cabrera-Sánchez, and M.J. Arrás-Cortés, *Cryptocurrencies as a Financial Tool: Acceptance Factors.* Mathematics, 2020. **8**(11): p. 1974.

4.Alsini, R., et al., *Forecasting Cryptocurrency's Buy Signal With a Bagged Tree Learning Approach to Enhance Purchase Decisions.* Frontiers in Big Data, 2024. **7**.

5.Kaspersky, *What is Cryptocurrency and how does it work?* 2024.

6.Samson, T.K., C.E. Onwukwe, and A.I. Lawal, *An Examination of Cryptocurrency Volatility: Insights From Skewed Error Innovation Distributions Within GARCH Model Frameworks.* Mathematical Modelling and Engineering Problems, 2023. **10**(04): p. 1297-1306.

7.Ahmadi, H., *Is Cryptocurrency Risky as an Investment Instrument? Analysis of Return and Risk With a Comparison of Sharia Stocks.* International Journal of Islamic Business Ethics, 2023. **8**(1): p. 40.

8.Goldbarsht, D., *Adapting Confiscation and Anti-Money Laundering Laws to the Digital Economy: Exploring the Australian Interplay Between Proceeds and Technology.* Journal of Money Laundering Control, 2023. **27**(3): p. 472-488.

9.Olabanji, S.O., et al., *Leveraging FinTech Compliance to Mitigate Cryptocurrency Volatility for Secure US Employee Retirement Benefits: Bitcoin ETF Case Study.* Asian Journal of Economics Business and Accounting, 2024. **24**(4): p. 147-167.

10.Rajharia, P. and M.B. Kaushik, *Cryptocurrency Adoption and Its Implications: A Literature Review.* E3s Web of Conferences, 2023. **456**: p. 03002.

11.Holt, T.J., J.R. Lee, and E.M. Griffith, *An Assessment of Cryptomixing Services in Online Illicit Markets.* Journal of Contemporary Criminal Justice, 2023. **39**(2): p. 222-238.

12.Sami, M. and W. Abdallah, *How Does the Cryptocurrency Market Affect the Stock Market Performance in the MENA Region?* Journal of Economic and Administrative Sciences, 2020. **37**(4): p. 741-753.

13.Hassan, M.K., F.A. Hudaefi, and R.E. Caraka, *Mining Netizen's Opinion on Cryptocurrency: Sentiment Analysis of Twitter Data.* Studies in Economics and Finance, 2021. **39**(3): p. 365-385.

14.Alsmadi, A.A., A. Shuhaiber, and K.S. Al-Omoush, *Rolling the Crypto Dice: The Interplay of Legal Environments, Market Uncertainty, and Gambling Attitudes on Users' Behavioral Intentions.* Human Behavior and Emerging Technologies, 2023. **2023**: p. 1-17.

15.Inci, A.C. and R. Lagasse, *Cryptocurrencies: Applications and Investment Opportunities.* Journal of Capital Markets Studies, 2019. **3**(2): p. 98-112.

16.Varma, P., et al., *Thematic Analysis of Financial Technology (Fintech) Influence on the Banking Industry.* Risks, 2022. **10**(10): p. 186.

17.Alexiadou, M., et al., *Cryptocurrencies and Long-Range Trends.* SSRN Electronic Journal, 2023.

18.Chikobvu, D. and T. Ndlovu, *The Generalised Extreme Value Distribution Approach to Comparing the Riskiness of BitCoin/US Dollar and South African Rand/Us Dollar Returns.* Journal of Risk and Financial Management, 2023. **16**(4): p. 253.

19.Asif, Z. and S. Unar, *Cryptocurrency Market Dynamics: Trends, Volatility, and Regulatory Challenges.* 2024. **13**(1).

20.Ashurbayli, N. and A. Yusifov, *Investing in Cryptocurrency as an Alternative Way of Financial Investments.* 2023. **17**(2): p. 10-16.

21.Enayati, M., S. Arlikatti, and M.V. Ramesh, *A Qualitative Analysis of Rural Fishermen: Potential for Blockchain-Enabled Framework for Livelihood Sustainability.* Heliyon, 2024. **10**(2): p. e24358.

22.Reserve Bank of Australia, *Digital Currencies*. 2024.

23.Asokan, N., *Anonymity in a Mobile Computing Environment.* 1994.

24.Chaum, D., *Security Without Identification: Transaction Systems to Make Big Brother Obsolete.* Communications of the Acm, 1985. **28**(10): p. 1030-1044.

25.Franklin, M.K. and M. Yung, *The Blinding of Weak Signatures.* 1995: p. 67-76.

26.MacKie-Mason, J.K. and H.R. Varian, *Some FAQs About Usage-Based Pricing.* Computer Networks and Isdn Systems, 1995. **28**(1-2): p. 257-265.

27.D'Amiano, S. and G.D. Crescenzo, *Methodology for Digital Money Based on General Cryptographic Tools.* 1995: p. 156-170.

28.Chen, L., *Witness Hiding Proofs and Applications.* Daimi Report Series, 1994. **13**(477).

29.Franklin, M.K. and M.K. Reiter, *Verifiable Signature Sharing.* 1995: p. 50-63.

30.*Applied Cryptography: Protocols, Algorithms, and Source Code in C.* Computer Law & Security Review, 1994. **10**(5): p. 257.

31.Brands, S., *Restrictive Binding of Secret-Key Certificates.* 1995: p. 231-247.

32.Yu, B., *Research on the Features and Functions of Bitcoin and Digital Currencies.* Advances in Economics Management and Political Sciences, 2024. **86**(1): p. 55-60.

33.Su, Z., *Analysis of Cryptocurrency and Its Combination With Quantitative Transactions.* SHS Web of Conferences, 2024. **181**: p. 02016.

34.Avcı, İ., *Analysis of Data Security and Cyber-Attack Methods in Digital Currency.* Mühendislik Bilimleri Ve Tasarım Dergisi, 2022. **10**(3): p. 1000-1013.

35.Wronka, C., *Digital Currencies and Economic Sanctions: The Increasing Risk of Sanction Evasion.* Journal of Financial Crime, 2021. **29**(4): p. 1269-1282.

36.Ozili, P.K., *Can Central Bank Digital Currency Increase Financial Inclusion? Arguments for and Against*.* 2022: p. 241-249.

37.Rhoda Adura Adeleye, N., et al., *Digital Currency Adoption in Africa: A Critical Review and Global Comparison.* World Journal of Advanced Research and Reviews, 2024. **21**(2): p. 130-139.

38.Jakšić, M., V. Todorović, and J. Matić, *The Influence of Digital Currency on the Banking Sector in Europe.* Economic Themes, 2022. **60**(4): p. 481-494.

39.Tan, Y., *Legal Governance of Digital Currencies and Regulatory Sandboxes in the Blockchain Era.* 2022.

40.Chen, H., et al., *The Role of Blockchain in Finance Beyond Cryptocurrency: Trust, Data Management, and Automation.* Ieee Access, 2024. **12**: p. 64861-64885.

41.Kajtazi, A. and A. Moro, *The Role of Bitcoin in Well Diversified Portfolios: A Comparative Global Study.* International Review of Financial Analysis, 2019. **61**: p. 143-157.

42.Hulea, M., R. Miron, and V. Muresan, *Digital Product Passport Implementation Based on Multi-Blockchain Approach With Decentralized Identifier Provider.* Applied Sciences, 2024. **14**(11): p. 4874.

43.Khan, H.H., et al., *Blockchain Technology for Agricultural Supply Chains During the COVID-19 Pandemic: Benefits and Cleaner Solutions.* Journal of Cleaner Production, 2022. **347**: p. 131268.

44.Rivera, T. and D. Foderick, *Ostrom's Razor: Using Bitcoin to Cut Fraud in Hollywood Accounting.* Journal of Risk and Financial Management, 2024. **17**(4): p. 139.

45.Vulpen, P.v., J. Siu, and S. Jansen, *Governance of Decentralized Autonomous Organizations That Produce Open Source Software.* SSRN Electronic Journal, 2022.

46.Bastard, A. and A. Chaillet, *Blockchain: No Pain, No Gain? An Examination of Blockchain Technology in the Vitivinicultural Sector.* Bio Web of Conferences, 2023. **68**: p. 03009.

47.Mihus, I., et al., *The Change of the Monetary Paradigm: Financial Security and Cryptocurrency.* Financial Internet Quarterly, 2024. **20**(2): p. 89-101.

48.Kotey, S.D., et al., *Blockchain Interoperability: The State of Heterogenous Blockchain-to-blockchain Communication.* Iet Communications, 2023. **17**(8): p. 891-914.

49.Jiao, J., et al., *Executable Operational Semantics of Solidity.* 2018.

50.Bragagnolo, S., et al., *SmartInspect: Solidity Smart Contract Inspector.* 2018.

51.Amoo, A., *Research on Automatic Commodity Trading Method Based on Smart Contract.* International Journal of Smart Business and Technology, 2018. **6**(2): p. 31-38.

52.Praitheeshan, P., et al., *Security Analysis Methods on Ethereum Smart Contract Vulnerabilities: A Survey.* 2019.

53.Zhang, P., F. Xiao, and X. Luo, *SolidityCheck : Quickly Detecting Smart Contract Problems Through Regular Expressions.* 2019.

54.Baird, K., et al., *The Economics of Smart Contracts.* 2019.

55.Wang, X., et al., *ContractGuard: Defend Ethereum Smart Contracts With Embedded Intrusion Detection.* Ieee Transactions on Services Computing, 2019: p. 1-1.

56.Malik, H.R., et al., *Performance Analysis of Blockchain Based Smart Grids With Ethereum and Hyperledger Implementations.* 2019.

57.Daluwathumullagamage, D.J. and A. Sims, *Blockchain-Enabled Corporate Governance and Regulation.* International Journal of Financial Studies, 2020. **8**(2): p. 36.

58.Leuprecht, C., C. Jenkins, and R. Hamilton, *Virtual Money Laundering: Policy Implications of the Proliferation in the Illicit Use of Cryptocurrency.* Journal of Financial Crime, 2022. **30**(4): p. 1036-1054.

59.Pawar, A., *Blockchain and Cryptocurrency: A Double-Edged Sword for Financial Inclusion and Regulation.* 2024: p. 129-134.

60.Schaupp, L.C., et al., *Regulation as a Pathway to Individual Adoption of Cryptocurrency.* Digital Policy Regulation and Governance, 2022. **24**(2): p. 199-219.

61.Wiwoho, J., et al., *Islamic Crypto Assets and Regulatory Framework: Evidence From Indonesia and Global Approaches.* International Journal of Law and Management, 2023. **66**(2): p. 155-171.

62.Fletcher, E., C. Larkin, and S. Corbet, *Countering Money Laundering and Terrorist Financing: A Case for Bitcoin Regulation.* Research in International Business and Finance, 2021. **56**: p. 101387.

63.Aydoğan, B., G. Vardar, and C. Taçoğlu, *Volatility Spillovers Among G7, E7 stock Markets and Cryptocurrencies.* Journal of Economic and Administrative Sciences, 2022. **40**(2): p. 364-387.

64.Alibašić, H., *Developing an Ethical Framework for Responsible Artificial Intelligence (AI) and Machine Learning (ML) Applications in Cryptocurrency Trading: A Consequentialism Ethics Analysis.* Fintech, 2023. **2**(3): p. 430-443.

65.Khan, R.U., K. Ullah, and M. Atiq, *Regulatory Constraints, Responsibilities and Consultation (CRC) for Legal Institutionalization of Cryptocurrencies in Pakistan.* Qualitative Research in Financial Markets, 2023. **16**(4): p. 680-708.

66.Andolfatto, D., *Assessing the Impact of Central Bank Digital Currency on Private Banks.* The Economic Journal, 2020. **131**(634): p. 525-540.

67.Ozili, P.K., *Central Bank Digital Currency Research Around the World: A Review of Literature.* Journal of Money Laundering Control, 2022. **26**(2): p. 215-226.

68.Sethaput, V. and S. Innet, *Blockchain Application for Central Bank Digital Currencies (CBDC).* Cluster Computing, 2023. **26**(4): p. 2183-2197.

69.Opare, E.A. and K. Kim, *A Compendium of Practices for Central Bank Digital Currencies for Multinational Financial Infrastructures.* Ieee Access, 2020. **8**: p. 110810-110847.

70.Jung, H. and D. Jeong, *Blockchain Implementation Method for Interoperability Between CBDCs.* Future Internet, 2021. **13**(5): p. 133.

71.Mnohoghitnei, I., C.A. Neguţ, and A. Horobeţ, *The Future Is Near: On the Prospects of Central Bank Digital Currency Adoption in Central and Eastern European Countries.* Kne Social Sciences, 2021.

72.Hofmann, C., et al., *Central Bank Digital Currencies (CBDCs) - Proceedings of a Colloquium.* 2023.

73.Ma, W., *An Introduction to the Impact of India's Use of Central Bank Digital Currency on the International Financial System.* Frontiers in Business Economics and Management, 2023. 7(1): p. 218-220.

74.Yang, J. and S. Luo, *A Study on the Influence Mechanism of CBDC on Monetary Policy: An Analysis Based on E-Cny.* Plos One, 2022. **17**(7): p. e0268471.

75.Smirna, T.G., et al., *Central Bank Digital Currencies Analyzed in a Banking School Versus Currency School Framework.* Proceedings of the International Conference on Business Excellence, 2023. **17**(1): p. 638-648.

76.Becerra, J.R.J., et al., *Research of the Development of Green Central Bank Digital Currency, CBDC.* Advances in Economics Management and Political Sciences, 2023. **4**(1): p. 449-458.

77.Mungoli, N., *Deciphering the Blockchain: A Comprehensive Analysis of Bitcoin's Evolution, Adoption, and Future Implications.* arXiv preprint arXiv:2304.02655, 2023.

78.Albshaier, L., S. Almarri, and M. Hafizur Rahman, *A Review of Blockchain's Role in E-Commerce Transactions: Open Challenges, and Future Research Directions.* Computers, 2024. **13**(1): p. 27.

79.Danezis, G. and S. Meiklejohn, *Centrally Banked Cryptocurrencies.* 2016.

80.Barrera, J.A., et al., *Blockchain, Information Security, Control, and Integrity: Who Is in Charge?* Plastic & Reconstructive Surgery, 2023. **152**(4): p. 751e-758e.

81.Doğan, M. and G. Övenç, *Central Bank Digital Currencies Under Blockchain Technology: Discussion of Digital Bank Runs and Design Principles.* European Journal of Science and Technology, 2021.

82.Zhou, Q., et al., *Solutions to Scalability of Blockchain: A Survey.* Ieee Access, 2020. **8**: p. 16440-16455.

83.Besançon, L., et al., *A Blockchain Ontology for DApps Development.* Ieee Access, 2022. **10**: p. 49905-49933.

84.Raikwar, M., D. Gligoroski, and K. Kralevska, *SoK of Used Cryptography in Blockchain.* Ieee Access, 2019. **7**: p. 148550-148575.

85.Guo, Y., et al., *Zk-SNARKs-Based Anonymous Payment Channel in Blockchain.* Blockchains, 2024. **2**(1): p. 20-39.

86.Khan, K.M., J. Arshad, and M.M. Khan, *Investigating Performance Constraints for Blockchain Based Secure E-Voting System.* Future Generation Computer Systems, 2020. **105**: p. 13-26.

87.Nasir, M., et al., *Scalable Blockchains — A Systematic Review.* Future Generation Computer Systems, 2022. **126**: p. 136-162.

88.Elwi, D., et al., *Cooperative Mining System to Improve Bitcoin Scalability.* Ieee Access, 2023. **11**: p. 58715-58728.

89.Aumayr, L., et al., *Demand-Aware Payment Channel Networks.* 2020.

90.Kandpal, M., et al., *Towards Data Storage, Scalability, and Availability in Blockchain Systems: A Bibliometric Analysis.* Data, 2023. **8**(10): p. 148.

91.Tang, W., et al., *Privacy-Utility Tradeoffs in Routing Cryptocurrency Over Payment Channel Networks.* Acm Sigmetrics Performance Evaluation Review, 2020. **48**(1): p. 81-82.

92.Machado, C., R.R.S.d. Santos, and C.M. Westphall, *Hop-by-Hop Accounting and Rewards for Packet dIspAtching.* 2021.

93.Bai, Q., Y. Xu, and X. Wang, *Understanding the Benefit of Being Patient in Payment Channel Networks.* 2021.

94.Rejeb, A., J.G. Keogh, and H. Treiblmaier, *Leveraging the Internet of Things and Blockchain Technology in Supply Chain Management.* Future Internet, 2019. **11**(7): p. 161.

95.Alghazwi, M., et al., *Blockchain for Genomics: A Systematic Literature Review.* 2021.

96.Jung, H.S., H. Lee, and J.H. Kim, *Unveiling Cryptocurrency Conversations: Insights From Data Mining and Unsupervised Learning Across Multiple Platforms.* Ieee Access, 2023. **11**: p. 130573-130583.

97.Saad, M., et al., *Exploring the Attack Surface of Blockchain: A Comprehensive Survey.* Ieee Communications Surveys & Tutorials, 2020. **22**(3): p. 1977-2008.

98.Ozili, P.K., *Decentralized Finance Research and Developments Around the World.* Journal of Banking and Financial Technology, 2022. **6**(2): p. 117-133.

99.Velický, M., *Renewable Energy Transition Facilitated by Bitcoin.* Acs Sustainable Chemistry & Engineering, 2023. **11**(8): p. 3160-3169.

100.Yu, C., et al., *Technology and Security Analysis of Cryptocurrency Based on Blockchain.* Complexity, 2022. **2022**: p. 1-15.

101.Mathur, S., et al., *Blockchain Technology for Advancement of Smart Cities.* 2023: p. 229-238.

102.Rogers, I., et al., *Diminishing Dreams.* M/C Journal, 2022. **25**(2).

103.Nabilou, H., *Bitcoin Governance as a Decentralized Financial Market Infrastructure.* SSRN Electronic Journal, 2020.

104.Alsalami, N. and B. Zhang, *Utilizing Public Blockchains for Censorship-Circumvention and IoT Communication.* 2019.

105.Vazirani, A.A., et al., *Blockchain Vehicles for Efficient Medical Record Management.* NPJ Digital Medicine, 2020. **3**(1).

106.Alshater, M.M., et al., *Fintech in Islamic Finance Literature: A Review.* Heliyon, 2022. **8**(9): p. e10385.

107.Chowdhury, R., et al., *An Approach to Predict and Forecast the Price of Constituents and Index of Cryptocurrency Using Machine Learning.* Physica a Statistical Mechanics and Its Applications, 2020. **551**: p. 124569.

108.Kshetri, N., *The Nature and Sources of International Variation in Formal Institutions Related to Initial Coin Offerings: Preliminary Findings and a Research Agenda.* Financial Innovation, 2023. **9**(1).

109.Taher, S.S., S.Y. Ameen, and J.A. Ahmed, *Advanced Fraud Detection in Blockchain Transactions: An Ensemble Learning and Explainable AI Approach.* Engineering Technology & Applied Science Research, 2024. **14**(1): p. 12822-12830.

110.Zhang, Z., et al., *Forecasting Cryptocurrency Price Using Convolutional Neural Networks With Weighted and Attentive Memory Channels.* Expert Systems With Applications, 2021. **183**: p. 115378.

111.Raza, S.A., et al., *Google Trends and Cryptocurrencies: A Nonparametric Causality-in-Quantiles Analysis.* International Journal of Emerging Markets, 2022. **18**(12): p. 5972-5989.

112.Kovalchuk, O., R. Shevchuk, and S. Banakh, *Cryptocurrency Crime Risks Modeling: Environment, E-Commerce, and Cybersecurity Issue.* Ieee Access, 2024. **12**: p. 50673-50688.

113.Sharma, D., D. Pant, and A. Kumar, *Cryptocurrency: An Overview of Its History, Technology and Future Prospects.* International Journal of Advanced Research in Science Communication and Technology, 2023: p. 427-430.

114.Ullah, Z., et al., *Towards Blockchain-Based Secure Storage and Trusted Data Sharing Scheme for IoT Environment.* Ieee Access, 2022. **10**: p. 36978-36994.

115.Zhukovskiy, Y.L., et al., *Fossil Energy in the Framework of Sustainable Development: Analysis of Prospects and Development of Forecast Scenarios.* Energies, 2021. **14**(17): p. 5268.

116.Sapra, N., I. Shaikh, and A. Dash, *Impact of Proof of Work (PoW)-Based Blockchain Applications on the Environment: A Systematic Review and Research Agenda.* Journal of Risk and Financial Management, 2023. **16**(4): p. 218.

117.Shah, A.F.M.S., et al., *On the Vital Aspects and Characteristics of Cryptocurrency—A Survey.* Ieee Access, 2023. **11**: p. 9451-9468.

118.Ngozi Samuel Uzougbo, N., N. Chinonso Gladys Ikegwu, and N. Adefolake Olachi Adewusi, *International Enforcement of Cryptocurrency Laws: Jurisdictional Challenges and Collaborative Solutions.* Magna Scientia Advanced Research and Reviews, 2024. **11**(1): p. 068-083.

119.Ryan, E.V., *Save the Kids: The Need for Regulation of Cryptocurrency to Protect Adolescents From Fraud.* Family Court Review, 2023. **61**(3): p. 650-664.

120.Hayes, A., *Blockchain Facts: What Is It, How It Works, and How It Can Be Used.* 2024, Investopedia.

121.Seth, S., *Explaining the Crypto in Cryptocurrency.* 2024, Investopedia.

122.Boffi, A., *Foundations of Cryptography.* 2022.

123.Dupuis, F., O. Fawzi, and R. Renner, *Entropy Accumulation.* Communications in Mathematical Physics, 2020. **379**(3): p. 867-913.

124.Cañas, G., et al., *High-Dimensional Decoy-State Quantum Key Distribution Over Multicore Telecommunication Fibers.* Physical Review A, 2017. **96**(2).

125.Olijnyk, N.V., *Examination of China's Performance and Thematic Evolution in Quantum Cryptography Research Using Quantitative and Computational Techniques.* Plos One, 2018. **13**(1): p. e0190646.

126.Andono, P.N. and D.R.I.M. Setiadi, *Improved Pixel and Bit Confusion-Diffusion Based on Mixed Chaos and Hash Operation for Image Encryption.* Ieee Access, 2022. **10**: p. 115143-115156.

127.Al-Amri, R.M., D.N. Hamood, and A.K. Farhan, *Theoretical Background of Cryptography.* 2023: p. 7-15.

128.Dür, W., R. Lamprecht, and S. Heusler, *Towards a Quantum Internet.* European Journal of Physics, 2017. **38**(4): p. 043001.

129.Kumar, N.A., et al., *Architecture of Network-on-Chip (NoC) for Secure Data Routing Using 4-H Function of Improved TACIT Security Algorithm.* Wireless Communications and Mobile Computing, 2022. **2022**: p. 1-9.

130.Raghupathy, B.K., et al., *Image Security Using Visual Cryptography.* 2022: p. 281-292.

131.Abusukhon, A., Z. Mohammad, and A. Al-Thaher, *An Authenticated, Secure, and Mutable Multiple-session-keys Protocol Based on Elliptic Curve Cryptography and Text-to-image Encryption Algorithm.* Concurrency and Computation Practice and Experience, 2021. **34**(4).

132.Mathew, S. and K.P. Jacob, *Message Integrity in the World Wide Web: Use of Nested Hash Function and a Fast Stream Cipher.* 2006.

133.Kraken, *How do cryptocurrencies use cryptography?* 2024.

134.Bonneau, J., et al., *SoK: Research Perspectives and Challenges for Bitcoin and Cryptocurrencies.* 2015.

135.Park, S., et al., *Nodes in the Bitcoin Network: Comparative Measurement Study and Survey.* Ieee Access, 2019. **7**: p. 57009-57022.

136.Rahman, A.A., *A Conceptual Model for a Decentralized Central Bank Digital Currency.* 2023.

137.Ramanathan, V., et al., *Public Health Perspectives on Cryptocurrency: The Good, the Bad and the Ugly.* Indian Journal of Community Health, 2023. **35**(3): p. 372-374.

138.Fernández, M.Á.E., et al., *Central Banks' Monetary Policy in the Face of the COVID-19 Economic Crisis: Monetary Stimulus and the Emergence of CBDCs.* Sustainability, 2021. **13**(8): p. 4242.

139.Dallyn, S., *Cryptocurrencies as Market Singularities: The Strange Case of Bitcoin.* Journal of Cultural Economy, 2017. **10**(5): p. 462-473.

140.Li, Q., et al., *DareChain: A Blockchain-Based Trusted Collaborative Network Infrastructure for Metaverse.* International Journal of Crowd Science, 2023. **7**(4): p. 168-179.

141.Vukolić, M., *The Quest for Scalable Blockchain Fabric: Proof-of-Work vs. BFT Replication.* 2016: p. 112-125.

142.Javed, H., et al., *Blockchain-Based Logging to Defeat Malicious Insiders: The Case of Remote Health Monitoring Systems.* Ieee Access, 2024. **12**: p. 12062-12079.

143.Kim, S.-K. and J.H. Huh, *A Study on the Improvement of Smart Grid Security Performance and Blockchain Smart Grid Perspective.* Energies, 2018. **11**(8): p. 1973.

144.Zhang, R., R. Xue, and L. Liu, *Security and Privacy on Blockchain.* Acm Computing Surveys, 2019. **52**(3): p. 1-34.

145.O'Dair, M. and Z. Beaven, *The Networked Record Industry: How Blockchain Technology Could Transform the Record Industry.* Strategic Change, 2017. **26**(5): p. 471-480.

146.Imran, M., et al., *Research Perspectives and Challenges of Blockchain for Data-Intensive and Resource-Constrained Devices.* Ieee Access, 2022. **10**: p. 38104-38122.

147.Deval, V., et al., *Mobile Smart Contracts: Exploring Scalability Challenges and Consensus Mechanisms.* Ieee Access, 2024. **12**: p. 34265-34288.

148.Zamani, M., M. Movahedi, and M. Raykova, *RapidChain.* 2018.

149.Yu, H., et al., *OHIE: Blockchain Scaling Made Simple.* 2020.

150.Wang, X., et al., *Securing Parallel-Chain Protocols Under Variable Mining Power.* 2021.

151.Boehm, F. and P.J. Pesch, *Bitcoin: A First Legal Analysis.* 2014: p. 43-54.

152.Böhme, R., et al., *Bitcoin: Economics, Technology, and Governance.* Journal of Economic Perspectives, 2015. **29**(2): p. 213-238.

153.Rosele, M.I., et al., *The Concept of Wealth (māl) in the Sharī'ah and Its Relation to Digital Assets.* Sage Open, 2022. **12**(2): p. 215824402211024.

154.Begušić, S., et al., *Scaling Properties of Extreme Price Fluctuations in Bitcoin Markets.* Physica a Statistical Mechanics and Its Applications, 2018. **510**: p. 400-406.

155.Yelowitz, A. and M.W. Wilson, *Characteristics of Bitcoin Users: An Analysis of Google Search Data.* Applied Economics Letters, 2015. **22**(13): p. 1030-1036.

156.Hu, A.S., C.A. Parlour, and U. Rajan, *Cryptocurrencies: Stylized Facts on a New Investible Instrument.* Financial Management, 2019. **48**(4): p. 1049-1068.

157.Hałaburda, H., et al., *The Microeconomics of Cryptocurrencies.* SSRN Electronic Journal, 2021.

158.Delgado-Segura, S., C. Tanas, and J. Herrera-Joancomartí, *Reputation and Reward: Two Sides of the Same Bitcoin.* Sensors, 2016. **16**(6): p. 776.

159.Catalini, C. and J.S. Gans, *Some Simple Economics of the Blockchain.* SSRN Electronic Journal, 2016.

160.Henriques, I. and P. Sadorsky, *Can Bitcoin Replace Gold in an Investment Portfolio?* Journal of Risk and Financial Management, 2018. **11**(3): p. 48.

161.Mashatan, A., M.S. Sangari, and M. Dehghani, *How Perceptions of Information Privacy and Security Impact Consumer Trust in Crypto-Payment: An Empirical Study.* Ieee Access, 2022. **10**: p. 69441-69454.

162.Balutel, D., et al., *Bitcoin Adoption and Beliefs in Canada.* Canadian Journal of Economics/Revue Canadienne D Économique, 2022. **55**(4): p. 1729-1761.

163.Andreianova, M., et al., *Bitcoin Usage: Study on Bitcoin Usage Around the World 2020.* The Journal of Fintech, 2021. **01**(02).

164.Rosele, M.I., et al., *The Concept of Wealth (<i>māl</I>) in the Sharī'ah and Its Relation to Digital Assets.* Sage Open, 2022. **12**(2): p. 215824402211024.

165.Extance, A., *The Future of Cryptocurrencies: Bitcoin and Beyond.* Nature, 2015. **526**(7571): p. 21-23.

166.Sathyanarayana, S. and S. Gargesa, *Modeling Cryptocurrency (Bitcoin) Using Vector Autoregressive (Var) Model.* Sdmimd Journal of Management, 2019. **10**(2): p. 47-64.

167.Masama, B. and J.-P. Bruwer, *The Feasibility of Blockchain Technology as a Tool for Zimbabwean Financial Inclusion: An Online Desktop Review.* International Journal of Cryptocurrency Research, 2022. **2**(2).

168.Dobson, D. and A. Fernandez, *IDSov and the Silent Data Revolution: Indigenous Peoples and the Decentralized Building Blocks of Web3.* Frontiers in Research Metrics and Analytics, 2023. **8**.

169.Keogh, J.G., et al., *Optimizing Global Food Supply Chains: The Case for Blockchain and GSI Standards.* 2020: p. 171-204.

170.Choobineh, M., et al., *Blockchain Technology in Energy Systems: A State-of-the-art Review.* Iet Blockchain, 2022. **3**(1): p. 35-59.

171.Suryono, R.R., I. Budi, and B. Purwandari, *Challenges and Trends of Financial Technology (Fintech): A Systematic Literature Review.* Information, 2020. **11**(12): p. 590.

172.Wang, Z., M. Gao, and G. Lu, *Research on Oracle Technology Based on Multi-Threshold Aggregate Signature Algorithm and Enhanced Trustworthy Oracle Reputation Mechanism.* Sensors, 2024. **24**(2): p. 502.

173.Puschmann, T. and M. Huang-Sui, *A Taxonomy for Decentralized Finance.* 2023.

174.Jabbar, R., et al., *Blockchain Technology for Intelligent Transportation Systems: A Systematic Literature Review.* Ieee Access, 2022. **10**: p. 20995-21031.

175.Alqahtani, A.M. and A. Algarni, *A Survey on Blockchain Technology Concepts, Applications and Security.* International Journal of Advanced Computer Science and Applications, 2023. **14**(2).

176.Calik, E. and M. Bendechache, *Blockchain for Organ Transplantation: A Survey.* Blockchains, 2024. **2**(2): p. 150-172.

177.Cambou, B., et al., *Securing Additive Manufacturing With Blockchains and Distributed Physically Unclonable Functions.* Cryptography, 2020. **4**(2): p. 17.

178.Yang, G., C. Li, and K.E. Marstein, *A Blockchain-based Architecture for Securing Electronic Health Record Systems.* Concurrency and Computation Practice and Experience, 2019. **33**(14).

179.Sun, J., et al., *A Blockchain-Based Framework for Electronic Medical Records Sharing With Fine-Grained Access Control.* Plos One, 2020. **15**(10): p. e0239946.

180.Mijoska, M. and B. Ristevski, *Possibilities for Applying Blockchain Technology – A Survey.* Informatica, 2021. **45**(3).

181.Malouin, M., *Organisations Autonomes Décentralisées Et Enjeux De Gouvernance : Le Cas De the DAO.* Revue Organisations & Territoires, 2023. **32**(2): p. 60-72.

182.Bleakley, C., *Next Steps.* 2020: p. 215-228.

183.Floyd, D., *How Does Bitcoin Work? Definition and How to Invest*. 2024, Inestopedia.

184.Benedetti, H. and L. Kostovetsky, *Digital Tulips? Returns to Investors in Initial Coin Offerings.* SSRN Electronic Journal, 2018.

185.Fabus, J., et al., *An Empirical Examination of Bitcoin's Halving Effects: Assessing Cryptocurrency Sustainability within the Landscape of Financial Technologies.* Journal of Risk and Financial Management, 2024. **17**(6): p. 229.

186.Fantazzini, D. and N. Kolodin, *Does the hashrate affect the bitcoin price?* Journal of Risk and Financial Management, 2020. **13**(11): p. 263.

187.Shahriar Hazari, S. and Q.H. Mahmoud, *Improving transaction speed and scalability of blockchain systems via parallel proof of work.* Future internet, 2020. **12**(8): p. 125.

188.Meynkhard, A., *Fair market value of bitcoin: Halving effect. Investment Management and Financial Innovations, 16 (4), 72–85.* 2019.

189.Tovanich, N., N. Soulié, and P. Isenberg. *Visual analytics of bitcoin mining pool evolution: on the road toward stability?* in *2021 11th IFIP International Conference on New Technologies, Mobility and Security (NTMS).* 2021. IEEE.

190.Tovanich, N., N. Soulié, and P. Isenberg, *Visual Analytics of Bitcoin Mining Pool Evolution: On the Road Toward Stability?* 2021.

191.Wang, C., X. Chu, and Y. Qin. *Measurement and analysis of the bitcoin networks: A view from mining pools.* in *2020 6th International Conference on Big Data Computing and Communications (BIGCOM).* 2020. IEEE.

192.El Mahdy, D., *The economic effect of Bitcoin halving events on the US capital market.* Accounting and Finance Innovations, 2021. **65**.

193.The Investopedia Team, *What is Bitcoin? How to Mine, Buy, and Use It.* 2024, Investopedia.

194.Geeks for Geeks, *Blockchain Structure.* 2022.

195.Fáwọlé, J., O. Malanii, and L. Ciattaglia, *Blockchain Architecture Layers: A Comprehensive Guide.* 2024, Hacken.

196.Coinbase, *What is "proof of work" or "proof of stake"?* 2024.

197.Ross, G., *Security and Privacy in Blockchain: Challenges and Solutions.* 2023, LinkedIn.

198.Immunebytes, *Pseudonymity and Anonymity: Be Untraceable in the Blockchain World.* 2023.

199.Hayes, A., *10 Important Cryptocurrencies Other Than Bitcoin.* 2024.

200.Stax, *The Top 20 Most Popular Cryptocurrencies.* 2024.

201.Kim, S.K., et al., *Measuring Ethereum Network Peers.* 2018.

202.Chen, T., et al., *Under-Optimized Smart Contracts Devour Your Money.* 2017.

203.Sharma, T.K., *A Complete List of Top 15 Cryptocurrencies.* 2023, Blockchain Council.

204.Cornèr, K.L., *What is Ripple: Overview, history and XRP cryptocurrency.* 2024, Cointelegraph.

205.Yi, X., et al., *BlockScope: Detecting and Investigating Propagated Vulnerabilities in Forked Blockchain Projects.* 2023.

206.Moşteanu, N.R. and T. Flocea, *Revolutionizing Foreign Exchange Market: A Critical Analysis of Blockchain's Opportunities and Challenges.* European Journal of Theoretical and Applied Sciences, 2023. **1**(5): p. 33-44.

207.Klein, T., H.P. Thu, and T. Walther, *Bitcoin Is Not the New Gold – A Comparison of Volatility, Correlation, and Portfolio Performance.* International Review of Financial Analysis, 2018. **59**: p. 105-116.

208.Lorenzo, L. and J. Arroyo, *Analysis of the Cryptocurrency Market Using Different Prototype-Based Clustering Techniques.* Financial Innovation, 2022. **8**(1).

209.Chahooki, M.A.Z., K. Jahanbin, and T. Sutikno, *Cryptocurrencies Investment Framework Using Sentiment Analysis of Twitter Influencers.* Indonesian Journal of Electrical Engineering and Computer Science, 2023. **30**(2): p. 1068.

210.Pessa, A.A.B., M. Perc, and H.V. Ribeiro, *Age and Market Capitalization Drive Large Price Variations of Cryptocurrencies.* Scientific Reports, 2023. **13**(1).

211.Fasanya, I.O., O.J. Oyewole, and T.F. Odudu, *Returns and Volatility Spillovers Among Cryptocurrency Portfolios.* International Journal of Managerial Finance, 2020. **17**(2): p. 327-341.

212.Akyıldırım, E., A. Göncü, and A. Şensoy, *Prediction of Cryptocurrency Returns Using Machine Learning.* Annals of Operations Research, 2020. **297**(1-2): p. 3-36.

213.Wanidwaranan, P. and S. Termprasertsakul, *Herd Behavior in Cryptocurrency Market: Evidence of Network Effect.* Review of Behavioral Finance, 2023. **16**(3): p. 406-423.

214.Vlahavas, G. and A. Vakali, *Dynamics Between Bitcoin Market Trends and Social Media Activity.* 2024.

215.Ramirez, D., *Crypto Hot Wallet vs. Cold Wallet: The Biggest Differences.* 2024, Nerdwallet.

216.Amure, T.O., *Hot Wallet vs. Cold Wallet: What's the Difference?* 2024, Investopedia.

217.Reiff, N., *Protect Your Bitcoins Against Theft and Hacks.* 2024, Investopedia.

218.Kaspersky Team, *Protecting crypto investments: four key steps to safety.* 2023, Kaspersky Daily.

219.The Investopedia Team, *What Is a Bitcoin Exchange? How It Works, Fees, and Example.* 2024, Investopedia.

220.Maheshwari, R., *What Are Crypto Exchanges And How Do They Work.* 2024, Forbes Advisor.

221.Wilson, J., *How Crypto Exchanges Work: The mechanisms at play.* 2022, Zerocap.

222.Antolin, M., *What Are Crypto Trading Pairs?* 2022, CoinDesk.

223.Cryptopedia Staff, *What Are Trading Pairs in Cryptocurrency?* 2022, Cryptopedia.

224.Team Stash, *How to invest in cryptocurrency: a beginner's guide.* 2024.

225.Royal, J., *How to start investing in cryptocurrency: A guide for beginners.* 2024, Bankrate.

226.Saiedi, E., A. Broström, and F. Ruiz, *Global drivers of cryptocurrency infrastructure adoption.* Small Business Economics, 2021. **57**(1): p. 353-406.

227.Lu, R., V.T. Hoang, and W.-K. Wong, *Do lump-sum investing strategies really outperform dollar-cost averaging strategies?* Studies in Economics and Finance, 2021. **38**(3): p. 675-691.

228.Asness, C.S., T.J. Moskowitz, and L.H. Pedersen, *Value and Momentum Everywhere.* The Journal of Finance, 2013. **68**(3): p. 929-985.

229.Grimes, A., *The art and science of technical analysis: market structure, price action, and trading strategies.* Vol. 544. 2012: John Wiley & Sons.

230.Fang, F., et al., *Cryptocurrency Trading: A Comprehensive Survey.* Financial Innovation, 2022. **8**(1).

231.Kaur, S., et al., *A Research Survey on Applications of Consensus Protocols in Blockchain.* Security and Communication Networks, 2021. **2021**: p. 1-22.

232.Schär, F., *Decentralized Finance: On Blockchain- And Smart Contract-Based Financial Markets.* SSRN Electronic Journal, 2020.

233.Howell, S.T., M. Niessner, and D. Yermack, *Initial Coin Offerings: Financing Growth With Cryptocurrency Token Sales.* Review of Financial Studies, 2019. **33**(9): p. 3925-3974.

234.Fenu, G., et al., *The ICO Phenomenon and Its Relationships With Ethereum Smart Contract Environment.* 2018.

235.Dejong, A., P. Roosenboom, and T.v. deKolk, *What Determines Success in Initial Coin Offerings?* SSRN Electronic Journal, 2018.

236.Wis, A., *Initial Coin Offering as a Funding Source for Projects.* Acc Journal, 2019. **25**(2): p. 90-98.

237.Vidal-Tomás, D., *Blockchain, Sport and Fan Tokens.* Journal of Economic Studies, 2023. **51**(1): p. 24-38.

238.Schellinger, B., *Optimization of Special Cryptocurrency Portfolios.* The Journal of Risk Finance, 2020. **21**(2): p. 127-157.

239.Shanaev, S., et al., *Taming the Blockchain Beast? Regulatory Implications for the Cryptocurrency Market.* Research in International Business and Finance, 2020. **51**: p. 101080.

240.Myalo, A. and Г.Н. Юрьевич, *Factors of Success of Initial Coin Offering. Empirical Evidence From 2016–2019.* Finance Theory and Practice, 2019. **23**(5): p. 30-49.

241.Kim, M.S. and J.Y. Chung, *Sustainable Growth and Token Economy Design: The Case of Steemit.* Sustainability, 2018. **11**(1): p. 167.

242.Antonakakis, N., I. Chatziantoniou, and D. Gabauer, *Cryptocurrency Market Contagion: Market Uncertainty, Market Complexity, and Dynamic Portfolios.* Journal of International Financial Markets Institutions and Money, 2019. **61**: p. 37-51.

243.Hudson, R. and A. Urquhart, *Technical Trading and Cryptocurrencies.* Annals of Operations Research, 2019. **297**(1-2): p. 191-220.

244.Letho, L., G. Chelwa, and A.L. Alhassan, *Cryptocurrencies and Portfolio Diversification in an Emerging Market.* China Finance Review International, 2022. **12**(1): p. 20-50.

245.Lamine, A., A. Jeribi, and T. Fakhfakh, *Spillovers Between Cryptocurrencies, Gold and Stock Markets: Implication for Hedging Strategies and Portfolio Diversification Under the COVID-19 Pandemic.* Journal of Economics Finance and Administrative Science, 2023. **29**(57): p. 21-41.

246.Ma, Y., et al., *Portfolio Optimization in the Era of Digital Financialization Using Cryptocurrencies.* Technological Forecasting and Social Change, 2020. **161**: p. 120265.

247.Sahu, S., et al., *Analyzing Portfolio Optimization in Cryptocurrency Markets: A Comparative Study of Short-Term Investment Strategies Using Hourly Data Approach.* Journal of Risk and Financial Management, 2024. **17**(3): p. 125.

248.Han, W., et al., *The Diversification Benefits of Cryptocurrency Factor Portfolios: Are They There?* Review of Quantitative Finance and Accounting, 2024. **63**(2): p. 469-518.

249.Clément, J. and E.S.E.F. Angaman, *A K-Means Classification and Entropy Pooling Portfolio Strategy for Small and Large Capitalization Cryptocurrencies.* Entropy, 2023. **25**(8): p. 1208.

250.Conlon, T., S. Corbet, and R. McGee, *Are Cryptocurrencies a Safe Haven for Equity Markets? An International Perspective From the COVID-19 Pandemic.* Research in International Business and Finance, 2020. **54**: p. 101248.

251.James, A., *What is technical analysis for crypto trading?* 2024, The Block.

252.Amure, T.O., *What Charts Should Crypto Investors Use?* 2024, Investopedia.

253.One Trading, *Techniques, Indicators, and Applications for Crypto Technical Analysis.* 2024, One Trading.

254.Nikolaieva, O., A. Petrova, and R. Lutsenko, *Forecasting of the Stock Rate of Leading World Companies Using Econometric Methods and DCF Analysis.* International Journal of Innovative Technologies in Economy, 2020(2(29)): p. 33-41.

255.One Trading, *Learn Crypto: Fundamental Analysis.* 2024, One Trading.

256.Daly, L., *How to Create a Well-Balanced Crypto Portfolio.* 2024, The Motley Fool.

257.Chkili, W., A.B. Rejeb, and M. Arfaoui, *Does Bitcoin Provide Hedge to Islamic Stock Markets for Pre- And During COVID-19 Outbreak? A Comparative Analysis With Gold.* Resources Policy, 2021. **74**: p. 102407.

258.Guo, L., W.K. Härdle, and Y. Tao, *A Time-Varying Network for Cryptocurrencies.* Journal of Business and Economic Statistics, 2022. **42**(2): p. 437-456.

259.Abdelkafi, I., Y. Ben Romdhane, and S. Loukil, *Has COVID-19 Changed the Correlation Between Cryptocurrencies and Stock Markets?* European Journal of Government and Economics, 2023. **12**(2): p. 139-156.

260.Wats, S., S. Singh, and S. Gupta, *The Quest for ICO: Identifying and Prioritising the Factors Influencing Initial Coin Offering Selection.* International Social Science Journal, 2023. **73**(250): p. 1035-1055.

261.Olawale Adisa, N., et al., *Decentralized Finance (DEFI) in the U. S. Economy: A Review: Assessing the Rise, Challenges, and Implications of Blockchain-Driven Financial Systems.* World Journal of Advanced Research and Reviews, 2024. **21**(1): p. 2313-2328.

262.Corbet, S., et al., *Exploring the Dynamic Relationships Between Cryptocurrencies and Other Financial Assets.* Economics Letters, 2018. **165**: p. 28-34.

263.Gapurbaeva, S., et al., *International River and Sea Transportation: Specifics of Risk Management in Cryptocurrency Transactions.* Bio Web of Conferences, 2024. **107**: p. 04006.

264.Ni, X., W.K. Härdle, and T. Xie, *A Machine Learning Based Regulatory Risk Index for Cryptocurrencies.* 2020.

265.Tang, Y., et al., *Ethics of Blockchain.* Information Technology and People, 2019. **33**(2): p. 602-632.

266.Nyika, A.M., *The Role of Cryptocurrencies in Shaping the Future of Mobile Money Services in Lusaka, Zambia.* International Journal of Finance, 2023. **8**(4): p. 19-49.

267.Alyami, M., et al., *Phishing Attacks on Cryptocurrency Investors in the Arab States of the Gulf.* Journal of Risk and Financial Management, 2023. **16**(5): p. 271.

268.Xiong, X. and J. Luo, *Global Trends in Cryptocurrency Regulation: An Overview.* arXiv preprint arXiv:2404.15895, 2024.

269.George, K., *Cryptocurrency Regulations Around the World.* 2024, Investopedia.

270.Liebkind, J., *Cryptocurrency Taxes: How They Work and What Gets Taxed.* 2024, Investopedia.

271.Australian Taxation Office. *How to work out and report CGT on crypto.* 2024 [cited 2024 23/7/2024].

272.Aryamov, A.A., et al., *Taxation of Digital Assets.* Азиатско-Тихоокеанский Регион Экономика Политика Право, 2019. **50**(1): p. 96-129.

273.Salah, K., et al., *Blockchain for AI: Review and Open Research Challenges.* Ieee Access, 2019. **7**: p. 10127-10149.

274.Coinbase, *What is DeFi?*. 2024, Coinbase.

275.Sharma, R., *What Is Decentralized Finance (DeFi) and How Does It Work?* 2024, Investopedia.

276.Australian Taxation Office, *Decentralised finance and wrapping crypto.* 2024, Australian Taxation Office.

277.Nguyen, L.-T., et al., *Metaverse Banking Service: Are We Ready to Adopt? A Deep Learning-Based Dual-Stage SEM-ANN Analysis.* Human Behavior and Emerging Technologies, 2023. **2023**: p. 1-23.

278.Sharma, R., *Non-Fungible Token (NFT): What It Means and How It Works.* 2024, Investopedia.

279.Skiba, R., *Blockchain technology as a health and safety contributor in the transport and logistics industry–human resource requirements.* 2020.

280.Foley, S., J.R. Karlsen, and T.J. Putniņš, *Sex, Drugs, and Bitcoin: How Much Illegal Activity Is Financed Through Cryptocurrencies?* Review of Financial Studies, 2019. **32**(5): p. 1798-1853.

281.Alsharu, A.I., T.F. Aldowery, and N.K. Mohammed Jawad, *Jordanian Legal Provisions for Electronic Commerce: Consumer Protection Perspectives—A Comparative Study.* Beijing Law Review, 2024. **15**(01): p. 444-456.

282.Zamani, E.D. and G.M. Giaglis, *With a Little Help From the Miners: Distributed Ledger Technology and Market Disintermediation.* Industrial Management & Data Systems, 2018. **118**(3): p. 637-652.

283.Abou Tanos, B. and G. Badr, *Price Delay and Market Efficiency of Cryptocurrencies: The Impact of Liquidity and Volatility During the COVID-19 Pandemic.* Journal of Risk and Financial Management, 2024. **17**(5): p. 193.

284.Corbet, S., et al., *The Destabilising Effects of Cryptocurrency Cybercriminality.* Economics Letters, 2020. **191**: p. 108741.

285.Livieris, I.E., et al., *An Advanced CNN-LSTM Model for Cryptocurrency Forecasting.* Electronics, 2021. **10**(3): p. 287.

286.Lahkani, M.J., et al., *Sustainable B2B E-Commerce and Blockchain-Based Supply Chain Finance.* Sustainability, 2020. **12**(10): p. 3968.

287.ScienceSoft, *Cryptocurrency Ecommerce in a Nutshell*. 2024.

288.Murphy, C., *Cryptocurrency Scams: How to Spot, Report, and Avoid Them*. 2024, Investopedia.

289.Kaspersky, *Common cryptocurrency scams and how to avoid them*. 2024, Kaspersky.

290.George, K., *The Largest Cryptocurrency Hacks So Far*. 2024, Investopedia.

291.Clere, A., *Crypto 2050: what the future holds for digital currencies*, in *FinTech Magazine*. 2023.

292.Sharma, R., *What Will Happen to Bitcoin in the Next Decade?* 2024, Investopedia.

293.Zeller, A., *Top 7 Cryptocurrency Trends (2024 & 2025)*. 2024, Exploding Topics.

294.Adrian, T. and T. Mancini-Griffoli, *Technology Behind Crypto Can Also Improve Payments, Providing a Public Good*. 2023, International Monetary Fund.

295.Ivey, A., *The economics of cryptocurrency mining: Costs, revenues and market trends*. 2023, Cointelegraph.

296.Tandan, D., *What Is Bitcoin Mining? How It Works and What It Takes to Make It Pay*. 2024, Toptal.

297.The Investopedia Team, *What Is Bitcoin Mining? How to Get Started*. 2024, Investopedia.

298.Lu, L., *How to Set Up Your First ASIC Miner: A Step-by-Step Guide*. 2023, LinkedIn.

299.Sharma, T.K., *What is Solo Mining & How It Works?* 2024, Blockchain Council.

300.Bybit Learn, *What's a Crypto Mining Rig & How Do You Build One?* 2023.

301.Chamanara, S., S.A. Ghaffarizadeh, and K. Madani, *The environmental footprint of bitcoin mining across the globe: Call for urgent action*. Earth's Future, 2023. **11**(10): p. e2023EF003871.

302.Coinbase, *What is a smart contract?* 2024, Coinbase.

303.BasuMallick, C., *What Are Smart Contracts? Types, Benefits, and Tools*. 2023, Spiceworks.

304.Pontem Network, *Market Analysis of 10 Most popular dApps*. 2024, Pontem Network.

305.Morgen, D., *Best dApps: The Top 10 dApps You Should Know About*. 2024, Changelly.

306.Mosaia, *The Future of Smart Contracts: Trends and Predictions*. 2023, LinkedIn.

307.Mckinley, J., *What Are the Social Impacts of Cryptocurrency Development in 2024?* 2024, LinkedIn.

308.Alam, M.S., et al., *Is Monetary Policy a Driver of Cryptocurrencies? Evidence From a Structural Break GARCH-MIDAS Approach.* Econometrics, 2024. **12**(1): p. 2.

309.Sham, R., et al., *Cryptocurrencies Have Arrived, but Are We Ready? Unveiling Cryptocurrency Adoption Recipes Through an SEM-fsQCA Approach.* The Bottom Line Managing Library Finances, 2023. **36**(2): p. 209-233.

310.Caton, J., *Cryptoliquidity: The Blockchain and Monetary Stability.* Journal of Entrepreneurship and Public Policy, 2019. **9**(2): p. 227-252.

311.Chen, E.R., *Determining the Economic Impact of Cryptocurrency Adoption on International Trade From a Gravity Model Framework.* 2021.

312.Souza, L.L.F.d., et al., *Cryptocurrencies for Microfinance.* Bar - Brazilian Administration Review, 2021. **18**(spe).

313.Majeed, H.L., D.J. Ali, and T.L. Mohammed, *Analyzing the Performance of Bitcoin to Gold Prices, the Telecommunications Market, the Stock Price Index, and Insurance Companies' Performance From (March 1, 2021–September 4, 2023).* Uhd Journal of Science and Technology, 2023. **7**(2): p. 16-31.

314.Strydom, K., J.O. Akande, and A.J. Asaleye, *The Quest for Female Economic Empowerment in Sub-Saharan African Countries: Implications on Gender-Based Violence.* Journal of Risk and Financial Management, 2024. **17**(2): p. 51.

315.Bello, S.M., *The Role of Waqf in Enhancing the Financial Inclusion of Women Entrepreneurs in Developing Countries.* Journal of Islamic Business and Management (Jibm), 2022. **12**(01).

316.Basnet, R.K., *Role of Cooperatives in Women Empowerment in the Nepalese Context.* Cognition, 2023. **5**(1): p. 99-105.

317.Nurul Badriyah, N., et al., *Economic Empowerment Through the Development of Food and Beverage Micro Enterprises.* Journal of Community Service and Empowerment, 2023. **4**(2): p. 308-318.

318.Yusnita, V., N. Tresiana, and I.F. Meutia, *Economic Empowerment Through Community Village.* Przegląd Politologiczny, 2023(4): p. 111-124.

319.Negi, N., *The Impact of Cryptocurrency on the Global Financial System: A Quantitative Investigation.* 2023.

320.El-Chaarani, H., et al., *Factors Affecting the Adoption Of cryptocurrencies for Financial Transactions.* Euromed Journal of Business, 2023. **19**(1): p. 46-61.

321.Schär, F., *Decentralized Finance: On Blockchain- And Smart Contract-Based Financial Markets.* 2021. **103**(2).

322.Chung, S., et al., *Interdependence Between Online Peer-to-peer Lending and Cryptocurrency Markets and Its Effects on Financial Inclusion.* Production and Operations Management, 2023. **32**(6): p. 1939-1957.

323.Othman, A.H.A., et al., *The Impact of Monetary Systems on Income Inequity and Wealth Distribution.* International Journal of Emerging Markets, 2020. **15**(6): p. 1161-1183.

324.El Hajj, M. and I. Farran, *The Role of Cryptocurrencies in Emerging Markets: Investigating the Growing Adoption of Cryptocurrencies in Developing Countries, Their Potential to Improve Financial Inclusion and Economic Empowerment.* 2024.

325.Wang, W., et al., *A Survey on Consensus Mechanisms and Mining Strategy Management in Blockchain Networks.* Ieee Access, 2019. **7**: p. 22328-22370.

326.Dabbous, A., M.M. Sayegh, and K.A. Barakat, *Understanding the Adoption Of cryptocurrencies for Financial Transactions Within a High-Risk Context.* The Journal of Risk Finance, 2022. **23**(4): p. 349-367.

327.Abbasi, G.A., et al., *The Adoption of Cryptocurrency as a Disruptive Force: Deep Learning-Based Dual Stage Structural Equation Modelling and Artificial Neural Network Analysis.* Plos One, 2021. **16**(3): p. e0247582.

328.Sajter, D., *Overseas Transaction Fees: Sending Money via Bitcoin vs. Banks.* Zagreb International Review of Economics and Business, 2022. **25**(s1): p. 65-83.

329.Namahoot, K.S. and V. Rattanawiboonsom, *Integration of TAM Model of Consumers' Intention to Adopt Cryptocurrency Platform in Thailand: The Mediating Role of Attitude and Perceived Risk.* Human Behavior and Emerging Technologies, 2022. **2022**: p. 1-12.

330.Hadan, H., et al., *Gamification and Gaming in Cryptocurrency Education: A Survey With Cryptocurrency Investors and Potential Investors.* Simulation & Gaming, 2024. **55**(2): p. 196-223.

331.Castello, A. and G. Gadzinski, *Trustless, Permissionless, Non-Custodial Stablecoins in Decentralized Autonomous Organizations (DAO).* Theoretical Economics Letters, 2022. **12**(06): p. 1559-1565.

332.Biais, B., et al., *Equilibrium Bitcoin Pricing.* SSRN Electronic Journal, 2018.

333.Hai, N.H., et al., *Factors Affecting the Adoption of Cryptocurrency.* Vnu University of Economics and Business, 2023. **3**(4).

334.Harry B, *Cryptocurrency Adoption in Developing Countries.* 2023, LinkedIn.

335.Crypto 101, *Cryptocurrency Adoption in Developing Countries*. 2023, Bitstamp Learn.

336.Calimanu, S., *The rising popularity of Cryptocurrencies in developing countries*. 2022, Research FDI.

337.Protechbro Media, *The Ethics of Cryptocurrency – Privacy, Anonymity, and Criminal Activity*. 2023, Binance.

338.Silva, E.C. and M.M.d. Silva, *Research Contributions and Challenges in DLT-based Cryptocurrency Regulation: A Systematic Mapping Study*. Journal of Banking and Financial Technology, 2022. **6**(1): p. 63-82.

339.Albrecht, C., et al., *The Use of Cryptocurrencies in the Money Laundering Process*. Journal of Money Laundering Control, 2019. **22**(2): p. 210-216.

340.Dhali, M., et al., *Cryptocurrency in the Darknet: Sustainability of the Current National Legislation*. International Journal of Law and Management, 2023. **65**(3): p. 261-282.

341.Hernández Sánchez, Á., et al., *Cryptocurrencies, Tax Ignorance and Tax Noncompliance in Direct Taxation: Spanish Empirical Evidence*. Economies, 2024. **12**(3): p. 62.

342.Ahn, C. and N. Obermeier, *Cryptocurrency and the State: Evidence From South Korea*. 2024.

343.Calhoun, G., *The Ethics Of Crypto: Good Intentions And Bad Actors*. 2022, Forbes.

344.Spydra, *The Ethics of Crypto: Balancing Innovation and Responsibility*. 2023, Medium.

345.Gorman, B., *What Is a Decentralized Autonomous Organization (DAO)?* . 2023, Avast.

346.Reiff, N., *Decentralized Autonomous Organization (DAO): Definition, Purpose, and Example*. 2024, Investopedia.

347.Hennekes, B., *The 8 Most Important Types of DAOs You Need to Know*. 2022, Alchemy.

348.Chainanalysis Team, *Introduction to Decentralized Autonomous Organizations (DAOs)*. 2023, Chainanalysis

349.Beck, R., C. Müller-Bloch, and J.L. King, *Governance in the Blockchain Economy: A Framework and Research Agenda*. Journal of the Association for Information Systems, 2018: p. 1020-1034.

350.Kannengießer, N., et al., *Trade-Offs Between Distributed Ledger Technology Characteristics*. Acm Computing Surveys, 2020. **53**(2): p. 1-37.

351.Dyball, M.C. and R. Seethamraju, *Client Use of Blockchain Technology: Exploring Its (Potential) Impact on Financial Statement Audits of Australian Accounting Firms.* Accounting Auditing & Accountability Journal, 2021. **35**(7): p. 1656-1684.

352.Liu, J. and Z. Liu, *A Survey on Security Verification of Blockchain Smart Contracts.* Ieee Access, 2019. **7**: p. 77894-77904.

353.Al-Mohammad, M.S., et al., *Factors Affecting BIM Implementation in Post-Conflict Low-Income Economies: The Case of Afghanistan.* Journal of Engineering Design and Technology, 2021. **21**(1): p. 299-318.

354.Alao, O. and P. Cuffe, *Structuring Special Purpose Vehicles for Financing Renewable Generators on a Blockchain Marketplace.* Ieee Transactions on Industry Applications, 2022. **58**(2): p. 1478-1489.

355.Sánchez-Jiménez, F., et al., *Pharmacological Potential of Biogenic Amine–polyamine Interactions Beyond Neurotransmission.* British Journal of Pharmacology, 2013. **170**(1): p. 4-16.

356.Olisakwe, K., *How to Create a Decentralized Autonomous Organization (DAO): A Primer*. 2023, LinkedIn.

357.Kanga University, *62. How to Create Your Own Decentralized Autonomous Organization (DAO)?* 2024, Kanga University.

358.Smith, B., *Bitcoin ETFs: What are they and how do they work?* 2023, Betashares.

359.McGimpsey, P., *Bitcoin ETFs In Australia: The Complete Guide*. 2024, Forbes.

360.Reiff, N., *How Do Cryptocurrency Exchange-Traded Funds (ETFs) Work?* 2024, Investopedia.

361.Kanga University, *78. How to create your own cryptocurrency?* 2024, Kanga University.

362.Anurina, O., *How to Create a Cryptocurrency: Coins vs. Tokens, Tech Matters, & Examples*. 2023, MLSDev.

363.Bitbond, *Create Your Own Token in 5 minutes: A Step-by-Step Guide*. 2024, Bitbond.

364.Binance, *How to Create Your Own Cryptocurrency?* 2021, Binance.

Index